做优刑事检察之网络犯罪治理的理论与实践

第十六届国家高级检察官论坛论文集

主　编 ◎ 邓　云　郑新俭　王　轶

副主编 ◎ 徐鹤喃　刘太宗　时延安　王冠军

中国检察出版社

图书在版编目（CIP）数据

做优刑事检察之网络犯罪治理的理论与实践：第十六届国家高级检察官论坛论文集 / 邓云，郑新俭，王轶主编. —北京：中国检察出版社，2020.11
ISBN 978-7-5102-2497-3

Ⅰ.①做… Ⅱ.①邓… ②郑… ③王… Ⅲ.①互联网络-计算机犯罪-中国-文集 Ⅳ.①D924.36-53

中国版本图书馆 CIP 数据核字（2020）第 202492 号

做优刑事检察之网络犯罪治理的理论与实践
——第十六届国家高级检察官论坛论文集

主　编　　邓　云　　郑新俭　　王　轶
副主编　　徐鹤喃　　刘太宗　　时延安　　王冠军

出版发行：	中国检察出版社
社　　址：	北京市石景山区香山南路109号（100144）
网　　址：	中国检察出版社（www.zgjccbs.com）
编辑电话：	（010）86423704
发行电话：	（010）86423726　86423727　86423728
	（010）86423730　68650016
经　　销：	新华书店
印　　刷：	北京玺诚印务有限公司
开　　本：	710 mm×960 mm　16 开
印　　张：	49.25
字　　数：	909 千字
版　　次：	2020 年 11 月第一版　2020 年 11 月第一次印刷
书　　号：	ISBN 978-7-5102-2497-3
定　　价：	146.00 元

检察版图书，版权所有，侵权必究
如遇图书印装质量问题本社负责调换

序　言

国家高级检察官论坛是国家检察官学院主办的高端学术交流平台，其创办宗旨是，围绕检察理论与检察实践中的前沿热点问题进行深入研究和研讨，促进思想与经验的交流沟通、理论与实践的深度结合，为深化检察改革、推动中国特色社会主义检察制度科学发展，推动社会主义法治繁荣进步提供理论支撑和智识支持。论坛于2005年举办首届，在最高人民检察院的领导和关心下，经过十六年的精心培育和稳步发展，成为沟通检察理论与实务的学术活动品牌和检察理论研究交流的重要平台。

近年来，为了更好地体现和发挥检察智库作用，促进"四大检察"全面协调充分发展，论坛逐年围绕"四大检察"的理论与实践开展专题研究。2019年论坛聚焦"做强民事检察"，本届论坛聚焦"做优刑事检察"，围绕网络犯罪的治理组织专题研讨。

信息时代，网络安全是事关国家安全的重大战略问题。面对网络犯罪高发多发态势，充分履行检察职能严惩网络犯罪、维护网络安全，助推网络空间治理体系和治理能力现代化是检察机关义不容辞的政治责任和法治责任。2020年4月，最高人民检察院成立了由三名院领导分别担任组长、副组长，相关业务厅局参加的惩治网络犯罪维护网络安全研究指导组，并在最高人民检察院检察理论研究所成立网络犯罪研究中心，加强并统筹协调做好检察机关深化打击惩治网络犯罪的各项工作。

张军检察长明确指出，网络犯罪和国家的政治安全、经济安全、金融安全以及公民的人身财产安全密切相关。全体检察人要把习近平总书记依法治网、建设网络强国的重要指示落实落细，当前，在发挥"四大检察""十大业务"作用维护网络安全方面检察机关还有很多不足，要努力跟上，网络犯罪魔高一尺，检察办案就要努力于道高一丈！

为深入贯彻落实最高人民检察院和张军检察长关于惩治网络犯罪维护网络安全的指示要求，我们将今年论坛的主题确定为"做优刑事检察——网络犯罪治理的理论与实践"，并着重就"刑事检察基础理论与实践""网络犯罪惩治基础理论与实践""网络犯罪相关罪名研究""电子数据相关问题研究""侵犯公民个人信息与数据安全犯罪问题研究""网络空间未成年人权益保护"

等六个方面的问题进行认真思考和广泛讨论，为惩治网络犯罪维护网络安全建言献策。

本届论坛得到高检院及有关各方的大力支持。最高人民检察院惩治网络犯罪维护网络安全研究指导组办公室、中国人民大学法学院共同参与主办论坛。同时，论坛将诚邀有关专家学者、互联网企业代表、司法人员、律师代表等就网络犯罪治理开展深入探讨。

本届论坛共收到检察系统内外论文 700 余篇，我们从中择优挑选出 105 篇有代表性的文章结集出版，其中，22 篇优秀论文拟被《国家检察官学院学报》《中国刑事法杂志》《人民检察》《中国检察官》《检察论丛》等知名期刊录用刊发。囿于篇幅限制，尚有许多优秀文章未能收入论文集，为此，我们深表遗憾！

本届论坛得到了最高人民检察院惩治网络犯罪维护网络安全研究指导组各成员单位、江苏省人民检察院、中国检察出版社和国家检察官学院江苏分院的大力支持，对此表示衷心的感谢！也竭诚欢迎广大法学同仁、政法同行更多关注支持和参与国家高级检察官论坛。

本书编写组

2020 年 9 月 30 日

目　　录

一、刑事检察基础理论与实践

检察官客观公正义务的实证研究
　　——以"捕诉一体"刑事诉讼改革为视角……… 王　瑜　黄　洁（ 3 ）
新时代检警关系重构之探究
　　——以检察机关退回补充侦查实证分析为切入
　　………………………………… 郭　魏　唐智峰　刘元见（ 12 ）
检察机关逮捕权的法释义学解读………… 陈晓华　李　勇（ 23 ）
正确审查、有效引导侦查　依法准确办理刑事案件………… 赵文胜（ 35 ）
审查引导侦查的重新定位
　　——从检察机关"案－件比"质效评价体系视角展开…… 王晓雪（ 44 ）
*比较视角下的检察官主导责任……………………………… 陈长均（ 52 ）
认罪认罚程序中控审关系的研究…………… 任庆明　李瑞芝（ 54 ）
刑事案件审前管辖相关问题探讨……………… 冯志恒　董东晓（ 63 ）
检察机关刑事"案－件比"现实状态及改进策略探究
　　——以 2019 年度广西检察机关刑事检察业务相关情况为起点
　　………………… 广西检察机关"案－件比"研究课题组（ 74 ）
大数据时代智慧刑检建设研究……………………………… 杨淑雅（ 80 ）
大数据时代智慧刑检建设研究……………………………… 马建刚（ 87 ）
新时代智慧检务建设的"三化"原则思考
　　——兼论智慧刑事检察辅助工具的研发重点…………… 金鸿浩（ 95 ）
大数据时代下智慧刑检发展路径之探析……… 尹新钰　李　庆（104）
*法律知识图谱在刑检智能辅助办案中的运用研究………… 王　迪（112）

远程视频庭审之正当化事由研究
　　——以质证诘问程序为中心 …………………… 沈　威　陈凯明（114）
检察信访数据推动精准社会治理的理论和实践
　　………………………… 天津市人民检察院第三分院课题组（124）
*网络时代经济刑法变革的系统阐释 ………………………… 涂龙科（134）
网络大数据视野下办理黑社会性质组织犯罪案件的途径探究
　　………………………………… 湖北省孝感市人民检察院课题组（136）
办理黑恶势力犯罪刑事案件的法律适用问题 ……………… 张俊涛（143）
互联网金融领域的刑事风险及防控 ………………… 李　斌　章志丰（150）
知识产权犯罪数额体系重构探析 …………………………… 曾祥璐（160）
涉众型经济犯罪追赃挽损措施实践探讨 …………………… 吴晓敏（169）
*论我国涉罪企业暂缓审判协议制度的构建 ………………… 何永福（178）
*网络时代破坏生产经营罪的法教义学形塑 ………………… 孔忠愿（180）

二、网络犯罪惩治基础理论与实践

网络犯罪与国家治理：挑战、经验、前瞻与重塑 …………… 吴美满（185）
网络犯罪的新样态、原因及对策
　　——以白云区检察院承办案件为样本 …………………… 刘莺莺（197）
网络犯罪治理困境与检察应对之探究 ……………… 张理恒　黄俊杰（207）
网络新经济领域刑事犯罪的检察治理研究
　　………………………………… 上海市普陀区人民检察院课题组（217）
网络犯罪指定管辖的现状、问题及对策
　　——以检答网52条咨询与60份裁判文书为研究样本
　　……………………………………… 孙　忠　王　辉　许昊文（225）
从秩序到效率
　　——论网络犯罪指定管辖制度的重构 …………………… 王　静（237）
网络犯罪指定管辖研究 ……………………………… 马一鸣　徐笑菁（244）
中日网络犯罪刑法立法模式比较与思辨 …………… 姜　瀛　张　睿（251）

* 网络犯罪中制作、使用、提供程序行为的定性分析 ……… 龚笑婷（261）
* 网络金融犯罪中的"信任"理论研究 …………………… 任国征（263）
刑法解释之道与"涉互联网犯罪"之罪名认定 …… 张红梅 马荣春（265）
"快播"后时代的冷思考 ………………………………… 陈 晨（277）

三、网络犯罪相关罪名研究

涉网络毒品犯罪司法适用的几个问题 ………… 元 明 肖先华（287）
陕西省 2017 年至 2019 年利用网络实施涉枪爆涉毒犯罪案件
　办理情况的实证分析 ………………………… 王 洋 王玉洁（296）
网络化背景下伪基站电信诈骗犯罪治理对策研究 ………………
　…………………………………………… 高松林 肖尚成（303）
* "游戏托"电信诈骗案入刑的法理探析
　——以刘某某等 43 人诈骗案为例 …………… 薛 津 孙 超（312）
电信网络诈骗犯罪研究 ………………………… 钟 琦 刘小君（314）
* 网络诈骗犯罪的司法认定疑难问题研究 ………………… 刘占勇（324）
溯源与破局：电信网络诈骗的入罪标准探讨
　………………………………… 李毅荣 邓莉莉 郭 勇（326）
网络黑灰产业链治理刑事司法实证研究 ……… 姜淑珍 刘丽娜（333）
网络黑产链规制的法理与路径
　——以检察环节为视角 ……………… 陈 岑 曾为欢 周硕鑫（341）
网络"薅羊毛"黑灰产的刑事法视角分析 ………………… 陈 焰（349）
网络平台非法集资案件的实务应对与源头防控 …… 王小粉 焦珊珊（355）
当前新型非法吸收公众存款犯罪之特征及其检察应对
　——基于 100 份 P2P 案件判决书的样本分析 …… 王永强 贺英豪（361）
跨区域网络"套路贷"涉恶犯罪检察办案研究
　——以吕某等人恶势力犯罪集团案、夏某等人恶势力犯罪集团案为例
　…………………………………………… 杨玉心 黄昕颖（368）

网络游戏外挂行为司法认定问题的探讨
　　——基于134件案例样本的分析 …………………………… 储颖超（376）
网络游戏涉赌风险的边界探讨
　　——以游戏运营者法律风险防范为视角 …………………… 艾　静（388）
*窃用他人新型支付账户侵财行为的司法认定
　　……………………………………………………………… 徐　娜（395）
*第三方支付方式中侵财犯罪的定性困境与出路 …… 唐　祥　金朝榜（397）
*涉第三方支付类案件法律疑难问题研究
　　……………………………… 江苏省南通市崇川区人民检察院课题组（399）
*新型支付方式下盗窃罪与诈骗罪的界限研究
　　…………………………………… 北京市顺义区人民检察院课题组（401）
*新型支付方式下盗窃罪与诈骗罪的界限思考 ………………… 晏　鹏（403）
*诈骗花呗额度行为的定性分析 ……………………… 张怡铭　李佳峰（405）
*网络传销刑事案件的审查认定 ………………………………… 王　瀛（407）
论打击网络知识产权犯罪的刑事立法对策 …………………… 张　驰（409）
刑法对盗链行为的"打击点" ………………………… 陶芳德　潘　颖（420）
纯正计算机网络犯罪实证研究 ………………………………… 白　磊（429）
检察机关计算机网络犯罪专业化办案工作机制研究
　　……………………………………………………… 谢闻波　孙　伟（440）
非法获取计算机信息系统数据罪的实务认定
　　——以"白帽子"刑事法律风险为视角 …………… 吴春妹　王爱强（448）
技术中立的"破"与"立"：网络"翻墙"行为的刑法规制
　　……………………………………………………………… 陆　旭（456）
非法提供VPN"翻墙"软件行为定性研究 …………… 薄　亮　郭　勇（465）
网络帮助行为类型化归责路径研究
　　——以帮助信息网络犯罪活动罪为视角 …………………… 曾　昌（471）
跨境网络销假刑事案件的办理难点和完善对策 ……………… 沈忆佳（483）
*区块链技术背景下非法转移加密数字货币行为的刑法规制
　　——基于2015年至2020年判决文书的研究
　　……………………………… 浙江省瑞安市人民检察院课题组（491）

四、电子数据相关问题研究

* 刑事电子证据证明力规则实证研究 …………………… 侯东亮（497）
* 美国鉴真规则及其借鉴启示 …………………………… 陈邦达（499）
* 网络犯罪证明的实践难题与解决向度 ………… 孙 琳 陈 思（501）

电子数据的收集提取、审查判断研究
　　——以刑事案件为视角的微信聊天记录电子证据问题研究
　　………………………………………………………… 连儒东（503）
审查认定电子数据的基本方法及实践展开 ……… 梁 莉 王 斑（511）
检察机关在办理刑事案件中电子数据审查研究 … 蒲泓全 吕海宁（519）
电子数据的审查与判断研究 ………………… 国 晶 贾旭龙（528）
网络犯罪电子数据收集的困境与解决建议 ……………… 刘晓涛（535）
电子签名拓展非接触式远程视频取证之探析 …… 陈贤木 林 国（544）
区块链存证技术在办理互联网犯罪案件中的应用
　　……………………………………… 王 珍 章 哲 葛茜茜（553）
网络贩毒犯罪电子证据的收集和审查 …………… 张 雷 胡 江（560）
毒品案件电子数据的审查判断 ………………………… 侯向东（571）
网络涉毒犯罪案件电子证据的取证和审查 ……… 佘斌娜 李欢欢（578）
网络毒品案件电子数据的特征及审查要点 ……………… 曹 莉（586）
网络犯罪中电子数据的取证与审查运用研究 …………… 胡巧娜（596）
浅析网络走私犯罪审查中的电子证据 …………………… 王 露（602）
* 互联网金融领域犯罪中电子证据的采集和审查 ………… 许 靖（610）

五、侵犯公民个人信息与数据安全犯罪问题研究

危害公民个人信息犯罪问题研究 ………………… 邓根保 杨雪松（615）
侵犯公民个人信息刑事案件实证分析 …… 胡 俊 黄 钰 李 炜（624）
打击危害公民个人信息和数据安全违法犯罪长效机制研究 … 邱 灵（631）

依法精准打击侵犯公民个人信息罪的重点和难点 ⋯ 张　菁　薛阿敏（641）
大数据背景下公民个人信息保护机制的思考
　　——侵犯公民个人信息罪视角 ⋯⋯⋯⋯⋯⋯⋯ 张长忠　饶　猛（649）
互联网背景下侵犯公民个人信息的惩治困境及解决路径探析
　　——以基层检察机关办案分析为视角 ⋯⋯⋯⋯⋯⋯⋯ 褚　韵（657）
侵犯公民个人信息罪疑难问题研究 ⋯⋯⋯⋯⋯⋯⋯⋯⋯ 陈莹璐（667）
* 侵犯公民个人信息犯罪应罚性基础及其行为类型化研究
　　——以抽象危险犯理论为视角 ⋯⋯⋯　天津市人民检察院课题组（677）
大数据开发利用中个人信息刑法保护的边界 ⋯⋯⋯⋯⋯⋯ 李　刚（679）
拒不履行信息网络安全管理义务罪：实践困境、法律内涵和应对思路
　　⋯⋯⋯⋯⋯⋯⋯⋯⋯⋯⋯⋯⋯⋯⋯⋯⋯⋯ 马朝阳　任澎彬（687）
"政治安全"视域下网络危安信息的刑法规制 ⋯⋯⋯ 虞文梁　万方鹏（694）
基于区块链的网络金融犯罪惩治与个人信息保护研究 ⋯⋯⋯ 胡　勇（701）

六、网络空间未成年人权益保护

论网络空间未成年人权益的法律保护 ⋯⋯⋯⋯⋯⋯ 胡　厂　李林阳（711）
未成年人网络犯罪的治理困境及实践应对 ⋯⋯⋯⋯⋯⋯⋯ 门植渊（717）
从网络隔空猥亵儿童犯罪谈检察权的应对 ⋯⋯⋯⋯ 雷向敏　李　磊（726）
网络性侵害未成年人法律保护研究 ⋯⋯⋯⋯⋯⋯⋯ 叶慧娟　淦茂杰（736）
我国未成年人互联网合法权益保护机制研究 ⋯⋯⋯⋯ 常　杰　孟　睿（744）
网络空间未成年人权益的司法保护机制
　　——以广东省M市D区检察院的履职为视角 ⋯⋯⋯⋯⋯ 杨文春（752）
探析网络空间未成年人权益保护的治理路径 ⋯⋯⋯⋯⋯⋯ 才　宇（761）
未成年人保护语境下的社交App法律责任重构 ⋯⋯⋯⋯⋯ 洪　娇（769）

一、刑事检察基础理论与实践

检察官客观公正义务的实证研究

——以"捕诉一体"刑事诉讼改革为视角

王 瑜 黄 洁[*]

"捕诉一体"运作至今,"以审判为中心"的诉讼理念在检察环节得到贯彻,检察机关办案周期明显缩短,办案质效得到提升,侦查监督职能不断强化。在检察官同时被赋予批捕权和起诉权,检察职能被强化时,如何避免捕诉阶段的证明标准被混同,如何防止批捕、起诉案件质量下降,如何更好地履行检察官客观公正义务,则是"捕诉一体"改革深入推进时必须要解决的问题。

一、"捕诉一体"后案件办理情况

（一）批捕、起诉比例变化不大

"捕诉分离"与"捕诉一体"期间,批准逮捕案件呈逐年下降趋势,起诉案件整体呈现下降趋势。"捕诉分离"时,佛山市检察机关于2017年10月至2018年9月受理提请批捕案件9748件16467人,决定批准逮捕8672件13425人,批捕案件占比89.0%；受理起诉案件15199件21203人,决定起诉13476件18498人,起诉案件占比88.7%。佛山市检察机关于2018年10月至2019年9月受理提请批捕案件8948件14646人,决定批准逮捕7794件12508人,批捕案件占比87.1%；受理起诉案件14290件19881人,决定起诉12448件17028人,起诉案件占比87.1%。

"捕诉一体"后,佛山市检察机关在2019年10月至2020年3月期间,受理批捕案件3206件6168人,决定批捕案件2751件4316人,批捕案件占比85.8%；受理起诉案件6474件9031人,决定起诉5616件8331人,起诉案件占比86.7%。

---

[*] 王瑜,广东省佛山市人民检察院四级高级检察官；黄洁,广东省佛山市人民检察院检察官助理。

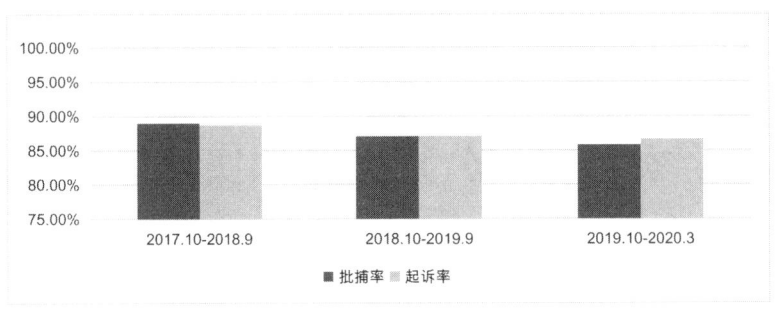

图1 "捕诉一体"前后批捕率和起诉率

(二) 不起诉比例持续上升

近年来,佛山市检察机关不起诉案件比例大幅上升,增加幅度并未因改革而放缓。"捕诉分离"时,佛山市检察机关于2017年10月至2018年9月不起诉案件650件1015人,占一审案件的比例为4.6%。佛山市检察机关于2018年10月至2019年9月不起诉案件1301件1778人,占一审案件的比例为9.4%。"捕诉一体"后,佛山市检察机关在2019年10月至2020年3月期间,不起诉案件1051件1328人,占决定起诉案件的比例为15.8%。

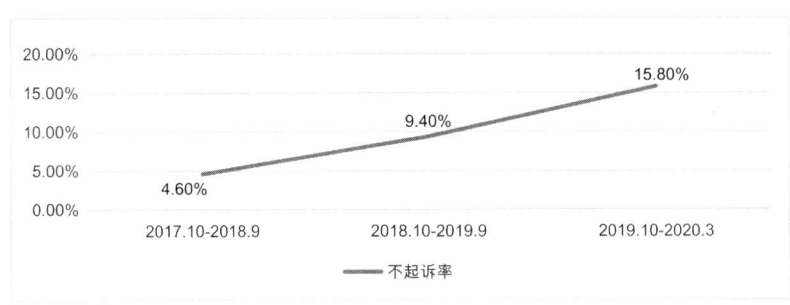

图2 "捕诉一体"前后不起诉率

(三) 撤诉比例继续下降

与不起诉比例不断上升相对应的是,撤诉案件比例持续下降,每年下降幅度增加0.02个百分点。"捕诉分离"时,佛山市检察机关于2017年10月至2018年9月撤回起诉案件25件25人,占决定起诉案件的比例为0.18%。佛山市检察机关于2018年10月至2019年9月撤回起诉案件21件31人,占决定起诉案件的比例为0.16%。"捕诉一体"后,佛山市检察机关在2019年10月至2020年3月期间,撤回起诉案件8件10人,占决定起诉案件的比例为0.14%。

一、刑事检察基础理论与实践

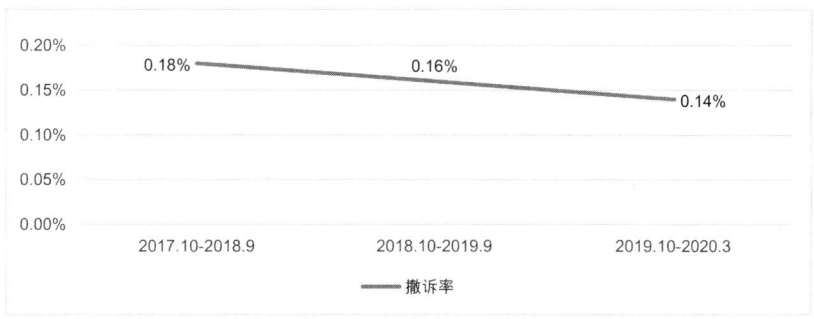

图 3 "捕诉一体"前后撤诉率

（四）退回补充侦查比例明显降低

"捕诉一体"后，佛山市检察机关审查起诉案件期间，一次退回补充侦查和二次退回补充侦查案件的比例均有大幅下降。"捕诉分离"时，佛山市检察机关于 2017 年 10 月至 2018 年 9 月一次退回补充侦查案件 2545 件 5274 人，案件占比 18.0%；二次退回补充侦查案件 948 件 2266 人，案件占比 6.7%。佛山市检察机关于 2018 年 10 月至 2019 年 9 月一次退回补充侦查案件 2461 件 5559 人，案件占比 17.9%；二次退回补充侦查案件 1012 件 2439 人，案件占比 7.4%。"捕诉一体"后，佛山市检察机关在 2019 年 10 月至 2020 年 3 月期间，一次退回补充侦查案件 831 件 2011 人，案件占比 12.5%；二次退回补充侦查案件 272 件 1099 人，案件占比 4.1%。

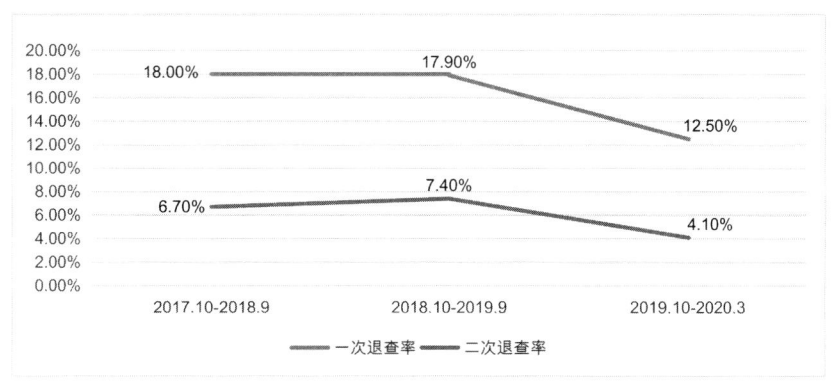

图 4 "捕诉一体"前后退查率

二、"捕诉一体"后客观公正义务的履行问题

上述数据分析可知，"捕诉一体"前后，佛山市检察机关的案件办理质量并未出现明显波动，符合近年来刑事政策导向的整体趋势。一是批捕案件量逐

年下降,符合最高检强调的"少捕慎捕"刑事理念。二是起诉率下降和不起诉率上升的现象,体现了检察官不断加强自由裁量权的运用。三是不起诉率上升和撤诉率下降的现象,证明检察机关移送审查起诉的案件质量不断上升。四是两次退回补充侦查案件比例均有所下降,契合"案-件比"减少司法环节的价值取向。总体上看,刑检部门检察官办案周期虽缩短,但客观公正义务的履行并未受到改革影响。一般情况下,案件数量基本持平时,办案周期缩短常意味着办案质量下降,但佛山市检察机关却在办案时间减少时,案件质量基本保持稳定,符合"捕诉一体"的改革目标,事实上可视为客观公正义务得到了更好地履行。然而,以检察官个人或个别基层院为单位进行个例分析时,"捕诉一体"后,少数存在证明标准混同、够罪即捕和凡捕必诉的倾向,偏离了客观公正立场。

(一) 以起诉标准代替逮捕标准

《刑事诉讼法》第81条规定的逮捕条件为确有犯罪事实发生时,对象有犯罪嫌疑且具有社会危险性;第176条规定的起诉条件则为犯罪事实已查清,证据确实、充分,且应当追究刑事责任。由此可知,逮捕标准明显低于起诉标准。检察官有大于50%的定罪把握时便可批准逮捕,逮捕案件的证明程度达到优势盖然性即可。检察官提起公诉时则需要排除合理怀疑,实际上要求起诉案件的证明程度超过95%。但在实践中,少数检察官的《批准逮捕意见书》中论称"案件尚未达到事实清楚,证据确实、充分的证明标准,而不予逮捕",这实质上便是以起诉的证明标准代替了逮捕的证明标准。

(二) 为确保犯罪嫌疑人到案而构罪即捕

鉴于"人不在案"时,案件无法提起公诉,个别检察官将逮捕视为起诉工具,对可捕可不捕的嫌疑人批准逮捕。然而这种处理方式与最高检强调的"少捕慎捕"理念相违背,不能保证取保候审、监视居住措施的准确适用,不能最大限度地减少审前羁押率。"少捕慎捕"的理念基础一定程度在于社会危险性判断的模糊性,如构罪即捕,不符合疑点利益归于被告人原则,亦提升了"错捕"概率。

(三) 为避免责任追究而凡捕必诉

"捕诉一体"后,个别检察官可能基于工作惯性、办案质量考核和司法责任追究的原因,对作出批捕决定的案件不敢作出不起诉决定,明知证据尚不符合起诉标准,或者事实中存在合理怀疑时,仍然以侥幸心理起诉至法院,后被获知案件存在无罪风险时,又对案件做出了撤回起诉处理。因此,统观"捕诉一体"前后的撤诉率,虽然呈现稳定下降趋势,但是"捕诉一体"后,下降趋势并未增大,尚不能实现"捕诉一体"后大幅提高案件质量的制度初衷,实则也是客观公正义务未得到充分贯彻的体现。①

三、"捕诉一体"一定程度上使客观公正义务未很好履行的原因剖析

（一）思想认识存在偏差

一是将检察官的角色定位为当事人。检察官一般被视为"国家利益代表人"和"法律守护人"，出庭支持公诉时，需在法庭上与辩护人进行抗辩，相当于刑事诉讼的"原告"。但事实上，检察官仅是"形式上的当事人"。根据《辞海》释义，当事人是指"身当其事之人"，要求"与诉讼事件有直接关系之人"，② 并能"就自己之权利义务而受法院裁判之诉讼主体"。③ 因此，刑事案件中的公诉人应区别于刑事案件的自诉人和民事案件的原告，仅是诉讼权利与诉讼义务的承担者，而非实体权利与实体义务的承担者，其与诉讼结果没有直接的利害关系，并非实质上的当事人。

二是对检察官的履职目的认识片面。检察官容易将指控犯罪作为唯一的履职目的，而疏忽守护法律和维护公正也是目的所在。因为，公诉职能除了包括指控犯罪，还涵盖了对不构成犯罪或微罪的人决定不起诉，监督立案、侦查和庭审活动中的违法行为，为被告人的利益提起抗诉，以及维护被告人的诉讼权利。④ 陈瑞华教授对此则有具体阐述，他指出尽管现代各国的检察官制度各不相同，但检察机构的双重性质得到普遍承认，既是行政机关，又是司法机关。与之对应，检察官在刑事审判中既是控告一方，又是司法官员。检察官的司法官地位主要表现为代表国家、社会整体利益，而非个人利益，负有维护司法正义、保护人权的使命，并且追求法律的公正实施。⑤

（二）证据标准规定有待细化

《刑事诉讼法》第 81 条规定的逮捕条件为有证据证明有犯罪事实，可能判处有期徒刑以上刑罚，且具有社会危险性。《人民检察院刑事诉讼规则》直接援引了 2015 年下发的《社会危险性条件规定》中的具体标准，为社会危险性的判断提供了明确指引，但未对证据标准作出规定。实践中，检察官对

---

① 缐杰：《捕诉一体下保障检察官客观公正履职》，载《检察日报》2019 年 10 月 21 日，第 3 版。
② 苏新城等主编：《辞海》，中华书局 1937 年版，第 77 页。
③ 郑克毅、彭时编著：《法律大辞书》，上海商务书馆 1936 年版，第 1657 页。
④ 朱孝清：《检察官客观公正义务及其在中国的发展完整》，载《中国法学》2009 年第 2 期。
⑤ 陈瑞华：《刑事审判原理论》，北京大学出版社 1997 年版，第 237~239 页。

"有证据证明"的内涵理解不一致,即对证据种类、证明程度、证据数量和证明力强弱的把握并不统一。鉴于逮捕证据标准的缺失,起诉和逮捕的证明界限便不易做到"泾渭分明",检察官会以趋近于公诉的更严格的标准审查批捕案件,以致逮捕脱离了原本制度定位。

四、完善客观公正义务的具体措施

(一)司法责任制的贯彻落实

第一,强化案件监督力度。检察管理体制"去行政化"的改革目标,并不意味着"去司法管理"。在授权的同时,应强化对办案过程的监督。《人民检察院刑事诉讼规则》第6条明确了案件监督主体,规定业务机构负责人对本部门的办案活动进行监督管理。因此,案件监督应采取的是"检察长领导下的部门负责人监督"模式。一是明确案件监督重点。总结《人民检察院刑事诉讼规则》的相关规定,部门负责人监督案件的重点应是重大、疑难、复杂案件。重大、疑难、复杂案件应指可能判处无期徒刑以上刑罚的案件,引起社会普遍关注、具有较大社会影响的案件,新类型案件,以及具有较大社会影响的涉港澳台或涉外案件。二是确定案件监督方式。日常工作中,部门负责人可采取常规监督和随机监督相结合的方式,常规监督主要是指对案件流程监督、了解情况和听取报告,随机监督主要针对获得举报线索时对特定人员或特定事项展开监督。

第二,明确司法责任追究与豁免情形。最高检下发的《关于完善人民检察院司法责任制的若干意见》规定了三种司法责任:故意违反法律法规责任、重大过失责任和监督管理责任。其中,故意违法责任不要求造成严重后果;重大过失责任则必须造成严重后果才能构成;监督管理责任要求具有故意或重大过失,并导致严重错误。[①] 因此,办案检察官和监督管理者都是司法责任主体,因故意或重大过失导致司法办案工作出现严重错误时,怠于行使或不当行使办案职权和监督管理权的主体均要受到追责。"捕诉一体"后,司法责任追究则可扩大至对应当撤销的批捕决定不予撤销、对不应当批捕的案件批准逮捕和"带病起诉"的情形。在司法责任豁免方面,根据《关于完善人民检察院司法责任制的若干意见》第33条规定,主要包括办案过错责任豁免和司法瑕疵免责两方面。办案过错豁免时,应准确界定注意义务,坚持"刑事责任不得免除,民事责任实际全免,纪律责任部分免除"的标准,并明确不得豁免

---

① 张德利:《关于〈关于完善人民检察院司法责任制的若干意见〉的说明》,载最高人民检察院司法体制改革领导小组办公室编:《人民检察院司法责任制学习资料》,中国检察出版社2015年版,第81页。

责任的情形。司法瑕疵豁免时，则应参照《人民检察院司法瑕疵处理办法（试行）》的相关规定，对办案中轻微违法或疏漏，但尚不影响办案正确和效力的行为或做法一般予以免责。①

(二) 证据标准的层次性设计

第一，根据证明程度限定证据标准。根据《刑事诉讼法》规定，提起公诉的证明标准为"事实清楚，证据确实、充分"，其实是指结合了"内心确信"和"排除合理怀疑"的"确信无疑"，要求证明程度需达到95%以上。而《刑事诉讼法》规定的逮捕条件则为"有证据证明有犯罪事实"，实际上远低于起诉的标准，只需要达到预期能定罪即可，实际上只要求50%的定罪把握，达到优势盖然性即可。②证据标准作为证明标准的下位概念，其价值在于使不同阶段的案件达到所需要的证明程度。因此，在设定批捕和起诉阶段的证据标准时，应在犯罪构成的基础上，根据证明程度判断证据数量、种类及完成形态。在批捕阶段，证明程度较低，证据数量尚无需达到形成证据链所需的标准，主证据也暂不需补强证据予以担保，因此，在保证取证合法性的前提下，在案证据能证明确有犯罪事实发生，以及被批捕人确有作案嫌疑和社会危险性即可。在起诉阶段，鉴于证明程度高，证据的种类、数量均需达到更高标准，且证据均需呈终结状态，主证据则需其他证据增强或担保其证明力。

第二，引入"自由证明"完善证据标准。严格证明与自由证明的区别在于证明根据、程序和心证程度。严格证明的证明依据和证明程序都由法律作出明确规定，具体证明标准则需达到排除合理怀疑的程度。自由证明的理由、程序或标准则不受严格限制，法官可采用更宽泛的证据材料或更灵活的方法予以证明。③自由证明模式下，检察官证明嫌疑人是否具有社会危险性时，不必拘泥于法定的证据来源形式，只要是与社会危险性具有关联性的客观存在，能够帮助作出裁判的材料均可作为证据使用。例如，嫌疑人的品格证据、家庭背景、人生经历、生活环境等与案件事实不具有必然联系，一般情况下不能作为认定嫌疑人有罪的证据适用。但上述材料却可以用于判断嫌疑人的社会危险性，即是否具有逮捕必要性。在德国，法官对羁押令审查时亦采用自由证明模式，不拘泥于任何方式来获取可采性，例如查阅卷宗或电话询问等，只要客观

---

① 林竹静：《检察官司法责任豁免的规制构建》，载《国家检察官学院学报》2017年第2期。

② 张建伟：《"捕诉合一"的改革是一项危险的抉择？——检察机关捕诉合一之利弊分析》，载《中国刑事法杂志》2018年第3期。

③ 闵春雷：《严格证明与自由证明新探》，载《中外法学》2010年第5期。

上能够达到释明程度即可。①

第三，通过人工智能统一证据标准。在实践中，检察官对证据标准的把握尺度并不统一，致使类案的批捕、起诉存在差异性，不利于法律的平等适用和司法权威的树立，因此，有必要在人工智能辅助下统一证据标准的适用。上海、贵州等地已率先开展了"借助科技手段统一证据标准"的试点工作，探索研发了"206"系统等刑事案件智能辅助办案系统和"案件证据数据化＋标准化"系统。以上海市高级人民法院根据中央政法委要求研发的"刑事案件智能辅助办案系统"为例，该系统主要是为了解决刑事案件办理过程中存在的办案程序不规范、证据标准适用不统一等问题。其基本运作原理为：首先，根据当地多发、重大、新类型等刑事案件的办案经验，按照案件类型和具体罪名逐项制定证据标准；其次，依据8种法定证据种类、收集程序、规格标准等要素，形成数据化的类案证据模型；最后，将这些数据化模型嵌入计算机系统，实现公检法三机关联通共享的统一证据标准网络办案平台。虽然，该系统尚处于对类案证据种类与科学技术的简单结合阶段，与真正意义上的"统一证据标准"还存在差距，但确属未来统一证据标准的努力方向。②

（三）廉政风险防控机制的全面建构

台湾地区的检察官廉政风险防控法规包括"检察官伦理规范"，以及"法官法"的"检察官章"。台湾地区的检察官伦理规范研究起步较早，从1996年起，先后经历了"检察官守则""检察官守则（修正）""检察官伦理规范"三个阶段，③ 制度设计较为成熟。加之两地检察官定位基本相同，刑事诉讼格局具有相似性，内地检察官廉政风险防控机制可参考台湾制度，结合本土化特征进行构建。④

第一，确立"保持品味"的义务。保持品味义务是指，行为要合乎社会常理的道德品行水平，同时具有高尚的情操。该义务的设立基于检察官"法益代表人"的身份。为了确保执法公信力，需要用更高的道德标准规范检察官的行为。台湾"检察官伦理规范"第5条亦规定"检察官……应致力于维护其职务荣誉及尊严"。保持品味义务可作为廉政风险防控的"帝王条款"，

---

① ［德］克劳思·罗克信：《刑事诉讼法》，吴丽琪译，法律出版社2003年版，第208页。
② 熊晓彪：《刑事证据标准与证明标准之异同》，载《法学研究》2019年第4期。
③ 何祖舜：《谈台湾检察官伦理》，载《国家检察官学院学报》2014年第1期。
④ 宁洁：《比较法视野中的中国台湾法律伦理学》，载《比较法研究》2011年第2期。

只要不符合基本道德规范的行为，均可用此条予以评价。① 鉴于此，应扩大不当行为的范畴。所有可能影响机关形象和检察官身份的行为，均应被评价为检察官的不正当行为。此外，应限制检察官利用身份谋利，如享受办事便利、停车特权等。

第二，规范公开言论的表达形式。首先，严格约束有关职务的公开言论。一是案件办理过程中，应通过官方途径，利用发言人、记者会、新闻稿的形式公布案件进展。禁止承办检察官公开评论案件。需要注意的是，非承办检察官亦不宜对未宣判的案件发表意见，因为专业检察官的意见极有可能影响法官裁判。二是案件宣判后，除非基于公务行为，承办检察官也不应在文书公开的范围外评论案件。但对于非己承办的案件，出于学术研讨和法律教学的目的，则可发表评论。其次，适当限制非关职务的公开言论。对于非关职务的公开言论，原则上应保证言论自由，例外才予以限制。限制的标准基于检察官的身份，即发表的言论是否会影响到中立性，是否会使公众对其客观公正产生质疑，是否会损害检察官的荣誉与尊严。②

第三，健全考评委员会的工作机制。《检察官法》规定，人民检察院应设检察官考评委员会，职责包括评议工作，但未明确评议对象。构建廉政风险防控机制时，应将考评委员会作为内部惩戒机构，评议、惩戒检察官的不当行为，并参照台湾地区"职务法庭和评鉴委员会"的相关规定，对委员会的人员组成和工作模式予以设计。一是人员组成上，考评委员会应吸纳外部委员，并保证其发挥实质性作用。台湾地区的"检察官评鉴委员会"由检察官3人、法官1人、律师或社会公众人士4人组成。可见，系统外人士所占比例更大，足以影响评议结果。台湾"检察官评鉴委员会"的人员组成模式保证了评议结果的客观公正，应为大陆地区所借鉴。二是扩大有权申请评议的机关范围。在台湾地区，可申请检察官评鉴的机关包括被评鉴检察官所属检察署3人以上、所属检察署、上级机关、同级法院、所在辖区的律师协会或"全国律师协会"。此外，经许可，符合资格的财团法人和公益性质的社团法人也可提出申请。三是采用不公开审理的方式。考虑到司法公信力与权威，审查案件应一律不公开，但审查结论应向社会公布。四是健全评议救济制度。法庭审理应实行言词辩论，给予被评议检察官以正当法律程序的保障。评价结果作出后，如被评议人持有异议，可参照《行政复议法》的规定，允许其在特定时间内申请复核或提起申诉。

---

① 蔡碧玉等：《检察官伦理规范释论》，中国检察出版社2016年版，第45~59页。
② 姚孟昌等：《法律伦理学》，台湾新学林出版有限公司2009年版，第490~493页。

新时代检警关系重构之探究

——以检察机关退回补充侦查实证分析为切入

郭 魏 唐智峰 刘元见[*]

审前主导责任是新时代检警关系构建应有之义，事关以审判为中心刑事诉讼制度改革成败，影响国家治理体系和治理能力现代化的司法成效。然而在实际中，因受侦查中心主义、重配合轻监督惯性思维影响，检警分离模式以及配套制度不健全等限制，检察机关审前主导作用发挥十分有限。退回补充侦查，既是检察机关发挥审前主导作用的主要方式，也是最能集中反映审前检警关系现状的横截面。为此，本文拟通过检察机关退回公安机关补充侦查提纲样本分析，观察司法实践中检警关系真实状况，进而探寻新时代检警关系构建的应然逻辑和现实路径。

一、检察机关退回补充侦查提纲样本分析

（一）样本说明

本文所选退回补充侦查（以下简称退查）提纲样本于2019年9月30日选取自全国检察机关统一业务应用系统，从N市检察机关2017年至2018年期间退查数量排名前6的罪名中随机抽取920份，以保证样本选择的典型性和随机性。总样本中，共计提取1319个退查问题。虽然对2017年至2018年所有退查提纲未能进行全样本分析，导致无法全面反映实际情况，进而可能影响到对退查问题研究的客观性，但这并不影响从总体上对退查问题的把握。

（二）实证分析

1. 高退查率导致诉讼迟延

高退查率直接降低诉讼效率。2017年至2018年，N市检察机关受理一审公诉案件15741件，共计退查6408件，退查数占受理案件数的40.71%。其

---

[*] 郭魏，广西壮族自治区南宁市人民检察院副检察长；唐智峰，广西壮族自治区南宁市人民检察院干部；刘元见，广西壮族自治区人民检察院案件管理室高级检察官助理。

中，一次退查 4445 件，占受理案件数的 28.24%；二次退查 1963 件，占受理案件数的 12.47%，详见表一。以一次退查 30 天计算，2017 年至 2018 年一审公诉案件共计增加诉讼期限 192240 天，平均每案增加 12.21 天。

表一：2017 年—2018 年 N 市一审公诉案件适用退查占比情况

受理一审公诉案件（件）	两次退查案件合计（件）	两次退查案件占受理一审公诉案件比例	一次退查（件）	一次退查案件占受理一审公诉案件比例	二次退查（件）	二次退查案件占受理一审公诉案件比例
15741	6408	40.71%	4445	28.24%	1963	12.47%

退查提供延期审查机会，间接降低诉讼效率。以与退查后可能产生延期审查的情形来计，① 在 2017 年至 2018 年 N 市一审公诉案件中，适用二次和三次延长审查期限案件共计 3080 件，占两次退查案件总数的 48.06%。其中，一次退查后适用第二次延期审查 2294 件，占一次退查件数的 51.61%；二次退查后适用第三次延期审查案件 784 件，占二次退查件数的 39.94%。如表二所示，近年来 N 市检察机关退查后案件再适用延期审查概率在四成以上，退查案件为延期审查提供了适用机会，间接延长案件审查期限。

表二：2017 年—2018 年 N 市检察机关退查案件适用延期审查占比情况

一次退查（件）	第二次延期审查（件）	第二次延期审查占一次退查案件比例	二次退查（件）	第三次延期审查（件）	第三次延期审查占二次退查案件比例	退查后案件适用延期审查比例均值
4445	2294	51.61%	1963	784	39.94%	45.78%

2. 退查罪名和事项相对集中

退查案件主要集中在 6 类犯罪。2017 年至 2018 年，N 市检察机关一审公诉案件中，退查件数排前 6 的罪名分别是盗窃罪，走私、贩卖、运输、制造毒品罪，故意伤害罪，诈骗罪，寻衅滋事罪，危险驾驶罪。以上 6 类罪名案件退查合计 2421 件，占退查案件总数的 37.78%，具有一定代表性，罪名分布见图一。

---

① 检察机关审查起诉环节，因第一次延长审查期限不以退查为前提，在此不区分统计。

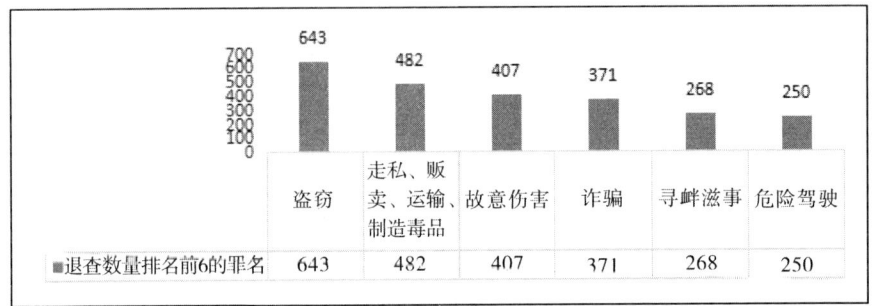

图一：2017 年—2018 年 N 市检察机关退查数量排名前 6 罪名分布（单位：件）

退查事项主要集中在 3 个方面。在随机抽取 920 份退查提纲中，对 1319 个退查事项进行分类统计发现，退查问题主要集中在补充完善证据链条、补查犯罪构成事实和补强证据效力 3 个方面，以上 3 方面问题共计 1065 个，在退查事项中占比 80.74%，补查事项分布详见表三。

表三：2017 年—2018 年 N 市 6 类高退查率案件补查事项分布（单位：个）

问题 罪名	补充完善 证据链条	补充犯罪 构成事实	补强证据 效力	前三列 数据小计	法律 适用	量刑 情节	法律 监督	借用 时间	合计
盗窃	66	86	54	206	6	50	6	16	284
走私、贩卖、运输、制造毒品	67	34	78	179	1	20	8	3	211
故意伤害	116	77	80	273	3	41	6	12	335
诈骗	84	65	27	176		7	13	17	213
寻衅滋事	39	48	18	105	2	12	6	11	136
危险驾驶	37	50	39	126	1	10		3	140
总计	409	360	296	1065	13	140	39	62	1319
在退查问题中占比	31.01%	27.29%	22.44%	80.74%	0.99%	10.61%	2.96%	4.70%	100%

3. 退查案件诉后轻判简审有一定占比

一审轻刑①缓刑案件占四成以上。如表四所示，2017 年至 2018 年，N 市

---

① 司法实践中，通常以三年以下有期徒刑作为轻刑界限。举轻以明重，本文试以一年以下有期徒刑为轻刑界限，突出反映退查案件起诉后轻判趋势。

检察机关适用过退查程序的案件中，审结后提起公诉 4673 件，已获一审宣告刑 4051 件，其中有期徒刑 1 年以下 1283 件，占比 28.5%；管制、拘役、拘役缓刑、单处罚金、有期徒刑缓刑等 582 件，占比 14.37%。退回补充侦查案件起诉后获一审宣告刑案件中，轻刑缓刑判决两项占比合计 42.87%。

表四：2017 年—2018 年 N 市检察机关退查案件起诉后轻刑缓判判决情况

退查案件审结后起诉（件）	已获一审宣告刑（件）	一审宣告刑中有期徒刑 1 年以下（件）	一审宣告刑中有期徒刑 1 年以下占比	一审宣告刑中管制、拘役、拘役缓刑、单处罚金、有期徒刑缓刑（件）	一审宣告刑中管制、拘役、拘役缓刑、单处罚金、有期徒刑缓刑占比	一审宣告刑中轻刑缓刑判决两项占比合计
4673	4051	1283	28.5%	582	14.37%	42.87%

适用简易速裁程序案件近三成。如图二所示，2017 年至 2018 年，N 市检察院适用退查程序后提起公诉的案件中，有 1327 件适用简易或速裁程序审理，占比 28.4%。这说明在审查起诉阶段，有近三成的退查程序被用在一些简单案件上，可能存在退查资源的不当耗费。

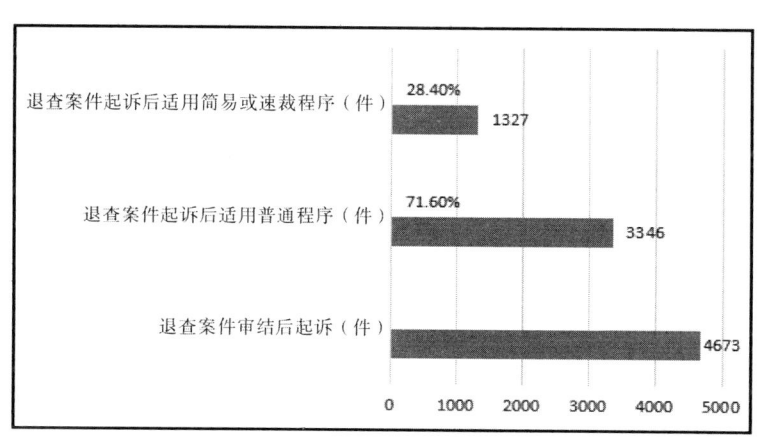

图二：2017 年—2018 年 N 市检察机关退查案件起诉后适用审判程序情况

二、检察机关退回补充侦查问题的折射

退回补充侦查，是审查起诉阶段检警关系交互最密集的环节，集中反映检

察机关审前主导意图及公安机关的响应状况。因此，透过退回补充侦查现存问题，可以较好勾绘出检警关系的现实图谱。

（一）审前主导力量分散

目前，检察机关对公安机关的审前主导作用还停留在碎片化阶段。从抽查情况来看，虽然大部分个案退查提纲能针对案件事实、证据等方面问题提出具体补证要求，发挥了审前证据质量关的过滤作用。但从类案来看，不少退查的问题存在重复情形。如图三所示，盗窃案件涉及犯罪构成的86个退查问题中，有33个是围绕涉案财物权属、去向和价值的，占比38.37%。如图四所示，走私、贩卖、运输、制作毒品案件中属于补强证据效力78个退查问题中，涉及毒品提取、封装、称量、取样等取证程序不规范问题35个，占比44.87%。这些类案问题说明，当前检察机关对公安机关审前主导过于分散，对一些屡退屡现的问题没能进行归类指导，以致主导效率不高。

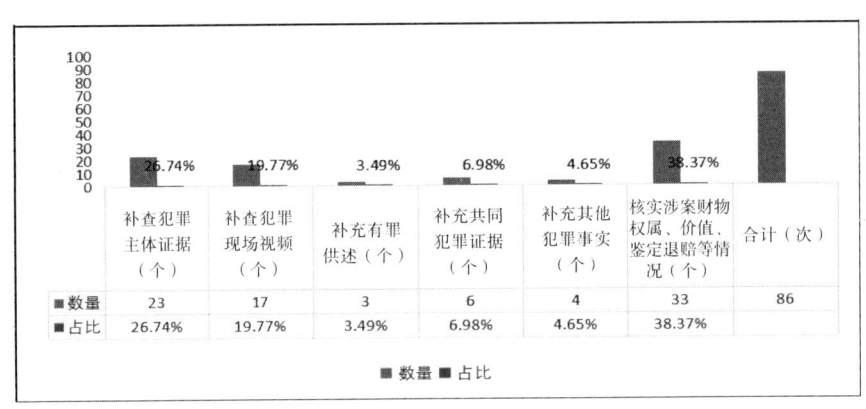

图三：2017年—2018年N市检察机关盗窃案件退查事项分布

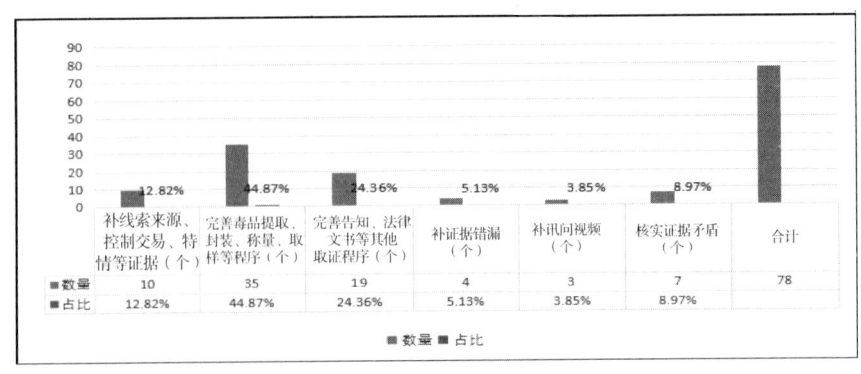

图四：2017年—2018年N市检察机关毒品案件退查事项分布

一、刑事检察基础理论与实践

（二）侦查监督力度不够

如图五所示，在抽样提纲中，涉及扣押、提取、鉴定告知等程序性问题的案件共计93件。同期，检察机关要求公安机关补证或解释证据、排除非法证据、提出证据合法性纠正意见以及提出诉讼活动不当检察建议都为0件；对公安机关书面提出的各种侦查活动监督纠正违法案件8件，与因程序性问题退查案件相比，仅为其数量的8.6%。这说明，当前检察机关对公安机关侦查活动中存在的明显程序违规问题，不是通过纠违或检察建议形式进行监督纠正，而是在退查程序中进行消化。这反映当前刑事诉讼流程中，检察机关对公安机关配合有余而监督制约不足。

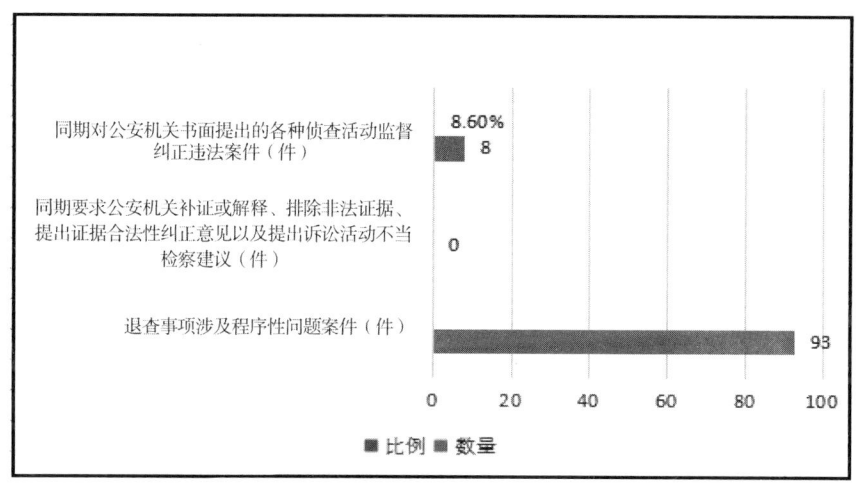

图五：2017年—2018年N市检察机关侦查监督意见建议与退查案件数量对比情况

（三）证据质量控制缺位

侦查证据质量控制，是高效实现审前证据过滤的重要途径。实现侦查证据质量控制，应当在证据质量问题数据采集基础上，通过定性和定量分析作出研判，进而实施有效引导。然而，检察机关并未建立专门的证据质量管理体系，没有问题数据采集渠道和专门的评判方法，导致证据质量问题信息无法与侦查活动建立回路，无法通过信息反馈对侦查活动产生主导作用。此次退查样本采集发现，检察机关统一业务应用系统内并未设置退查重报材料上传专栏。案件退查重报后，公安机关是否按照退查提纲补查了相应证据，补查情况怎么样等相关信息难以获取。

（四）程序资源调节过松

刑事诉讼程序中,检察机关需居中发挥实体问题过滤和程序调控作用,确保司法资源合理利用。然而从抽样提纲来看,简单问题退查还有一定占比。经统计,1319 份抽样提纲中只有 1 个退查事项的 617 份,占比达 67.07%。如表五所示,在单个事项退查提纲中,属于补充户籍证明、补前科材料、补鉴定依据、补犯罪嫌疑人讯问同录视频、补抓获经过以及见证人身份证明等合计 145 份,属于补正证据材料遗漏签名、捺印、盖章、文字错漏等合计 13 份,以上事项共计 158 份,占比 25.61%。这些问题明显属于不需要动用过多侦查手段就可以解决,但实际却占用不少退查资源。出现上述情况,反映出检察机关在审前程序中不注重诉讼资源调控,导致一些简单证据瑕疵问题进入审查起诉环节,这不仅占用检察官大量时间和精力,也无形中延长了犯罪嫌疑人的羁押期限,影响案件办理效率和公正处理。

表五：2017 年—2018 年 N 市检察机关单个事项退查提纲中简单问题占比情况

问题 数量及占比	617 份单个事项退查提纲中							
	补充户籍证明	补前科材料	补鉴定依据	补犯罪嫌疑人讯问同录视频	补抓获经过	补见证人身份证明	补正证据材料遗漏签名、捺印、盖章、文字错漏等	合计
数量（份）	50	44	24	15	8	4	13	158
占比	8.10%	7.13%	3.89%	2.43%	1.30%	0.65%	2.11%	25.61%

三、审前主导的理论价值

（一）审前主导是新时代检警关系的应有之义

审前主导正式以官方文件出现,是在 2016 年《最高人民检察院工作报告》之中:"尽可能充分地发挥出检察机关审前主导和过滤作用。"2019 年 4 月 10 日,在最高人民检察院领导干部业务讲座第一讲中,最高人民检察院张军检察长明确提出,检察机关应当在刑事诉讼中切实发挥好主导责任。

检察机关承担审前程序主导责任的必然性体现在：

第一,以审判为中心改革,要求检察机关主导审前程序,严格把控案件前端质量。在侦查中心主义时期,因过多强调配合,一些问题案件到法院审判环节时，往往会通过沟通协调解决。而以审判为中心凸显"法院定罪、量刑时需要什么样的证据、证据达到何种证明要求，侦诉机关就应高质量地提供这些证据"①，如果提供不了相应证据，将由检察机关承担败诉责任。因此，检察机关必须发挥审前主导作用，严格控制案件质量。

第二，认罪认罚从宽制度的全面推行，让检察机关面临更多控诉风险。随着适用认罪认罚刑事案件不断增多，将有大量案件不经退查程序就移送起诉。基于证据的时效性，一旦案件起诉后被告人翻供或判决后上诉，检察机关将因难以补充相关证据而面临败诉风险。因而，侦查质量前端主导的重要性更加凸显。

（二）检察机关承担审前主导责任的可能性

一方面，刑事诉讼制度中设置了检察机关主导侦查制度，为其承担审前主导责任提供了可能性和现实性。如提前介入侦查制度，是《刑事诉讼法》第85条明文规定的，具有法律依据的侦查主导形式。现实中，很多地方对检察机关提前介入侦查范围、方式、程序等作出了具体探索。此外，也有学者呼吁，"应当强调凡属重大疑难的案件，被告人、犯罪嫌疑人不认罪的案件，人民检察院都应当介入到侦查中，公安机关立案侦查的所有案件都应当向检察机关报备，检察机关根据案情及时参与"。②

另一方面，公安机关规范化建设和执法办案管理中心改革推进，为检察机关审前主导创造条件。2016年以来，中共中央办公厅、国务院办公厅印发《关于深化公安执法规范化建设的意见》（以下简称《意见》）成为公安机关加强规范化建设的纲领性文件。《意见》在完善执法制度机制方面，细化执法标准和指引，完善执法监督管理体系方面，落实以审判为中心的诉讼制度改革要求等方面提出了具体要求，为检察机关开展审前主导提供了良好条件。

（三）检察机关承担审前主导责任的优越性

一是人才资源的优越性。司法责任制改革推行以来，通过检察官遴选制度，为刑事检察部门选拔了一批有长期与法院和律师打交道，具备独立审查案件、出庭公诉能力的优秀人才。二是办案机制的优越性。捕诉一体办案机制推行后，案件质量主导责任实现前移，克服了因批捕与起诉阶段审查主体分离，难以统一证据标准的尺度和侦查质量全程控制，以致办案质效低下的弊端。③三是专业对口的优越性。检察机关以刑事案件罪名为依据，划分内设机构和配

---

① 陈卫东：《"以审判为中心"与审前程序改革》，载《法学》2016年第12期。
② 陈卫东：《"以审判为中心"与审前程序改革》，载《法学》2016年第12期。
③ 参见聂友伦：《检察机关批捕权配置的三种模式》，载《法学家》2019年第3期。

置专业化办案组织,突出专业化发展方向的改革,能为公安机关提出更专业、更精准的审前主导意见。

四、新时代检警关系构建的现实路径

新时代检警关系构建的现实路径,实则是解决"检警分离"模式下,如何运用现代管理理念和方法,建立科学有效的审前主导体系,形成检警协同高效完成刑事控诉的一体化工作机制。建立刑事控诉法律知识共享和审前主导质量控制体系,以及加强责任追究机制配置,有助于形成检察机关主导下公安机关独立行使侦查权的检警协作机制,提升刑事控诉效率,这无疑是基于"双赢共赢多赢"理念下,提升检察机关审前主导能力的有效路径。

(一)建立刑事控诉法律知识管理体系

简言之,知识管理是对知识、知识创造过程和知识的应用进行规划和管理的活动,其遵循积累、共享和交流三大原则。据著名知识管理平台印象笔记调查显示,信息孤岛、知识流失、碎片化是造成团队效率低迷的主要原因。在构建检警控诉协作关系中,借助知识管理方法,可以更好形成检警控诉一体工作格局,克服因刑事控诉法律信息孤岛而造成审前主导效率低下的痛点。

1. 制定类案侦查取证指引

检察机关应当根据庭审指控犯罪证据要求,会同公安机关建立常见罪名刑事案件侦查取证指引,以及分类汇编因侦查质量问题导致案件败诉、无罪、轻判的典型案例集。具体而言,就是对某一类犯罪特定控诉需要齐备哪些证据,如何取证才能具备庭审效力,证据的证明力需要达到什么程度才能有效指控犯罪、常见罪名有哪些可能导致庭审不利的证据问题等,都以知识管理的形式收集整理,形成有侦查取证流程,有工作标准、工作依据以及相关指导案例的法律知识共享体系。通过常见罪名刑事案件指控犯罪取证指引,方便公安机关在侦查程序启动之初,根据庭审指控犯罪的标准,按照正确侦查取证方向、采取正确方式方法,避免出现重大错漏,从源头上减少证据质量问题,保障诉讼顺利进行。

2. 制定类案证据移诉标准

在现行刑事案件受理通用标准基础上,与公安机关进行协商,制定近几年退查率高、常见多发罪名类案的移送标准,实现清单式地审查。类案证据移送标准的主要内容是进一步明确常见类案移送时通常应当备齐哪些基本案件材料和证据,具备特定情形时应当具备哪些特有的证据,以及证据的合法性需要达到什么要求等。公安机关在案件移送审查起诉前,就能对照证据移送标准进行清单式筛查,提前做好查漏补缺,尽量将一些证据错漏、程序瑕疵等简单易补

的问题解决掉，减少程序倒流情形。

（二）建立审前主导质量控制体系

以审判为中心的本质是以庭审为中心，实质是以证据为中心。① 因此，审前证据质量控制是决定检察机关庭审控诉成败的关键所在。

1. 建立审前证据质量控制体系

一是配置证据交换质量管理软件。在检察机关统一业务系统中配置证据交换信息化管理模块目，从提请审查逮捕开始，对公安机关移送证据和检察机关提出捕后继续侦查取证建议或退查问题进行清单式管理，并形成相关管理台账和分析报表。如对审查逮捕或审查起诉环节，公安机关提交了哪些证据、存在哪些问题，在统一业务系统上进行清单式填录。对检察机关要求公安机关继续侦查或补查哪些问题，继续侦查或补查的结果如何，哪些问题没有完成以及没有完成的原因和理由是什么等，也都在统一业务系统上进行清单式填录。同时，对上述环节产生的相关材料建立专门电子卷宗项目进行上传。通过证据交换过程的信息化管理，不仅有利于检察官快速了解案件整体证据状况及补查进程，也有利于公检两家证据交换情况进行统计分析，及时发现侦查案件工作中存在的问题并进行反馈整改，为检察机关更好主导侦查取证提供决策依据。

二是建立案件质量协同研判机制。与公安机关建立案件质量协同研判工作机制，定期对检察机关提出的侦查取证要求进行会商分析。一方面，通过检察机关定期分析研判公安机关侦查取证工作中存在的问题，及时督促公安机关依法履行侦查职能，引导公安机关更好配合开展侦查取证工作。另一方面，通过公安机关对检察机关侦查取证要求中存在的问题进行反馈，帮助检察机关提高侦查主导的合理性和精准性。

2. 建立审前程序资源控制体系

建立审前程序资源控制体系的关键是明确常见类案分流处置规则。在发挥检察机关类案实体性问题主导基础上，结合本地司法实践，与公安机关和审判机关协商一致，对常见罪名建立繁简分流的工作规范，形成轻案快办，重大疑难复杂案件精办的诉讼资源调控体系。如对常见多发的盗窃电动车、危险驾驶等案件，在案件证据体系和质量符合法庭审理要求后，检察机关即可启用快速办案通道，公、检、法三家限期办理，高效利用司法资源。据报道，2019年7月26日，北京市海淀区人民检察院在海淀分局公安执法办案管理中心对陈某

---

① 王婷：《以审判为中心背景下构建以公诉为主导的新型诉侦关系路径探讨》，南昌大学2018年研究生学位论文，第2页。

涉嫌危险驾驶罪启用快办机制，该案从立案侦查到法院开庭宣判，历时仅 35 小时。①

3. 建立新型侦查监督工作机制

依托公安机关执法办案管理中心建立新型侦查监督工作机制，实现检察监督阵地前移，解决侦查封闭造成的监督滞后问题。通过派驻检察工作机制，让检察机关在执法办案管理中心可以从公安机关立案开始，就对公安机关各环节进行监督，减少侦查取证不规范、侵害当事人合法权益等行为。此外，还可以通过政法协同工作平台，共享公安机关立案侦查信息，对侦查活动进行动态监督。借助多种手段和多种机制，建立起"能够帮助侦查人员及时发现、纠正问题，又乐于被侦查人员所接受的良性监督机制"。②

（三）建立责任追究机制

1. 明确公安机关责任

检察机关可与公安机关共同协商，制定全国性协同工作规范，明确类案侦查取证指引、类案证据移送标准、捕后继续侦查取证建议、退回补充侦查决定等审前主导措施对公安机关的强制作用，公安机关对以上指引和标准必需遵守，对相关建议决定必需书面回复结果、进程及未完成事项原因等内容，否则将由公安机关内部作出相关惩处。

2. 明确检察机关责任

第一，要进一步明确检察机关在审前应当适用纠正违法、检察建议的条件及情形。如对非法取证、侦查程序不规范等问题，要规定该纠正的要纠正，该提出检察建议的要提出，不能通过退查、补查程序来降格处理。第二，对不按照规定履行审前主导和侦查监督责任的，要对承办检察官进行问责，并将结果纳入检察官个人司法档案。

---

① 《北京海淀打造"执法办案管理中心"+"模式"助推刑事案件办理高质高效》，http://www.sohu.com/a/333911930_120206455，访问时间：2019 年 10 月 20 日。
② 刘文强：《以审判为中心视野下我国检警关系的反思与重构》，载《辽宁大学学报（哲学社会科学版）》2019 年第 4 期。

检察机关逮捕权的法释义学解读

陈晓华　李　勇*

作为我国刑事诉讼中五种强制措施之一，逮捕不仅包含强制捉拿到案的意思，还意味着犯罪嫌疑人、被告人在一定时间期限内处于关押、被剥夺人身自由的状态。逮捕权作为法律赋予人民检察院的职权之一，其属性和归属理论上存有颇多争议，司法适用中的问题亦受关注和质疑。本文基于法释义学立场对人民检察院逮捕权的属性、配置以及适用进行系统性的分析论证，以期为逮捕权理论研究和司法适用提供裨益。

一、逮捕权属性的法释义学阐释

（一）检察权属性的理论廓清

学术界关于逮捕权的属性主要有四种观点：行政权说、司法权说、行政权司法权双重属性说、法律监督权说。对检察机关逮捕权属性的确定以与之相关概念的澄清为前提。我国理论界和实务界对于检察权、法律监督权、司法权等概念尚未形成共识。

我国包括宪法在内的多部法律均有检察权的表述。《宪法》第136条规定，人民检察院依照法律规定独立行使检察权，不受行政机关、社会团体和个人的干涉。《刑事诉讼法》第5条和《人民检察院组织法》第4条的规定与《宪法》第136条的规定相同。除此之外，《人民检察院组织法》第2条第2款、第5条有多处关于检察权的表述。可见，检察权是我国宪法、人民检察院组织法和刑事诉讼法规定的法律术语。检察权，即检察机关的职权，是宪法和法律赋予检察机关的各项职权的总称。①

1. 检察权与法律监督权。法律监督权在我国是一个学术或理论用语，包

---

* 陈晓华，湖北省武汉市人民检察院党组副书记、常务副检察长；李勇，湖北省武汉市人民检察院一级检察官。

① 张智辉主编：《检察权优化配置研究》，中国检察出版社2014年版，第25页。

括宪法在内的法律中并没有法律监督权的表述。我国《宪法》第 134 条和《人民检察院组织法》第 2 条第 1 款规定，中华人民共和国人民检察院是国家的法律监督机关。我国权力机关与立法权、行政机关与行政权、监察机关与监察权、审判机关与审判权均存在机关性质与所行使权力之间的对应性，但法律监督机关与检察权之间缺乏这种对应性，导致理论上关于法律监督概念的争议，并产生法律监督权与检察权关系的"多元论"和"一元论"之争。"多元论"一方面强调法律监督机关的多元化，认为诸如行政机关行使的行政权、审判机关行使的审判权也有法律监督的性质；① 另一方面，主张检察权能的多元化，把检察权分为侦查职能、监督职能、公诉职能以及参与民事诉讼和行政诉讼职能等，认为这些职能不可能作出一元概括。② "一元论"主张检察权的全部权能在性质上统一于法律监督权，检察权的内涵与外延在逻辑上与法律监督权完全一致，将检察权与法律监督权作为同义概念。③ "多元论"认为并非检察机关的所有职权都具有法律监督属性。"一元论"则主张各项检察职能都具有法律监督的属性，认为检察权就是检察机关的法律监督权，内容包括法律规定由人民检察院行使的所有职权。

2. 检察权与司法权。我国宪法和法律没有司法权的表述。在西方国家"三权分立"的体制下，司法权是相对于立法权、行政权的第三种国家权力。司法权往往称为司法裁判权。④ 比较普遍的观点认为，在现代法治国家里司法权只能由法院行使，专指审判权。司法权具有终局性、中立性、独立性和消极被动性几个特性。以公诉权为基本内容的检察权不可能具有终局性、中立性、被动性、独立性的特点，检察权在本质属性上、在终极意义上属于行政权。⑤ 对于将司法权界定为司法裁判权或审判权，分析其特征，并根据是否满足这些特征进而判断是否司法权的研究方法，有学者提出异议。认为此种观点把司法权等同于审判权，所谓司法权的特征，实际上只是审判权的特征，且是三权分

---

① 刘茂林、陈明辉：《论检察权与法律监督权的关系》，载《河南工业大学学报》2013 年第 3 期。

② 石少侠：《论我国检察权的性质——定位于法律监督权的检察权》，载《法制与社会发展（双月刊）》2005 年第 3 期。

③ 石少侠：《我国检察机关的法律监督一元论——对检察权权能的法律监督权解析》，载《法制与社会发展（双月刊）》2006 年第 5 期。

④ 陈瑞华：《司法权的性质——以刑事司法为范例的分析》，载《法学研究》2000 年第 5 期。

⑤ 陈卫东：《我国检察权的反思与重构——以公诉权为核心的分析》，载《法学研究》2002 年第 2 期。

立语境下司法权的特征,强调司法权均需具备此四种特征,以此来反证检察权不属司法权,在方法论和逻辑关系上有本末倒置之嫌。① 亦有学者认为,检察权是否独立,关键是能否将其归入司法权,"司法权"主要解决检察机关的独立性及其身份保障问题。②

3. 检察权属性的组织法解释。检察权概念具有明确性,人民检察院组织法也对检察权的具体内容作出了明确规定③。就检察权与法律监督权的关系而言,《人民检察院组织法》第21条第1款规定,人民检察院行使本法第二十条规定的法律监督职权,可以进行调查核实,并依法提出抗诉、纠正意见、检察建议。该款是我国立法仅有的关于法律监督职权的表述。从文义上理解,该款所称的法律监督职权具体包括《人民检察院组织法》第20条第五至七项规定的职权,而非第20条规定的全部职权。之所以如此理解,原因在于,其一,人民检察院组织法第20条有"法律监督"表述的只有第五至七项。其二,该款明确法律监督职权的行使措施为可以进行调查核实,行使的方式包括提出抗诉、纠正意见、检察建议。《人民检察院组织法》第20条第一至四项所规定职权的行使方式则包括立案侦查、移送审查起诉、批准和决定逮捕、提起公诉或不起诉以及提起公益诉讼等,这与"提出抗诉、纠正意见、检察建议"等方式显然是不同的。其三,"检察机关履行法律监督职责,对诉讼中的违法行为提出监督和纠正意见,只是启动相应的法律程序或作出程序性的决定,提出意见建议,甚至通过抗诉来发挥监督作用,不具有终局或实体处理的效力"。④ 这种程序性和建议性正是《人民检察院组织法》第20条第五至七项所规定职权的特点,与该条款第一至四项所规定的职权所具有的裁决性或终局性是不同的。换而言之,检察权包括《人民检察院组织法》第21条所称的法律监督职权,两者是不能等同的。将法律监督作狭义理解的一元论,将法律监督权与检察权等同的观点,并无太多理论价值,反而由于概念的混乱造成理论和实践中的困惑。宪法将检察机关定位为法律监督机关,是对检察机关的整体定位,具

---

① 石少侠:《论我国检察权的性质——定位于法律监督权的检察权》,载《法制与社会发展(双月刊)》2005年第3期。
② 万毅:《检察权若干基本理论问题研究——返回检察理论研究的始点》,载《政法论坛》2008年第3期。
③ 参见《中华人民共和国人民检察院组织法》第20条的规定。
④ 孙谦:《新时代检察机关法律监督的理念、原则与职能——写在新修订的人民检察院组织法颁布之际》,载童建明主编:《检察智库成果(第3辑)》,中国检察出版社2019年版,第11页。

体到检察权的权能属性,不能将所有的检察权均归为法律监督权。① 在我国宪法体制下,检察权作为与行政权、监察权、审判权并列的一种完整独立的公权力,无须将检察权归属为某种权力形式之后再来探究其属性,理论上也完全可以用检察权指代人民检察院所行使的全部职权。同监察权和审判权相同,人民检察院行使检察权不受行政机关、社会团体和个人的干涉。根据《检察官法》第 6 条的规定,检察官依法履行职责,受法律保护,不受行政机关、社会团体和个人的干涉。就此而言,检察权行使的独立性是立法明确规定的,是法律所保障的,亦无须将其归入司法权来解决检察权的独立性问题。检察权之所以是检察权,是由其所具有的法律监督性、司法性、行政性、公益性所决定的,这些属性综合于一体共同构成检察权独立的权力属性。② 检察权所具有这些属性是其区别于行政权、监察权和审判权,成为独立的国家权力形式之根本所在。

(二) 检察机关逮捕权的特性重塑

基于检察权作为一项独立的国家权力的立场,检察机关的逮捕权当然属于检察权。作为检察权的一项权能,批准逮捕权具有以下几个特点:一是法律监督性。批准逮捕权因侦查机关提请批准逮捕而发起,天然地具有对侦查权的限制和制约作用。逮捕审查过程中对侦查机关收集证据的审查、非法证据的排除、违法侦查行为的纠正、作出批准或者不批准逮捕决定以及决定作出后提出的继续侦查或补充侦查的意见无不体现出对侦查权的监督性质。通过逮捕批准权与请求权、执行权的分离,使逮捕执行权受到批准权的控制,以此监督、制约逮捕措施的适用,进而保障人权。二是中立性。"中立,是指裁判者对诉讼争端各方保持一种超然和无偏私的立场,既不对诉讼任何一方抱有偏见,也不与诉讼争端的利益有任何关联。"③ 批准逮捕权的行使秉持中立性,权力行使过程中不能有价值或利益上的偏向,只注重证据和事实,在提请逮捕机关和犯罪嫌疑人、辩护人之间处于不偏不倚的立场,对双方的主张和利益同等关注。三是独立性。权力行使过程中秉持客观公正立场,在证据采信、事实认定、法律适用上保持独立自主,只能依据法律作出批准或不批准逮捕的决定,不受行政机关、社会团体和个人的干涉。四是审查性。"人民检察院的具体职权,呈现以检察审查为核心内容的样态,成为所有检察职权的'最大公约数',即检察机关对公安机关、法院等执法司法行为,以及涉及公共利益的行政行为、民

---

① 陈卫东:《羁押必要性审查制度研究》,载《法学研究》2018 年第 2 期。
② 王守安、田凯:《论检察权的属性》,载《国家检察官学院学报》2016 年第 5 期。
③ 卞建林、谢澍:《"以审判为中心"视野下的诉讼关系》,载《国家检察官学院学报》2016 年第 1 期。

事行为进行合法性审查并作出决定的权力。"① 批准逮捕权以对刑事案件进行审查为基本实现方式和途径,并以审查认定的事实和证据作出逮捕与否的决定。五是终局性。批准逮捕权具有裁判性,属于程序性裁判。批准逮捕或不批准逮捕决定作出后,侦查机关有权申请复议或复核,经复核的决定属于最终的裁判,具有终局性。

二、法释义学视角下的逮捕权配置

逮捕权的配置,即逮捕权由谁行使的问题,理论界有法院行使说、人民检察院行使说和改良说等学说,争论的焦点在于权力行使的中立性。

(一)检察机关行使公诉权对审查批捕中立性的影响

在我国,检察机关的批准逮捕权和公诉权都具有审查的性质,属于具有裁判性质的职权。从权力行使的方式看,人民检察院行使逮捕权、公诉权都应进行审查;从权力行使的结果看,其中逮捕权的行使结果包括批准(决定)或不批准(决定不)逮捕,公诉权的行使结果包括决定提起公诉或决定不起诉。"是否提起公诉(尤其是不起诉),需要检察官依据法律进行裁量并独立作出起诉或者不起诉的法律处分,这种处分权与法官的裁判权极为相近,同样具有中立性、独立性和裁量性。"② 权力行使结果的多样性表明检察机关行使逮捕权和公诉权时具有自由裁量权,同时也意味着批准逮捕并非必然提起公诉,不批准逮捕并非必然不起诉。权力行使结果组合的丰富性为检察机关保持批准逮捕权行使的中立性创造了制度空间。检察机关履行审查批捕、审查起诉职能时,均存在以侦查机关为控方,以犯罪嫌疑人、被告人及其辩护人为辩方,检察机关居中审查作出批捕、起诉决定与否的三方结构。这种权力运行构造本质上表明,检察机关审查批捕和审查起诉职权的履行具有司法的特征。同时,我国"控权式"司法改革提升了检察机关的中立性。那种认为检察机关承担追诉职责必然不能中立的观点,实际上是把审查批捕与控诉职能、客观公正义务对立起来,其原因在于把检察机关定位于控诉机关,把控诉作为检察机关职能、义务的本源和根据,忽视了审查逮捕权的法律监督性,实际上犯了本末倒

---

① 苗生明:《新时代检察权的定位、特征及发展趋向》,载《中国法学》2019年第6期。

② 万毅:《检察权若干基本理论问题研究——返回检察理论研究的始点》,载《政法论坛》2008年第3期。

置的错误。①

国际人权组织未将检察官排除在司法审查的主体之外。联合国经济社会发展委员会下属人权委员会2005年赴中国就审前羁押问题进行专题调查后认为,虽然中国检察机关采行的检察一体化体制在一定程度上削弱了检察官的中立性地位,但在一定前提下检察机关仍然有权行使批捕权,建议中国采取改革措施消除影响检察官中立性的负面因素,继续将批捕权留在检察官手中。② 所以,那些认为我国检察官因缺乏中立性不应行使批准逮捕权的观点系对国际公约的误读。

(二) 检察机关捕诉一体改革对审查批捕中立性的影响

学术界比较普遍的观点认为,检察机关行使审查逮捕权的正当性前提之一,就是"捕诉分离",如果实行"捕诉一体",审查逮捕制度也就失去了其正当性根基。③ 甚至有实务界的学者认为,负责批捕的检察官同负责出庭公诉的检察官不得同为一人,是体现批捕中立性必须守住的最后的底线,如果逾越这一最后的底线,检察机关行使批捕权的科学合理性和正当性就会遭到更强烈的质疑,检察机关回应质疑的理论依据和理论底气就会"囊中羞涩"。④

上述观点存在三个方面的问题。其一,将公诉权等同于提起公诉,忽视公诉权的审查性质和裁判权性质。审查起诉并非必然提起公诉,能否提起公诉的决定因素是事实和证据,而非是否已经采取逮捕措施。其二,将审查起诉的过程混同于审查起诉的结果。人民检察院对侦查机关移送审查起诉的刑事案件必须先经审查,并根据审查认定的事实和证据决定是否提起公诉,将公诉的本意理解为对犯罪嫌疑人进行定罪量刑显然是片面的。逮捕和公诉适用条件不同,且是两个互相独立的程序,逮捕与否的依据是侦查机关提请逮捕时移送的证据材料,提起公诉与否依据的是侦查机关移送起诉时的证据材料,二者存在时空条件的差异。纵使审查主体为同一人,但审查程序、适用条件、证明标准、证据和事实情况均存在不同,且有客观公正义务和司法责任制的加持,审查主体必然依据法律和事实作出诉讼决定,而非单纯的为追诉而枉法决定。即使在提前介入侦查以及对批准或不批准逮捕案件提出继续侦查或补充侦查提纲的情况

---

① 朱孝清:《检察官客观公正义务及其在中国的发展完善》,载《中国法学》2009年第2期。
② 高峰:《对检察机关批捕权废除论质疑——兼论检察机关行使批捕权的正当性》,载《中国刑事法杂志》2006年第5期。
③ 汪海燕:《检察机关审查逮捕权异化与消解》,载《政法论坛》2014年第6期。
④ 朱孝清:《对检察官中立性几个问题的看法》,载《人民检察》2016年第2期。

下，检察官的目的也是引导侦查机关依法全面收集证据，查明案件事实，准确适用法律，而非追求对犯罪嫌疑人或被告人的定罪处罚。所以，捕诉一体并不必然导致检察官因对案件同时行使批捕权和审查起诉权而丧失中立立场。其三，有关实证研究表明"捕诉一体"并未导致上述论者所描述的问题。"尽管园区院实行捕诉合一，但并未出现因批捕权与追诉权交由同一主体行使导致职能冲突与角色冲突的问题，或者为方便追诉而滥用批捕权的问题；也未出现案件证据已经构成犯罪，办案人员为了保证日后审查起诉的顺利进行，对可捕可不捕案件会倾向于批捕，人为提高或降低逮捕标准的问题。"①

（三）人民法院行使批准逮捕权中立性质疑

法院是否必然具有中立性，在西方国家亦成为问题。法官掌握签发逮捕令的权力，其实不过扮演着警察的橡皮图章的角色，警察申请司法令状，法官通常都会予以批准。② 在我国，根据刑事诉讼法的规定，人民检察院和人民法院在刑事诉讼法的任务上是没有区别的，均承担着惩罚犯罪、保护人民的职能。"人民法院在刑事司法领域的主要功能仍然是致力于与公安机关和检察机关一起打击和惩罚犯罪。"③ 法院在司法实务中往往出于审判便利或打击犯罪的需要决定对被告人采取逮捕措施。在我国司法实践中，普遍存在检察院决定取保的案件，移送起诉时法院为了审判便利而要求必须以逮捕为前提，或者在移送起诉后即予逮捕的现象。④ 案件起诉到法院后，对于没有被羁押的被告人，法院如果认为被告人会被判处有期徒刑以上的刑罚，就往往将非羁押性强制措施变更为羁押措施。⑤ 这一点也得到实证研究的证实，对人民检察院未羁押起诉到法院的案件，法院审理后，为了防止被告人脱逃等可能妨碍诉讼的行为出现，一审法院几乎都决定逮捕。⑥ 显而易见，人民法院行使批准逮捕权必将导致羁押率降低的观点纯属主观臆测。在公检法三机关任务相同、目标一致的情

---

① 王勇、闵钐：《捕诉合一的实践与思考——以江苏省苏州市苏州工业园区检察院办案数据为基础》，载《人民检察》2018年第12期。

② 张建伟：《"捕诉合一"的改革是一项危险的抉择？——检察机关"捕诉合一"之利弊分析》，载《中国刑事法杂志》2018年第4期。

③ 陈实：《论捕诉一体化的合理适用》，载《法商研究》2019年第5期。

④ 宋英辉：《我国逮捕程序完善之思考》，载《河南社会科学》2009年第6期。

⑤ 李训虎：《逮捕制度再改革的法释义学解读》，载《法学研究》2018年第3期。

⑥ 姚石京：《刑事案件不捕率攀升的调查与分析——以Z省T市不捕案件相关数据为样本》，载《人民检察》2018年第20期。

况下，很难说法院比检察院更中立。①

假设批准逮捕权转由人民法院行使，可能的实施方案有三种。其一，成立专门的法院由专门的法官负责行使批准逮捕权；其二，在现行的法院系统内设立专门的部门由专门的法官行使批准逮捕权；其三，由现行法院内部刑事审判部门的法官负责行使批准逮捕权并承担案件的审判工作。前两种方案实行审查逮捕法官与审判法官分离，旨在避免法官产生有罪预断，但显然脱离我国法院系统普遍存在的"案多人少"问题的客观实际。那种以美国法官对于一般案件审查过程持续时间不超过几分钟为依据，假定一名审查法官每天可审查对10名嫌疑人提出的逮捕申请，进而推断我国实行法院统一审查逮捕操作层面可行的观点，②既缺乏对我国审查逮捕程序实际运行状况的了解，也忽视美国审前服务机构在审前羁押司法审查制度中发挥重要作用的事实。③第三种方案无法回避法官因同时承担审查批捕和审判职责而产生的中立性以及预断的质疑。由此可见，我国现阶段由人民法院行使批准逮捕权不具有现实可行性。

"把批捕权交给法院行使，不但会使人对法院的中立性产生怀疑，还会使人怀疑法院在现有的人力配备、办案能力条件下能否胜任审查逮捕工作，并且存在修改《宪法》和相关组织法的难题。"④ 司法的性质也不要求只有法院才能从事司法活动，但不论哪一个国家机构实施司法活动，就都必须遵守特有的司法程序，采取与司法性质相符合的组织形式，并发挥其特有的社会功能。⑤ 我国检察机关行使批准逮捕权具有合理性，只要检察官审查逮捕时按照"审前法官"的角色定位，维持控辩审（审查）三角架构，在侦查机关、犯罪嫌疑人、被告人及其辩护人之间保持中立立场，弱化追诉角色和意识，摒弃构罪即捕、以捕代侦等错误观念，履行客观公正义务，加强对犯罪嫌疑人、被告人社会危险性审查，坚持审查逮捕法律监督属性，居中审查并作出批准逮捕与否的决定，很大程度上可以解决检察机关行使逮捕权过程中存在的问题。

---

① 李昌林：《审查逮捕程序改革的进路——以提高逮捕案件质量为核心》，载《现代法学》2011年第1期。

② 刘计划：《逮捕审查制度的中国模式及其改革》，载《法学研究》2012年第2期。

③ 蓝向东：《美国的审前羁押必要性审查制度及其借鉴》，载《法学杂志》2015年第2期。

④ 李昌林：《审查逮捕程序改革的进路——以提高逮捕案件质量为核心》，载《现代法学》2011年第1期。

⑤ 陈瑞华：《司法权的性质——以刑事司法为范例的分析》，载《法学研究》2000年第5期。

三、法释义学情境下的逮捕权适用

（一）逮捕条件的阶层化

我国《刑事诉讼法》第 81 条规定的逮捕条件包括证据条件、刑罚条件和社会危险性条件。对于逮捕条件之间的关系，存在并列关系和递进关系的争论。并列关系论认为，逮捕的三个条件是并列关系，三个条件必须同时具备才能实施逮捕，与之相对应的是整体性审查方式。所谓整体性审查，是指不把三个条件作为独立的审查对象分别审查，多数情况下作为一个整体进行审查，在证据存疑或者主观判断困难时倾向于作出逮捕决定，这种整体性审查的弊端是容易忽视某一要件或者漏查某一要件情况。① 递进关系论认为，逮捕的三个条件的逻辑结构不是平行并列的，而是层层递进的，围绕着"有无逮捕必要"展开，其中社会危险性的有无和大小是"有无逮捕必要"的决定性因素。② 与递进关系论相对应的是阶层化审查方式。阶层化审查主张构建以证据和刑罚条件为前提条件，社会危险性条件为核心条件的递进式、双层次的证明方式。具备证据条件和刑罚条件的前提后，捕与不捕由社会危险性条件来决定。③

并列关系和整体性审查实践中导致过度强调证据条件以致忽视社会危险性条件审查以及将证据条件与社会危险性条件混同，进而导致"构罪即捕"的问题。产生这一现象的原因在于将证明社会危险性的证据分为两类，一类是证明犯罪事实的证据，认为此类证据本身就是证明社会危险性的证据；另一类证据是专门用来证明社会危险性的证据。以犯罪事实即可认定犯罪嫌疑人具有社会危险性时，无须收集、固定犯罪嫌疑人具备社会危险性条件的其他证据。④ 这种观点，过度强调证明犯罪事实的证据对社会危险性的证明作用，导致实践中忽视对专门证明社会危险性证据的收集。这种仅审查证据条件，不对社会危险性条件进行独立审查的方式，实际上将逮捕的三条件简省为一个证据条件，

---

① 张琳：《逮捕条件的证明规则——以侦查阶段审查批准逮捕程序为视角》，载《华侨大学学报（哲学社会科学版）》2018 年第 5 期。

② 孙茂利、黄河：《逮捕社会危险性有关问题研究——兼对〈最高人民检察院、公安部关于逮捕社会危险性条件若干问题的规定（试行）〉的解读》，载《人民检察》2016 年第 6 期。

③ 孙谦：《司法改革背景下逮捕的若干问题研究》，载《中国法学》2017 年第 3 期。

④ 孙茂利、黄河：《逮捕社会危险性有关问题研究——兼对〈最高人民检察院、公安部关于逮捕社会危险性条件若干问题的规定（试行）〉的解读》，载《人民检察》2016 年第 6 期。

成为导致批捕人数多、审前羁押率高的重要原因之一。逮捕的社会危险性条件侧重于对犯罪嫌疑人人身危险性的评价,犯罪嫌疑人实施的已然之罪所反映的人身危险性虽可以作为评价其社会危险性的因素之一,但不能与"社会危险性"等同。因此"社会危险性"应当独立审查判断,并应将逮捕的审查重点从证据条件和刑罚条件转向社会危险性审查,即在对证据条件和刑罚条件进行审查并得出肯定结论之后,根据证据对社会危险性条件从有无社会危险性和有无逮捕替代措施两个层面进行单独审查。所以,逮捕条件递进关系和阶层化审查的主张具有合理性。

(二)逮捕证明标准的二重化

逮捕的证据条件和刑罚条件针对的是逮捕的犯罪事实,属于已然的犯罪事实,为实体性证明对象;社会危险性条件针对的则是未来可能发生的情况,属于程序性证明对象。逮捕各个适用条件涉及诉讼利益和证明对象性质上的差异,决定了逮捕各个适用条件的证明标准也应当是有差别的,不宜笼统地确定一项适用于逮捕各个条件的证明标准。

逮捕犯罪事实的证明,刑事诉讼法规定的证明标准为"有证据证明有犯罪事实"。[①] 该证明标准存在着严密的逻辑关系,首先要求有证据证明发生了犯罪事实,且证明犯罪事实发生的证据应当是充足的;其次,应有证据证明犯罪事实为犯罪嫌疑人所实施,且证明犯罪事实是犯罪嫌疑人实施的证据应当是充足的;最后,上述证据均应当查证属实,达到证据确实的程度,但不要求犯罪嫌疑人所实施的全部犯罪事实均查证属实。"有证据证明有犯罪事实"是指证明犯罪事实的证据确实、充足,达到排除合理怀疑的程度。

关于社会危险性的证明,有"说明模式"和"证明模式"之分。"说明模式"是指提请逮捕犯罪事实足以表明犯罪嫌疑人具有人身危险性,侦查机关无须再提供相关的证据材料,应当在提请逮捕时专门予以说明。"证明模式"是指侦查机关需要另行收集和固定犯罪嫌疑人具备社会危险性条件的证据,在提请逮捕时一并随案移送。[②] 所谓"说明模式"容易导致社会危险性条件的审查丧失独立性。根据《人民检察院刑事诉讼规则》第135条的规定,社会危险性的审查均应当采取证明模式,公安机关应当移送证明社会危险性的证据。但社会危险性针对的是未来的可能性,对于未发生的情况很难用证据直接证明,只能根据现有的事实按照逻辑法则和经验法则进行推定。使用推定证明方

---

① 参见《人民检察院刑事诉讼规则》第128条的规定。
② 孙谦:《司法改革背景下逮捕的若干问题研究》,载《中国法学》2017年第3期。

法，首先证明比较容易证明的基础事实，然后再从基础事实推定待证事实。推定社会危险性的基础事实应当有足够的证据证实，为推定待证事实奠定基础。所以，社会危险性的证明标准应当区分基础事实采取证明的方法，待证事实采取推论的方法。对于基础事实的证明标准应当达到证据确实、充足的程度；对于待证事实的证明标准应根据基础事实，如果没有反证，有很强的理由相信推定事实会出现，形成内心确信，就可推定出结论。

（三）逮捕审查方式的司法化

理论界关于逮捕权行使方式的争论集中于审查逮捕的司法化。逮捕的司法审查，有两种模式。一种是对审开庭方式，犯罪嫌疑人、辩护人和警察或者检察官同时出席，就是否羁押提出意见进行辩论。第二种是采用单方面讯问犯罪嫌疑人的方式进行。①

我国《刑事诉讼法》第88条、《人民检察院刑事诉讼规则》第280条对应当讯问犯罪嫌疑人的情形进行了明确，同时规定对被拘留的犯罪嫌疑人不予讯问的，应当送达听取犯罪嫌疑人意见书，由犯罪嫌疑人填写后及时收回审查并附卷。审查批准逮捕虽不必然要求讯问犯罪嫌疑人，但应当讯问的情形是比较普遍的，且对于被拘留的犯罪嫌疑人，如果不予讯问，也应当书面听取意见。另外，《刑事诉讼法》第88条还规定，人民检察院审查批准逮捕，可以询问证人等诉讼参与人，听取辩护律师意见；辩护律师提出要求的，应当听取辩护律师的意见。对于被羁押的犯罪嫌疑人，法律规定必须讯问或书面听取犯罪嫌疑人意见，基本契合上述单方面讯问犯罪嫌疑人的司法审查模式。对于是否应当采取对审开庭方式进行审查，有学者认为，司法化的逮捕程序强调侦查机关与被追诉方双方到场，通过直接言词的方式由检察官居中听取双方意见后作出是否逮捕的决定。②亦有学者认为，检察机关审查批捕工作，本身就具有一定的"司法审查"性质，该活动属于刑事诉讼法规范、具有刑事诉讼法意义并属于整个诉讼流程之组成部分的活动，其司法属性与诉讼属性本无可置疑，司法化或者诉讼化的口号本身就是性质定位不正确以及缺乏自信的一种误区。③笔者认为，我国法律关于逮捕权行使方式的规定，具备平等听取侦辩双方意见、居中审查决定的特征，具有基本的诉讼属性，主张所有案件均适用对审开庭模式的观点显然与合理配置司法资源、提高诉讼效率的价值取向相悖。

---

① 张晓津、刘涛：《简论审查逮捕的诉讼化转型》，载《人民检察》2017年第21期。
② 陈卫东：《逮捕程序司法化三题》，载《人民检察》2016年第21期。
③ 张建伟：《"捕诉合一"的改革是一项危险的抉择？——检察机关"捕诉合一"之利弊分析》，载《中国刑事法杂志》2018年第4期。

对审开庭的模式只应适用于"有重大影响"的案件。这一点已经得到《人民检察院刑事诉讼规则》的确认。《人民检察院刑事诉讼规则》第 281 条规定，对有重大影响的案件，可以采取当面听取侦查人员、犯罪嫌疑人及其辩护人等意见的方式进行公开审查。"有重大影响的案件"包括案件争议大、社会关注度高、涉及人数众多或有舆论等风险的案件。

正确审查、有效引导侦查
依法准确办理刑事案件

赵文胜[*]

近几年来，我国司法体制改革的大幕已经拉开，并向纵深方向推进。在这场综合性的改革中，公检法三家都在变革，公安机关通过侦审合一实现"一办到底"，法检机关通过员额制改革实现"谁办案谁负责"，尤其是2018年开始检察机关实行捕诉一体办案模式，对检察官依法审查逮捕、正确适用强制措施，批捕环节按照起诉要求引导侦查、全面审查证据、做好审查起诉和出庭支持公诉等综合能力的提升提出了更高的要求和标准。面对改革需要检察官全面学习、不断提高，以适应新形势提出的更高的责任要求。

一、以犯罪构成为立足点，完善证据锁链体系，全面正确认定案件事实、证据

证据是刑事诉讼的核心，诉讼活动主要围绕证据的审查和运用展开。对案件证据的审查、分析、判断，需要逻辑思维能力、经验提炼能力。为此我们必须通过实践积累逻辑规则和经验法则等证据审查方法，并在审查案件中学会运用这些审查方法，以辩证、全面地分析构建证据体系，确保案件质量。

（一）重大疑难复杂案件把握关键环节，搭建案件整体框架，准确认定案件性质

重大复杂案件，要在全面审查证据、吃透案情基础上，在整个案件中分析抓取影响案件整体定性的关键证据，在繁多的证据材料里找到案件主线，准确把握全案性质，搭建整体框架，穿透案件本质。

针对实践中容易发生混淆、产生争议的罪名，比如寻衅滋事和故意伤害、寻衅滋事和故意毁坏财物；诈骗与民事纠纷，诈骗与民事欺诈，抢劫与抢夺，

---

[*] 赵文胜，北京市西城区人民检察院党组成员、副检察长。

抢劫与敲诈勒索，故意伤害和故意杀人，故意伤害和正当防卫，非法吸收公众存款与集资诈骗，骗取贷款与贷款诈骗等等，都需要我们进行深入的罪名辨析，厘清涉及案件性质的关键点，以准确认定案件性质。

（二）注重审查案件细节，运用证据印证规则，查明案件事实

有些案件证据材料纷繁复杂，案件主线不清晰、案件存在矛盾和疑点，这时候需要注重细节，充分审查案件的每一个微小细节，用互相对照、相互印证的方法，抽丝剥茧，综合认定案件事实，做出有罪还是无罪的正确判断。

（三）重视证据复核，加强亲历性审查，使案件事实立体呈现

办理刑事案件需要还原法律真实。侦查人员收集调取证据的过程是亲历性的，所以对自己经过侦查取证、亲自抓获的嫌疑人往往内心确信其是有罪的。但形成卷宗，检察官见到的是抽象的纸质材料，没有那种亲历的触动感，在有些案件存在认定疑问的情况下，要准确认定证据的合法性、真实性、关联性，消除疑点，扫除障碍，还原案件事实，需要检察官加强证据复核。通过复核，才能明晰侦查阶段证据体系的构建脉络，以便于通过案件现场的状况以及证据形成的时间、地点、先后顺序等细节有效探究证据能力和证明力问题，对案件不再是抽象的认识，而是将证据证实的法律事实立体化呈现出来，以客观认定是否构成犯罪，并强化我们的内心确信。复核证据的方法，根据案件具体情况包括赴现场复核、审查视频音频资料、审核书证、走访调查、询问证人等等，目的是排除疑点、强化内心确信。

（四）正确审查鉴定意见，避免出现颠覆性办案事故

鉴定意见是指司法机关为了解决案件中某些专门性问题，指派或聘请具有这方面专门知识和技能的人，进行鉴定后所作的书面意见。2012年修改后的刑事诉讼法将原来的"鉴定结论"修改为"鉴定意见"。鉴定意见是鉴定人对特定事实依据科学方法就专门性问题形成的意见，是尚待评判的"专家意见"，因此我们不能不经审查直接作为"结论"，需要进一步审查。刑事案件中需要进行鉴定的专门性问题非常广泛，我们办案中常见的有法医学鉴定、司法精神病学鉴定、笔迹鉴定、痕迹鉴定、化学鉴定、司法会计鉴定、技术鉴定、电子数据鉴定、司法审计报告等。

关于鉴定意见应审查的内容，最高人民法院2013年的司法解释作出了详细的规定，包括十个方面。在按照这十个方面要求全面审查上述内容的基础上，结合司法实践还有一些问题需要注意。各类鉴定意见，除了司法解释要求的程序类审查，在审查结论的同时，要审查鉴定意见所依据的基础材料。对于法医鉴定，要同时审查诊断证明，病情摘要，看案发后是否第一时间去医院检

查诊断，审查病情诊断显示的伤情以及后续的治疗情况，由此判断鉴定结论是否准确，是否可作为定案依据。对于司法会计鉴定和审计报告，要结合调取的银行流水，资金往来、流向，还有原始的会计账目综合审查资金情况。对于电子数据鉴定，要审查检材的来源、取得、保管、送检是否符合法律、有关规定，有没有受到污染，内容是否完整，避免手机等电子数据的载体被扣押后侦查人员对其进行过操作，甚至对内容进行过删除。

（五）扎实开展讯问工作，分析鉴别翻供原因，加强对嫌疑人翻供的审查

在审查起诉阶段，犯罪嫌疑人翻供的情况并不罕见，对翻供的审查工作不仅重要而且考验办案能力。翻供的原因是多方面的，比如嫌疑人的主观恶性程度，反侦查能力，同监室人员相互影响，案件证据链条本身不完善等，从某个侧面上分析与承办人讯问工作不扎实有关。检察官提讯犯罪嫌疑人是为了全面了解案情，考察其主观恶性及认罪悔罪态度，同时，也是接受嫌疑人对检察官的考察。如果检察官没有吃透案情，不熟悉掌握案件中的关键细节性证据，不了解行业规范、专业知识、社会常识，或法律功底不深厚，难免受到嫌疑人轻视从而存在侥幸心理而翻供，使办案陷入被动。所以切忌案卷还没好好看，证据没有好好分析就仓促提讯。

在全面吃透案情的基础上，如果嫌疑人翻供，可以从以下方面进行审查。从程序审查的角度：一方面，可以通过观看讯问同步录音录像、审查供述时间和地点，观察认罪供述是否为自然陈述等，及时与侦破案件的侦查人员沟通，调取看守所入所健康检查表或通过与被告人关押在一起的其他在押人员了解被告人出入监室、被讯问前后的身体状态，从而侧面了解供述的真实性。另一方面，审查供述与获取其他证据的先后顺序。如果先供后证，且经核实证人证言客观真实，则原有罪供述真实可靠；如果根据被告人供述提取了与案情具有关联性的关键且较隐蔽的物证，则翻供就缺乏依据。从实体审查的角度：首先，从其做有罪供述时与其他证据尤其是客观证据印证的情况，看其翻供是否具备合理性，从口供的内容上看它是否暴露出行为的秘密性，对于供述中比较隐蔽的细节，有客观证据予以印证。

对于嫌疑人明确提供涉嫌刑讯逼供、非法取证的人员、时间、地点、方式等内容的，通过程序审查及实体审查均难以排除刑讯逼供嫌疑的，那就要慎重研究翻供的合理性，以正确处理案件，避免带病批捕、起诉。

（六）准确把握"合理怀疑"证明标准，杜绝随意怀疑，强化内心确信

刑事诉讼法规定的侦查终结、提起公诉和有罪判决的证明标准都是"事实清楚，证据确实、充分"。如何认定"事实清楚，证据确实、充分"。根据

现行《刑事诉讼法》第 55 条规定，证据确实、充分，应当符合以下条件：（1）定罪量刑的事实都有证据证明；（2）据以定案的证据均经法定程序查证属实；（3）综合全案证据，对所认定事实已排除合理怀疑。即以"排除合理怀疑"的概念，作为"事实清楚，证据确实、充分"的判断标准。"排除合理怀疑"应该是指案件没有无法解释的疑问，案内证据形成严密的锁链，足以认定犯罪嫌疑人有罪。否则，如果案卷中存在的一些证据材料根据基本常识无法解释，使我们存在怀疑，不能形成完全可靠的判断，那应按"疑罪从无"原则认定嫌疑人无罪。

排除合理怀疑，不是无根据的怀疑。合理怀疑首先应当是在对全案证据进行审慎、细致分析论证的基础上产生的，有具体的证据事实为依据，同时还必须是符合逻辑与常识、具有合理性的怀疑。如果将嫌疑人编造的谎言或者脱离现实的主观臆测认定为"合理怀疑"，就成了无根据的乱怀疑，使办案脱离正常方向。排除合理怀疑也不是说案件中没有任何矛盾和疑点，而是将可能动摇证据链条，影响案件基本事实认定的怀疑予以排除，形成内心确信。

（七）实体与程序并重，确保案件质量，保障个案公正

在审查案卷的过程中，审查实体证据的同时对程序的审查也很重要。程序瑕疵、非法取证，会影响案件的整体质量，严重的有导致冤假错案的可能。近几年媒体披露纠正的几个重大冤假错案——"亡者归来""张冠李戴"无不存在程序问题。办理的案件中，也存在程序不规范甚至侦查违法的情况，总结起来常见的有以下问题：（1）同一时间同一侦查人员在两份以上的笔录中出现；（2）讯（询）问笔录无侦查人员签字；（3）重大案件或者不认罪、翻供案件无同步录音录像或者存在录音录像没有声音等问题；（4）勘验、检查，搜查、扣押、辨认，物证、书证的收集没有见证人，不能说明来源；勘验检查笔录与现场照片显示的现场遗留物证的数量、位置等特征不符，导致记录的证据来源存疑；（5）扣押涉案证物不及时甚至私自动用、替换；（6）到案经过叙述不清，不能说明是抓获还是自首；（7）未成年犯罪嫌疑人的讯问未通知其法定监护人或者合适成年人到场。

在庭审实质化的大背景下，法庭争论的重点已从实体问题转向实体与程序并重，若公诉人不注重程序正义，很可能导致出庭效果不佳。例如我们在审查案件过程中有时会遇到犯罪嫌疑人以各种理由翻供的情形，如果案件中出现了以上某种情况，出现瑕疵证据甚至是非法证据，即使进行了补正和排除，也难免会让法官和辩护律师对整个案件的证据收集产生怀疑，所以在阅卷过程中要同样注重审查程序的合法性、规范性。

（八）听取律师意见，正视律师工作的积极作用，促进正确、公正办理案件

"惩罚犯罪，保护人民"是《中华人民共和国刑法》的立法宗旨，同时也是我们检察官的工作指引和要求之一。刑事案件应该不仅仅以惩罚犯罪为目的，正确认定罪与非罪、此罪彼罪、罪轻罪重，准确认定案件事实，维护司法公正，应该是我们的追求的目标。处于控方，为避免先入为主的惯性思维定式，应依法客观且充分听取案件辩护律师意见，正视并重视律师在刑事案件的积极作用，在一定程度上对于我们全面辨析案件事实、及时修正偏差、正确认定案件事实与情节等，都有一定的参考和鉴别作用。

听取律师意见要依法、严格按照规范程序，比如当面听取律师意见应在律师会见室进行，且检察人员不得少于两人，杜绝检察官与律师私下接触等等，从细节体现出司法行为的规范性。通过依法听取律师意见，力求兼听则明，提高办案质量。

二、强化检警沟通，有效引导侦查，构建大控方新格局

当前，从追求治罪效率的侦查中心主义到以审判为中心的刑事诉讼制度的确立，以及侦审合一、捕诉一体模式的确立，必然对审前检警关系提出新的要求。面对这场刑事领域程序法治变革的大背景，我们有责任向侦查机关传导按照证据裁判的标准收集、审查和运用证据，严把证据关、事实关、程序关、法律适用关，严格遵循法律规定的证明标准，防止带病证据进入审判程序，确保案件经得起法律检验。

（一）构建良性互动的检警关系是引导侦查的基础

适应新的形势要求，有效确保案件质量，要求我们必须构建更加良性互动的检警关系。检警双方在分工负责、各司其职、相互制约前提下，要带着共同的责任与使命讲配合、讲合作，强化沟通，有效引导侦查，携手构建以证据为核心的刑事指控体系，依法做强刑事指控的大控方。

要构建好良性互动检警关系，信任理解是前提和基础。理解侦查工作的辛苦，调取证据的艰苦过程，尊重侦查机关调取的每一册卷宗，每一份证据，有证据不完善的地方，一起努力、研究，想办法补充完善，而不是仅仅提问题，挑毛病，更不能在还有补强空间的情况下轻易否定全案。在长期的互相理解、互相信任、互相支持的前提下形成的良性互动的工作关系，才能有利于做强大控方格局，，共同在保障公正司法的法治新征程中发挥更大的作用。

（二）较强的业务素质和认真负责的工作态度是有效引导侦查的必备条件

在经过长期合作、沟通案件积累的了解、理解和信任的基础上。引导侦查，需要有说服侦查机关的能力和底气。自身的业务水平和对案件的熟悉程度、对案件走向的把握能力，是引导侦查的底气所在。如果要侦查机关理解检察机关的补充证据要求，首先检察官自己要把案卷看明白，每一笔资金走向、每一条聊天记录都不要遗漏，对案情认识清楚、分析透彻，不下功夫是做不到的。其次要把法条说明白，对罪名辨析、罪与非罪讲清楚，没有扎实的法律功底就难以有效引导侦查。

（三）把握好自身定位是有效引导侦查的前提

侦查环节的办案主体是公安机关，所以检察机关刑检部门必须对自己的诉讼定位有正确的认识，忌以领导、指挥的地位自居，更不能直接上手参与具体侦查，把握不好引导侦查的度会影响检察机关的法律监督地位，使取得的证据丧失客观性，甚至给侦查工作添乱。引导是在深入探讨、互相启发、互相补充的情况下，从追诉犯罪的角度就收集、固定证据提出意见建议，使案件的侦查方向逐渐清晰、工作愈趋完善，使侦查机关获取的证据在法庭上能够有力地指控犯罪。

（四）区分侦查阶段明确引导侦查的不同任务和方法

侦查工作处在不同的阶段，引导侦查所要完成的任务和采取的方式也不同，应根据实际情况开展工作，发挥引导侦查实质作用。

在刚开始立案侦查阶段，有时可能在更早的初查阶段就会受邀介入。这时候介入侦查解决的是方向性、框架性问题，有时还会涉及罪与非罪，案件是否成立问题。我们在充分熟悉背景情况，了解清楚基本事实的前提下，提出认定案件是否构成犯罪以及关键取证方向就很重要。这个阶段，要避免过度具体参与，尤其是在案件侦查基础还不深厚，整体脉络不清晰的情况下，过于具体介入可能限制侦查机关侦查思路，只侧重检察院提出的工作，不能全面取证，疏漏证明环节。这个阶段采取会议会商研究，是成效较好的引导方式。在充分的沟通，反复切磋案情、剖析证据的研究碰撞中互相启发补充，达成共识，使案件的查证方向逐渐清晰、证据链条逐步完善。

随着侦查节奏的展开，在确有证据证明有犯罪事实，嫌疑人可能判处徒刑以上刑罚的情况下，批捕阶段的任务是防止发生社会危险性，保障诉讼顺利进行。相应地引导侦查的任务是完善证据体系、补正证据合法性、全面查清、引导追加案件事实等事项，以向侦查机关提出"逮捕案件继续侦查取证意见书"的方式进行，必要时亲自沟通或当面会商；审查起诉阶段是为提起公诉、出庭做准备，这个阶段引导侦查的任务就要补强、完善证据链条，关注到所有证据细节，构建出庭公诉的立体证据体系。通常采用"补充侦查决定书"及口头沟通的方式进行。

（五）参照补侦原则明确引导侦查的具体要求

最高人民检察院、公安部联合制定的《关于加强和规范补充侦查工作的指导意见》全面规范了补充侦查工作的相关要求，其中确立的五个原则：（1）必要性原则。补充侦查工作应当具备必要性，不得因与案件事实、证据无关的原因退回补充侦查；（2）可行性原则。要求补充侦查的证据材料应当具备收集固定的可行性，补充侦查工作应当具备可操作性，对于无法通过补充侦查收集证据材料的情形，不能适用补充侦查；（3）说理性原则。补充侦查提纲应当写明补充侦查的理由、案件定性的考虑、补充侦查的方向、每一项补证的目的和意义，对复杂问题、争议问题作适当阐明，具备条件的，可以写明补充侦查的渠道、线索和方法；（4）配合性原则。人民检察院、公安机关在补充侦查之前和补充侦查过程中，应当就案件事实、证据、定性等方面存在的问题和补充侦查的相关情况，加强当面沟通、协作配合，共同确保案件质量；（5）有效性原则。人民检察院、公安机关应当以增强补充侦查效果为目标，把提高证据质量、解决证据问题贯穿于侦查、审查逮捕、审查起诉全过程。

以上这五个原则也同样应该是对引导侦查的总体要求，我们一直强调的要加强与侦查人员直接沟通，以充分阐明引导侦查、补充侦查的目的、意义和具体要求；在列引导侦查意见书、调取证据通知书、补充侦查提纲时，要按照《意见》要求充分阐明引导侦查、补充侦查的理由、案件定性的考虑、补充侦查的方向、每一项补证的目的和意义。对复杂问题、争议问题作充分阐明、沟通研究，提纲必须具备可操作性，使侦查人员充分了解、理解引导侦查的意义、明确的要求，以真正解决问题，起到引导侦查的实质作用。

三、扎实理论基础、秉持客观公正，做一名优秀的检察官

（一）踏实严谨的作风及高度的责任感，是成为一名优秀检察官、办好案件的必备条件

检察官审查批捕、审查起诉、提起公诉，关系到案件当事人的罪与非罪、此罪与彼罪、重罪与轻罪，责任重大。作为基层检察机关，不管轻罪还是疑难复杂案件，大部分审查工作都是琐碎繁杂的案头工作，需要仔细认真地阅卷。在这些日复一日地阅卷、反复核对证据过程中，需要能坐得住，能静下心来，需要坚持不懈的定力，需要我们发乎内心的责任感、踏踏实实的工作态度、严谨认真的工作作风。日渐培养耐住寂寞的平常心，磨炼和雕琢我们的作风和意

志品质，处理好我们负责的每一件案件。

（二）坚持学习，不断夯实理论基础，提高知识储备，是做好刑事检察工作的根本

法律院校的学习经历让我们学习了法律知识，也树立了法律信仰，但是要成为优秀的法律人才、优秀的检察官，还需要在实践中不断学习提高，在办案子中不断打磨，才能逐渐积累我们的法律功底，不断丰厚业务能力和理论功底，锤炼出处理复杂问题的能力。

在实践中学习，在学习中实践。需要学习的内容很多，首先要学习掌握新修改的相关刑事法律规定、新出台的司法解释、法理、法哲学、学界最新理论动态及国际国内政治经济形势；其次在办理案件过程中不断丰富充实相关专业知识，如财务知识及经济学术语、计算机系统专业知识、野生动物物种的分类及鉴定、林木保护常识等等，以正确处理案件；通过在文学戏剧、市井百态中了解社情民意，以在办理案件中体现法理、情理、社会公理；在学习体会刑事政策中把握案件处理方向；在案件联席会上学习借鉴同事的经验做法；就说我们的办案系统，如果不熟练掌握填录方法也影响办案效果的体现。所以说时时处处皆学问，坚持学习，对于我们办好案子有重要意义。学习的同时注重总结提高，总结归纳案例特点及争议问题，加强理论探讨交流，积极撰写调研文章，这些都是学习提高的路径。

（三）维护公平正义，以弘扬良法善治、传播法治理念为出发点正确适用法律，是办理好刑事案件的重要保障

作为从事检察工作的法律人，我们或多或少都会遇到困难和困扰。支撑我们克服这些困难的勇气和动力，是在学校培树、在司法实践中养成的法律信仰、检察情结，是对公平正义的不断追求，这种追求应该落实体现在我们所办理的每一件案子上。

办理刑事案件，不仅是为了打击犯罪，也是为使无罪的人不受错误追究；不管是批捕还是不批捕、起诉还是不起诉、从轻还是从重，都是为了修复被犯罪损害的社会关系和社会秩序。此外，从深层次讲，刑法的功能是通过惩罚犯罪，对犯罪行为进行否定性评价，向社会宣示是非对错观念，塑造公民对法律的遵从与信仰；通过查清事实，还无罪的人清白，或者遵循"疑罪从无"落实罪刑法定的人权保障要求，起到法律对社会发展方向的引导作用。这就需要我们在办案中坚守法律底线，严格审查证据，严格诉讼程序、准确适用法律，努力依法办好每一个案件。

如何依法办理好一个刑事案件，笔者认为在坚持证据裁判、符合法律规定

和法定程序的要求的基础上，做出的决定要符合社会常识和一般群众朴素的常情常理。例如近年来的于欢案和昆山龙哥反杀案掀起了关于正当防卫适用的大讨论，不管是法学家还是司法实务人员，比较一致的观点是，司法要关注人之常情。审查案件事实，除了关注证据，还应考虑社会公众通行的价值理念和正义观，得出的结论不能违背生活逻辑。这样做出的审查结论才能实现法律效果与社会效果的统一。正如张军检察长所说的：法不能向不法让步。不能对正当防卫人有过苛的要求，因为他们是社会正义的代表。所以我们办案时，在严格审查事实证据、恪守法定程序的基础上，关注社会常识、公序良俗、群众朴素情感，深怀法治信仰，承载社会责任感，才能真正让人民群众在每一个案件中感受到公平正义的司法温度，体现政治、情理和社会公理。才能通过个案的积累起到法律对社会发展方向的引导和弘扬良法善治、善法善治的应有作用。我们要通过自身努力做司法公信、法律信仰、法治文明的实践者、推动者、传播者。

审查引导侦查的重新定位
——从检察机关"案-件比"质效评价体系视角展开

王晓雪[*]

提前介入和退回补充侦查中审查引导侦查职能是检察机关在司法实践中摸索出来的积极履行侦查监督职能、有效传导刑事审判标准,从而提高公诉质量和效率的现实有效路径。在检察机关"案-件比"质效评价体系背景下,审查引导侦查职能的有效发挥,有助于通过检察审查职能将审判标准与审判压力向侦查阶段传导,提升案件办理质效,促进法律监督现代化,保障人民群众司法获得感。根据刑事检察的基本理论,提前介入和退回补充侦查的审查引导侦查活动虽然均发生在侦查阶段,但二者并非侦查机关侦查活动的补充和延续,而是检察审查职能的前置。在检察机关"案-件比"评价体系运行之初,"检警一体化""大控方"提法大量涌现,无论是侦查机关还是检察机关,对审查引导侦查的法律性质和定位可能存在错误认知。所以有必要厘清侦查与审查的概念、逻辑及价值差异,在此基础上分析检察机关"案-件比"评价体系下,检察机关提前介入侦查和退回补充侦查中审查引导侦查职能的法律定位,以便明确审查引导侦查的运行深度和尺度。

一、"案-件比"评价体系中审查引导侦查职能的角色审视

(一)"案-件比"的价值取向

建立以"案-件比"为核心的案件质量评价指标体系,既是检察机关落实党的十九届四中全会精神,推进国家治理体系和治理能力现代化的重要举措,又是检察机关落实司法责任制要求,推进法律监督供给侧结构性改革,丰富法律监督产品内涵,提升法律监督产品质效,优化法律监督产品体系,促进法律监督业务能力提升,让人民群众在每一个司法案件中感受到公平正义的应

---

[*] 王晓雪,北京市顺义区人民检察院检察官。

有担当和使命。"案-件比"提出的初衷就是引导各级检察机关和办案人员以求极致的工作要求，做好每一个办案环节的各项工作，减少非必经环节，提高检察机关整体的办案质量和效率，从而实现办案政治效果、法律效果、社会效果的有机统一。显然，该比值越接近"1∶1"，越能实现该指标的上述价值追求。然而，"案"的数量是客观不变的，要追求一个接近"1∶1"的"案件比"，唯一的办法就是降低"件"数。根据《检察机关案件质量主要评价指标》的规定，"案"的数量包括检察机关受理的审查逮捕案件数与扣除采取逮捕强制措施的审查起诉案件数之和，而"件"的数量除了包括"案"的数量外，还包括批捕（不批捕）申诉、不批捕复议、不批捕复核、一次延长审查起诉期限、二次延长审查起诉期限、三次延长审查起诉期限、一次退回补充侦查、二次退回补充侦查、不起诉复议、不起诉复核、不起诉申诉、撤回起诉、法院退回、被告人上诉、检察机关建议延期审理、国家赔偿等16种业务活动的数量。降低"件"数实际上就是减少"件"数中除了"案"数之外的非必要诉讼活动和诉讼环节。

（二）审查引导侦查职能对于提升"案-件比"的重要作用

根据不同的标准和视角，上述非必要诉讼活动和诉讼环节可以划分为不同的类型。以检察机关的作为方式和作为空间为视角可作出如下分类：一是检察机关可以通过直接作为方式减少的诉讼活动和环节，如延长审查起诉期限、退回补充侦查，检察机关完全可以自主决定，从而迅速推进办案进程；二是涉及其他诉讼主体对诉讼活动的评价，检察机关无法直接作为，只能以间接方式促进诉讼活动和环节的减少，如通过强化释法说理和协调沟通，最大限度减少对不捕、不诉决定的复议、复核，或者对不捕、不诉的申诉，或者通过说服教育提高适用认罪认罚从宽的案件比例，最大限度降低上诉、抗诉、申诉的发生。二者相较，后者涉及的主体、内容更加复杂，同时也是诉讼活动纠错的正当程序，关乎诉讼主体的法定权力（利），不宜对其进行过度压缩，在指标设置上也应该更加灵活。但前者涉及的主体和内容相对单一，主要是检察机关和公安机关之间的互动关系，对其进行充分压缩不会导致相关权益的损伤，检察机关的作用空间更大，无疑是"案-件比"评价体系中办案质量"求极致"的重要调整对象。

这样一来，如何压缩延长审查起诉期限和退回补充侦查就成为检察机关提升"案-件比"的着力点。司法实践中，检察机关延长审查起诉期限、退回补充侦查的大部分原因在于侦查机关移送审查起诉的案件质量问题。对于如何提升侦查质量，检察机关提出了通过在提前介入和退回补充侦查等阶段充分开展审查引导侦查的工作方式。审查引导侦查职能的正确发挥能够通过提升侦查质效压缩延长审查起诉期限和退回补充侦查的适用空间，从而促进"案－件比"质量评价体系价值目标的实现。

二、侦查与审查的属性及价值辨析

（一）侦查的属性及价值

侦查是法定侦查机关依照法律规定进行专门调查工作和采取有关强制性措施的国家权力，其目的在于查明事实、收集证据、查获犯罪嫌疑人。国家设置侦查权的基本价值在于提供预防、控制、惩罚犯罪的手段，使公民摆脱犯罪的侵害。① 然而，在现代法治文明社会，侦查权还必须全力保护犯罪嫌疑人的权力和自由，以便表明侦查权的正当性，故侦查权的深层次价值则在于惩治犯罪与保障犯罪嫌疑人人权并重。但是由于基本价值的合目的性、合侦查逻辑性，往往被过分夸大和凸显，而保障犯罪嫌疑人人权的深层次价值则被侦查活动所忽略。

由于侦查阶段的犯罪事实不似审判阶段那样确定，具有相当的未知和易变性，因此侦查机关只能以回溯的方式认知犯罪事实。该认知方式可称为"回溯推理逻辑"，即从结果推知原因，立足已经发生损害的结果向前进行回溯推理。这一逻辑推理的基本要求是：（1）损害结果都是真实的；（2）对结果的原因分析是全面的；（3）原因排除都是真实有效的；（4）以上三个方面都要求以认真、及时、合法、有效地开展侦查工作作为依托。② 但司法实践中，难保结果认定真实无误、原因排除真实有效，另外对结果的分析也可能不全面。回溯推理是侦查活动性质所决定的必然的推理逻辑，但是其结论仍然具有或然性。

在侦查基本价值追求和侦查逻辑的双重作用之下，侦查权的行使只能按照行政权目的理性的要求运行，即以实现查明犯罪事实、收集证据、查获犯罪嫌疑人为目标，侦查行为的类型选择以及具体行为的实施方式和方法取决于案件的特定情况，不可能严格按照固定的程式和步骤处理犯罪事实，不可能奉司法权所内含的程序正义和程序价值为圭臬。加之对实体事实和程序事实的选择、判断和决定有独家垄断权，侦查机关并不具有中立裁判的客观立场，无法体现司法权所要求的中立、公平、公开等价值合理性标准。与此同时，侦查权以对抗犯罪为天职，天然地具有以强制和暴力手段剥夺、限制犯罪嫌疑人权利以及

---

① 参见张步文：《安全优先：侦查权的价值、功能与目的》，载《河北法学》2009年第9期。

② 参见邵建：《刑侦思维中的逻辑推理》，载《山东警察学院学报》2008年第3期。

保护受害人或者其利害关系人的倾向。因此侦查具有行政权"合目的性"、强制性的显著特征。

(二) 审查的属性及价值

审查是检察机关在作出诉与不诉决定前,以客观第三人角度对事实、证据和法律适用所做的检查、分析和核对,具有司法审查的客观性和中立性价值。张军检察长指出,"检察机关是党领导下的法律监督机关和司法机关,检察监督和司法办案是检察机关的两大主责主业"。根据北京的检察实践:"检察监督指对诉讼活动以及一定范围内行政权的监督,贯穿于刑事诉讼的始终;司法办案是在办理刑事案件中对事实、证据和适用法律的检察审查和检察裁量。二者在具体检察工作中体现为'监督、审查、公诉'三项具体职能。"至此,检察审查首次被作为独立于监督和公诉的一项具体职能提出。检察机关将审前检察审查事项集合为权力束,旨在改变检察审查碎片化的现状,凸显检察权通过审查职能所体现的客观性和中立性。根据诉讼阶段进行划分,检察审查分为移送审查起诉前审查和移送审查起诉后审查。

相较于侦查的回溯推理逻辑,审查则是以无罪推定为逻辑起点展开,去审查各种证据标准,以证明证据充分与否、法律适用是否正确。证据标准是取证问题,充分与否主要是逻辑审查,法律适用则主要是法律解释的审查。审查具有集中式、全程式、标准式、权威式的特点。审查虽然被作为独立的检察职能被强调,但是其与监督和起诉职能具有不可分割的密切联系:审查是发挥监督职能的现实手段,在审查中发现监督线索并进行监督;审查是履行公诉职能的必要准备,在审查后作出公诉与否的判断。即监督和公诉是实施审查职能的要义之所在。

(三) 侦查与审查的区别与联系

根据我国宪法和刑事诉讼法的相关规定,公检法三机关"分工负责、相互配合、相互制约",公安机关具有侦查权、检察机关具有检察权、法院具有审判权。由此可见,侦查权是与检察权相对应的概念,而审查是根据检察权下设的具体职能,二者是不同位阶的权力概念。但无论是侦查权还是检察权,都是多个具体权力职能组成的权力束,此方阵营的每一个具体职能都与彼方阵营的所有具体职能存在区别与联系的可能性。在此意义上,审查职能和侦查权有并列探讨的基础。

1. 侦查权与审查职能的区别

侦查权和审查职能分属不同的权力类型,前者是行政权,后者是准司法权。行政权以管理为本质内容,是管理权,侦查的核心价值在于实现查明事实、收集证据、查获犯罪嫌疑人的目标。司法权以判断为本质内容，是判断权，而判断是一种"认识"。① 检察审查是通过一定的程序，根据既定的法律对特定的犯罪事实、证据的真与假、是与非、曲与直等问题进行认识。具体区别如下：（1）侦查权具有主动性，犯罪案件一旦发生，侦查机关经审查报案、举报、控告或自首材料，符合法定立案条件的，便应当立案侦查，甚至还要求侦查机关主动发现犯罪；审查具有一定的被动性，非因侦查机关请求不做主动干预。但与法院审判中审查的极端被动性不同，检察审查基于侦查监督职能，具有部分的主动性。（2）侦查权具有明显的倾向性，因为侦查阶段事实关系尚未查清，所以进行的是"事实性、技术性、有目的性的侦查"②，侦查人员往往从国家惩治犯罪、维护社会安全、稳定秩序的公共利益出发，通过最有效的途径保护被害人及其利害关系人而限制、剥夺犯罪嫌疑人的权利；审查具有中立性，检察官必须基于法律的中立立场认真审查事实和证据，发现侦查工作的不足，作出事实、证据是否充分、程序是否合法、法律适用是否正确的法律性的、规范性的、规制性的判断。（3）侦查权的实施主体主要为侦查人员，虽然法治社会要求"依法行政"，要求侦查人员"学法、懂法、执法"，但并不意味着要求行政人员要达到职业法律家的要求；但司法判断必须依法定标准和规程进行，要求司法工作人员必须经过职业法律训练，谙熟法律而且通晓法理。（4）侦查权的价值取向具有效率优先性，侦查机关为迅速、准确地查明案件事实，抓获犯罪人，往往侧重追求效率。对于侦查工作，失去效率就等于蒸发真理。丧失了有利时机，就可能丧失收集证据的机会，也就丧失了破案机会。审查的价值取向具有司法权的公平优先性。

2. 侦查权与审查职能的联系

从法学理论角度，侦查权"合目的性"、强制性的特征，决定了"它必须受到政治、法律、道德和舆论诸层面的严密防范，越文明的侦查权力，受到的限制就越深"③。而审查本身所具有的司法中立性特征具有制衡侦查权肆意滥用的天然优势，这一优劣互补成就了侦查权与审查职能必然联系。

通过对侦查权与审查职能属性与价值的辨析发现，二者有各自的内在规律

---

① 参见毕惜茜：《论我国侦查权的性质》，载《江西公安专科学校学报》2004年第2期。

② 万毅：《论侦查权配置的内在原理》，载《南京师大学报（社会科学版）》2006年第5期。

③ 张步文：《安全优先：侦查权的价值、功能与目的》，载《河北法学》2009年第9期。

和价值取向，不能简单地合并、重组，也不易于被同一主体吸纳，反而如果由不同主体掌握更能发挥制衡和引领的优势。从司法实践角度，侦查权与审查职能在侦查阶段可能存在三次交叉，分别是提前介入、（不）批准逮捕后、退回补充侦查，而在这三次交叉过程中就催生审查引导侦查活动的作用空间。其中（不）批准逮捕后的审查引导侦查情况较为特殊，所以下文仅以提前介入和退回补充侦查阶段的审查职能与侦查权交织为研究对象。

三、审查引导侦查职能的法律定位

(一) 提前介入侦查中审查引导侦查的法律定位

提前介入主要是指检察机关对侦查机关侦查的某些案件，在侦查机关未正式提请批捕、移送审查起诉之前，应公安机关请求参与侦查机关的某些侦查活动，以便基于法律的中立立场审查事实和证据，发现侦查工作的不足，作出事实、证据是否充分、程序是否合法、法律适用是否正确的法律性的、规范性的、规制性的审查判断，对公安机关的侦查活动是否合法进行监督的同时，为正式受理案件后的审查批捕、审查起诉，即起诉职能的履行做准备。

检察机关提前介入的法律性质与其法理依据密切相关，目前主要有侦查监督说和公诉职能说两种观点："侦查监督说认为侦查监督是检察机关提前介入的理论基础。我国宪法和法律赋予了检察机关法律监督机关的地位，检察机关有权对侦查机关的侦查活动进行监督。公诉职能说认为现代诉讼的控、辩、审职能是提前介入的法理依据。"[①] 公诉权与侦查权都是为了打击犯罪以实现刑罚权，二者具有根本上的同质性，检察机关适时介入侦查活动、引导侦查机关的取证，是公诉权向侦查权的合理延伸，是为了更有效地行使公诉权、履行控诉职能，保障准确率。

侦查监督说强调检察机关对侦查机关的侦查行为的合法性进行监督。但从检察机关提前介入侦查的目的来看，除了有对侦查机关的侦查行为的合法性进行监督外，更为重要的目的还在于协助、引导侦查机关取证，提高侦查效率，如果只"监督"不"引导"，无疑将严重影响检察权惩治犯罪、保障人权的最终价值追求。特别是在"案-件比"评价体系中，检察机关需要通过提前介入侦查将审判的标准提前传导至侦查阶段，以便提高刑事诉讼的质量和效率。所以不能片面地将提前介入贴上侦查监督的标签。公诉职能说以公诉职能为基

[①] 毕赛男、杨强：《检察院提前介入侦查的制度构建——以提前介入侦查的必要性为视角》，载《重庆理工大学学报（社会科学）》2010年第11期。

础,从保障诉讼效率出发,通过提前介入引导取证,促使侦查机关按照公诉的要求收集、固定证据,在根本目的上都是为了更好地行使公诉职能。这一观点忽略了检察权赖以生存的权力制衡理念,忽略了检察机关作为司法机关承担的监督侦查权合法行使的宪法功能。

综上,"为了不冤枉无辜,我们宁可错放,但我们的目的却不在于'错放',而仍然在于'抓准'"。[①] 提前介入不仅仅局限于对侦查机关侦查行为的合法性进行监督,还要引导侦查机关按照审判的标准收集、固定证据,给予法律适用方面的意见和建议等,以更好地履行公诉职能,因而提前介入与侦查监督有关,但也与公诉职能的行使有关,提前介入侦查的审查工作具有侦查监督与刑事公诉的双重属性,既要进行侦查监督也要传导审判标准。

(二)退回补充侦查中审查引导侦查的法律定位

如果说检察机关提前介入侦查是审查引导侦查职能的前移,那么退回补充侦查就是审查引导侦查职能的回流。退回补充侦查是指检察机关在审查起诉的过程中,发现原侦查机关所提交的案件事实和证据达不到提起公诉的标准而退回原侦查机关补充侦查的一种诉讼活动。

司法实践对退回补充侦查制度的研究较为充分,对目前该制度存在的问题、完善的对策都有相当丰富的成果。相较而言,理论界对于退回补充侦查的相关法理依据则研究较少。当然理论界曾经对退回补充侦查制度的存在产生过严重的质疑,认为刑事诉讼程序一般是顺向运行的,先由侦查机关进行侦查,然后移交检察机关审查起诉,最后移送法院审判,这种工作流程合乎逻辑,也是刑事诉讼效率的保证。退回补充侦查制度是诉讼程序的倒流,不应该成为刑事司法实践中的常态化制度。根据"案-件比"的评价体系相关要求,退回补充侦查也是需要重点压缩的非必要诉讼环节,但该制度本身所具有的排除非法证据、完善证据体系、防范冤假错案等工具价值,也不可能将其完全从刑事司法活动中剔除。

"侦查中心主义"直接导致在退回补充侦查环节,侦查机关依旧按照自己的标准和程序收集、固定证据。而"案-件比"强调案件的质效,要求在压缩非必要退回补充侦查空间的同时提高必要退回补充侦查阶段审查引导侦查的有效性。所以在该阶段,检察机关必须发挥检察监督和审判标准传导的双重作用。以审判标准传导为例,必须通过退回补充侦查阶段的审查引导侦查工作,

---

[①] 张步文:《安全优先:侦查权的价值、功能与目的》,载《河北法学》2009年第9期。

严格把握证据标准,"确保侦查、起诉的案件事实证据经得起法律的检验"。具体而言,在以审判为中心背景下,低标准的侦查证据无法轻易进入高标准的审查起诉阶段。检察机关在此过程中发挥中间检验功能,对于经审查后事实不清、证据不足或者遗漏罪行、遗漏同案犯罪嫌疑人,不符合起诉条件的案件退回侦查部门进行补充侦查。侦查阶段与审查起诉阶段由流水线上的递进关系转变为审查起诉对侦查活动的指导、监督与制约关系。故退回补充侦查制度中审查引导侦查是检察机关刑事法律监督权的重要形式,有利于提高证据质量,是推进"案-件比"评价体系的重要环节。

四、结语

我国《刑事诉讼法》规定,检察机关和公安机关是"分工负责、互相配合、互相制约"的关系,我国并未采取大陆法系检警一体化的模式。"法律上对侦查机关侦查权的肯定,拔高了侦查机关在刑事诉讼中的地位,加上侦查机关本身所具有的技术和力量优势,使得侦查机关在刑事诉讼中实际上成为了相对于检察机关和法院的强势角色。"[①] 而侦查机权本身所有的强制性、倾向性、效率性以及侦查人员法律知识的局限性致使案件质量和效率无从保障。此外,在我国,侦查程序是完全独立于审查起诉程序的一个诉讼阶段,正是由于刑事诉讼中线性流程的诉讼结构,造成了侦查机关与检察机关的脱节以及在证据标准上侦查机关与检察机关、审判机关脱节。侦查机关从根本上缺乏内在动力从检察公诉的角度进行侦查取证,更不可能从审判角度考量,侦查机关的恣意性导致侦查机关虽然具有最强的侦查能力,但其根据自己掌握的标准开展侦查活动,所取得的成果往往不适合公诉的需要,要么是必要的证据未能及时收集,要么是证据收集的程序有瑕疵甚至是严重违法,进而无法满足庭审的需要,严重影响刑事诉讼的案件质量和效率。"案-件比"的质量评价体系的制定旨在通过检察机关在审查引导侦查的过程中充分发挥法律监督和审判标准传导功能,消除侦查机关在侦查活动中的恣意性,建立公诉与侦查之间更为紧密的联系,确保公诉能够有效控制侦查质量、提升侦查效率,使之符合法庭审判的要求。

---

① 万毅:《论侦查权配置的内在原理》,载《南京师大学报(社会科学版)》2006年第5期。

比较视角下的检察官主导责任[*]

陈长均[**]

一、检察官履行主导责任的主要表现

域外法治先行国家刑事案件日益增加的客观情势，推动着检察官成为刑事诉讼程序的枢纽，且逐渐演变为准裁判者角色。域外检察官在刑事诉讼中的主导责任，除通过行使较大的不起诉裁量权来实现外，在大陆法系国家刑事司法实践中，主要表现在检察指挥侦查机制和刑事处罚令制度上。在英美法系国家刑事司法实践中，主要表现在检察指导侦查机制和辩诉交易制度上。

我国检察官在刑事诉讼中履行的主导责任既广泛又颇具鲜明特色。认罪认罚从宽制度把检察官从程序调控者角色推上了准裁判者角色的前台，凸显了检察官在刑事诉讼中的主导责任。

二、检察官履行主导责任的必要条件

（一）履职能力

在很多大陆法系国家，多种因素造就了检察官量刑能力与其主导责任基本相适应。然而，在我国，由于工作职责致使检察官一直以来对犯罪论研究得多、对刑罚论研究得少，且不能很好地贯通刑罚论和犯罪论，量刑理论研究和实践能力成为一个明显短板。因此，我国检察官必须增强作为准裁判者角色应有的担当意识、作为刑事诉讼主导者的责任意识，对量刑问题的复杂性保持足够警醒，通过不断深入钻研刑罚理论，积极训练刑罚思维，定期对量刑建议采纳情况进行分析研判，逐步提升提出精准量刑建议的能力。

（二）履职权力

认罪认罚从宽制度的实施，为相对不起诉的适用提供了广阔空间。检察官

---

[*] 本文系论坛联合征文期刊《检察论丛》拟录用稿件的精华版。
[**] 陈长均，山西省太原市人民检察院研究室副主任，四级高级检察官。

如果能够合理运用不起诉裁量权,对有些案件进行出罪处理,更能体现检察官在刑事诉讼中的主导责任,但一些检察官由于存在思想顾虑等原因,履职担当不够,表现在不敢、不愿、不善运用不起诉等自由裁量权。为落实好检察官在刑事诉讼中的主导责任,可借鉴域外经验做法,在立法层面进一步适当扩大检察官自由裁量权。更为重要的是,应完善检察官行使自由裁量权相关配套制度,特别是完善规范适用相对不起诉的相关配套机制,积极为检察官适用相对不起诉创造良好条件。

(三)履职手段

检察官在刑事诉讼中履行主导责任需要必要的履职手段,当下我国检察官的履职手段特别是侦查监督手段与履行主导责任还不相适应,完善检察官履行主导责任的手段势在必行。在侦查监督方面,除外部的支撑性制度不够完善外,检察机关自身也存在一些与履行主导责任不完全适应的问题。

三、检察官履行主导责任的风险防范

检察官在刑事诉讼中履行主导责任,意味着其需要付出更多精力并承受更大办案风险。检察官在履行主导责任过程中存在的滥权风险不容忽视,必须规范检察官履职行为,完善内外监督制约机制。

认罪认罚程序中控审关系的研究

任庆明　李瑞芝[*]

一、控审关系的应然与实然

(一) 控审关系的传统内容及理论基础

我国刑事司法中的控审关系受苏联诉讼理论影响较大，检察机关作为法律监督机关，与审判机关共同构成了司法机关。[①] 追根溯源，控审分离改革之后，除了在打击犯罪、保障人权方面具有目标上的一致性以外，控审职能逐渐分化和独立，进而形成了制约关系。控审分离有三层意义，控诉职能和审判职能分别由两个不同的主体承担，不能合二为一；没有控诉就没有审判，审判程序的启动必须以适格主体提起诉讼为前提；诉审合一，审判的对象和范围应以起诉的对象和范围为限，不得随意变更。控审分离是现代刑事诉讼的基石，通过由检察机关承担控诉职能，法院承担审判职能，控审得以依法独立行使职权，实现不告不理，避免权力的集中。

许多学者对我国控审关系提出批评，认为检察监督是对司法权独立行使的干预，互相配合有违控审分离原则等。[②] 实际上，欧陆法系国家和地区普遍采取了法国式的控审合署制本身就有两层含义，一是政府意欲通过检察官对法官

---

[*] 任庆明，天津市武清区人民检察院检察长；李瑞芝，天津市武清区人民检察院第六检察部二级检察官。

[①] 苏联解体后，俄罗斯对检察机关存废之争尤为激烈，三权分立下的检察机关所具有的司法监督、行政监督职能是废除检察制度论的主要攻击点。然而宪法最终保留了检察制度，但受于三权分立体制的限制，检察机关被规定在司法权一章。值得一提的是，在当时，检察机关一致反对将检察权归属于司法权，并且认为宪法将涉及检察机关的规定以司法权为标题是一种误会。李昕：《俄罗斯民事检察制度研究》，中国检察出版社 2012 年版，第 12~13 页。

[②] 左卫民：《健全分工负责、互相配合、互相制约原则的思考》，载《法制与社会发展》2016 年第 2 期。

审判加强控制;① 二是法检关系的历史传统,反映在诉讼构造中,即法官应和检察官应合力完成打击犯罪之刑事司法任务。② 理论上来看,立法将控审关系归纳为互相分工、互相配合、互相制约,是对控审分离原则的科学规律总结。本质上,由于诉讼程序的过滤作用以及司法机关的事后把关作用,必然会形成以审判为中心的模式。配合和制约是一个问题的两个方面,是从不同的角度认识而得出来的,两者相互补充,不可偏废。③ 两者并非此消彼长的关系,配合关系强化并不必然导致制约关系弱化。

(二) 结构性的权力异化和角色错位

实践中,控审之间的关系出现了权力异化和角色错位的问题,最典型的就是"配合有余,制约不足"以及侦查中心主义的传统。

受制于我国长期以来重视司法机关合力打击犯罪的刑事政策的影响,形成了侦查中心主义的模式。刑事司法权的关系演变为公安是做饭的,检察机关是端饭的,法院是吃饭的,司法监督的功能受到极大抑制。失去监督的侦查权如脱缰的野马,刑讯逼供、暴力取证等滥用职权的行为严重侵害了被追诉人的合法权利。虽然公、检、法在具体分工上有所不同,但就其终极目标而言,他们都承担着打击犯罪以维护社会治安的职责,所以形成了"配合有余,制约不足"的刑事司法体制,成为冤错案等问题的重要原因之一。④

二、认罪认罚从宽制度改革中控审关系的积极变化

"每条法律规则的产生都源于一种目的,即一种实际的动机。"⑤ 认罪认罚制度改革为控审关系带来了创新和发展,在优化司法资源配置,提高司法效率的基础上,不但有效解决了传统上控审关系存在的问题,也促进控审关系从传统走向现代。

(一) 围绕以审判为中心的改革

1. 认罪认罚从宽制度契合了以审判为中心的改革需要。通过案件简繁分

---

① 参见龚刃韧:《现代日本司法透视》,世界知识出版社1993年版,第14~15页。
② 参见王兆鹏:《辩护权与诘问权》,台湾元照出版有限公司2008年版,序言第2页。
③ 参见陈光中、徐静村:《刑事诉讼法学》,中国政法大学出版社2010年版,第85页。
④ 参见陈永生:《我国刑事误判问题透视——以20起震惊全国的刑事冤案为样本的分析》,载《中国法学》2007年第3期。
⑤ [美] E. 博登海默:《法理学——法律哲学与法律方法》,邓正来译,中国政法大学出版社2004年版,第109页。

流,实现了认罪认罚程序的功能自治性,即为了达成一定目的而进行的活动,因程序的分化和独立而自我目的化。① 认罪认罚从宽制度改革作为贯穿整个刑事诉讼的以效率为导向的改革,直接加速了以审判为中心诉讼模式的回归。以审判为中心虽然并非以法院为中心,却是意在将整个刑事司法的核心确立在以庭审为中心,实现通过庭审程序来查明事实、认定证据、保障诉权、作出裁判,以矫正我国刑事司法侦查中心的弊端。实际上,无论是普通程序还是认罪认罚案件适用普通程序审理,庭审实质化有赖于繁简分流制度的实现。法院仍然需要开庭审查而非书面审查,认罪认罚程序的合法性以及罪名和量刑建议是否准确仍需由法院独立决定。

2. 强化了法院对于检察机关的实体审查义务。传统的刑事裁判的正当性源于控辩双方通过平等对抗,由法院居中裁判,进而发现实质真实。在认罪认罚程序中,刑事裁判的正当性则基于控辩对量刑平等协商之后,被追诉人主动认罪。后者主要出于对效率的追求,通过鼓励被追诉人与司法机关合作,主动放弃刑事诉讼法所规定的部分诉讼权利。由于缺少了控辩对垒,法院缺少了审查的载体,因此,法院强化了对检察机关提供具结书的实体审查。法院不仅要审查其认罪认罚的自愿性,还要从证据采信、事实认定、定罪量刑、程序操作、各方参与和建议说理等方面,进行全面地、实质地审查。

检察机关承担了初步审查权,而法院则承担了终局的审查权。在司法审查权方面进行了进一步分工,也促进了两种审查权的监督和制约功能。控审分立越彻底,制衡作用就越能发挥。量刑权的进一步分离,使得检察机关程序性的求刑权更加集中,法院的实体性决定权也更加明确。

(二) 围绕量刑建议的事实拘束力

1. 量刑建议对法院形成了事实拘束力。② 量刑建议作为一项程序性权力,本身并不能约束法院的自由裁量权。但由于刑事诉讼目标的一致性,立法就控辩双方协商之后形成的量刑建议规定了一般加例外的采纳原则。在认罪认罚程序中,法院与检察机关的配合关系将更加紧密,检察机关的量刑建议逐渐会对法院产生了事实拘束力。法院对量刑建议保持了高度的尊重,与检察机关协作

---

① 参见季卫东:《法治秩序的建构》,中国政法大学出版社1999年版,第16页。
② 事实拘束力,指的是虽然成文法并没有规定明确的法律上的拘束力,但实践中,法官普遍遵循了控辩协商后签署的具结书,并鲜有违背具结书的内容,因而形成了一种实际存在的、事实上的拘束力。这种事实拘束力包括了以下三点内容:(1)成文法没有明确规定;(2)法院普遍确认了检察机关提出的量刑建议;(3)违背要付出一定代价,使得具结书的效力得以维护。

实现司法效率的整体提升。

立法采取一般加例外的原则，特别是"明显不当"一词的采用，意指在加强传统配合理念的基础上，法院应以强化配合为导向，不应在法定范围的细节上斤斤计较，吹毛求疵。检察机关作出的承诺，法院也应当作为承诺的兑现者，这也是协作配合的应有之义。即使法院针对检察机关的量刑建议不认同，也应秉持协作理念，通过释明方式，建议检察机关修改。只有当确实存在法律规定的例外情形，但检察机关不同意修改，法院才能不采纳量刑建议。

2. 量刑建议强化了控审之间的制约关系。权力制约的核心目的在于限制权力，防止权力滥用。只有量刑的精准化才能进一步强化控审之间的制约力度，防止任何一方出现恣意与滥权。除了诉前的制约以外，检察机关对于违反法律规定的不予采纳的情形，可以采取事后的监督。精准量刑建议无疑为精准监督预设了监督标尺，促使检察机关在精准量刑这一场域中展开精准监督，防止法院滥用自由裁量权。如果检察机关怠于监督，被害人可以就精准量刑建议未采纳而向检察机关提出异议，申请检察机关提出抗诉。精准监督促使法官慎重对待量刑建议，无论采纳与否均需提供详细的论证，进而减少以权谋私等司法不公问题。

(三) 围绕司法理念的提升

1. 从二元理念对立转变为多元理念共存。传统观点认为，诉讼的价值理念分为公正理念和效率理念，两者之间存在对立性，在诉讼发展中属于此消彼长的关系。① 然而，效率理念本身即是从公正理念分化而出。贝卡利亚提出，"诉讼本身应该在最可能短的时间内结束，惩罚犯罪的刑罚越是迅速和及时就越是公正和有益"。② 认罪认罚从宽制度的基本理念包括公正、效率、合作和监督制约等理念。各理念均处在一个动态的平衡过程中，公正理念作为根本理念起着整合其他理念，为其他理念提供导向的作用。多元理念的提出化解了传统二元理念非 A 即 B 所带来控审关系的冲突与对立，确保公正是法的最根本的价值理念，进而限制公正理念走向绝对。

反映在控审关系中，基于司法诚信理念，以及共同维护司法公信力的目标，检察机关针对被告人违背司法诚信滥用上诉权而提起抗诉，法院也绝大部分予以支持。又如，基于保障人权理念，检察机关针对一审判决处刑过重而提出抗诉，第二审法院是否可以继续加重被告人的刑罚也成为理论争议点。多元理念限

---

① 参见樊崇义主编：《诉讼原理》，法律出版社2003年版，第199页。
② [意] 贝卡利亚：《论犯罪与刑罚》，黄风译，中国大百科全书出版社1993年版，第79页。

制了检察机关无限追求实质正义而提出抗诉,进而推动司法理念的提升。

2. 由对抗理念转向合作理念。认罪认罚的合作理念既包含被追诉人、被害人与刑事司法机关的合作,也包含了刑事司法机关内部之间的协作。在认罪认罚案件中,合作理念是量刑建议产生事实拘束力的前提。基于追求效率目标的一致性,检察机关作出的承诺应当得到审判机关的配合。而立法规定一般应当也意在通过强化控审配合关系,实现消弭争议,达成共识的目的。

通过控审协作,法院借由检察机关的实质审查权实现了对侦查机关的介入性的监督和制约。认罪认罚从宽制度并没有使检察机关分享法院的裁判权,庭审也并未向诉前阶段前移,检察机关只是分享了法院的实质审查权。检察机关并没有通过庭审两造对抗的方式进行审查,而是基于两造之间相互合作,通过保障被追诉方的权利,使其自愿认罪,进而发现真实。另外,检察机关所作出的认定只是具有事实拘束力,但仍不具有法律拘束力,实体决定权仍然由法官行使。

三、控审关系的未来发展及完善方向

（一）充分行使实质审查权

1. 提升司法系统内部的互相协作水平。检察机关应当充分行使审前实质审查权,使法院对检察机关的尊重不是基于法律的强制力,而是基于刑事诉讼制度的科学设计和司法能力的信任。量刑权向检察机关集中,必然要求检察机关确立其审前主导地位,通过提前介入等方式履行实质审查义务,进而与以审判为中心的改革相配套。特别是对于由侦查、监察机关办理的认罪认罚案件,为避免检法之间进行双重事后审查,检察机关可以从侦查、调查环节提前介入,监督侦查、调查机关主动保障被追诉人诉讼权利,特别是值班律师法律帮助、诉讼权利告知等。如此,不但可以有效提高侦查效率,还能增强检察机关对认罪认罚协议真实性和合法性的亲历性的审查。

实质审查还可以压缩追诉犯罪的期限,提高侦控协作。认罪认罚是刑事诉讼的整体协作,不仅包含控审协作,也包含了侦控协作,而侦控协作也是控审协作的前提和基础。在立法未明确压缩侦查、起诉期限的情况下,通过检察机关提前介入以及靠前监督的方式可以有效提高侦诉衔接的效率,进而压缩侦查与取证的时间,提高侦诉阶段的效率,以便解决实践中长期存在的"刑期倒挂"[①]的问题。

---

① "刑期倒挂"指的是案件经过侦查、起诉、审判之后,羁押的期限超过了法官所要判决的刑期,因而迫使法官必须考虑该因素而无法独立审判。

2. 提高司法审查能力。检察机关应当从过去重侦查的思维向重审判思维的转换和均衡，提高实质审查能力。一方面，在严格落实非法证据排除规则的同时，基于检察官的客观公正义务，以更加客观公正的态度去引导侦查机关收集、补充证据，防止"带病证据"作为提请批准逮捕、移送审查起诉的根据，进而从源头上防范冤假错案的发生。注重听取辩护人、诉讼代理人的意见，尊重被告人的主体地位。

提高认罪认罚案件诉讼文书的说理性，特别是案件具有较大争议时，通过细致的说理可以有效消弭争议，达成共识。文书说理既要体现对事实与证据展开详细地调查与论证，同时也要对控辩协商过程、双方合意的自愿性、量刑的标准等进行说理论证。只有充分地说理论证并结合指导性案例，才能真正地提高控审之间的监督制约关系，并最大限度地消解"同案不同判"的问题。特别是在检察机关抗诉的案件中，基于诉讼中产生的实体和程序争议，检法更应当通诉讼文书的说理来达成共识。

（二）引入听证程序

1. 通过听证程序保障被追诉方的权利。合作是一种平等主体之间的相互配合，对检察机关而言，是对被追诉人诉讼主体地位的尊重以及承诺的兑现。在认罪认罚程序中，听证可以起到兼听则明的诉讼认识规律和尊重被告人诉讼地位的两个目的。本着"简程序而不减权利"[①]的司法理念，被告人的权利应该得到更加充分地保障。因此，检察机关应当通过公开公正的听证方式，通过信息披露以及律师提供实质性帮助等保障被追诉人的诉讼权利。

合理的听证程序可以强化检察机关的实质审查权，促进协商过程的公开透明，引入外部监督解决内部监督不足的问题。通过创设具有"准庭审"的三方架构，实现对侦查成果与认罪认罚协议的同步双重审查。在美国，对于检察机关主导的辩诉交易所形成的成果，法院为了保证认罪的自愿性和明知性，在认罪程序中设置了专门的认罪听证（pre-pleahearing）阶段，以保证辩诉交易的案件被告人确实是自愿认罪，并有事实基础。[②] 只有引入听证程序并形成具有法律效力的听证评议意见，配合量刑建议的事实拘束力，才能以程序上的公开公正取信于法官，并有助于增加处理结果的可接受性，减少控审之间由于不信任而造成协作不畅的问题。

---

① 胡云腾主编：《认罪认罚从宽制度的理解与适用》，人民法院出版社 2018 年版，第 9 页。

② 参见李本森：《被告人认罪简易审案二审的定量分析与相关问题研究》，载《政治与法律》2014 年第 10 期。

2. 强化听证程序实质化。一是合理设计听证案件范围。对于社会影响较大、证据较为复杂或者可能产生争议的认罪认罚案件,作出起诉决定前,可以组织召开听证会。

二是听证程序的诉讼化构造。虽然听证程序也要求等腰三角形结构,但片面强调听证程序的复杂化会降低效率。诉讼化设计应当以有利于保障当事人的诉讼权利,有利于接受外部监督为出发点。听证既可以依职权也可以依申请召开,被追诉人应当获得律师的帮助。被追诉人是否认罪认罚,量刑建议是否公开公正等事项,都在听证会上进行公开展示,以解决因诉讼专业化所带来的信息不对称等问题。

三是与法院的实质审查相衔接。检察机关的实质审查权作为案件的第一层把关,应当与法院的实质审查相衔接,优化诉讼资源的配置。检察机关在听证评议书中,不仅要详细列明协商的过程,还应将检察机关量刑建议的标准等详细列明,增强评议书的说理性。同时,听证评议书应当随案移送,与法院实质审查互相衔接、互相制约。

(三) 抗诉应坚持正确的理念

抗诉应当坚持客观公正和权力法定原则。在宽严相济的刑事政策指导下,刑事法治更加注重追求合作与对抗、公正与效率,以及诚信、监督等多元理念之间的动态平衡。多元理念为刑事抗诉提供了理论上的指导和支持,也为检察机关的抗诉提供了正当性基础。

1. 在立法规定量刑建议"明显不当"的情况下,法院不受其约束。但"明显不当"在语义上具有不确定性,实践中,检察机关只是有选择性地对法院未采纳量刑建议的判决提出抗诉。在协商理念的指导下,法院应当主动释明检察机关,并详细阐明改变量刑建议的理由,检察机关也应当主动与法院协商并慎重作出决定。特别是在制度初设,量刑规则不完善,量刑能力有待提升的情况下,检察机关可以有针对性地选择部分案件,慎重、准确地提起抗诉,确保认罪认罚从宽制度改革目标的实现。

2. 认罪认罚案件中,具结书的正当性和合法性的基础是控辩双方合意,一旦有一方违背,量刑建议便失去效力。因此,认罪认罚从宽后被告人上诉的,则不再享有制度优惠。在我国台湾地区,对按照协商程序作出的判决原则上不得上诉。① 在美国,经过辩诉交易程序的被告人通常会被要求放弃上诉

---

① 参见台湾地区"刑事诉讼法"第 455 条之十第 1 款。

权,包括对量刑问题的上诉,而法官均持肯定态度。① 我国实行无因上诉制度,单纯从上诉的原因来决定抗诉与否并不合理。许多上诉理由虽然是量刑过重,但实际原因多为留所服刑。为了防止被告人以量刑意见缺乏合意为由提出上诉,检察机关一方面可以通过听证等程序保障被告人的诉讼权利,另一方面,除立法规定的例外情形下,对于被告人违背司法诚信原则而提起上诉的,检察机关应当依法抗诉抵消其原有的量刑方面的政策性优惠,由法院在依法审查之后作出裁判。

3. 司法机关不能固守既有的公正、效率的二元分立理念,而应当综合考虑多种理念提出抗诉。公正理念是指导抗诉的重要的但不是唯一的司法理念,并不能因为一审法院已经采纳了检察机关的量刑建议就认为检察机关不能针对被告人的上诉而提起抗诉。即使被告人上诉,检察机关未提出抗诉,法院维持原判,仍然是对效率理念的减损。因此,检察机关在追求效率理念的同时,应当以公正为根本理念,努力做到公正与效率理念的平衡。

(四) 完善相关配套制度

1. 司法责任制改革。司法责任制的构建应当注意以下几点,一是强化不起诉案件的责任制,防止借认罪认罚的不起诉而恣意滥权;二是实质审查权必然对应了相应的实质审查责任,一旦因为检察官未能尽到实质审查责任而导致出现冤错案,应当追究其责任;三是结合员额制改革,落实办案责任到检察官和法官个人,确立其独立地位和责任。从余金平案也可看出,法官并没有盲目地对具结书进行确认,而是进行了实质审查,特别是二审法院仍然坚持实体正义,更加凸显了法院实质审查的必要性以及提高司法人员责任心的重要性。

2. 完善量刑指导规则。通过细致、完善量刑指导规则,可以有效制约法官的自由裁量权。域外检察官也普遍将量刑规则作为提出量刑建议的重要依据。可以说,完善的量刑指导规则是认罪认罚率高的必要条件。应当细化法定刑的幅度和档次,并根据实践总结形成可改变量刑幅度的情节等依据,使控审之间对量刑的意见更加均衡,更加统一。提高让渡利益的诱惑性和稳定性。通过设置逐级分层的量刑制度,促使被追诉人主动与追诉机关合作,及早作出认罪认罚从宽决定,以换取追诉机关更高的量刑折扣,并通过具结书的形式及时固定下来。

3. 合理设定考核指标。应当充分认识认罪认罚从宽制度与域外认罪协商

---

① 参见孙长永:《比较法视野下认罪认罚案件被告人的上诉权》,载《比较法研究》2019年第3期。

制度无论是在制度内容以及目标达成的路径上都存在诸多不同，采取循序渐进的改革策略，平稳推进认罪认罚从宽制度改革。检察机关可以通过降低"案－件比"、提高公开程序适用率的考核形式，鼓励检察机关强化诉前主导地位，提高实质审查过程中的公开透明。

刑事案件审前管辖相关问题探讨

冯志恒　董东晓[*]

与管辖相关的法律规范所需要解决的基本问题是厘清刑事案件发生之后，由哪个机关来完成案件的侦查、审查起诉以及审判。但是，刑事诉讼法"管辖"一章的规定均围绕人民法院作出，并未对审前程序，即立案侦查和审查起诉的管辖直接作出规定，仅通过第162条、第176条对侦诉和诉审两个诉讼阶段的衔接性作出了较为宽泛的规定，而将进一步细化任务留给了最高人民检察院和公安部制定下位规范，由此在司法实践中衍生出一些实际操作问题。本文将就在刑事案件审前程序中应当如何确定案件管辖权问题予以探讨。

因为"管辖"一章规定在刑事诉讼法总则部分，但所涉及条文均以审判机关为约束对象，并不直接涉及检察机关和公安机关，所以并不能直接根据刑事诉讼法确定公安机关、检察机关的管辖权，至多具有柔性约束力，即侦查机关和检察机关可以参照审判管辖来分配侦查权和检察权，也可以根据侦查机关、检察机关的办案需要，进行不同于审判管辖的分配。

一、审判管辖与审前管辖确定原则之差异

我国司法长期将侦查、检察和审判三种职权等量齐观，遂有刑事诉讼法关于审判管辖之规定是否及于审前程序的疑问。但从以审判为中心的角度来看，不论是职权属性还是在刑事诉讼中的地位，三者有本质区别。审前程序的管辖与审判管辖虽然有类似之处，但区别才是更重要的。

（一）确定审前管辖应以高效、便捷为原则

尽管侦查管辖目前仍恪守"犯罪地"底线，但实际上已经通过具体犯罪的规范性文件在不断扩张"犯罪地"概念，甚至部分"犯罪地"的解释已经

---

[*] 冯志恒，陕西省人民检察院法律政策研究室副主任；董东晓，陕西省人民检察院四级高级检察官。

超出字面含义;而在级别方面,更加表现出未受审判管辖级别规定约束的状态。其原因主要在于,对审前程序,特别是侦查程序而言,如何高效便捷地查明犯罪事实,避免侦查力量分散和推诿,是其管辖规定所要解决的核心问题。

首先,尽管公安部在诈骗罪方面曾经明确表达了非犯罪地、犯罪嫌疑人居住地公安机关不可立案侦查的态度,且将犯罪结果地限定于犯罪嫌疑人实际取得财产地,①但该批复形成时间较早,对于复杂案件,在被害人向公安机关报案、控告、举报时,公安机关要判明各种"犯罪地"的具体地点显然存在困难,晚近一些的规范性文件在侦查管辖方面采取的态度已经趋于灵活。

其次,侦查程序启动时,可供判断刑期的素材不完备,犯罪地等管辖依据通常难以确定。如发现死尸的地点未必是杀人犯罪发生的地点,而可能是抛尸地点;犯罪嫌疑人居住地更是在确定嫌疑人之前无法确定。即使案件现场情况反映行为人可能触犯最严重的罪名,也还有可能因正当防卫、紧急避险而正当化,导致可能判处的刑期也难以确定。并且,侦查的主要任务在于查明事实、收集证据而非法律判断,尽管公安机关在提请逮捕和侦查终结时也要提出法律适用意见,但这种法律判断是较为粗糙的,而"可能判处的刑罚"又存在模糊性,是法定刑包含无期徒刑、死刑,还是基于具体案件情节有判处无期徒刑或死刑的可能性,这种可能性是否要比较大才须由中级法院一审;抑或仅仅排除基层法院可以宣告无期徒刑或者死刑。要由公安机关解决这些问题后再侦查终结,显得过于苛刻。因此,在侦查程序中案件管辖应当尽可能简单明确,避免因案件类型、案件的重大程度、案件发生的区域等造成相互推诿。

最后,公安部《公安机关办理刑事案件程序规定》、最高人民检察院《人民检察院刑事诉讼规则》作为公安机关、检察机关执行刑事诉讼法的下位规范,虽然也有管辖规定,但是这些规定的效力与《刑事诉讼法》第21条不仅存在规范位阶上的差异,而且,由于公安机关、检察机关均具有"一体化"组织特征,上下级之间是领导与被领导关系,上级公安机关、检察机关即使自身不行使相关职权,也可以通过指挥下级公安机关、检察机关对案件作出处理,甚至可以作出决定后交给下级公安机关、检察机关执行,这种组织关系决定了公安机关、检察机关的管辖规范不可能起到限制权力行使的目的,而是为相关权力运行提供一种一般性遵循,避免就类似问题反复行使指挥权。

(二)确定审判管辖应以法定法官为原则

裁判者对于案件公正处理的作用不言而喻,因此刑事诉讼当中存在法定法

----

① 《关于受害人居住地公安机关可否对诈骗犯罪立案侦查问题的批复》(2000年10月16日公安部)。

官原则,即"何等案件由何位法官承办之问题,必须事先以抽象的、一般的法律明定,不能等待具体个案发生之后才委诸个别处理,否则,司法行政只要控制少数的法官,再命其承办重要敏感案件,则法官独立性原则也成为空谈"。① 法定法官原则是法治国和正当程序的当然结果,并且,"从法官获得案件管辖权的流程顺序上观察,首先由法院对案件进行审查以确定其是否拥有管辖权,确定拥有管辖权后按照案件性质分配到不同审判庭,再由审判庭按照内部的分配方案把案件分配到法官。在这三个不同的阶段进行案件分配都需要借由一般性法规范进行规制"。②

在我国刑事诉讼法中并未明文规定法定法官原则,但是刑事诉讼法为确定审理案件的法院作出了事前的、抽象的规定,即《刑事诉讼法》第19条、第20条、第21条、第22条、第23条、第25条和第28条所组成的管辖条文体系,上述条文分别从职能、级别、地域三个方面对刑事案件的管辖法院作出了规定,并为专门法院的管辖留下了接口。如果考虑到《刑事诉讼法》第19条的功能在于为公检法三机关进行职能分工,也可以将其从真正确定法院管辖的条文体系中剔除;在不考虑专门管辖的情况时,任意一起刑事案件的审理法院便由《刑事诉讼法》第20条、第21条、第22条、第23条来确定法院的级别,再由《刑事诉讼法》第25条确定同一级法院中有管辖权的具体法院。

尽管刑事诉讼法允许上级法院通过指定改变案件的管辖权,但对审判机关而言,应当作出限定解释,即通过法律确定的法院出于某种理由不能审理,才需要由上级法院改变管辖。否则,审判管辖的整个体系都会因为指定管辖规则的存在而缺乏稳定性。域外一些国家,对于审判管辖的改变有较严格的限制,审判机关指定管辖意味着突破法定法官原则,只有在"不得已"的时候才可以为之,这与侦查、检察机关出于节约司法资源、便于侦查的指定管辖大异其趣。

二、衔接规则及"瞄准"效应

在管辖问题上侦查机关、检察机关与审判机关具有不同的倾向,这不仅是由机关权力属性决定的,也是刑事案件客观实际决定的,两者之间由不一致到一致是通过侦诉和诉审两个诉讼阶段的衔接规则——《刑事诉讼法》第162条和第176条——实现的。

---

① 林钰雄:《刑事诉讼法》,元照出版公司2013年版,第98页。
② 魏钰人:《法定法官原则下的刑事指定管辖制度研究》,西南政法大学2018年硕士研究生学位论文,第3页。

（一）侦诉衔接规则

《刑事诉讼法》第 162 条规定"公安机关侦查终结的案件，应当……移送同级人民检察院审查决定"。此处虽然仅表述了"同级"，但刑事诉讼法当中的"同级"几乎均带有"同辖区、同级别"① 的含义，此处亦然。对于公安机关内部改变管辖的案件，"两高"等"六部委"《关于实施刑事诉讼法若干问题的规定》第 23 条第 1 款规定，上级公安机关指定下级公安机关立案侦查的案件，需要逮捕犯罪嫌疑人或者需要提起公诉的，均由"侦查该案件的公安机关"提请或移送同级人民检察院。

对于检察机关直接立案侦查的案件，《人民检察院刑事诉讼规则》第 238 条也规定，"负责侦查的部门应当将起诉意见书或者不起诉意见书，……一并移送本院负责捕诉的部门审查"。

因此，《刑事诉讼法》第 162 条确立的侦诉衔接规则可以概括为，由侦查终结的公安机关向与自己对应的检察机关移送案件，或者由侦查终结的检察机关负责侦查的部门向本院负责捕诉的部门移送，易言之，在侦诉衔接过程中，只考虑同级移送，而不必考虑受理案件的检察机关是否有权管辖的问题。由于大多数情况下，侦查过程中公安机关不发生变化，侦查终结的公安机关与侦查案件的公安机关是同一的，这样的制度安排既便于对案件进行补充侦查，也便于检察机关行使侦查监督权。

（二）诉审衔接规则

《刑事诉讼法》第 176 条规定："人民检察院认为犯罪嫌疑人的犯罪事实已经查清，证据确实、充分，依法应当追究刑事责任的，应当作出起诉决定，按照审判管辖的规定，向人民法院提起公诉，并将案卷材料、证据移送人民法院。"本条是刑事诉讼法中的管辖规定向检察机关延伸的唯一依据，而其延伸的范围需要对条文进行细致剖析。

从该条文的表述来看，作出起诉决定在前，按照审判管辖规定提起公诉在后。因此，审判管辖规定的约束力应当发生在作出起诉决定之后。而且，该条完全没有涉及检察机关决定不起诉的案件或其他案件，因此，审判管辖规定的约束力不应及于决定起诉案件之外的其他案件。

"两高"等"六部委"《关于实施刑事诉讼法若干问题的规定》第 23 条第 2 款规定与前述理解可以相互印证，该条规定，"人民检察院对于审查起诉的

---

① 《中华人民共和国刑事诉讼法》全文一共出现"同级"15 次，除第 26 条中"几个同级人民法院"中的"同级"仅指同级别，其余 14 处均指"同（本）辖区、同级别"。

案件，按照刑事诉讼法的管辖规定，认为应当由上级人民检察院或者同级其他人民检察院起诉的，应当将案件移送有管辖权的人民检察院"。可以明确，应当移送的前提是"由上级人民检察院或同级其他人民检察院起诉"。

《人民检察院刑事诉讼规则》中，对检察机关在审查起诉阶段的管辖规定也很值得推敲。《人民检察院刑事诉讼规则》第328条首先强调，"各级人民检察院提起公诉，应当与人民法院审判管辖相适应"。在第2、3款分别规定了应当如何移送案件以实现"与审判管辖相适应"。值得注意的是，该条第2、3款没有将移送其他检察机关的案件表述为属于上级人民检察院管辖或同级其他人民检察院管辖或下级人民检察院管辖，而是表述为"属于上级人民法院管辖的"和"属于同级其他人民法院管辖的"以及"属于下级人民法院管辖"，换言之，在移送案件时判断的内容并非检察机关是否有权管辖，而是对应的法院是否有权管辖。

因此，审查起诉的过程，存在一种"瞄准"效应，即检察机关根据审查案件的情况，对向何法院提起公诉进行判明，并将案件移送至对应的检察机关进而提起公诉；并且，需要"瞄准"的并非全部案件，而仅限于需要提起公诉的案件。

三、检察机关审查案件的管辖规则

检察机关在审查起诉阶段通过审查案件，应当履行以下职责：一是对侦查机关（部门）侦查终结移送审查起诉或者不起诉的案件，审查决定是否提起公诉或者不起诉；二是对侦查机关（部门）的侦查活动是否合法实行监督；三是对于提起公诉的案件做好出席法庭支持公诉的准备工作。[①] 因此，审查起诉既具有面向侦查活动的功能，即对侦查活动是否合法实行监督；也具有进一步推进刑事诉讼程序的功能，即作出起诉或不起诉决定，以及对决定起诉的案件做好出庭准备。只不过在高起诉率的现实情况下，我国检察机关在审查大多数案件时，都同时在完成着公诉准备。

然而，案件审查和公诉准备原则上不能混为一谈，更没有理由因为案件可能由其他检察机关提起公诉，就将案件审查工作也流于形式。《刑事诉讼法》第171条规定，人民检察院审查案件时必须查明的五项内容和《人民检察院刑事诉讼规则》第330条规定的审查应当查明的13项细化内容当中，恰恰没有案件管辖的内容。从刑事诉讼法条文的顺序安排来看，也能得出前文结论，

---

① 参见《检察机关制法工作基本规范》（2013年2月6日最高人民检察院），第192页。

即检察机关在审查起诉阶段应当先判断起诉与否，然后仅对需要起诉的案件判明管辖法院，这与审判机关有明显区别。最高法《关于适用〈中华人民共和国刑事诉讼法〉的解释》第 180 条对受理案件审查的第一项内容就是"是否属于本院管辖"，并且第 181 条进一步规定，对"不属于本院管辖……的，应当退回人民检察院"，这体现了审判权被动性的特征。在决定提起公诉时，由于需要启动审判程序，刑事诉讼法和法检机关的对应设置决定了检察机关只能向自己对应的审判机关提起公诉，此时检察机关不能视为"一体化"的整体，应当在公诉准备中依法判明有管辖权的法院，进而提起公诉，否则案件将被退回。

但是，从案件审查的角度看，则并没有"与审判管辖"相适应的限制，应当以检察机关一体化为出发点，考虑职权行使。最初受理案件的检察机关——即使预判不能成为公诉机关——也应当充分行使案件审查权，而不应仅作形式化审查。其应依法履行的职责包括，对侦查活动是否合法实行监督以及通过不起诉决定终结刑事诉讼，这两者均是《刑事诉讼法》第 162 条中"审查决定"的应有之义。具体而言：

第一，行使侦查活动监督权。《刑事诉讼法》第 162 条和其他相关规范决定了，公安机关侦查终结的案件通常由侦查案件的公安机关向对应的检察机关移送。这意味着侦查活动的实施者是受理案件检察机关辖区内的公安机关，因此，最初受理案件的检察机关理应履行侦查活动监督权。如果案件当中存在侦查违法甚至犯罪，即使案件本身应当由其他检察机关提起公诉，最初受理案件的检察机关依然可以行使该职权。

第二，对不应追究刑事责任的，行使停止追诉的不起诉权。刑事诉讼法赋予检察机关三种不起诉权，其中既包括案件符合法定条件不应继续追诉的法定不起诉，也包括因犯罪情节轻微而作出的酌定不起诉，还包括因证据达不到提起公诉条件而作出的存疑不起诉。在最初受理案件的检察机关审查发现案件符合《刑事诉讼法》第 16 条规定之情形之一，或者已经查明被追诉人未实施犯罪时，级别管辖的规定显然已经没有约束力；并且，如果在异地侦查并移送检察机关，也没有必要将案件移送犯罪地或犯罪嫌疑人居住地的检察机关再决定不起诉，因为这种情形在任何检察机关都不能决定起诉，既然已经查明，再移送其他检察机关决定就会给被追诉人制造额外的诉累，应当禁止。

第三，为进一步明确管辖权进行必要的补充侦查。有些案件不仅情况复杂，而且案件证据的收集不充分，证明犯罪地的证据不全面，则无法判断案件的属地管辖，最初受理案件的检察机关应当通过补充侦查进一步查明案件管辖问题。

更值得考虑的是，当案件证据达不到起诉条件时，是否可以根据《人民检察院刑事诉讼规则》第328条第2款规定向其他人民检察院移送案件？由于证据不足，案件很可能呈现出难做定论的状态，实践中为了将争议案件推出，最初受理案件的检察机关多会怀有"能移送则移送"的态度；而且，退回补充侦查以二次为限，如果最初受理案件的检察机关已经将退回补充侦查次数用尽，则改变管辖之后新的检察机关将缺少一种补查手段。但是，本文认为仍然应当坚持将最初受理案件检察机关的审查责任实体化，如果遇到证据不足案件，应当由最初受理案件的检察机关引导公安机关补充侦查。理由如下：

首先，法律监督是检察机关的"主责主业"。对侦查活动是否合法进行监督与对推进案件的诉讼程序和公诉准备工作相比，重要性只重不轻，只进行形式审查便将案件移送处理，极有可能错失侦查监督线索。其次，不经补查便移送案件，虽然为新接手案件的检察机关保存了退回补充侦查的机会，但改变管辖后，退回补充侦查需要经过原受理案件的检察机关退回原侦查机关，① 手续复杂，造成办案期限无谓浪费。再次，如果最初受理案件的检察机关恪尽职守，即使耗掉二次退回补充侦查的机会，也不会对案件后续处理造成障碍。最初受理案件的检察机关与侦查机关是对应关系，在退补和引导侦查方面都较为便捷，有利于证据收集。即使考虑到案件过于复杂，改变管辖后审查起诉期限有困难，也可以通过《人民检察院刑事诉讼规则》第9条规定，请求上级检察机关统一调用原承办检察官履行出庭支持公诉等检察职责。② 最后，轻易移送案件可能导致将不符合起诉条件的案件移出，导致后续不起诉复议复核陷入困境。如甲区公安机关移送一起案件给甲区检察院，甲区检察院未仔细审查便以案件应由乙区人民法院一审为由移送乙区人民检察院，将导致甲区公安机关要求复议时脱离辖区，甚至需要跨省或者跨级别提出复议要求，后文将做进一步讨论。

可能会有人主张，案件审查的管辖本属应当尽快完成的事项，与案件实体审查应当分开。在2012年的《人民检察院刑事诉讼规则（试行）》中，该问题尚有模糊的余地，该规则第362条规定"公诉部门收到移送审查起诉的案件后，经审查认为不属于本院管辖的，应当在五日以内经由案件管理部门移送

---

① 《人民检察院刑事诉讼规则》（2019年12月30日最高人民检察院），第350条。
② 《人民检察院刑事诉讼规则》（2019年12月30日最高人民检察院），第9条第2款规定，上级人民检察院可以依法统一调用辖区的检察人员办理案件，调用的决定应当以书面形式作出。被调用的检察官可以代表办理案件的人民检察院履行出庭支持公诉等各项检察职责。

有管辖权的人民检察院"。似乎可以被理解为收到审查起诉案件后应立即审查是否属于本院管辖，如果不属于就应当在收到案件后的五日以内移送其他人民检察院。但是《人民检察院刑事诉讼规则》第328条修改为，"经审查认为不属于本院管辖的，应当在发现之日起五日以内经由负责案件管理的部门移送有管辖权的人民检察院"。可见，管辖问题并不需要在受理时完成审查，移送案件的期限是以发现管辖存在问题时才起算的。这一改变更为合理，因为是否属于本院管辖看似简单，实则与案件事实、证据密不可分，只有对案件进行全面审查的基础上，才能作出准确判断，即审判管辖的判明应在事实认定完成之后进行。

综上所述，最初受理案件的检察机关并不应当以形式审查案件是否归本院管辖作为正式审查前置，而应当对案件进行全面完整地审查，并区分情况作出处理决定：案件符合起诉条件，并且需要提起公诉追究被追诉人刑事责任的，需要考虑案件的审判权归属，本院对应的法院无权管辖的，应当进行移送。案件不符合起诉条件，或无提起公诉必要的，应当直接决定不起诉。案件中存在侦查活动违法或犯罪，应当依职权开展法律监督。

四、不起诉决定复议请求权的归属

最初受理案件的检察机关应当全面审查案件，对于符合起诉条件的，进一步判明审判管辖并移送案件；对于不需要继续推进刑事诉讼程序、应做各类不起诉处理的案件，直接由最初受理的检察机关决定即可。如果公安机关认为不起诉决定有错误，可以直接由移送案件的公安机关向最初受理案件的检察机关提出复议要求，关系较为顺畅。

但是，即使进行了全面的实质化的审查，也可能会出现移送案件后，新接手的检察机关认为案件不符合起诉条件，此时如何处理？

对于下级检察机关审查认为符合起诉条件应当提起公诉而报送上级检察机关的案件，上级检察机关可以在报送前，通过内部请示程序了解案件情况，防止将不符合起诉条件的案件报送。如果案件已经完成了报送程序，上级检察机关审查后又出于种种原因认为需要不起诉，此时，不能以改变管辖后查明的案件不符合起诉条件为由，再将案件交回下级检察机关，而应当由上级检察机关直接作出不起诉决定。这是因为案件已经由上级检察机关审查完毕，并形成了明确的意见，再将案件交由下级机关处理，属于程序空转，不仅浪费司法资源，可能造成无意义的羁押；而且下级检察机关只能按照上级的意思处理案件，复核权掌握在实际作出决定的上级检察机关手中，造成不起诉决定的救济程序虚置。

此类案件，在由市级检察院审查后，如果认为不符合起诉条件，作出不起诉决定，应当如何送达公安机关，进而如何适用刑事诉讼法关于复议、复核的规定呢？刑事诉讼法没有明确规定，《人民检察院刑事诉讼规则》和公安部《公安机关办理刑事案件程序规定》也存在不明晰之处。但处理模式无非以下四种：

一是由作出不起诉决定的市级检察院直接将不起诉决定书送达侦查案件的区县公安机关。区县公安机关认为不起诉决定确有错误，直接向作出不起诉决定的市级检察院提请复议。

二是由作出不起诉决定的市级检察院将不起诉决定书送达市级公安机关。市级公安机关征求侦查案件的区县公安机关对不起诉决定的意见，区县公安机关认为不起诉决定确有错误且市级公安机关支持的，由市级公安机关向市级检察院提请复议。

三是由作出不起诉决定的市级检察院将不起诉决定书交最初受理案件的区县检察院，并由该区县检察院送达侦查案件的区县公安机关。区县公安机关认为不起诉决定确有错误的，应当报市级公安机关，并由市级公安机关向市级检察院提请复议。

四是由市级检察院将案件重新移送原受理案件的区县检察院，并指令其作出不起诉决定。区县检察院作出不起诉决定后，送达区县公安机关。公安机关认为不起诉决定确有错误的，向区县检察院提请复议。

第四种处理模式的不合理之处前文已述，不能成为一种妥当的处理模式。

对于区县公安机关移送审查起诉而被市级检察机关决定不起诉的案件，确定复议请求权归属既需要考虑《人民检察院刑事诉讼规则》的规定，又需要考虑公安部《公安机关办理刑事案件程序规定》的规定，两者共同构成了对《刑事诉讼法》第179条的解释。首先，《人民检察院刑事诉讼规则》第379条第2款确立了由作出不起诉决定的检察机关自己复议的规则，因此，公安机关行使复议请求权的对象是市级检察院。其次，公安部《公安机关办理刑事案件程序规定》第283条第1款规定又确立了提请复议的公安机关应当是县级以上并与复议检察机关同级别的规则，并不限于办理案件的公安机关，因此，前述第一种处理模式，即区县公安机关直接要求市检察院复议也不符合相关规定。

即使不考虑公安部《公安机关办理刑事案件程序规定》第283条第1款，这种由区县公安机关直接向市级检察机关提出复议的做法也存在一定问题：一方面，不起诉复议复核制度是落实刑事诉讼法关于公检法三机关相互制约要求的具体措施，而相互制约虽然广泛存在于公安、检察、法院系统整体之间，但是由下级机关制约上级机关既难以起到预期效果，也不符合我国国家机关行事惯例，因此，相互制约通常存在于同级公检法机关之间，或者由上级机关对下级机关进行制约。另一方面，公安机关作为行政机关，具有上令下从的一体化属性，实施侦查的公安机关并不是代表自己，而是代表国家行使刑事诉讼中的侦查权。当案件被上级检察机关决定不起诉时，说明案件可能判处刑期较重，而且案件侦查很可能出现了问题，此时，通过同级送达和复议请求权的上移，让上级公安机关介入案件程序，对案件公正处理不无裨益。

第二、三两种处理模式基本类似，差异在于被送达的公安机关应当是市级公安机关还是区县公安机关。这一点相关规定并未明确，笔者认为两者均不违反相关规范性文件，甚至由作出不起诉决定的市级检察机关直接将不起诉决定书送达侦查案件的区县公安机关也不违反相关规定。但是，以将与决定不起诉的检察机关同级的公安机关作为被送达机关是更具有合理性的。原因在于，一是司法机关的各种法律文书，通常都是由作出决定的机关进行送达，如《民事诉讼法》第88条规定，"直接送达诉讼文书有困难的，可以委托其他人民法院代为送达"，刑事诉讼法律文书的送达应当比民事诉讼法律文书受到更加严格的限制，所以，原则上应当由作出决定的机关直接送达。二是应当坚持同级行文。从宪法角度来说，检察机关与公安机关分属不同权力属性的国家机构，按照公文行文的一般规则，不相隶属的机关之间，通常是同级行文。在刑事诉讼中，退回补充侦查、送达逮捕决定等活动的文书送达也均有同级行文的规定，特别是在公安机关认为逮捕决定有错误提请上一级检察机关复核时，上一级检察机关即使作出逮捕决定，也是经由下级检察机关送达公安机关执行逮捕，而没有规定上一级检察机关可以直接将逮捕决定书送达公安机关执行。因此，既然由市级检察院作出不起诉决定，就应当由市级检察院进行送达，也就只能送达市级公安机关。同时，出于效率的考虑，避免因法律文书送达延误案件处理，可以考虑在送达市级公安机关的同时，通过区县检察院将不起诉决定书同步通知区县公安机关，并给予复印件以供研究。

对于最初受理案件的检察机关认为应当由其他同级人民检察院提起公诉而移送的案件，尽管没有规定被移送案件的检察院有拒绝受理的权利，但实践中直接移送案件是十分困难的，通常需要由共同的上级检察机关协调移送。因此，在移送前进行把关，防止移送不能起诉的案件也是具有可操作性的。如果出现疏漏或其他原因导致的移送后仍需做不起诉处理的案件，此时，由最初向检察机关移送案件的公安机关作为复议请求机关是适当的，不起诉决定书也应当直接送达该公安机关。因为，该公安机关与决定不起诉的检察机关虽然分属不同辖区，但级别相同，直接行文不存在级别障碍；也没有必要通过最初受理案件的检察机关或决定不起诉的检察机关对应的公安机关"转手",因为后者对案件完全没有参与,而前者虽然做出了"应当起诉"的判断,但可能在后续的案件处理过程中出现了新证据或者其他变化导致"应当起诉"的判断不能成立,因此他们均没有参与复议的必要。出于效率考虑,直接由移送案件的公安机关向决定不起诉的检察机关提出复议要求即可。

检察机关刑事"案-件比"现实状态及改进策略探究
——以 2019 年度广西检察机关刑事检察业务相关情况为起点

广西检察机关"案-件比"研究课题组[*]

一、广西检察机关 2019 年度刑事检察业务"案-件比"基本情况

自最高人民检察院倡导"案-件比"的工作要求以来,广西检察机关不断优化刑事检察办案质量评价指标体系,以节约司法资源、提升案件当事人感受到"案子"办理过程中的公平正义和效率为导向,进一步深化案件管理职能,以刀刃向内的自我革命精神优化"案-件比"。2019 年 1—12 月,广西检察机关平均"案-件比"为 1∶1.79(全国 1—9 月"案-件比"为 1∶1.76),同比下降 0.318 个百分点。从横向对比看:高于广西平均数的共有 7 个地区;低于平均数的有 8 个地区,其中最高地区为 1∶2.35,比最低地区的 1∶1.42 高出 0.93 个百分点。从纵向对比看:15 个地区同比均下降 10% 以上,各地落实"案-件比"控制措施成效显著。

"案-件比"所涉 6 项业务相关数据对比值影响情况如下图:

---

[*] 课题组成员:刘元见,广西壮族自治区人民检察院案件管理室高级检察官助理;黄德辉,广西壮族自治区人民检察院案件管理室检察官助理;陈莉云,广西壮族自治区人民检察院案件管理室书记员;宋伟,广西壮族自治区钟山县人民检察院第三检察部主任。

一、刑事检察基础理论与实践

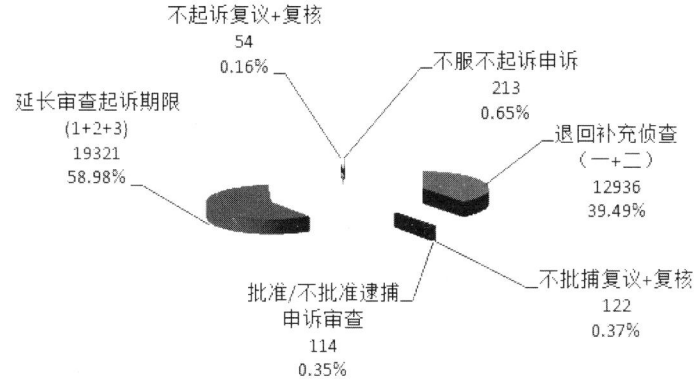

图 1　广西 2019 年 1—12 月 6 项业务数据占比

表一　2019 年 1—12 月广西 6 项业务数据变化表

项目	2019 年 1—9 月占比%	2019 年 1—10 月占比%	2019 年 1—11 月占比%	2019 年 1—12 月占比%
延长审查起诉期限（1＋2＋3）	59.78	59.62 ↘	59.17 ↘	58.98 ↘
退回补充侦查（一＋二）	39.01	39.06	39.04	39.49
不服不起诉申诉	0.49	0.55	0.6	0.65
不批捕复议＋复核	0.35	0.36	0.36	0.35
批准/不批准逮捕申诉审查	0.28	0.28	0.32	0.35
不起诉复议＋复核	0.10	0.13	0.15	0.16

二、检察机关刑事检察业务"案－件比"存在的问题和成因

（一）存在的问题

1. 检察院内部延长审查起诉期限案件数占比 58.98%，审结环节延长期限得到有力控制。2019 年 1 至 12 月，广西检察机关延长审查起诉期限 19321 件，同比下降 26.35%。从地区分布情况看，延长审查起诉期限案件数除 1 个地区（来宾）同比持平外，其他 14 个地区同比均有不同程度下降，其中，玉林（1459 件，同比下降 44.44%）从 2019 年 10 月份起，连续三个月同比下降幅

度最大；北海（1690 件，同比下降 23.77%）、柳州（2408 件，同比下降 17.7%）仍有较大的下降空间。

（1）一次、二次延长审查起诉期限案件数大幅下降，三次延长审查起诉期限案件数降幅较小。广西壮族自治区人民检察院出台《关于加强广西检察机关案件质量管控 切实优化"案-件比"的意见（试行）》后优化"案-件比"成效显著，其中，一次延长审查起诉期限 12972 件次，同比下降 29.75%；二次延长审查起诉期限 4516 件次，同比下降 23.72%；三次延长审查起诉期限 1833 件次，同比下降 0.92%。但少数地区三次延长仍有上升，其中钦州同比上升 100%，崇左同比上升 55.81%，贺州同比上升 28.26%。

表二 2019 年 1—12 月和 1—11 月延长审查起诉期限相关数据

时间	一审受理数	一延	二延	三延
2019 年 1—11 月	37609	12601	4419	1812
同比 ±%	-0.19	-26.06	-18.65	7.86
2019 年 1—12 月	41267	12972	4516	1833
同比 ±%	3.18	-29.75	-23.72	-0.92

（2）少数单位延长审查起诉期限情况仍较突出。来宾市两级院延长审查起诉期限 894 件次，同比持平，一次延长审查起诉期限 617 件次，同比下降 6.37%；二次延长审查起诉期限 202 件次，同比上升 13.48%（广西唯一上升的地区）；三次延长审查起诉期限 75 件次，同比上升 31.58%。

2. 退回补充侦查案件所占比近四成，退查案件数明显下降。2019 年 1—12 月，广西退回补充侦查 12936 件，同比下降 27.25%，占 6 项业务总数的 39.49%。各地情况中，同比上升的只有来宾（8.03%），其他 14 个地区同比均下降 10% 以上，其中玉林同比下降 51.27%，梧州同比下降 41.75%。

（1）退回补充侦查率同比下降。2019 年 1—12 月，广西退回补充侦查率 28.64%，同比下降 11.48 个百分点。但部分地区退查率仍较高，其中高于 30% 的地区有：北海（46.97%）、梧州（31.24%）、河池（31.24%）、南宁（31.21%）、桂林（30.67%）。

（2）事实不清、证据不足是退回补充侦查（调查）主要因素。2019 年 1—12 月，广西事实不清、证据不足导致退查的有 19101 件，占总退查数 94.8%；排除非法证据及有证据证明发现漏罪、漏犯的情况导致退查 178 件，占总退查数 0.9%；以退查借取办案时间，将退查作为延期手段等因素导致的退查 867 件，占总退查数 4.3%。

（二）成因分析

一是引导退回补充侦查（调查）的能力不足。部分证据薄弱案件在批捕后没有能够及时跟踪、督促公安机关补充收集完善证据，导致在证据标准更高更严的审查起诉环节不得不退回公安机关补充侦查。二是涉众敏感等新型疑难案件增多。传销、电信网络诈骗等新型疑难案件呈上升趋势，这些案件侦查取证涉及面广、取证周期长，办案人员不得不采取退补、延长审查期限等措施。三是对退回补充调查的适用范围和必要性把握不准。对不符合退补条件或不需要退补的案件，未能及时沟通，未能对符合自行补充侦查情形的问题自行补查证据，而是简单处理。四是刑罚执行的现实影响。在办案与调研中发现，一些剩余刑期不长的罪犯在对判决没有意见的情况下提出上诉，通过诉讼周期的延长增加自己留所羁押时间，从而避免在监狱服刑或者减少在监狱服刑时间。这种为"选择"刑罚执行方式而上诉的做法，导致上诉率和"案-件比"的提高。

三、降低刑事检察业务"案-件比"的具体路径和有效举措

"案-件比"这一案件质量评价指标体系反映了检察机关办案的综合能力，直接关系到办案的政治效果、社会效果、法律效果的有机统一，也折射出当事人对检察机关办案水平和效率的切身感受，需要检察机关不断强化以人为本的办案理念，积极采取措施降低"案-件比"。

（一）进一步规范提前介入侦查工作，从根源上夯实案件质量基础

检察机关应深入推进以审判为中心的刑事诉讼制度改革，从提高侦查环节案件质量，夯实证据基础入手，主导诉讼前端的侦查取证环节，密切与公安机关的沟通协调，健全提前介入侦查工作机制。要站在庭审的角度，将庭审的证据标准层层传导至前置环节，通过现场监督、参加案件讨论等多种方式，对案件的证据收集、法律适用等提出意见建议，力争在侦查终结前最大限度消除意见分歧，减少后续因补充证据所增加的不必要的诉讼环节。在开展提前介入工作中，要健全与侦查机关的沟通会商机制，规范提前介入侦查工作报告的制作，根据案件具体情况提出更加有针对性的意见，使提前介入侦查报告能够体现出检察机关在证据审查、法律适用、事实认定等方面的专业水平，充分发挥出提前介入机制的优势作用，最大限度地主导审前侦查取证，全程引导侦查机关收集、固定证据，对侦查机关的侦查活动进行监督全覆盖。

（二）切实发挥捕诉一体办案模式优势，强化对侦查机关侦查取证的引导，减少退回补充侦查次数

检察机关审查起诉环节的退查是造成"案-件比"高的重要原因之一，

表明刑事检察业务中存在薄弱环节,也说明侦查机关侦查取证的质量不高,这直接导致案件后续诉讼环节的反复增加。《人民检察院刑事诉讼规则》已经发布并实施,检察机关要求侦查机关补充侦查或继续侦查的案件,应向侦查机关出具更具针对性、可操作性的补充提纲,写明需要侦查的事项、理由、需补充的证据及其证明作用,引导侦查机关完善证据链条和证明体系。对于捕后提出引导侦查意见的案件,要加强与侦查人员的沟通,主导侦查取证的方向,有效利用逮捕后的侦查时间,提高完善法庭审判所需证据体系的效率。对于审查起诉环节退回补充侦查的案件,要加强对侦查人员提供必要的引导,使其充分了解和认可补充侦查的意图和侦查的方向。要强化跟踪督促,了解和掌握补充侦查工作进展情况,对证据收集进行动态监督,提高补充侦查的质效,尽可能避免二次退补,解决因办案部门间程序往复造成的"案－件比"过高问题,实现"案－件比"下降而办案质效提高的效果。①

(三) 加强对延长审查起诉时限的管控,减少承办人通过反复延期借用办案时间的情况

在检察机关办案实践中,由于对延长审查起诉期限的内部审批程序限制不够严格,个别案件承办检察官往往在个人权力清单范围内,利用延长审查起诉期限补充证据或者拖延办理周期,导致案件诉讼环节增加,"案－件比"指标异常上升。为了进一步提高办案效率,检察机关刑事检察部门应加强对延长审查起诉时限的案件管控,提高延长审查起诉时限的案件审批权限,进一步明确规定重大、复杂案件的具体范围,对非重大、复杂案件,一般不得延长审查起诉期限;对普通程序案件确需延长审查起诉期限的,一般应以一次延长为限并报分管副检察长审批;对因案情特别重大复杂、关键性证据在短期内确实无法补充等原因确需第二次延长审查起诉期限的,应层报检察长决定;原则上不允许第三次延长审查起诉期限,确需延长的,应报请上一级检察机关审批并层报省级检察院各对口业务部门备案。

(四) 积极推动认罪认罚从宽制度落地见效,充分发挥检察官主导作用

全面推进认罪认罚从宽制度的贯彻实施是当前与今后的重大任务。② 认罪认罚从宽制度是刑事诉讼制度的重大改革,本质上是推动国家治理体系和治理

---

① 参见赵阳:《论取保候审案件审查起诉期限问题及其改革》,载《法制与社会》2010年第12期。

② 参见樊崇义、常铮:《认罪认罚从宽制度的司法逻辑与图景》,载《华南师范大学学报(社会科学版)》2020年第1期。

能力现代化的一种诉讼模式。提高认罪认罚从宽制度的适用率，可以有效化解社会矛盾，繁简分流，提高诉讼效率，减少诉讼环节案件流转率。认罪认罚从宽适用率提升，相应也会减少诉讼环节，缩小了"案－件比"的分母，有效降低"案－件比"，不仅提升了检察办案的质效，也彰显了检察机关维护公平正义的公信力。检察机关应主动协同公安、法院、司法等各机关，全面推动刑事案件认罪认罚从宽制度向纵深发展，落实简易程序相关细节，提高刑事案件速裁程序适用比率，缩减认罪认罚简单案件刑事诉讼环节和时间，有效降低退查和延长审查起诉期限案件数量，提高公诉案件办结效率。在符合刑事诉讼证明标准的情况下，检察机关发挥对认罪认罚案件的主导作用，科学合理提出量刑建议，改变提幅度量刑建议多、提确定刑期量刑建议少的工作模式，强化对量刑建议的合法适用和分析说理工作，着力提升量刑建议精准度、有效性，确保庭审达成最大共识，减少因量刑分歧导致的补充证据和上诉、抗诉等情况出现。

（五）加强不捕不诉案件释法说理工作，真正做到"案结事了"

不批捕、不起诉案件的复议、复核以及申诉案件量，作为"案－件比"指标的十一种业务活动数，直接影响着"案－件比"指标的高低。对于不批捕、不起诉等终局性处理的案件，在增强《不批准逮捕理由说明书》《不起诉理由说明书》说理性的同时，要向侦查机关和当事人详细、耐心解释法律适用的依据和理由，加强分析论证，深刻阐释法理与情理，强化对法律文书释法说理、不起诉答疑说理、息诉服判等工作，切实解决因侦查机关不服、当事人不解、不满引发的"案－件比"增高问题，积极引导舆论，回应社会关切。[1]充分运用公开审查、公开听证等方式，积极引入律师、人民监督员、人大代表等第三方参与，让公开审查工作真正成为释法说理、息诉息访、检务公开的重要阵地，促进申诉人服判息诉，提升其对案件处理结果的接受度，消除其抵触情绪，有效减少对相关决定申诉的案件数量，实现办案工作法律效果、政治效果、社会效果的统一。

---

[1] 参见王健、刘欢：《检察机关在办理重大、敏感刑事案件中要加强释法说理回应社会关切》，载《中国检察官》2019年第14期。

大数据时代智慧刑检建设研究

杨淑雅[*]

近年来,最高检高度重视科技强检工作,加强人工智能技术检察应用顶层设计,大力推进大数据、人工智能等现代科技在检察工作中的应用,打造"智慧检务"。2018 年 6 月在召开检察机关智能辅助办案系统建设工作座谈会上,最高检张军检察长讲话强调,智慧检务建设要聚焦科学化、智能化、人性化,为新时代检察工作发展贡献智慧力量,引领科学发展。党的十九大报告 59 次提到"创新",17 次提到"科技",4 次提到"信息化",网络强国、科技强国的理念已深入人心。[①] 科技创新成为社会变革进步的强大引领,抓住科技创新这个牛鼻子,是抢占先机、赢得优势的关键。如何为检察工作打造智能化、科学化、人性化的专业工具,始终是检察科技条线的职责所在,使命所系。[②]

一、智慧刑检建设的不足

(一) 数据兼容性不够

在全面贯彻落实科技强检战略的背景下,各级检察机关的智慧检务建设如雨后春笋般涌现,蓬勃发展。不少检察机关搭建了本地区、本单位的大数据平台、模型,对智慧刑检察系统建设进行了有益探索和实践,也取得了一定的成绩。但总体来讲,各地检察机关信息化建设多为自主构建,数据兼容性不够,无法互联互通,难以在全面大范围的普遍推广,普及率不高、效果有限、权威性不够。这种"各自为政"的状态导致数据系统重复开发,造成人力、物力

---

[*] 杨淑雅,北京市门头沟区人民检察院党组书记、检察长。
[①] 参见张雪樵:《以科技强检创新实践 开启智慧检务新篇章》,载《检察日报》2020 年 8 月 1 日,第 3 版。
[②] 参见赵志刚、金鸿浩:《政法智能化战略下"智慧检务"实践启示》,载《人民检察》2019 年第 8 期。

严重浪费。与公安、法院等部门之间的信息对接度不高，存在信息滞后、不畅通等数据壁垒问题。

（二）监督理念有待转变

侦查阶段是调查取证的黄金时期，如取证不及时，时过境迁，往往容易导致案件关键证据灭失，严重影响案件质效。而传统的监督主要是基于案件进入批捕、起诉阶段，检察人员通过审查移送的卷宗材料，开展引导侦查取证工作和侦查监督活动。这种监督模式带有明显的滞后性、被动性，容易导致难以及时有效开展引导侦查取证工作以及发现并纠正公安机关的违法行为，使监督效果大打折扣。同时线下监督方式，主观随意性大，口头纠正违法、纠正违法通知书、检察建议等监督方式混同使用，有损法律监督的规范性、严肃性，一定程度上制约法律监督的效果。

（三）司法辅助办案工具亟待完善

缺乏资源完备的检索平台，现有的智慧刑检平台仅能查询法律法规、政策文件、期刊论文，但是对于量刑建议、类案参考功能模块还有待完善，统一业务应用系统也未设置法律、案例检索功能。尤其是当前认罪认罚从宽制度对精准量刑提出更高要求，检察机关提出的量刑建议既要切合案情、客观精确、体现公正，同时还需与全国、当地的相似案例大体均衡，以免出现"同案不同判"的情况。但当前进行量刑建议、类案参考等需要"外脑辅助"时没有统一的"工具书"式数据库予以参考，相关的数据资源未有效整合，不能实现"一键搜索"整合检索、服务决策的效果，该部分模块功能亟待完善。

（四）未形成统一的考核标准

智慧刑检平台内的客观数据设置有待完善，仅体现业务数据，不体现干警日常表现及其他综合素能，且刑检平台内的数据无法与考核对接，不体现检察官、检察官助理业绩考评等次，无法实现科学的、客观的、大范围内的干警业绩排名。

二、智能化刑检能力建设资源的缺乏

（一）缺少全国统筹的教育培训资源库

一方面，东西部地区教育培训资源差距较大，特别是西部基层检察院培训供需存在较大矛盾，虽有中国检察官网络培训学院和检答网等平台，但由于供需对接脱节、资源更新较慢，导致效果不佳。为突破培训时间、空间和地域限制，大规模推进刑事检察教育培训，亟须建立统一培训资源库。另一方面，基层院属于终点末端，上级院和区委各主管部门牵头开展多项培训，出现重复培训、质量参差、应接不暇的困境，进一步加大了工学矛盾。为提升培训质效，应建立统一资源库，以统筹组织、整合资源，实现全国检察教育培训资源共建共享。

（二）缺少可供参考的专家数据库

当前网络、知识产权、涉众型经济犯罪等新型犯罪屡屡发生，手段不断翻新，对检察人员专业知识提出了新要求、新挑战。借助"外脑"弥补检察人员专业技术能力的不足，是提升检察工作质效的重要途径。但目前，尚未建立统一的共享数据库，仅民事检察条线建立了以专家教授、知名律师等为主体的全国共享平台，无法与专业化建设需求相适应。此外，针对司法鉴定、经济审计等专业性较强的工作，基层检察院对接有资质的机构和人员还存在较大困难。

（三）信息化的资源整合抓取功能有待进一步发掘

现在刑检业务办案系统运转顺利，部分地区已实现和公安、法院数据联接，系统内部积累了大量业务办案数据，能直观反映办案质效和刑检工作短板弱项，部分数据已用在检察管理监督平台上，且取得良好效果，但在队伍建设和人才培养中的运用仍需加强。检察机关应进一步树立问题意识，强化海量信息的抓取应用，从业务办案的原始数据中，分析发现各条线、各地区或各检察干警的业务短板和缺陷，以做到"缺什么补什么"，最大化提升培训精准度。同时，充分利用信息化对业务办案数据的动态变化进行分析，如若新情况、新类型案件达一定比例，可及时开展类案总结、专题培训，快速反应、迅速提升，以适应快速发展的工作需求。

三、大数据时代智慧刑检的构建路径

（一）整合各办案平台资源，让"检察＋科技"深度融合

目前全国各级检察机关办案时均依托最高检开发的检察机关统一业务应用系统，系统设置的数据与最高检考评指标融合，实现了办案文书、办案数据、办案流程的全国统一化、明确化、标准化。但是该系统目前仅局限于检察机关司法办案环节，基层干警无法通过该平台实时掌握全国、全市、本院、自己及他人的业绩情况，无法通过该系统实现业务引领的作用。

1. 整合现有的检察办案平台。建议将统一业务应用系统与其他服务刑检工作的考核、案例库、"云开庭"等平台深度融合，打造兼具智能阅卷、语音识别、远程提讯、线上开庭、电子送达文书、风险预警、追赃挽损等功能的智慧刑检系统，实现一个平台、多种功能。

2. 打破政法部门之间的信息孤岛。将检察机关平台与公安、法院的平台沟通互联，筛选体现证据情况、案件节点、处理结果的数据、文书，实现司法办案全流程数据衔接。在与公安机关的数据互联中，现有侦查监督平台仅能在案件移送审查起诉后录入监督事项，监督较为滞后，故应扩充侦查监督平台内容，由公安机关实时上传立案文书、证据材料、起诉意见书等重要节点文书，检察机关实时开展同步监督。在与法院的数据互联中，目前统一业务应用系统仅能实现电子换押、电子卷宗共享，但对其他反映案件进展的重要文书无法互联互通，故应丰富该模块内容，共享检察机关认罪认罚具结书、量刑建议书、法院判决书等反映认罪认罚、定罪量刑情况的文书，既便于法院提前掌握案件情况，又便于检察院掌握法院定罪量刑标准，更好地实现精准量刑。

3. 完善数据统计分析功能。完善数据统计、分析、监管系统的权限设置，让系统内办案数据实现"实时能掌握、人人能看见"，让所有检察官、检察官助理都能通过智慧刑检系统掌握全国、全省（市）、全院的办案情况（质量、效率、效果等），明确当前的重点工作，检视自己工作中的不足，据此补短板、强弱项，实现工作质效的全面提升。

（二）转变理念，构建良性新型检警关系

在多重改革叠加背景下，检察机关要及时转变观念，创新监督方式，变被动监督为主动监督，变事后监督为同步监督，构建检察指挥侦查"大控方"的新型检警关系，强化检察机关的全程主导地位，进一步提高指控犯罪和惩治犯罪的能力和水平，形成打击犯罪合力。依托大数据信息化平台，实时动态进行网上全流程、全留痕监督，公安机关实时上传侦查信息数据，检察机关实时审查引导侦查取证。"充分应用大数据分析技术，通过偏离度分析等从中发现可能违法的行为，由此提高监督效率，扩展监督范围和监督效果"，[①] 实现同步沟通、同步审查、同步指挥、同步反馈，将问题解决在最初状态。

充分发挥"捕诉一体"机制优势，一是做好捕前侦查引导工作，对重大、疑难、复杂案件提前介入引导侦查，把握好侦查取证的"黄金"时机，将证据标准从审判监督延伸到侦查阶段，打牢成案基础，解决罪与非罪问题，实现监督关口前移。二是强化捕后审查引导侦查，对侦查工作提出精准引导意见，做到一次取证成案，进一步完善证据链条，为后续起诉、庭审环节奠定基础。三是案件移送审查起诉后，在公诉阶段，做好以庭审为中心的证据审查工作，

---

① 参见高斌：《提升五种能力，强化法律监督效果》，载《检察日报》2018 年 3 月 16 日，第 3 版。

将进一步审查引导侦查和自行补充侦查相结合,有效减少"二退三延",减少法院延期审理,全面提升办案质效,降低"案-件比",努力实现"案-件比"1∶1的案件质效。

(三)健全辅助办案工具,打造"刑检工具书"

目前检察机关统一业务应用系统仅包含文书制作、案卡填录、数据统计分析等内容,未设置量刑建议、司法案例库等内容,故干警在明确案件定性、解决疑难问题、提出精准量刑需要查阅司法判例、学术论文等资源时,往往要在中国裁判文书网、知网、北大法宝网等不同平台查阅,因此建议整合法律检索模块,为检察工作打造最全"工具书"。

1. 完善量刑辅助系统,实现精准量刑。目前检察机关量刑主要参照《中华人民共和国刑法》《最高人民法院关于常见犯罪的量刑指导意见》和《最高人民法院关于常见犯罪的量刑指导意见(二)》,其中涵盖了量刑的原则、步骤、量刑情节及常见的23个罪名的量刑具体标准,但是对于非常见罪名则无量刑细则,不便于实现全面精准量刑。因此可以构建量刑辅助系统,基于海量案例数据,细化量刑步骤,通过勾选、抓取影响定罪量刑的案件事实和量刑情节,系统运用数据筛选、自动分析、科学计算等方式,输出具有相同或相似量刑情节的已判决案件量刑,准确认定案件性质,规范量刑建议,确保"同案同判"。

2. 完善法规资料库,实现"一键搜索"辅助办案。在办案中,案件检索和资料查询是工作面临的一大难题,特别是类案检索的指导意见出台后,对检索的全面性、精确性要求更高。检察机关应建立统一的法规资料库,首先,建立包含各项法律法条及行政法规等制定法的检索资料库,便于干警查找相关规定。其次,建立指导案例、典型案例等案例检索库,设置地区、罪名、量刑情节等检索项,除案件判决书外上传检察机关办案文书和研讨意见,最大化地便利检察官交流分享。最后,建立各行政机关和有关组织的办案流程和工作规定,以便于快速检索、精准发现工作缺陷,找准监督抓手,最优化履行检察监督职能。

3. 完善检察建议库,为检察机关参与社会治理提供更多思路。在智慧刑检系统中增加检察建议模块,收集、汇总全国各地检察院制发的检察建议,一方面可以便利检察官在提出检察建议时借鉴全国的优秀检察建议,发现被监督单位在制度机制上存在的管理漏洞及风险点,提出更精准、更刚性的检察建议;另一方面可以通过海量检察建议发现某行业、系统、领域中存在的制度机制漏洞,借鉴优秀范例,汇集检察智慧,提出修正建议,推动相关行业、系统、领域整体的制度优化,为相关行政法规的修订提供数据支持,更好地服务大局。

(四) 搭建"信息化+立体化"考核，做实业务工作的"助推器"

1. 搭建立体化的考核体系，实现全方位考核。目前统一业务应用系统主要体现业务数据，配套高检院检察官业绩考评能实现检察官业绩考核，但未涉及综合能力和平时工作表现，不能全面客观准确评价干警绩效情况。全国检察机关在全面深化检察官绩效考核的同时，应建立全方位、多角度考核体系，从平时工作、综合素能和业务岗位要求等角度出发，全方位考核干警的工作情况。通过全方位考核，全面直观呈现检察干警的工作质效，实现全国、全市、全区不同岗位之间绩效的横向、纵向比较。

2. 强化考核数据抓取和分析运用，让"数据"说话。将考核与信息化系统深入融合，通过系统抓取、录入各考核指标有关数据，实现考核数据的实时自动更新、考核报告的一键生成，省去了人工收集录入的繁琐程序。通过信息化的抓取、分析功能，全面展示干警的考核情况，准确反映部门和干警立体全面的"画像"，确保人岗相适、人案相适。

(五) 搭建"信息化+培训"平台，推进智慧刑检能力建设

1. 建立直播录播课程平台，全面推进线上线下培训。近年来，高检院选派"西部讲师团"前往多地开展学习培训，取得良好效果。但欲解决长期的师资缺乏、供需矛盾问题，还需进一步借力信息化推进资源共享。疫情防控期间，检察线上培训得到了快速发展，多地实现"云端授课"，但均系借助外部平台，涉密培训和案件研讨受到限制，亦无针对刑检业务实训平台，实战实训活动无法开展。建议检察机关打造统一的培训站点，从上至下统筹建设直播录播平台，在中国检察教育网络培训学院的基础上，开设课程公告、直播通道，建设刑检虚拟实训平台、庭审观摩评价交流中心等，实现全国统筹，各地互联互通，通过技术引领，为全国各地检察人员搭建培训演练交流平台，提供有统筹、有主题、有侧重、有规划的培训。

2. 打造门类齐全的刑检课程库，满足多样化、个性化培训需求。教育培训是队伍建设的基础性工程，课程建设是高质量开展培训的基础。为适应专业化培训需求，建议检察机关以"四大检察""十大业务"为条线，在统一编撰全国业务培训教材的同时，分条分类汇总培训课程。一方面汇总社会培训资源。如"慕课"等网络平台和各大知名院校推出的名师课堂，强化理论知识储备。另一方面汇总检察实务课程，高检院、各省院、基层院都各显身手，开发了一系列优秀的检察课程和微课，建议通过统一课程库增强课程的共享性，提升检察教官课程开发热情。

3. 打造权威专业的共享师资库，借助"外脑"建强检察队伍。专家、教官是推进培训工作、加强专业化建设的向导和基石，检察机关应联合各大名校，整合各地检校共建师资资源、挂职教授人才库、业务专家库、优秀检察人才库，打造刑事检察理论业务咨询平台、鉴定审计等专业问题沟通渠道、培训师资和检察教官数据库，为全国各院提供业务咨询通道和专家联系途径，尽可能给办案检察人员提供专业、客观、翔实的咨询意见，强弱项补短板，为检察工作科学决策提供智力和技术支持，有效破解难题。

智慧检务建设方兴未艾，是一项全局性、系统性工程，也是一个长期过程。工欲善其事，必先利其器，检察机关将不断强化科技意识，加大智慧刑检建设力度，推进大数据与检察业务办案深度融合，充分发挥科技对检察事业的引领，全面提升法律监督能力，积极为国家治理体系和治理能力现代化贡献检察力量和检察智慧。

大数据时代智慧刑检建设研究*

马建刚**

新时代检察机关正处在司法体制改革、监察体制改革等多重改革的叠加期，面临着一系列新情况新问题新任务。比如，司法体制改革后司法质量和诉讼效率的提升还没有得到充分释放，与人民群众对公平正义的需求尚有差距；检察工作服务管理决策的便捷性、及时性、科学性还不够。修改后的刑事诉讼法开始施行，其中关于认罪认罚从宽处理的规定和对司法工作人员职务犯罪的侦查等内容对检察机关提出了新任务。在解决这些问题上，传统的司法办案和管理手段在质效上已经难以达到，刑事检察办案和法律监督方式的转型发展已迫在眉睫。检察机关的内设机构进行了重塑性的改革，刑事检察部门按照刑事案件类别设置刑事检察机构，同一检察官或检察官办案组既负责批捕又负责起诉，对一个案件从审查逮捕到审查起诉持续跟进。刑事检察部门按照捕诉一体的原则，将原来的侦监、公诉部门进行了重组，分为普通犯罪检察部、重大犯罪检察部、职务犯罪检察部、经济犯罪检察部，体现办案的专业化。张军检察长在最高人民检察院召开的检察机关智能辅助办案系统建设工作座谈会上讲话强调，"智慧检务建设要与检察机关内设机构改革统一协调起来"。因此检察机关要抓住这一轮信息革命快速渗透带来的机遇，结合检察机关内设机构改革的需求，推进大数据与刑事检察工作深度融合，开展智慧刑检建设，推进刑事检察工作方式和管理方式的转型发展，推进刑事检察工作现代化。

一、利用检察大数据开展智慧刑检建设的可行性分析

通过多年来检察信息化的持续发展和近年来电子检务工程的实施，检察机关已经具备了利用大数据开展智慧刑检建设的政策条件、技术基础、数据基

---

* 本文系中国博士后科学基金资助项目（编号2016M591317）和河南省刑事诉讼法学研究课题"人工智能与大数据在刑事诉讼中的运用"（编号201906）的研究成果。

** 马建刚，河南省人民检察院检察官。

础、网络基础和计算存储基础。

(一) 国家战略的支持

自从党的十八届五中全会对实施国家大数据战略作了全面部署后,检察大数据和智慧检务逐步提上日程。2018年1月,习近平总书记做出政法机关要"深化智能化建设"的重要指示。2016年12月国务院印发的《"十三五"国家信息化规划》提出了实施"科技强检"战略,积极打造"智慧检务",标志了"智慧检务"列入国家信息化发展战略。2017年1月全国检察长会议上做出"以大数据运用为引领,加快推进建设智慧检务"的部署要求。为进一步促进大数据与检察工作的深度融合,2017年6月最高检察院印发了《检察大数据行动指南(2017—2020年)》,标志着检察大数据战略的正式出台。① 2018年1月中央政法工作会议明确指出"深入实施大数据战略,大力加强智能化建设"。2018年1月最高人民检察院正式印发了《最高人民检察院关于深化智慧检务建设的意见》,勾勒了智慧检务建设的路线图。② 2018年6月高检院张军检察长在全国检察机关智能辅助办案系统建设工作座谈会上强调,智慧检务建设要聚焦科学化、智能化、人性化,这为智慧检务的发展指明了方向。部分地方检察机关也加强了这方面的统筹规划,比如山东省检察院出台了《山东检察大数据实施纲要(2017—2020年)》,四川省检察院编制了《四川省检察机关智慧检察总体规划(2018—2020年)》。

(二) 检察数据的积累

检察大数据应用必须以海量数据资源为基础。首先是2014年1月全国检察机关统一业务应用系统部署上线以来积累了海量的案件数据,截至2016年12月31日,统一业务应用系统中的全国检察机关案件数据量已突破1100万件、电子卷宗200余万卷、各类法律文书达1亿多份;全国各级检察机关在人民检察院案件信息公开网发布案件程序性信息4494548条、重要案件信息204738条、法律文书1587940份。其次是建成了检察机关远程视频庭审、远程视频提审系统,多年来技术部门的同步录音录像积累了海量的犯罪讯问视频,视频资源可以进一步整合,形成海量的视频资源库。最后是通过"两法衔接"信息共享平台、政法机关信息共享平台的建设应用等,共享其他部门的信息资源。这为下一步开展刑事检察大数据分析和智能化应用奠定了良好的数据基础。

---

① 马建刚:《检察实务中的大数据》,中国检察出版社2017年版。
② 赵志刚、金鸿浩:《智慧检务概论》,中国检察出版社2018年版。

(三) 相关技术的成熟

目前数据采集、数据传输、数据预处理、数据存储和数据分析等大数据技术的发展已经足够为检察大数据应用提供支撑。在数据采集方面，文字识别（OCR）技术已经能够将纸质卷宗扫描识别后转换为机器可读的数据格式。人们对大数据的处理方式主要是对静态数据的批量处理，对在线数据的实时处理，以及对图数据的综合处理；其中，在线数据的实时处理又包括对流式数据的处理和实时交互计算两种；这些都已具有相应的成熟技术。[1] 在数据分析方面，自然语言处理（NLP）、深度学习[2]、知识图谱[3]、数据可视化[4]等技术均可以用于检察领域。文本数据是检察信息储存的最常见形式，比如起诉书、案件审查报告等各种法律文书；文本分析技术，如信息提取、主题建模、摘要、分类、聚类、问答系统和观点挖掘等已日趋成熟，可以用于检察领域法律文书的分析。

(四) 网络基础

在网络传输方面，检察涉密内网已覆盖全国四级检察院，分支网络已覆盖大部分驻监狱、看守所检察室。为了和公安机关、法院等外部单位进行信息共享交换，检察机关还建设了检察工作网。同时，各级检察机关积极开展了基础网络升速扩容，网络传输速率、质量持续提升。比如山东省检察机关涉密内网已扩容至双百兆，分支网络覆盖率达到百分之百，检察工作网实现了省、市、县、检察室四级互联互通。

(五) 计算存储基础

各地检察机关积极推进检务云计算平台和检察数据中心建设，建设了大量的服务器和存储（SAN 和 NAS 存储），提供了强大的计算能力和海量的存储能力。比如，河北省检察院建设了全省主数据中心和张家口容灾备份中心，并建设"冀检云"平台，通过数据上"云"，实现全省数据资源的集中存储和统一管理。

---

[1] 李学龙、龚海刚：《大数据系统综述》，载《中国科学：信息科学》2015 年第 1 期。
[2] 余凯、贾磊、陈雨强、徐伟：《深度学习的昨天、今天和明天》，载《计算机研究与发展》2013 年第 9 期。
[3] 王昊奋、漆桂林、陈华钧：《知识图谱：方法、实践与应用》，电子工业出版社 2019 年版。
[4] 任磊、杜一、马帅、张小龙、戴国忠：《大数据可视分析综述》，载《软件学报》2014 年第 9 期。

二、检察大数据在智慧刑检建设中的价值

(一) 提高办案效率

检察机关长期存在着案多人少的矛盾,刑事检察官的办案压力日益增大。通过大数据辅助办案系统,检察官可以提高工作效率。有句法律谚语"迟到的正义即是非正义",从这个角度来看,效率的提高也更能体现公平正义。提高办案人员工作效率,背后就是节约司法资源,促使办案人员从简单案件中解脱出来,将更多精力投入到疑难复杂案件,实现司法资源效益的最大化。通过智能语音识别技术,将检察辅助人员从记录事务中解脱出来。将智能图像和文件识别技术嵌入司法办案系统,将检察官从事务性、琐碎性、大量的基础性工作中解脱出来。

(二) 促进司法公正

让人民群众在每一个司法案件中都感受到公平正义,这是习近平总书记对司法机关提出的要求,也是检察机关追求的目标。实践中,司法公正往往体现为"同案同诉"或"同案同判"。检察大数据为同案同诉提供了技术实现方式,具体表现为类案推送、大数据辅助量刑建议、偏离度预警等。大数据辅助量刑建议系统将相关法律规定、办案经验等有机结合,通过运用大数据技术对海量的已决案件数据进行深入分析,为公诉人对未决个案的量刑建议提供参考,从而努力实现"同等情况,同等对待"的平等原则,有效防止同案不同诉或同案不同判,解决司法任意性问题。

(三) 规范司法行为

大数据辅助办案系统通过嵌入案件流程化监督功能,将执法办案的规范化要求固化到日常监督管理中,变人工监督为数据监督、变事后监督为过程监督、变粗放监督为精确监督,实现对司法权力运行的全程、实时和自动监督管理,有效杜绝因个人原因造成的随意性办案和权力寻租等现象的发生运用,从而达到规范司法行为,加强办案监督的效果。

(四) 提升决策水平

采用数据挖掘、知识管理和大数据等技术手段,构建刑事检察大数据处理分析平台,建设决策分析系统,对数据资源进行全方位多维度分析,根据需求自动生成统计报表和分析报告,从宏观和微观方面客观反映司法办案情况,全面反映刑事检察工作态势,洞察司法运行规律,科学预测,辅助领导分析决策,提高决策水平。运用大数据技术,针对常见多发案件和新型、疑难案件进行分析,为业务决策、类案监督、调整惩防重点等提供依据。比如贵州检察机

关从核心数据、常规分析、专项分析、办案评价、人员管理等多个方面为管理决策提供"智库意见",运用"强度、质量、效率、效果、规范"5个维度632项数据对司法办案活动进行数据评价,并形成司法办案年度报告,充分发挥大数据的预测、预判作用。

(五)强化侦查审判监督

检察机关是国家的法律监督机关,对公安机关的侦查活动、法院的审判活动具有监督职责。运用大数据分析技术,综合分析执法司法行为,推动解决侦查和审判监督线索发现难、取证难等问题。比如,广东检察机关侦查活动监督平台将侦查监督环节监督事项分解为25类111项,涵盖侦查办案全过程,把填报监督案卡和制作监督文书作为每个案件的必经程序,实现审查逮捕与开展监督同步;对违法违规问题汇总、分析,定期向相关侦查单位、侦查人员提出分析报告,督促侦查人员增强依法依规办案和规范执法意识。

三、推动大数据在智慧刑检建设中运用的路径对策

大数据在智慧刑检中运用不仅仅是技术问题,更是理念和机制问题。推动大数据在智慧刑检建设中运用是一项长期、复杂的系统工程。

(一)坚持理念先行

理念是行动的先导,刑事检察干警的观念要更新,提高大数据意识。在当下的大数据和人工智能时代,司法的经验性已不再仅仅依靠个人的阅历,丰富的办案经验可通过数据的整体集成和机器的分析来获得。各级检察院的领导要建立"循数管理"的意识,尽快统筹数据治理工作,加强对大数据体系的建设与保障。检察人员要树立大数据思维,在工作中加强数据的采集和应用。检察机关要营造"用数据说话、用数据决策、用数据管理、用数据创新"的工作氛围,让数据的力量体现在办案质量效率提高、办案能力提升上。

(二)选好大数据在智慧刑检中的运用的着力点,进行先行先试后再推广

各级检察机关要因地制宜地以需求为主导选取"智慧刑检"建设的切入点。各地检察机关要根据本地的社会经济发展和检察信息化建设水平等基础条件、比较优势和实际需要,充分借鉴国内外智慧政务的成功经验,围绕需求导向、用户中心等理念建设具有本地特色的运用大数据的智慧刑检系统,避免建设和应用"两张皮"。以"智能刑事辅助办案系统"为例,地方检察机关先行先试,先后出现了贵州模式、上海模式等;一方面,通过部分地方检察院探索试点的方式,对条线业务进行大胆的、有益的尝试;另一方面,发挥检察一体

化优势,对试点成功的地方检察经验进行复制推广,让更多的检察官使用智能辅助办案系统而受益,从而由地方性的创新实践提升为普适性的全国经验。

(三) 确立大数据智能辅助刑事办案系统的角色定位

运用大数据智能辅助办案系统,不能替代线下刑事诉讼活动和检察官独立判断,它是检察官的辅助者,而不是替代者。高检院张军检察长指出"如果过度依赖智能手段机械办案,检察官就会变成'办案机器',办案能力可能不升反降"。大数据智能辅助办案是技术理性和司法理性的融合,但是不能代替检察官的亲历性、经验理性和法律理性以及对案件主观能动性的判断,充分利用它的辅助作用,帮助检察人员克服认识局限性和主观随意性,可以促进对案件事实证据的认定符合客观事实,统一法律适用尺度。检察官和律师、法官一样同为法律共同体的一员,被取代的概率也是很低的。但是随着法律人工智能的成熟,会逐步替代检察院的书记员和检察官助理的部分工作,比如使用智能语言转写工具,替代书记员的记录工作。

(四) 大数据智能辅助检察办案系统应考虑地域性因素

以最高人民法院《关于常见犯罪的量刑指导意见》(法发〔2017〕7号)为指导纲要,各高级人民法院制定的《〈关于常见犯罪的量刑指导意见〉实施细则》的具体规定,实际存在着差别。依据不同的地方量刑规范,最终裁量的刑罚会有实际的差异。另外各省公检法也出台了关于刑事案件办理的会议纪要文件,比如2017年上半年,在醉驾案件受理移送审查起诉人数同比下降19.6%的基础上,浙江检察机关对醉驾案件的不起诉数同比上升127.4%;其直接原因是,浙江省检察机关适用《关于办理"醉驾"案件的会议纪要》(浙高法〔2017〕12号),以更好地贯彻宽严相济刑事政策,更加稳妥地处理醉驾案件,从源头上有效控制案件数量。另外各省盗窃罪定罪的数额标准,就有很大差别。因此智能辅助刑事检察办案系统研发过程中要充分考虑地域性因素。

(五) 大数据辅助刑事办案系统的数据源问题

人工智能系统的算法需要用大量高质量的数据喂养。司法大数据的"体量"并不代表"质量","大"并不代表"准"。目前,企业研发的智能辅助办案系统主要的数据来源是中国裁判文书网的裁判文书,比如广州市南沙区检察院的"智能量刑辅助系统"。而中国裁判文书网公开的裁判文书数量不完整,上网的裁判文书数量可能只有审结案件的50%,[1] 大约一半的裁判文书并

---

[1] 马超、于晓虹、何海波:《大数据分析:中国司法裁判文书上网公开报告》,载《中国法律评论》2016年第4期。

未上网，原始数据数量不完整将会影响结论的正确。

（六）大数据智能辅助刑事办案系统的研发需要刑事检察官的深度参与

目前仍处于弱人工智能时代，人工智能行业有一句行话，有多少人工就有多少智能，这就需要刑事检察官（尤其是资深检察官）的深度参与。目前类似系统研发往往是仅依靠企业的计算机专家，存在缺乏对检察业务的深入理解等局限性。高检院张军检察长指出"要把办案人员的需求、经验与软件程序设计深度融合起来"。因此，应该扩大大数据辅助办案系统的研发主体，确立企业计算机专家、检察官和检察信息技术人员相结合的研发团队。资深的检察官提出业务需求，归纳总结办案经验并梳理成知识，与企业计算机专家共同构建检察各业务领域的知识图谱；检察信息技术人员担任检察官和企业计算机专家之间沟通的桥梁；企业计算机专家充分吸收检察官的意见，将信息技术专家与检察官的智慧结合起来，研发大数据智能辅助刑事办案系统。

（七）大数据智能辅助刑事办案系统的算法的"黑箱效应"问题

人工智能时代，算法可以基于数据的理性和智能替我们做决定；但算法并不是完美的，可能会带来一些偏见性问题。人类自身的惰性容易导致检察官可能会对大数据智能辅助办案系统形成过分依赖，根据智能推送的类案和量刑参考而定案，而没有发挥主观能动性，没有考虑类案间的细节差异，出现"算法裁判"，实际出现由裁判辅助者向裁判生成者的转变。大数据辅助办案系统的"黑箱效应"，即系统只知道输入和输出结果，而并不了解其内部运作机制，整个过程是不透明的。在这种不透明的机制中，数据错误、数据算法的偏差都无法得到纠正，甚至难以找到错误的根源。程序不透明，一是技术程序的不透明，如数据来源、数据清洗过程、数据算法、数据模型参数等都处于不可知的状态，数据采集是否有偏差、数据质量是否可靠、数据模型是否合理都难以审查。二是法律程序的不透明。不仅是当事人不知道大数据辅助办案系统的数据结果及算法依据，就连办案人员也并不十分清楚算法的原理。要分析大数据辅助办案系统的"黑箱效应"问题的成因，并从技术和制度相结合的方法给出综合性的解决机制。一方面建立数据溯源系统和制度，在出现问题时根据数据流转、运用的记录来查找错误的根源。另一方面，目前美国、欧盟已经确立了两个针对"黑箱效应"问题的基本原则：一是透明性，二是可得性；与之配套的措施便是开源和算法审计。因此可以借鉴欧美的经验，通过算法开源、算法审计，解决大数据智能检察办案系统的算法不透明的问题。

（八）推动大数据在智慧刑检建设中的运用要遵循司法规律

不能偏离司法活动的规律，这是不可逾越的"底线"。最高人民检察院提出"符合司法机关办案规律、检察机关办案规律,才能成就智慧检务"。司法活动的终极目标是实现司法公正,即习近平总书记强调的"要努力让人民群众在每一个司法案件中感受到公平正义"。检察机关要围绕这个目标推进智慧刑检建设,将"互联网+"先进理念、大数据运用于检察工作,重点解决影响司法公正和司法为民的深层次问题。人们对司法规律的认识会受到历史的局限,也需要与时俱进地不断深化;通过大数据分析也可以从海量的案件数据中发现新的司法规律。比如,通过对一段时期公诉案件的犯罪性质、作案方法、人员分布、文化程度、地域特征等进行定性分析,就可以发现犯罪发生的一些规律性特征,通过对这些成分再进一步定量分析,就可以发现这些犯罪的倾向性苗头和发展态势,为采取犯罪预防救济措施提供决策依据。在推进智慧刑检的建设过程中,正确认识、准确把握司法规律的任务会更加艰巨。

新时代智慧检务建设的"三化"原则思考
——兼论智慧刑事检察辅助工具的研发重点

金鸿浩*

2018年6月4日,最高人民检察院张军检察长在听取8个省级检察院汇报了智能辅助办案系统建设应用情况后,针对智慧检务发展面临的具体问题进行"抽象",首次提出智慧检务建设要聚焦科学化、智能化、人性化的"三化"原则。① 这一论述具有丰富的理论内涵和重要的指导意义,对检察队伍特别是检察机关领导干部如何认识智慧检务的目的、价值和作用;如何应用信息化手段开展工作,推动"四大检察"全面协调充分发展;如何应用互联网思维,解决过去解决不了或解决不好的难点痛点焦点,具有很强的启发性。

一、坚持科学化原则,重在把握和应用司法办案规律和信息化规律

科学化(Scientize)的实质,是使智慧检务研究、开发、管理、使用等各项工作既符合预期目的,并逐步提升符合客观规律的程度。张军检察长专门指出,"智慧检务建设要聚焦科学化","离不开对科学规律的运用和延伸,离不开对智慧检务内在规律的总结和深度挖掘"。②

其一,坚持科学化,要深化对智慧检务科学研究规律的认识。科学技术研究是智慧检务科学化的基础。党中央、中央政法委、科技部高度重视科学研究对加快智慧司法研发、提升司法公正的作用。2019年9月9日,习近平总书记主持召开中央深改委第十次会议,审议通过了《关于加强科技创新支撑平安中国建设的意见》,要求充分发挥科技创新支撑引领作用,加强基础研究、

---

* 金鸿浩,国家检察官学院讲师。
① 金鸿浩:《智慧检务理论体系的建构探索》,载《检察风云》2020年第12期。
② 姜洪:《张军在检察机关智能辅助办案系统建设工作座谈会上强调 智慧检务建设要聚焦科学化智能化人性化》,载《检察日报》2018年6月5日,第1版。

关键技术研究、专用装备和应用示范研究。中央政法委郭声琨书记也作出了专门批示。智慧检务科学研究要遵循"有所为,有所不为"的原则,笔者建议,检察科学技术创新的形式应当坚持"改进型创新为主,基础创新为辅,避免虚假创新"的策略,贴近一线办案需求,明确研究重点和应用场景,以缩短人工智能、大数据、区块链等相对成熟的基础技术在检察场景中的应用孵化周期为首要目标。

其二,坚持科学化,要深化对智慧检务产品研发规律的认识。按照传统的瀑布模型(Waterfall Model),软件研发过程包括需求分析、概要设计、详细设计、编码、测试、部署、运行与维护等前后衔接的至少八个环节。即使采取敏捷开发(Agile software development)、增量模型(Incremental Model)等,强调软件开发的及时性和适应性,需求、设计、编码、测试、部署等各环节的质量仍然直接关系到项目的成败。在需求分析中:全面准确是智慧检务科学化的要义,要防止业务、技术"两张皮";防止技术拖着业务走;防止"闭门造车,出门合辙"! 就要"要把办案人员的需求、经验与软件研发深度融合起来,要加强业务人员、技术人员的沟通协作",以统一软件 2.0 为例,最高人民检察院各业务部门和技术信息中心用了近半年时间反复对业务需求进行梳理、论证和完善,并专门建设了业务需求管理平台。检察信息化部门在需求分析中要肩负起业务需求和技术需求的融合问题,有些业务需求技术上无法满足,有些技术需求业务上无法适配,都需要及时准确地进行说明。在软件设计和编码中:要把实体法律要求、程序法律要求和司法体制综合配套改革要求与软件规则结合起来。不要一味追求科技的"高大上",要做好技术的先进性、稳定性、可靠性评估,用最经济可靠的科技供给满足检察办案需求。软件设计中要注重程序的可维护性和可扩展性,可以采取模块化设计,追求模块内的高内聚低耦合,注重编码的层次性,便于后续维护、升级和迭代,防止检察机关被软件开发公司"绑定"。在软件测试中:要将测试覆盖整个软件生命周期,及时开展单元测试、基础测试、系统测试、验收测试,特别是除了技术性测试外,建议吸收业务人员参与功能测试,提前介入到软件研发,及时发现问题、解决问题。

其三,坚持科学化,要深化对智慧检务工作管理规律的认识。智慧检务不是一个封闭的系统,从信息技术发展历程看,凡是生态开放、流通性强的信息系统,往往具有很强的生命力。反之,就会自我封闭,直至萎缩并最终被淘汰。2018 年最高人民检察院《2018—2022 年检察改革工作规划》中明确提出,"全面构建应用层、支撑层、数据层有机结合的新时代智慧检察生态"。一方面,对检察系统内部而言,要注重处理好统和分的问题,既要坚持最高检和省级院主"建"、地市级院和县级院主"用",由最高检统一研发、统一部署,避免各地"八仙过海";又要积极引导、充分发挥好各级院的创新性。比如,坚持信息系统大家建大家用,各地优化完善后符合规范的辅助办案系统可以与统一软件2.0集成向全国发布,第一年免费,由各省份自行选择使用;第二年以后,由各省份因地制宜,自行调整,优胜劣汰。另一方面,对检察系统外部而言,时代在变、需求在变、技术在变,信息化建设只有进行时,没有完成时。要注重处理好立足当前和着眼长远的问题,加强和高等院校、科研院所、高科技公司的战略合作,推进最高检和省级院智慧检务联合实验室建设,扩大检察信息化"朋友圈",逐步形成新时代智慧检务生态的可持续发展。

二、坚持智能化原则,推进检察工作和新一代信息技术深度融合

智能化(Intelligentize)的实质,是使司法办案、检察办公、队伍管理、检务保障、决策支持、公开服务等各项检察工作的现代科技含量和智能辅助水平不断提升。张军检察长专门指出,"智能化是智慧检务的核心","要把自然科学的形式逻辑和社会科学的辩证逻辑结合起来","坚持共享发展,打破信息孤岛,为法律监督插上信息化翅膀"。

其一,坚持智能化,要审慎探索基于弱人工智能技术的高效能办案辅助。人工智能技术是智慧检务智能化的关键。当前,"人工智能+检察工作"取得一定进展,基础功能基本能够实现,但总体准确率、稳定性、智能化水平有待提升,离实际使用需求仍有较大差距。以文书解析工作为例,最高检技术信息中心对各主流公司的产品曾进行了抽测,准确率约在30%至80%之间,如果是多人多案的文书解析准确率还会更低,与一些商业宣传是不符的。目前,对于人工智能在司法活动的介入程度有一定争议,笔者个人的观点在弱人工智能阶段,应当对现有智辅功能进行区分,对于相对成熟的功能纳入到统一软件2.0的智能辅助办案系统之中,以应对"案多人少"等司法压力;对于有待发展的功能纳入到科学研究、智慧检务联合实验室的研究项目,待成熟时再吸收到现有信息平台。截至目前,统一软件2.0已初步实现为检察办案提供卷宗识别、智能编目、图像识别、实体识别、案卡填录、辅助阅卷、文书纠错、文书屏蔽、量刑辅助、出庭辅助和文书比对等11项相对成熟的智能辅助功能。例如,刑事案件认罪认罚从宽改革后,基层检察官对量刑辅助功能的需求就很迫切,统一软件2.0智能辅助中也提供了量刑辅助功能,提供了大数据量刑和规范化量刑参考,提供幅度型和确定型量刑,解决了一线办案人员的痛点。下一步,要以一线检察官的使用实效和检察官满不满意、爱不爱用作为评价指标,逐步完善、升级现有的智能辅助办案系统。

其二,坚持智能化,要积极探索基于大数据技术的高质量数据分析。数据融通是智慧检务智能化的基础。信息时代,数据是重要资源,要让数据多跑路,干警和群众少跑腿。目前,最高检正在加强和最高法、司法部的数据共享工作,加快编制"两高"数据资源共享实施方案,推进法检电子卷宗随案移送试点,为下一步中央政法委跨部门大数据办案平台全面建设做好准备。贵州检察机关已基本完成政法协同子系统的研发、联调工作;浙江、海南、重庆已安排研发团队同步对接,开展前期工作。要深化数据分析,检察工作也要高度重视大数据在提升检察履职能力现代化的重要作用,上级检察院对下指导,领导干部决策,不能拍脑袋、凭经验,个人的经验总是有限的,要依靠数据,提高决策和指导的质量;要依靠数据,发现存在的问题和不足。2017年,最高人民检察院专门印发了《检察大数据行动指南》,建立了"检察大数据决策支持平台",上海市院检察大数据中心探索建立了"专题报告+专业意见+专项服务"新机制,下一步大数据服务将成为案件管理部门、检察信息化部门新的业务增长点。

其三,坚持智能化,要稳妥探索基于区块链技术的高可信协同应用。区块链等技术是智慧检务智能化的亮点。应当引起重视的是,区块链具有去中心化、高度透明、不可篡改、安全可靠等优点,也具有速度慢、成本高等不足。从效率和经济的角度,并不是所有检察业务场景都需要应用区块链技术,主要集中在以下两个方面:一是证据取证、存证领域,进一步加强区块链技术在电子证据存储使用等方面的应用,有利于推动取证方式由"事后取证"向"同步取证"转变。① 检察机关已经在这方面进行了大量探索。二是在协同共享领域,区块链技术可以推动检察机关与其他政法机关数据的共享、互用、互信,建立数据信任体系。例如,天津市检察院减刑假释信息化办案平台,通过构建区块链网络实现政法部门数据共享和信息互信,有力促进了政法业务协同。下一步,建议试点探索高信任的政法链应用。区块链技术分为公有链、私有链、联盟链。公有链任何人都可以加入网络并访问和写入数据,私有链不能完全解决信任问题,不符合政法机关实际需求。建议党委政法委牵头,确定试点地区,探索政法委、公安、法院、检察院、司法行政部门等共同参与的政法联盟链建设,探索移动互联网的区块链应用,以区块链技术打造政法业务协同办案新模式、检察机关法律监督新模式。

---

① 赵志刚:《从"事后取证"转变为"同步存证"》,载《检察日报》2019年11月11日,第3版。

三、坚持人性化原则，全面提升司法人员的效率、责任和能力

人性化（Humanize）的实质，是坚持"以人为中心"，通过构建良好的人机关系，不断强化人的责任、提升人的效率，增强人的能力的过程。张军检察长指出，"智慧检务建设要聚焦人性化。平台界面要友好，要让全体检察官会用、喜欢用，让不同文化水准、对信息化熟悉程度不同的检察官都能比较自如地使用"，"最终要体现在办案质量效率提高、办案能力提升上"。

其一，坚持人性化，要应用现代科技提升司法人员的效率。人性化要提升人的效率，首先软件要好用易用，由管理导向转为办案、管理并重，原则上将简单性、机械性、重复性的工作尽可能交由机器完成。以检察官耗时较多的文书录入工作为例，信息技术可以提供多种解决方案：一是通过政法协同直接获取 Word 版电子卷宗，检察官无须重复录入工作。侦查机关网上直接移送电子卷宗至检察机关。二是通过 OCR 识别技术，将纸质卷宗转化为高清的可编辑 PDF，通过信息抽取引擎，抽取侦查机关移交的电子卷宗中证据信息，将抽取的信息按照犯罪嫌疑人基本信息、案情简介、证据、定罪量刑、法律条款等进行分类存储、展示。三是通过智能语音等技术，辅助检察官进行录入，从而达到节约时间、提高效率的作用。再如，"三远一网"技术应用（即远程提审、远程庭审、远程送达和检察工作网）应运而生，以试点地区浙江省杭州市西湖区检察院为例，应用"三远一网"技术后，节省了检察官往返法院、看守所的路途时间，大幅缩短了办案周期，该院速裁案件平均办案时间从 6.85 天缩短至 5.89 天。

其二，坚持人性化，要应用现代科技强化司法人员的责任。总书记指出，司法责任制改革是全面深化司法体制改革必须牢牢牵住的"牛鼻子"。智慧检务建设必须要明确边界，在事实认定权和法律适用权等司法权的核心权力行使过程中，智能化技术能且只能处于辅助地位，并且不应影响和潜在干扰到法官、检察官的独立思考；只有这样法官、检察官才能对自己独立作出的决定承担责任。否则，如果智能系统在法官、检察官独立作出决定前，事先由算法计算得出一个判断并推送给法官或检察官，或多或少会给司法人员带来一个先验性认识，从而影响到其独立思考。如果法官或检察官采取了计算机推送的结论最终导致瑕疵案件，司法责任谁来承担呢？完全由法官、检察官，或是也包括软件设计部门、技术信息化管理部门？理论界对此有很大争议，实务界也存在许多担心。这也是张军检察长所说的"智慧检务是要用好智能手段，而不是依赖智能手段。如果过度依赖智能手段机械办案，检察官就会变成办案机器，办案能力可能不升反降"的原因。在司法领域管理和监督领域，信息技术还

可以对司法人员办案过程进行全程监督,对廉政风险易发多发的重点人员、重点岗位、重点环节和"三重一大"事项开展静默化、自动化、可视化的智能廉政风险防控。

其三,坚持人性化,要应用现代科技提升司法人员的能力。智力支持是智慧检务人性化的重点。检察工作是业务专业性很强的工作,属于知识高度密集型的领域。如何应用信息技术帮助检察官增加知识、获取经验、答疑解惑、提升能力,正在成为检察教育培训工作的重要创新路径。一方面,探索"检察官教检察官"模式,最高人民检察院建设了基层检察院直通高检院的专业学习、咨询平台"检答网",自2018年10月8日开通运行以来,截至2019年9月,累积咨询问题32918个,解答30931个,解答率达94%。日均访问量超4万人次,峰值在线人数达4000余人,并呈上升趋势。国家检察官学院建立了"中国检察教育培训网络学院",广大检察人员可以通过检察网络各取所需,随时随地学习知识、分享知识,破解目前在职学习培训中地区资源不平衡等诸多矛盾,助力检察人员素质、能力双提升。另一方面,探索"智慧借助"模式,针对民事检察、行政检察短板,检察技术信息研究中心还研发了"民事行政诉讼监督案件互联网咨询平台",把最高人民检察院、各省级院的专家全部纳入,依托互联网面向全国广泛开展民事、行政案件专家咨询,目前该平台已在浙江等省试点。

四、智慧刑事检察的研发建议

当前,我国刑事检察业务正在发生结构性变化,突出表现在三个方面:一是"以审判为中心"的刑事诉讼改革、司法责任制改革、捕诉一体化改革、检察机关内设机构改革叠加。二是"案多人少"压力与日俱增,在刑事检察部门编制未有大幅增加的背景下,2018年全国检察机关共提起公诉169.28万人,相比2008年公诉人数上升47.98%,相比1998年上升203.42%。三是人民群众对民主、法治、公平、正义、安全等方面的新需求,也对刑事检察工作提出了更高要求。刑事检察业务的结构性变化,一方面需要提高对内挖潜,提升刑事检察队伍本领素能;另一方面迫切需要信息科技手段解决传统方式解决不了或解决不好的问题。

当前,刑事检察智慧检务应用生态呈现"一主多辅"格局,以统一业务应用系统为主干,以具有一定智能化的智慧检务辅助工具(SPAAs, Smart Procuratorate Auxiliary Applications)和其他检察信息化软件为辅助。在最高人民检察院坚持"四统一"原则,统筹推进统一业务应用系统2.0研发的前提下,地方检察机关围绕刑事检察核心需求,智慧检务工作大有可为之处,一个重要方式就是围绕"辅助"功能，探索开发智能化、工具化、轻量化的智慧检务工具集，有效提升一线刑事检察人员的办案效率。笔者结合"三化"原则和各地刑事检察业务智慧检务的探索经验，认为在以下八个方面，信息技术相对成熟，可以适时推广部署和全面应用。

（一）建议重点研发智慧刑检辅助录入工具

文字录入占用了检察官、检察官助理、书记员的大量时间。目前智能辅助录入工具，有三种技术实现路径：第一种是基于跨部门数据共享，例如上海市刑事案件智能辅助办案系统、黑龙江省大庆市让胡路区检察院相关软件等，都可以直接从公安办案系统导入数据，减轻扫描上传的工作量。第二种是基于OCR识别功能，例如天津市检察院智能文字识别系统，将纸质版文书智能转换为电子卷宗，消除卷宗图表框、指印等标记，对错误的识别结果可以进行智能修正，方便司法人员摘录案卷内容。第三种是基于智能语音技术，例如安徽省检察院讯（询）问智能语音系统已部署81套，智能语音输入法已下载约7800台，试点地区反映，使用语言录入的效率提升约20%。

（二）建议重点研发智慧刑检辅助阅卷工具

主要实现卷宗和文书双屏显示，并智能提取卷宗内容，将电子卷宗转化为可复制的文字文档，方便承办人复制、粘贴卷宗内容，提高阅卷效率。例如，山东省检察智能辅助办案系统，可以根据检察官办案习惯，将电子卷宗分目录展示，并对卷宗进行语义判断、分词识别，自动提取案件基本情况、犯罪嫌疑人基本情况、侦查认定的事实等内容。

（三）建议重点研发智慧刑检辅助审查工具

主要基于电子卷宗，对《刑事诉讼法》第48条规定的物证、书证、证人证言、被害人陈述、犯罪嫌疑人（被告人）供述和辩解、鉴定意见、勘验等笔录、视听资料和电子数据等八类法定证据进行识别、审查与分析。在技术实现上，各地略有不同，例如，浙江省杭州市检察机关智慧办案系统对法定八类不同类型证据内置了"人机结合"标签标注方法，基础要素按照罪名的构成要件，机器抓取自动化标签；支持检察官在每个栏目下手动输入分析意见。广东省检察院研发了视频证据审查系统，将视频证据材料中的音频识别转写成语言文字，与电子卷宗的笔录进行关联分析；上海市刑事案件智能辅助办案系统设置了"证据校验"功能与证据链和全案证据审查判断功能。

（四）建议重点研发智慧刑检辅助参考工具

通过语义分析技术识别出犯罪情节后，由信息系统智能推荐相似罪名、相似情节案例；智能匹配相关法律法规、司法解释。例如，北京检察智库系统，能够实现对检察院、法院公开文书和法律法规库的查询检索，搜索限定可细化到诉讼程序、文书类型、文本段落。同时，基于类似案件的大数据分析，也可以提供智能辅助量刑参考，如广东省检察机关智能量刑辅助系统，依托判文书公开网、广东省政法信息共享平台的判决书等大数据信息资源，当公诉人在系统中输入罪名、犯罪事实量刑情节后，可以帮助检察官制定认罪认罚案件量刑建议，案件覆盖率达到 96.7%，比传统量刑节省约 60% 的时间。此外，检答网作为检察机关智能问答平台，也是智能辅助参考工具的重要组成部分，截至 2019 年 4 月 10 日已经咨询问题 14704 次，下一步要通过优化升级，进一步发挥检答网效能。

（五）建议重点研发智慧刑检辅助生成工具

能够根据规范目录要求生成卷内目录，自动提示缺失文件。同时检察官便捷调整后可以根据模板，智能辅助生成各类法律文书，智能校对错误。例如，重庆市检察机关法律文书智能纠错工具，针对错别字和标点符号错误，少字、多字错误，以及"的、地、得"等常见错误，法律书写错误和法律依据错误，点击"一键修正"即可实现自动纠错。

（六）建议重点研发智慧刑检辅助共享工具

推动检察机关内部办案信息、数据、材料协同。例如上海铁路运输检察院研发卷宗智能流转管理平台，通过对案卷流转过程的全程记录，可对办案人员的办案时长、办案数量、办案类型、文书质量进行进一步的数据分析及关联比对，为捕诉监防数据流转提供了有力支持。再如山东泰安智慧检务系统具有智能共享功能，可以追踪整个案件的流转过程，经授权可查看每个节点的时间和承办人，已上传的文书，在符合保密规定的前提下，均可实现部门间信息共享，有效辅助承办人进行案件跟踪；此外还设有专门区域，方便部门之间上传/下载材料。

（七）建议重点研发智慧刑检辅助视讯工具

利用远程视频系统和工作网，推进高清远程提审、远程开庭、远程送达、远程接访、远程案件会商工作。打破了检察官、法官、被告人必须身处一室的空间限制，检察官不再需要提前驱车赶往法院、看守所，大幅缩短了办案周期，节约了司法资源，从而提高了办案效率。

（八）建议重点研发智慧刑检辅助出庭工具

孙谦副检察长曾在《人民检察》撰文指出，"如何运用现代技术构建覆盖庭前准备、庭审指控、后台支持的全过程'出庭一体化平台'体系，是实现

'技术+出庭'融合发展的要旨所在"。① 以四川资阳"出庭一体化"平台为例,智能辅助出庭工具通过公诉人庭前以数据共享的方式,将电子卷宗、法律文书、出庭预案、证据组合架构等材料"一键式"下载到专用电脑中。庭审中,可以向法庭直观展示相关材料,并且公诉人可以现场标注、检索卷宗和法律文书,增强了举证质证的灵活性。部分省份还研发了出庭指挥系统,后方指挥人员可选择使用文字、语音等多种方式与出庭公诉人进行联系,实现了对出庭公诉人讯问、质证、辩论的同步指挥指导和监督。

习近平总书记指出,要突破自身发展瓶颈,解决深层次矛盾和问题,根本出路就在于创新,关键要靠科技力量。"工欲善其事,必先利其器",智慧检务建设不仅仅是信息软件的升级换代,更是检察业务工作方式的全新革命、信息时代检察监督现代化的一场全新革命。智慧检务和刑事检察信息化建设要聚焦科学化、智能化、人性化原则,以办案为中心,最终体现在刑事检察办案质量、办案效果和群众满意度的提高上。刑事检察工具集的研发是一个知易行难,逐步完善的过程,要靠各级检察机关主要领导的高度重视;要靠刑事检察人员与检察技术信息化人员"双向而行"、反复打磨;要靠综合部门的人财物支持,共同为刑事检察事业插上"科技的翅膀"。

---

① 孙谦:《全面依法治国背景下的刑事公诉》,载《人民检察》2017年第11期。

大数据时代下智慧刑检发展路径之探析

尹新钰　李　庆[*]

随着物联网、人工智能技术的发展和 5G 应用的开启，大数据正极大地变革着社会生产方式，深刻地改变着人们的生活方式。[①] 毫无例外，刑事检察部门也身处于一场以人工智能为代表的新技术革命浪潮之中，这种新的社会现实既对已有的传统刑事检察工作带来挑战，又为完善和发展刑事检察工作带来机遇。将大数据、人工智能和刑事检察工作紧密结合起来是当前刑事检察工作发展的必然趋势，也是检察机关智慧检务建设的重点工作。如何通过全国检察机关正在进行的智慧检务建设，在更大范围、更广领域推动智慧刑检建设，全面提高刑事检察智能化应用水平，将是检察机关在新的历史条件下运用科技手段推动司法体制改革的必答题。

一、智慧刑检的实践探索

近年来，根据最高检统一部署，各级检察机关围绕检察机关司法办案需要，对智能辅助办案系统等智慧刑检应用进行了有益尝试，探索运用大数据、人工智能等技术，为刑事办案提供智能化服务。

（一）案件办理方面的探索

此类探索以江苏省人民检察院的刑事办案智能辅助系统和贵州省人民检察院的大数据司法办案辅助系统为代表。江苏省人民检察院的刑事办案智能辅助系统由"机器人"自动抽取电子卷宗，搜索归类、甄别判断存在的疑点和重点问题，供公诉人逐一审查判断，通过结果递进关联引用，自动生成法律文书，推送类案参考和量刑建议，由公诉人最终作出审查处理决定，并同步开展

---

[*] 尹新钰，最高人民检察院案件管理办公室干部；李庆，江苏省徐州市铜山区人民检察院第六检察部主任。

[①] 张俊杰等人：《大数据＋检察监督管理运行创新机制探讨》，载《中国检察官》2018 年第 19 期。

法律监督；该系统能监督检察官办案，系统会自动对检察机关办理的每一件案件、每一个办案节点、每一份法律文书进行全流程、全留痕式监管；该系统能够主动推动诉讼信息，依法保障当事人的诉讼权利，确保案件办理公开透明。贵州省人民检察院大数据司法办案辅助系统从统一证据标准、制定证据规则、构建证据模型三方面入手，运用"实体识别""数学建模"等大数据技术，建立各罪名数学模型，为办案提供智能化服务。

（二）证据审查方面的探索

此类探索以广东省人民检察院的智能视频审查系统和浙江省杭州市人民检察院的证据标准与风险防控系统为代表。广东省人民检察院的智能视频审查系统利用语音识别技术、视频分析技术辅助公诉人对同步录音录像资料进行快速核查，实现非法讯问的智能过滤；浙江省杭州市人民检察院的证据标准与风险防控系统为每类证据设置单独输入框，运用统一的证据风险审查标准和补证标准实现对每类证据的质量控制，详尽列举各种风险证据的处置情况，帮助公诉人有效规避风险。

（三）规范办案方面的探索

此类探索以山东省德州市人民检察院的相对不起诉量化评估系统和天津市人民检察院的智能量刑辅助系统为代表。山东省德州市人民检察院的相对不起诉量化评估系统分为案件录入、承办人评估、科室评估、检委会评估四个模块，具有一键导入、智能评分、同步评判等功能；天津市人民检察院的智能量刑辅助系统实现类案推送界面与量刑建议智能计算界面左右两栏同时显示。公诉人手动输入罪名，系统生成精确量刑建议结果。

（四）文书制作和审判监督方面的探索

此类探索以广东省广州市南沙区人民检察院的文书智能校对系统和贵州省人民检察院的大数据案件智能研判系统为代表。广东省广州市南沙区人民检察院的文书智能校对系统根据最高检文书模板设计，集智能纠错、自动排版、Word插件、语音朗读、法律法规查询软件等功能于一体，与统一业务应用软件无缝对接；贵州省人民检察院的大数据案件智能研判系统可将公诉人案件办理中认定的定罪量刑要素直观体现，采用实体识别等技术，自动抽取裁判信息进行比对，核对审判机关与检察机关在事实认定、证据采信、法律适用上有无偏离。

（五）提升出庭能力方面的探索

除了各地检察机关开展的远程提审、远程开庭以外，此类探索还包括出庭一体化系统建设。如北京市人民检察院的出庭一体化系统，公诉人可以使用系统中的"标记"功能对卷宗照片进行划线、放大与批注。出庭示证时,公诉人可以通过"实时投屏"功能将证据投射到终端显示器。浙江省杭州市西湖区人民检察院的审查示证一体化系统,通过对电子卷宗和统一业务系统数据库对接,实现了审查逮捕和审查起诉阶段的数据共享。

二、当前智慧刑检工作的发展瓶颈

检察机关在智慧刑检方面探索的成绩有目共睹,基本都具有智能识别、智能阅卷、智能参考、智能生成等通用功能。然而,大数据、人工智能与刑事检察工作的深度融合还有很长的路要走,刑事检察的智能化工作仍然面临发展瓶颈。通过分析各地检察机关的实践探索,我们可以发现当前智慧刑检在利用人工智能服务社会治理大局、"智慧"与"刑检"融合度、大数据跨部门共享等方面仍有较大发展空间,需要再改革、再创新、再提升。

(一)智慧刑检服务大局的能力有待提升

智慧刑检是检察机关对大数据应用新一轮开创性的探索,与传统刑检工作模式不同,其功能定位不仅仅是辅助办案、提高办案效率,还在于从刑事办案中梳理、寻找、归纳提升社会治理水平和服务社会治理现代化的普遍规律和一般特点,通过大数据分析、研判存在社会治理隐患的领域以及处置对策,服务国家治理体系和治理能力现代化。当前智慧刑检辅助系统的研发方向还囿于个案就案办案,忽视案件背后串、并、联分析,大数据、人工智能、精准分析研判等功能还没融入刑事司法办案一线。刑检智慧辅助系统在主动利用大数据、人工智能服务大局方面还存在开发不足的问题,没有在国家治理体系和治理能力现代化建设中发挥积极能动作用。

一方面,当前智能辅助办案系统在主动提示制发检察建议方面开发力度尚显不足,检察建议特别是社会治理类检察建议制发量较少。以某设区市检察机关为例,2019年3月至2020年2月,该市检察机关共受理提捕、移诉案件12265件,同期该类案件中仅有64件案件制发了社会治理类检察建议81份,占总案件数的0.52%。这期间共办理59件非法运输、销售成品汽油的非法经营案,多为犯罪嫌疑人通过自制储油罐或设立私人加油点,非法买卖散装汽油获利,两级院均未向负有监管职责的相关部门发出检察建议。[①]

另一方面,目前运用智能辅助系统分析刑事案件动向、利用大数据揭示发

---

① 参见《关于社会治理类检察建议制发情况的分析报告》,某设区市人民检察院,2020年5月19日。

案规律的智能应用开发尚属空白。科学研究的实验型范式、理论型范式、计算型范式都是在已知规律的情况下发现新的规律,而"大数据"则是在未知规律的情况下,运用计算能力从大数据中发现规律并发挥规律的作用,这就是大数据的核心技术——数据挖掘。① 当前针对刑事检察办案大数据的数据智能挖掘功能还有待于进一步开发,还没有充分利用刑检办案数据来自动分析研判服务党委政府决策、服务经济社会发展大局,辅助系统智能分析刑事案件动向供党委政府决策等方面的研发还存在缺位现象,这些问题都制约着智慧刑检服务经济社会发展大局的工作质效。

(二)"智慧"与"刑检"融合度有待提升

作为智慧检务的一部分,"智慧"与"刑检"的融合度高低是提升刑事检察官工作积极性和实现智慧刑检目标的关键点。智慧刑检的"融合度"主要取决于刑事检察官对智慧刑检的主观认识以及智能辅助系统开发水平,实践中这二者均存在需要解决的问题。

一方面,刑事案件检察官对智慧刑检的认识偏差影响二者的融合度。当前,部分基层刑事检察官对智能辅助办案系统尚存在认识偏差,对大数据技术对刑事检察工作的影响存在认识不足。要么对大数据技术的运用持怀疑态度,宁愿通过耗费大量的人力来完成一些简单的刑事检察工作,而不愿使用专门大数据办案系统;要么认为大数据技术是无所不能的,只需要通过花费一定的经费购置一套信息化系统,就能全面解决刑事检察工作中遇到的难题。这两种对大数据技术运用的片面认识,会给智慧刑检体系的构建带来一定的负面影响。

另一方面,智能辅助系统的开发水平同样影响着"智慧"与"刑检"的融合度。当前智慧刑检办案辅助系统研发工作还存在供需结合不紧,智慧刑检应用与司法办案结合不深入的问题。有些地方甚至还存在刑事检察业务与技术"两张皮"、检察技术拖着刑事检察业务走的现象。智能辅助系统运用与刑事检察工作在人员认识度、供需融合度上还有待于进一步提升。

(三)刑事检察大数据跨部门智能流通水平有待提升

智慧刑检绝不是刑事检察一家的智慧,而需要整合相关政法部门的数据资源,使办案数据流通起来。刑事检察处于刑事诉讼的中间环节,处于刑事诉讼承前启后的重要节点,向前需要侦查监督,向后需要审判监督,大数据资源横向共享在智慧刑检工作中的重要性无须赘述。实践中,检察机关与其他政法机

---

① 黄晓艳、单晓钊:《关于大数据——访中国工程院院士倪光南》,载《高科技与产业化》2013 年第 5 期。

关之间仍然存在"空间壁垒",然而通过前文实践探索部分可得知,当前全国各地检察机关对智慧刑检的探索仅仅限于检察机关刑事办案本身,甚少涉及检察机关与其他政法机关的数据共享,即有涉及也是面上数据共享,政法机关之间的数据共享目前还停留在纸面上。仅靠检察机关一家"智能",并不能实现智慧刑检工作质效的最大化。实践中,公安机关和检察机关卷宗目录不一致,电子卷宗要求亦存在不同点,公安机关文书的识别率尚不能满足智慧刑检的工作要求。同时,刑事检察工作中形成的材料也不能直接为审判机关所用,包括审查报告中的证据摘抄部分审判机关还需重复劳动。这种情况不仅增加了不必要的工作量、造成政法资源的浪费,而且形成智慧刑检效率低下的假象。由于数据标准尚未统一,数据开放与共享的平台尚未建立,这就导致大量的数据被闲置,数据的智能化程度比较低,① 对刑事案件评判、分析、应用的准确度也就比较低,智慧刑检体系的构建也就成为一纸空谈。

三、完善智慧刑检的路径探析

"智慧刑检"是实现刑事检察工作全局性变革的战略转型方式,顺应了新时代背景下司法改革的要求,为营造公开、公平、公正的法治环境提供了良好的社会氛围,必须明确发展路径并予以大力推进。

(一) 在服务大局的智能化方面再发力

依托大数据、云计算、人工智能等信息技术,提高检察机关刑事办案服务社会发展大局的智能化水平,推进刑事检察工作现代化,是智慧刑检的应有之义。刑事检察官借助智能辅助系统不仅能作实现司法公正的"工匠",更要努力去做推进服务社会治理的"大师";不仅能坚决打赢"法律仗""舆论仗",更重要的是要能够打赢"服务大局仗"。

要把智慧刑检建设纳入国家治理体系和治理能力现代化的总体部署中去谋划,以求极致的精神推进刑事检察履职能力现代化建设。以智慧刑检培育刑事检察官履职新能力,以履职新能力推动刑事检察新发展,以新作为服务经济社会发展大局。

要充分运用智能辅助系统的主动提示功能提升刑事检察服务大局的自觉性。刑事检察官服务大局的工作理念不是一蹴而就的,完全按照正确的理念指导刑事检察工作实践,更不是一朝一夕、轻而易举,而智能辅助系统可以实现

---

① 王雪永等:《论我国智慧案管体系构建的困境与出路》,载《安康学院学报》2018年第5期。

服务大局工作的主动提醒，如通过智能系统设置适时提醒来触发检察建议的制作、主动提醒定期制作刑事案件动向报告等，借助智能辅助办案系统来帮助刑事检察官确立、巩固服务大局的工作理念。

要将人工智能与刑事司法、管理决策紧密融合，重塑刑事检察办案模式。应着手建立数据分析服务系统，把检察业务等各个工作的数据全部横向打通、进行融合、综合分析，找出有价值的关联点，用客观翔实的数据反映业务态势全貌，为科学管理决策提供支持。① 刑事检察部门在办案的同时要从盘活内部资源和融合外部数据上下功夫，充分挖掘统一业务应用系统刑事检察办案数据资源，形成第一手刑事检察办案数据。同时要对收集的海量数据进行要素化处理，完成人工难以企及的数据筛查。再以高效的智慧分析研判软件为核心，通过梳理总结刑事检察办案的经验规律，归纳提炼出刑事检察服务社会发展大局的关键要素，设计分析研判模板，自动形成分析报告，减轻人力劳动。刑事检察部门应用智慧刑检服务经济社会发展大局的基本路径可以表现为：收集海量基础信息数据—分析筛选将海量数据降至可人工审查的量级—人工审查研判分析后进行新一轮筛查，最终得到可精准采用的数据，最后运用人工智能模板自动形成分析研判报告，为服务社会发展大局、服务领导决策提供依据。

刑检部门还应当根据刑事检察办案辅助系统智能分析结果，充分运用检察建议、刑事案件动向报告等方式参与促进依法治国、依法行政，促进系统治理、依法治理、综合治理、源头治理，把我国制度优势更好地转化为国家治理效能。可以尝试建立刑事检察舆情监测系统，通过自动比对数据，自动识别有价值的信息，再通过分析深入挖掘改善社会治理的线索，以检察建议的形式推动社会治理体系和社会治理能力现代化；可以创建刑事办案科学决策管理子模块，定期自动形成刑事案件动向报告，便于各级领导及时掌握所辖地区刑事案件办案实时情况。

(二) 在人员素质、工作场景再优化上发力

一方面，要提升刑事检察官对数据的认知水平。要提升刑事检察人员对新技术带来革命性变革的长远认识，树立正确的数据意识。克服消极的防范心理和恐慌心理，以开放的心态参与到智慧刑检体系的构建中来，主动学习大数据技术相关知识，了解大数据运用的最新前沿动态，深刻理解智慧刑检的内涵，科学认识刑事检察的智能化功能，提升刑事检察工作的现代化水平。要加大全

---

① 韩少峰等：《检察大数据在案件管理工作中的应用与思考》，载《检察调研与指导》2018年第3辑。

员科技素养培训,加强与公安、法院等其他政法部门在大数据技术应用、人才培养等方面的沟通交流。要突出实战、实用、实效导向,运用智能辅助系统全面提升刑事检察人员法律政策运用能力、防控风险能力、群众工作能力、科技运用能力、舆论引导能力。加大优秀刑事检察业务、大数据技术业务复合型人才引进力度,优化队伍结构,着力破解工作薄弱领域的人才、知识和力量短板。推动系统外学习交流,探索与网络、人工智能等职能部门开展干部交流,提升刑事检察人员驾驭智能辅助系统工作的能力。

另一方面,智慧刑检的工作场景还需要优化,要能够满足用户主观体验,又贴近办案实际。要让更多基层一线刑检办案人员深度参与到应用研发中,让他们和科技人员共同围绕每一个案由、每一个罪名、每一项业务去研究,将法律语言转化为计算机语言,编写计算机能够识别的研判规则和项目,形成工作合力。要把办案人员的需求、经验与软件程序设计深度融合起来,防止检察技术拖着检察业务走。① 工作场景优化可以从快捷、可控、方便三个方面入手:快捷就是一套口令打通所有刑事检察业务系统界面,满足刑事办案的全方位呈现;可控就是无论在家还是在单位使用手机或是笔记本电脑,都能在保密环境和普通环境下自由切换,无缝融合;方便就是一次推送就可是实时更新所有平台,所有刑事检察办案环境具有协同关联能力。

要创新检察特色中台思维,解决业务(前台)与技术(后台)两张皮问题。要从人性化设计出发,打造优质、实用、好用的智慧刑检产品,智慧刑检平台界面要更友好,要让全体刑事检察官会用、喜欢用,让不同文化水准、对信息化熟悉程度不同的使用者都能比较自如地使用。② 提升智慧刑检使用者的获得感,让广大刑事检察人员爱用、乐用智慧刑检建设的成果。

(三)要推动跨部门协作共享机制建立

智慧刑检系统要与公安、法院、司法行政机关实现信息共享,打破信息孤岛。③ 要加强与公安、法院、行政机关沟通协调,打通数据交换的通道,推进跨部门大数据办案平台建设,通过大数据平台,建立信息"岛"与"岛"之

---

① 《张军检察长在检察机关智能辅助办案系统建设工作座谈会上的讲话》,载《人民检察》2018 年第 12 期。

② 《张军检察长在检察机关智能辅助办案系统建设工作座谈会上的讲话》,载《人民检察》2018 年第 12 期。

③ 《张军检察长在检察机关智能辅助办案系统建设工作座谈会上的讲话》,载《人民检察》2018 年第 12 期。

间数据交换通道,① 促进与其他政法机关案件信息网上流转和业务协同办理,提升司法办案效率。

要搭建跨部门办案平台,将各类案件通用的证据标准指引和常见案件的个别化的证据标准指引、证据校验规则等功能,纳入互联互通的智能辅助办案系统,该系统应包括各类案件通用的证据要求和常见案件个别化证据要求,通过建立证据分析模型,实现单一证据合法、合规性校验,从侦查阶段即实现证据链完整性智能校验,确保政法各部门在同一个证据标准下办案,实现证据标准的数据化。

要建立政法大数据中心,为各级政法机关司法办案提供数据支撑;要统一公检法司等政法机关在卷宗目录、电子卷宗等工作要求,实现刑事办案数据的同轨流转;要以办案为中心,以需求为牵引,以问题为导向,把检察机关的智能辅助系统横向延伸拓展,依托政法大数据平台,建立新的公检法办案协作机制;要建立政法大数据应用引擎,充分利用政法协同平台的大数据强化法律监督,打造"数字刑事检察官",提升刑事检察官的法律监督水平。

案件管理部门作为检察业务的监督管理部门应当积极参与到智慧刑检建设,充分发挥业务管理枢纽职能,主动对接政法业务平台,全面衔接政法各单位业务系统的办案节点,推动刑事案件全程网上办理。案件监督管理部门还要利用其全面掌握检察业务数据的优势,以数据互联互享和大数据分析研判为工作抓手协助刑检部门开展智慧刑检建设,构建以紧贴实战为中心的互通"信息池"、协同"高速路"、全程"监督岗",推动刑事办案信息数据实时共享和网上传递,消除司法办案部门"业务壁垒"现象,实现政法部门的信息共享、执法办案的网上协同的工作目标。

刑事检察部门要加强与国家行政部门的协调沟通,探索开发法律监督平台,构建两法衔接、跨部门数据交换体系和规则,对接行政执法机关执法数据,同步引入舆情分析功能,深度挖掘和移送监督线索,为检察官开展立案监督、公益诉讼拓宽视野,② 实现刑事法律与行政法规的无缝对接。此外,检察机关还可以借助其他民间社会机构的数据资源,例如征信、保险、银行等机构,为刑事检察业务办理提供智能、便利的帮助。

---

① 张俊杰等:《大数据+检察监督管理运行创新机制探讨》,载《中国检察官》2018年第19期。
② 张本才:《聚焦检察主责主业,打造优质"智慧产品"》,载《人民检察》2018年第15期。

法律知识图谱在刑检智能
辅助办案中的运用研究[*]

王　迪[**]

司法公正是人民群众对公平正义的内在追求,证据是裁判的核心要素,对于保证办案质量、实现司法公正具有十分关键的作用。依托案件办理智能辅助系统将统一适用的证据标准嵌入电子化的办案流程,将从根本上解决诉讼过程中证据标准不统一带来的司法不公问题,规范司法裁量权,减少司法任意性,确保每一件案件都经得起法律的检验。

新一轮科技革命下,大数据和人工智能正逐渐成为推动司法体制改革创新、实现国家治理体系和治理能力现代化的关键路径。在信息技术层面将证据标准嵌入办案流程,是落实制度层面证据标准的一种重要实践手段。证据标准的数据化是继政法各单位网络连通、业务流转、数据共享之后,刑事办案流程信息化的又一步跨越。建立数据化的证据标准模型,由计算机系统将识别出的案件要素与之自动关联匹配,从而辅助办案人员进行证据的审查和判断。因此,证据标准的数据化是实现刑事案件办理智能化的基础性环节。

证据标准的数据化建模,其核心是法律知识的计算机表示和推理。证据的载体通常是各类具有法律意义的非结构化文本,鉴于知识图谱在描述客观世界中的各种概念、实体及它们相互之间的关系方面以及在非结构化和半结构化数据的特征提取、内容检索和表示理解方面具有的独特优势,使用知识图谱能够更全面地表示证据元素之间的各种相关关系,适合于法律文本的元素抽取。

基于知识图谱进行的证据标准的数据化建模从证据的基本分类和审查判断规则入手,层层递进展开,形成模式层的知识图谱,再对具体案件构建数据层知识图谱,最后将数据层实例与模式层实体进行匹配,完成全案证据的审查判断。

---

* 本文系论坛联合征文期刊《人民检察》拟录用稿件的精华版。
** 王迪,江苏省南京市人民检察院一级主任科员。

模式层知识图谱构建的首要环节,是根据法律领域相关主题词确定概念实体集和各实体的属性集,以及实体之间的各种基本关系和特定关系种类,形成概念层图谱。其次,逐一建立证据审查判断规则,包括单一证据的合法合规性校验,具体证据的收集、固定、保存、运用的规范校验,证据链条完整性判断,验证事实是否有证据印证、逻辑关联性以及言词证据有无矛盾,等等。同时,结合法律语料库进行文本的信息抽取和标注。

模式层的知识图谱建立以后,还需要通过要素提取、实体消歧与统一、分类标注、关系及属性推理、模式匹配等步骤对具体案件建立个案法律知识图谱,即数据层知识图谱,系统逐一读取证据审查判断规则,提取规则所需的实体元素进行运算,辅助司法人员对每一证据的真实性、合法性、关联性进行审查判断。

远程视频庭审之正当化事由研究[*]
——以质证诘问程序为中心

沈 威 陈凯明[**]

互联网技术在各个领域普遍应用，也在悄然改变着法庭的审判方式，特别是 2020 年新冠肺炎疫情期间远程视频庭审发挥了巨大作用。公开数据显示，自 1 月 20 日至 2 月 19 日，全国法院在线开庭场次达 3 万余场，[①] 部分法院刑事案件全部实现远程视频审理。[②] 相比传统庭审，诞生于疫情防控期间的法院智慧审判系统 3.0 版，打破了审判管理系统（内部）与互联网（外部）的壁垒，不仅节省诉讼参与人出庭时间，提高诉讼效率，而且在实现物理隔离上具有巨大优势，解决了疫情期间既要防疫隔离又不能超期审案的两难困局。但目前远程视频庭审尚无系统细化的操作规则，在网络技术层面亦缺乏成熟的技术支撑，特别是还可能对以审判为中心的一系列诉讼规则产生冲击。如果说疫情防控需要催化了远程视频庭审的发展进程，那么疫情过后是否仍然可以适用？远程视频庭审对被告人所享有的对质诘问权是否形成限制？诸多疑问在理论上也需要及时关注与回应，方可实现科技与司法的最大程度融合。

---

[*] 本文系 2020 年度福建省人民检察院检察理论研究重点课题"疫情背景下刑事案件远程视频庭审之正当化事由研究"（编号 FJ2020020）的阶段性研究成果。

[**] 沈威，福建省莆田市城厢区人民检察院副检察长；陈凯明，福建省莆田市城厢区人民检察院检察官助理。

① 高司平：《疫情防控期间全国法院互联网司法创新实践述评》，载《人民法院报》2020 年 3 月 12 日，第 2 版。

② 孙思：《疫情之下，智慧法院发挥积极作用，余庆法院刑事案件庭审全部实现远程视频审理》，载 https：//mp.weixin.qq.com/s/FlOOI2MRd0en4VcGQ76CUg，2020 年 4 月 8 日访问。

一、远程视频庭审的特点及域外启示

（一）远程视频庭审的特点

现行法律规定关于远程视频庭审的两个特点：第一，目前相关文本规定对远程视频庭审并没有作出与传统庭审模式相区别的程序性规定，除了使用远程视频设备与系统外，其他规定均与传统庭审模式一致。第二，无论是在民商事还是在刑事领域，文本规定的内容并没有太大区别，而且随着互联网技术的飞速发展，有不断扩大适用范围的趋势。但在刑事审判的适用条件上，法院仍然秉持谨慎态度，制定了"事实清楚、争议不大""简易、速裁程序""当事人同意"等前置条件，[1] 这不仅受制于视频技术的短板，也与远程视频庭审不同于"面对面"的传统庭审方式有关。

（二）域外关于远程视频庭审方式的启示

诸多文献在讨论远程视频庭审正当性时，均有意无意引用域外司法庭审的相关制度与做法。

梳理日本、德国、我国台湾地区等国家、地区关于庭审对质诘问程序的文本规定、司法案例以及理论学说的介绍，可以总结出以下几个特点：首先，在立法层面，刑事被告人的对质诘问权都在宪法上有明确的保障，显示了对人权保障的重视，而随着科技创新发展，远程视频庭审方式亦都进入各国各地区刑诉法的规定之中；其次，在司法层面，无论案件类型，都有远程视频庭审的运用，显示了司法机关对将网络技术运用于庭审的迫切需要，以提高诉讼效率、节约司法资源，即便保守如德国者，亦将远程视频庭审作为证人无法到庭的补充手段，要求法院在决定庭审方式时加以考虑；再次，在理论层面，远程视频庭审无一例外地招致学者们的质疑，对临场感、仪式感缺失的远程视频庭审能否如同传统庭审一样保障被告人对质诘问权显然不无疑问，特别是在我国台湾地区"最高法院"的判决中，被告上诉所声请出庭的同案证人，既非秘密证人亦无其他不能到庭的理由，只是法院基于减少押解麻烦与风险的理由而适用视频庭审，该理由与宪法保障的被告人诘问权是否具有相当性也值得商榷。

回归到法律规定的本源，无论是德国法上规定的"对被告人放弃出庭审理或有其他不可排除的障碍"，还是我国台湾地区"刑事诉讼法"规定的"证人不能到场或有其他必要情形"，都在逻辑上要求这么一个前提：视频庭审不

---

[1] 李乘运：《正确把握推进电子诉讼的四个维度》，载《人民法院报》2020年4月2日，第8版。

是常态，而是存在适用条件与适用范围的；只有在满足某些特定情形后，才可以适用视频方式进行庭审。这在规定层面其实已经否定了实务中将视频庭审视为当庭庭审的当然延伸的做法，这些规定明列的条件印证了视频庭审是一种如德国法所称的"比下有余、比上不足"的"次佳"庭审方式，这种次佳源于无法实现当庭面对面庭审的实际效果，从而构成对对质诘问程序的侵害。换言之，任何妨碍"同时在场相互目视，并使被告能对不利证人面对面地积极质问"的隔离措施，都将构成对对质诘问程序的"限制"，差别仅在于限制的程度高低及其正当化事由的要求密度而已。因此，所需要讨论的是远程视频庭审的"必要情形"具体有哪一些，或者说，如果需要对被告人的对质诘问权进行限制，那么具备这种限制的正当化事由如何进行界定。

二、远程视频庭审方式与对质诘问权保障的冲突

（一）对质诘问权的基本内涵

对质诘问权是指被告人在整个诉讼过程中，至少享有一次当面、全方位去挑战、质疑及发问不利证人并要求回答的适当机会。① 基于当事人比法官更了解事实真相以及案件涉及专业领域时，当事人比法官更了解争议焦点等理由，庭审质证程序应由"当事人在法庭直接相互诘问给法官看"，才更能发现真实。因此，有效的质证诘问程序应当包括以下内容：（1）交互诘问权（法定诘问权）：即依照主诘问、反诘问、复主诘问、复反诘问的法定次序，行使交互诘问的权利。尤其是反对诘问权，应当允许被告人就主诘问所发问的事项或为辩明证人、鉴定人的陈述证明力所必要事项开展诘问，应当保障被告人可以直接目视证人的情况下进行诘问、取得回答并得以观察证人陈述态度的权利。（2）当面质问权（见面权）：基于言词证据信用性原则，证人应直接面对被告人作对其不利的指证并接受被告人的质问。（3）公开诘问权（公开权）：基于公开直接审理的程序价值，证人应在公开的状态下指证被人的罪行并接受被告人的当面质问。②

（二）远程视频庭审方式对于质证诘问程序的冲击

从质证诘问程序的权利构成来看，法定诘问权是其核心内容，见面权与公开权是其形式要求。虽然远程视频庭审导致法庭空间的分散，但从公开诘问权

---

① 林钰雄：《对质诘问与上级审：欧洲法发展与我国法走向之评析》，载《月旦法学杂志》2007 年第 143 期。

② 朱朝亮：《法庭远距视讯与对质诘问》，载《检察新论》2015 年第 18 期。

的内涵来看，其实质在于让所有诉讼主体都明知是在被公众知悉并关注下的公开状态进行质问和回答，从而区别于秘密审判的诘问保密，以公开来促进言词证据质证的真实性。从这个意义上看，远程视频庭审并没有破坏公开诘问程序，反而以微博、微信、公开网等形式开展的庭审直播使得越来越多的公众能够更为便利地观摩、监督庭审。因此，远程视频庭审对于质证诘问程序的公开性并无侵害，其被质疑的核心在于是否符合"当庭直接面对面"的见面权要求？或者说，远程视频庭审是否构成对被告人对质诘问见面权的限制？

首先，虽然远程视频庭审相对于"证人单向指认""证人蒙面、变声以及书面作证"等方式更接近于"面对面"的对质诘问要求，被告人亦可通过电子屏幕观察证人的陈述态度和表情，但不可否认的是，"在场"和"在现场"是两个不同的概念，正如现场看音乐会与通过网络直播看音乐会存在不同感官体验一样，远程视频庭审物理空间的隔离造成了临场性不足，相较于直接处于法官、被告人面前的陈述，证人陈述的心理作用较为松弛，亦可能在自己独处的空间避免眼神接触而转移"面对面"诘问带来的压力。

其次，远程视频作证方式是证人保护制度里的措施之一。最高法《关于适用〈中华人民共和国刑事诉讼法〉的解释》规定，"对于确有必要出庭的未成年被害人、证人，可以采取不暴露身份、外貌及真实声音等特殊保护措施作证"。控方对证人的人身安全保护提供必要保护，证人出庭可以采取特殊多样化的出庭作证方式。虽然被告人有权在法庭上与不利证人质证是公正审判的最低标准，但对于有效打击犯罪而言，可以采取间接作证的方式来实现被告与证人的质证，如通过现场视频连线的方式来开展质证，满足了被告人的质证权与证人有效保护的双重需要。① 换言之，证人保护需要与被告人质证权利是天平的两端，一端受益必然导致另一端受损。既然远程视频与蒙面、变声、音频作证等方式一同被列为证人保护的必要手段，那也意味着它是以限制被告人对质诘问权为代价的，只不过在程度上相比其他方式更低一些。

综上分析，远程视频庭审由于物理空间的隔离，导致临场性无法与传统面对面当庭庭审模式相比拟，由此产生的疑问是，这种差距是否足以影响到庭审质证诘问程序的进行？

三、对质诘问权之限制与远程视频庭审之正当化事由

就法院审理的直接性而言，当庭、直接观察双方的问答反应、获取真实心

---

① 李明：《完善我国的证人出庭作证制度》，载《人民法院报》2012年7月4日，第8版。

证并评价其证据价值,也是庭审的最佳方式,但目的或利益冲突是刑事诉讼的典型难题,基于特定理由需要限制被告人的对质诘问权,蒙面、变声、变像、单向可视以及运用远程视频取代证人亲自到庭,已是我国司法实务广泛运用的隔离措施。那么,何种事由可以成为作为对质诘问的正当限制?各种隔离措施的单独或合并运用,造成限制的轻重程度有别,个案中的何种事由,可以限制对质诘问的何种行使方式及限制到何种程度?这既是限制手段轻重的比较问题,也是目的与手段关系的比例问题,可谓对质诘问限制的核心议题。

(一)对质诘问权的限制原因与合理模式

首先需要明确的是,对质诘问权并不是绝对权利。[1] 比如,为了让证人在受到充分保障的情况下进行可信的任意性陈述,凡影响证人陈述任意性的因素皆应考虑排除。换言之,对质诘问权是有其法定界限的,而一旦认定庭审方式构成对被告人对质诘问权的限制,就必须进而审查限制的正当性。

从限制对质诘问面见权的模式看,各国各地区立法与实务中,按照限制程度从重到轻排序有以下几种情形:(1)允许证人不出庭,拒绝被告人的对质诘问,检察官仅需将作为证据的笔录当庭宣读,继而讯问被告人有无意见陈述即可。(2)法庭外询问,将被害人与被告人隔离。(3)以蒙面、变声、变像或其他方式替代证人亲自出庭,被告人在与证人对质诘问时二者之间形成一定程度的物理隔离。(4)在证人、鉴定人或共同被告人陈述时,令被告人退庭;在陈述完毕后,再令被告人入庭告知以陈述要旨,再视情况决定对质诘问的机会与方式。(5)证人所在处所与法院均有音像互传的科技设备,经法院认为适当者,在听取当事人意见后,利用该设备进行视频庭审。

(二)远程视频庭审的正当化事由

1. 基于被告人自愿的事由

在刑事诉讼中,侦查机关通过侦讯取得指控被告人犯罪的证据;被告人对被指控的事实,通过叙述、说明、辩解,积极指出证明方法,属于被告人的辩明权。换言之,侦查机关对被告人有"问"的权力,而被告人对侦查机关则有选择"说"或"不说"的权利。无论是采职权主义还是当事人主义的刑事诉讼制度,均认为任何人皆无义务以积极作为来协助对自己的刑事追诉,国家亦不得强制任何人自证己罪,因此,受追诉者对于被指控犯罪的嫌疑,并无陈述义务而享有陈述自由,受追诉者可从对自己最有利的防御角度自行决定是否

---

[1] 朱朝亮:《法庭远距视讯与对质诘问》,载《检察新论》2015年第18期。

陈述。① 既为权利，即意味着并非不能放弃，被告人可以选择供述与否的自由，并以此作为实体法上刑罚的量定因素，亦可作为程序法上程序选择权的条件交换，而使自己的利益最大化，是为司法交易。② 因此，在被告人自愿选择认罪认罚的情况下，远程视频庭审并不会对被告人的对质诘问权产生侵害，该事由基于被告人主动放弃防御权而成立。《关于新冠肺炎疫情防控期间加强和规范在线诉讼工作的通知》所规定的认罪认罚案件可以采取远程视频方式开庭，既解决了疫情隔离问题，提供了诉讼效率，对庭审程序亦无实质侵害。

2. 基于证人人身与财产保护目的的事由

因为被告对质诘问权并非绝对权利，在追求事实真相目的的影响下，部分让渡于证人保护的需要。我国立法关于对质诘问的限制规定，从数量来看，大都是出于证人保护目的。从实务上分类，主要包含"秘密证人"与"被害证人"两种类型。前者类型较为复杂，可能是单纯的目击证人、有组织犯罪中的污点证人、举报人以及卧底警察等，后者则常见于性侵害、未成年人以及拐卖（骗）人口案件的被害人。秘密证人以匿名性措施的保护为中心，以免因身份曝光而使其人身或家人陷入被报复伤害的危险。而被害证人的保护，重在避免因作证而产生的心理创伤。以上分类并不排除同时基于两种目的而受保护的必要，例如被害证人也可能存在人身被报复伤害的情况。

3. 基于诘问对象"不可及"的事由

证人"不可及"属于事实不能的情形，可归类为"证人产生理论"（Production Theory）。③ 该理论认为，当检察官已穷尽途径尽力传唤，仍然无法使该陈述人出庭时，使用审判外陈述作为定案证据，并未侵害被告人诘问权，故可以传唤不能作为限制诘问权的例外。在这种情况下，法院应当着重调查其未到庭原因，且在原因成立时，应考虑以法律已有明文规定的就地讯问或远程视频讯问等可能的方式，作为当庭讯问的代替手段，否则非但不当剥夺被告人的诘问机会，且法院亦有未尽调查职权的过错。因此，在新冠肺炎疫情防控形势极其严峻的期间，诉讼参与人无法集中于法庭一堂，可归属于"证人不可及"的情形而使得远程视频庭审具有正当性，法院基于特殊管控需要限制被告人的对质诘问权的同时，使用了损害较小的远程视频庭审方式保障了诉讼纠纷的如期解决，符合比例原则的要求。

---

① 林裕顺：《基本人权与司法改革》，新学林出版社2010年版，第82页。
② 许永钦：《论被告认罪协议之司法交易制度探讨》，载《检察新论》2016年第20期。
③ 王兆鹏：《对质诘问权与强制取证权》，元照出版社2004年版，第35页。

4. 其他可能情形的讨论

在排除以上情形的情况下,是否存在其他可以适用限制被告人对质诘问权而采用远程视频庭审的情形?如我国台湾地区在修订"刑事诉讼法"第177条所指出的"人犯提解戒护的安全与便利"能否成为使用远程视频庭审的正当化事由?文本规定中所指称的"其他必要情形"又该作何种理解?

首先,基于对被告人诘问权的保障,国家负有使用强制手段确保证人到庭与被告人进行对质诘问的义务,此项义务保证了被告人"当庭直接面对面"诘问见面权的实现。如果出于人犯提解安全与便利考虑,以远程视频方式进行庭审,属于对履行该项义务的变通。基于司法便利事由而产生对被告人诘问权的限制,首先,其不属于客观上的不能,而是客观完全可能但需要耗费司法成本去执行;其次,这种司法资源的耗费并不足以达到需要让渡法律所保障被告人的对质诘问权的程度,国家在保障被告人此项权利的同时就需要付出与履行义务相对应的司法成本,更何况押解嫌犯本就是法庭开庭的常态,尚未达到不可接受的程度。换言之,如果此种变通可被允许,庭审直接变通为书面审岂不是更节约司法资源?

其次,在"其他必要情形"的考量上,需要与法律明示的证人保护目的具有程度上的相当性。即,证人基于某些原因与被告人同处法庭内的精神压力导致无法自由陈述,当这种风险已经大于直接面对面临场感所追求的对质诘问的收益时,可以考虑让远程视频庭审正当化。即便如此,法院仍然应当随时留意远程视频传输的真实性与效率性,证人在其实际所在处所陈述前是否被告知诉讼权利义务,其所处环境能否保障充分自由陈述等情况,以尽可能实现对质诘问程序的有效性。

(三)远程视频庭审适用情形的判断路径

1. 较佳防御手段优先适用原则之确立

基于公平审判及质问保障的人权要求,国家原则上应该提供被告人当场面对面质问不利证人的适当机会。这是原则预设的最佳防御手段,既属被告人的权利,亦是国家的义务。一旦该项义务无法实现,首先应当审查限制对质诘问的事由是否具有正当性,如果正当化事由成立,那么国家已尽其寻求"最佳"防御手段的义务而但仍不可得时,只好且必须"退而求其次",比较其他可能的方式并优先保障其中的"较佳"防御手段。换言之,即便限制被告人对质诘问的事项已有正当化证实时,也不能免除国家对其他保障手段进行比较并优先适用限制程度较轻方式的义务。

在证人失踪以及人在国外等"相对不能及"的情形,也不能理所当然地将无法质问的不利益归由被告人承担,而应先检讨事实不能是否源于国家可归责的事由，而后再考虑相应可能的次佳证据手段。前者要求国家负有义务去积极、反复及持续调查证人所在，或寻求司法互助管道以促成直接或间接的质问；后者则要求无论调查或协查的结果如何，国家皆有义务去优先保障既存可能手段中的较佳选项。

在证人保护目的下的情形，更精确地说，是证人保护措施与被告对质诘问等程序权利保障之间冲突如何调和的问题。从较佳防御手段优先性的观点而言，证人保护法规定的标杆意义在于其创设了在"充分保障"与"完全剥夺"之外的中间选项。换言之，在证人因保护必要或不可及等理由，已排除其亲自出庭作证的最佳情形下，提供一种"仅属次佳，但仍优于"宣读证人先前笔录的庭审方式，以在可能的条件下更好地保障被告防御权。由此可见，远程视频对于庭审方式改革的积极意义在于，使得原来"不能"以当庭质证调查的证据，成为"可能"调查的证据。

2. 个案事由审查密度原则之确立

既然在限制被告人对质诘问权的庭审方式上存在"最佳""次佳""次次佳"等不同选择，那么如何进行精准适用就是需要进一步讨论的问题。如果没有统一的操作规程，那么滥用与误用的风险就不只存在于远程视频庭审的情形之中，而是所有隔离措施的共通问题。自《刑事诉讼法》第62条修改以来，就证人出庭方式而明定的"蒙面、变声、变像、远程视频或其他适当方式"，已成为其他立法、司法解释及法院判决相继参照与引用的依据，但就"较佳防御手段优先性原则"的个案运用而言，规定仍过于粗略。毕竟，该条文将各种不同程度限制的隔离措施，全部归到"同一篮子"，而非个别列举其适用要件，将导致适用标准不明。法官若未审慎评估个案因素，就极易发生滥用隔离措施的危险。

为此，笔者提出两个建议，一是借镜欧洲人权法院判决的他山之石，首先针对个案中的限制事由本身，采取严格的审查密度。① 这不仅是排除份量不足以限制质问保障的非正当事由（如前述的免除押解人犯的麻烦），即便是抽象可能的正当事由（如保护被害证人），也应严格审查个案中有无充分、具体的保护必要，例如有无专家意见可以证实被害人出庭作证可能造成或加剧其心理创伤，抑或只是想当然的臆测而已。二是如果个案已通过充分、具体的正当化事由审查，法官应进一步具体评估各种隔离措施的限制程度。换言之，就是应当依个案情形尽可能适用最合适的防御手段。值得注意的是，各种中间选项何

---

① 篇幅所限，这里不具体介绍欧洲人权法院的案例判决，请参见林辉煌：《对质诘问权与传闻法则：比较法之探索》，载《法令月刊》2007年第4期。

者"较佳",是连续性的比较,而不只是相对于"最佳"与"最差"的关系而已。比较区别的基础是要了解各种措施的本质区别,以刑事诉讼法规定的"证人不能亲自到场"为例,法院究竟选择委托询问、就地询问还是远程视频询问,应先掌握各种方式的各自特性(如直接性、间接性、疏离感以及临场压力等)及其对质问保障程序的影响,并采取相应的补偿平衡措施。

3. 补偿平衡原则之确立

欧洲人权法院在审查各签约国法院是否违反质问条款时,特别在意补偿平衡(counterbalancing)的程序要求。① 该原则的基本要求是,即便存在限制被告人对质诘问权的正当化事由,法院也应尽量补偿、平衡被告人防御权的损失;程度越严重的质问限制,补偿平衡措施的要求也就越高。补偿平衡是所有容许例外法则的共同上位要求,具有两个基本内容:一是要求法院应于后续程序中尽可能给予被告人充分辩明、挑战未经完整质问的不利证词的机会;二是在限制质问的容许例外情形下,不得将未经完整质问保障的不利证词,作为判决被告人有罪的唯一或主要证据。② 最后,所谓的补偿平衡措施,也涉及最低保障标准的问题。例如,隔离措施能否容许被告人本人或其辩护律师行使在场权及提问权?即便禁止被告人直接在场,是否至少应容许其通过视频传输设备而向证人提出问题并听取回答?简言之,即便在已经确定采取"较佳防御手段优先"的庭审方式后,仍然有细化具体措施以补偿平衡被告人对质诘问权的空间。

四、结语:远程视频庭审发展的未来面向

远程视频审判作为法院的一项制度创新,对于中国法院庭审制度的发展路径选择必然会产生深远影响。司法审判程序无法自我隔离于科技化、数位化的时代浪潮,从效率、便利性以及透明化的观点出发,引进科技应用于证据调查程序,亦是司法工作因应时代发展的必然趋势。换言之,即使没有疫情的出现,新型的审判方式也代表了未来的发展趋势。问题在于,在这种渐进变革的过程中,如何在维护当事人诉讼权益及确保公平公正审判的前提下,妥适地共享科技数位化带来的成果。在法庭调查证据程序过程中,对于实物证据,以远程视频方式呈现于法庭的屏幕进行调查,因实物的不易改变特点且已经辩护律

---

① See Starmer, supra note 1, at 209 – 93. 转引自林钰雄:《对质诘问之限制与较佳防御手段优先性原则之运用》,载《台大法学论丛》2011 年第 4 期。

② 陈钰歆:《对质诘问权保障标准取代传闻法则之研究:以欧洲法发展为例》,台湾大学 2009 年法律学硕士论文。

师庭前阅卷，较不影响当事人的诉讼权益，可积极引进；但对于言词证据的调查来说，采用远程视频或其他隔离措施进行则可能影响被告人的对质诘问权，自应审慎界定是否存在正当化事由，并以合乎比例原则的方式为之。未来司法实务若能借此他山之石，深入贯彻较佳防御手段有效性原则，并依个案严格审查密度，同时考虑在后续诉讼程序中的平衡补偿措施，我国对质诘问权利的保障水平，才能与互联网科技水平一样，不断向更高层次迈进。

检察信访数据推动精准社会治理的理论和实践

天津市人民检察院第三分院课题组[*]

作为一种新的政治理念，社会治理的本质内涵是人民在党和政府的领导下，鼓励多元社会力量，运用国家制度体系，对社会事务、基层事务进行管理的综合活动。[①] 党在十九大报告中的明确要求要不断推进国家治理体系和治理能力现代化，而运用数据优势，打造精准治理、多方协作的社会治理新模式亦是推进治理能力现代化的题中之义。2017年习近平总书记在第八次全国信访工作会议上提出"信访治理的质量直接影响人民群众对我党的执政水平和能力的评价与判断"。在大数据助力社会治理精细化的宏观背景下，检察机关应该如何运用"反映民情、集中民智、体现民需"的信访数据，提高社会治理能力，维护民利、凝聚民心是本课题研究的出发点。

一、研究基础：信访数据助力社会治理精准化的必要性和可用性

检察信访数据是指检察机关控告申诉部门在处理信、访、网、电四渠道反映的信访事项的过程中，记录收集所产生的反映信访工作情况的司法数据。作为研究的基石，首先从内外两方面，讨论信访数据助力社会治理精准化的必要性及信访数据本身的可用性。

---

[*] 课题组成员：张法祥，天津市人民检察院第三分院副检察长；杨洁，天津市人民检察院第三分院第八检察部四级高级检察官；马乐明，天津市人民检察院第三分院第八检察部一级检察官；马文昌，天津市人民检察院第三分院第八检察部检察官助理；王兆英，天津市人民检察院第三分院第八检察部检察官助理；彭程，天津市人民检察院第三分院第八检察部检察官助理。

[①] 梁宇：《新时代中国特色社会治理内涵的四重向度》，载《东南学术》2019年第2期。

（一）社会治理精准化的数据必要性

1. 精准检察服务需利用信访数据便捷分析

社会治理语系下的"社会服务"是指为民众或公众利益提供服务，其核心内容是"以人为本"，更多地体现了公共性、利他性。① 当下"试错"成本不断增加，如不能精准发觉"痛点"，无功而返之外还易引发涉检风险。运用走访、摸排等形式，既延时滞后又会牵扯大量的人力物力，而量化后的数据模型，其分析的实时性、便利性正为精准发现检察服务短板创造条件。

2. 精准防控风险需利用信访数据准确甄别

"防范化解重大风险"是三大攻坚战中首要的攻坚任务，从依法履行监督职责角度出发，守护公平正义、化解矛盾积怨、防控非正常信访风险、维护稳定大局是检察机关参与社会治理的关键环节，而风险精准甄别是风险防控的前提。来访表象下信访数据蕴含了预警风险的"密码"，与人工甄别、经验甄别相比，数据甄别在精准防控上更具优势。

3. 精准决策需利用数据判断规律

数据之于决策的意义其实是不言自明的，检察机关作为司法机关，决策将围绕完善法律的适用、维护法律公正以及为人民群众提供更好的司法体验等方面展开，信访数据作为法律适用过错中的典型反馈数据，对它进行挖掘分析，能帮助检察机关及时预判出人民日益增长的多元化法律服务的方向，并依照数据规律精准施策，这也是社会治理现代化要求下的大势所趋。

（二）社会治理精准化的数据可用性

总量大、信息多、事项杂是信访数据具备与其他数据类型类似的特点，但信访数据之所以能够成为助力社会治理精准化的有力支撑，与其独具的四种特殊属性密不可分。

1. 数据样本多元：信访数据的来源广泛性

数据来源多元是数据统计分析的基础，信访数据来源有信、访、网、电四个渠道，将其归类可以分为四种数据类型：一是信访人情况基本数据，除匿名信访无法获取外，包括信访人的姓名、性别、公民身份号码、家庭住址、工作职业、文化程度、联系方式等；二是其他当事人信息数据。信访人诉求符合检察机关受理条件时，则需进一步提供被申请人或被信访人的相关信息；三是原案信息及主要诉求。信访人不服原案判决裁定或决定，或相关诉求涉及原案处

---

① 耿永志：《治理模式演进视角下的"服务型"社会治理伦理关系研究》，载《江汉论坛》2019年第1期。

理过程或结果的，其诉求会被如实摘要，同时信访人还需提供原案判决、裁定或决定等相关文书；四是信访处理流程数据。全国检察机关 12309 大厅都要求配备同步录音录像设备，无论是通过信、访、网、电何种渠道反映诉求，信访经过、处访流程及答复结果都会被同步摄录。在诉求受理后，控告申诉部门将根据诉求类型移送具体办案部门办理，办理流程中的每一个节点也会留下动态的办案信息。

2. 数据焦点集中：信访争议的法律相关性

控告申诉检察工作的主要职责就是受理或办理群众以信、访、网、电四种形式反映的属于检察机关管辖的控告、申诉等信访事项。除个别咨询类、举报类信访事项外，向检察机关反映的信访诉求多是围绕法律适用争议展开，信访人作为当事一方，不服原生效判决、裁定或决定，认为原案法律适用存在错误，说明相关理由，以控告、申诉等形式对原案审理过程中实体法或程序法的适用提出疑义。

3. 数据指向明显：信访源头的案件依托性

信访是群众维护自身权利的重要方式，信访原因各有不同，最终的信访事由也可能纷繁复杂、千头万绪，但是通过对信访人的信访路径深入循迹可以发现，看似与案件无关的信访事由背后始终有一根隐秘的线连接着原案的处理结果。信访人最初大多因民事、行政争议或是刑事违法犯罪等事由涉案，后续的信访过程中可能又没有得到满意的解决，进而使得信访事由多样复杂，但其源头依然离不开相关案件。

4. 数据价值较高：信访解决的程序有限性

数据价值高体现在一些信访数据可能仅会被记录一次，监督程序的有限性会阻碍信访数据再次进入检察视野，信访人向检察机关申请民事、行政检察监督，检察机关受理后如作出不予支持监督申请的决定，该案将再无正常进入司法救济途径的渠道，"一次为限"原则使得检察监督成为绝大部分信访诉求司法救济仅剩的最后一环，对于刑事申诉事项，同一检察机关也只能监督一次，一级监督程序审结后也将无法二次启动。如矛盾焦点不能通过司法程序化解，也将增大其他信访途径的化解难度，由此"独一无二"的信访数据更具分析价值。

二、借鉴思考：信访数据助力社会治理精准化的理论路径假设

前文从信访数据属性出发，分析论证了信访数据有必要也有能力推动社会治理的精准化，那掌握信访数据的检察机关该如何运用以助力精准社会治理，就是本节讨论的关键。考虑到公安机关执法办案数据、人民法院诉讼审判数据

与检察机关的信访数据具有相似性,在研究检察机关运用信访数据的理论可行路径时,借鉴参考了公安、法院运用其数据助力精准治理的实践,同时信访数据具有的特殊属性,也为检察机关探索特有路径提供了思考空间。

(一)公安路径借鉴

1. 从社会治安精准防控到信访风险精准预警

精准预警预防风险一直是社会治安防控体系建设的重要组成部分,预测型分析也始终是公安数据应用的热门领域。警情数据服务社会治安精准防控的着力点是公安系统的智能警务平台,公安机关利用该平台能做到辖区人员底数清、去向明,实现对实有人口的精细化管理,并将各类工作数据的纳入管控系统,通过对犯罪构成要件中经常出现的异常行为或高危险行为的特征进行收集、分类、整理,再通过大数据匹配,有效甄别出满足"风险要素"的重点行为人,并根据行为人的社交数据、行动轨迹、资金变动等情况,进一步预估出重点行为人的犯罪风险及可能行为路径,确保社会风险防控更加精准有效。

对于信访工作而言,确保经济和社会大局和谐稳定,确保人民安居乐业的关键就是要防范和减少各类矛盾隐患及社会风险。信访风险作为社会风险的重要构成,必然需要检察机关着重关注,而公安机关在将犯罪构成要件要素化的基础上,整理归纳出风险行为的表现特征,通过数据匹配,筛别出重点风险人,进而精准防控犯罪风险的数据运用实践,可为检察机关利用信访数据精准预警信访风险提供思路。

2. 从执法行为精准矫正到接访流程精准优化

社会治安立体防控体系建设和公安干警执法行为规范是公安工作的一体两面。自媒体时代背景下,不规范的执法行为很易引起社会关注,甚至引发涉警舆论风险。

在 2016 年 5 月 20 日审议通过的《关于深化公安执法规范化建设的意见》中,明确要求公安机关全面推行现场执法活动全流程视音频记录。数据摄录后,为倒逼执法人员依法执法、文明执法,在视听数据全程记录的基础上,公安机关通过对执法视频中干警执法行为进行场景重构析和再次解读,主动分析、精准处理各类不作为、乱作为及执法不规范的行为,促进公安干警执法水平稳步提升。并探索建立执法大数据分析模型和公安机关规范执法的大数据评价体系,通过动态监测和客观评价公安执法的实际效果,[①] 不断矫正不规范的

---

① 丁国强:《以大数据构筑全面深化公安改革的强大引擎》,载《国家治理周刊》2018 年第 5 期。

执法行为，确保每起案件、每一环节都能体现法律的公平和正义。

12309 检察服务中心是检察机关接待来访群众的重要场所，根据高检院制定的建设标准，在推进智能化建设的进程中，全国各级院 12309 检察服务中心基本已全部完成全视角监控系统的内外安装，可以实现群众来访全过程视音频动态摄录。检察机关储存的该种视音频数据和公安执法数据类型一致，公安机关运用记录数据精准规范矫正执法行为的实践对检察机关精准优化接访流程具有借鉴意义。

（二）法院路径借鉴

1. 从案件繁简精准分流到受理送达精准同步

在立案登记制背景之下，推行案件繁简分流改革是法院扩大司法利用、降低司法成本、提高司法效率的关键制度之一。① 这其中利用司法数据，运用信息化手段实现案件精准分流，即是各法院推行简案快审、繁案精审、化解人案矛盾的手段之一。

其实控告申诉案件的申请、受理、分流、办理一系列流程和法院登记、立案、分流、审理流程有极大的相似性。可借鉴法院做法，通过对监督案件的受理数据进行归类整理，提炼出案件繁简典型性要素、常规案件的受理条件等，运用数据系统筛选辅之人工审查，当监督申请材料齐全、类型明晰，能够准确认定符合受理条件的，可以实现当日申请监督、当日受理案件、当日送达文书、当日分流至业务部门"四同步"，既便捷当事人"最多跑一次"，也缩短监督案件申请后的"在途"时间，提高监督效率。

2. 从法律规范精准适用到同案异判精准研究

从法律适用过程来看，"在意义的中心地带，法律规范是明确的、典型的和稳定的，相反在意义的边缘地带却会出现适用的模糊情况"，② 随着社会经济生活日新月异的变化，"边缘地带"法律规范适用的模糊性给"类案检索、同案同判"带来了挑战。

最高人民法院通过发布"应当参照"的指导性案例来缩小此种情况下法律适用"裂痕"，地方各级人民法院也敏于从司法统计数据中分析出法律适用不统一的新情况、新问题，积极调研，及时出台新类型纠纷案件审理的规范性指导意见，确保适用标准统一。除此之外，最高人民法院新印发了于 2020 年 7 月 31 日起开始试行的《关于统一法律适用加强类案检索的指导意见（试

---

① 李晓倩：《论小额诉讼制度适用的优化》，载《江汉论坛》2018 年第 6 期。
② 孙光宁：《法律规范的意义边缘及其解释方法——以指导性案例 6 号为例》，载《法制与社会发展》2013 年第 4 期。

行)》，明确规定了应当进行类案检索的情形，在审判大数据库的支持下，以已决判决做依托，确保法律的统一适用。

信访是送上门的群众工作，信访数据的本质是司法适用效果的反馈数据，它能从检察监督的角度，反映个案中群众对具体法律适用的疑问及争议点。在履行个案监督职责之外，检察机关可以结合信访反馈数据，对类案中法律适用、裁判规则和量刑规范等进行研究分析，用实证数据作为理论研究和建议施策的背书，对法律适用确有差异的环节及时出台规范性文件，解决法律分歧，服务法律统一适用，让司法正义看得见。

(三) 特有路径思考

1. 从案件依托性到业绩精准测评

2020年年初，最高人民检察院提出了"案-件比"的概念，并下发了《检察机关案件质量主要评价指标》，将"案-件比"作为检察官办案质量全新评价指标，类似于"二审发改率""再审裁定率"等办案指标，能直观反映办案环节质量效率效果，进而从制度上倒逼检察官提高办案效率，避免不必要的诉讼环节。

但和审判一样，以指标评价案件时也需考虑到案件办理的实际情况，尤其是对于已经进入信访视野案件，因其存在办案风险和法律适用争议，更需动态结合办案过程，综合检测办案水平，多元评价办案质效。

案件依托性是信访数据的特殊属性之一，信访源头指向原案。在监督案件审理过程中承办人会向办案机关调取原案卷宗，了解原案办理情况，监督原案的过程实际也可以成为对原案承办人业务水平评价的过程，作为辅助业绩测评的有效手段，使得"数据"评测更加精准。

2. 从监督有限性到矛盾精准化解

根据习近平总书记坚持以人民为中心的思想，完善社会矛盾纠纷多元预防调处化解综合机制的重要指示精神，天津市在学习浙江安吉经验的基础上，于2020年5月15日挂牌成立社会矛盾纠纷调处化解中心，采取"一站式接待、一揽子调处、全链条解决"工作模式，由市级各部门派员常驻或轮驻、随驻，切实解决群众反映的矛盾纠纷。天津市市级检察机关在矛盾调解中心亦设置驻点，所受理纠纷中多数纠纷已经过检察监督环节，监督或现已终局或不能再启动，但这类信访人仍不服，持续信访，矛盾化解难度进一步增大。

故而检察机关在司法监督环节，要充分珍惜监督机会，尽量从信访人的信访路径循迹，找准矛盾症结，针对信访人的诉求焦点，采取信访人最能接受的形式解决问题，针对性加强释法说理，或采取公开听证、安排检察长接待等能够最大程度取得信访人信任的形式，做好矛盾纠纷能够得到精准有效解决，避免信访人因司法解决终局后仍不服而最终成长为"信访老户"。

三、策略选择：信访数据助力精准化治理的具体建议举措

如采取具体策略，根据现有不足，针对性完善和优化信访数据的挖掘、分析及运用方式，可以弥合论与实践差距，减少运用障碍，进一步助力社会治理的精准化。

（一）严格源头信息填录，提高数据质量

在大数据基础上，实现风险精准预警或是业务精准研究的前提是保障原始数据的准确性，即提高原始信访数据的质量。目前来看导致原始数据存在"噪音"的原因主要包括三部分：

一是信息数据不完整。体现为对信访人的基本情况、信访诉求、信访过程记录不完整或没有记录，因为实际接访时，当事人基本信息掌握后正常处访并无障碍，接访人员的关注点会侧重于案件受理信息或法律咨询问题，对其他信访信息则不够重视。

二是信息数据化程度低。课题组在对数据进行统计时就发现，很多信访信息并非没有掌握或填录，而是缺少将其转化为可复制、可统计的电子数据的技术手段，统计时需要逐案手动"翻译"为量化数据。

三是下拉选项类型有限。在对处访难度因素进行统计时，课题组发现现有的信访2.0系统对部分因素也设置了统计选项，比如纠纷类型、涉疫情、涉企业类型等，但实际填录时因下拉类型有限，且当纠纷类型难以归入其中某一类时，"其他"项大概率成为兜底候选项。

为确保数据来源的真实与准确，可从以下几方面针对性进行优化：首先，对信访人、信访诉求等基本信息应掌握尽掌握、案卡选项应填写尽填写，扩大数据来源。其次，要规范案卡填录，在不能确认纠纷类型或其他下拉选项时，尽量选择最能体现纠纷类型的选项，或多项选择，避免频繁选择"其他"项。对于暂时不能数据量化的法律信息，可以在系统外建立信访数据台账，以周为阶段进行维护，减少数据运用时的工作总量。

（二）注重数据动态分析，强调数据运用

数据的生命力在于分析和运用，数据的挖掘统计均是为数据分析服务的。当下虽然信访数据总量还算可观，但通过调研可知，信访数据的分析运用不足明显，总体还处于"准数据"时代。

首先，信访2.0系统在数据检索、重复访查询、统计报表上均有完善和尝试，但目前系统内信访因素的统计分析功能尚不完善，重复访逆向查询功能也

待优化。且信访数据的分析运用的方便快捷度仍较低,人工统计后系统外再分析仍是现状。

其次,从接访视音频数据而言,此类数据的利用率整体偏低,一般在出现特殊信访风险时才会重放原接访过程的视音频资料,且主要目的并非为规范接访行为。日常接访过程中普遍会忽略此类数据,任由其储存到期后被新数据顶替。

对已有数据进行及时有效的分析,并完成数据成果转化,是运用信访数据过程中最重要的步骤。在实践中既要加大对信访2.0系统的开发力度,也要增设系统分析模块,确保分析报表快捷生成,避免每次运用信访数据时都需要进行人工整理统计,不仅耗时耗力,而且还会因统计误差影响数据分析的准确性。其次对于难度系数高、风险大或非正常访的接访视音频资料要及时刻录,建立视频档案,逐渐形成重点信访接访视音频资料数据库。对存在接访冲突的视频要及时组织接访干警回放观看,重建接访场景,分析冲突原因,学习或改进处访方式,进一步规范接访行为。

(三)敢于运用数据反向审视,做好数据反馈

从数据反向审视办案滞后甚至空白是目前信访数据运用的现状,这受限于数据分析准确性、便捷性均不够的客观现实,想要对原案承办人、原案办案过程数据信息实现自动抓取、快速统计、动态分析也的确存在技术障碍,依靠人工统计分析难以保障结果准确且滞后性明显。同时在制度设计上,目前信访数据除服务领导决策,进而对原案进行监督建议外,也缺乏合适的监督反馈渠道。

要真正实现以信访数据监督办案的效果,首先需转变监督思维,改纠错监督为优化监督,引导承办人重视"案-件比"、释法说理程度、办案流程程序性回复及结果性答复时间间隔等易引发信访风险的数据反馈结果,接受数据监督,进一步优化办案流程,增强回复答复实效,形成良性监督环境。其次是要探索监督数据反馈渠道,如在设立部门信访联络员的基础上,建立信访数据分析情况通报制度,及时反馈信访数据监督情况,沟通改进工作不足,确保数据监督的效果实现。

(四)共同推进数据共享,发挥数据优势

数据共享程度低仍是目前数据运用的现状,主要表现为检察机关内部数据共享程度低以及和法院、公安、政府行政数据不互通两方面。首先是信访数据系统和案件管理系统并不互通,了解信访人诉求动态、案件办理进展信息、"七日内回复"情况主要靠内部电话沟通咨询。其次是与法院、公安及矛盾调

解中心信息数据共享尚处于"点对点"沟通的状态。法院、公安、矛盾调解中心实际也掌握着各类数据量大、参考性强、权威性高的信访数据，但因为各部门间呈现的条块分割的特点，且各自的统计口径、公开口径均不一致，导致暂时并未形成以点带面式的数据共享机制。比如信访人主张未收到驳回再审裁定或收到日期较晚等时，接访人员只能"点对点"咨询法院，了解文书送达情况。

数据全面共享并非易事，从外部而言，则需要达成数据共享共识。信访数据的互联互通有助于动态分析信访人的信访路径，便于更加准确地预估信访风险，化解纠纷积怨，各司法机关要摒弃"各自为政"的思想，促进数据的深度融合。从内部而言则需要实现技术突破，要规范数据填录、统计及分析口径，为数据融合共享打好基础，还要进一步明晰各类数据的权属问题，改变系统开发端把控系统产生的数据的现状，赋予系统用户端系统导出、运用、分析的权限，避免形成"数据孤岛"。

四、优化措施：结合实际情况适时调整

不断优化信访数据源、数据分析力度及数据共享等，无疑是运用信访数据助力社会治理精准化的方向，但是在实施具体举措时也必须考虑信访工作的现实状况进行必要的调整。

（一）数据完整与信访便捷

从服务精准分析及精准决策的角度，数据信息越真实完整越能体现数据价值。但在"以人民为中心"要求之下，信访工作也需考虑服务群众的便捷性。开通12309热线及网络服务平台，本就为方便群众及时咨询法律相关问题，如果询问过多个人信息既不符合电话咨询量大的现实，也影响咨询效果。接访过程中同样也需考虑群众来访实际情况，对数据完整性的追求在一定程度上需让位于便捷信访。

（二）数据共享与信息保密

逐步开放数据库、实现数据互通共享是信息化、智能化发展的大势所趋，可数据信息安全仍是数据共享绕不开的挑战。比如信访数据中尤其是举报类信访数据中，就包含了大量的涉及信访人个人隐私的信息，对于在办案件则会涉及更多必须要经过脱密处理后才能共享的信息，在突破办案系统数据和信访系统数据共享的技术壁垒时，数据共享程度必须在涉密信息保护底线之上。

（三）数据依赖与经验决策

基于数据基础的分析决策，虽然更能符合客观规律，但数据仍只是一种技

术工作，它不能完全替代经验决策与理性决策。尤其是在信访风险预警上，处访难度系数确实与信访风险存在紧密的联系，但是在实践中却存在难度系数不高的信访案件信访人却表现出了过激的信访行为。通过数据解读确实能快速圈定信访风险，但接访人员甄别风险、处置风险的能力仍需同步提升，把数据决策和经验决策有效结合起来。

信访数据的运用为检察机关参与社会治理、助力社会治理精准化提供了机遇，也带来了挑战。当下信访数据的运用还存在诸多不足及取舍模糊地带，这既需依赖技术进步也需依靠制度规范，不可急于求成。但信访数据运用仍是未来检察工作的发展潮流，检察机关要积极培养数据思维，主动寻求合作共赢，在数据技术支撑下，做好检察服务，化解矛盾风险，为人民群众提供更优质的法治产品、检察产品。

网络时代经济刑法变革的系统阐释[*]

涂龙科[**]

当前,网络空间的犯罪新形态,从犯罪论的法益、客观要素、主观认识内容、共犯理论、未完成形态等多角度、多方位冲击着刑法的固有根基,是固本培元,还是革故鼎新,需要从理论上加以具体的阐释与厘清。

一、网络刑法的"数据中心主义"转向

网络是实现数据安全的前提与基础,网络中的数据才是刑法保护的核心与根本。应当推动网络空间刑法保护的创新与转型,从传统的网络为中心到数据为中心,构建"数据中心主义"的网络刑法法益保护体系。首先,应当把基于数据的法律利益作为独立的刑法保护法益,在保护方式上区别于传统的财产犯罪;其次,在保护地位上,将数据作为刑法的主要保护对象,加以重点保护;最后,在制度设计上,围绕数据的生成、储存、流动、占有、使用、交易等环节,建立全流程的数据刑法保护体系。

二、犯罪客观方面的恰当扩张

违法犯罪行为的网络迁移,首先表现为犯罪行为客观方面表现的变化,其中最显著的特点是客观方面要素的扩张,典型的如犯罪对象与行为样态的扩张。要警惕实践层面在法律适用过程中的无序扩张。应当在"数据中心主义"的框架下,从理论上明确网络数据的法益属性,通过法益的刑法解释界分机能,实现构成要件类型化的充分明确,避免实践中网络犯罪刑法适用的混乱和口袋罪的出现。具体设想是,可以依据数据的功能和数据本身承载的内容,区分不同数据的法益归属,并合理划定"纯正的数据犯罪"的范围,以实现对网络犯罪和相关的数据犯罪的有效惩治。

---

[*] 本文系论坛联合征文期刊《人民检察》拟录用稿件的精华版。
[**] 涂龙科,上海社会科学院法学研究所研究员,博士生导师。

三、主观认识内容的更迭

由于互联网的跨地域特性，网络犯罪中的帮助行为往往没有固定的帮助对象，即传统的共犯一般是"一对一"的关系，而网络上的共犯通常是"一对多"的关系。因此，要求网络空间实施帮助的行为人对每一行为主体、每一主体的行为都有明确认识，显然不合情理。提供帮助者对于行为人的身份、行为人可能要实施的犯罪类型、要通过网络实施犯罪的时间、计划等可能都不确切知道，与传统空间中犯罪帮助提供者的"明知"的对象、程度、数量等内容有重要区别。

四、共同犯罪的理论调适

网络空间中的共同犯罪现象较为复杂，既有传统的共同犯罪向网络空间的简单物理转移，也有的因为紧密结合信息网络技术而与传统犯罪形态存在较大区别。在有的场合，网络作为介入变量极大地改变了行为人的之间意思联络的形式、内容以及相互之间协作模式和样态，如行为人之间意思联络的不典型性、帮助犯与实行犯之间界限的模糊化，导致对共同犯罪的认定产生重要影响。网络空间的共同犯罪的表现形态及其导致的理论争议在自然空间也可能存在，但是在网络空间中更集中、更直接、更典型地影响犯罪行为的评价与处理。

五、犯罪未完成形态的具体认定标准变化

网络空间中人与人的关系变化使行为人对犯罪进程不能完全控制、人与物的关系变化致使犯罪未完成形态的认定标准需要调整、物与物之间关系的特异性导致犯罪既遂认定困难。如在犯罪既遂的具体判断上，网络犯罪的新样态不足以影响、改变犯罪既遂的一般标准，但是会影响犯罪既遂标准的具体认定。无论是信用卡诈骗的案例，还是比特币类型的犯罪案件，都是如此。

网络大数据视野下办理
黑社会性质组织犯罪案件的途径探究

湖北省孝感市人民检察院课题组[*]

根据中共中央、国务院《关于开展扫黑除恶专项斗争的通知》，全国开展扫黑除恶专项斗争。作为检察机关，必须坚决贯彻落实好《关于开展扫黑除恶专项斗争的通知》精神，做到严格依法办案，"坚持实事求是，依法把好案件事实关、证据关、程序关和法律适用关，把案件办成经得起法律和历史检验的铁案，是黑恶犯罪的，坚决依法从严惩处；不是黑恶犯罪的，绝不能迁就凑数，确保办案质量"。[①]

一、办理黑社会性质组织犯罪存在的若干现实难题

黑社会性质组织犯罪往往有一个较长时间的发展过程，司法机关打击犯罪和认识犯罪也有一个不断深入的过程。在这样一个动态应对的过程中，有几个问题常常困扰着司法办案。

（一）一事不再罚

黑社会性质组织在发展过程中往往伴随着多起违法犯罪事实。一是由于时间关系，有的犯罪行为已被公安机关作行政处罚，或已被法院追究刑事责任，且刑罚执行完毕，有的甚至已过追诉时效。二是黑社会性质组织通过违法犯罪活动积聚了较强的经济实力，社会关系也较为广泛，有的在侦办期间或之前通过经济赔偿取得了被害方谅解。三是在案件审判环节，辩护人往往会指出根据一事不再罚原则，不应再作为组织犯罪进行第二次审判。

---

[*] 课题组负责人：黄达亮，湖北省孝感市人民检察院党组书记、检察长；课题组成员：杨伦华，湖北省孝感市人民检察院检察委员会专职委员；张毅军，湖北省孝感市人民检察院检察委员会委员、四级高级检察官；胡卫，湖北省孝感市人民检察院检察官。

[①] 《依法准确有力惩处黑恶势力犯罪》，载《检察日报》2018年5月16日，第1版。

(二) 此罪与彼罪

寻衅滋事罪在罪名体系中与故意伤害罪、抢劫罪等犯罪之间，存在手段竞合关系，司法实践往往容易出现重罪轻判或轻罪重判。

(三) 共同责任与个别责任

相关司法解释规定，作为黑社会性质组织的组织者、领导者应对该组织经过预谋、有共同故意的全部罪行负责，但如果该组织中的个别成员实施的某种犯罪行为，不在该组织的预谋范围之内，而是超出该组织的预谋范围，构成组织犯罪中的实行过限，应由具体实施过限行为的组织成员单独负责。组织者、领导者对此不负刑事责任。如何判断黑社会性质组织成员的实行行为是否超越该组织共同故意范围属实行过限比较困难。即使认定实行过限，该犯罪行为是否一概不应当纳入黑社会性质组织罪的认定中，还值得研究。

(四) 不同诉讼环节上的认识分歧

如寻衅滋事罪的四种客观表现在一定程度上与黑社会性质组织罪的四个特征相互交织，行为人实施了一定数量的寻衅滋事行为能否认定是黑社会性质组织犯罪，在不同的诉讼环节也存在认识分歧。

二、大数据视野下办理黑社会性质组织犯罪的一种进路

(一) 以寻衅滋事罪为切入点

2011年《刑法修正案（八）》规定，黑社会性质组织有四个特征，即（1）形成较稳定的犯罪组织，人数较多，有明确的组织者、领导者，骨干成员基本固定；（2）有组织地通过违法犯罪活动或者其他手段获取经济利益，具有一定的经济实力，以支持该组织的活动；（3）以暴力、威胁或者其他手段，有组织地多次进行违法犯罪活动，为非作恶，欺压、残害群众；（4）通过实施违法犯罪活动，或者利用国家工作人员的包庇或者纵容，称霸一方，在一定区域或者行业内，形成非法控制或者重大影响，严重破坏经济、社会生活秩序。

仔细梳理黑社会性质组织犯罪案件，不难看出寻衅滋事罪在黑社会性质组织罪案件具体罪名中的重要性，也正是由于寻衅滋事罪的特殊性，其四种客观表现往往与黑社会性质组织罪的四个特征相互交织，比如"在公共场所起哄闹事"往往有较多人员参加，而这正是黑社会性质组织"组织特征"的基本人员保证；"强拿硬要或任意毁损、占用公私财物"，往往是为了非法控制某个行业或将所占财物用于组织生存，而这正体现了黑社会性质组织的"非法控制特征"和"经济特征"。（如下图所示）

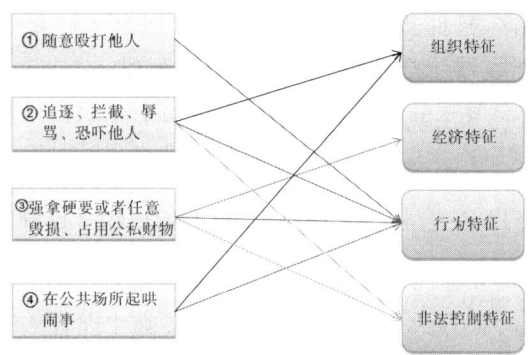

司法实践中,黑社会性质组织罪案件的侦办初始阶段都是以某个或某几个具体的罪名来立案,稍有不慎就有可能导致涉黑案件被降格处理。在办理可能涉嫌黑社会性质组织犯罪案件时,准确认定寻衅滋事罪,并从多起寻衅滋事行为中,把握黑社会性质组织四个特征,是正确适用法律,做到既防止降格处理,又不迁就凑数的关键。

(二)以大数据作为重要支撑

信息技术的迅猛发展,在给人们生产生活带来便利的同时,也使得犯罪行为(黑社会性质组织罪)更趋于隐蔽化、复杂化、智能化,如果继续沿袭旧的观念,采用传统的工作模式,必然事倍功半、疲于应付。因此,大数据的兴起,也为办理黑社会性质组织犯罪案件打开了一扇新的大门,如何分析挖掘这些数据中蕴藏的情报信息,使大数据成为办案利器,是各级政法机关面临的新课题。

关于"一事不再罚"问题。大数据无处不在,无时不在。办案机关可将公安机关的行政处罚、在侦案件、监察委在办案件、法院的刑事判决建立数据关联库,各个单位之间经过严格程序审批,将数据实现一定范围和程度上的共享。通过该数据关联库,按照犯罪嫌疑人姓名进行数据检索,这样办案人员才能够在短时间内获得与犯罪主体相关的大量数据,查找出"一事不再罚"以外的其他一起或者多起违法犯罪事实,通过"数据画像",洞察其犯罪黑数。

关于"此罪与彼罪"问题。寻衅滋事罪是行为犯,即有了该行为,不一定要造成某种结果就可能构成犯罪;而故意伤害罪是结果犯,即一定要造成一定后果(轻伤以上)才构成该罪。抢劫罪,是以非法占有为目的,使用暴力、胁迫或者其他方法,强行劫取公私财物。三种犯罪之间,存在手段竞合关系。前者是意图闹事,中者是意图伤害,后者是意图抢财。黑社会性质组织犯罪留下的信息痕迹存储于第三方,不为当事人所控制,难以被销毁和灭失。对这三种犯罪的构成要件，要进行全面的信息采集，采集信息越全面，大数据指向越集中，情报分析就越准确。

关于"共同责任与个别责任"问题。如何区别，关键是考量过限行为。超出了共同故意的范围，实行过限行为的人应对其过限行为承担责任，但其他共同犯罪人对过限行为不负责任，这就是我国刑法处理实行过限的原则。实行过限行为可分为质的过限与量的过限，前者是指超出预谋故意实施新的犯罪，因此，质的过限影响定罪和罪数形态。质的过限既影响量刑，也影响定罪。而量的过限是指在侵犯同一客体的犯罪中，犯罪既遂后，行为人实施的超出预谋故意具体内容的行为。量的过限只影响量刑，不影响定罪。大数据在信息收集和分析时，要把信息点放在质的过限与量的过限上，通过系统研判，即可推断出该行为是否属于过限行为，从而能够有效区分共同责任与个别责任。

关于"不同诉讼环节上的认识分歧"问题。由于诉讼环节与认识角度的不同，侦查、起诉、审判人员经常会出现异议与分歧。对行为人实施了一定的数量的寻衅滋事行为能否认定是黑社会性质组织犯罪，产生异议与分歧也有可能。依托大数据的重点应放在黑社会性质组织的行为的四个特征上，办案人员依托数据分析软件，可在短时间内将犯罪嫌疑人基本情况、行踪轨迹、人际关系网络等情况清晰分析展示，将属于四个特征的信息点进行分门别类，通过信息引导，准确判断侦查方向、审查起诉重点和审理案件定性关键点，实现侦查、起诉、审判方式由粗放式、经验式，向精细化、智能化转变。"信息引导办案"的方式，不仅提高了办案工作效率，而且还能节约办案成本。

三、大数据视野下办理黑社会性质组织犯罪的实践模式

大数据时代，要占领先机，赢得优势，不仅要看获取数据多少，更要看处理数据能力强弱。大数据应用的核心，就在于通过对数据的智能化处理，实现对数据价值的挖掘，解释以往人们难以认识到的事物内在关联性。信息在办案活动中的广泛应用，对审查、采纳、判断证据、综合分析案件事实和性质，都提出了全新的要求。以往传统办案活动中重视不够的"过程性"证据事实、"碎片化"证据信息，"孤立的"证据元素等都将变得十分重要。大数据系统能够自动地搜索所有相关的数据信息，进而类似人脑一样主动分析数据，辅助办案人员作出决策和判断。没有大数据思维，就不可能发现其潜在价值。

（一）运用"点、线、面、体"一体化思维，精准进行组织画像

组织特征在黑社会性质组织犯罪的四个特征中位于首位。不论等级森严、成员固定还是表面松散、有"进"有"出"，必须要有一个组织，其组织特征也是区别于其他团伙犯罪的显著特征。其中组织者、领导者居于核心地位，积

极参加者和其他参加者较稳定地处于被领导、被管理的地位。

随着经济的发展和打击力度的加大,许多黑社会性质组织犯罪都以公司、企业为载体,其组织的骨干人员均大多在公司任职,而不再是传统的人身依附关系式的帮派组织模式。但无论其如何变化,在寻衅滋事具体犯罪行为中仍会有迹可循。

寻衅滋事犯罪往往人数较多,这也是"组织特征"的人数保证。有些人是直接听命于组织者、领导者,更多的则是在分级管理的体系内听命于其他组织成员。实践中,还有一些具体主管黑社会性质组织人、财、物等事项的组织成员虽很少参与,甚至从不参与"违法犯罪"活动,但这些成员往往与组织头目有着某种特殊关系,相互联系密切,对此类人员应当从其管理的人、财、物是否对犯罪组织的维系、运行、活动起到重要作用来判断。

面对多起寻衅滋事犯罪,应以相对固定的从属关系为中心进行检视。一是要从每起事件的缘由判断是否有"为组织而为之";二是从具体行为是否有序进行判断组织严密程度;三是从每起犯罪行为的参与者入手,判断其在该起行为中的地位,再延伸至其他数起犯罪行为中,从而对整个组织的架构和每个行为人精准画像。

在这里,可充分利用思维导图进行数据收集和整理,将每一个可疑成员作为一个"点",将具有共同行为特征的一类成员作为"线",将具有不同行为特征的各类成员作为一个"面",将这些点线面要素信息进行智能关联形成一个"体"。从而用大数据技术对"组织"进行精准画像。

(二)运用审计、会计手段,抓取财务数据,精确锁定经济用途

黑社会性质组织在形成、发展过程中离不开一定的经济实力支撑,其经济来源有的是通过违法犯罪活动或其他不正当手段聚敛,也有通过生产、经营活动获取,认定经济特征的重要依据在于是否将上述所获经济利益全部或部分用于违法犯罪活动或者维系犯罪组织的生存、发展。

在寻衅滋事犯罪中,"强拿硬要、任意占用公私财物"往往也是黑社会性质组织的敛财方式,但因其所涉笔数、资金额不大容易被忽视。在对多次寻衅滋事行为所涉财物的检视中,应当及时借助审计、会计手段,对犯罪嫌疑人及关联人银行账户的资金流进行专业分析,追踪非法所得的去向,以判断其所得是否用于组织购买作案工具、提供作案经费,为受伤、死亡的组织成员提供医疗费、丧葬费,为组织成员及其家属提供工资、奖励、福利、生活费用,为组织寻求非法保护以及其他与实施有组织的违法犯罪活动有关的费用支出等。

对于敛财,可从类别、数量、笔数、方式等方面建立数据信息;对于用财,可以从用途、数量、方式、去向等方面建立数据信息。在此数据信息基础

上，从不同维度展开综合分析，以更多地呈现寻衅滋事犯罪"经济特征"脉络。

(三) 全面分析全部涉案情形，准确界定行为属性

黑社会性质组织的行为特征是指违法犯罪活动具有暴力性和多样性，这也是黑社会性质组织对某一地区或者行业进行非法控制，公然与公权力对抗的本质体现。因此，其首先要具有暴力性特征，即以暴力或者暴力威胁为后盾。[1] 寻衅滋事罪的四个具体表现形式中，不论是"随意殴打他人""追逐、拦截、辱骂、恐吓他人"，还是"强拿硬要、任意损毁占用公私财物"，"在公共场所起哄闹事"，无不是暴力性特征的体现，对每起寻衅滋事行为都要从犯罪规模、能量、手段、社会影响等方面进行归纳，从实质上揭示它们与黑社会性质组织是否存在紧密联系。

其一，对于已作治安处罚，降格处理，判刑过轻，存在漏罪错判问题，应及时建议纠正，将其纳入黑社会性质组织案中重新审理。

其二，对于已作刑事处罚的，不应再追究个罪刑事责任的，如果属于黑社会性质组织所实施的，不违反一事不再罚原则，应当再评价。多起犯罪行为应属黑社会性质组织实施的犯罪活动，作为黑社会性质组织的组织领导者，对该罪应当承担组织领导责任，原审判决仅对个案进行了评价，对黑社会性质组织犯罪并没有进行评价也没有进行刑事处罚，不符合一事不再罚原则的适用前提。

其三，对于达成"民事和解"所涉犯罪，应当查明"被害人谅解"的具体情形，给付被害人的赔偿款是否来自黑社会性质组织。一般情形下，黑社会性质组织犯罪当中的"民事和解"不宜直接认可。

其四，正确厘清个人行为和组织行为。明显超出"组织"意图之外，纯粹由组织成员个人实施的寻衅滋事行为，不能视为组织犯罪。

对上述四种涉案情形，对其四个暴力性特征，可按照各个成员行为进行"要素—证据"智能数据信息采集和智能数据关联，绘制犯罪构成图谱，准确界定行为属性。

(四) 运用系统思维和辩证方法，正确把握非法控制实质

黑社会性质组织的"非法控制"特征，是指以有组织的违法犯罪手段使一定对象处于自己的占有、管理和影响之下，它并不是由单个或几个孤立犯罪

---

[1] 杨学成：《析黑社会性质组织行为特征的司法认定》，载《人民法院报》2012年2月1日，第6版。

行为简单相加,而是要通过一系列的违法犯罪事实来反映。对于寻衅滋事的具体违法犯罪事实要以"非法控制"为中心进行系统梳理:一查是否是基于争抢势力范围、树立非法权威、攫取不法利益等非法控制目的而实施违法犯罪行为;二查是否在一段较长的时期内连续、多次通过实施违法犯罪行为对他人的自主性造成干扰或破坏;三查被侵害对象的数量以及所造成的后果是否已达到形成非法控制或重大影响的严重程度。

对上述系统梳理的三个方面,每个方面均可按照具体内容先进行数据信息分类统计,然后对每个方面的统计数据信息进行整合,建立三个方面的数学模型,然后围绕"非法控制"对数学模型中的各要素进行逐一比对和综合分析,那么"非法控制"的实质表露无遗。

值得注意的是,经济、社会生活中的各种关系是极为纷繁复杂的,而黑社会性质组织并不总是以实施犯罪的面目出现,也并非每一个黑社会性质组织都一定实施了寻衅滋事犯罪,违法犯罪是服务于"非法控制"的手段,"非法控制"的现实需要决定了违法犯罪的性质、次数、手段方式、严重程度等。司法实践中,若涉案犯罪组织涉及的具体罪名相对集中,也可能不涉及寻衅滋事罪,但仍然应对其基于四个特征进行整体考察,考虑其是否属于专门从事特种犯罪的犯罪集团,或者是有组织的犯罪。[1]

---

[1] 张敏娜:《焦海涛等人寻衅滋事案 [第 1156 号] ——如何根据违法犯罪活动的多样性把握黑社会性质组织的认定标准》,载《刑事审判参考》第 107 集。

办理黑恶势力犯罪刑事案件的法律适用问题[*]

张俊涛[**]

2018年1月，中共中央、国务院发出《关于开展扫黑除恶专项斗争的通知》，为期3年的扫黑除恶专项斗争在全国范围内启动。开展扫黑除恶专项斗争，是以习近平同志为核心的党中央作出的一项重大决策部署，对于保障人民安居乐业、社会安定有序、国家长治久安，具有十分重大的意义。司法机关在办理扫黑除恶案件过程中，要依程序法和实体法侦查，不要刑讯逼供；需要逮捕和起诉的时候，要区分罪与非罪，不是黑社会的，就不能按黑社会批捕；要区分此罪与彼罪，不是这个罪的，就不能按这个罪名起诉；要严格按照起诉的标准，提起公诉；该不起诉时，就依法不起诉。依法判决，够罪就判，不够罪该宣告无罪就宣告无罪，避免出现前面判了，后面再纠偏、再申诉；能够适用认罪认罚从宽制度时，就适用认罪认罚从宽制度，提高诉讼效率。

一、当前黑恶势力犯罪的新动向

黑恶势力犯罪侵蚀基层政权，拉拢腐蚀党员干部，寻求政治靠山。部分黑恶势力通过金钱贿赂、人脉关系等非正常手段进入基层政权后，将基层政权作为自己的势力范围，通过拉拢基层干部、安排亲信等手段，把持基层政权，获取非法利益。

传统黑社会性质组织与"改头换面"类黑恶犯罪或团伙并存。如中部某省，城乡发展不平衡，导致涉黑恶犯罪表现形式不同，出现了传统黑社会性质组织与"改头换面"类黑恶犯罪或团伙并存的现象。在农村地区，传统黑社会性质组织还一定程度上存在，暴力性、恃强凌弱的特征明显。在城市，由于

---

[*] 本文系2019年最高人民检察院检察应用理论研究经费资助课题"办理黑恶势力犯罪刑事案件的法律适用问题"的研究成果。

[**] 张俊涛，河南省洛阳市涧西区人民检察院第四检察部副主任。

社会治理水平较高，经济发展较高，城市的黑社会性质组织由"硬暴力"转向"软暴力"。出于犯罪成本的考虑，较具隐蔽性的"软暴力"逐渐成为传统"硬暴力"的异化、升级的产物。

非法攫取利益向新的行业、新的领域蔓延，追求非法利益最大化。随着经济的发展，现阶段的黑恶势力由过去的采矿采砂、建筑等传统领域向新兴领域转变，主要表现为以暴力、威胁等手段垄断经营，快速实现资本原始积累，以成立的"公司""企业"等为掩护，通过实施违法犯罪活动牟取巨额非法利益。

犯罪组织形式复杂化，出现黑恶交织、"黑树恶枝"现象。在打黑的高压下，黑恶势力调整运行模式，多以合法形式掩盖非法活动的手段，为犯罪组织披上"合法"的外衣，作案手段更加隐蔽、专业、更具反侦查能力。黑恶组织窃取人大代表、政协委员、中国好人等荣誉称号，包装自己、美化自己。

涉黑涉恶犯罪利用国家工作人员、司法机关工作人员等的包庇纵容，逃避打击。有黑必有"伞"，涉黑恶组织利用国家工作人员的包庇、纵容，逃避国家司法机关的打击。以全国扫黑办督办的"孙小果涉黑案"为例，此案牵涉政府、审判机关、检察机关、公安机关、司法行政机关、监狱等近20名国家工作人员充当保护伞。涉黑保护"伞"不打、打不彻底，还将死灰复燃，打黑必须斩草除根。扫黑、打伞、建章立制三个阶段不能割裂开来，只是侧重点不同，要一体推进。

二、扫黑除恶坚持的原则

（一）坚持程序法定的原则

"程序法定"就是检察机关在行使检察权的过程中必须严格遵守法律规定的程序，严格依诉讼法规定的程序行使检察权。现代意义上"正当法律程序"的经典表述，即"没有法律的明确规定，任何人的生命权、自由权、财产权等不能被剥夺"。十八届四中全会规定，保障公民人身权、财产权、基本政治权利等各项权利不受侵犯，保障公民经济、文化、社会等各方面权利得到落实。进入新时代，我国检察机关在行使检察权时必须遵守"程序法定"原则。

进入新时代，人们的程序意识日益提高。案件的程序备受关注。程序的瑕疵、非法，将会导致案件被判无罪，甚至导致国家赔偿。诸如搜查的程序不合法、辨认的程序不合法、鉴定的程序不合法、同步录音录像程序不合法等，都会导致案件质量出问题。在实行案件终身负责制的今天，要倍加关注程序。

（二）坚持证据裁判的原则

在我国，证据为本，对于检察机关来说，就是检察机关在行使检察权过程中认定案件事实必须以证据为本源、以证据为基石,或者说,检察机关在行使检察权的过程中必须建立在证据的基础之上,因此,"证据为本"又称之为"证据裁判主义"。检察机关行使检察权时,要在发现案件事实真相的基础上,实现实体的公正,不能不依靠案件事实本身产生的证据。证据是检察人员借以复原案件原貌的最基本手段,这就是证据裁判主义的重要价值所在。

检察机关行使公诉权、逮捕权、抗诉权等,都是围绕着收集、审查判断、甄别证据的真伪,采信合法证据、补正瑕疵证据、排除非法证据,因此,必须坚持"证据为本"原则,紧盯证据的质量,为案件的审判提供客观、有紧密联系、合法的证据。办理黑社会案件时,案件审查要遵循司法规律,案件认定要遵循客观事实和证据,办案效率要遵循"时间服从质量",坚持以证据审查为基础,让每一起案件都经得起法律、历史和人民的检验。

(三) 坚持罪刑法定的原则

罪刑法定是指法无明文规定不为罪和法无明文规定不处罚,即犯罪必须是法律明文规定为犯罪行为的才是犯罪行为,实施处罚必须有法律明文规定,如果没有明文规定的不得对行为实施处罚。扫黑除恶必须坚持罪刑法定原则。

在我国,罪刑法定原则具有以下几层含义:

第一,我国最高权力机关制定的刑法是定罪处罚的唯一依据。本法没有规定的犯罪行为,不得根据党的方针、政策、决议、指示定罪处罚,也不得根据任何党政机关或领导的决定、指示、命令定罪处罚,任何机关或个人不得违反刑法的规定,以任何形式规定什么行为是犯罪和应判处何种刑罚。

第二,禁止制定违背宪法的或违背本法基本原则的刑事法律。我国宪法规定,全国人大制定的刑事法律不能违背宪法,全国人大常委会对全国人大指定的法律进行补充和修改,不得与宪法相抵触,也不得与该法的基本原则相抵触。违背宪法和违背刑法基本原则的刑事法律,不得作为定罪处罚的根据。

第三,禁止类推解释和类推适用。类推解释是法律没有明确规定某种行为是犯罪行为,司法机关采取类推解释的方法把某种行为强加于法律条文。[①] 本法的类推适用与类推解释略有不同,它是就法律没有规定的行为,比附援引与其性质相类似的刑法条文,适用于该行为,将其定罪处刑。检察机关在行使检察权的过程中,要废止类推解释和类推适用,因为它侵犯了嫌疑人的人权。

第四,法不溯及既往也就是禁止事后法。国家要处罚某一犯罪行为,就必

---

① 刘家琛:《刑法(总则)及配套规定新释新解》,人民法院出版社2003年版,第27页。

须在该法实施前明文予以规定,使人们根据法律规范行为,这是保障人权的要求。在一个民主法治国家,自由就是一个人可以实施法律没有禁止的行为。如果公民实施的一种行为,当时的法律没有明确的规定其为犯罪行为,事后立法机关制定法律规定其为犯罪行为,司法机关适用法律追究某人的刑事责任,这对涉案人来说是不公平的。[①]

第五,刑法禁止不定期刑。罪刑法定原则要求严格按刑法规定定罪处罚,禁止绝对和相对不定期刑。

第六,刑法关于犯罪、刑罚及其相互关系的规定要明确具体。模糊不清、含糊不清的规定容易产生歧义,在司法实践中不容易操作,更为司法机关滥用刑罚权创造了条件,容易侵犯人权。

三、办理黑恶势力犯罪刑事案件的法律适用

(一) 程序方面

1. 少捕慎捕。批准逮捕权是检察机关的一项重要的职权。批捕不当、错误逮捕侵犯嫌疑人的自由权。逮捕限制了嫌疑人的自由权,因此,逮捕必须有严格的适用条件。一是逮捕的犯罪事实条件:有证据证明犯罪事实已发生。二是逮捕的刑罚条件:可能被判处有期徒刑以上的刑罚。三是社会危险性条件:采取取保候审措施,不足以防止社会危险性的发生。修改后刑事诉讼法对应当逮捕的情形采取列举的方法划分为五类:有实施新的犯罪的可能性的;具有实施危害国家安全犯罪、危害公共安全犯罪、妨害社会管理秩序犯罪的现实危险的;有毁灭、伪造证据可能、干扰证人作证、打击报复证人,以及有串供可能的;有对被害人、举报人、控告人打击报复、进行打击报复可能的;犯罪嫌疑人有自杀、逃跑可能的。

对于嫌疑人实施严重的危害社会、情节恶劣的行为,侦查机关已经收集的证据能证明可能判处嫌疑人 10 年以上有期徒刑的,应当予以逮捕。对于有证据证明犯罪嫌疑人实施了犯罪行为,对嫌疑人判处的刑罚为有期徒刑以上刑罚,其曾经故意实施犯罪,或者嫌疑人身份不明的,也应当对嫌疑人采取逮捕的强制措施。对罪该逮捕的犯罪嫌疑人,如果患有严重的疾病[②],或者是正在怀孕、哺乳婴儿的妇女,可以不采取逮捕的措施,而对他们采取取保候审、监视居住的方法,以保障人权。只有满足以上三个条件,才能对嫌疑人批准逮捕

---

① 刘家琛:《刑法(总则)及配套规定新释新解》,人民法院出版社 2003 年版,第 28 页。

② 诸如癌症、重度高血压、严重的心脏病、传染病等。

或者决定逮捕。如果不能满足以上三个条件,就不能对嫌疑人采取逮捕措施。

2. 依法侦查。办理黑社会性质案件,要严格按照法律的有关规定依法侦查。特别要注意的是,在办理黑社会性质案件时,首先是公安机关尤其要注意严禁刑讯逼供,避免严打时"运动式"司法活动、刑讯逼供等情况再次发生。如2001年的聂树斌错案,2016年12月2日,最高人民法院第二巡回法庭宣告撤销原审判决,改判聂树斌无罪。但是,无罪判决却永远也无法换回聂树斌的生命。其次是严格按照法律规定的时效办理,不能突破法律的底线。

3. 依法公诉与不起诉。起诉是公安机关、国家安全机关、军队保卫部门、走私犯罪侦查部门、监狱有关部门、监察委等将侦查终结或调查终结的案件移送检察机关,由检察机关对案件按照起诉的标准进行审查,检察机关经审查后,认为犯罪嫌疑人的犯罪事实已经查清、证明犯罪事实、情节的证据确实充分,向法院移送交由法院进行审判的诉讼活动。为保障嫌疑人的权利,起诉必须达到法定的证明标准,才能向法院移送案件进行审判。黑社会性质案件,达到起诉标准的,依法起诉;达不到起诉标准的,依法不起诉。且依法排除非法证据,补强证据。如在审查2019年"9·03"专案时,对马某组织、领导、参加黑社会性质组织罪时,对12起故意伤害案的有瑕疵的技术性证据进行审查,出具专家意见,补强有关证据。

4. 认罪认罚从宽和宽严相济的适用。在办理黑社会性质案件时,要结合黑社会性质案件嫌疑人的犯罪性质、社会危险性、主观故意、在共同犯罪中作用、自首、立功等,依法适用认罪认罚从宽制度。对于认罪认罚的案件,当宽则宽,该严则严,宽严相济,既依法办理,又分类处理。

5. 关于取保候审。取保候审是刑事诉讼法规定的一种强制措施。在办理黑社会性质案件时,要根据案件的性质、嫌疑人的主观恶性、社会危险性、在共同犯罪中的作用、实施具体犯罪的情况等,依法适用强制措施。比如胁从犯等,如果达到取保候审的条件,可以取保候审。但是,要严格按照《关于办理黑恶势力犯罪案件若干问题的指导意见》办理。

(二) 实体方面

1. 关于诉讼时效的问题。诉讼时效是办理黑社会性质案件时会遇到的一个问题。黑社会性质组织有一个发展的过程,有些案件可能发生时间较长,甚至在20年前,这就牵涉到诉讼时效的问题。首先,要严格按照刑法关于诉讼时效的规定办理案件。其次,如果有些案件超过诉讼时效的,需要追究刑事责任,根据案件的情况,需要报请最高人民检察院批准的,要依法逐级报请批准。

2. 关于罪与非罪的问题。依法认定黑社会性质组织,一个不凑数,一个不拔高。要严格按照法律法规依法认定恶势力集团、恶势力和黑社会性质组织。首先，依法认定恶势力。其次，依法认定恶势力集团。恶势力犯罪集团，是指符合恶势力全部认定条件，同时又符合犯罪集团法定条件的犯罪组织。再次，依法认定恶势力集团首要分子。恶势力犯罪集团的首要分子，是指在恶势力犯罪集团中起组织、策划、指挥作用的犯罪分子。最后，依法认定恶势力集团的其他成员。恶势力犯罪集团的其他成员，是指知道或者应当知道是为共同实施犯罪而组成的较为固定的犯罪组织，仍接受首要分子领导、管理、指挥，并参与该组织犯罪活动的犯罪分子。检察机关经审查依法不能认定黑社会性质组织的，就依法不认定。2019年最高人民检察院印发的《检察机关开展扫黑除恶专项斗争典型案例汇编》公布的5起典型案例，就有2起案件依法认定为黑社会性质组织的案件，2起依法不能认定黑社会性质组织的案件。

3. 关于认定黑社会组织成员和严格依法适用强制措施、依法执行的问题。对于恶势力的纠集者、恶势力犯罪集团的首要分子、重要成员以及恶势力、恶势力犯罪集团共同犯罪中罪责严重的主犯，要正确运用法律规定加大惩处力度，对依法应当判处重刑或死刑的，坚决判处重刑或死刑。对其地位的认定应该从以下三个方面考虑：一是与恶势力纠集者关系密切；二是系本次共同犯罪中的主犯或者积极参加者；三是具有反道德、反秩序表现，具备三个方面，才应认定为"恶势力成员"。

同时要严格掌握取保候审，严格掌握不起诉，严格掌握缓刑、减刑、假释，严格掌握保外就医适用条件，充分利用资格刑、财产刑等法律手段全方位从严惩处。

4. 漏罪漏犯与追加认定。在办理黑社会性质案件时，根据案情的发展，发现漏罪漏犯时，要依法查清漏罪漏犯。需要数罪并罚时，要依法查清楚。需要追加认定的，依法追加认定。2019年最高人民检察院印发的《检察机关开展扫黑除恶专项斗争典型案例汇编》公布的5起典型案例，就有一起依法追诉漏罪漏犯，追加认定恶势力犯罪集团的案件。

5. 关于立功或重大立功。立功是刑法规定的法定从轻、减轻情节。对于能够认定立功的，要依法认定；不能认定立功的，绝对不能认定立功。

恶势力犯罪集团的首要分子检举揭发与该犯罪集团及其违法犯罪活动有关联的其他犯罪线索，如果在认定立功的问题上存在事实、证据或法律适用方面的争议，应当严格把握。依法应认定为立功或者重大立功的，在决定是否从宽处罚、如何从宽处罚时，应当根据罪责刑相一致原则从严掌握，可能导致全案量刑明显失衡的，不予从宽处罚。

6. 关于缓刑的使用。对于恶势力、恶势力犯罪集团的其他成员，在共同犯罪中罪责相对较小、人身危险性、主观恶性相对不大的，具有自首、立功、坦白、初犯等法定或酌定从宽处罚情节，可以依法从轻、减轻或免除处罚。认罪认罚或者仅参与实施少量的犯罪活动且只起次要、辅助作用，符合缓刑条件的，可以适用缓刑。

7. 关于量刑建议。犯罪嫌疑人、被告人同时具有法定、酌定从严和法定、酌定从宽处罚情节的，量刑时要根据所犯具体罪行的严重程度，结合被告人在恶势力、恶势力犯罪集团中的地位、作用、主观恶性、人身危险性等因素整体把握。对于恶势力的纠集者、恶势力犯罪集团的首要分子、重要成员，量刑时要体现总体从严。对于在共同犯罪中罪责相对较小、人身危险性、主观恶性相对不大，且能够真诚认罪悔罪的其他成员，量刑时要体现总体从宽。

司法机关在办理案件时，要坚持依法侦查、要坚持够起诉条件依法起诉、不够起诉条件依法不起诉、要坚持依法审判、要坚持依法执行，真正做到"四个依法"，真正把案件办准、为人民群众贡献精品案件。

互联网金融领域的刑事风险及防控

李 斌 章志丰*

一、互联网金融领域犯罪刑法规制现状

互联网金融在强势带动金融发展的同时也滋生了犯罪的土壤,这类犯罪的多发可以体现在数据的显著增长上。2020年最高人民检察院工作报告指出,2019年检察机关扎实服务打好三大攻坚战,起诉金融诈骗、破坏金融管理秩序40178人,同比上升25.3%。

为了能够对以P2P网贷平台和网络众筹为代表的融资入罪风险有更为直观的认识,本文以中国裁判文书网为依托,搜集关键词分别为"刑事案件、一审、判决书、P2P或众筹",剔除了无关的判决书,经过统计发现,随着国家逐步规范互联网金融行业的运行和市场风险的加剧,近年来受到刑事处罚的互联网金融犯罪数量呈几何倍数猛增,但2017年至2019年间,案件数量增长趋势有所放缓,互联网金融犯罪的刑法介入有所减少,可见国家对互联网金融的监管体系逐渐形成,互联网金融犯罪的刑法规制渐趋成熟。

司法实践中,P2P网贷平台、众筹平台等互联网领域所可能引发的犯罪包括非法集资类犯罪,诈骗罪,合同诈骗罪,信用卡诈骗罪,组织、领导传销活动罪,非法经营罪,职务侵占罪等犯罪,该类犯罪罪名主要集中在《刑法》分则第三章破坏社会主义市场经济秩序罪第四节破坏金融管理秩序罪、第五节金融诈骗罪、第八节扰乱市场秩序罪中,且非法吸收公众存款罪、集资诈骗罪占所有罪名的80%以上,可见,非法集资相关的刑法条文、司法解释、会议纪要等成为处理互联网金融刑事犯罪问题的重要依据。

---

* 李斌,浙江省海宁市人民检察院检察长;章志丰,浙江省海宁市人民检察院检察官助理。

二、互联网金融领域面临的主要刑事犯罪风险

（一）互联网金融领域中典型犯罪的认定

"互联网+"并非赋予金融犯罪新的内涵，而是金融犯罪在网络空间的演化，这种结合使得本来就存在罪与非罪之间模糊不清的金融犯罪，更加难以厘清具体犯罪构成的应然之义。互联网金融可能涉嫌的犯罪包含两类，一是经营互联网业务可能涉嫌的犯罪，涉及非法吸收公众存款罪、集资诈骗罪等非法集资类罪名；二是利用互联网金融作为犯罪手段可能涉嫌的犯罪，如洗钱罪，职务侵占罪，诈骗罪，信用卡诈骗罪，组织、领导传销活动罪等。本文主要探讨P2P网贷和众筹两种融资模式所主要涉及的犯罪的认定，具体如下：

1. 平台违规吸收资金涉非法集资类犯罪

一是非法吸收公众存款罪。首先，该罪侵犯的客体是国家的金融信贷秩序，即非法吸收公众存款罪的入罪首先必须达到扰乱国家信贷秩序的程度，具体衡量标准可依据《解释》非法吸收公众存款的金额（个人20万、单位100万）、人数（个人30人、单位150人）、经济损失数额（个人10万、单位50万）以上予以认定。其次，该罪客观方面表现为四个特征，即非法性、公开性、利诱性和社会性。所谓"非法性"是指"未经有关部门依法批准或借用合法经营的形式吸收资金"。P2P网贷和众筹等互联网金融平台未经银监会批准，未经相关金融许可发放牌照，不得从事吸收公众存款业务。所谓"公开性"是指向社会公众宣传吸收资金的信息，其对象是社会的不特定多数人，其宣传途径包括媒体、推介会、传单、手机短信、口口相传等形式，其主观故意包括直接或间接，即直接宣传或明知是吸收资金的信息仍放任其向社会公众的扩散。P2P网贷、众筹本身就是依赖于互联网，其直接网络发布信息的效果无异于通过媒体、手机等形式的宣传。所谓"利诱性"是指"承诺在一定期限内以货币、实物、股权等方式还本付息或者给付回报"。所谓"社会性"是指吸收存款的对象是社会上不特定的多数人。需要注意的是司法解释将在"亲友或单位内部针对特定对象吸收资金"作了"出罪化"处理。

根据上述刑法及司法解释的规定，P2P网贷、众筹等互联网金融如果不是向亲友或单位内部集资，则必然引发涉非法吸收公众存款罪的风险。因为互联网金融领域下的融资，不仅是以不特定社会公众为对象，同时也承诺在一定期限内还本付息、给付高额回报等，而且一定程度上都拥有一定的"资金池"，此种情形，互联网金融平台很容易触及非法集资行为的刑法规定，从而涉嫌非法吸收公众存款罪。

二是集资诈骗罪。集资诈骗是以非法占有为目的，使用诈骗方法非法集资

并骗取集资款。集资诈骗罪与非法吸收公众存款罪在内涵还是外延上均存在一定的交叉,但是又有着明显的区别,最根本的在于犯罪目的上,集资诈骗罪必须以非法占有为目的,而非法吸收公众存款罪不具此目的。司法实践中,犯罪嫌疑人或辩护人经常不具有非法占有的目的不构成集资诈骗罪而构成非法吸收公众存款罪进行辩解或辩护,因为这两个罪名的立案标准与量刑标准存在较大差异,如个人非吸数额 20 万以上可予以立案追诉,而集资诈骗的追诉标准仅为 10 万元,非吸收公众存款罪的起点刑是 3 年以下有期徒刑,而集资诈骗罪的起点刑是 5 年以下有期徒刑。因此,对此罪与彼罪的区分尤为重要。为此,《关于审理非法集资刑事案件具体应用法律若干问题的解释》第 4 条第 2 款明确了非法占有目的的八种情形。例如,在互联网金融融资模式中,行为人虚构融资项目等非法获取资金,在筹集资金后携带集资款逃匿,可认定该行为具有非法占有目的,涉及集资诈骗。但是若行为人未采用欺诈手段,而仅是不具备相关资质、未经相关部门批准非法集资,但投资项目真实,即使案发后携款潜逃,不应认定为其具有非法占有目的,仅涉嫌非法吸收公众存款。再如,有些 P2P 网贷平台为吸引人气发放高收益、超短期期限的借款标的,通常称为秒标,通过网站虚构借款,由投资者竞标,网站投资承诺满标后短期返还本金及利息。该行为以虚增交易量和虚降资金风险来误导投资人,短期吸收大量资金,却不进行冻结,存在金融诈骗的风险,由于秒标不产生实际价值,容易被用来堆砌"拆东墙、补西墙""空手套白狼"的"庞氏骗局"。①

2. 平台违规经营涉非法经营罪

非法经营罪通常被作为口袋罪名、兜底罪名,在互联网金融领域,由于目前 P2P 网贷或众筹平台均未获得有关部门批准从事相关互联网金融业务,其行为极易构成非法经营罪。非法吸收公众存款罪、擅自发行股票、公司、企业债券罪与非法经营罪通常是法竞合的关系,前者属于特别法条,后者是普通法条,根据特别优于一般的原理以非法吸收公众存款罪等罪名认定。只有当非法吸收公众存款罪等罪名无法对犯罪行为进行评价时,则考虑非法经营罪的适用。但笔者认为,对非法经营罪的适用应持谨慎态度,从中国裁判文书网收集的罪名分布数据来看,司法实践中以非法经营罪定罪处罚的比例很小,这也是符合鼓励金融创新的现实要求。一般而言,只要不使用欺诈手段、不以非法占有、货币资本经营为目的的融资行为,可以考虑不进行刑法规制。但如果互联网金融平台突破信息中介定位而变成资金中介,实施了为融资项目提供担保等

---

① 姜涛:《互联网金融所涉犯罪的刑事政策分析》,载《华东政法大学学报》2014 年第 5 期。

超范围的经营行为,严重违反行政法规时,应考虑以非法经营罪定罪处罚。

3. 利用平台作为犯罪手段涉洗钱罪和信用卡诈骗罪

一是洗钱罪。由于互联网的虚拟性、快捷性、信息不对称性等特点,第三方支付平台、P2P 网贷平台等互联网金融可以在任何时间、任何空间办理资金流转业务,隐蔽快捷地非法转移资金,为实施洗钱犯罪提供了可操作的空间,而且 P2P 网贷平台等对投资人身份识别难度大,对投资人投资的资金的来源审查难度大,导致脱离监管,致使互联网金融成为实施洗钱犯罪的重要场所。互联网洗钱的方式主要有两种,一种是利用网贷平台将钱"洗白",第二种是利用在线支付业务洗钱。实施犯罪的行为人既可以是平台运营商,也可以是投资者。对投资者而言,如果投资者将自己实施毒品犯罪等犯罪所得充进 P2P 网贷平台以洗白,则投资者的行为涉嫌洗钱罪,对平台运营商而言,如果平台运营商明知投资的资金是上游犯罪所得仍故意帮助其掩饰隐瞒,提供"漂白"服务,则构成洗钱罪的共犯。

二是信用卡诈骗罪。该行为手段主要表现为通过非法手段获取大量客户信息后,再利用互联网金融产品的漏洞实施信用卡犯罪。例如,刘某等人在网上购买 600 余万条银行客户信息,再利用网络融资平台一个账号可以绑定多张银行卡的漏洞,盗划他人账户资金 600 余万元,该行为涉嫌信用卡诈骗罪。①

4. 众筹融资涉擅自发行股票、公司、企业债券罪

任何单位或个人未经批准不能公开发行证券。在股权众筹模式中,发起人以回报股权的方式面向社会不特定对象集资,其形式与股票发行类似,一旦参与人数超过 200 人,则很容易被认定为构成本罪。因此,股权众筹具有极大的刑事风险。有些平台为了规避该法律风险,设定投资人的准入标准或限定投资对象的数量,但该种做法一方面会失去众筹的意义,另一方面也不能完全规避风险,因为即使设定准入或数量限定,其平台仍然是开放性的,吸引不特定对象的加入,且加入的人员身份存在变动性,因此,此种情形下能否认定其向特定对象非公开发行值得商榷。另外,为了规避该罪产生了有限合伙型股权众筹模式,在该模式下投资者人数不能超过 50 人,否则就触犯《合伙企业法》。

(二)互联网金融领域中典型行为的认定

1. 平台自融模式。该模式大多采取高息、拆标的手法,利用投资者的逐利心理进行融资。很多平台建立的初衷并不是作为第三方的身份出现,实际上

---

① 孟韦阳、林中明:《金融机构人员参与虚假理财高发》,载《法制日报》2014 年 12 月 19 日。

就是为了吸收资金，吸收的资金可能用于企业的生产经营或者其他用途。在现有监管体制下，自融行为是明确禁止的，但是否需被刑法规制则存在争议。实践中，如果自融平台没有发生挤兑危机，投资人利益没有实际损害，则一般不会受到刑事追究。但若自融资金一旦出现断裂，无论出于何种原因，投资者纷纷报案，公安机关出于维稳的考虑一般都会以非法吸收公众存款罪立案侦查。笔者认为，自融模式是否涉嫌非法集资类犯罪要视资金链断裂的原因、筹资人集资目的、集资用途等情况进行综合判断。若自融资金用于企业自身的生产经营或其他合适的投资项目时，没有发生挤兑危机和损害投资人利益的风险时，不宜以非法吸收公众存款罪追究责任，如果自融资金用于股票、期货、地产等高风险行业时，则可认定其为非法集资，并视是否具有肆意挥霍、携款潜逃、藏匿资金等情形判断是否具有非法占有目的，该种情形下可能涉嫌非法吸收公众存款罪和集资诈骗罪。

2. 平台短期诈骗模式。该模式多利用投资者赚快钱的心理，采用充值返现，"秒标""天标"等形式吸引客户投资，然后在第一个还款周期到来之前便卷款潜逃，存活时间很短，最短的仅1天。该行为易触犯集资诈骗罪、诈骗罪或合同诈骗罪。

3. 平台提供担保模式。该模式下P2P网贷平台、众筹平台为吸引投资者，向投资者承诺本金保障，为融资项目提供担保。互联网金融平台超越《关于审理民间借贷案件适用法律若干问题的规定》第22条规定及《网络借贷暂行办法》第3条规定的权限开展金融业务，则可能涉嫌我国非法经营等刑事犯罪。笔者认为，平台若为他人真实的融资项目提供担保，没有造成严重后果，可采用行政手段、经济手段予以监管，不宜刑法规制。若平台明知他人虚假融资或自融自我担保结合，则其融资行为涉嫌非法集资类犯罪，其担保行为涉嫌非法经营罪。

4. 平台设立资金池。P2P网贷如果跳脱第三方的身份，成为借贷双方的上下家，一旦自己形成资金池的情况下，很容易陷入犯罪境地。央行已明确把利用P2P网贷经营的理财—资金池模式认定为非法集资行为。但根据《关于审理非法集资刑事案件具体应用法律若干问题的解释》第3条第4款规定非法吸收公众存款，所吸纳的资金被用于正常的生产经营活动，能够及时清退所吸收资金，可免予刑事处罚；情节显著轻微的，不作为犯罪处理。因此，笔者认为，即使平台设立资金池，但若用于正常生产经营活动，能够及时清退或返还资金，未发生投资者挤兑等风险事件，则也可不认定为犯罪，必要时对其违反行政法规设立资金池的行为认定为非法经营罪。

三、互联网金融领域刑事风险的防控

互联网金融是一把双刃剑,互联网金融"法无明文禁止便可为"的思维与"法无规定便不可为"的传统金融思维发生了激烈碰撞,从而导致互联网金融的刑法规制进退维谷。① 刑法作为保护法益的最后的不得已的手段,若对互联网金融行业风险不加以规制,则注定引发行业乱象,阻碍金融行业的健康持续发展,但若过度介入,频繁动用刑法手段干预则势必会导致互联网金融行业发展受阻,甚至扼杀金融行业的创新成果。因此,在互联网金融活动中刑法应如何摆正其位,如何实现既有效打击犯罪又保障金融创新,是当下迫在眉睫需要解决的问题。

(一) 互联网金融犯罪刑法规制的刑事政策及立法考量

1. 坚持刑法谦抑原则,确立金融效率与金融安全并重的理念

将互联网金融犯罪放在刑事政策的框架下探讨是准确适用刑法进行有效规制的前提。刑法作为"最后一道防线",理应保持谦抑性。刑法的谦抑性是指刑法介入、干预社会生活应以维护和扩大自由为目的,而不应过多地干预社会。② 因此,根据刑法的谦抑原则,当一种现象的发生是社会现实需要和经济制度所直接引发,只要利用经济、行政等手段足以规制或保障投资人利益时则不能轻易动用刑法。互联网金融是弥补当前金融体系缺陷的重大创新,对实现普惠金融、打破垄断、提高金融效率有重要作用。因此,刑法对于互联网金融领域的介入应审慎克制,在涉及互联网金融犯罪时要充分考虑互联网金融创新的特殊性以及民间融资的正当需求,即使在融资中存在利用监管的缺位擅自挪用投资资金或者在经营活动中赚取利差,或者资金链条断裂而背负巨额债务的,也不宜简单套用刑法采用犯罪化手段予以惩治。③ 刑法的谦抑性不是单纯地尽可能少的介入金融领域,而是在于以国家最经济合理的刑罚适用换取金融安全与金融效率的平衡发展。

2. 合理适用"二次违法"理论

"二次违法"理论是指行为严重违反刑法外的其他前置法和刑法确定为犯罪的理论。该理论本质上是刑法谦抑性的延续和具体体现,刑法介入的必要条件是前置法对法益的保护不充分,前置法管控失灵。为了有效发挥"二次违法"理论和刑法谦抑性的作用,在互联网金融犯罪的刑事政策上需注重以下

---

① 刘宪权:《金融犯罪刑法学原理》,上海人民出版社2017年版,第560页。
② 陈兴良:《刑事政策视野中的刑罚结构调整》,载《法学研究》1998年第6期。
③ 郭华:《互联网金融犯罪概述》,法律出版社2015年版,第35页。

问题：一是重视互联网金融创新的特殊性。互联网金融是对传统金融形式的突破，应当尊重互联网金融平台通过吸引众多小客户的社会闲散资金聚集进行投资的现实情况，在此过程中因数额错配等原因引起的问题不可轻易归为犯罪。二是关于行政认定问题的适用范围作限制解释，将排除行政监管部门的前置处理规定仅限定于达到一定严重程度的互联网金融犯罪时适用。因为互联网金融犯罪行为必然既违反前置性行政法规又触犯刑法，在较为严重的金融犯罪行为当中，有些部门法已无法做出及时相应地处理，此时为了保证打击的实效性，刑法的介入可以不需要经过前置程序，推动惩治前移，及时保障投资人利益。三是考虑互联网金融本身的风险。互联网金融犯罪中的"被害人"也是投资人，在评价互联网金融行为时也应考虑到互联网金融的投资色彩，有投资就必有风险，不应简单的将其风险带来的不良后果予以刑罚制裁。尤其是在当下缺乏法律明确的定位以及法律监管主体，对于因监管处于真空地带出现的问题更应谨慎采用刑法手段规制。

3. 健全法律框架体系，刑事立法应与基础性法律相协调

首先，国家要尽快构建一套行之有效的互联网金融监管机制，通过立法设立或明确互联网金融监管主体，由银监会、保监会、网监机构等以及相关行业自律协会组成专业的监管机构对互联网金融活动进行法律监管，并由司法机关配合管理，同时明确上述监管机构的监管职责、监管模式，严格审查互联网金融行业的市场准入条件，适度提高准入门槛，提高从业质量，尽量减少监管职能的冲突和盲区，保持监管政策的协调一致性，并及时出台相应的具有操作性的实施细则加强非法集资领域的前道规制。其次，国家要尽快完善和健全互联网金融相关的法律法规体系，同时也要完善相关的基础性法律，如涉及个人信息保护、征信体系建设等，要协调民商法、经济法、行政法等基础性法律与处于救济、保障地位的刑法之间的关系，形成法律规制的良性互补。通过立法或者司法解释明确基础性法律和刑法在规制互联网金融活动的分工，根据违法行为的严重程度不同，民商法、经济法等部门法侧重于监管，刑法是在其行为达到一定严重程度时介入。另外，在构建对互联网金融规制的法律体系时，需要清楚地界定各个部门法及刑法的辐射范围，减少重合、漏洞或矛盾之处，为互联网金融活动的合法、非法、合规、违规的界定提供依据，实现以法律的形式对互联网金融犯罪进行源头控制。

（二）互联网金融犯罪刑法规制的司法适用建议

在我国现行法律框架体系内，违反《证券法》《公司法》《银行监督管理法》等金融法律法规的规定进行非法集资，可能直接被认定为非法吸收公众存款罪、集资诈骗罪或擅自发行股票罪等，例如当股权众筹活动中的出资人突

破 200 人或有限合伙超过 50 人时就会直接陷入犯罪深渊。在违法与犯罪之间没有缓冲地点，一旦行为违法就可能直接转化为犯罪，这显然有违"犯罪一定是违法，但违法不一定是犯罪"的常识，因此，不能将二者等同视之，对于一般违法与严重违法或犯罪之间应区别对待，可以尝试构建一个违法与犯罪的"过渡地带"，围绕互联网金融犯罪中最可能涉及的相关罪名进行限制适用。

1. 提高非法吸收公众存款罪的入罪门槛

以 P2P 贷、众筹为代表的互联网融资形式通常都涉及成千上万的投资人，融资规模达到千万或上亿，很容易符合"非法性、公开性、利诱性、社会性"的形式标准及数额标准，而被认定为犯罪。就目前的金融发展状况而言，非法吸收公众存款罪尚还有一定存在价值，尚未达到需要废止的地步，但应在司法适用层面对该罪名进行一定的限制，适当提高入罪门槛。

一是不能一味地以四要件为标准作为非法吸收公众存款罪的认定依据，可以考虑将入罪标准区分为两类，一类是存在欺诈行为，另一类是建立在欺诈基础上的高风险。① 即集资人进行虚假宣传或虚构融资项目向投资人募集资金，投资人对于资金流向、平台经营模式等信息不知晓，使投资人的资金处于高风险状态，这种风险状态与普通的民间融资的风险不同，其是在投资人与出资方的信息严重不对称，投资人无法正确预估投资风险，在高利息高回报的诱饵下进行的错误选择，这类非法集资活动是假借融资之名行诈骗之实，损害投资人利益，严重扰乱金融秩序应予以犯罪化论处。

二是限定非法吸收公众存款罪中的"资金用途"。在司法实践中，集资款项用途通常存在差异，有些被用于生产经营活动，有些被用于非生产经营活动，这两类行为的社会危害性存在明显差异。对于前者，司法实务的常见做法是只要筹资人将所吸收的资金用于自我生产经营，且能够及时返还时，法院一般会认定为犯罪但免予刑事处罚。因为融资行为一旦符合上述两个条件就不会损害投资人利益。但课题组认为，生产经营活动本身就具有风险，在认定是否构罪时不应将能否及时返还所筹资金作为必要条件。筹资人因扩大正常的生产经营活动等原因暂时无法收回资金或因管理不善等客观原因无法及时退还时，不应认定为犯罪。当筹资人将集资款项投资到其他实业投资项目时，只要该其他项目是正常的合适的具有投资价值的项目时，也不应当认定为犯罪。对于后者，应当视情况区别对待。如果筹资人将资金用于股票、期货、高利转贷等高

---

① 姜涛：《非法吸收公众存款罪的限缩适用新路径》，载《政治与法律》2013 年第 3 期。

风险项目时，应认定其构成非法吸收公众存款罪。因此，建议将非法吸收公众存款罪的"资金款项用途"限定于"货币、资本经营或证券、期货、高利转贷等高风险领域"，将部分吸纳公众资金用于低风险项目的集资行为排除出非法吸收公众存款罪的范畴。

三是适度提高非法吸收公众存款罪的数额标准。互联网金融行为涉及的人数众多、规模巨大，如果按照现行标准，大部分互联网金融活动都会触碰刑事责任红线。因此，建议适度提高构罪的数额标准，考虑以现有标准的 5 倍作为入罪标准，如此提高入罪门槛，可将部分集资行为排除在犯罪之外，仅对其行政监管，对于集资数额特别巨大的行为仍予以刑事追究，这也符合刑法的谦抑性，为互联网创新保留空间。

2. 限制集资诈骗罪的适用

对于互联网金融活动中以非法占有为目的的非法集资行为，应依法严厉打击。但是实践中如何认定以非法占有为目的存在诸多争议，为了防止误将某些非法吸收公众存款的行为甚至是尚不足以刑法打击的非法集资行为误认定为集资诈骗罪，应严格限制"以非法占有为目的"的认定，通过对非法占有目的谨慎认定可以有效限制集资诈骗罪的适用范围。

一是从集资款"无法返还的原因"上进行限定。实践中大多数情况仅凭筹资人无法返还的结果就推定其具有"以非法占有为目的"，这明显有客观归罪的嫌疑。课题组认为，"无法返还"与"以非法占有为目的"之间并非充分条件而是必要条件，能否认定为筹资人具有以非法占有目的要视无法返还的具体原因，若筹资人是因主观原因如将集资款肆意挥霍或用于证券、期货等高风险项目或进行违法犯罪活动时导致无法返还，则可认定为具有以非法占有为目的，因为在此种情况下，筹资人明确知道自己的行为会导致无法返回的风险，仍希望或放任危害结果的发生，存在主观故意。若筹资人是因客观原因如将资金用于生产经营活动而暂时无法收回成本而无法返还，或因经营不善、市场固有风险等原因破产导致资金无法返回则不能一概认定为以非法占有为目的。

二是从集资用途的比例上进行限定。有些筹资人会将部分集资款用于正常投资或生产经营活动，将部分用于个人消费或挥霍，此种情形下不能以有部分集资款项被用于挥霍为由就均认定为非法占有为目的。至少要当行为人将集资款项用于挥霍的比例超过用于投资或生产经营活动的比例或用于个人挥霍的比例超过总的集资款的 50% 时才考虑认定其主观上具有非法占有目的。

三是"以非法占有为目的"的认定要综合具体情况认定。对于非法占有的目的不能仅凭某一方面就一概论定。例如，当筹资人将集资款用于证券等高风险行业时，其非法占有目的的认定还应结合筹资人的抗风险能力如负债程度、亏损情况、自由资金情况等予以综合认定。

3. 限制擅自发行股票、公司、企业债券罪对股权众筹的适用

按照现行法律规定，很多私募股权企业正常的筹资活动会被纳入擅自发行股票、公司、企业债券罪的打击范畴。因此，有必要对该罪名的适用范围加以限制，具体实施上可以提高该罪名的入罪门槛：一是调整入罪数额，可以考虑将规定的追诉标准提高5倍，即发行数额在150万元以上或虽未达到上述数额标准，但擅自发行致使150以上的投资者购买了股票或者公司、企业债券的；二是将危害后果作为入罪的必要条件，即成立本罪的条件不仅要达到数额标准，还要同时具备未能及时清偿或造成其他严重后果或具备其他严重情节时才予以立案追诉。

(三) 互联网金融犯罪的社会综合治理

互联网金融在为人们投资理财带来便利的同时也冲击了传统金融业务，产生较大法律风险，也滋生了互联网金融犯罪。面对法律法规的滞后、行政监管的乏力及刑法规制的局限，加强互联网投资风险的宣传和普及相关互联网金融的法律法规，对于减少互联网金融犯罪的发生、降低投资风险，维护行业稳定发展有着积极的作用。一是对于互联网金融行业相关监管部门、政府职能部门而言，要结合互联网金融犯罪的法律规定和指导案例，加强互联网金融企业、行业从业人员的诚信守法的法制教育，规范从业机构、从业人员的行为，同时将本地区的互联网金融犯罪典型司法案例向社会公众宣布，让社会公众对于互联网金融融资始终保持清醒的认识。二是相关职能部门可充分利用大数据建立P2P网络借贷、众筹、第三方支付等互联网金融融资的警示制度，及时向社会公众公布此类投资的投资风险，给投资者客观真实的风险提示，同时加强对投资人理性投资的教育，强化社会公众依法投资的风险意识。三是对于互联网从业机构而言，要加强企业内部风险防控，建立内部风险控制部门，对互联网金融的每项业务进行预先审查，预测可能存在的风险并及时采取必要措施防范，尤其要规范互联网金融创新行为，要充分考虑资金的安全性，防止发生不良融资而引发的犯罪风险，通过互联网金融企业内部风险控制的建立落实，促使企业自我防范、自我纠正，防止滑向犯罪的深渊。四是对于投资者而言，互联网融资通常都是承诺还本付息，以高额回报为诱饵吸引投资者，因此，投资者要始终保持清醒理性的头脑，不能以利息的高低作为投资与否的决定性因素，投资者要主动学习了解互联网金融知识，对照法律规定核实互联网金融平台的设立是否违反国家法律规定，核实平台的业务性质、资信情况、运营情况、抗风险能力，选择符合法律规定并取得相关金融许可的互联网金融平台理性投资。

知识产权犯罪数额体系重构探析

曾祥璐*

所谓犯罪数额,是指能够表明犯罪的社会危害性大小,以货币或其他计量单位为表现形式的某种物品的数量或者其经济价值量。① 犯罪数额的意义不止于数额本身,其与犯罪行为相联系,本质上具有表明社会危害性和法益侵害性的功能。

当前,知识产权犯罪数额体系已经初步形成,但实践中还存在着不少问题。这固然与知识产权案件技术性强、取证难度大有关,但我们应当清醒地看到,当前知识产权犯罪数额理论研究还不成熟、体系尚不完善,导致无法为司法实践提供有力地指导,这是笔者提出知识产权犯罪数额体系重构的初衷。本文的撰写从基础理论出发,结合现行规定、司法实践,通过比较分析、归纳总结,力求实现知识产权犯罪数额体系的科学构建和在实务中的有效应用。

一、知识产权犯罪数额与定罪量刑

知识产权犯罪是财产性犯罪,属于典型的数额犯。以是否需要把数额当作必要的构成要件为标准,数额犯分为纯正的数额犯和不纯正的数额犯,② 笔者认为,应当将知识产权犯罪列为不纯正的数额犯。从现行的法律规定来看,假冒注册商标罪等刑法条文中的规定是"情节严重""情节特别严重",即使在司法解释具化的过程中,也留下了"其他情节严重的情形"等兜底条款。从理论和实践需求来看,将犯罪数额当作唯一的评价标准也并不妥当。理论界已经澄清,知识产权犯罪不能唯数额论,也要考虑犯罪手段、社会影响等非数额情节,即使达到了法定的数额,是否构成犯罪也要综合考虑,情节显著轻微危

---

* 曾祥璐,四川省成都市人民检察院四级高级检察官。
① 张勇:《犯罪数额研究》,中国方正出版社2004年版,第9页。
② 赵春阳:《我国知识产权犯罪数额研究》,中国政法大学2011年硕士学位论文,第9页。

害不大的可以根据《刑法》第 13 条但书规定作出罪处理;① 在实践中，多次实施侵犯知识产权的情形，若因达不到入罪金额而不予入刑，显然太过放纵；若参考盗窃罪相关规定，明确侵权行为人曾经因为侵犯知识产权受到行政处罚，第二次实施入罪金额减半、第三次直接入罪，显然更符合罪责刑相适应和加强知识产权保护的要求。

虽然不是知识产权犯罪的唯一决定要素，但作为直接体现知识产权犯罪社会危害性和法益侵害性的指标，犯罪数额在知识产权犯罪中定罪量刑中已经奠定了基础性地位。七个知识产权罪名均以犯罪数额作为定罪量刑的主要依据，部分罪名直接在刑法条文中规定了"数额较大""数额巨大"作为构成要件要求，其余罪名规定的"情节严重""情节特别严重"等也多数通过司法解释以数额细化规定。总之，犯罪数额成为衡量知识产权犯罪行为情节的主要标准，对定罪量刑有着全面的影响。

（一）知识产权犯罪数额与定罪

知识产权侵权行为构成犯罪既有定性要求，也有定量标准。全部七个罪名都有明确的数额或情节要件，只是刑法条文规定的具体方式有所不同。

具体来看，销售假冒注册商标的商品罪、销售侵权复制品罪要求"销售金额数额较大""违法所得数额较大"为构成要件，只有达到相应标准才能入罪；假冒注册商标罪，非法制造、销售非法制造的商标标识罪，假冒专利罪把"情节严重"作为定罪标准，侵犯商业秘密罪则规定"给权利人造成重大损失"，这四个罪名通过司法解释对入罪要求以数额予以量化；侵犯著作权罪则采用"违法所得数额较大或有其他严重情节"这种数额与情节相结合的方式定罪。总之，犯罪数额是区分民事侵权、行政处罚和刑事犯罪的重要依据，对于侵犯知识产权的行为，判决其性质往往取决于犯罪数额。只有当犯罪数额达到一定量的时候，才能认定为侵犯知识产权犯罪，否则就只能通过其他方式规制。

（二）知识产权犯罪数额与量刑

知识产权犯罪数额的多少与法益侵害性、社会危害性密切相关，成正向关系。因此，在知识产权犯罪中，犯罪数额不仅对定罪具有决定作用，更是量刑的重要标准。

首先，不同的数额标准决定了知识产权犯罪的法定刑档次。除假冒专利罪、销售侵权复制品罪仅规定了单一的法定刑幅度，其余五个罪名均规定了两

---

① 陈灿：《侵犯知识产权犯罪数额新论》，载《中国刑事法杂志》2012 年第 6 期。

个法定刑幅度。对于两个刑罚档次，有些以销售或违法所得"数额较大""数额巨大"区分，有些以"情节严重""情节特别严重""造成重大损失""造成特别严重的后果"规定适用不同档次，同时，通过司法解释主要从数额上作出不同的规定。对于存在两个法定刑幅度的，其法定刑的升降都与数额存在必然联系。其次，具体的量刑与犯罪数额也紧密相连。我国的法定刑规定采用的是相对确定刑的标准，对侵犯知识产权犯罪，犯罪数额在一定档次范围内的变化，刑罚的轻重也就相应地在一定刑罚标准的幅度内浮动。[1] 也就是说，在同一法定刑幅度内，数额越大，量刑也就应当越高，据此，部分地区探索的知识产权量刑规范化取得了良好成效。最后，犯罪数额对附加刑的适用具有重要作用。对于查清的违法所得，应当没收。《关于办理侵犯知识产权刑事案件具体应用法律若干问题的解释（二）》第4条规定："罚金数额一般在违法所得的一倍以上五倍以下，或者按照非法经营数额的50%以上一倍以下确定。"由此可见，在侵犯知识产权犯罪行为人罚金刑的确定当中，犯罪数额是基础依据。

二、知识产权犯罪数额体系现状

（一）现行知识产权犯罪数额类型

根据现行的刑法条文和相关司法解释，研究者提出了当前的知识产权犯罪数额体系，内容包括"非法经营数额""违法所得""销售金额""货值金额""损失数额"和"数量标准"，这些成为知识产权犯罪数额的具体类型。

1.非法经营数额。作为知识产权犯罪领域研究最热点话题和实务适用最频繁的术语，非法经营数额在侵犯知识产权犯罪七个罪名刑法条文中均未出现，对其规定大多数出现在相关司法解释中。

《关于办理侵犯知识产权刑事案件具体应用法律若干问题的解释》第12条第1款规定："本解释所称'非法经营数额'，是指行为人在实施侵犯知识产权行为过程中，制造、储存、运输、销售侵权产品的价值。"具体计算方法："已销售的侵权产品的价值，按照实际销售的价格计算。制造、储存、运输和未销售的侵权产品的价值，按照标价或者已经查清的侵权产品的实际销售平均价格计算。侵权产品没有标价或者无法查清其实际销售价格的，按照被侵权产品的市场中间价格计算。多次实施侵犯知识产权行为，未经行政处理或者刑事处罚的，非法经营数额、违法所得数额或者销售金额累计计算"。

---

[1] 刘宪权：《侵犯知识产权犯罪数额分析》，载《法学》2005年第6期。

从以上规定我们不难看出，非法经营数额概念清晰、计算方法明确，再加上多数知识产权犯罪提出了定罪量刑标准，非法经营数额成为适用最广泛的犯罪数额。非法经营数额是否包括相关成本已经没有争议，但由于司法实践的多样性、复杂性，非法经营数额的使用仍然存在着诸多问题。如未销售侵权产品的非法经营数额的认定上，市场中间价难以确定、鉴定意见科学性权威性不足等。

2. 违法所得。违法所得这一犯罪数额类型出现在侵犯著作权罪、销售侵权复制品罪的刑法条文和相关司法解释中，违法所得不仅是罪与非罪、罪轻与罪重的重要标准，更是全部知识产权犯罪罚金刑判处的重要依据。

作为最重要的知识产权犯罪数额之一，我们遗憾地发现，违法所得在司法实践中适用率极低。造成这一局面的原因众多，既有理论上对其概念的外延和内涵未做深入研究，也有规范性文件未明确计算和适用规则，再加上实务中取证困难，违法所得的适用成为了一个亟待解决的难题。

3. 销售金额和货值金额。《刑法》第 214 条和相关司法解释将销售金额作为销售假冒注册商标的商品罪的定罪量刑依据，其余罪名未涉及这一犯罪数额类型，即使销售侵权复制品罪也未提出，货值金额则出现在《关于办理侵犯知识产权刑事案件适用法律若干问题的意见》中，用于说明销售假冒注册商标的商品罪中的未遂情形。

《关于办理侵犯知识产权刑事案件具体应用法律若干问题的解释》第 9 条第 1 款规定："刑法第二百一十四条规定的'销售金额'，是指销售假冒注册商标的商品后所得和应得的全部违法收入。"这一规定解决了学术界在一定时期关于尚未销售的侵权产品是否应当认定的争议。但销售金额和货值金额在知识产权犯罪数额体系中的地位仍然非常尴尬，二者的提法是否规范、独立价值在哪里、与非法经营数额的区别是什么、是否有必要单独存在，这些问题都值得深思。

4. 损失数额。损失数额是假冒专利罪和侵犯商业秘密犯罪的定罪量刑标准，二者具体使用的术语有所不同，假冒专利罪是"直接经济损失"，侵犯商业秘密罪使用的是"重大损失"。

在现行规定下，"直接经济损失"与"损失数额"是不同的概念，必须有所区别。损失数额包括直接经济损失和间接经济损失，直接经济损失是因直接因果关系而造成，范围较小但更明确。在假冒专利罪中，仅以直接经济损失作为定罪标准，而商业秘密罪的范围则包括间接经济损失。无论在民事领域还是在刑事犯罪，损失数额都是侵犯知识产权行为常见的概念，对其计算是否应当刑民区别对待存在一定争议。

5. 数量标准。数额既包括金额，也包括数量，知识产权犯罪也是如此。根据现行规定，数量标准应用在非法制造、销售非法制造的注册商标标识罪和侵犯著作权罪中。

《关于办理侵犯知识产权刑事案件具体应用法律若干问题的解释》第12条第3款规定："本解释第三条所规定的'件'，是指标有完整商标图样的一份标识。"这一规定明确了数量标准在标识类案件中具体适用。与金额相比，数量具有特殊的作用，其多寡同样能单独反映行为的社会危害性和法益侵害性，也相对容易操作。但在目前的知识产权犯罪数额体系中，数量标准的设置还比较少，未能充分发挥其有效的价值。

（二）现行知识产权犯罪数额体系存在的问题

当前的知识产权犯罪数额种类已经比较丰富，但实践效果并不理想。大量的知识产权案件都存在犯罪数额认定困难、争议大等问题，这固然与取证工作有关，但知识产权犯罪数额体系本身的科学性、与实践的紧密程度等也存在诸多问题，值得我们深刻反思。

1. 概念不明晰。在现有的知识产权犯罪数额体系中，无论是在研究领域还是实际法律规定，有些概念尚未明确，导致外延和内涵不清楚，难以发挥作用。

如"违法所得"，通过违法行为直接获得的利润当然属于违法所得，但利用违法行为产生的影响获得的间接利润属不属于违法所得值得研究；违法所得不应当包括成本，但成本的范围如何界定应当明确。[①] 另外，"损失数额""直接经济损失"等概念也未明确。

2. 关系混乱。对于现存的知识产权犯罪数额各类型，理论界鲜有探讨它们之间的关系，法律法规也未进行梳理明确。其实，各类型之间的关系非常重要，不仅关系到体系的科学、类型的衔接，还对司法适用具有关键作用。

理论界关注到了违法所得是否应当包括成本这一课题，通过讨论基本达成了共识，这在一定程度上理清了非法经营数额与违法所得的关系。但是，非法经营数额与销售金额、货值金额、损失数额等相互关系从未厘清，这从根本上导致知识产权犯罪数额体系显得混乱无序。

3. 体系不够完备。一个体系完不完备，关键看其是否完整协调、是否能够有效地实现其功能，从这一标准来看，知识产权犯罪数额体系还存在不小差距。

---

① 胡充寒：《侵犯知识产权犯罪数额的类型与认定》，载《知识产权》2014年第9期。

数量的独特作用目前已经在商标标识、侵犯著作权类犯罪中应用，对于那些价值不大、单件利润较少的薄利多销型侵权起到了很好的打击作用。但是，在销售侵权复制品罪、假冒注册商标罪、销售假冒注册商标的商品罪这些常见犯罪中，未见任何关于数量的定罪量刑标准，这不得不说是知识产权犯罪数额体系的一大缺憾。

4. 适用规则不明晰。理论要发挥指导功能，最终要通过适用于司法实践，现行的知识产权犯罪数额体系，大多数类型没有规定明确的适用规则，导致难以发挥预期效用。

违法所得、损失数额等概念尚不明确，更谈不上具体的适用规则，即使规定较为详细的非法经营数额规则，也存在一些问题。笔者认为，将标价和已经查清的侵权产品的实际销售价格并列，这一做法值得商榷。而且在司法实践中，账本、进出货单等书证十分稀缺，嫌疑人不交代的情况普遍，导致实际销售价格这一最合理的标准适用困难。

三、知识产权犯罪数额体系之重构

（一）知识产权犯罪数额体系重构原则

要从根本上解决知识产权犯罪数额体系的混乱状况和适用困难，必须进行体系重构。首先进行理论深入分析研究，才能实现体系的科学构建，进而指导司法实践。要实现此目标，必须坚持理论体系构建的基本原则，并结合知识产权犯罪具体情况进行。

1. 价值平衡原则。在知识产权犯罪中，加强知识产权保护和刑法的谦抑性是一对永恒的矛盾。在构建知识产权犯罪数额体系过程中，必须体现保护知识产权、预防犯罪的需要，同时注意多种手段并用，不盲目扩大刑事打击面，以达到具体行为与责任、刑罚的罪责刑相适应。

2. 前瞻性原则。体系的重构必须具有理论前瞻性，否则不仅没有理论价值，更无法指导立法和司法活动。知识产权犯罪数额体系的重构不能局限于现有规定。相反必须提高站位、放宽视野，以体系的合理重构推动学术的进步和法律法规的不断完善，最终解决司法实践中的种种问题。

3. 科学协调原则。科学协调是规范体系的基本要求，对于知识产权犯罪数额体系也不例外。要深刻反思现行知识产权犯罪数额体系的各项弊端，针对类型设置、具体内容、相互关系等全面梳理，依照科学合理、全面覆盖、协调一致、比例适当等要求，提出全新的体系构想，实现逻辑自洽。

4. 以实践为导向原则。任何理论研究都是以服务实践为目标，知识产权犯罪数额体系的构建更是如此。知识产权犯罪数额体系必须紧紧围绕办理知识产权犯罪案件各项需求,设置的类型、定义的概念、明确的适用规则等都必须辨识度高、具有可操作性,能够解决司法实践中的现实问题。

(二)知识产权犯罪数额体系重构的具体设想

1. 完善金额与数量并行的数额体系。知识产权犯罪案件复杂多样,金额标准不是反映行为社会危害性和法益侵害性的唯一指标,构建金额和数量并行的定罪量刑标准,能够完善知识产权犯罪数额体系,规制侵权行为在金额上达不到标准但数量大、情节严重的行为。

当前的数量标准仅在非法制造、销售非法制造的注册商标标识罪、侵犯著作权罪中适用,应当进行扩展。特别是销售侵权复制品罪,将"违法所得数额"当作唯一标准,排除销售数量标准,不仅理论上具有明显缺陷,而且会影响销售侵权复制品罪在实践中的适用。在常见的盗版案件中,犯罪数量比违法所得更能体现行为的法益侵害程度。应当将销售侵权复制品罪的犯罪数额标准由"违法所得数额巨大"改变为"情节严重",并通过司法解释将"情节严重"细化为金额和数量并行标准。另外,可以通过指导案例、司法解释等方式逐步探索假冒注册商标罪、销售假冒注册商标的商品罪、假冒专利罪具体领域的定罪量刑数量标准。

2. 构建非法经营数额、违法所得和损失数额三元金额体系。当前,知识产权犯罪金额包括非法经营数额、违法所得、销售金额、货值金额和损失数额,这些概念来自于不同机关、不同时期制定的法律法规,规定自由且相互之间没有协调统一,导致概念不清且关系混乱。必须经过认真梳理,才能形成科学严谨实用的知识产权犯罪金额体系。

经过多年研究推进和实践验证,特别是《关于办理侵犯知识产权刑事案件具体应用法律若干问题的解释》的明确规定,非法经营数额已经成为理论上相对成熟、实践中适用率最高的知识产权犯罪数额类型,总体运转也相对良好,因此,重构知识产权犯罪金额体系应当以非法经营数额为基础。非法经营数额是指行为人在实施侵犯知识产权行为过程中,制造、储存、运输、销售侵权产品的价值,这一内涵包括了销售价值,实质上就包括了销售金额和货值金额。鉴于此,知识产权犯罪金额体系不需要将销售金额和货值金额单独提出,非法经营数额涵盖了销售金额和货值金额的全部内容和功能,而且更加全面、准确和协调。理论上明确了这一点,将来应当在立法上推动刑法条文和司法解释向非法经营数额的规范转变。

与销售金额和货值金额不同,违法所得与非法经营数额并非包含关系,违法所得有其独立的价值和规则。违法所得本身要剔除成本,那么若不剔除成本的数额就等于非法经营数额,二者存在着明显区别。知识产权兼具公私两种性质,从根本上看,侵犯知识产权犯罪就是知识产权侵权达到一定程度的行为。在知识产权侵权评价和处理体系中,违法所得反映了行为人的获利情况,其作用不可取代,司法机关可以没收违法所得并返还被害人,但将非法经营数额没收或返还并不合理。诚然,违法所得在知识产权刑事犯罪领域的适用状况糟糕,但其巨大的独立价值使我们必须在知识产权犯罪金额体系中将其保留。

基于相似的论证思路,损失数额反映了被侵权人遭受的损失情况,具有独立的价值,对于知识产权犯罪特别是侵犯商业秘密罪的认定具有重要的不可替代作用,其内容不能被非法经营数额所包含,所以应当予以保留。不过,从实践来看,损失数额不宜再区分直接损失和间接损失,一则二者界限模糊、难以区分,再者区分本身的意义也不大,可以根据不同的罪名以司法解释的形式划定损失的具体计算范围。

综上所述,知识产权犯罪数额体系应当构建非法经营数额、违法所得、损失数额的三元金额体系,将销售金额和货值金额吸收进非法经营数额范畴之内。

3. 明确非法经营数额优先适用地位。当同一案件中涉及的知识产权犯罪数额不止一个时,如何适用成为理论研究的空白,现行的法律规定也复杂多样。由于损失数额、数量标准现仅适用于个别罪名中,这一矛盾主要体现在非法经营数额和违法所得的适用顺序上。

在定罪和刑档确定上,相关司法解释规定了非法经营数额和违法所得两个标准,中间以"或者"连接,对于这一类型条文的理解,争议不大,采用从重适用,只要达到其中一项标准,即定罪或者刑罚升档。就实际操作来讲,查清非法经营数额或者违法所得一个数额即可。

对于罚金刑的适用基础,《关于办理侵犯知识产权刑事案件具体应用法律若干问题的解释(二)》第4条规定:"罚金数额一般在违法所得的一倍以上五倍以下,或者按照非法经营数额的50%以上一倍以下确定。"笔者认为,仅从字面上看,"或者"前后内容是并列关系,并无先后顺序,若依法理和实践情况,则应当优先适用非法经营数额。从理论上讲,虽然都反映行为的性质和情节,但非法经营数额直接反映侵占的权利产品市场份额或对知识产权本身的损害,更能体现法益侵害性。侵犯知识产权犯罪有可能无法取得违法所得甚至亏钱,但是不影响认定其法益侵害性。

4. 制定具有可操作性的适用规则。现行体系合理适用规则的缺失最终导致了知识产权犯罪数额认定的各种分歧和乱象,这也是知识产权犯罪数额体系必须重构的出发点和落脚点。

违法所得的适用是个难点,规则的不同可能导致最后的结果出现巨大差别。笔者认为,必须特别强调价值平衡原则,坚持综合考虑。笼统来讲,可以把大宗的成本支出扣除，如房租、人工工资、材料、机器投入；对于小型或日常的投入，如水电气、网费等，笔者不主张扣除，一方面这些小额支出难以穷尽，另一方面对于这些支出究竟是用于侵权行为还是个人或家庭生活难以区分；对于与侵权行为有关的商业贿赂等非法支出，不能予以扣除。

对于现行的非法经营数额规则，进行适当调整，笔者建议可以修改为："已销售的侵权产品的价值，按照实际销售的价格计算。制造、储存、运输和未销售的侵权产品的价值，按照已经查清的侵权产品的实际销售平均价格计算。无法查清其实际销售价格的，按照侵权产品的标价计算，没有标价的按照被侵权产品的市场中间价格。"在司法实践中，实际销售价格是最合理恰当的定罪量刑标准，而标价与实际销售价格相差很远，因此即使对未销售的产品，二者也不能在同一位阶上适用。从实际操作来看，如果有一定证据可以显示侵权产品可能的实际销售价格，就应当尽可能地按照侵权产品的实际销售价格计算非法经营数额。①

损失数额方面，笔者认为，虽然民事诉讼和刑事诉讼的价值不同，但侵犯知识产权行为具有相通性，同一情形下损失数额的计算参考专利法、反不正当竞争法等民事规范的做法是妥当的，可以在此基础上结合司法实践具体调整。

---

① 杨佳：《非法经营数额认定问题研究》，载《江西警察学院学报》2016年第3期。

涉众型经济犯罪追赃挽损措施实践探讨

吴晓敏[*]

一、追赃挽损工作现状

近年来,非法集资类案件呈快速增长之势,实践中追赃挽损普遍较难。从江苏省办理的案件来看,没有一起非法集资案件的投资人能够完全挽回损失,个别案件实际损失甚至高达90%。主要存在以下几个方面的原因:一是集资周期长,案发时集资款已经被挥霍或者转移。近年来,集资类犯罪多以公司形式出现,欺骗性较强,非法集资往往可持续数年,在被告人无法兑付时才会案发。部分投资者即使已经认清其中风险,但心存侥幸认为短期内不会崩盘,不到东窗事发往往不会主动举报。案发时涉案人员或公司资金链已经断裂,大部分集资款因支付高额利息,或是被行为人挥霍、转移等,案发后往往难以追回,使得挽损措施面临"无米下炊"局面。二是涉案资金流过于复杂,难以查证。案发前后嫌疑人隐匿、转移资产,集资款往往辗转多个账户并被不停拆分、转账,资金流向难以查证。部分资金已经被嫌疑人转移至亲友或第三人账户名下,以开办公司、投资股权、房产等方式"洗白",违法所得与家庭、公司资金混同。因资产属性存在争议、相关人员提出抗辩而较难甄别,继而影响资产的追缴退赔。三是资产保值、托管难度大。涉案资产除了银行的存款外,还涉及房产、车辆、股票、钢材、食品、服装等,市场价格波动较大,有些随着时间推移价值必然减损。而集资类案件诉讼程序普遍较长,如何妥善保管资产、减少贬损也是实践中的难题,尤其是对于嫌疑人投资购买的商铺、厂房、企业等经营性资产托管难。最高人民检察院、公安部《关于公安机关办理经济犯罪案件的若干规定》明确:对不宜查封、扣押、冻结的经营性涉案财物,必要时可以申请当地政府指定有关部门或者委托有关机构代管。但由于缺乏委

---

[*] 吴晓敏,江苏省人民检察院第四检察部四级高级检察官。

托代管的操作规则,由谁托管,如何托管,还需要进一步完善举措。① 针对追赃挽损难的现状,检察机关积极探索,认真贯彻高检院的部署要求,将追赃挽损作为重要工作推进落实。

二、追赃挽损工作存在的问题

虽然检察机关会同相关部门就追赃挽损采取了积极措施,取得了一定成效,但集资类案件通常具有跨地域性、涉众性特点,涉及法律关系复杂,刑民问题交织,相关法律法规不够完善,资产处置措施相对缺乏,还存在诸多难点需要进一步解决。

(一)法律规定有待细化

《刑法》第 64 条对涉案财物追缴、退赔、返还、没收作了原则性规定。2014 年"两高一部"出台的《关于办理非法集资刑事案件适用法律若干意见》(以下简称《2014 年意见》)对涉案财物的追缴和处置作出了规定,该意见第 5 条明确:以吸收的资金向集资参与人支付的利息、分红等回报,以及向帮助吸收资金人员支付的代理费、好处费、返点费、佣金、提成等费用,应当依法追缴。集资参与人本金尚未归还的,所支付的回报可予折抵本金。中共中央办公厅、国务院办公厅《关于进一步规范刑事诉讼涉案财物处置工作的意见》规定了涉案财物保管制度、审前返还程序、先行处置程序等。上述法律、司法解释、规范性文件确立了追赃挽损的原则,但责任主体、具体手段、相关程序衔接等,还有待进一步细化。

(二)涉案财物追缴范围存在争议

依据《刑事诉讼法》第 245 条规定,犯罪的财物和犯罪所得及其孳息均在没收之列,对于直接向社会公众非法吸收的资金及其孳息予以追缴并无争议,关键是业务员的提成等是否属于应追缴范围?《2014 年意见》明确规定对集资参与人超出本金获利的部分,嫌疑人支付给涉案公司员工的佣金、提成等收入等应予追缴。从法理上看无论是"利息、分红、佣金"等,均来自嫌疑人吸收资金的违法所得,应当予以追缴。但实践中操作困难,并易引发新的矛盾。具体而言,有以下几个方面值得研讨:

---

① 最高人民检察院、公安部《关于公安机关办理经济犯罪案件的若干规定》第 50 条规定:对不宜查封、扣押、冻结的经营性涉案财物,在保证侦查活动正常进行的同时,可以允许有关当事人继续合理使用,并采取必要的保值保管措施,以减少侦查对正常办公和合法生产经营的影响。

1. 业务员提成。在非法集资过程中，业务员实施了具体的虚假宣传、签订合同、归集资金等实行行为，对集资过程起到了推波助澜的作用。《2014年意见》对"帮助吸收资金人员"并未加以区分。但实践中，集资团队分层明显，拿固定工资的一般业务员和拿高额提成的"部门负责人、团队经理"等骨干人员地位、作用不同，获利数额有显著差别。同时业务员人数众多，不少是刚出校门涉世未深的大学生，受公司高层指派从事一定的犯罪行为，参与时间短，获利少，对该部分人员的提成如何处理？目前，追赃挽损工作基本还局限于对公安机关已经采取强制措施的犯罪嫌疑人开展，对大多数其他业务员提成的追缴工作基本未开展。

2. 非法集资参与人超额获利部分。对于部分早期参与非法集资的参与人，其所获取的本息早已超出其初始投入的本金，按照司法解释的规定高额获利部分应当追缴，但实践中操作性不强。特别是P2P平台中非法集资参与人人数众多，实际获利者往往不会报案。另外，对于如何追缴、追缴主体、追缴范围等未有明确的操作流程，实践中往往无法执行到位。

3. 广告宣传、明星代言等费用。广告宣传对于非法集资起到了渲染的作用，"e租宝"案件中，不少被害人正是看到了中央台的广告宣传以及明星代言后坚定了"投资"的信心，投入资产以致受损。对于非法集资过程中产生的相关广告费、明星代言费以及技术服务费是否需要追缴，目前法律尚不明确。

4. 刑民交织问题突出。集资类犯罪涉及法律关系复杂，往往面临刑事程序和民事程序竞合的问题。公安机关查封、扣押、冻结的涉案资产，因涉及其他刑事、民事诉讼而被法院采取轮候查封、保全措施的情况普遍存在。

5. 违法所得与合法财产混同。因嫌疑人吸收资金后通常转移、隐匿资产，违法所得与合法财产常常混同。案发时所查扣的资产不足以退赔被害人财产损失，此时追缴资产的范围究竟如何界定。除了违法所得及其孳息外，对不足以弥补被害人损失的部分，是否需要扣押嫌疑人其他财产以最大程度减轻损失？

(三) 检察机关追赃挽损的措施相对缺乏

检察机关前连侦查，后接审判，查扣冻涉案资产在公安，执行在法院。作为中间环节，检察机关追赃挽损的手段相对有限，整体推进的效果欠佳。虽然部分规范性文件规定了人民检察院在资产处置过程中应发挥监督作用，但如何落实缺乏更明确的具体措施。

(四) 部门之间协作不够，有待进一步形成有效合力

虽然公、检、法机关与其他职能部门建立了有关工作机制，但围绕追赃挽

损的整体布局,仍亟待形成运行高效、协调到位的工作机制。如与行政部门的沟通合作有待进一步实质化。根据处非联办牵头起草的《处置非法集资工作操作流程》,处非工作由政府主导(一般由地方金融办牵头),目前各地建立了地方处非领导小组或联席会议机制,包括政法委、宣传部、信访局等党委部门、司法机关,工商、税务等政府部门于一体的综合协调机制,但这种齐抓共管的公共管理方式同样存在责任不够明晰的问题。尤其是中央与地方金融监管部门之间工作机制尚不够顺畅,地方金融监管部门存在执法依据不足、手段有限,人力不足等现实制约因素,① 一定程度上影响了监管成效。各部门之间联席会议主要是交流、通报信息、就规范性文件提出建议等,缺乏更有力的刚性措施去推动解决实际困难。

三、相关工作建议

(一)加强顶层设计,就追赃挽损构筑完整的法律体系,完善相关工作机制

针对当前处理此类案件时存在的涉及人员众多、涉案财产处置刑民交叉以及处置责任主体模糊、规定不明确等问题,亟须加强顶层制度设计,制定、完善非法集资案件追赃挽损、涉案财产处置的相关规定。明确责任主体、处置原则、处置资产范围、处置程序等,为追赃挽损工作提供可操作的法律依据。

关于涉案资产处置的主体,建议依据刑事诉讼阶段来确定,在哪个诉讼阶段由哪个司法机关负责,同时坚持党政主导。具体而言,侦查阶段由公安机关负责涉案资产的清理汇总和信息登记工作,包括集资参与人、投资数额、具体损失数额等相关信息,对涉案资产采取查扣冻强制措施,将信息移送检察院、政府处置办(金融办)。检察院在审查起诉阶段对涉案资产进行审查,在提审讯问时作为必问事项,在审查报告中专门写明涉案资产追缴处置情况并作出处理意见。进入审判阶段后法院应建立独立的涉案财物庭审判及判决程序。对于侦查及审判阶段的资产处置,检察机关全程负有监督责任。在具体的资产发还、清退阶段由政府牵头,处置办(金融办)统筹协调,司法机关、信访等各部门各司其职、互相配合。关于程序方面建议进一步规范涉案财物处置流程、设立涉案财物权属调查程序、构建合理的先期处置程序等。

(二)加强调查研究,就资产处置范围形成司法共识

1. 关于业务员提成,应根据业务员实际的角色、地位、作用予以区分后

---

① 王伟在《处置非法集资中的认识误区及对策建议》中提到,大部分省、市金融办(局)之间工作人员在30—40人左右,区县基层局只有10人左右。

再进行相应追缴。从查询资料看，近年来追赃挽损力度不断增大，涉及的人员和财产范围不断扩大。① 非法集资案件中的人员一般分为核心层（董事长、总裁）、管理层（区域经理）和一般业务员，以及行政、技术人员等。② 对此应当有所区分，重点打击组织、策划、指挥、管理、发挥主要作用的中高层人员，其他人员应当根据其在集资共同犯罪中的地位、作用、具体实施的行为来区别对待。"对于领取固定工资、收入等非业务岗位如前台、行政人员来说，不宜将其工资视为犯罪所得"，③ 但对于核心业务部门如销售部、风控部、产品研发部的员工，以发工资为名，实为高额奖励的，应按照其在集资活动中发挥的作用和工资收入的实际性质区别对待，不宜一律按照合法工资收入处理。对于团队募集资金及个人佣金、提成等应当负有退赔责任。

关于业务员的处理应根据退出资金的情况分别处理。能够及时退回所收取的代理费、好处费、返点费、佣金、提成等费用的，可以从轻处理。对参与时间较短、数额较小、情节轻微，特别是能够积极提供资金去向、帮助挽回损失的业务员，可以不按犯罪处理。通过上述举措起到积极的引导作用，即积极退赔可以获得诉讼上的从轻利益，从而促使业务员积极退赔，最大程度保障投资参与人的合法利益。

2. 对集资参与人超出本金部分的获利应当依法追缴。上海市公检法联合发布的《关于办理涉众型非法集资犯罪案件的指导意见》规定：向社会公众非法吸收的资金属于违法所得。以吸收的资金向集资参与人支付的利息、分红等回报，不论集资参与人是否已先期离场，均应当依法追缴。集资参与人本金尚未归还的，所支付的回报可予折抵本金。办案中集资款用于支付前面投资者的本息具有相当普遍性，部分集资参与人其实已经意识到了风险，但抱着侥幸

---

① 根据2019年部分金融警情通报，侦查机关侦办的启蓝金服、合时代、信和财富案中追缴资产的人员包括了部门主管、普通员工、业务辅助人员、其他吸收资金提供帮助的人员。要求退还的费用包括代理费、佣金、好处费、返点费、提成及工资收入。

② 最高人民法院、最高人民检察院、公安部《关于办理非法集资刑事案件若干问题的意见》规定：六、关于宽严相济刑事政策把握问题办理非法集资刑事案件……做到惩处少数、教育挽救大多数。……重点惩处非法集资犯罪活动的组织者、领导者和管理人员，包括单位犯罪中的上级单位（总公司、母公司）的核心层、管理层和骨干人员，下属单位（分公司、子公司）的管理层和骨干人员，以及其他发挥主要作用的人员。对于涉案人员积极配合调查、主动退赃退赔、真诚认罪悔罪的，可以依法从轻处罚；其中情节轻微的，可以免除处罚；情节显著轻微、危害不大的，不作为犯罪处理。

③ 姜淑珍、郑圣果：《认罪认罚从宽在非法集资案件追赃挽损中的适用》，载《检察调研与指导》2019年第6期。

心理，想在"崩盘"之前捞一把走人，客观上对于非法集资的规模扩张也有推动作用。对于先期离场者的高额获利部分，应进一步结合证据调查其获利情况，依法追缴其所获利息、分红等收益。

3. 广告费、明星代言费等依据对方过错程度进行追缴。《广告法》第56条规定，发布虚假广告，欺骗、误导消费者，使购买产品或者接受服务的消费者合法权益受到损害的，由广告主依法承担民事责任。广告经营者、广告发布者、广告代言人，明知或应知广告虚假仍设计、制作、代理、发布或者作推荐、证明的，应与广告主承担连带责任。2017年银监会起草的《处置非法集资条例（征求意见稿）》认为，清退资金来源包括非法集资协助人为非法集资提供帮助而获得的收入，包括咨询费、广告费、代言费、代理费、佣金、提成等。目前证明广告代言人如明星的主观明知比较困难，代言人不一定具备专业的财经知识，尤其在平台早期包装完善的前提下，认知有限，对其代言费的追缴存在证明上的困难。笔者认为，从追赃挽损利益最大化原则及持续性追赃的现实角度来看，广告费、代言费等除非用于公益，否则应根据行为人的主观过错程度予以追缴。

4. 对于追缴范围不应受限于嫌疑人、被告人的违法所得。尽管很多嫌疑人、被告人可能无力赔偿，但不能因此限缩其应该赔偿的范围,[①] 其退赔范围应当根据被告人的犯罪行为所造成的损害结果来确定。重庆市公检法《关于办理非法集资类刑事案件法律适用问题的会议纪要》规定：追缴和退赔是两个不同的概念。对于违法所得应当予以追缴，尚未追缴在案的可以继续追缴。对于无法追缴的财物，可以责令退赔，退赔既包括退还财物，也包括赔偿财物。建议可参照国外的保全扣押制度，为保障权利人（被害人）将来的判决利益不受损失，先将犯罪嫌疑人的财产予以扣押的制度。为避免嫌疑人隐匿、转移资产，将嫌疑人所有可执行的财产纳入没收体系，赋予侦查机关在刑事诉讼之初即可对犯罪嫌疑人的非涉案财产进行扣押的权力。同时为了利益平衡，坚持法官保留与救济原则，符合一定的比例原则，允许嫌疑人对扣押及执行方式上提出异议。[②] 在追缴被告人违法所得基础上的，全面调查相关人员的所有财产，被告人违法所得不足以全额清退的，应继续追缴并强制执行其合法财产。

---

① 黄祥青、肖晚祥、罗开卷、许浩：《涉众型非法集资犯罪的法律、政策规制》，载《刑事审判参考》第117集。

② 沈威、徐晋雄：《比较视野下涉众型经济案件追赃挽损机制研究》，载《中国检察官》2019年第24期。

5. 对于经营性资产可以采取第三方托管制度。对涉案公司的固定资产、债权、项目等经营性资产，可探索市场化处置方式，构建"债权人会议""第三方资产处置公司""清算管理人"等模式，综合运用托管经营、强制管理等方式积极盘活资产，聘请专业的审计、财务机构、金融机构等对资产进行评估及专业控制，检察机关可以对债权人联席会议、清算管理人等进行监督。

（三）聚焦办案主业，找准追赃挽损工作的着力点

1. 积极发挥诉前主导作用，督促侦查机关追赃挽损。对于重大集资类案件提起介入，对取证及侦查方向提出书面意见或建议，同时也要对资产状况进行同步引导侦查，形成同步上案工作机制。督促侦查机关尽早甄别资产权属情况，收集关于涉案资产权属的证据，在权属明确的前提下尽可能查扣冻涉案资产。根据不动产与动产的类别和状况，分类、分阶段采取处置措施。对易贬值及保管成本过高的涉案资产，可先行处置。充分听取集资参与人（被害人）的意见，收集关于涉案资产的更多线索，督促公安机关查证，尽量增加可以退赔的财产范围。同时也要对侦查机关采取的查扣冻措施在程序的合法性、适用的必要性上进行严格审查，降低对企业生产经营的影响，对案外人的合法资产等不属于查扣冻范围的也应严格排除在外。如部分案件中，侦查机关仅对已经采取强制措施的犯罪嫌疑人开展追赃挽损，对于大多数没有采取强制措施的业务员等人的佣金、提成没有采取相关措施，对此应当督促公安机关及时扣押、冻结、追缴业务员违法所得的佣金、提成等违法所得。

2. 审查起诉环节应将追赃挽损作为必备要素进行严格审查。证据是认定事实的基础，追赃挽损的有效开展有赖于涉案资产权属、集资参与人损失数额等事实的精准认定。检察环节应构建以证据为核心的指控体系，对涉案资产相关事实、证据严格审查，判断是否属于违法所得或者依法应当追缴的情况。

一是认真审查损失数额。准确界定损失数额是处置、发还财产的前提。集资参与人基于自身利害关系，容易夸大损失数额，所作陈述未必可靠。任何人不能因自己的不义行为而获利，如果部分集资参与人因为谎报、虚报能获得更多的退赔份额，对其他如实申报的集资参与人显然不公平。审查起诉时应当根据证据精准认定投资参与人损失。具体而言按照"单个证据的分解验证、相关证据的双向比对、全案证据的综合判断"[①] 三个步骤进行。首先通过对单个证据进行审查甄别，纵向看供述、某个被害人陈述等言词证据前后是否一致；

---

① 于同志：《刑事实务十堂课——刑事审判思路与方法》，法律出版社2020年版，第88页。

其次横向上将各证据内容进行比对，如将被害人陈述与书证（借款合同、借条、投资协议等）、其他证言、其他被害人陈述、供述等做比对，看彼此之间是否能够相互印证，通过其他证据验证陈述是否客观真实，是否有夸大的"水分"存在；最后在综合比较分析的基础上运用证据规则，精确认定损失数额。

二是仔细甄别涉案资产的权属。涉众型经济金融犯罪案件中，资金去向复杂，集资款项往往通过多个账户多次拆分流转，与其他资产混同，查证难度大。有的行为人在案发前通过赠与、虚假诉讼等方式将财产转移至亲友等关系人名下，甚至通过假离婚的方式逃避债务，给涉案资产的认定、权属判断带来困难。检察机关应积极发挥主导作用，对于公安机关没有移送相关证据材料的，或者认定应当追缴的财产证据不充分的，应当及时退查或者自行补充侦查。

三是认真审查涉案资产。最高人民法院《关于适用〈中华人民共和国刑事诉讼法〉的解释》第 359 条、第 363 条对查扣冻的财物规定应当妥善保管并制作清单。第 365 条规定"判决书中应当对查扣冻的财物及其孳息在判决书中写明名称、金额、数量、存放地点及其处理方式等，涉案财物较多，不宜在判决主文中详细列明的，可以附清单"。为进一步做好财物的甄别查明工作，可以在检察环节将上述财物的具体信息尽最大可能查实并列明。具体而言提审讯问时作为必问环节，在审查报告中将追赃挽损情况作为必要审查事项列明，对涉案资产处置提出明确的意见，提起公诉时应当附带相关涉案资产明细清单，载明资产的名称、金额、数量、存放地点及处理方式等详细信息，便于后续处置。

四是在保障案件质量的前提下提高办案效率。涉众型经济案件往往周期长，从作案到案发往往持续数年，同时由于涉案人数众多，分布地域广泛，证据形式复杂，诉讼周期较长，① 以上因素无形中增加了资产贬损的风险以及潜在的不稳定因素。为此应在保证案件质量的前提下尽快审结案件，在检察环节尽量不拖延，缩短诉讼周期，避免"久拖不决"情形，为资产保值、尽快处置争取契机。

五是慎用强制措施，用好认罪认罚从宽制度。坚持宽严相济刑事政策，区别对待，综合运用刑事和行政手段，促进办案效果最大化。办案中应与犯罪嫌

---

① 黄娅在《非法集资刑事案件追赃挽损机制研究——以涉案财物处置程序规制为视角》一文中指出，2018 年中国裁判文书网上发布的基层法院审理的 100 件非法集资刑事案件，能够在法定期限内审结的案件仅仅占样本总数的 33%。

疑人及其家属、辩护人及时、充分沟通，告知嫌疑人认罪认罚从轻处理的相关规定，促进其真诚悔罪、退缴赃款，尽力挽回被害人损失。对于认罪态度较好，能够积极筹措资金，已经全部或者大部分兑付集资参与人，后果不严重的嫌疑人，在查清事实的基础上可以从轻处理，不予批捕、起诉、依法变更为非羁押强制措施、免予刑事处罚、从轻或减轻处罚等。对于有一定还款能力、股权结构复杂的案件可以不予逮捕、存疑不诉等。让嫌疑人继续经营企业，从企业的正常经营中获取收益并予以退赔，最大限度挽回被害人损失。

（四）加强沟通协调，形成追赃挽损合力

1. 建立健全跨区域案件执法争议处理机制，完善不同区域间跨执法部门、司法部门查处工作的衔接配合程序。涉及不同地区多家法院的案件，按照涉众型跨区域经济犯罪"三统两分"的要求，扣押款物应当集中统一处置，交由审判法院一并处理。

2. 配合法院等职能部门共同做好追赃挽损工作。在处置非法集资职能部门统筹协调下，切实履行协作义务，综合运用多种手段，定期与公安、法院、省金融办等召开联席会议，商讨相关举措，针对陈案推进、资产处置等制定出可行方案，积极履行主体责任，提高协作效率，形成有效合力，共同推进涉案资产处置到位。在防范和处置有关环节引进审计、评估等中介服务，加强第三方支付平台的合作，掌握资金动向，做好涉案财物清运、财产变现、资金归集、资金清退工作，确保最大限度减少实际损失。如推进检税联动，借助税务系统平台，对纠纷案件高发的地区、行业进行税控排查，便于侦查机关查明资金流向等。

3. 探索建立借助联合惩戒的追缴机制。对不追究刑事责任的嫌疑人、高额提成分红的业务员、先期离场的投资参与人等，以公告催缴的方式要求相关人员限期进行退赃退赔。如逾期不退，可探索将相关人员列入失信被执行人，借助信用联合惩戒机制迫使其及时退赔。

论我国涉罪企业暂缓审判协议制度的构建[*]

何永福[**]

不少学者从比较法角度对美国、英国的暂缓审判协议（Deferred Prosecution Agreements[①]）进行一定程度的介绍，但对暂缓审判协议制度的本质没有进行充分阐述。我国涉罪企业暂缓审判协议制度的构建应使用暂缓起诉协议名称，并明确该制度的适用罪名、适用主体、适用条件、适用程序。

一、关于涉罪企业不起诉制度的名称问题

应引进暂缓审判协议制度，但不应以暂缓起诉或附条件不起诉制度来构建我国的暂缓审判协议制度。暂缓审判协议制度与附条件不起诉或暂缓起诉有着本质的不同，表现在其效力决定机关不同、适用诉讼阶段不同、适用对象不同。因此有必要在立法中引进不同于附条件不起诉或暂缓起诉的暂缓审判协议制度，以满足我国有效处置涉罪企业认罪认罚从宽的需要。

二、暂缓审判制度的适用罪名

从美国司法部适用暂缓审判协议制度的情况来看，该制度主要适用于大型公司犯罪，目的是避免公司被定罪的附带后果对公司、股东、第三人及美国经济的影响及提高指控公司犯罪的效果。英格兰和威尔士引进暂缓审判协议制度的目的是为提升打击经济犯罪的效果。因此，对暂缓审判协议制度适用罪名只能涉嫌经济犯罪的大型企业，而不是小型企业或不涉嫌经济犯罪的企业。

---

[*] 本文系论坛联合征文期刊《中国检察官》拟录用稿件的精华版。

[**] 何永福，广东省珠海市人民检察院检察官。

[①] 国内学者大都将"Deferred Prosecution Agreements"翻译成暂缓起诉协议或缓起诉协议，但从该制度的内容来看，"Deferred Prosecution Agreements"是检察官将涉罪的企业起诉到法院后，因检察官与企业达成协议而暂停法院审判的制度，因而笔者将其翻译成暂缓审判协议。

三、暂缓审判协议的适用主体

应借鉴美国、英国由具有侦查和起诉职能的机构来负责暂缓审判协议实施的经验,在最高人民检察院内部组建专门机构或者组建专门的检察院来负责我国暂缓审判协议的实施。由于我国目前对企业涉嫌经济犯罪、贿赂犯罪等侦查由公安机关、监察机关来行使,而审查起诉权由检察机关来行使,为提升打击大型企业犯罪的力度,应将企业涉嫌经济犯罪、贿赂犯罪等的侦查权和审查起诉权赋予最高人民检察院专门机构或专门检察院,并配备会计师、技术人员等相关专业人员。

四、暂缓审判协议的适用条件

一是应明确适用暂缓审判协议制度的案件符合提起公诉的标准。二是应明确适用暂缓审判协议的裁量标准。由于是否启动暂缓审判协议和审查涉罪企业是否履行了协议义务等都涉及检察权的自由裁量问题,为解决滥用裁量权的问题,应明确裁量标准。

五、暂缓审判协议的适用程序

应借鉴英国暂缓审判协议程序的有益经验和我国附条件不起诉的程序来在构建我国暂缓审判协议的程序。具体来说由审查程序—启动程序—达成协议—向法院提出批准协议的申请—法院作出批准或不批准的宣告—监管考察—终止或重启刑事诉讼程序等级成。

网络时代破坏生产经营罪的法教义学形塑[*]

孔忠愿[**]

面对互联网时代出现的新问题,破坏生产经营罪的构成要件受到一定的冲击,尤其是对"以其他方法"破坏生产经营兜底条款的解释。在解决该罪名司法适用困境的问题上,存在立法论与解释论两种路径。认为破坏生产经营罪存在"真正的漏洞",必须新增罪名的观点值得商榷。笔者不赞同对于破坏生产经营罪面临的新问题不加区分地以立法论来处理,理由如下:其一,罪刑法定原则所要求的明确性不等于对于破坏生产经营罪的构成要件没有解释余地;其二,明确破坏生产经营罪的"真正的漏洞"与"不真正的漏洞"是对该罪名进行解释的前提;其三,廓清妨害业务与破坏生产经营的关系是准确解释破坏生产经营罪构成要件的关键。

在解释论的内部也存在限缩性解释与扩张性解释不同的观点争议,以同类解释或限缩性解释作为对破坏生产经营罪构成要件外部证成的方式不无疑问,理由如下:其一,刑法解释的限度应当以刑法用语的可能范围为标准,符合刑法用语的可能范围内的解释不一定是同类解释或限制解释;其二,限缩性解释虽满足了罪刑法定原则明确性的最大要求,但是不能合理地应对个案;其三,限缩性解释与扩张性解释之争,实际上是形式解释论与实质解释论之争,应采取实质解释论的立场。

立足于破坏生产经营罪的规范用语和规范保护目的,基于行为的处罚必要性,对本罪的规范构造进行法教义学形塑。具体而言,本罪的保护法益应当是生产经营的经济利益和生产经营的正常秩序;本罪的规范保护目的应当是"对具有不正当动机破坏生产经营内在必要条件的行为方式的禁止";本罪的行为方式界定为致使生产经营难以正常运作的方法;本罪的行为对象应该限定为"维系生产经营所必要的内在的条件";应当肯定"泄愤报复或其他个人目

---

[*] 本文系论坛联合征文期刊《中国检察官》拟录用稿件的精华版。
[**] 孔忠愿,华东政法大学2018级刑法学硕士研究生。

的"作为本罪的主观违法要素,影响罪与非罪的认定。在破坏生产经营罪的司法认定上,应坚持从构成要件判断到规范保护目的检验的思维方式,重视行为对象对本罪认定的意义,并考虑行为人主观违法要素是否存在被阻却的正当化事由。

兜底条款是刑法解释限度的"试金石"。对兜底条款的解释而言,应从两个层面来加以判断:其一,实质层面,该兜底条款应与该罪名的示例项皆能体现本罪的"规范保护目的";其二,形式层面,该兜底条款应具有"相对从属性"。换言之,一方面,兜底条款可体现该罪名示例项的"共同特征",另一方面,该兜底条款可以有自己独立的内涵,而不完全从属于该罪名示例项所限定的特征。

二、网络犯罪惩治基础理论与实践

网络犯罪与国家治理：
挑战、经验、前瞻与重塑

吴美满[*]

随着互联网等信息技术与国家经济社会生活的不可分割，我们已同时置身现实世界和虚拟世界两种全球化。这两种全球化相互交融，各种利益关系和社会关系更加错综复杂，网络犯罪刑事治理也面临各种严峻冲突与挑战。如何在考验中开新局，有效进行网络犯罪国家治理，既是犯罪学面临的新命题，也是全社会的新使命。打造清明的网络生态，需要直面挑战，整体谋划和系统重塑。

一、当前网络犯罪治理面临的挑战

需要说明的是，所有的这些问题经广泛收集调研，全部来自全国或区域性公检法一线办案实践，具有代表性和普遍性。每一个问题都各自论述，但并不意味着它们独自运作，相反，它们高度叠加，相互依存，通过彼此融合形成一种破坏力更大的"力"和"势"，严重制约了网络犯罪治理，迄今没有有效解决办法，且有愈演愈烈之势。

（一）犯罪迷惑性高、专业性强，犯罪侦查滞后于犯罪活动

非法集资、网络传销、网络侵犯知识产权、非法经营等网络犯罪行为基本都披着"互联网金融""金融创新""科技创新"等合法外衣，迷惑投资者也误导监管和司法。特别是随着金融产业的发展和金融衍生产品的不断创新，刑民政策界限较难把握，监管和司法一直在"错误地扩大打击面而影响经济发展，或无法准确有力地打击犯罪行为而放纵犯罪"之间矛盾纠结，某种程度上降低了犯罪治理时效和能力。同时，犯罪手段一直紧随网络信息新兴技术和产业发展动态并加以应用和模拟，从最早的短信群发平台、伪基站，到现在的

---

[*] 吴美满，福建省泉州市人民检察院检察委员会委员、第四检察部主任。

猫池、goip、多卡宝都被用来实施远程、非接触性犯罪，而平台等却未予充分进行犯罪评估和监管。网络犯罪案件证据极具特殊性，对技术性、时效性依赖度较高，比如相关的取款录像、通话记录清单、微信聊天和交易记录、IP 地址等，犯罪分子利用这类证据时效性强、断网即销毁的技术性特征，有意采取跨域、及时销毁等反侦查措施，甚至为对抗犯罪侦查进行事先演练。此外，还出现利用患有严重疾病（尿毒症或传染性疾病）、难以关押或被判处监禁刑的病人实施犯罪，如被雇请充当"职业取款人"等情形。而反观治理方面，全国各地普遍存在专业性侦查人员不足①、取证规范性不强、取证设备滞后且区域性参差不齐，更加剧了电子证据时效性、虚拟性、可修改性、不稳定性等取证困境和非法证据排除风险，未来更面临犯罪分子运用加密技术藏匿电子证据轨迹的挑战。侦查水平与犯罪手段的持续翻新和变种未能及时匹配。

（二）犯罪产业化独立化趋势加剧，有意割裂证据链

现在网络犯罪已经打破传统的共同犯罪之间的联络链条，犯罪前端形成未实名手机卡、银行卡四件套、网站维护、APP 开发和对公账户买卖、网络销赃渠道、专业取款人等都已形成规模，并与后端的犯罪正犯脱钩，各个环节呈现产业分离化特征，形成彼此独立的犯罪产业链，对于其中一个环节的打击并不能有效斩断整个犯罪链条。后端正犯则通过交易方式整合前端各灰色产业链，像一部机器一样将前端各个灰色链条组装啮合完成正犯犯罪行为，各链条实现从灰到黑的完整配合。由于后端正犯通过暗黑市场交易顺利切断与前端的物理和犯意联络，造成前端犯罪主观故意证明难、后端犯罪隐蔽性强，犯罪全链条、每一链条的全部犯罪行为打击难。同时，由于犯罪链条切断各自独立，灰色产业链参与者对其行为背后的目的、性质和后果认识不足，在眼前利益诱惑下毫不犹豫地积极参与，丝毫没有加害的负罪感，这更加剧了这些链条的不法行为。比如，大量农民工、老年人、大学生等特定群体被犯罪分子蒙蔽或引诱出售身份证配合办理营业执照、税务登记、银行卡、U 盾、电话卡，或出租自己的支付宝、微信帐户等，为网络犯罪分子转移资金提供便利。近年来立法和

---

① 网络犯罪侦查本应匹配相应数量的网络警察，但现实情况是，每个基层公安单位都只配备一个人员有限的网安部门，这些人员只能应付派员参加个别影响力大、涉及面广的严重网络犯罪案件，绝大多数案件的侦办只能依托传统犯罪侦查团队，这些团队虽设有网安联络员，但不管是人员数量还是专业水平都无法匹配犯罪侦查所需，侦办效果可想而知。

司法虽有很多将网络犯罪帮助行为正犯化的努力,① 但对这类租售自有身份证或微信、支付宝等收款帐户的行为在现有的法律框架下无法追究刑事责任。对这类行为如何规制以避免不法应用,强化其对用户信息的保护义务,也是一个待解问题。

(三) 私自变造或非法利用支付平台进行洗钱掩盖犯罪

犯罪分子通过大量注册商户或个人账户,私自变造搭建第四方资金支付平台,为网络正犯提供资金结算通道,有意拉长资金流转路径以隔离赃款的来源和去向,涉案资金经过第四方聚合支付进入"水房",造成资金流水查证困难,掩盖上下游犯罪也阻碍追赃,自己从中赚取手续费分成。此外,部分犯罪分子利用合法平台,掩饰赃款来源实现非法收益的合法化。如网络兼职诈骗中,犯罪分子诱骗被害人扫描商城二维码支付钱款进行刷单,再从商城处获得相应金额卡密,到回收卡密的合法平台进行销售兑现,由于被害人和犯罪分子之间无直接或间接的资金往来,难以准确查证犯罪分子的作案数额,同时由于此类案件通常是针对不特定人群大批量实施的犯罪,且被害人一般无法指认出实施诈骗的犯罪分子,人案关联认定存在难度,因此往往只能按照查找到有限的被害人被骗数额认定。

(四) 全面、跨域取证难,异地协作、追诉难

鉴于网络犯罪具有涉众性、跨域性、涉案资金量大等特点,办案机关单靠一己之力难以全面、有效追诉犯罪,需要借助较高的专业网络技术手段和多地、多部门协作。"两高一部"为此专门出台操作性很强的规定,② 但实践中异地协查到位比例不高,也无不利后果制约。对涉不同层级的跨区域犯罪,各

---

① 如《刑法修正案(七)》增设第285条第3款"提供侵入、非法控制计算机信息系统程序、工具罪",《刑法修正案(九)》中,也将之前一部分作为共同犯罪帮助犯处理的罪名通过正犯化的立法方式予以规制。如新增"非法利用信息网络罪""帮助信息网络犯罪活动罪"。"两高"在2010年发布的《关于办理利用互联网、移动通讯终端、声讯台制作、复制、出版、贩卖、传播淫秽电子信息刑事案件具体应用法律若干问题的解释(二)》中,第2条到第6条就是典型的共同行为正犯化的运用。将网络群组建立者、管理者、网站建立者、管理者等主体的帮助行为,直接纳入传播淫秽物品罪或传播淫秽物品牟利罪的正犯进行处理。在2013年公布的《关于利用信息网络实施诽谤等刑事案件适用法律若干问题的解释》中,其第1条、第5条、第7条都规定了网络信息服务提供者的责任,在一些情形下,仍然可能成立诽谤罪、寻衅滋事罪、非法经营罪的正犯。

② "两高一部"《关于办理网络犯罪案件适用刑事诉讼程序若干问题的意见》第4条第11、12项专门就全国公安机关办理网络犯罪案件的跨地域取证问题作了操作性很强的规定。

地各部门如何协调诸如侦查启动、平衡犯罪情节、主从犯认定和追究层级,以及统一量刑和财产处置,也成亟须解决的一大堵点。犯罪治理的"地方割据"和区块化与已经产业化规模化的网络犯罪形成极大反差,实际上造成对网络犯罪的"二次放纵"。同时,一些互联网公司等网络犯罪高发的平台企业配合后台数据调取的手续、流程、时效以及证据合法性等方面都有待进一步优化。

(五)云端和跨境犯罪态势日趋常态化,国际合作以及境内企业境外服务器出租监管有待加强

随着网络犯罪侦查技术手段的提升以及"云数据"等高科技数据处理技术的高速发展,很多案件的推广、运营、结算基本是在"云端"进行,不需要固定服务器或在境外租用服务器,同时,微信、QQ等国内常用通联手段已经逐渐弃用,转而使用Skype、telegram等国外聊天工具,这些均已成犯罪分子青睐的新犯罪手法,对发现、预警、侦查、取证、抓捕、追赃都形成新的挑战,案件即便用足两次退补也鲜有进展,近两年办理的跨境赌博类案件发现这个趋势尤其明显。长此以往,犯罪分子一方面可以自己做足功课选择犯罪技术和犯罪地逃避追查;另一方面,侦查技术障碍、境外服务器出租监管和网络犯罪国际司法协作等方面存在的传统壁垒尚未突破,又可能叠加犯罪分子用犯罪收益收买境外职能机构,给国际司法协作或谈判增添新障碍,这是网络犯罪技术和国际治理面临的新考验。

(六)法律适用争议多,司法认定分歧大

目前争议较大的是网络非法集资行为、提供资金支付结算帮助的行为以及收买、非法提供他人主动提供并配合办理的银行卡四件套的行为如何评价;对帮助信息网络犯罪活动罪中的下游犯罪所要求的证明程度、证明标准公检法认识不一;对于网络诈骗、裸聊敲诈、网络赌博等案件,一般犯罪分子位于境外,技术支撑团队在境内且分散在不同地区,互不相识但各有分工,关联性团伙性特征不明显,如何评价各地各部门看法、做法不一。(1)对于网络非法集资行为,存在非法占有目的判断难、非法集资数额认定范围以及非法集资团伙追诉人员层级的界定难,非法吸收公众存款、集资诈骗抑或组织领导传销犯罪定性难等问题。(2)对于提供个人信用卡或第三方、第四方支付账户供网络诈骗、赌博网站、组织领导传销犯罪使用,即提供资金支付结算帮助的行为,各地存在不追究、共犯、洗钱、帮助信息网络犯罪活动罪、非法经营、掩饰隐瞒犯罪所得之间交叉、选择性适用的问题,且这类行为危害性大但主观明知的认定往往存在困难。(3)对于收买、非法提供个人主动提供并配合办理的银行卡四件套(银行卡、U盾、密码和手机卡)为下游网络犯罪提供帮助

（无犯意联络）的行为，各地定性上存在妨害信用卡管理罪和窃取、收买、非法提供他人信用卡信息罪两种不同做法。

（七）追赃挽损难，犯罪成本与收益明显失衡，犯罪治理"两低一高"反常现象堪忧

如前所述，网络犯罪启动追诉程序时犯罪分子基本已实现财产转移，第三方账户包括对公账户买卖已经产业化，加上各公司平台近两年出现的新第三方支付方式也成为违法犯罪洗钱的首选通道，与此同时，地下钱庄以及传统银行现金管控失守等也相互叠加，造成认定犯罪和追赃所要求的资金链获取困难，最后能被犯罪追究的事实与犯罪分子实际实施的行为相比只占很小的比例。即便是这"很小比例"的定罪事实，还要经受电子证据容易被非法证据排除以及认罪认罚从宽的层层衰减，最终，犯罪分子实际承担的刑罚远远不及其所造成的危害后果，犯罪成本极低。反观犯罪收益，由于启动犯罪追诉程序时犯罪分子实际已进行财产转移，特别是网络赌博和诈骗案件，赃款通过第四方通道几乎实现"秒移"。两相比较，犯罪收益大大高于犯罪成本，形成"事实认定低、刑罚承担低而犯罪收益高"的"两低一高"反常现象，这种治理格局不仅对网络犯罪形成反向激励，且刑事手段的启动反倒成了犯罪分子逃避投资者追讨的"避风港"以及犯罪资产合法化的"背书器"，网络犯罪治理效果堪忧。

此外，目前检验鉴定机构少、人手不足导致的电子证据检验鉴定难也是制约网络犯罪治理的一大问题。

二、网络犯罪治理的"泉州经验"

泉州市院自 2015 年开始着手构建金融检察专业机构，最终打造形成"1+6"工作模式，"1"即一体化，包括内部职能一体化和外部协作一体化，"6"是对"1"的具体、深化和保障，包括专业化办案、立体化监督、规范化指导、精准化服务、融通化研究和网络化预防，全面发挥检察职能，取得良好工作成效。该模式具有较强的可复制性和适应性，除了金融检察，我们应用在网络犯罪治理方面也积累了一定经验。

（一）职能协同和技术赋能，聚焦"专业化"

全市两级院成立专门机构和专业团队全面履行、同步协同前述六项职能，实现从"办案"向"治理"的转化。同时，加强内外部技术力量的整合，借助技术辅助办案提升专业化水平，精准匹配网络犯罪的信息技术特性带来的办案新挑战：内部加强与本院技术局的协作配合，联合建立办案协作机制，既进

行定期最新信息技术发展和犯罪态势分析,也强化不定期的个案技术分析辅助和合作开展理论研究。已成功协作办理王某等零口供内幕交易案并合作完成高检院理论所《大数据技术在金融检察工作中的应用》《第三立支付犯罪风险及其综合治理研究》等多项研究课题。外部加强与产业平台、科技企业和征信公司的协作,分别就知识产权双向维权、电子证据发现与存证以及征信信息的司法应用等方面,为网络犯罪预防和惩治、检察机关自行补充侦查以及不捕不诉司法政策落地实施等提供技术支撑。

(二) 牵头机制共建和拓展协作主体,铺设价值网络凝聚治理合力

根据需求牵头多项机制共建,除强化同公安、法院、市场监管局及人民银行、银保监局、金融局等职能部门协作,共建反洗钱、民刑衔接、两法衔接等办案机制和信息、线索交换机制外,还针对泉州作为品牌之都有影响力的品牌企业遭网络侵权犯罪多、维权难维权慢等情况,拓展协作主体,牵头公安、法院、市场监管局等执法、司法主体同工商联和阿里巴巴等行业协会和平台企业共建知识产权快速维权协作机制,构建"公权主导 + 私权参与 + 平台协作"的"企业、平台、行政、司法"四位一体的知识产权快速维权协作机制,该机制的应用为线上线下有效协同快速打假提供了技术和平台支撑,安踏、鸿星尔克、九牧卫浴等品牌权利人打假成效显著,连续两年获最高检新闻发布会肯定,我们现正把这项机制复制到"拼多多"等其他电商平台。

(三) 注重追赃挽损和信访柔性化解,追求司法获得感和群众满意度

我们抓住群众关切是制约网络犯罪案件办理效果的核心痛点,强化追赃挽损并融通办案实践、理论研究与成果转化。工作中始终专注一案双查,既查犯罪事实,也查财产去向,既追究行为人的刑事责任,也注重剥夺其犯罪所得,扼杀"以自由换资产"的不良犯罪导向。同时,承担福建省社科规划特别委托项目"法律监督权在涉众型经济犯罪财产处置中的应用",牵头控申部门构建涉众型经济犯罪案件信访协作联动机制,共同会签《涉众型金融犯罪案件联合信访工作意见(试行)》,从责任分工、案件办理、风险评估、联合接访、舆情应对等10个方面对涉众型信访得妥当、有效用化解提出系统要求,印发全市检察机关执行,既明确风险处置职责和流程,又有效保障相关人员的控告申诉权利。如创新应用到财佰通 P2P 案一审判决后全国投资者要求抗诉的代表见面答复会中,有效化解省两会期间可能引发的舆情危机。

(四) 强化线索研判和实务研讨,严惩洗钱犯罪

除了强化对资金的追踪,还注重以洗钱罪对其上下游辅助行为加以打击。一是牵头与市公安局、人民银行会签《关于共同打击洗钱犯罪的工作意见》,

从加强交流、强化协作、建立反洗钱情报定期会商机制、资金快速管控等七个方面，强化三方的协调配合，强化对金融运行风险的严密监视和适时管控，现在三方在洗钱犯罪线索研判、提前介入等方面已经常态化。二是与华东政法大学刑事法学研究院共同组织编写出版《洗钱犯罪证据规格》，为办理洗钱犯罪提供办案指引，提高办理洗钱犯罪的专业化水平。三是强化反洗钱宣传，联合人民银行共同反洗钱宣传品深入社区宣传、共同拍摄反洗钱公益广告。四是2018年以"洗钱罪的罪与罚"为主题强化实务研讨，邀请专家学者及一线实务办案检察官，就该罪的立法背景、罪名交叉和实践问题等展开充分研讨，提高全市检察官准确认识和打击洗钱犯罪的能力。

（五）宣传阵地化可视化，搭建网络犯罪社会化预防格局

以网络犯罪防范为主轴进行教育基地建设：牵头银行、银保监局等多部门共建"泉州市金融安全教育防范基地"；汇集晋江商标、德化版权、永春香都地理标志和南安水暖专利等区域产业特点构建全市"一个中心，多个基本点"的立体化知识产权警示教育基地集群；联合市场监管局共同筹建泉州商标馆，建设专门的检察机关维权版块；牵头共青团、教育局等联合开展"大学生金融诚信建设微视频征集展播活动"等。与人民银行共同摄制的反洗钱宣传片《以为》获全国检察机关第四届微电影微视频微动漫征集展播活动十佳微视频作品奖。同时，充分运用新媒体平台录制打击网络侵权犯罪等难点问题，结合司法行政机关在网络跨域维权方面的实践，与听众分享经验及对策，也为电商秩序构建指明方向，被高检院、省检察院、福建法制报、泉州市院官方微博等转发38次，被最高检、正义网转发16次。

三、网络犯罪治理趋势研判

未来网络犯罪的基本趋势是，传统问题仍未有效解决，又叠加新技术应用和新经济模式诱发新犯罪带来的新问题。随着数字政府和智慧港建设的推进、数字货币的推行、匹配互联网下半场的人工智能技术发展以及区块链与产业的深度融合等，今后除了以网络为工具和以网络为场景的两类犯罪继续高发外，以网络基础设施为对象的犯罪必然大幅增加，① 同时，应密切关注并评估电缆、卫星、服务器与基地台等网络基础设施的安全问题，以及暗网和加密犯罪

---

① 根据2020年4月20日国家互联网应急中心编写发布的《2019年我国互联网网络安全态势综述》，2019年我国网络风险的突出问题表现在DDoS与APT的高频攻击与行业渗透。但这类案件目前在司法实务中的占比仍较低，甚至还没有进入司法程序。

带来的新挑战。目前阿里和腾讯都已经在技术防护上抢占先机①，行业负责抢占技术制高点建立技术护城河，理论、立法和司法也要同步跟进夯实防护根基。

（一）直面冲突：即网络犯罪的"无边界"与刑法治理的"有限性"

网络犯罪无边界与国家治理有限性是国际社会面临的共同问题。"2018年5月，一份关于网络犯罪的报告'令人震惊'，英国有99%的网络犯罪分子逃脱了审判。伦敦市警察局局长伊恩·戴森（Ian Dyson）承认，欺诈和网络犯罪的爆炸式增长，意味着不可能在法庭上拖走所有罪犯，同时也说明执法面临的困境。"② 冲突的直接后果就是犯罪分子在网络世界"如鱼得水"，而理论界、立法界和司法界则普遍"仓促应对"。除了以计算机等网络媒介作为对象的网络犯罪，几乎所有现实世界中的传统犯罪都能借网络为工具或以网络为场景的犯罪面目出现，甚至挟"技术性和无边界"两个特性而更加横行恣意，法益侵害性呈几何级倍增。网络犯罪的无边界，既是物理空间上的，也是学历、年龄和人性底线上的，唯一的边界就是技术边界。刑法积极介入网络犯罪的现实需要性、法律必要性与实质合理性已迫在眉睫。

（二）主体反思：刑事责任年龄与技术特权责任的调适

网络的普及降低了网络犯罪的学历门槛，除了普遍呈现"低学历高收益"的价值倒挂现象，对学习教育形成不良导向冲击外，以少年黑客为典型的无年龄下限的网络犯罪面临破坏力大而因刑事责任年龄限制无法追究责任的局面，传统的刑事责任年龄规定已无法适应网络世界面临的新挑战。此外，数字科技打破了行政科层制中权与责的一一对应关系，掌握技术特权却身处行政层级底端的人，与身居高位却心处技术盲区的"直接负责的主管人员"之间的刑事责任如何重新匹配等，这些问题都是信息技术对传统刑法理论的冲击，需要给予充分关注并作出妥当调整。

（三）理论回应：抽象危险犯理论的启用

运用世界刑法理论，启用抽象危险犯理论，并引导刑法对网络犯罪的治理从"消极克制"到"积极中立"。必须正视网络犯罪的法益侵害社会化类同危害公共安全犯罪，应该即时启用抽象危害犯理论。回顾世界刑法理论发展史，抽象危险犯理论为回应现代科技文明和经济文明发展对社会同步治理的新挑战

---

① 根据勾股大数据，2019年全球区块链发明专利排行榜单中，阿里的支付宝以2344项排名第一，腾讯1296项，平安765项紧随其后。

② 摘引自王丹娜：《网络犯罪治理：虚拟与现实的博弈》，载微信公众号"中国信息安全"2018年7月15日。

而生,国外主要适用于环境刑法、经济刑法和交通刑法。我国目前主要应用于环境保护和公共安全保护领域,而经济领域则远未启用。借鉴世界各国立法例,将抽象危险犯理论用以规制以网络犯罪为代表的经济犯罪领域,乃是当下需要认真加以正视并尽快落地的理论问题。

(四) 立法跟进:建构网络刑法

中国经济现代化进程有两个关键节点,一是始于20世纪80年代改革开放后的市场经济,二是这次的网络信息化带来的数字经济。无可否认,每一次现代化进程都伴随生产力、生产关系和经济结构的重大调整,大量违法犯罪也闻声而动随之呈增长蔓延之势。改革开放以来经济犯罪活动一度猖獗,1982年国家提出"抓改革开放"和"抓经济犯罪"两手抓,开启经济犯罪治理新时代,经济刑法研究、实践和立法也随之开启。网络信息化时代,特别是我们在移动支付、电子商务等方面都规模化于国外情况下,网络犯罪研究视角可从传统的言必称外国的历史习惯中抽回,将部分目光投向自身的治理历史经验,借鉴我们经济犯罪治理的经验得失,建构网络刑法。

四、网络犯罪检察治理重塑

互联网是我们已无法自外其中的世界,与网络犯罪异常艰难的角力和博弈,必然成为今后犯罪治理的常态。网络犯罪治理是个需要全面统筹的系统性工程,技术性、协同性要求很高。承担国家法律监督职责的检察机关在刑事诉讼中具有承前启后地位,其在网络犯罪治理中发挥中枢作用具有责无旁贷的责任和得天独厚的优势。而在新旧交汇处提前布局,将积累更多经验占据时势制高点,从而有能力真正担纲起网络犯罪检察监督的重任,也为检察职能发挥提供新的战场。

(一) 设立网络犯罪检察监督指导中心和研究中心,占据网络国际规则主动权

网络犯罪及其治理面临的挑战前所未有,跨域性、涉众性、技术性、即时性和大额性等犯罪特征,都要求建立打破地域限制、具有统筹指挥协调能力和打击能力的检察监督指导中心和研究中心,解决司法地方化对全链条打击的掣肘、以及对网络犯罪即时性、技术性特征的集体无意识和打击欠能力问题,并逐步实现与其他研究机构的对接与协同,达成快速、精准、有效的治理合力。同时实践与理论相互滋养,争取在与网络犯罪的斗争中占据治理主动权,同时可借此带动国内网络法治规则制度水平提高和规则输出,进而抢占该领域的国际规则制定权和话语权。可按照区域必要性设立分中心,如北京、华东(上

海)、华南(福建)、华中(武汉)、重庆(西南)、甘肃(西北)、沈阳(东北)等几个区域,鉴于杭州和深圳在互联网领域的特殊区位优势,中心可考虑单设。

(二) 着力培养、精心打造专业化的网络检察官队伍

打造具有技术能力、全局思维和国际视野的网络法律人才,既为检察监督指导中心储备力量,又在日常办案中呼应网络警察,减少沟通内耗成本,提高引导侦查、自行补充侦查等协同作战能力,同时追踪技术和产业最新动态对网络犯罪风险进行专门研判、会诊,运用检察建议服务行业、企业和产业的合规建设和犯罪风险防范,做足"预防"这项检察职能。网络检察官除了武装信息技术知识,还要有审查思维的同步匹配。技术赋能和观念跟进,恰好是治理网络秩序最为重要的两个要素,决定着治理与犯罪较量的格局。

(三) 重建电子数据实验室服务网络犯罪案件办理①

重建检察机关自侦业务转隶后荒废的电子数据实验室并进行转型升级,服务网络犯罪办案工作,为有效引导侦查、自行补充侦查、网络犯罪预防和参与综合治理提供技术支持。当前以电子证据为主要形态的网络犯罪兴起,办案强烈需要检察技术的服务和支持,电子数据业务完全可以打开新局面,对资金、轨迹等提供大数据分析、出具检验报告或鉴定意见等。但现有电子数据实验室由于建设年代和原定业务内容的局限性,无论是软硬件部署还是队伍能力均难以满足服务网络犯罪的需要,且原有工作方式也不适应新的局面,亟待"三升级一转型":即从本地到云端:取证范围的升级;从提取到解析:取证深度的升级;从兼职到专任:队伍建设的升级;从工具到战友:参与程度和协作方式的转型。

网络犯罪是以信息技术为根本的犯罪形式,侦办人员的信息技术专业素养会显著地影响对证据的理解和线索的把握,故而信息技术专业人员的参与程度在许多场合会实质性地决定案件办理。在这种情况下,过往工具化的工作方式已经不合时宜,需要向着深度协作的方向转型。

(四) 挖掘网络生态检察职能,实现生态检察线上线下全覆盖

网络犯罪具有自身的结构性特征:即横向的流动性、纵向的多层次和立体的去中心化,最核心的特征便是只受制于技术边界的"无边界",面对这样的结构特征,网络犯罪刑事治理应该从对人的关注转向对网的关注。在多主体多手段参与网络综合治理总思路下,作为国家法律监督机关的检察机关应充分发

---

① 这部分与我院技术局检察官助理黄彭亮深入交流并共同完成,特此致谢。

挥生态检察作用，既关注自然生态，也不落下网络生态，从而实现生态检察在物理世界和虚拟世界的全覆盖。构建清朗的网络生态空间如同建设绿色的自然生态环境一样重要，因此，生态检察工作应该从专注线下到实现线上线下全覆盖，视角也应从自然环境到兼顾网络空间，同时监督《网络安全法》《网络安全审查办法》的有效实施。而打断辅助网络犯罪的黑灰产业链，应更多依赖前端的综合治理，而不能只仰赖司法介入。光靠刑法和刑事手段，只会独木难支，最终只能陷入选择性治理和刑事后果的层层衰减。如何建立协作机制协同各种力量共同参与网络犯罪防范和治理，生态检察大有可为。

（五）探讨设立互联网检察院

完成了研究基地、指导中心、专业人才和技术装备建设，已经站在与网络犯罪作斗争的高地，待时机成熟时可探讨设立互联网检察院。一是始终落后于网络犯罪的分散的国家治理力量需要集中整合、协同，具有行政与司法监督权的检察机关无疑责无旁贷，以实现对仅具有弱执行力和约束力的诸如"部际联席会议"等临时机构的补强。二是分散于检察机关内部各业务部门的网络犯罪综合治理的职能和力量重合的部分需要整合与协同，以避免浪费并实现对已经产业化分离化的网络犯罪态势的整体研判、精准匹配和集中打击。三是具备信息技术能力和沟通协调、指挥引导侦查能力的少数网络精英检察官和电子数据实验室等装备需要整体调度、跨域指挥和提供服务，以实现对跨域、跨境、跨技术壁垒的网络犯罪的有效打击。概而言之，专设互联网检察院以发挥网络犯罪治理的"中台"作用，同时支撑内外各部门之间的职能和信息形成有效的交互和增强，从而精准匹配网络犯罪治理需求。

五、结语

在网络世界里，"只要法律创新落后于科技创新一天，就一定会有机构试图滥用这种科技和信息的不对等来获得他们自己的利益。"[①] 一方面，刑事治理难以在网络犯罪各环节中面面俱到，因此有必要探讨在区块链等新兴底层基础设施加持下强化信用体系建设，用"行政违法+民事责任"的方式，与后端正犯的刑事追究一起，区分责任轻重形成全链条规范、打击的闭环。

当然，再完备的法律再及时的治理，也总有其无法抵达的行为边界和暗黑角落，但良知可以。作为面临网络安全威胁严重的网络大国，遵循网络内容创

---

① ［美］爱德华·斯诺登：《永久记录》，萧美惠、郑胜得译，民主与建设出版社2019年版，第293页。

造主体理性的比例原则与规律,① 持续不断推行全民网络安全教育,并借助广大网民的群体力量和集体智慧,群防群治,分类分层施策,才能集中有限的司法力量有效打击网络犯罪,营造良好网络生态,建设网络强国。

---

① "几年前的一项研究发现,只有 40% 的网络内容是以商业形式创造出来的。支撑人们创造其余部分的,不是责任,就是激情。"[美]凯文·凯利:《必然》,周峰、董理、金阳译,电子工业出版社 2016 年版,第 19 页。

网络犯罪的新样态、原因及对策
——以白云区检察院承办案件为样本

刘莺莺[*]

广州市白云区人民检察院刑事案件的受案数长期位居广州市首位、广东省前列。2017—2019年间,共办理涉网络犯罪案件93件259人,其中涉及《刑法》第285条至第287条之二所列的计算机网络犯罪案件11件53人,其他利用网络实施的犯罪案件82件206人。

一、网络犯罪的新样态

网络犯罪在实践当中呈现出多种形态,考察白云区人民检察院近三年来承办的涉网络案件,主要呈现出以下三类新样态:

(一)拼制类:发货人拆分发货,购货人分别购买,以逃避政府的监管

近年来,随着网络监管、物流监管力度的增强,采取拼装、散购的方法更容易逃避监管,实现违法犯罪的目的。该类型的犯罪,以非法买卖枪支罪、非法制造毒品罪、生产销售假冒注册商标的商品罪等罪名为多。

案例一:非法买卖枪支案

被告人冯某某通过向微信名为"A全部特价出"的人以4500元人民币的价格购买了1把气枪和1000颗铅弹,对方通过快递公司邮寄,并要求分开2个地址、分10次进行邮寄,枪支拆分成瞄准器、枪管、枪托、气瓶、铅弹等部分分别邮寄。交易完成后,被告人与商家在微信上相互拉黑、删除。

案例二:非法制造毒品案

与传统毒品相比,新型毒品如甲基苯丙胺类毒品的制作工艺更为简单,生产工具、加工材料容易获得。被告人张某通过网络向不同的商家购买了搅拌机、干燥箱、量筒、烧杯等工具,并从微信向他人购买麻黄碱复方制剂、麻黄

---

[*] 刘莺莺,广东省广州市白云区人民检察院党组成员、政治部主任,全国优秀公诉人。

草等化学品用于制造毒品。

案例三：生产销售假冒注册商标的商品案

被告人张某某通过微信向不同的商家分别购买了仿冒知名品牌化妆品的包装盒、包装袋、标签、制造化妆品的普通原料等物品，自行制作假冒化妆品并在网络上进行销售。

（二）技术类：利用平台、系统的技术漏洞，实施侵入型、外挂型和漏洞型等犯罪

不法分子针对网络平台、内部系统的技术漏洞，利用国内外金融机制运行差异导致的时间差等问题，利用黑客程序等工具，通过侵入系统、修改系统数据等手段，实施诈骗、敲诈勒索、非法获取公民信息等违法犯罪。

案例四：侵入型

不法分子为攫取利益，通过黑客技术入侵网站，以篡改收款方邮箱信息等方式侵害被害人利益。被告人肖某某诈骗案中，被害人在香港给其美国公司的会计人员发送邮件，要求会计人员将美元 63000 元从美国公司账户汇往香港公司账户，后因邮件被他人入侵篡改，收款方被改为被告人肖某某控制的广州某皮革公司的银行账户，导致该笔款项的损失。

被告人马某非法控件计算机信息系统案，马某为非法获利，多次通过网络侵入广州某某科技有限公司的网站，然后擅自修改保险金数据，致使该公司损失人民币 277980 元。

被告人袁某某在深圳使用电脑通过某平台，私自将被害人位于广州市白云区的某美发档口的 POS 机资料进行修改，将 POS 机中的收款账户改成自己的民生银行账户，非法占有客户消费的人民币 15238 元。

被告人卢某某等二人非法侵入计算机系统案，卢某某二人通过黑客程序侵入多家医院的内部审批系统，窃取了多种药品的医药使用数据和统方后，卖给多名医药代表谋取利益。

案例五：外挂型

以"外挂软件"为工具，实施电信网络诈骗、敲诈勒索等犯罪，形成"软件开发－非法购买使用－下游犯罪"的黑色产业链。该类犯罪分工精细，团伙性、组织性强，公司化、集团化特征显著。如被告人贺某某等 16 人涉嫌破坏计算机信息罪、敲诈勒索罪一案，被告人使用"呼死你"外挂软件控制多台手机对被害人进行一定频率的电话轰炸骚扰，挂机者在软件上注册成为代呼服务员，帮助下单客户拨打骚扰电话，并赚取积分出售给其他下单客户，下单客户购买积分用以发出指令轰炸某一特定手机号码，下单客户通过骚扰特定手机号码向被害人敲诈勒索钱财。被告人贺某某出钱开发"云呼"平台，通

过转卖"云呼"软件和积分,仅一年的非法活动即获利超过人民币 50 万元。

案例六:漏洞型

被告人黄某某三人涉嫌诈骗罪一案中,被告人购买多家某网络店铺,重新绑定店铺收款支付宝账号,然后通过互联网购买国外信用卡资料,冒用该海外信用卡在店铺上虚假下单,同时利用店铺海外版支付结算时间差的漏洞,在下单成功并收到货款后购买"空包"(假物流单号)完成虚假交易,从而诈骗店铺货款。据该公司对接本案工作的负责人介绍,仅在 2018 年 5 月至 7 月间,即有上百张境外信用卡持卡人向发卡行提出店铺盗刷要求赔付的诉求 163 笔。

被告人黄某某、吴某某涉嫌诈骗罪一案中,软件开发者负责研发"乘客判断"等软件自动扫描可以用于打车的废弃手机号码,信息"贩卖商"在社交平台兜售支付宝账号等公民个人信息,被告人黄某某、吴某某利用批量打车账号代客"叫车"诈骗打车费,形成"技术支持—公民个人信息交易—打车代叫诈骗"的网络黑灰产业链。

被告人刘某某涉嫌诈骗罪一案中,刘某某通过购买的 NZT 软件用来注册某打车出行账号的软件,通过用 NZT 软件刷机一次,便可自助重新获得一个新的打车账号,凭此方法,刘获取了多个打车账号用于"代客叫车",诈骗打车公司打车费。

(三)广告类:利用现代网络媒体传递虚假信息进行诈骗、非法集资、集资诈骗、运输毒品等违法犯罪

互联网、微信等网络工具成为人民获取信息的重要手段,不法分子选择社会痛点、群众需求,有针对性的进行网络营销,实施诈骗、运输毒品、非法集资等犯罪。

案例七:诊疗型

以合法成立的公司从事诊疗、销售产品等行为,进而达到诈骗等非法目的,具有较大的迷惑性。被告人张某等多人诈骗案中,张某等人先后登记成立"某商品信息咨询有限公司""某生物科技有限公司""某健康咨询有限公司"三家公司,聘请被告人黄某某、陈某担任经理,招募财务主管、广告投放员、培训师、后勤人员及业务员等 80 余人,组成团伙,在多个知名公众号、平台投放广告,并冒充大医院医生或知名专家、老中医对问诊人员在网络上、微信中进行虚假诊疗,在未取得任何资质、无任何医学知识的情况下,按照公司提前设定好的"话术本",虚构或夸大被害人的身体症状,引诱被害人对自身身体状况及产品功效产生错误认识,诱骗被害人购买本不需要的高价但效果不明的壮阳补肾、调经养颜产品,涉案被害人数高达 9000 余名,涉案金额共计人民币 25534359.1 元。

案例八：带货型

毒品犯罪分子通过网络发布贩卖、制作、运输毒品等信息，虽然不会明目张胆地表示是毒品交易，但使用的业内通用语言、许诺的高额价钱可以从中辨识非法目的。他们一般先用暗语在社交网站上发布信息，留下交易方式，再通过网络平台联系，双方不见面、不接触，以此降低风险。有的甚至是以招聘员工的方式逃避监管。如被告人冯某某涉嫌运输毒品案中，冯某某就是在贷款群中，认识一名叫"老虎"的网友，该网友称"帮忙带货，需时3至5天，报酬15000至30000元"，冯某某遂与该网友联系，在多次聊天之后，把身份号和手机号告知"老虎"，在"老虎"的安排指示下将68颗毒品吞食进体内，企图将毒品从沈阳带往缅甸。

案例九：投资型

网络传销打着"投资"旗号，借助投资公司建立网络平台，以高额返利、回报为诱饵吸引网民注册为会员，容易让网民陷入陷阱，遭受巨大财产损失。被告人冯某某等人涉嫌组织、领导传销活动罪一案中，自2017年8月开始，冯雇请被告人张某某等多人作为讲师和工作人员，以某生物科技有限公司的名义，通过线上"某时光"APP以投资返现、奖励介绍他人投资等方式吸收会员投资。通过线下投资成为普通会员、层级普通创客店、豪华创客店、分公司等层级，交纳入门费可以加入，通过发展人员为下线，并按一定层级排列，建立以发展人员数量为计酬依据的网络传销平台。截至2018年9月，线上线下共发展会员25000多人，涉案金额共计人民币900多万元。

利用P2P网贷平台实施非法吸收公众存款犯罪的案件近年来也时有出现。被告人刘某某非法吸收公众存款案中，刘某某利用广州某电子商务有限公司旗下的"某在线"P2P网贷平台充当融资的中介，投资人将投资款直接转至公司账户，再由公司借款给借款人，而本金和利息的返还是先由借款人还款给公司，公司再返还给投资人，所有的交易过程投融资双方都是背对背交易并且不了解项目具体情况。并且，"某在线"P2P网贷平台仅靠收取交易双方佣金难以维持平台运作，这种难以盈利的模式和不透明的财务操作造成了该平台公司极易突破资金不进自身账户的底线，形成了资金池，以个人名义与借款单位签署《借款合同》，进而规避以公司名义发生借款业务的问题，具有极大的金融风险。本案登记的被害人人数为711人，涉及投资人约2000余人，分布于全国各地，涉案金额高达4亿元。

案例十：求职型

利用求职者的迫切心理实施诈骗，骗取求职者的好处费、关系费、购物款、诚意金等款物。被告人李某某诈骗案，犯罪分子通过在知名互联网招聘平台发布招聘信息吸引求职者上当后,由李某某扮演酒吧领队、接待新人的角色,上演"试工"戏码,并以疏通公司人际关系为由,将前来应聘的周某某、郑某某、胡某某、罗某某等人诱骗至便利店购买香烟,后再将香烟转卖给便利店,以谋取非法利益。

二、网络犯罪新样态的成因

网络犯罪近年来呈现上升的趋势,与网络犯罪发现难、识别难、取证难、打击难这些共同原因息息相关,而网络犯罪呈现的几类新样态,也分别与上述困难和成因紧密相连,并呈现出不同的特点。

(一)发现难:拼制类、技术类、政治类犯罪有所增加的主要原因

网络资源浩繁如海,使得涉网络犯罪具有极强的隐蔽性、虚拟性和欺骗性,给犯罪的发现、查处增加难度。部分用以实施违法犯罪的网站以注册用户输入密码的方式才能登录,一般用户无法浏览其内容,而且网站管理不在市场监管范围内,获得案源信息渠道少,导致公安机关对犯罪的查处往往处于被动,且即使发现可疑案源也缺乏有效的措施。这是网络犯罪日益增多的主要原因之一。

拼制类犯罪新样态的出现,也是不法分子为了阻止监管部门发现违法犯罪的应对手段。近年来网络监管、物流监管力度加强,但不法分子采用拼装的方法实施违法犯罪,"一对一、点对点"的方式进行较多,给监管增加了较大的难度。

技术类犯罪新样态的增加,也是不法分子利用新科技实施网络犯罪、逃避侦查的重要表现。例如漏洞型犯罪的本质是能够伪装成大量普通用户躲避互联网企业的风控体系,如前述案例九中在电商平台注册多个账户并关联境外信用卡实施的犯罪。这些犯罪分子又被称为"羊毛党",除非"羊毛党"在作弊变现环节中漏出马脚,否则涉案企业较难察觉。另外,"羊毛党"等网络黑灰产业人员自有一个相对稳定隐蔽的社交圈,自成一套"暗语"体系,难以被发现。

(二)识别难:技术类犯罪中的投资型、诊疗型违法犯罪中此类问题尤为常见

网络黑灰产业链的发展,衍生出许多上下游的违法犯罪行为,法律层面缺乏一一对应的规定。这就使得某些行为游走在网络犯罪的灰色地带,在认定犯罪上存在分歧,加大了打击难度。

这在投资型犯罪中很常见。近年来多发的P2P网络借贷行业的违法犯罪

行为的识别尤为困难,给司法工作者造成了众多的困惑。P2P游离于央行征信系统之外,也没有建立起自身的征信制度。司法实践中,P2P网贷公司的行为各样,如何区分是合法的金融创新行为还是以合法形式掩饰非法目的非法吸收公众存款、集资诈骗等犯罪,实践中存在较大争议。尽管行政机关出台了一些识别方法,但是抽象的规范和鲜活的事实至今仍存在着较大差距,需要金融主管部门进行先行判断。但在实践当中,金融主管部门也难免有难以识别定性的困难。

近年来多发的诊疗型犯罪也存在识别难的问题。有些案件的被告人规避法律的意识较强,聘请了律师提供法律咨询,没有采取假冒医师等手段,而是打擦边球,采用不需要准入资格的健康咨询师的身份对被害人提供咨询建议,在话术本中,并不涉及诊断内容,提及的大都是大众知晓的养生常识、药膳配方等,同时其推荐的保健品经鉴定没有发现有法律禁止添加的药品,价格也没有明显高于买入价,该行为是否属于虚构事实进而骗取他人的诈骗行为存在争议。

(三)取证难:拼装类、政治类、投资型的网络犯罪的取证困难比较明显

第一,电子证据取证难。拼装类的网络犯罪由于双方当事人大多采用一对一的线性联系方式,许多电子证据"阅后即焚",交易完成后将微信拉黑、通话信息、转账信息删除。在无法取得一方和多方言辞证据的情况下,网络信息、电子数据的收集和使用尤显重要。同时数据碎片化地分布在各大互联网企业和服务商手里,难以收集查证,犯罪分子可以随时随地跨区域地发起侵害,也可以利用互联网境外服务器躲避监管,查证面临重重困难。2020年疫情期间,出现了大量通过聊天平台实施诈骗口罩款的案件,遇到双方当事人都将信息删除的情况下,拟向运营商调取后台信息时,相关人员答复称,只能调取主体信息,即账号、所属地等信息,无法调取聊天信息,无法实现打击犯罪的目的。

第二,言词证据收集难。网络发展的明显特征就是犯罪行为实施地与被害人所在地不在同一地方,这就使得一起案件中,犯罪地可能存在多个地方,受害人分布广阔,这对于侦查机关线索发现以及执法工作提出了更高的难度,跨地域性执法需要不同地区的侦查机关高度配合,整合资源,才能实现更加精准有力的打击。这种现象在广告类犯罪中的投资型网络犯罪尤为常见。

(四)打击难:这在网络犯罪中是常见困难,在技术类、投资型犯罪中尤为突出

网络犯罪的重要特点是多个因素相分离:上游犯罪与下游犯罪相分离、不

同分工的犯罪嫌疑人犯罪地点相分离、被害人与犯罪嫌疑人所在地相分离、服务器与犯罪行为所在地相分离，导致同一起案件涉及的地域辽阔，这对于公安机关调查证据和打击犯罪困难重重。例如被告人黄某某等多人涉及掩饰隐瞒犯罪所得一案，众多的被告人均为国内士多店的经营人，负责转移上游犯罪分子敲诈勒索所得的赃款，而上游犯罪的犯罪嫌疑人和服务器均在越南境内，调查取证需要得到越南司法机关的配合，而白云区公安分局作为基层办案单位，调查取证难度较大。

又如在技术类中侵入型的犯罪里，打击难尤为常见。在被告人甘某某非法侵入计算机信息系统、被告人黄某某等三十人涉嫌掩饰隐瞒犯罪所得案中，上游犯罪人是通过黑客程序侵入了多个医院的审批系统，窃取了医药统方，进而卖给多名医药代表谋利。由于黑客手段隐蔽，无法查明上游犯罪的具体犯罪人、作案时间、地点、基本情况，导致法院认为下游买卖医药统方的行为无法认定。

三、网络犯罪新样态的对策

针对上述三种网络犯罪的新形态、四大主要成因和打击困难，提出以下五点对策建议：

（一）拓宽发现渠道

拓宽发现渠道是及时、有力打击网络犯罪的起点，充实监管力量、加强监管责任是必经之路。

1. 充实网监的办案力量。努力建立专业化、常态化的网监工作体制。一方面，对异常网络行为尽早发现。被告人甘某某等三十人非法侵入计算机系统、掩饰隐瞒犯罪所得案，是广州市公安局网监部门在日常监管中成功发现，并与广州市公安局白云区分局共同侦办。涉越南敲诈勒索上游犯罪的被告人黄某某等多人掩饰隐瞒犯罪所得案，也是广州市公安局网监部门发现。建议充实网监部门的办案力量，充分应用大数据等信息化手段，对于利用网络发布犯罪信息、实施犯罪的情况进行监控。另一方面，强化对涉黑、涉恶、涉毒及有涉枪等重罪及网络犯罪前科人员的管控。通过控制重点嫌疑对象，早发现、早预防，一旦有犯罪动向，就要采取果断措施，防患于未然。

2. 加强网络平台运营商的监管责任。要求网络平台运营商认真履行监督责任，核实使用人的身份信息，实行账号实名制管理，发现一个身份证号登记注册多个网店的，要及时核查原因。将自身漏洞排查工作常态化，对网络空间暴露的一些重要系统漏洞进行技术处理，主动识别异常账号，发现问题要及时向公安机关报告。对于发现问题的账号，要及时停止使用，保存电子证据，供办案单位使用。

3. 加强物流行业的监管能力。拼装类网络犯罪新样态的产生,正是近年来增强了物流行业监管力度的重要体现,白云区公安分局通过物流员的举报,查办了多个利用物流寄送毒品的网络毒品犯罪集团。拼装类犯罪有较大的隐蔽性,给物流公司特别是物流员的工作提出了较高的要求。一方面,要确保物流实名制工作落到实处。要大力推进寄递物流企业实名收寄信息系统应用,实现"实名登记制度全面落实、信息安全监管体系全面建成、经济社会效益全面显现"的目标。另一方面,拼装类犯罪隐蔽性强,建议司法机关通过把类案中发现的枪支弹药的常见零件图品印发宣传单,发给各大物流公司培训物流员使用,提高发现拼装类网络犯罪的能力。政府部门应加强日常抽查,对违规操作的物流公司和经营管理者依法处理,对检举有力的单位和个人进行奖励。

(二) 增强识别能力

增强犯罪的识别能力,需要司法机关、行政机关、社会团体的多管齐下,共同努力。

1. 加强普法宣传,提高识别能力。针对诊疗型网络诈骗犯罪,建议政府、司法机关积极运用微博、微信、电视台、杂志、报纸等媒体,通过普法讲座、案例解析等活动,介绍犯罪特征、惯用手段、损失后果、刑罚处罚等各方面的内容,提高广大群众的识别能力。针对诊疗型犯罪受害者多为老年人的情况,可以由政府拨付宣传款项,购买小礼品,由街道、社区、村委会等基层组织开展现场宣传,通过派发小礼物的方式,引导老年人正确辨识网络诊疗型诈骗犯罪。

2. 建立健全涉网络金融安全法律法规。国家相关的行政职能部门应联合最高司法机关,制定专门法律法规,规范P2P等新型涉网络金融行业的行为。一方面,在法律法规制定的基础上,赋予相关行政职能部门认定非法行为的权限,规定认定的细化规则,解决实践中金融创新行为和以金融创新为幌子实施违法犯罪行为区分难的问题。另一方面,加强对金融监管人员的培训力度,要求金融监管人员认真学习涉网络金融安全法律法规,加强监管,及时发现和识别涉网络的金融犯罪。

(三) 增强取证能力

增加取证能力,是打击快速演进的网络违法犯罪的必然要求。

1. 加强对电子证据的取证能力。公安机关、司法机关要组建专业化、信息化的办案团队,培养具备科技能力和法律专业知识的综合型人才,借助对信息技术的掌握能力,促进互联网、科技和法律的融合,及时跟踪学习人工智能等新型科学手段,及时更新知识体系,加强对新型电子证据的取证能力。

2. 提高对药品、食品成分鉴定的水平和标准。在办理诊疗型的案件中,对涉案保健品的成分鉴定工作尤为重要。如果能鉴定出保健品中含有非法添加物,可以以生产不符合卫生标准的食品等罪名定罪处罚。建议司法机关与检验机构通过联席会议等方式,研究提高对食品、药品成分鉴定水平和标准的方法。

(四) 形成打击合力

网络犯罪跨领域、跨地域的特点,决定了联合办案的重用性。"当今世界是按照挑战而非领域组成的"[①],合作是解决各种网络犯罪的必然选择。

1. 加强国际、国内联合执法。一方面,加强国际协助。2018 年涉印度尼西亚的重大涉网络运输毒品案,涉案毒品通过网络交易、物流运输至印度尼西亚,广州市公安局白云分局在公安部的统一指挥下,通过印度尼西亚警方的协助,缴获了涉案毒品,并调取了境外的电子证据,有力地打击了网络毒品犯罪。另一方面,加强司法系统内部的合作,开展跨区域联合打击行动,建章立制,实现涉网络犯罪协查取证工作的常态化、标准化,提高协查取证的质量,加强打击力度,坚决铲除涉网络黑灰产业链。

2. 加强两法衔接工作力度。加大公安机关、检察院、法院与网信办、金融办、禁毒办等各个行政机关的联系,针对不同领域的网络犯罪,研究不同的治理方法,及时、有效地打击涉网络的违法犯罪。

3. 加强政企联合打击的力度。最高人民检察院网络犯罪研究中心主任谢鹏程提出:"要建立健全司法机关与网络企业之间的协查机制"[②]。深化互联网企业与国家职能部门的合作,以技术手段联合政府权威,及时发布网络黑产大数据报告,进行系统性研究和分析。加强互联网企业与执法、司法机关的配合,以技术手段帮助侦查机关调取和收集证据,精准有力全面打击网络黑灰产。互联网企业要联合出击,完善风控规则、优化反欺诈模型和系统构建、提升预警触发机制敏感度,净化网络环境。

(五) 建立预防机制

建立预防机制,是从根本上减少和遏制网络违法犯罪的有力手段,针对上

---

① 罗振宇演讲:《时间的朋友——2019 至 2020 跨年演讲》,深圳卫视 2019 年 12 月 31 日播出。

② 谢鹏程:《网络犯罪司法控制效能提升路径选择》,载《检察日报》2020 年 7 月 27 日,第 3 版。

述诊疗型犯罪和技术类网络犯罪,提出两点建议。

1. 建立专业网络就诊平台,规范网络问诊服务。由国家相关部门或者行业协会牵头主办健康网站,突破医院之间的信息壁垒,整合各类资源,引入有资质的医院、医生提供问诊服务,医患双方均实名注册,创造规范、合法的网络问诊平台,并禁止平台问诊时搭售药物,取缔各类非法网络问诊平台或微信公众号。尽快针对网络问诊出台相关的监督管理方案,对开展网络问诊网站和医生的资质进行审查,对不具有正规医生资质的网络问诊平台及人员进行查处,涉嫌犯罪的,移送公安机关查处。同时,设立监督热线,鼓励被害人及时举报非法网络问诊行为。

2. 积极处理涉嫌犯罪的网络平台与公众号。办案机关在办理案件的同时,应当注意社会治安的综合治理,通过检察建议、移送线索函的方式,及时将发现的线索移送有权机关部门依法处理。探索建立涉案手机号资源共享系统①,一旦问题用户涉嫌使用涉案手机注册网络账号,将自动预警提示。

---

① 陈岑、曾为欢、周硕鑫:《网络账号黑产链的规制研究》,载《中国检察官》2020年第6期。

网络犯罪治理困境与检察应对之探究*

张理恒　黄俊杰**

随着电子产品和信息技术的日益发达，以及与国家安全、经济社会和群众生活的联系日益紧密，网络犯罪经历了由对象、工具到空间转变的过程，与现实空间组成双层的社会新格局，也给传统犯罪找到了新的滋生土壤并实现了变异。对于此类刑事案件司法机关普遍存在难立案、难取证、难查处以及难治理等困境。虽然国家已经开始逐渐重视网络犯罪，并投入了越来越多的精力进行整治，如最高检张军检察长曾主持召开研讨会，邀请专家学者、互联网企业和检察官代表，围绕打击网络犯罪、维护网络安全开展探讨①，但此类犯罪数量仍居高不下，近年来检察机关办理网络犯罪案件数量年平均增幅达34%以上，2018年至2019年检察机关共批准逮捕网络犯罪嫌疑人89167人，提起公诉105658人，较前两年分别上升78.8%和95.1%；② 2020年上半年，全国检察机关共起诉电信网络诈骗犯罪32463人，同比上升77.1%。③ 为此笔者拟立足A市检察实践开展实证研究，力求从微观、具体角度把握、审视、前瞻网络犯

---

* 本文系2019年度最高人民检察院检察理论研究课题"新型支付方式下的侵犯财产犯罪研究"（编号GJ2019D24）、2017年四川省人民检察院检察理论研究课题"新型受贿罪的形式及认定"（编号CJ2017C01）的研究成果。

** 张理恒，四川省成都市人民检察院法律政策研究室副主任、四级高级检察官，首批全国检察机关调研骨干人才，四川省检察业务专家；黄俊杰，四川省成都市金牛区人民检察院员额检察官。

① 参见邱春艳：《最高检召开网络犯罪检察理论与实务专题研讨会》，载最高人民检察院网，https://www.spp.gov.cn/tt/202006/t20200610_465004.shtml，2020年7月29日最后访问。

② 参见薛永利：《互联网绝不是法外之地！最高检这场发布会"剑指"网络犯罪》，载最高人民检察院网，https://www.spp.gov.cn/spp/zdgz/202004/t20200408_458293.shtml，2020年7月29日最后访问。

③ 参见史红美：《上半年四类犯罪严重影响疫情防控 电信网络诈骗犯罪上升七成》，载公众号"最高人民检察院"2020年7月26日。

罪的处理困境及应对举措,努力在网络犯罪治理现代化构建中体现检察担当。

一、刑法教义学上"网络犯罪"的含义

在开展论证之前,应首先准确界定研究对象范围。传统意义上的网络犯罪主要是指计算机信息系统的犯罪,如非法侵入计算机信息系统罪、破坏计算机信息系统罪等。① 这些犯罪主要针对计算机以及计算机信息系统实施,具有破坏型、毁坏型和侵入型等特征,但它缺乏对公共利益、财产权以及对人身权等客体的侵犯,故在以前的刑法中只规定了这类犯罪。② 随着网络技术的发展普及以及网络越来越成为社会生活的重要组成部分,刑法学术界的观点也在不断更新,认为网络犯罪还应包括传统犯罪的网络化,相当数量的传统犯罪都可以利用网络(或以网络为工具)实施或者在网络空间(或以网络为地点)实施,如通过计算机网络手段实施盗窃、诈骗、诽谤等犯罪行为。③

除上述两种类型之外,笔者认为鉴于网络犯罪的特殊性以及网络取证的困难性,上述刑法理论无法将所有与网络犯罪有关联的犯罪行为均列明,对破坏网络业务活动、妨害网络秩序的犯罪行为以及没有直接实施犯罪的共同犯罪帮助行为等规制问题如何处理亟待解决。《刑法修正案(九)》专门增设的"拒不履行信息网络安全管理义务罪""非法利用信息网络罪"和"帮助信息网络犯罪活动罪"亦是如此原理。④

二、司法实践网络犯罪的处置困境

前人对网络犯罪已有诸多研究,如存在电子数据取证难度大、取证程序不规范、跨区域调查取证配合缺乏以及法律适用分歧大等问题,笔者在此不再重复探讨,拟针对最新问题开展研究。

(一)犯罪隐匿性和反侦查手段强,责任追究难

较之单一的利用计算机工具、系统或技术实施网络犯罪而言,部分传统犯

---

① 参见喻海松:《新型信息网络犯罪司法适用探微》,载《中国应用法学》2019年第6期。
② 参见王华伟:《我国网络犯罪立法的体系性评价与反思》,载《法学杂志》2019年第10期。
③ 参见陈兴良:《互联网帐号恶意注册黑色产业的刑法思考》,载《清华法学》2019年第6期。
④ 缐杰、吴峤滨:《关于办理非法利用信息网络、帮助信息网络犯罪活动等刑事案件适用法律若干问题的解释》,载《检察日报》2019年10月27日,第3版。

罪如贩毒、诈骗、寻衅滋事等一直紧随网络信息新兴技术和产业的发展，对新技术的应用、对新兴产业的模拟已经成为实施犯罪活动的首选试验对象，令人防不胜防，尤其是非法集资、传销、侵犯知识产权、非法经营等犯罪行为喜好披着"互联网金融""科技创新"等合法外衣，对被害人和社会公众迷惑性强，也易误导监管和司法。行为人往往都受过一定专业培训，在犯罪过程中有较高的警惕性和反侦查意识，会有意识地采取各种各样的防范措施，加之证据如通话记录、聊天和交易记录、IP 地址等对技术性、时效性依赖较高，行为人有意采取跨域、断网即销毁等反侦查措施，甚至为对抗犯罪侦查进行事先演练。而电子数据极易遭到破坏和篡改，并且很难留下如同传统犯罪一般的物理痕迹，直接导致取证的难度加大。同时由于网络虚拟性，行为人的身份往往难以确定，在被抓获后极少主动供述犯罪事实而是多种抗辩，"零口供"现象屡见不鲜。如涉及数字货币的网络犯罪中，数字货币交易依靠公私密钥和数字证书的验证来确定交易双方信息，"只认证、不认人"的特点既给监管部门进行数字货币监管可疑交易识别的技术难度和技术成本带来挑战的同时，更加大了收集、提取和认定的难度。

与此同时，网络的跨地域性和广泛性使得行为人对被害人的侵害早已从传统犯罪中的点对点、点对面演变为对不特定的广大互联网受众。侵害对象规模的急剧扩大使得其所侵害的利益也如同滚雪球般飞速增长。不同于传统犯罪针对某一个人财产的巨额侵害，此类犯罪的利益获取方式主要是因为被害人人数众多，而单个被害人损失往往较低。一方面，被害人在很多时候因为损失较小以及不愿让他人知道自己被骗或受到侵害后拒绝报案；另一方面，侦查机关对于犯罪数额较小的案件缺乏办案动力，其为了破案所投入的人力物力往往远远超过被害人所遭受的损失。

（二）犯罪产业化、独立化趋势明显

大部分网络犯罪均涉及诸多环节，极少由个人力量顺利实施完所有犯罪流程，需要多人分工合作才能完成，甚至以成立、运作公司等开展犯罪活动，共同犯罪、团伙犯罪较为普遍。犯罪团伙中既有知晓计算机网络知识的人员，又有懂得如何尽可能规避法律法规监管以及进行市场商业模式运作的人员，这些来自不同领域的行为人为了更好地规避法律以获取更大的非法利益而抱团组合，分别在犯罪不同环节提供自身的"一技之长"，形成了高级而严密的网络黑色产业链，使网络犯罪打破传统的共同犯罪之间的联络链条，将犯罪割裂成数个犯罪阶段，增加打击及治理难度。网络黑色产业链的明确分工体现了网络犯罪的精细化程度不断上升，致使正犯实行行为和帮助行为被割裂为若干环节，相互紧密联系又带有相对独立性，由"一对一"衍变为"一对多""多对多"，① 与传统共犯的特点不尽相同，加之被害人也具有不特定性，使得司法机关很难完全查清全案各个环节。这种人员分工精细化、平台专业化、专业链和利益链清晰紧密等特点，使犯罪上中下游以及整个环节均存在治理难点，如造成前端犯罪主观故意证明难、后端犯罪隐蔽性强，帮助行为的社会危害性远超实行行为等，犯罪全链条、每一链条的全部犯罪行为打击难，且对其中一个环节的打击尚不能有效斩断整个犯罪链条。这已不是互联网平台或司法机关所能单独解决的问题，而是社会综合治理的问题。②

（三）司法办案与犯罪手段专业化的矛盾仍旧突出

首先，行为人广泛利用现代通讯工具和支付手段实施远程、非接触性犯罪，既不与被害人发生面对面的接触，也不存在传统意义上的犯罪现场，因此对网络犯罪的有效指控主要依赖于从行为人作案所使用的电子设备中勘验、检查和提取的电子数据。但电子数据的虚拟性、高速流转性、不稳定性和易修改性等要求侦查人员应及时采取保护措施如处置现场、扣押封存涉案电子设备，一旦错失良机，后续补充侦查很难有所突破，在证据合法性方面也会遭受污染。其次，电子数据取证的技术依赖性较强，要求取证人员应具有法律以及计算机网络的知识技能，掌握电子数据的特点和规律，必要时还需熟练使用专门技术工具固定和提取电子数据，收集在案的电子数据如网络贩毒类和淫秽类犯罪暗语丛生又事关定性定罪，司法人员不得不花费大量精力去熟悉相关行业术语，倘若不准确查明则证据体系更为单薄，检察机关只能就低认定已查证的部分犯罪事实，不利于成功指控犯罪和全面打击犯罪。最后，司法办案人员对网络犯罪行为的认知比较难，审查办案思维有时仍拘泥于传统因果关系和口供依赖。以往网络犯罪主要集中在非法获取公民个人信息、电信诈骗、网络色情犯罪以及相关计算机领域和经济犯罪领域，但由于当前网络技术的迅猛发展和普及，也有向其他罪名扩散的趋势，如窃取网络虚拟财产、网络型寻衅滋事、网络赌博、毒品犯罪等犯罪行为均屡见不鲜，不夸张地说几乎刑法分则每个章节均有所涉及。这需要所有刑检干警改变传统依赖口供和因果关系的"线性思维"，逐步树立并践行构建证据链判断的"关联思维"。因此，如何妥善运用大数据信息技术，提高司法办案人员办案意识和能力，实现司法办案系统与海量数据融合，是建立健全网络犯罪技术防控体系尤需关注的部分。

---

① 参见刘艳红：《网络犯罪的刑法解释空间向度研究》，载《中国法学》2019年第6期。
② 参见庄永廉：《运用网络新"枫桥经验"治理互联网犯罪》，载《人民检察》2018年第3期。

(四) 异地及跨境协作难

网络犯罪的涉众性、跨域性、涉案资金量大等特点使得单个办案机关仅凭一己之力难以全面、有效追诉犯罪，需要和多地、多部门合作。虽然现已有相关法律法规对如何协作处置有过规定，但实践中异地协查到位所占比例不高，也存在相互不配合没有进行有效证据交换导致部分犯罪事实无法认定只能就低起诉的情形，未配合协查的也没有规定不利后果。而网络犯罪的犯罪空间、工具和行为的虚拟性使得我们不得不思考，传统刑法刑事管辖权能否延伸至"虚拟世界"的网络犯罪。[①] 网络的无限传播性使得网络跨国犯罪趋势更加明显，如 A 市跨国网络犯罪案件逐年上升，数起诈骗案（包括电信诈骗和数字货币诈骗）、开设赌场案和组织领导传销案中犯罪地点和犯罪事实均在境外，云端犯罪态势日趋常态化。随着网络犯罪技术手段的提升以及"云数据"等高科技数据处理技术的发展，行为人推广、运营、结算业务基本是在"云端"进行，不需要固定服务器或在境外租用服务器，同时不再常用微信、QQ 等国内通联手段，转而使用国外聊天工具如 Facebook、Skype 等。这对发现、预警、管辖、侦查、取证、抓捕、追赃都形成新的挑战，即便用足两次退补、三次延期也鲜有进展。面对跨境电子取证和协同治理等日益旺盛的实际需求，虽然我国颁布《国际刑事司法协助法》，但实践中仍然面临着诸多困境，如全球性法律机制面临现实障碍[②]，境内电子数据远程勘验和境外电子数据远程勘验适用对象存在差别化待遇[③]，网络主权、司法管辖权理论使得单边取证存在着非法性可能，在未获得相应授权的情况下自行通过技术破解或侵入系统等方式获取储存于境外网络空间的电子数据很容易被非法证据排除规则予以排除；传统跨境电子取证因数据本地化存储和"倒 U 型"取证结构而效率不高，现有国际司法协助程序繁杂、时间冗长，无法满足打击跨境犯罪和电子数据取证的现实需求等。[④] 2019 年 3 月 27 日至 29 日，联合国网络犯罪政府专家组第五次会议重点围绕网络犯罪"执法与调查"和"电子证据与刑事司法"展开了务

[①] 参见李晓明、李文吉：《跨国网络犯罪刑事管辖权解析》，载《苏州大学学报（哲学社会科学版）》2018 年第 1 期。

[②] 参见李彦：《网络犯罪国际法律机制建构的困境与路径设计》，载《云南民族大学学报（哲学社会科学版）》2019 年第 6 期。

[③] 参见谢登科：《电子数据网络远程勘验规则反思与重构》，载《中国刑事法杂志》2020 年第 1 期。

[④] 参见王立梅：《跨境电子取证需构建简易程序》，载《检察日报》2020 年 3 月 28 日，第 3 版。

实讨论,但仍难以完全达成共识。① 如何高效应对网络犯罪的管辖权、电子数据、跨境取证和司法协助等问题还需我们进一步思考。

三、建构综合打击治理网络犯罪体系的路径

(一) 通过完善立法规定、更新刑事政策构建综合评价体系

当前我国现行有关网络行为的立法过于简约,如非法侵入计算机信息系统罪犯罪对象内涵较为狭窄,没有将入侵金融领域计算机信息系统而可能诱发金融危机、社会危机行为和入侵已形成普遍生活方式的互联网社交领域计算机信息系统行为纳入其中。故检察机关应在坚守刑法原理基础上,注重对网络技术创新和网络数据的司法保护,通过建议修改立法或者出台司法解释的方式及时调整刑法的应对措施,使传统刑法跟上时代发展的步伐。在完善网络犯罪立法的过程中,要具有开放的本性更要展现开放的姿态,增强立法的前瞻性,充分考虑今后的各种可能性,为互联网新技术的发展预留法律空间。②

具体而言,一是采取对《刑法》现有条文予以扩大解释或增设罪名、完善罪状的方式有效打击网络犯罪。③ 建议取消侵入计算机系统特殊领域的规定、删除特殊信息系统领域的规定成为唯一的方式,明确网络数据在经济价值领域的尺度标准。在传统犯罪罪名体系下增设新的条款,对《刑法》第286条之一而言,可明确具体监管部门(通过列举的方式限定"网络安全监管部门")、增加从业禁止的处罚方式、删除单位犯罪的相关规定等;对《刑法》第287条之一而言,目前规定的三种行为方式不能涵盖此类犯罪种类,可在"前瞻性、主动式"立法理念下适当扩充某些行为类型,增加行为方式。参照《刑法修正案(九)》和《刑法修正案(七)》适度扩大犯罪圈,必要时可设置涉网络罪名"专章",对犯罪发生率较高的行为增设新的罪名如利用计算机妨害业务罪④,甚至还有观点认为需要采取双轨制立法模式⑤,设立一部集程

---

① 参见王立梅:《论跨境电子证据司法协助简易程序的构建》,载《法学杂志》2020年第3期。

② 参见刘艳红:《网络犯罪的刑法解释空间向度研究》,载《中国法学》2019年第6期。

③ 参见徐剑:《对象型网络犯罪的刑事政策应对》,载《河北法学》2016年第8期。

④ 参见周光权:《有必要增设利用计算机妨害业务罪》,载《人民检察》2020年第12期。

⑤ 参见储槐植、薛美琴:《对网络时代刑事立法的思考》,载《人民检察》2018年第9期。

序法与实体法于一身的《反网络犯罪法》。① 二是提高网络犯罪的法定刑，构建罪责刑相适应的犯罪评价体系。可参照依法严惩电信网络诈骗犯罪的规定降低网络犯罪构罪标准、对不特定多数人实施犯罪作为从重处罚情节、在量刑中严格掌握适用缓刑条件控制缓刑的适用范围等，对于明知或者应知他人实施网络犯罪而提供帮助的单位和个人也要纳入刑罚范围，尤其是在共同犯罪故意的认定方面，针对上游、下游灰黑产业的帮助犯，对于证明"明知他人实施诈骗犯罪"设定合理的举证标准，即使不以共犯论处，也可以认定为妨碍信用卡管理秩序罪或掩饰、隐瞒犯罪所得罪等，以重刑惩罚方式形成刑罚的"威慑效应"。三是在《刑法》中增加有关网络犯罪管辖权的规定，或者通过司法解释的形式对网络犯罪的管辖权、跨境取证等国际协作进行专门规定，对外可制定网络犯罪公约、达成双边或多边协定。在加强刑罚的同时要更好地发挥行政执法的前置作用，将行政处罚和行政法规介入作为普通网络违法行为的前置规制条件，不断加强行政违法与刑事犯罪之间的连接性、传递性和升阶性，如建立健全公民个人信息保护防范机制，严格规范对具有个人信息采集需要的单位的收集、存储、使用、销毁等环节，对于违反相关法律法规的单位及个人首先应予以行政处罚，确保在行政处罚不足以规制的情形下才能进行刑事惩治。

就刑事政策而言，应当与目前我国对互联网行业采取的"包容审慎"的监管模式相适应，保护支持鼓励真正利用互联网创新的产业和行为，对涉及网络犯罪的相关行为要贯彻宽严相济的刑事政策予以打击。要一体化地看待网络空间与现实世界，② 前移网络犯罪的刑事防线。适度改变以往传统犯罪主要打击实施行为、对已经着手犯罪造成危害后果才开始打击的理念，坚持打早打小策略，如果沿袭传统的打击模式，将会导致网络犯罪不发案则已，一发案就是大案要案，严重危害法益。

（二）加强区域和跨境合作，形成打击合力

就国内而言，《关于办理网络犯罪案件适用刑事诉讼程序若干问题的意见》（以下简称《意见》）第4条第11、12项专门就网络犯罪办案的跨地域取证问题作了操作性很强的规定，《关于办理非法集资刑事案件若干问题的意见》第8条对异地侦查、起诉、审判和资产处置等办案协作也作了详细规定，各地司法机关需要在严格贯彻执行的基础上根据实践情况纵深推进机制建设，强化区域联动、实现数据共享，如探索构建统一化的数据基础设施和数据共享

---

① 参见于志刚：《中国网络犯罪的代际演变、刑法样本与理论贡献》，载《法学论坛》2019年第2期。
② 参见曲新久：《惩治网络犯罪的刑法思路》，载《人民检察》2020年第12期。

机制,在公安机关、检察机关内部建立稳定而持久的电子数据存证或者固证平台,通过模块化的形式方便电子数据的上传和交换,确保交换程序合法,避免因程序不合法而造成证据合法性和客观真实性受到质疑,或者发生不必要的证据灭失等,做到第一时间发现、取证和打击。

就国际而言,美英两国于2019年10月4日通过"史上首份"双边数据分享协议,规定两国可以不经司法协助程序,允许执法部门直接向对方国家的科技公司要求数据;欧盟为加速刑事调查中的电子证据调取,使成员国的调查机关可以直接向服务提供者要求提供电子证据,提出了《欧洲议会和欧洲理事会关于刑事犯罪电子证据的调取令和保全令的规定的提案》。[1] 直接跨国执法活动的确立表明各国都在不断创新应对之道,也给我国治理网络犯罪提供了一定启示。对此国家间、地区间的通力合作必不可少,[2] 各国必须克服文化认知、犯罪认定、人权共识、利益冲突、缺乏引渡条约等一系列问题,建立有效的国际联盟并实施全球条约来避免这些争端对司法利益造成的破坏。在网络犯罪国际司法合作时,我国司法机关应当充分利用已有的《网络犯罪公约》等条约、协定以及依据《国际刑事司法协助法》《意见》等相关规定,在引渡过程中遇到"罪与非罪""此罪与彼罪"的问题时,可以不拘泥于罪名本身,而是关注所犯罪行的实质内容,考虑到其所侵害的法益以及危害后果,将犯罪类型化,以调和"双重犯罪"的问题。要加强国际间情报信息共享机制建设,及时通报研讨打击网络犯罪过程中遇到的新情况新问题,研究解决管辖权冲突、抓捕引渡遣返行为人、调取移交涉案证据和司法协助等方面难题,争取在网络反恐、网络禁毒、网络打黑、网络反走私等领域构建深度长效合作机制,形成共同打击网络犯罪的强大合力。

(三)深度推进电子取证工作

在网络犯罪领域,建立缜密有序的取证思路、合理固化电子数据形成证据链条十分重要。[3] 面对复杂多变的具体案情,司法人员不能僵化自身的办案思维,要自觉丰富电子数据取证和审查知识,主动学习提取方法及困难,了解现阶段技术条件下可以恢复提取的手机品牌、型号、方法和效果等,增强运用区块链技术提取和审查水平,对相关技术问题、专业语言和取证情况做到心中有

---

[1] 参见王立梅:《论跨境电子证据司法协助简易程序的构建》,载《法学杂志》2020年第3期。

[2] 参见徐然等著:《网络犯罪刑事政策的取舍与重构》,中国检察出版社2017年版,第26—29页。

[3] 参见皮勇:《论新型网络犯罪立法及其适用》,载《中国社会科学》2018年第10期。

数,避免因知识盲区导致取证不及时或引导侦查做无用功。必要时可设立专业化办案团队专门负责网络犯罪案件办理和证据审查。要考虑案件具体类型、服务器所在地、犯罪团伙组织结构以及成员的具体分工、涉案财物的流转方式、行为人的反侦察意识高低等方面通过采用网络定位、IP追踪等信息技术确定犯罪的物理空间物质,并在此基础上利用远程勘验技术渗入到行为人开设的虚拟平台的后台,从而确定犯罪组织的框架分工、运作方式和被害人的资金流向等信息建立起一条明确清晰的证据全链条,便于追诉各个环节的帮助犯罪或关联犯罪,提高非法利用信息网络罪和帮助网络犯罪活动罪的适用率。要进一步改变"重口供、轻证据"的倾向,重视电子数据的收集,规范扣押行为人的手机、电脑等物证,第一时间提取案件定罪定性、打击整个犯罪链条、行为人主观明知等客观证据,强化电子数据与言词证据及其他证据的印证,如网络贩毒类犯罪中针对行为人否认手机是本人使用、贩卖毒品以及前往过毒品交易现场等辩解,应从行为人手机中常用及特定称谓、通话记录、短信、微信与QQ聊天或转账记录、图片、录音、WIFI连接地点及行动轨迹(或行车轨迹)等收集、分析证据,严密证据链条,全面掌握犯罪动态和犯罪手段。要健全电子数据检察技术辅助机制,办案遇到专门性问题时充分借助检察系统内外专家资源技术力量审查案件。

对跨境电子取证而言,要完善现行电子数据规则,尽量在电子数据的获取与认定方面与国际规则相一致。例如,可以将电子数据进行分类处理,从行为人、计算机、数据、网络犯罪行为四个方面进行证据关联性认定。取证时要兼顾合法性和效率性,既要尊重网络主权,避免单边取证;同时也要提高效率,简化跨境电子数据司法协助程序,即简化协助流程、缩短取证时间,在二者之间把握好利益平衡,可采取境内外双方执法者直接合作方式合法化、派员调查取证方式或建立个案电子取证协助机制等方式适当简化司法协助程序,以既尊重网络主权,又能保障效率性。

(四)构建综合治理体系

网络犯罪治理不仅是司法机关一家之事,必须树立践行综合治理、协同作战理念。可以从"三个一"精准发力:一是"一种转变",即应从事后的被动防御转变为事前、事中的主动防控,同时让自己具有主动进攻的能力,激励网络技术创新,具备这样能力的核心武器是大数据和新技术,依赖数据建立风控体系,促进网络安全防范、保障网络的安全运行、打击违法违规行为。二是"一项能力",即保障信息数据安全的能力。数据只有使用才能产生价值,流动性、共享性、开放性是数据使用的显著特征。只有切实保障信息数据安全可控,才能更有效地、全面地驱动互联网业务发展。三是"一个体系",在开展互联网业务、进行互联网监管、打击互联网犯罪时，必须有前瞻性、预见性和主动性，能够快速识别出每一个网络行为背后的人以及其行为目的，并且准确地判断是否存在风险异常。但是这种能力光靠单个企业或者部门是无法实现的，纯粹的行业自治或单一的行政监督均有其局限性，需要结合行业自治和行政监管的有益成分构建成建立网络犯罪长效治理体系来实现。要厘清网络行业监管主体的责任边界，扭转"分业监管"所导致的重叠和真空区域，可考虑按照业务类别设立综合监督管理机构，加大对网络黑灰产业有关信息、平台清理整治力度。要发挥好各级联席会议的作用，使各个成员单位切实负起责任，尤其是通讯运营商需要优化技术反制模型，推进技术反制建模系统升级，加强对网站平台的管控治理，将涉及恶意软件的内容列入网络不良信息进行监管处罚，以加强源头治理。重点加强网络APP监管，建立统一的强制性监管标准，实行APP应用开发主体实名登记备案制度，对具备支付功能的APP平台进行"穿透式"监管，检查其真实商业模式，及时清理各类非法APP。网络企业要强化社会责任，建立严格的机器审核和人工审核双重制度，培训和提高人工审核团队的综合能力，采取更加严格的内容审核机制，在AI反垃圾识别算法上不断精细和完善内容风控体系。监管主体和司法机关要密切与三大运营商，相关电商平台、社交平台等网络企业的联系，充分交流各自需求，同时网络企业应在高效、便捷协助司法机关调查取证的前提下，打通网络在线对接、及时回传需求证据的绿色通道。银行部门要加强银行卡、U盾管理，物流企业提早发现"四件套"等作案工具并及时反馈。要发挥行业自控和行政监督的双效合力，提升各网络管理主体的自律能力，规范网络金融领域征信体系机制、加强网络业务的个人信息管理，加强重点领域、重点人员和重点行业的事前防范和精准防控。

四、结语

网络信息的快速发展使得网络犯罪的犯罪圈在一定程度上有所扩展，给刑事检察工作带来了许多新的挑战，如何更有效地发挥刑事检察职能作用是加强网络安全保障的重要组成部分。但单凭这是仅仅不够的，网络信息的安全与秩序需要多管齐下，通过构建完整的法律制度体系、严密的监督监管体系以及高效协调的法治实施体系等，才能营造清朗有序的网络和社会环境。

网络新经济领域刑事犯罪的检察治理研究

上海市普陀区人民检察院课题组[*]

一、互联网经济领域刑事犯罪检察治理概述

(一) 互联网经济领域刑事犯罪的概念

在互联网经济时代,经济主体的生产、交换、分配、消费等经济活动,以及金融机构和政府职能部门等主体的经济行为,都越来越多地依赖信息网络,不仅要从网络上获取大量经济信息,依靠网络进行预测和决策,而且许多交易行为也直接在信息网络上进行。[①]

顾名思义,互联网经济领域刑事犯罪系依托互联网(INTERNET)网络实施,主要集中于互联网经济领域相关犯罪活动总称。具体到本文,将研究的切口限缩至具体研究互联网电子商务领域涉及的刑事犯罪,即针对电子商务平台及共享经济领域出现的犯罪问题。

(二) 互联网经济领域刑事犯罪检察治理的价值评析

1. 互联网经济领域刑事犯罪检察治理的合理性

互联网经济领域刑事犯罪检察治理的合理性,主要是由检察机关的职能和在刑事诉讼中的地位所决定的,具体分析如下:

第一,检察机关处于打击刑事犯罪的前沿,能够及时掌控相关犯罪最新动态,且对相关新类型犯罪给出及时的检察回应。面对互联网经济领域的刑事犯罪,检察机关兼具审查逮捕、起诉职能,侦查机关在刑事侦查中或侦查终结的

---

[*] 课题组成员:顾晓军,上海市普陀区人民检察院副检察长;张兴,上海市普陀区人民检察院第一检察部副主任;唐思芸,上海市普陀区人民检察院第六检察部副主任;魏华,上海市普陀区人民检察院检察官;李文强,上海市普陀区人民检察院检察官助理;李碧辉,上海市普陀区人民检察院检察官助理。

[①] 任晶洁:《网络经济时代市场营销管理的机遇与挑战探讨》,载《商场现代化》2019年2月。

案件会第一时间至检察机关,检察机关通过审查逮捕、起诉职能的行使,尤其是在"捕诉一体"的办案模式下,会对出现的新类型行为是否构成犯罪、构成何种犯罪、证据标准的把握等给出明确的司法导向,为及时打击新类型犯罪给出明确标准。

第二,检察机关在刑事诉讼中处于中间环节,前启刑事侦查后接刑事审判,可以透明了解侦查与审判环节中遇到的难点和问题,并对上述问题给出检察方案。如在办理互联网经济领域刑事犯罪案件中,审判机关在庭审过程中对证据的质证、对证据标准的采纳、对案件罪名的认定等,提起公诉的检察机关在掌握上述情况后,能及时、有效将上述情况传导至侦查机关的侦查过程中,并对侦查机关的侦查进行有效监督。

第三,检察机关延伸办案职能,可为互联网经济领域刑事犯罪治理提供合体解决方案。对已经出现的刑事犯罪进行有效打击是检察机关职能的应有之义,但在有效打击犯罪的同时,如何从本源上对相关犯罪出现的深层次原因及诱发犯罪的土壤进行有效治理,比有效打击犯罪更为重要。检察机关可通过检察建议、公益诉讼等形式给出合理化的检察方案。

2. 互联网经济领域刑事犯罪检察治理的紧迫性

互联网经济领域刑事犯罪已经在互联网领域进行大肆扩散,且呈现出愈演愈烈的蔓延苗头,如何有效应对该类犯罪已经刻不容缓。根据对近年来区内办理互联网经济领域刑事案件的实证考察,犯罪涉及的企业类型、人员、经营环节、犯罪手法等不断出现"变种",检察机关给予有力应对是遏制上述势头的必然,检察治理具有极端紧迫性。

二、互联网经济领域刑事犯罪的立法与实践现状考察

(一)互联网经济领域刑事犯罪的立法现状评析

2015年11月1日正式施行的《刑法修正案(九)》,意味着我国新的网络犯罪刑事立法体系形成。与之前相比,此次修改有三个明显的变化,一是将单位列入网络犯罪的犯罪主体;二是将部分工具型网络犯罪的预备行为纳入刑法的规制;三是增加了网络服务提供者的刑事责任。现阶段,我国网络犯罪刑事立法存在以下缺陷:一是立法分布零散,没有形成体系。二是立法层次过低,打击力度不够。除了未成体系之外,目前,我国有关网络犯罪的法律立法存在的另一个重要问题是缺乏权威性。三是立法具有明显的滞后性。我们应该清晰的认识到,立法上不断的修补是不可能跟上网络犯罪更新的步伐以及社会信息化的要求。

(二) 互联网经济领域刑事犯罪的实践现状评查

1. S 市 P 区检察院受理互联网经济领域刑事案件的数量

2015 年至 2019 年，S 市 P 区检察院共受理审查起诉各类互联网经济领域刑事案件 54 件 85 人，其中，2015 年 1 件 4 人，2016 年 6 件 14 人，2017 年 12 件 17 人，2018 年 15 件 20 人，2019 年 30 件 45 人，案件数量和涉案人数上升幅度明显。(见图 1)

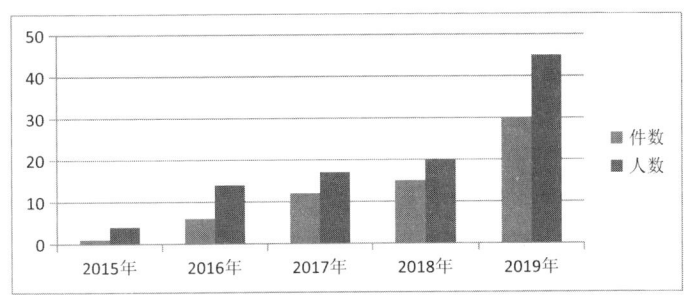

图 1：受理互联网经济领域刑事案件数量

2. S 市 P 区检察院受理互联网经济领域刑事案件的类型

从罪名分布上来看，S 市 P 区检察院受理的 54 件 85 人互联网经济领域刑事案件共涉及 3 个类别 5 个罪名，包括诈骗罪 23 件 33 人，职务侵占罪 10 件 21 人，盗窃罪 18 件 28 人，破坏计算机信息系统罪 1 件 1 人，非法获取计算机信息系统罪 2 件 2 人。(见表 1)

表 1：受理互联网经济领域刑事案件罪名分布

罪名	诈骗	职务侵占	盗窃	破坏计算机信息系统	非法获取计算机信息系统
件数	23	10	18	1	2
人数	33	21	28	1	2

三、互联网经济领域刑事犯罪案件办理难点分析

(一) 侦破犯罪、锁定犯罪嫌疑人存在难点

在涉及互联网企业网络服务平台的违法案件中，犯罪嫌疑人往往不会使用实名制登记的手机，也不会使用实名制注册的账户实施违法犯罪行为。再者，手机本身具有的流动性和网络 IP 地址的不稳定性都给调查犯罪嫌疑人的行踪增加了困难。即使犯罪嫌疑人最终被抓获到案，取证、固证工作也较难开展。

(二) 新兴领域案件定性有争议

互联网技术日新月异，相关企业的业务往往也都是新兴领域，因此在该领域的法律关系难免存在一些争议。司法实践中，在审查办理涉及互联网企业网络服务平台的案件时，对案件的定性争议比较大，譬如诈骗与合同诈骗、破坏生产经营与非法经营等罪名的选择与适用均存在较大争议。

(三) 涉案金额难以准确认定

互联网经济领域刑事犯罪的嫌疑人在犯罪过程中，往往是真假订单夹杂在一起进行交易，给准确认定犯罪金额带来较大难度。同时，由于目前涉案金额数据均由被害单位，也就是互联网企业提供，涉案金额数据的真实性仍需要其他证据进一步印证。

(四) 共同犯罪的责任认定难

当前，这类互联网经济领域刑事案件中，认定网络共同犯罪的具体责任人时面临一些困难，比较典型的是"中立"的技术帮助行为是否构成帮助犯，手机卡商、淘宝店的运维人员等是否构成共同犯罪等。

(五) 电子证据的转化使用存在障碍

第一电子证据易被篡改，且难察觉，因此收集和固定电子证据较难；第二电子证据往往存储的比较分散，在证据收集固定的过程中，难以保证全面性、真实性；第三电子证据的存储介质比较多元，取证过程中对专业性要求较高；第四电子证据具有时效性的特点，证据的固定和收集却往往比较滞后；第五电子证据证明力较弱，不能单独用来认定案件事实。

四、互联网经济领域刑事犯罪检察治理的路径思考

(一) 互联网经济领域刑事犯罪检察治理的目标

1. 以保障互联网经济健康有序发展为落脚点

检察机关开展互联网经济领域刑事犯罪治理是贯彻党中央关于"互联网＋"的重要战略部署，旨在充分履行检察职能，积极支持和促进市场创新和公平竞争，为互联网领域"大众创业、万众创新"营造良好环境。一方面，依托建立互联网经济领域新类型案件专人专办机制，业务能力过硬的检察官专职承办，全面负责该类案件的诉讼监督、审查批捕、审查起诉等检察职能，坚持捕前适时介入、引导公安机关调查取证、捕中严控标准、全面审查证据材料、捕后督促补侦、补强证据，实现精准发力打击犯罪。另一方面，通过强化监督，平等保护权益。对公安机关移送的案件认真审查，全面阅卷，从案件材料中察

微析疑。加强与被害企业的沟通，了解有无同类被犯罪侵害的情形，顺畅与公安机关沟通，及时掌握案件侦查工作进展情况，最大限度保障被害企业合法权益。

2. 以提高涉互联网犯罪办案水平为着力点

在全面深化改革的大背景下，加强研究提升网络领域专业化水平是犯罪治理的基础和前提。其一，注重理论先行，夯实专业基础。善于邀请高校专家学者、互联网企业负责人以及案件侦查人员等，针对互联网新兴经济领域刑事案件办理过程中存在的困难和问题，从取证固证、定罪量刑等方面进行分析，提供有力法理支撑，不断提升办理专业类案件的法律素养和知识储备。其二，运用研修助力，培养专业人才。如以开展检察官研修为契机，针对互联网经济领域等司法理论与实践中的实务问题和热点问题开展理论研究、专题授课和访学交流，通过检校合作、专家带教提升类案专办水平。

3. 以构建服务互联网经济新格局为终极方向

党的十八中大习近平总书记就提出"建设网络强国"的战略思想和目标任务，2020年最高人民检察院专门成立惩治网络犯罪维护网络安全研究指导组，加强对检察机关打击网络犯罪的研究和指导，从顶层设计和要求来看，这都是适应新时代构建经济新格局的需要。具体到深化犯罪治理保护互联网经济发展新路径的方式，表现为：堵漏建制，促进企业发展，如发挥检察建议在帮助企业防范风险中所能发挥的积极作用；搭建平台，发挥宣传效能。如充分利用报刊网络、广播电视以及"两微一端"等渠道制作高品质检察宣传产品；延伸触角，提升服务等级，比如整合商会、律师事务所等社会力量，成立专业化、全面化的服务保障队伍。

（二）互联网经济领域刑事犯罪检察治理的原则

1. 谦抑性

对于新兴领域的企业来说，其在发展的道路上必将遇到这样或那样的法律风险，但跟不上时代发展的法律监管，必然是绊脚石之一。现阶段，互联网新兴经济领域存在诸多刑事法律风险，一方面，我们确实要积极打击相关违法犯罪行为，另一方面，我们也要为互联网新兴经济发展提供一个良好的法治环境，提高我国的自主创新能力。在网络时代，立法机关在修改刑法时，不能只是征求公检法机关的意见，更应倾听网民、网络企业的心声，从而使国家对国民的刑法保护成为一项公共服务内容。① 站在市场经济的视角，互联网经济是一种为弥补现有经济体系缺陷，适应和满足不断发展的社会需求而产生的经济发展创新，因此，检察机关在办理刑事案件的过程中，如果涉及到互联网新兴领域，那么一定要十分谨慎。办理案件中对于那些具有"创新性"的互联网经济活动既要体现刑罚惩罚犯罪的功能，也要体现刑法保护经济创新的初衷，遵循谦抑性原则是检察机关办理互联网经济领域案件所应遵循的重要原则。

2. 惩罚犯罪和保障人权并重

就像硬币的正反面，惩罚犯罪与保障人权是刑事诉讼目的不可分割的两个方面，只有保持两者的平衡和统一，才能全面体现刑事诉讼法的根本宗旨。在刑事诉讼的整个过程，都要遵循惩罚犯罪与保障人权的统一，这是诉讼制度民主化的必然要求。互联网经济领域的刑事犯罪一方面实施手段往往比较新颖，不同于常规的刑事犯罪，另一方面相关法律法规不健全，造成案件事实的认定难、法律法规适用难。在司法实践中，这些问题都给检察机关追诉犯罪带来了一定的难题。刑事诉讼法是规定刑事诉讼程序的法律规范，既应当有惩罚犯罪的功能，也应当有保障人权的功能，尤其需要具备使犯罪嫌疑人、被告人的合法权益免受侵害的功能。因此，检察机关在打击互联网经济领域的刑事犯罪时既要充分收集证明犯罪嫌疑人、被告人有罪的证据，也要收集证明犯罪嫌疑人、被告人无罪、罪轻的证据，做到惩罚犯罪和保障人权并重。②

3. 教育引导

刑罚目的理论是整个刑罚理论体系的基石，贯穿于整个国家的刑事立法、司法审判和行刑三个阶段，犹如人体内的中枢神经，高屋建瓴地发挥着指挥作用。在价值论意义上，刑罚的视线必须触及犯罪背后更深的追求，惩罚犯罪是为了不罚、少罚、"刑期于无刑"，即我们常说的"为了没有犯罪所以有刑罚"。"刑罚的目的仅仅在于：阻止罪犯再重新犯罪侵害公民，并规诫其他人不要重蹈覆辙。"③ 从这个角度来看，刑罚目的中必然包含预防犯罪。互联网经济领域刑事犯罪的检察治理也应遵循刑法预防犯罪、教育引导的目的。检察机关办理互联网经济领域刑事案件要充分研判类案背后所反映的社会问题，通过制发检察建议、典型案例、风险防控提示等方式，来帮助互联网企业提高合

---

① 张明楷：《网络时代的刑法理念——以刑法的谦抑性为中心》，载《人民检察》2014年第9期。

② 参见刘洋：《互联网企业家犯罪治理对策研究》，载《湖北警官学院学报》2015年12月。

③ [意] 贝卡利亚：《犯罪与刑罚》，黄风译，中国法制出版社2002年版，第49页。

规发展意识、合规发展能力。引导互联网经济领域朝着法制化、规范化、专业化的方向发展，为我国经济社会发展做出更大的贡献。

（三）互联网经济领域刑事犯罪检察治理的路径

1. 立足检察职能，精准打击犯罪

一方面，检察机关要认真研究互联网经济领域出现的新情况、新特点，依法妥善办理新类型犯罪案件，注意区分罪与非罪，注意听取行业主管、监管部门意见，准确把握法律政策界限；强化监督主责主业，把握检察建议在服务保障互联网企业发展方面的作用，切实加强各种所有制经济产权和合法权益的司法保护，着力营造法治化环境。另一方面，检察机关作为法律监督机关，应充分发挥国家利益和公共利益"保护人"的作用，在严格刑法规制的同时，配合检察建议、公益诉讼等手段，达到打击和预防相结合，从根源上综合治理犯罪的效果。此外，要高度重视案件延伸，比如在参与互联网综合社会治理的过程中，有针对性地建立"黑名单"制度、重点企业联络人制度、典型案例通报制度等，对区域内的互联网企业提供指导和服务，从源头遏制犯罪滋生。

2. 推进相关职能部门间的沟通衔接

检察机关开展互联网经济领域犯罪治理，应当注重协作沟通，一是加强司法机关的配合，在信息互通、资源共享、风险防范等方面，强化协作配合；二是加强与行政执法部门的协作，及时发现、掌握潜在的犯罪风险和犯罪线索；三是加强与工商联、商务委等部门的联系，主动与重点企业进行沟通，增强提供法律服务的针对性。通过职能部门间的沟通协作，各方共同参与建立全方位服务保护机制，其一，优化对互联网领域的监督管理，细化明确相关行政部门对互联网领域的监管职责和方式，提升执法合力，减轻互联网企业负担，规范网信部门调查取证流程，加强与当事企业的沟通，明确告知处罚后的救济途径，增强执法的公信力；其二，细化对互联网虚拟资产的价值评估，行政机关、司法机关和互联网行业协会等开展联合调研，加快出台对互联网虚拟类资产的价值评估意见，为行政执法和刑事司法工作提供标准，加强对互联网企业合法权益的保护。

3. 强化法治宣传，建设专业化检察队伍

第一，在司法体制改革背景下，围绕互联网经济领域等新类型犯罪，检察机关应当进一步强化专业化办案机制，通过采取结对带教、重大案件跟班办案等多种方式，以及主题实训、交流学习、课题研讨、庭审观摩、个案讲评、案例论辩等系列活动，培养和造就一批具有深厚法学理论素养和公诉专业造诣，能够适应互联网时代新情况、新问题，精通专业案件办理的专才。第二，创新法治宣传和犯罪预防方式方法，通过案例通报、法律咨询、专题讲座等形式，广泛搭建法律服务平台；深入剖析互联网经济领域的典型案例和发案规律，及时总结提炼，帮助互联网企业建章立制，堵塞漏洞；利用"两微一端"新媒体矩阵，拓展法治宣传和法律服务的广度和深度；充分发挥保障非公有制经济发展协作机制的作用，平等保护各类经济主体合法权益，有效解决企业实际问题，协助提升服务非公有制经济能级。

网络犯罪指定管辖的现状、问题及对策

——以检答网52条咨询与60份裁判文书为研究样本

孙 忠 王 辉 许昊文[*]

管辖既是诉讼活动的发源和开端,更是案件程序公正与实体公正的前提和基础。[①] 一直以来,传统犯罪秉持"以犯罪地为主、被告人居住地为辅"的刑事管辖制度,但随着网络犯罪在刑事案件中所占的比例快速攀升,[②] 网络犯罪所具有的跨地域、多层级、涉众性等特征引发了大量管辖权争议的问题。作为解决管辖权争议最简单、直接和有效的方法,指定管辖被频繁适用于网络犯罪。尽管最高人民检察院、最高人民法院及公安部相继出台了多部司法解释与办案规则用于规范指定管辖,[③] 但现有的制度资源然仍无法应对实践需求。可以说,"公检法"只对网络犯罪的指定管辖达成了初步共识,细节部分仍存在一定分歧,实践中指定管辖的运作更是五花八门、难以统一,损害了网络犯罪刑事诉讼程序的稳定性和可预见性。

---

[*] 孙忠,北京市房山区人民检察院副检察长;王辉,北京市房山区人民检察院检察官;许昊文,北京市房山区人民检察院检察官助理。

[①] 朱铁军:《刍议刑事诉讼中指定管辖的适用》,载《人民法院报》2018年12月26日,第6版。

[②] 根据最高人民检察院2018、2019年工作报告:2018年全国检察机关起诉电信网络诈骗罪同比上升29.3%,起诉利用网络赌博、传播淫秽物品、泄露个人信息等犯罪同比上升41.3%;2019年全国检察机关起诉电信网络诈骗及利用网络赌博等犯罪同比上升33.3%。详见网址:https://www.spp.gov.cn/spp/gzbg/index.shtml。

[③] 目前网络犯罪指定管辖的规范有:《公安机关办理刑事案件程序规定》(公安部令第127号);最高人民法院、最高人民检察院、公安部《关于办理网络犯罪案件适用刑事诉讼程序若干问题的意见》;最高人民法院、最高人民检察院、公安部《关于办理网络赌博犯罪案件适用法律若干问题的意见》;最高人民法院、最高人民检察院、公安部《关于办理电信网络诈骗等刑事案件适用法律若干问题的意见》。需要注意的是,2020年7月20日,公安部颁布《关于修改〈公安机关办理刑事案件程序规定〉的决定》(公安部令第159号),对《公安机关办理刑事案件程序规定》中网络犯罪指定管辖条款进行了修订。

一、网络犯罪指定管辖的规范现状

根据最高人民法院《关于适用〈中华人民共和国刑事诉讼法〉的解释》（以下简称《刑事诉讼法解释》）第 2 条的规定，网络犯罪的网站服务器所在地，网络接入地，网站建立者、管理者所在地、被害人计算机系统所在地、被害人财产遭受损失地的司法机关皆有管辖权。① 网络犯罪的管辖犯罪规定的过于宽泛，几乎到了"沾边就能管"的地步，导致一个网络犯罪事实发生后，多个公安机关都具备管辖权，产生大量"谁来管"的问题。于是，指定管辖成了公安机关解决管辖权争议的常用手段。

公安机关将"指定管辖"规定于《公安机关办理刑事案件程序规定》（公安部 127 号令，后被 159 号令修正）（以下简称《公安刑事程序规定》），其中第 22、第 23 条规定，对管辖不明的、有争议的或特殊情况的刑事案件，层报共同的上级公安机关指定管辖；指定管辖的案件需要逮捕犯罪嫌疑人或提起公诉的，由指定管辖的公安机关移送同级人民检察院批准或审查决定。② 可见，指定管辖起始于公安机关指定立案侦查，进而移送给后位的检察院、法院。

公安机关侦查完毕后，检察院、法院同样面临着管辖权的问题。对此最高人民法院、最高人民检察院、公安部《关于办理网络犯罪案件适用刑事诉讼程序若干问题的意见》（以下简称《网络犯罪意见》）第 8 条规定，检

---

① 最高人民法院《关于适用〈中华人民共和国刑事诉讼法〉的解释》（法释〔2012〕21 号）第 2 条：犯罪地包括犯罪行为发生地和犯罪结果发生地。针对或者利用计算机网络实施的犯罪，犯罪地包括犯罪行为发生地的网站服务器所在地，网络接入地，网站建立者、管理者所在地，被侵害的计算机信息系统及其管理者所在地，被告人、被害人使用的计算机信息系统所在地，以及被害人财产遭受损失地。

② 《公安机关办理刑事案件程序规定》第 22 条：对管辖不明确或者有争议的刑事案件，可以由有关公安机关协商。协商不成的，由共同的上级公安机关指定管辖。对情况特殊的刑事案件，可以由共同的上级公安机关指定管辖。提请上级公安机关指定管辖时，应当在有关材料中列明犯罪嫌疑人基本情况、涉嫌罪名、案件基本事实、管辖争议情况、协商情况和指定管辖理由，经公安机关负责人批准后，层报有权指定管辖的上级公安机关。《公安机关办理刑事案件程序规定》第 23 条：上级公安机关指定管辖的，应当将指定管辖决定书分别送达被指定管辖的公安机关和其他有关的公安机关，并根据办案需要抄送同级人民法院、人民检察院。原受理案件的公安机关，在收到上级公安机关指定其他公安机关管辖的决定书后，不再行使管辖权，同时应当将犯罪嫌疑人、涉案财物以及案卷材料等移送被指定管辖的公安机关。对指定管辖的案件，需要逮捕犯罪嫌疑人的，由被指定管辖的公安机关提请同级人民检察院审查批准；需要提起公诉的，由该公安机关移送同级人民检察院审查决定。

察院、法院经审查发现没有管辖权的，可以报请共同上级检察院、法院指定管辖。①

同时，为保证公安机关、检察院和法院管辖的统一，最高人民法院、最高人民检察院、公安部《关于办理网络赌博犯罪案件适用法律若干问题的意见》（以下简称《网络赌博犯罪意见》）第 4 条及《关于办理电信网络诈骗等刑事案件适用法律若干问题的意见》（以下简称《电信网络诈骗意见》）第 5 条第（七）项规定，重大案件、疑难复杂案件和境外案件，公安机关就指定管辖事项与检察院、法院的协商、通报机制。② 至此，网络犯罪指定管辖的现行规范整理如下表所示：

表 1：网络犯罪指定管辖的规范现状

诉讼环节	法律文件名称	相关规定
公安侦查	《公安刑事程序规定》	管辖不明确、有争议或特殊的刑事案件，可由共同的上级公安机关指定管辖。提请指定管辖的，应层报有权指定管辖的上级公安机关。
		23. 上级公安机关指定管辖，应将指定管辖决定书送达被指定管辖的公安机关和其他有关的公安机关，并根据办案需要抄送同级法院、检察院。
检察院批准逮捕、审查起诉	《检察刑事诉讼规则》	22. 上级检察院可以指定管辖：（1）管辖有争议的案件；（2）需要改变管辖的案件；（3）需要集中管辖的特定类型的案件；（4）其他需要指定管辖的案件。

---

① 《关于办理网络犯罪案件适用刑事诉讼程序若干问题的意见》第 8 条：为保证及时结案，避免超期羁押，人民检察院对于公安机关提请批准逮捕、移送审查起诉的网络犯罪案件，第一审人民法院对于已经受理的网络犯罪案件，经审查发现没有管辖权的，可以依法报请共同上级人民检察院、人民法院指定管辖。

② 《关于办理网络赌博犯罪案件适用法律若干问题的意见》第 4 条第 3 款：公安机关对侦办跨区域网络赌博犯罪案件的管辖权有争议的，应本着有利于查清犯罪事实、有利于诉讼的原则，认真协商解决。经协商无法达成一致的，报共同的上级公安机关指定管辖。对即将侦查终结的跨省（自治区、直辖市）重大网络赌博案件，必要时可由公安部商最高人民法院和最高人民检察院指定管辖。《关于办理电信网络诈骗等刑事案件适用法律若干问题的意见》第 5 条第（七）项：公安机关立案、并案侦查，或因有争议，由共同上级公安机关指定立案侦查的案件，需要提请批准逮捕、移送审查起诉、提起公诉的，由该公安机关所在地的人民检察院、人民法院受理。对重大疑难复杂案件和境外案件，公安机关应在指定立案侦查前，向同级人民检察院、人民法院通报。

续表

诉讼环节	法律文件名称	相关规定
检察院批准逮捕、审查起诉	《检察刑事诉讼规则》	328. 收到移送起诉的案件后，经审查认为不属于本院管辖的，应当移送有管辖权的检察院或者报送共同的上级人民检察院指定管辖。
	《网络犯罪意见》	8. 检察院对于公安机关提请批准逮捕、移送审查起诉的网络犯罪案件，经审查发现没有管辖权的，可以依法报请共同上级检察院指定管辖。
	《网络赌博犯罪意见》	4. 检察院对于公安机关提请审查逮捕、移送审查起诉的案件，发现没有管辖权的，可以依法报请上级检察院指定管辖，不再自行移送有管辖权的检察院。
	《电信网络诈骗意见》	5.（4）公安机关指定管辖的案件，需要批准逮捕、审查起诉的，由该公安机关所在地的检察院受理。
法院审判	《刑事诉讼法解释》	19. 指定管辖应将指定管辖决定书送达被指定管辖的法院和有关法院
	《网络犯罪意见》	8. 第一审法院对于已经受理的网络犯罪案件，经审查发现没有管辖权的，可以依法报请共同上级法院院指定管辖。
	《网络赌博犯罪意见》	4. 法院对于已进入审判程序的案件，发现没有管辖权的，可以依法报请上级法院指定管辖，不再自行移送有管辖权的法院。
	《电信网络诈骗意见》	5.（4）公安机关指定管辖后提起公诉的，由该公安机关所在地的法院受理。
指定管辖协调机制	《公安刑事程序规定》	23. 指定管辖应根据办案需要将指定管辖决定书抄送同级法院、检察院。
	《网络犯罪意见》	6. 重大网络犯罪案件，可以由公安部商最高人民检察院、法院指定管辖。
	《网络赌博犯罪意见》	4. 重大网络赌博案件，必要时可由公安部商最高人民法院、检察院指定管辖。
	《电信网络诈骗意见》	5.（7）重大疑难复杂案件和境外案件，公安机关应在指定立案侦查前，向同级检察院、法院通报。

由表 1 可知，当前网络犯罪指定管辖规范呈现"条块分割"的态势，"公检法"分别根据自身的办案需要，针对网络犯罪的高发领域对指定管辖进行了规范，但尚未形成系统、严密的规范体系。

二、网络犯罪指定管辖的检察困惑

本文以"指定管辖"为关键词，在检答网中进行检索，① 截至 2020 年 8 月 1 日，共计 120 条检索结果，去除"新闻类"检索结果、"职务犯罪"类咨询结果，筛选出与网络犯罪指定管辖有关的业务咨询共 52 条。尽管 52 条咨询结果不能反映实践中网络犯罪指定管辖的全部问题，但已是当前检察人员对该问题最集中的反映，可以从中管窥网络犯罪指定管辖的检察困惑。咨询问题情况如下表：

表 2：检答网关于网络犯罪指定管辖咨询情况

序号	问题类型	数量	占比
1	公安指定管辖后，检察机关是否应指定管辖的问题	27	51.7%
2	公安指定管辖后，检察机关案管部门如何收案的问题	11	21.4%
3	检察机关指定管辖后，证据效力、办案期限、羁押期限的问题	7	13.5%
4	法院指定管辖后，检察机关如何处衔接的问题	3	5.7%
5	其他问题	4	7.7%
总数		52	100%

据统计，检察人员咨询（疑问）最多的，是"公安机关指定管辖后，检察机关是否需要同步报请上级院指定管辖"的问题。例如，公安机关就跨区域网络犯罪指定立案侦查后，提请指定机关的同级检察院批准逮捕或审查起诉的，该检察院是否应报请上级指定管辖？②

第二类咨询较多问题来自检察院案管部门，是关于"如何收案"的问题。例如，公安机关移送审查起诉的刑事案件为指定管辖，案管部门能否以无管辖

---

① 检答网是由最高人民检察院建设运行，自 2018 年 10 月上线以来，已成为各地检察机关和检察人员法律政策运用、具体问题咨询解答、各项业务交流的重要平台。

② 此咨询来自河南省周口市人民检察院陈光，《公安机关指定管辖的案件，审查起诉和审判阶段是否需要再指定管辖》，咨询类别：普通犯罪检察。

权拒绝受案？① 公安机关指定管辖的刑事案件检察院能否直接受理？②

第三类检察人员较关注的，是案件办理过程中由指定管辖引发的争议问题。例如公安机关指定管辖前侦查获得的证据是否应排除适用？③ 上级检察机关指定管辖后是否重新起算审查起诉和羁押期限？是否适用不超过两次退查的规定？④ 其他咨询问题，由于不具备代表性，不展开详述。

三、网络犯罪指定管辖的审判困境

网络犯罪案件指定管辖后，初步解决了公安机关的管辖问题，但由此引发的证据效力、羁押期限等问题仍未得到解决，检察院就网络犯罪审查起诉后，这些问题便传递至法院。随着"以审判为中心"的刑事诉讼制度改革不断深入，"庭审实质化"要求逐步得到落实，越来越多的辩护意见得以在裁判文书中显现。在此情形下，指定管辖不规范带来的问题在审判环节大量暴露，指定管辖瑕疵逐渐成为网络犯罪的主要辩护理由，成为本文观察、反思指定管辖制度缺陷的绝佳样本。

（一）网络犯罪指定管辖裁判总体概览

本文在"裁判文书网"中以"网络犯罪""指定管辖"及"无管辖权"为关键词，检索出刑事裁判162例；其中以"司法机关指定管辖违法"或"司法机关无管辖"为辩护理由的案件60例，案件的审级分布及辩护结果如下表：

表3：相关裁判的审级分布情况

序号	审级分布	数量	占比
1	基层法院一审裁判	34	57%
2	中级法院二审裁判	21	35%
3	高级法院再审裁判	5	8%
总数		60	100%

---

① 此咨询来自四川省成都市青白江区人民检察院刘彪，《公安机关移送审查起诉的刑事案件为指定管辖，案管部门能否以无管辖权拒绝受案》，咨询类别：案件管理。

② 此咨询来自河北省院保定市满城县人民检察院刘辉，《未办理指定管辖可否直接受理》，咨询类别：案件管理。

③ 此咨询来自贵州省安顺市镇宁县人民检察院郑丽，《未获指定管辖就跨省开展侦查工作，所收集证据是否能够采信》，咨询类别：重大犯罪检察。

④ 此咨询来自湖北省随州市曾都区人民检察院吴硕，《上级院指定原检察机关管辖是否重新计算审查起诉期限？是否适用前后不超过两次退查的规定》，咨询类别：普通犯罪检察。

表 4：相关裁判的辩护结果情况

序号	审级分布	数量	占比
1	不予采纳,认为指定管辖不当的辩护理由不能成立	58	97&
2	采纳,认为辩护理由成立,裁定撤销原判发回重申或决定将案件退回检察院	2	3%
总数		60	100%

根据表 3，选取的 60 例裁判大致符合"金字塔"形态的刑事诉讼裁判分布规律，可以作为研究样本进行分析。根据表 4，绝大多数指定管辖相关的辩护理由未能成立，但有 2 例法院采纳了指定管辖不当的辩护理由。其中"李某、邯郸某房地产开发公司非法吸收公众存款案"①，一审法院以公安机关、检察院未提交书面指定管辖决定书为由，认定无管辖权，决定将案件及卷宗退回同级检察院；"郝某、郑某等走私、贩卖、运输、制造毒品案"②，二审法院以上级法院未指定管辖为由，认定一审法院无管辖权，裁定撤销原判、发回重审。

本文认为，上述两案充分表明，当前刑事诉讼一定程度上修正了过去"重实体轻程序"的裁判思路，围绕管辖等程序性问题可以开展有效的辩护。若案件存在重大程序瑕疵，法院有理由不采纳公诉意见。因此，为使网络犯罪刑事诉讼程序能够正常运转，公安机关、检察院、法院都需特别注意指定管辖的有效性和规范性。

（二）网络犯罪指定管辖的裁判回应理由

尽管绝大多数裁判未采纳指定管辖错误的辩护理由，但法院往往对此类辩护理由"模糊处理"，有必要作展开分析，本文将剩余 56 例裁判中关于指定管辖的辩护理由整理如下：

---

① （2020）冀 0426 刑决 39 号。
② （2015）济刑终字第 85 号。

表5：相关裁判的辩护理由及法院回应情况

序号	辩护理由	法院回应	数量	占比
1	公安机关指定管辖前对案件无管辖权，此时侦查的证据应予以排除	公安机关指定管辖后自始获得管辖权，前期侦查的证据有效	2	4%
2	公安机关指定管辖后，检察机关或法院未指定管辖，无案件管辖权	公安机关将指定管辖决定书移送检察院、法院后，两院获得管辖权	22	40%
3		根据司法解释，网络犯罪极其广泛，两院无需指定当然具有管辖权	24	43%
4		根据司法解释，属于公安机关并案侦查范围，两院无需指定当然具有管辖权	8	13%
总数			56	100%

（三）网络犯罪指定管辖的审判困境

根据表5，法院对"未经指定管辖，无管辖权"的辩护理由，居然有不同的回应方式。这不仅折射出指定管辖实际运作的不规范、法官对指定管辖存在不同认识，更反映出网络犯罪指定管辖在审判中的现实困境，本文将结合案例开展论述。

1. 指定管辖对前期证据的补正效力不明

检察人员曾在"检答网"中咨询：未获指定管辖就跨省开展侦查工作，所收集证据是否能够采信？指导专家的解答为：关于超出侦查管辖所提取的证据能否作为证据使用和采信，关键要看该证据的合法性，看是否获得补正或合理解释，建议不要简单排除侦查证据的适用。① 实践中检察院、法院大多采信公安机关指定管辖前取得的证据。

但是，如果指定管辖跨越了诉讼环节，那么指定管辖对前期证据的补正效

---

① 此咨询来自贵州省安顺市镇宁县人民检察院郑丽，标题《未获指定管辖就跨省开展侦查工作，所收集证据是否能够采信》，咨询类别：重大犯罪检察。解答来自贵州省人民检察院方文辉。

力则有待商榷。例如,"程某侵占案"中,① 一审诉讼过程控方缺少案件的指定管辖决定书,辩护人以无管辖权为由上诉,二审中控方补交了指定管辖决定书证明公安机关和检察机关对案件具备管辖权,二审法院认为该指定管辖足以证明一审判决无误,裁定驳回。本文认为,二审程序提交的指定管辖决定书,无法溯及到一审程序,无法直接证明一审司法机关对案件具有管辖权,二审法院裁判存在争议。

2. 公安机关指定管辖后,检法应否同步指定存在不同认识。

根据《电信网络诈骗意见》第 5 条第(四)项规定,检察院、法院受理公安机关指定管辖的案件,无需报请指定管辖或移送;但根据其他法律或司法解释,检察院、法院受理公安机关指定管辖的案件,还需在本系统内报请指定管辖。现实中,检察院对是否应当报请上级指定管辖困惑不已,检答网超半数咨询皆是此类问题;法院则有两种处理方法,产生了"同案不同判"的现象。

方法一是认定只要公安机关的指定管辖决定书移送至法院,则法院对案件具有管辖权。例如,"于某等 4 人非法制造、买卖、运输、邮寄、储存枪支、弹药、爆炸物案"中②,公安机关向检察院、法院移送指定管辖决定书,但检、法两院未作出指定管辖的决定,辩护人以此为由上诉,二审法院认为,本案已经公安部、省公安厅指定管辖,检、法具有管辖权,裁定驳回上诉。本文认为,严格来说,公安机关的指定管辖决定书仅具有使下级公安机关获得管辖权的效力,该指定管辖的决定无法跨部门、跨条线地使检察院、法院同步获得管辖权,因此法院此判决并不规范。

方法二是根据网络犯罪管辖过于宽泛的特性,认定检察院、法院具有管辖权,从而回避指定管辖不规范的问题。例如,"韩某甲、韩某乙敲诈勒索"中,③ 检、法两院未作出指定管辖的决定,辩护人以此为由上诉,二审法院认为,根据法律规定,网络犯罪的被侵害人所在地司法机关有管辖权,本案检察院、法院位于被侵害人所在地,因此一审法院自始具有管辖权,无需指定管辖,上诉理由不能成立。本文认为,此种做法在法律适用上没有问题,但架空了公安机关指定管辖的决定,使"公检法"在指定管辖上无法保持一致。

3. 指定管辖与并案侦查未作区分

根据《网络犯罪意见》第 4 条的规定,一人犯数罪的、共同犯罪的、共同犯罪的犯罪嫌疑人、被告人还实施其他犯罪的、多个犯罪嫌疑人被告人实施

---

① (2012)渝一中法刑终字第 00229 号。
② (2018)吉 02 刑终 278 号。
③ (2018)黑 10 刑再 2 号。

的犯罪存在关联的案件,公安机关可以并案审查,由该公安机关所在地的人民检察院、人民法院受理。① 可见,并案侦查与指定管辖不同,存在关联的案件适用并案侦查;管辖权有争议或案情重大的案件适用指定管辖。

网络犯罪案件上下游之间涉及有关联的多个犯罪,公安机关本可以直接并案侦查的,却常以指定管辖替代并案侦查,导致法院裁判环节出现问题。例如,"周某等 3 人开设赌场罪"中,② 数个嫌疑人共同开设网络赌场,省公安厅指定其中一人所在地的公安机关管辖,庭审中辩护人主张指定管辖前公安机关搜查的证据无效,法院认为本文为共同犯罪,由其中一人所在地公安机关并案侦查并无不当,辩护理由无法成立。本文认为,法院以并案侦查回避指定管辖辩护理由的做法并无不当,但同样存在架空公安机关指定管辖,致使"公检法"无法协调一致的问题。

四、网络犯罪指定管辖的改进对策

基于上述网络犯罪指定管辖的检察困惑和审判困境,本文认为,当前指定管辖问题的成因主要有三:制度不完善、"公检法"会商机制缺失及检察监督缺位。制度不完善导致公安机关对并案侦查和指定管辖不做区分,引发后续检察院、法院是否同步指定管辖的困惑;会商机制缺失致使"公检法"在指定管辖问题上无法统一,出现法院裁判内容常常架空公安机关的指定管辖的结果;检察监督缺位更是导致公安机关缺少制约、任意适用指定管辖。聚焦问题成因,便可提出相应的改进对策。

(一)规范网络犯罪的指定管辖制度

根据《刑事诉讼法解释》第 2 条的规定,③ 网络犯罪的管辖非常广泛,几乎到了"沾边就管"的地步,故网络犯罪指定管辖所解决的从来不是无管辖

---

① 《关于办理网络犯罪案件适用刑事诉讼程序若干问题的意见》第 4 条:具有下列情形之一的,有关公安机关可以在其职责范围内并案侦查,需要提请批准逮捕、移送审查起诉、提起公诉的,由该公安机关所在地的人民检察院、人民法院受理:(1)一人犯数罪的;(2)共同犯罪的;(3)共同犯罪的犯罪嫌疑人、被告人还实施其他犯罪的;(4)多个犯罪嫌疑人、被告人实施的犯罪存在关联,并案处理有利于查明案件事实的。

② (2018)浙 0802 刑初 375 号。

③ 主要指《最高人民法院关于适用〈中华人民共和国刑事诉讼法〉的解释》(法释〔2012〕21 号)第 2 条:犯罪地包括犯罪行为发生地和犯罪结果发生地。针对或者利用计算机网络实施的犯罪,犯罪地包括犯罪行为发生地的网站服务器所在地,网络接入地,网站建立者、管理者所在地,被侵害的计算机信息系统及其管理者所在地,被告人、被害人使用的计算机信息系统所在地,以及被害人财产遭受损失地。

权的问题，而是多个管辖权导致的管辖权争议问题。并且，网络犯罪的上下游属性，导致案件内大多数犯罪行为皆存在一定关联。本文认为，应当严格公安机关指定管辖的适用，大部分网络犯罪可以通过并案侦查的手段解决管辖权争议，便无须动用指定管辖。当前《公安刑事程序规定》第22条规定的"管辖不明确的、管辖权有争议的、特殊的刑事案件"指定管辖适用条件过于宽泛，网络犯罪指定管辖条件应当删除"管辖权有争议"的适用条件。

对于公安机关指定管辖后检察院、法院是否同步指定管辖的问题。本文认为，为保证"公检法"处理一致，防止出现检察院、法院无管辖权的情况，对于公安机关指定管辖后移送检察机关的案件，检察院应当统一报请上级院指定管辖，并通报同级法院。并且，为保障嫌疑人的羁押期限不应指定管辖过分延长，还应当明确下级检察院报请上级院和上级院作出决定的期限，可参考江苏省检察院《江苏省检察机关刑事案件指定管辖审查办理工作指引（试行）》，规定上下级检察院5日的报请和决定期。①

最后，还需明确指定管辖对前期侦查的补正效力。建议规定：上级公安机关必须在下级公安侦查终结前作出指定管辖的决定；公安机关侦查终结并移送检察院审查起诉后，上级公安机关作出的指定管辖决定不具有补正效力，下级公安机关获得管辖权前侦查的证据应予排除。

（二）严格公安机关指定管辖的通报与会商制度

《网络犯罪意见》第6条、《网络赌博犯罪意见》第4条规定，重大网络犯罪案件可由公安部商最高人民检察院、最高人民法院指定管辖，意味着普通网络犯罪案件公安机关无须与检、法会商，可直接指定管辖。并且，《电信网络诈骗意见》第5条第（七）项规定，对重大疑难复杂案件和境外案件，公安机关指定立案侦查前应向同级检、法通报，意味着重大电信网络诈骗案件公安机关指定管辖前无须会商，作出决定后通报即可。

但是，2020年7月20日，公安部作出《关于修改〈公安机关办理刑事案件程序规定〉的决定》（公安部令159号），修改了指定管辖的部分规定，该决定第九条要求公安机关应根据办案需要将指定管辖决定书抄送同级人民法

---

① 《江苏省检察机关刑事案件指定管辖审查办理工作指引（试行）》第18条：承办检察官审查办理商（报）请指定管辖，一般应当在5个工作日内提出审查意见。需要补充材料的，在完成补充材料后5个工作日内提出审查意见。

院、人民检察院。① 本文认为，根据"新法优于旧法"的法律适用规则，修订后的《公安刑事程序规定》应优先于上述三个网络犯罪意见的适用，对于普通网络犯罪案件公安机关指定管辖后，应及时将指定管辖决定书抄送同级检察院、法院。

（三）强化指定管辖的检察监督力度

当前检察院对公安机关指定管辖缺乏刚性的监督手段，常用的检察建议属于事后监督，难以与公安机关指定管辖同步，案件移送到检察院之后，检察机关发现指定管辖存在问题再行纠正，造成程序倒流，极大地降低了诉讼效率，浪费司法资源。② 本文认为，可依托公安机关指定管辖的通报与会商制度，进行相应的制度设计，将指定管辖的检察监督前移，并参照批准逮捕提制度升监督刚性，具体如下：

第一，对于普通网络犯罪案件，公安机关指定管辖的，应当在作出指定管辖决定书后3日内抄送同级检察院，检察机关自收到决定书后5日内对指定管辖的法律依据和理由进行审查并作出决定；检察机关认为指定管辖理由不成立的，以检察建议的方式通知公安机关纠正。

第二，对于重大网络犯罪案件，检察机关应提前介入，连同法院与公安机关就管辖问题进行会商；上级公安机关拟作出指定管辖决定的，应制作商请指定管辖函报同级检察院决定，检察机关在收函后3日内决定是否同意指定管辖。

第三，对于发送检察建议后公安机关不予纠正的普通网络犯罪案件，或公安机关不经同级检察院同意直接指定管辖的重大网络犯罪案件，检察机关可提请上级检察院跟进监督。

---

① 公安部《关于修改〈公安机关办理刑事案件程序规定〉的决定》（公安部令159号）第9条：将第20条改为第23条，第1款、第2款修改为："上级公安机关指定管辖的，应当将指定管辖决定书分别送达被指定管辖的公安机关和其他有关的公安机关，并根据办案需要抄送同级人民法院、人民检察院。原受理案件的公安机关，在收到上级公安机关指定其他公安机关管辖的决定书后，不再行使管辖权，同时应当将犯罪嫌疑人、涉案财物以及案卷材料等移送被指定管辖的公安机关。"

② 史航宇：《我国跨区域网络犯罪中管辖监督问题探析》，载《四川警察学院学报》2019年第2期。

从秩序到效率
——论网络犯罪指定管辖制度的重构

王 静[*]

一、法规对网络犯罪管辖权的有限拓宽

（一）网络犯罪管辖权的现行法规

伴随着信息技术的发展，网络犯罪的趋势与规律发生了巨大变化，网络在犯罪中的地位变迁主要经历了三个阶段——网络由"犯罪对象""犯罪工具"发展到"犯罪空间"。[①] 而网络犯罪的管辖问题，则是网络犯罪理论研究的一个基础性问题。

出于打击犯罪的需要，2012年最高法《关于适用〈中华人民共和国刑事诉讼法〉的解释》（以下简称《刑诉法解释》）、2014年"两高一部"《关于办理网络犯罪案件适用刑事诉讼程序若干问题的意见》（以下简称2014年《意见》）等司法解释的出台，对网络犯罪管辖权的"连接点"逐步扩大范围。其脉络如下：

2012年《刑诉法解释》第2条规定"犯罪地包括犯罪行为发生地和犯罪结果发生地。针对或者利用计算机网络实施的犯罪，犯罪地包括犯罪行为发生地的网站服务器所在地，网络接入地，网站建立者、管理者所在地，被侵害的计算机信息系统及其管理者所在地，被告人、被害人使用的计算机信息系统所在地，以及被害人财产遭受损失地。"2012年《刑诉法解释》较之于1998年《刑诉法解释》，明确规定了针对或者利用计算机网络实施的犯罪其犯罪地所包括的诸多连接点。

2014年《意见》第2条较之于2012年《刑诉法解释》对犯罪地又作了三

---

[*] 王静，广东省人民检察院公诉一处主任检察官。

[①] 参见于志刚：《网络刑法的逻辑与经验》，中国法制出版社2015年版，第13页。

处完善①：一是表述更为准确，用"用于实施犯罪行为的网站服务器所在地"替代"犯罪行为发生地的网站服务器所在地"。二是用"被侵害的计算机信息系统或其管理者所在地"替代"被侵害的计算机信息系统及其管理者所在地"，以强调两种情况都可以，避免适用中引发歧义。三是增加了被害人被侵害时所在地，以及帮助犯的犯罪地或者居住地公安机关也可以立案侦查。2014年《意见》考虑到网络犯罪案件的跨地域性特征，特别是犯罪嫌疑人与被害人、帮助犯与实行犯往往处于分离状态，更能适应司法实践的复杂情况。

2014年《意见》为了解决实践中的管辖冲突、无权管辖等问题，还对网络犯罪的管辖确立了两项原则：一是并案管辖原则。2014年《意见》第4条规定了一人犯数罪、共同犯罪、共同犯罪的犯罪嫌疑人还实施其他犯罪的、多个犯罪嫌疑人实施的犯罪存在关联且并案处理有利于查明案件事实等四种情形，可以由同一地的公安机关并案侦查管辖。二是其他关联案件，指定一并管辖原则。2014年《意见》第5条规定对因网络交易、技术支持、资金支付结算等关系形成多层级链条、跨区域的网络犯罪案件，可由共同上级公安机关指定有关公安机关一并立案侦查。在实践中经常发现某些网络犯罪之间是松散同时又复杂的关系，无法归类到第4条的共同犯罪等样态。因此2014年《意见》第5条应运而生，规定了由共同上级公安机关指定侦查管辖，解决了网络犯罪中松散且复杂关系案件的管辖问题。

上述司法解释针对网络犯罪的跨地域性、技术性、分工合作等特点，扩大解释了犯罪行为发生地、犯罪结果发生地的范围，规定了并案侦查、指定一并侦查管辖等原则，部分解决了传统的地域管辖概念对打击网络犯罪新形势的不适应。但是仍然存在若干争议问题，亟待明确解决原则。

（二）网络犯罪管辖权存在的问题

1. 司法解释并未明确指定侦查管辖后，同地检、法机关是否自动获得管辖权

案例：公安部指定广东省公安机关侦查某电信诈骗系列案，该案系中国台

---

① 《关于办理网络犯罪案件适用刑事诉讼程序若干问题的意见》第2条原文是"网络犯罪案件由犯罪地公安机关立案侦查。必要时，可以由犯罪嫌疑人居住地公安机关立案侦查。网络犯罪案件的犯罪地包括用于实施犯罪行为的网站服务器所在地，网络接入地，网站建立者、管理者所在地，被侵害的计算机信息系统或其管理者所在地，犯罪嫌疑人、被害人使用的计算机信息系统所在地，被害人被侵害时所在地，以及被害人财产遭受损失地等。涉及多个环节的网络犯罪案件，犯罪嫌疑人为网络犯罪提供帮助的，其犯罪地或者居住地公安机关可以立案侦查。"

湾人在亚美尼亚针对中国境内公民实施的犯罪,被害人均在我国其他省份,广东省内没有被害人。近百名犯罪嫌疑人被押解回国以后的入境地为广东省广州市,广州市有没有管辖权?

本案有两个争议点,争议一:本案能否根据2012年《刑诉法解释》第8条"中国公民在中华人民共和国领域外的犯罪,由其入境地或者离境前居住地的人民法院管辖"?广州市检察机关认为广州市可以依据第8条取得管辖权,而广州市中级人民法院则认为广州市没有管辖权。笔者认为本案的确无法根据《刑诉法解释》第8条获得管辖权。因为根据2014年《解释》第2条等相关司法解释,犯罪行为发生地包括诈骗电话接受地、犯罪结果发生地包括被害人被骗时所在地,具体到本案,上述两地都在中国境内,因此不属第八条规定的情形。

争议二:广东省虽然不是犯罪地,但是能否因为上级公安机关指定侦查管辖而自动获得审判管辖权?因为根据2014年《意见》仅规定了跨省案件指定异地管辖的,"可以由公安部商最高人民检察院和最高人民法院指定管辖";而2016年"两高一部"《关于办理电信网络诈骗等刑事案件适用法律若干问题的意见》规定"在境外实施的电信网络诈骗等犯罪案件,可由公安部按照有利于查清犯罪事实、有利于诉讼的原则,指定有关公安机关立案侦查"。笔者认为,如果公安部在指定侦查管辖之前已经商请两高,那么被指定的公安机关所在地自然同时获得审判管辖权。但实践中,大多数案件是公安部或者公安部经侦局没有商请两高,仅指定了侦查管辖,司法解释并未明确在此种情况下同地的检、法机关是否自动获得管辖权。争议二有待于法规进一步细化与明确此问题的处理。

2. 共同犯罪案件,如果犯罪嫌疑人被分案处理,能否由同案人受审地的司法机关管辖存在争议

案例:在审理一起涉嫌电信诈骗的共同犯罪案件中,有一名未成年人需要与其他成年人分案处理。其他成年人涉及的诸多诈骗犯罪事实中有一宗的被害人所在地为广东省,因此广东省根据共同犯罪的并案处理原则,获得对全案的管辖权。但未成年人加入犯罪集团的时间较晚,并没有参与实施针对广东境内被害人的该宗犯罪行为,在实体处遇方面,对该未成年人只认定其加入后的犯罪事实并不存在争议;但是在程序处理方面,现在由于对该未成年人要分案处理,广东省对其有没有管辖权存在争议。审判机关认为既然未成年人不对其加入前事实负责,同时又被分案处理,因此广东省对该未成年人没有管辖权。检察机关认为广东省对该未成年人具有管辖权,其理由是:管辖权是对犯罪的管辖,在犯罪中既有犯罪主体这个因素,又有犯罪事实这一必备因素。既然广东

省已根据并案管辖原则,对未成年人加入犯罪集团后的犯罪事实获得管辖权,那么即使未成年人被分案处理,广东省对该未成年人也有管辖权。笔者赞同检察机关的观点,认为还有一点理由需要指出:如果将该未成年人移送外省审理,外省的司法机关仍然需要对未成年人加入之后的整个犯罪集团的犯罪事实全部梳理一遍,浪费了大量的诉讼资源,且不利于全案量刑的平衡考量。

二、拓宽网络犯罪管辖势在必行

(一)传统的地域管辖原则无法适应打击网络犯罪的需要

上述争议所反映的问题是:或由于司法解释并未明确指定侦查管辖后同地检、法机关是否自动获得管辖权;或由于检法机关分歧过大,只能由检察机关、审判机关分别报最高检、最高法,等待"两高"指定管辖。而申请指定管辖需要层层请示,又需要最高检商请最高法,实践中经常需要耗时半年之久,很容易导致超期羁押、超期办案等问题。更深远的影响是,有的检、法机关考虑到没有管辖权、受理后报请手续的烦琐而拒收公安机关移送的案件,也影响了公安机关打击网络犯罪的积极性与效率。

根据2014年《意见》以及学界通说,网络犯罪主要包括四类:危害计算机信息系统安全犯罪案件;通过危害计算机信息系统安全实施的盗窃、诈骗、敲诈勒索等犯罪案件;在网络上发布信息或者设立主要用于实施犯罪活动的网站、通讯群组,针对或者组织、教唆、帮助不特定多数人实施的犯罪案件;主要犯罪行为在网络上实施的其他案件。

笔者认为2014年《意见》中所界定的网络犯罪的主要特点有:一是由于犯罪的智能性,而带来犯罪行为的隐蔽性、犯罪链条长甚至呈网状扩散;二是由于网络传播呈几何式增长,而导致社会危害的广泛性、犯罪后果难以控制和预测;三是由于网络的虚拟性、超时空特点,可以将现实空间的犯罪速度与距离缩短到几乎为零,从而引起了现实空间中在侦查时连确定犯罪主体是谁都困难重重。此时解决管辖、取证抓捕等问题,如果还依靠传统的层层请示制度,则导致侦查犯罪的机会稍纵即逝,导致打击网络犯罪的速度远远跟不上网络犯罪蔓延的速度。

(二)传统的地域管辖重在秩序;网络犯罪管辖权应重在效率

我国刑事诉讼法确定地域管辖原则有两个,一是以犯罪地为主、被告人居住地为辅;二是以最初受理地为主,主要犯罪地为辅。立法背后反映的立法目的是:第一,准确及时查明案件事实,确保案件质量与办案效率。第二,合理分工,充分发挥各公安司法机关的职能作用。第三,诉讼便利原则,便于公安司法机关履行职责,便于当事人和其他诉讼参与人参加刑事诉讼。第四,原则性和灵活性相结合。① 笔者认为在上述诸多考虑因素中,传统地域管辖追求的核心价值是秩序,便于使侦查、审查起诉、审判活动均有序开展。

但过于注重秩序的另一面则是效率低下,不利于打击犯罪。笔者认为,在打击网络犯罪时,必须适时拓宽各地公安机关的管辖权范围,确立管辖权的考虑因素必须实现重心变迁——从秩序到效率。这里需要指出的是:秩序与效率并非矛盾关系,无论是传统的地域管辖确立管辖原则还是现行打击网络犯罪时对管辖权的拓宽,都必须兼顾秩序、效率等因素,本文强调的是重心的转移,即更加注重效率优先。

三、重构网络犯罪管辖权的法理基础

总结前述网络犯罪中管辖权问题,不难发现均与指定管辖有关,如,侦查指定管辖后,无法自然与审查起诉、审判环节的管辖对接;指定管辖的报请程序烦琐人为延长诉讼期限;侦查机关发现新的犯罪线索后很难通过并案获得法定管辖权,最终只能转而倚重指定管辖制度。究其上述问题的本质,笔者认为是立法与实践没有认识到侦查管辖可以与审判管辖相对独立、指定管辖并不违背"法定法官"原则,因此有必要厘清重构网络犯罪管辖权的法理基础。

(一)"法定法官"原则与指定管辖并不冲突

"法定法官"原则最早规定于法国 1791 年《宪法》当中,此后德国、意大利、日本等大陆法系国家普遍将其采纳到本国宪法当中,成为大陆法系国家普遍遵守的一项司法原则。该原则是"程序法定原则"在管辖权领域的体现,其目的在于防止案件在诉讼过程中遭受行政权力、或其他因素的影响,特别是防止由于对管辖法院、承办法官的选定而影响裁判的公正性。有学者认为,"法定法官"原则要求:确立某类(个)案件由哪位法官承办,必须按照事先的一般法律规定予以明确,不能等案件具体发生后才决定由某位个体处理。不然行政权力只需要控制少数法官,然后事后命令这些法官办理行政权力想要操控的案件,这样法官独立性以及司法公正都将成为空谈。② 换而言之,管辖权的确立原则上应当依照级别管辖、地域管辖等原则确立。网络犯罪案件的办理实践中,检、法机关对于侦查指定管辖的抵触正是基于担忧"法定法官"原则受到冲击、担心影响司法公正。

---

① 参见卞建林:《刑事诉讼法学》,科学出版社 2008 年版,第 257 页。
② 林钰雄:《刑事诉讼法》,元照出版公司 2013 年版,第 98 页。

但我们认为网络犯罪案件的侦查指定管辖与"法定法官"原则并不冲突，因为侦查指定管辖亦应根据法律（或司法解释）的明文规定，根据既有的原则、预先设定的条件进行。同理，侦查指定管辖亦应接受检察机关的法律监督、并接受审判机关在审理案件时对管辖权问题的审查；因此并不会与"法定法官"原则冲突。

（二）网络犯罪案件侦查指定管辖更利于体现诉讼便利原则

刑事诉讼中，法定管辖权的确立应遵守公正、诉讼便利等多项原则。而在办理网络犯罪案件中，侦查指定管辖亦体现了上述原则。上级侦查机关之所以指定某个没有法定管辖权的下级侦查机关侦破案件，主要是对实际发现案件线索、抓捕犯罪嫌疑人机关的顺应。主要包括电信诈骗案件、网络传销案件等有较长的犯罪产业链、上下游同案犯较多的罪名，侦查机关在破获其中一个犯罪环节且发现其他犯罪线索、或已经成功抓捕部分犯罪嫌疑人时，上级机关顺势指定该办案机关继续侦办案件。避免了案件在移交和后续侦查方面出现衔接问题。该种指定侦查管辖实际上较之传统的地域管辖更符合管辖便利原则。管辖便利原则的含义确定管辖权时应以经济、便利为基本原则，一般情况下犯罪地的确是最符合该原则；但在网络犯罪案件的侦办中，具有法定管辖权的侦查机关未必破获案件或者抓获了犯罪嫌疑人，此时指定事实上已经发现犯罪线索或者抓捕了犯罪嫌疑人的侦查机关办理案件更符合诉讼便利原则。

四、重构网络犯罪管辖权的具体构想

普遍管辖原则本是刑法所规定的刑法适用原则，根据该原则审理的案件，犯罪地不在我国领域内，被告人也非我国公民。我国《刑法》第9条规定"对于中华人民共和国缔结或者参加的国际条约所规定的罪行，中华人民共和国在所承担条约义务的范围内行使刑事管辖权的，适用本法。"根据我国参加的国际公约，我国现在主要对侵略罪、战争罪、反人道罪、非法使用武器罪、灭绝种族罪等极少的几类罪行适用普遍管辖原则。而网络犯罪管辖权则是刑事诉讼法所确立的管辖原则，是为了确定同级人民法院之间审理一审刑事案件的分工和权限；两个概念本不相同、属于不同的领域。

笔者在刑事诉讼的管辖权当中引入刑法的"普遍管辖"原则，主要是指方法和原则上的一种借鉴，并非将刑法与刑诉法的不同概念混淆。基于上文所述的网络犯罪的危害性，针对打击网络犯罪，立法必须跳出传统地域管辖注重秩序这一思路，作出重大改变。笔者建议可规定为：

"网络犯罪案件，主要包括：（1）危害计算机信息系统安全犯罪案件；（2）通过危害计算机信息系统安全实施的盗窃、诈骗、敲诈勒索等犯罪案件；

(3)在网络上发布信息或者设立主要用于实施犯罪活动的网站、通讯群组,针对或者组织、教唆、帮助不特定多数人实施的犯罪案件;(4)主要犯罪行为在网络上实施的其他案件。针对网络犯罪案件,公安机关只要发现相关证据与线索的,均可立案侦查。

立案之后通过后续侦查,发现公安机关所在地不是犯罪地或者犯罪嫌疑人居住地的,应该向共同的上级公安机关报备,但侦查行为应继续进行。需要提请批准逮捕、移送审查起诉、提起公诉的,由该公安机关所在地的人民检察院、人民法院受理,不必向各自的上级机关再行请示管辖问题。

异地侦查的网络犯罪案件报备之后,共同的上级公安机关认为其他公安机关更适宜侦查的,应将案件指定由其他公安机关继续侦查;需要提请批准逮捕、移送审查起诉、提起公诉的,由被指定的公安机关所在地的人民检察院、人民法院受理,不必向各自的上级机关再行请示管辖权问题。

对重大疑难复杂案件和境外案件,公安机关应在立案侦查前,向同级人民检察院、人民法院通报。同级人民检察院有权对公安机关异地侦查非网络犯罪案件的行为进行监督。"

笔者认为,作出上述建议的意义在于针对网络犯罪案件,应以追求诉讼效率为导向,赋予侦查机关普遍管辖权,而且同级检、法机关自动获得管辖权;避免了繁琐的请示程序,大大提高了诉讼效率。但不受监督的权力是危险的,因此建议中同时设计了向上级公安机关备案、上级公安机关的指定侦查管辖以及同级人民检察院的管辖监督权。我们相信,在权力与制约并重的机制下,为网络犯罪管辖权松绑,更加适应网络犯罪的产生规律与特点,真正做到对网络犯罪"打早打小"。

网络犯罪指定管辖研究

马一鸣　徐笑菁[*]

一、有关网络犯罪指定管辖的规范梳理

（一）有关网络犯罪指定管辖的规范

目前，有关网络犯罪指定管辖的法规有：公安部制定的《关于办理网络犯罪案件适用刑事诉讼程序若干问题的意见》中的第3条、第5条、第6条和第8条；最高人民法院、最高人民检察院、公安部联合制定的《关于办理网络赌博犯罪案件适用法律若干问题的意见》中的第4条；最高人民法院、最高人民检察院、公安部联合制定的《关于办理电信网络诈骗等刑事案件适用法律若干问题的意见》中的第5条的第（四）（五）（六）（七）项。通过梳理我们可以得知，这些规范的特点有：一是明确了网络犯罪指定管辖的适用原则，即以有利于查清案件事实，有利于诉讼活动的顺利进行为原则；[①] 二是明确了网络犯罪指定管辖制度的适用范围：包括对最初受理地有争议的、多层级链条、跨区域的案件、有特殊情况的跨省的案件、网络诈骗案件、网络赌博案件，呈现出多元化的特点；三是明确了指定管辖的主体：即办理案件的公安机关的上一级公安机关，在跨省的重大案件中，由公安部与最高人民检察院、最高人民法院商定；四是明确了指定管辖的补充程序：在检察机关的审查逮捕、审查起诉和人民法院的审理程序中，当事人提出管辖权异议或者无管辖权的，由人民检察院和人民法院报请上一级人民检察院和人民法院指定管辖，不再自行移送有管辖权的人民检察院、人民法院。

（二）网络犯罪指定管辖规范的特点

整理出有关网络犯罪指定管辖规范后，需要从原则、范围、主体、程序的

---

[*] 马一鸣，天津市检察官学院教师；徐笑菁，天津市检察官学院教师。
[①] 孙潇琳：《我国网络犯罪管辖问题研究》，载《法学评论》2018年第4期。

角度对规范进行分析,以便有助于进行进一步的研究。按照上述思路,这些规范的特点有:一是明确了网络犯罪指定管辖的适用原则:以有利于查清案件事实,有利于诉讼为原则;① 二是明确了网络犯罪指定管辖制度的适用范围:包括了对最初受理地有争议的、多层级链条、跨区域的案件、有特殊情况的跨省的案件、网络诈骗案件、网络赌博案件;三是明确了指定管辖的主体:即办理案件的公安机关的上一级公安机关,在跨省的重大案件中,由公安部与最高人民检察院、最高人民法院商定确定;四是明确了指定管辖的补充程序:在检察机关的审查逮捕、审查起诉和人民法院的审理程序中,当事人提出管辖权异议或者无管辖权的,由人民检察院和人民法院报请上一级人民检察院和人民法院指定管辖,不再自行移送有管辖权的人民检察院、人民法院。

二、网络犯罪指定管辖的规范中存在的问题

(一) 网络犯罪指定管辖的法规适用范围模糊

在实践中,网络犯罪涉及到方方面面,呈现出与传统犯罪相结合的态势。从网络诈骗、到网络集资诈骗、网络赌博,甚至盗窃犯罪也与互联网相结合。但是目前的规范只是针对部分网络案件规定了指定管辖制度,从而导致两方面的问题:一是不能适应网络案件类型多的趋势,目前仅仅针对包括了对最初受理地有争议的、多层级链条、跨区域的案件、有特殊情况的跨省的案件、网络诈骗案件、网络赌博案件规定适用指定管辖。二是存在范围模糊的问题,有限制的规定了网络犯罪指定管辖的范围,如果进行严格解释,无法应对目前多发的网络犯罪案件的需要。但目前实践中存在公安机关将现有的规范性文件做扩大解释的现象,使得公安机关针对所有的与网络相关的案件均有较大的指定管辖权力,导致所有的网络案件都可以依据上述规范性文件进行指定管辖,不利于网络犯罪案件的侦办。

(二) 网络犯罪指定管辖的原则较为抽象

由于犯罪发生地、结果发生地的标准不能因应网络犯罪案件的需要,而且上述规范中明确的网络犯罪案件的指定管辖原则是"有利于查清案件事实,有利于诉讼",但是该原则过于抽象,在具体的实践中,留给了公安机关较大的裁量权,导致了指定管辖权的权力过大,不利于对指定管辖权进行监督和约束。在实践中,公安机关的指定管辖文书缺乏说理性,针对多地公安机关均具有管辖权的案件,基于何种原因选择承办案件的公安机关,缺乏对公安机关设

---

① 孙潇琳:《我国网络犯罪管辖问题研究》,载《法学评论》2018年第4期。

备配备、案件的关联性、是否有利于侦破、有利于证据的收集等的说明，导致检察机关和人民法院无法对公安机关的指定管辖进行实质的监督，当事人也无法对公安机关指定管辖提出有意义的质疑。而且目前的指定管辖制度呈现出行政化的特征，无论是检察机关、人民法院还是当事人都无法针对公安机关的指定管辖进行监督，单方面决定也导致了针对网络犯罪案件管辖权争议解决的行政化倾向。

（三）网络犯罪指定管辖的主体单一

根据规范性文件的规定，共同上级公安机关是公安机关侦查程序中指定管辖的主体，只有重大的案件、跨省的案件，才由公安部与最高人民检察院、最高人民法院商定确定。主体单一导致缺乏监督和制约，引发指定管辖的行政化倾向，因而在指定管辖制度的实践中，公安机关的指定仅仅符合程序性的规定，但是可能不符合合理性的要求，不利于科学的指定管辖，不利于当事人程序权利的保障，甚至导致了"抢案件"现象的发生与地方保护主义的膨胀。而且单一主体决定的规定，往往导致公安指定管辖如果发生了偏差和失误，将会导致检察机关、人民法院一系列的错误，不利于案件管辖权的纠正，也容易导致实践中的先定后审，因此有学者建议管辖权的审查机制应当从"单一性机制"转向"复合性机制"。[①] 从主体的多维化出发，约束公安机关的指定管辖权力，有助于提高公安机关指定管辖权的合理运用和当事人权利的保障。

（四）指定管辖的程序欠缺严谨

根据上述规范，进入检察机关审查逮捕程序、审查起诉程序以及人民法院审理程序的网络犯罪案件，对当事人提出管辖权异议的，受案的人民检察院、人民法院经审查可以依法提请上级人民检察院、人民法院指定管辖，此处提请的程序、提请指定的法定依据较不明确，存在为提高实体审理效率而忽视了当事人程序权利保障的嫌疑。有学者认为指定管辖制度职权化色彩浓厚，缺乏权利色彩。[②] 以提请上级机关的指定管辖来应对当事人的管辖权异议，有忽视当事人程序权利的保障的嫌疑。而且从规范性文件的文本"保证及时结案，避免超期羁押"而设定检察机关和人民法院的指定管辖程序来看，网络犯罪的侦破往往耗费大量的人力、物力，取证周期较长，导致侦查羁押期限可能超过法律的规定，但是以指定管辖来保障及时结案，并不是最优的选择。这里也体现出取保候审制度在网络犯罪的侦查和审理中运用不广泛的问题和网络犯罪案

---

① 张曙：《刑事诉讼中的管辖错误及其处理》，载《法学家》2020年第3期。
② 张曙：《被追诉人的管辖程序性权利研究》，载《法治研究》2020年第1期。

件侦查取证难的问题。

（五）指定管辖权缺乏监督制约

在现有的网络犯罪指定管辖制度中，缺乏对指定管辖权的监督主体、监督方式、监督程序的规定，而针对当事人的管辖权、异议权也被检察机关和人民法院的"依法报请上级指定管辖"而失去监督的效果。在司法机关内部，更是缺少监督的动力和规范，往往只要公安机关办理了指定管辖文书，检察机关和人民法院只做形式审查，不做实质审查，所以即使不合理的指定管辖，也会在实践中"一错到底"。在监督机制方面，也缺乏监督的标准，实践中仅仅针对是否有指定管辖文书进行监督，而疏于对指定管辖的合法性和合理性进行监督。有学者认为指定管辖应该坚持必要性、公正性和便利性的原则，对指定管辖的原则进行了细化。①

三、网络犯罪指定管辖制度存在问题的原因

（一）网络犯罪多发，对刑事程序介入有急迫的期待

目前，网络犯罪呈现多发的态势，网络诈骗、网络赌博、网络非法集资、网络售卖违禁物品等等。各地公安机关感到案件多、立案难。②传统的线下作案方式与网络技术相结合，使得犯罪迁移到网络中。而网络自身具有的快捷性、犯罪广和隐秘性导致犯罪后果扩大化、严重化。考虑到目前网络犯罪技术精准、手段多样、犯罪嫌疑人隐蔽、证据容易灭失的特点，对公安机关传统的指定管辖原则提出挑战。立足于案件多发、影响大、后果恶劣的问题，从快从严打击网络犯罪成为司法机关的头等大事，而上述规范也体现了重案件的侦破，忽视当事人程序权利的保障的问题，体现处理管辖权竞合问题的模糊化、抽象化、主体单一化、行政化倾向，正是为快速办理网络犯罪案件而忽视了当事人程序权利、管辖权制度初衷的实现的表现。

（二）传统的指定管辖思路难以应对网络犯罪需求，重构指定管辖思路的期待

传统的线下犯罪指定管辖程序主要针对犯罪行为发生地和结果发生地来选择，不能忽视的是传统的线下犯罪案件行为地与结果地往往发生重合，仅仅少量案件存在管辖权的争议，因此针对指定管辖的要求仅仅是判断二者之间谁更

---

① 潘森林：《指定管辖的规范与实践》，载《海峡法学》2019年第3期。
② 陆栋：《跨地域网络案件的刑事立案管辖问题研究》，载《甘肃政法学院学报》2016年第6期。

有利于案件的侦办，公安机关的指定管辖权也受制于上述特点而受到制约。但是网络犯罪不同，网络四通发达，涉及的链条长、地域广泛，无论是参与犯罪的嫌疑人还是被害人都可能分布在全国各地，对指定管辖提出了新的问题。①指定管辖不仅仅要解决更有利于侦破、取证便利，还需要考虑防止地方保护主义、有利于追赃挽损的需要，所以针对网络犯罪的管辖问题，需要探索新的原则和程序，于是出现了上述规范性文件中对网络犯罪指定管辖权的规定。上述规范性文件的出台，一方面体现了办理网络犯罪案件的需要，另一方面也体现了司法部门法治意识的提升。权力的运行依赖于规范的约束，现有规范可能不尽完美，但是依法执法、依法司法的理念已经深入人心，所以因应办理案件的需求而改革和完善指定管辖制度是必经之路。

（三）长期以来缺乏监督指定管辖权的意识和规范

长期以来，刑事案件的指定管辖由公安机关内部进行指定，由于行政化倾向的存在，程序呈现封闭性的特点，②缺少监督的意识和程序，不仅缺乏外部监督而且缺乏内部监督。外部监督为司法系统外的监督，是来自案件当事人、社会的监督。而内部监督是司法系统内部的监督，包括公安机关、检察机关、审判机关的监督，三者互相配合、缺一不可。外部监督中，犯罪嫌疑人、被告人、辩护人针对侦查程序中的管辖权是否合法无权知晓。在司法程序中，针对管辖权异议可以复议一次，而在网络犯罪案件中，则直接可以由上级检察机关、人民法院进行指定，不再移送有管辖权的司法机关，使得外部监督成为泡影。在司法机关内部，检察机关和人民法院鲜有由于公安机关不具有管辖权而不受理的案件，往往在审查程序中督促公安机关办理指定管辖的手续，以符合管辖权的规定。这样的补救措施一方面不利于检察机关监督权的实现，另一方面也放任的公安机关违反管辖权规定进行侦查，不利于管辖权制度初衷的实现。管辖制度分为审判管辖和立案管辖，立案管辖是随着社会发展侦查职能与控诉职能，审判职能相分离而产生。管辖制度起到启动诉讼、便捷诉讼、评价诉讼的功能。首先确定管辖机关是启动诉讼的开始，管辖机关是否具有合法性、正当性是案件能否得到公正审判的前提。其次确定管辖机关要服从便捷诉讼的要求，即有助于取证和案件侦破；最后确定管辖制度有助于评价司法权是否规范行使，也是公正司法的要求的体现。

---

① 史航宇：《我国跨区域网络犯罪中管辖监督问题探析》，载《四川警察学院学报》2019年第2期。

② 马啸晨：《互联网金融犯罪的管辖困境及应对》，载《经济研究学刊》2017年第22期。

四、网络犯罪指定管辖改进的思路

网络犯罪指定管辖制度体现出封闭性、行政性是针对网络犯罪多发、后果严重、影响广泛的特点。提高案件办理效率的同时,不能忽视司法权的公正性和当事人权益的保障,所以针对网络犯罪指定管辖本身的行政化色彩,而带来的公安机关的不当指定管辖引发检察机关、人民法院一系列的管辖不当的问题,为了有利于案件侦破,保障犯罪嫌疑人、被告人的合法权利,应对网络犯罪指定管辖制度进行完善。

(一)细化"指定管辖"的适用标准

目前制度上仅仅针对指定管辖应"有利于查清犯罪事实、有利于诉讼"的原则,但是在具体的实践中缺乏细致的标准,公安机关的权力过大就可能导致滥用,所以应细化指定管辖的标准。将各地公安机关自身条件、案件特点、证据性质等纳入指定管辖的制度范围,根据客观的办案需求进行指定管辖,强调指定的科学性、公正性,防止过于宽泛的权利助长地方保护主义,产生先定后审的利益驱动。增强公安机关指定管辖的说理性,不仅需要程序上合法,而且需要实现实质合法的要求。

(二)保障被告人、犯罪嫌疑人、辩护人的管辖异议权

保障被告人、犯罪嫌疑人、辩护人的管辖异议权的实现,对公安机关针对网络犯罪作出的指定管辖决定,应及时的告知当事人。完善当事人救济权利,增加监督主体和程序,保障当事人管辖异议权的实现。管辖权异议可以使得公安机关重新审视指定管辖的合法性和合理性,彰显保障当事人程序权利的价值,让犯罪嫌疑人感受到司法的公正光芒,也有利于案件的侦破和判决。另外,公开是权力最好的防腐剂,指定管辖的封闭性特征使得外人无法知晓公安机关指定管辖的权力运用过程和理由,建议将信息公开和听证程序纳入管辖权确定程序,保障当事人知情权和程序权利的实现,有效约束公安机关、人民检察院和人民法院的指定管辖权。

(三)强化针对公安机关指定管辖的监督

检察机关、人民法院针对公安机关的指定管辖缺乏有效监督,形式性的审查难以纠正长期以来形成的行政化指定管辖的做法,一方面,需要提高检察机关、审判机关的监督意识,对指定管辖是否合法、合理进行审查,提高指定管辖的说理性,不仅可以约束指定管辖权,而且有助于保障当事人的程序权利。另一方面,来自当事人的监督也不可忽视。管辖权异议不再是拖延诉讼程序的法宝,而是当事人监督司法权力的利器,通过增强对当事人管辖权异议的说理

性,可以树立司法机关形象,增强普法效果,保障当事人权利,也会促进判决的履行,提高当事人对判决的信服程度,降低上诉概率,提高司法效率。

五、结语

网络犯罪指定管辖权是随着近年来网络犯罪多发而产生的制度,它针对网络犯罪涉及面广、涉及区域众多、被害人与行为人距离远、电子证据分散等特点而设置。它具有一定的合理性,基于办理网络犯罪案件的实际需要,比如提高办案效率、保障法定期限内案件办结有一定的积极意义。因为网络犯罪的被害人众多,后果严重,电子证据容易灭失,所以效率是办理网络犯罪案件中较为重视的要素。也正因为效率的要求,使得网络犯罪指定管辖制度在实践中的运用过于宽松,失于规范和监督。这种规范的缺乏和监督的乏力,带来了一系列的问题,比如公安机关指定管辖权的滥用,地方保护主义的膨胀,案件的先定后审等,不利于司法机关公正形象的树立,不利于当事人权利的保障,不利于监督和约束指定管辖权。所以需要针对网络犯罪指定管辖权的合理运用和监督进行研究。指定管辖权在传统意义上只要符合形式合法性就视为合法,但是在法治进步、指定管辖范围广泛的今天,需要提高指定管辖权运用的正当性,增强指定管辖主体的公正性、增强指定管辖过程的公开性、增强指定管辖结果的说理性、增强指定管辖权力的监督和约束,才能督促公安机关、检察机关、人民法院更好的、更合理的、更科学的运用指定管辖权,才能真正符合指定管辖有利于诉讼的要求。

中日网络犯罪刑法立法模式比较与思辨[*]

姜 瀛 张 睿[**]

一、问题的提出

1979年7月1日,新中国通过第一部刑法,1980年1月1日正式施行,我们称为"79刑法"。该法出台后不久,我国便不得不开始通过单行刑法对"79刑法"进行修改、补充,刑法规范体系逐步呈现复杂局面。因此,我们希望系统修订刑法典,更希望修订后的刑法典顺利延续到21世纪。然而,这一美好愿望未能实现,1997年刑法系统修订后(简称"97刑法"),1998年出现单行刑法,1999年出现刑法修正案。[①] 当前,刑法立法模式相对趋于稳定,但受到了一些学者的质疑;因修法方式问题而起——修正案成为"97刑法"以来刑法修改主导性的、甚至是事实上的唯一模式,刑法典大一统或者说一元化刑法立法模式再次引发学界广泛关注。其中,立足于某一部门法或领域法视

---

[*] 本文系国家社科基金青年项目"刑法立法模式与修改方式研究"(编号19CFX038)阶段性研究成果。

[**] 姜瀛,大连海事大学法学院副教授;张睿,大连高新技术产业园区人民检察院检察官。

[①] 卢建平:《刑法法源与刑事立法模式》,载《环球法律评论》2018年第6期。

角对刑法立法模式的具体反思日渐增多;① 这些部门法或领域法视角下的反思性研究，多是呼吁在各种部门法中引入具有独立罪刑规范的附属刑法以及单行刑法，推动刑法立法模式的多元化。

笔者注意到，互联网法律领域内有关网络犯罪刑法立法模式问题成为反思的重点。有学者主张"网络犯罪独立立法"或是"制定网络刑法典"，② 有学者认为应当在网络犯罪刑法立法上实现刑法典、单行刑法与附属刑法之"多元化立法"，③ 还有学者强调在刑法典中的设置网络犯罪的"专门章节"，④ 当然，也有学者认为"维系现状"即可。⑤ 事实上，由于网络犯罪是当前最为活跃的犯罪类型，增长迅速、花样翻新，在理性地颁布司法解释之外，立法上给予及时回应也是必要的。需要强调的是，这种回应不仅仅表现为实质层面上的罪名增设与条文修改，还涉及到从形式层面对网络犯罪立法模式作出思考。可以说，网络犯罪刑法立法模式问题，也是刑法学界面临的现实课题。客观而言，虽然学界已经对网络犯罪刑法立法模式问题提出自己的看法，但研究未能充分考察域外代表性国家的网络犯罪刑法立法模式，难以对比差异、归纳要点并反思不足。

---

① 刘远：《关于我国金融刑法立法模式的思考》，载《法商研究》2006年第2期；王志祥、何恒攀：《我国商业贿赂犯罪的立法模式探究》，载《中南民族大学学报（人文社会科学版）》2010年第6期；冉巨火：《我国军事刑法立法模式之定位》，载《公民与法》2010年第8期；吴亚可：《我国恐怖主义犯罪的立法规整方式检讨——反恐特别刑法之提倡》，载赵秉志主编：《刑法论丛》（第4卷），法律出版社2016年版，第54—76页；曹兴国：《海事刑事案件管辖改革与涉海刑事立法完善——基于海事法院刑事司法第一案展开》，载《中国海商法研究》2017年第4期；邓红梅：《我国交通刑法立法模式的选择：独立还是依附》，载《河北法学》2017年第4期；何恒攀：《〈铁路法〉刑事罚则修改问题探析》，载《铁道警察学院学报》2017年第2期；王吉春：《海洋生态环境犯罪的刑事法规制——以渤海为中心的考察》，载《东方论坛》2018年第5期。

② 于志刚：《网络犯罪的代际演变与刑事立法、理论之回应》，载《青海社会科学》2014年第2期；孙道萃：《网络刑法知识转型与立法回应》，载《现代法学》2017年第1期；王燕玲：《中国网络犯罪立法检讨与发展前瞻》，载《华南师范大学学报（社会科学版）》2018年第2期。

③ 储槐植、薛美琴：《对网络时代刑事立法的思考》，载《人民检察》2018年第9期；童德华、李赣：《网络安全刑事立法的体系性设计》，载《广西社会主义学院学报》2017年第4期。

④ 陈兴良：《网络犯罪立法问题思考》，载《公安学刊》2016年第6期。

⑤ 张明楷：《网络时代的刑事立法》，载《法律科学（西北政法大学学报）》2017年第3；单奕铭：《我国网络犯罪立法现状及其应然方向》，载《河北法学》2018年第6期。

众所周知，不同法系在法典化传统上存在明显的差异；英美法系国家没有刑法典的观念"羁绊"，治理网络犯罪问题所依仗的多是各种单行刑法。例如，美联邦立法则见于1984年《非法入侵以及计算机诈骗与滥用法》(Counterfeit Access Device and Computer Fraud and Abuse Act)，该法后经多次修改得以进一步完善，最终被纳入《美国法典》第18编"犯罪与刑事诉讼"第1030节"与计算机有关的欺诈及相关活动"中，即"18 U.S.C§1030"部分，英国比较有代表性的关于网络犯罪的刑事立法是1990年生效的《计算机滥用法》(Computer Misuse Act)。在上述立法之外，英美等国还存在大量的与网络安全、数据保护、通信及电子商务等相关的刑事立法。① 由于英美等国的网络犯罪刑法规范载体并不涉及刑法典，难以在刑法立法模式上呈现多元化立法样本，因此，本文将域外考察的重点将放在日本。本文从梳理我国网络犯罪刑法立法模式入手，此后重点考察了日本的网络犯罪刑法立法模式，并对比差异、归纳特征；在此基础上，本文将结合我国刑法立法现状与网络犯罪发展确实就我国网络犯罪立法模式选择提出看法。

二、我国网络犯罪刑法立法模式考察

由于我国刑法立法在整体上呈现"一元化"模式，网络犯罪置于其中，不可避免地要受到模式制约。事实上，在1997年《刑法》全面修订之时，立法机关便试图对信息网络中的犯罪行为作出回应，专门规定了与网络犯罪相关的罪名，也即于第285条第1款与第286条分别规定了"非法侵入计算机信息系统罪"和"破坏计算机信息系统罪"。此后，立法机关一直通过"刑法修正案"来对《刑法》中的网络犯罪作局部修改与补充，《刑法修正案（七）》（2009年2月28日颁布，同日施行）增设了第285条第2款和第3款，即"非法获取计算机信息系统数据、非法控制计算机信息系统罪"和"非法控制计算机信息系统的程序、工具罪"两个罪名；《刑法修正案（九）》（2015年8月29日颁布，2015年11月1日施行）增设了第286条之一、第287条之一和之二，即"拒不履行网络安全管理义务罪""非法利用信息网络罪"以及"帮助信息网络犯罪活动罪"等罪名。此外，需要说明的是，《刑法修正案（七）》增设第253条之一，即"出售、非法提供公民个人信息罪"和"非法获取公民个人信息罪"，后《刑法修正案（九）》将二罪名合并后修改为"侵犯公民个人信息罪"；《刑法修正案（九）》增设的第291条之一第2款，即"编造、

---

① 参见刘守芬：《技术制衡下的网络刑事法研究》，北京大学出版社2006年版，第71—73页。

故意传播虚假信息罪",上述两个罪名也具有较强的网络色彩。

可以肯定,自1997年刑法系统修订以来,我国始终没有出现网络犯罪单行刑法,且与互联网相关的部门法中也缺乏附属刑法规范。此外,需要说明的是,全国人大常委会曾于2000年12月28日颁布了《关于维护互联网安全的决定》(以下简称《决定》),但由于《决定》中并没有设立独立的罪行条款,内容仅属于提示性规定,故该《决定》并不是单行刑法。因此,从宏观形式上来看,我国网络犯罪刑法立法可以被归结为一元化的立法模式。

从内部结构来看,完全置于刑法之中的网络犯罪在立法模式上呈现出如下特征。首先,对于危害计算机信息系统的不法行为,"97刑法"全面修订之时就已经作出专门规定,如"非法侵入计算机信息系统罪""破坏计算机信息系统罪"。其次,针对"利用计算机网络实施的传统犯罪",我国刑法仅作出"提示性规定",即第287条规定了"利用计算机实施金融诈骗、盗窃、贪污、挪用公款、窃取国家秘密或者其他犯罪的,依照本法有关规定定罪处罚",在该条之外并无专门规定。最后,需要特别强调的是,针对网络违法犯罪的辅助性行为——不作为型、预备型与帮助型,我国刑法作出了专门规定,也即《刑法修正案(九)》所增设的"拒不履行信息网络安全管理义务罪""非法利用信息网络罪"以及"帮助信息网络犯罪活动罪"。事实上,运用刑法总则的基本原理,我们也可以对上述行为作出规制。但立法机关将与网络违法犯罪相关的不作为行为、预备行为与帮助行为,实现了"正犯化"的转化,具有犯罪的宣示意义与一般预防效果。可以发现,在一元化的立法模式之下,将网络违法犯罪辅助行为"正犯化"之立法选择成为我国刑法内部网络犯罪设置的结构性特征。

三、日本网络犯罪刑法立法模式考察

日本计算机网络犯罪刑事立法可以追溯到20世纪80年代。与我国应对网络犯罪的立法模式选择大体相同,日本最初也是通过修改《日本刑法典》增设了与网络犯罪相关的罪名。在1987年,日本通过《刑法等法律的部分修正案》(昭和62年法律第52号)对《日本刑法典》作出修改,增加了"不法制作电磁记录罪""电子计算机损坏等业务妨害罪""利用电子计算机诈骗罪"以及"毁坏电磁记录罪"等罪名。[①] 从此次刑法典修改的立法背景来看,面对计算机领域出现新型的不法问题,除了考虑到通过对《日本刑法典》中固有

---

① [日] 中山研一、神山敏雄:《コンピュータ犯罪等に関する刑法一部改正》(改訂増補版),成文堂1989年版,第4页。

罪名作出解释之解释论路径来寻求应对之外，有必要采取新立法的措施的建议也被提出。① 这种新的立法主要是考虑到，信息网络社会既带来全新法益，又放大了犯罪对固有法益的侵害范围，网络犯罪可同时侵害或威胁不同法益，刑法的思考与判断将更为复杂。因此，日本的刑法立法在增设了保护支付长电磁记录这一独特法益的罪名之外，针对利用计算机实施的传统罪行（如业务妨害和诈骗）专门设置了新罪名，这种修改是为了回应网络犯罪之法益交织性，而配置更高的法定刑（高于对应的传统犯罪）则能够为刑罚裁判留下更开放的空间。② 此后，在 2001 年，针对支付卡电磁记录的不法行为，日本再次修改《日本刑法典》（通过《刑法部分修改的修正案》，平成 13 年法律第 98 号），增加了与支付卡电磁记录相关的犯罪。在 2011 年，为了系统回应严峻的网络犯罪问题，日本出台了《为了应对高度化信息处理的刑法等法律部分修正案》（平成 23 年法律第 74 号），这一修正案不仅在刑法实体法上增加了"制作不当指令电磁记录等罪"，还对与网络犯罪侦查相关的程序法作出规定，也即对《日本刑事诉讼法》中的相关内容进行了修改。③

除了修改《日本刑法典》来应对计算机犯罪之外，日本还针对网络黑客行为专门制订了单行刑法。考虑到计算机信息系统空间是以强大技术性为支撑的私密空间，应成为刑法所要保护的独特法益。④ 鉴于此，日本在经过较长时间研讨后针对网络黑客行为进行了专门立法，也即 1999 年颁布的《不当入侵行为禁止法》（平成 11 年法律第 128 号）。事实上，《不当入侵行为禁止法》的立法讨论可以追溯到 20 世纪 80 年代，也即该法的立法启动是与 1987 年日本通过《刑法等法律的部分修正案》同步展开的。《不当入侵行为禁止法》除了规定犯罪行为以及刑事罚则之外，还对"识别符号""入侵控制功能"技术性概念以及"公权力机关的在应对黑客活动中的援助程序"作出了规定。此后，在 2012 年，日本出台了《不当入侵行为禁止法部分修正案》（平成 24 年法律第 12 号），在《不当入侵行为禁止法》中对不正当取得、不正当报关他人识别符号行为作出规制。

---

① ［日］安冨洁：《情报化社会における刑事立法の役割——コンピュータ犯罪からサイバー犯罪へ》，载《慶应法学》2019 年第 42 卷 2 号。

② 参见［日］渡边卓也：《电脑空间における刑事的规制》，成文堂 2006 年版，第 59—60 页。

③ ［日］安冨洁：《情报化社会における刑事立法の役割——コンピュータ犯罪からサイバー犯罪へ》，载《慶应法学》2019 年第 42 卷 2 号。

④ ［日］冈田好史：《サイバー犯罪とその刑事法的规制》，专修大学出版局 2004 年版，第 21 页。

此外，还需要说明的是，在《日本刑法典》以及《不当入侵行为禁止法》这一单行刑法之外，日本还存在大量的与网络犯罪相关的附属刑法。例如，《跟踪狂等行为规制法》中就存在对骚扰邮件、骚扰短信行为的刑事规定，《垃圾邮件防止法》《个人信息保护法》以及《网络交友规制法》等部门法中都存在刑事罚则。鉴于数量多、且文本分散，本文难以一一列举。

四、中日网络犯罪立法模式的对比

作为大陆法系国家，中国与日本一直恪守着"法典"的传统，即使面对新兴的网络犯罪，立法机关首先考虑的往往是修改、完善刑法典。可以说，在刑法典中对网络犯罪作出专门规定实属大陆法系国家的正常现象。当然，对于刑法典所规定网络犯罪的类型，中日也绝非完全一致。比较而言，中国与日本网络犯罪立法模式呈现以下特点。

首先，从学理上来讲，日本将网络犯罪划分为刑法典中的计算机犯罪、不当侵入计算机系统的黑客犯罪以及其他利用网络实施的犯罪等三种形态。[①] 大体而言，上述网络犯罪类型分别规定于刑法典、单行刑法与附属刑法之中。正是以类型化路径为基础，立法机关在面对网络犯罪时确立了多元化立法模式。我国的网络犯罪受制于大一统立法模式，完全集中于刑法典之中。

其次，虽然我国和日本的刑法典中都规定了大量网络犯罪，但侧重点并不完全相同。对于以计算机信息系统为对象的犯罪行为，我国将之规定于《刑法》之中，而日本则是选择专门制定单行刑法——《不当入侵行为禁止法》，且其中对国家机关在黑客活动中的援助与支持的行动方案作出了规定。

再次，对于涉及数据信息或个人信息的犯罪，因为需要兼顾有效利用与理性规制之不同的价值诉求，日本采取了附属刑法模式，所涉及的罚则都是置于部门法之下的。同时，对于网络服务提供者的义务违反以及衍生出的刑事责任问题，其实多是出于"处罚的早期化"的危险状态或义务违反行为，对这类主体所设定的罚则通常也是采取附属刑法模式。由于我国处于大一统的刑法立法模式下，纳入刑法典之中的此类型网络犯罪数量较少，《刑法》第286条之一拒不履行信息网络安全管理义务罪算是此类犯罪的代表。

最后，对于传统的财产、名誉以及业务安宁等法益，日本选择通过刑法典增加独立的罪名——如利用电子计算机诈骗罪。易言之，回应传统犯罪的网络化问题时，日本更为侧重立法论路径；与日本不同，针对利用计算机网络实施

---

① ［日］四方光：《サイバー犯罪対策概論——法と政策》，立花书房2014年版，第4页。

的传统犯罪,我国刑法并没有设置独立罪名,第287条"利用计算机实施金融诈骗、盗窃、贪污、挪用公款、窃取国家秘密或者其他犯罪的,依照本法有关规定定罪处罚"为传统罪名的网络适用确立了解释依据,也即在回应传统犯罪的网络化问题时,我国更为侧重解释论路径。同时,针对网络违法犯罪的辅助性行为——不作为型、预备型与帮助型,日本并没有设置专门罪名,而是结合刑法总则的一般理论按照共同犯罪、预备犯或不作为犯罪予以处理;与日本不同,针对网络违法犯罪的辅助性行为——不作为型、预备型与帮助型,我国立法机关选择增设专门罪名将网络违法犯罪的辅助行为正犯化。可以说,上述立法选择上的差异导致中日两国网络犯罪立法的内部结构存在明显不同。

五、网络犯罪立法模式的理性思辨

中日两国都重视网络犯罪治理,但由于二者在互联网利用程度、发展阶段以及未来布局等方面存在差异,在网络犯罪立法模式的选择上,体现出不同的侧重点。与此同时,日本采取多元化刑法立法模式,网络犯罪立法也自然体现这一立法特征。与日本有所不同,我国自"97刑法"以来几乎延续了大一统的刑法立法模式,网络犯罪也集中于刑法之中。对于日本多元化立法模式下的网络犯罪立法,我们要思考其技术优点。当然,这种技术优点是否能够适应我国立法现状并有助于优化我国网络犯罪治理效果,还有待我们权衡利弊,做进一步甄别。

第一,关于网络犯罪附属刑法的优势与风险。如前所述,日本在刑法典与单行刑法之外存在大量附属刑法,其中自然涉及网络空间中的犯罪行为。一方面,网络犯罪附属刑法具有其特定的优势。首先,附属刑法能够解决刑法与互联网立法之间规范协同性较低的问题。目前,我国所谓的行政犯也是置于刑法典之中,而行政犯所涉及空白罪状中的法律援引仍然需要诉诸相关非刑事部门法;由于立法修法不同步,法律适用面临着规范上的术语差异与解释困境。例如,《刑法》第286条之一拒不履行信息网络安全管理义务罪[①]与作为其援引规范的《网络安全法》之间,不仅立法不同步,其所使用基本概念都有所不同,《刑法》第286条之一的犯罪主体是"网络服务提供者",而《网络安全

[①] 《刑法》第286条之一第1款规定:"网络服务提供者不履行法律、行政法规规定的信息网络安全管理义务,经监管部门责令采取改正措施而拒不改正,有下列情形之一的,处三年以下有期徒刑、拘役或者管制,并处或者单处罚金:(一)致使违法信息大量传播的;(二)致使用户信息泄露,造成严重后果的;(三)致使刑事案件证据灭失,情节严重的;(四)有其他严重情节的"。

法》中核心的责任主体是网络运营者,也即第 76 条第 3 款规定,"网络运营者,是指网络的所有者、管理者和网络服务提供者"。可以看到,现有立法模式下刑法与《网络安全法》之间概念差异将会导致司法实践中的法律衔接困境。而在附属刑法立法模式下,与互联网相关的诸多行政犯将会将被吸纳到非刑事部门法中,刑法与互联网立法之间的概念差异与规范不协同性现象将不复存在。其次,附属刑法模式能够确保罪状援引的明确性。为了尽可能的扩大规制的行为类型,《刑法》第 286 条之一拒不履行信息网络安全管理义务罪采取了概括式罪名模式,也即对"主体、法律义务、违法行为及危害后果"缺乏一一对应的、类型化的规定,其试图将网络(平台)服务提供者所有不履行监管职责的行为统统纳入到刑法规制的范围之内。① 这一立法模式便导致该罪所援引的行政性法律规范的不确定性,使该罪构成要件过于模糊、辐射面过大以及罪与非罪的边界划分不清晰等现实问题,冲击到刑事法治。而在附属刑法之立法模式下,各类不同主体所应承担的具体的法定义务与义务违反后所应追求的刑事责任直接对应,直接适用互联网相关立法中的构成要件与刑罚规定不再涉及"找法"困难。同时,还应当看到,附属刑法模式也存在相应的风险,即"扩大犯罪圈"。一旦启动附属刑法模式,理论上来讲,网络犯罪立法更为"便捷",尤其是在社会治理过度刑法化的背景下,② 难免会出现网络犯罪犯罪圈扩大的问题。而犯罪圈的扩大必然会催生出更多的犯罪者,他们不可避免地仍然会被贴上犯罪标签。事实上,由于日本存在海量的附属刑法,很多行政管理中的义务违反行为都被作为犯罪来处理;由于日本整体上的刑罚政策较为轻缓,且犯罪标签效应相对较弱,因此在一定程度上能够缓解网络犯罪犯罪圈扩张的负面影响。如果我们不能再整体上寻求刑事政策上的轻缓化、弱化犯罪标签,那么,在网络犯罪立法上引入附属刑法模式所带来的犯罪圈扩大风险仍然是需要警惕的。总体而言,在我国现有的刑法观之下,在网络犯罪立法引入附属刑法仍然具有较大风险,应当慎重对待。

第二,关于网络犯罪单行刑法与刑事一体化的意义。如前所述,针对以计算机信息系统为对象的犯罪行为,日本制定了《不当入侵禁止法》这一单行刑法,该法不仅从实体法层面对犯罪行为的构成要件与法定刑作出规定,同时包含了技术性术语以及预防或救济黑客行为的行动方案,体现出惩罚与预防相

---

① 姜瀛:《"以网管网"背景下网络平台的刑法境遇》,载《国家检察官学院学报》2017 年第 5 期。
② 何荣功:《社会治理"过度刑法化"的法哲学批判》,载《中外法学》2015 年第 2 期。

结合的特点。理论上来讲，单行刑法往往是针对某一特定对象所作出的罪行规定，可以跳出实体法与程序法严格划分的思维定式，具有整合犯罪制裁体系的效果。从网络犯罪治理系统化的角度来看，单行刑法确实具有刑事政策上的技术优势。日本《不当入侵禁止法》正是体现上述特点。总体而言，笔者亦倡导多元化刑法立法模式，尤其是对于技术性极强的侵犯计算机信息系统的犯罪行为，单行刑法能够融技术性规范、实体法与程序法于一体，实现打防结合，彰显刑事一体化理念，确实是一种理想的立法模式选择。[①] 当然，也应当看到，我国针对计算机信息系统犯罪的刑法规范已较为稳定，加之最高司法机关也已经分别从实体法与程序法层面作出司法解释、提供裁判指引。因此，即使在网络犯罪领域倡导多元化立法模式，考虑到刑法立法成本，目前似乎没有必要专门制定一部网络犯罪单行刑法。当然，在下一次系统修订刑法之际，我们可以借鉴日本《不当入侵禁止法》的立法选择，结合我国网络犯罪治理实践需要，整合我国刑法中以计算机信息系统为对象的罪名以及相关司法解释的内容，融入程序性规定，围绕以计算机信息系统为对象的犯罪行为制定一部单行刑法。

第三，关于刑法典中网络犯罪设置的内部结构。如前所述，日本在业务妨害罪与诈骗罪等传统罪行之外专门增设了"电子计算机损坏等业务妨害罪""利用电子计算机诈骗罪"，强化对计算机犯罪的威慑效果，但我国并没有采取这种立法路径。与之相对，中国专门针对网络空间中的不作为、预备行为与帮助行为增设了"拒不履行信息网络安全管理义务罪""非法利用信息网络罪"以及"帮助信息网络犯罪活动罪"，而日本立法并未设置此类罪名，而是依托于刑法总则的基本原理对相关网络犯罪行为予以应对。应当承认，中日两国在刑法典中如此设置网络犯罪，反映各自对于网络犯罪治理上的不同侧重，体现出各自不同的考量。值得思考的是，上述罪名的增设是否具有其必要性，通过传统罪名的解释与刑法基础理论的应用，是否就可以解决上述问题呢？事实上，无论是日本针对利用信息网络实施的传统罪行而专门增设罪名的立法选择，还是我国针对网络空间中特殊犯罪形态所专门增设罪名的立法选择，都是希望通过刑法立法实现威慑效果，具有较强的一般预防色彩，当然也不免存在叠床架屋、存在重复立法之嫌。网络犯罪虽具有新颖性、技术性以及更大的社会危害性，但立足于传统罪名、刑法基本原理以及刑法解释方法，一部分网络犯罪仍然可以纳入刑法规制范围之内。因此，在回应网络犯罪问题时，我们应

---

① 参见卢建平、姜瀛：《犯罪"网络异化"与刑法应对模式》，载《人民检察》2014年第3期。

当慎重评价,避免不必要地浪费立法资源。

  第四,在回应新型网络犯罪的修法过程中,日本选择将实体性法律修改与程序性法律修改纳入同一部法律文件中并且一并出台。应当看到,日本立法机关在回应网络犯罪的修法过程中采取了"一体化"的修法模式,这种修法模式协调各部门法中关于网络犯罪的相关规定,完善法律衔接。考虑到我国很难在短期内打破现有的一元化立法模式,凭借单行刑法实现刑事一体化的良好愿望在短期内难以实现。为了实现实体法与程序法的协调、实现刑法与作为其空白罪状援引的互联网立法之间的科学衔接,我们应当借鉴日本修法过程中的"一体化"模式,将与某一具体问题的相关部门法集中在一起分析讨论,统一纳入立法或修法程序,实现立法或修法协同。

网络犯罪中制作、使用、提供程序行为的定性分析[*]

龚笑婷[**]

本文以提供侵入、非法控制计算机信息系统程序、工具罪(下简称"提供程序、工具罪")为立足点,基于程序功能的分类对制作、使用、提供程序的行为定性分析如下:

一、针对"单一型程序"的行为定性

仅为实现避开或者突破特定计算机信息系统安全保护措施,未经授权或者超越授权获取计算机信息系统数据或对计算机信息系统实施控制的功能,没有合法用途的"单一型程序"可以认定为"专门用于侵入计算机信息系统的程序"(下简称专门程序)。

制作"单一型程序"仅供自用的,使用即可能构成非法侵入、控制计算机信息系统罪或非法获取计算机信息系统数据罪;而向他人提供的,则可能构成"提供程序、工具罪";若制作程序并与他人共同实施了非法侵入、控制系统或非法获取数据的行为,则以后续实施的计算机犯罪处理。

二、针对"通用型程序"的行为定性

被合法开发、具有正规用途的"通用型程序",取得使用人的授权后,也可实现避开或者突破特定计算机信息系统安全保护措施,获取数据或控制系统的功能,不宜认定为专门程序,但也可为不法者实现违法目的。

若不为非法目的,制作、自用、提供他人使用"通用型程序"的行为均无刑法评价必要性;若为违法用途,主观明知仍向他人提供的,可构成"提供程序、工具罪";与他人共同使用的,则以其目的行为定罪。

---

[*] 本文系论坛联合征文期刊《人民检察》拟录用稿件的精华版。
[**] 龚笑婷,上海市徐汇区人民检察院第一检察部检察官助理。

三、针对"功能复合型程序"的行为定性

除了实现非法侵入和控制系统外,"功能复合型程序"可对计算机信息系统功能进行删除、修改、增加、干扰,可能造成更严重的危害后果,具有更强的违法性,根据"举轻以明重"的原则,可以认定为专门程序。

制作"功能复合型程序"仅供自用,可视程序功能的实现认定不同罪名,如非法侵入、非法获取数据、非法控制系统、破坏系统等;向他人提供的,仅提供行为即可构成"提供程序、工具罪";若使用者实施了破坏计算机信息系统的行为,则提供者可能与使用者构成共犯,与"提供"罪名之间构成想象竞合。

四、针对"嫁接型程序"的行为定性

本身不具有实现侵入和控制的功能,但通常通过附载于其他软件或与其他软件结合使用实现侵入、控制功能的"嫁接型程序",不可单独认定为专门性程序。

制作"嫁接型程序"仅供自用,以个人行为的非法性进行考量即可;向他人提供的,可根据其主观明知程度,以"提供程序、工具罪"或帮助信息网络犯罪活动罪分别定罪。

五、多重法益侵犯下的罪名选择

除计算机罪名之外,制作、使用、提供程序的行为可能侵犯多种法益,触犯其他罪名,如财产性犯罪、侵犯著作权罪、非法经营罪等,可视具体情况以竞合或牵连原则处理。

网络金融犯罪中的"信任"理论研究[*]

任国征[**]

2017年4月25日,习近平总书记在主持中央政治局第四十次集体学习时指出,金融安全是国家安全的重要组成部分,是经济平稳健康发展的重要基础。强调要加大对市场违法违规行为打击力度,健全市场化、法治化违约处置机制,重点针对金融市场和互联网金融开展全面摸排和查处。这迫切需要网络金融犯罪的步伐要紧紧跟上。而在网络金融犯罪理论构建中,信任理论对推进可持续发展与网络金融犯罪具有方向引领和基础支撑的作用。基于以上理论设定,提出以下假设:网络金融犯罪中"制度"作为防备不确定的"后设"条件自身同时也呈现"不完全性"特征,网络金融犯罪中制度的不完全性或有限理性,导致了权力寻租的发生。因此,网络金融犯罪中信任与权力寻租之间并非完全对立的关系,而是有着复杂的逻辑演化进路。

网络金融犯罪中信任的来源存在着两种理论:其一,理性计算为基础的理性主义框架,也即把信任视为人们理性选择中的规避风险的机制;其二,文化主义框架,也即把信任视为文化传统塑造出来的心理、习俗与模式。网络金融犯罪中"不完全契约"是基于"完全契约"(委托—代理)实践的不可能性而提出来的,奥利弗·哈特(Oliver Hart)和其合作者合写的两篇论文奠定了不完全契约的基石。网络金融犯罪中信任的不完全性,也即主体的有限理性、环境不可预知性、过程的长期性使得信任效能的发挥会呈现软约束、短期等特征,因此,需要相应的规约机制与信任相配套,而这也就是"制度"。

网络金融犯罪中不论是作为理性计算的"信任",还是作为制度文化主义的"信任","信任"从本质上都体现出一种"关系式"的存在,而"信任"正体现出对"关系"的"预期回报性"与"依赖性"。本文从不完全性这一视角对网络金融犯罪中信任、制度、寻租三者关系的建构对于分析转型期中国

---

[*] 本文系论坛联合征文期刊《人民检察》拟录用稿件的精华版。
[**] 任国征,中央财经大学绿色金融国际研究院研究员,健康金融实验室主任。

社会的一些社会现象具有一定的阐释力。网络金融犯罪中信任、制度、寻租三者之间不是简单的决定与被决定关系,而是一个复杂的、多元的博弈过程,现代社会的健康发展离不开高水平的信任,高效的制度和相机性寻租,但三者之间的具体关系仍有待进一步的厘清,本文只是从网络金融犯罪中信任"不完全"这一视角提出了自己的假说,其中仍有许多问题有待进一步的发展与完善。

刑法解释之道与"涉互联网犯罪"之罪名认定

张红梅 马荣春[*]

"涉互联网"使得司法实践对有关犯罪的罪名认定感到相当困惑，以至于出现罪名认定的混乱现象。于此同时，学术界对"涉互联网犯罪"的罪名认定，也有较为激烈的争论，甚至有人在刑法完善和刑法理论重构上动起了脑筋。前述现象已经引起了司法系统的高度重视，这不仅体现在诸如最高人民检察院2008年4月18日《关于拾得他人信用卡并在自动柜员机（ATM机）上使用的行为如何定性问题的批复》和"两高"2009年12月3日《关于办理妨害信用卡管理刑事案件具体应用法律若干问题的解释》出台上，更体现在最高司法机关的有关课题招标上，如2019年度最高人民检察院发布招标的课题就包括"涉互联网支付类案件若干法律疑难问题研究"，而2020年度最高人民检察院发布招标的课题又包括"新型支付方式下盗窃罪与诈骗罪的界限研究"。到目前为止，司法实务界和刑法理论界针对"涉互联网犯罪"的罪名认定已经作出了较为热烈的讨论，且有的见解较有理论说服力和实践切合性，但"就事论事"和"公说公有理婆说婆有理"的局面并未根本改变。而这最终可归结于司法实务界和刑法理论界沉湎于形而下的"细节纠缠"而忽略了形而上的方法论提升。于是，在肯定"涉互联网犯罪"的罪名认定具有相当复杂性的前提之下，我们应该探求"涉互联网犯罪"的罪名认定的根本之道，那就是"深度有效"的刑法解释。

一、"本相性刑法解释"与"涉互联网犯罪"的罪名认定

所谓"本相性刑法解释"，是指按照事物的本来面相来解释刑法规范。而

---

[*] 张红梅，江苏省东海县人民检察院党组成员、副检察长；马荣春，南京航空航天大学人文学院教授、刑事法治与航空、网络犯罪研究中心主任。

"本相性刑法解释"是对"涉互联网犯罪"的个案予以罪名认定即定罪的当然有效之道。

"本相性刑法解释"对于"涉互联网犯罪"的罪名认定的方法论作用，须得切入具体案例予以例证。案例1：2015年3月，行为人徐某某发现使用单位配发的手机可登录原同事马某的支付宝账户。其利用工作时获取的该账户密码，使用该手机分两次从账户转账1.5万元到刘某的银行账户，后刘某将钱款提现。在该案的定性上，检察院与法院持不同意见：检察院指控行为人徐某某犯盗窃罪，一审判决认定其犯诈骗罪。随后，检察院以定罪错误为由提出抗诉，二审法院最终裁定维持原判，即徐某某最终以诈骗罪被追究刑事责任。①在本文看来，检察机关对徐某某犯盗窃罪的指控是没有问题的。首先，作为被害人的马某不存在因"被骗"而"陷入错误认识"以至于"自愿处分"财产的问题。那就是说，当对应被害人马某，对本案认定为诈骗罪是不符合本案基本事实的。但为何一、二审法院均认定徐某某的行为构成诈骗罪呢？那很可能是对应支付宝平台，才使得一、二审法院得出了徐某某的行为构成诈骗罪的结论。可以想见的是，当一、二审法院均认为，当徐某某输入了正确的账户密码，支付宝平台就必然"无条件地"作出反应或相应运作，则徐某某的行为便"欺骗"了支付宝平台。可是，支付宝平台只认信息输入而不认其他，即支付宝平台是按照用户输入信息而自动或"无条件"作出技术性反应或运作，故支付宝平台事实上是不存在"被骗"的问题。况且就本案而言，也不会发生事后支付宝平台赔偿被害人马某的问题，故支付宝平台也不会成为所谓诈骗罪的被害人。那就是说，当对应支付宝平台，对本案认定为诈骗罪也是不符合本案基本事实的。这样看来，对本案定性为盗窃罪确为妥当，或至少相对妥当。对本案定性即罪名认定的妥当性问题，我们可将案例2拿来作一观照。案例2：2017年7月21日至2017年7月24日间，行为人石某利用暂住在被害人李某家之机，乘李某不备使用李某手机，先后以转账、购物套现等方式乘隙盗窃李某支付宝账户内人民币共计21300元。对此案，法院认定石某的行为构成盗窃罪。② 对此案，法院认定张某的行为构成盗窃罪，应是没有问题的。其实，案例2与案例1只是在作案细节上有所不同，而实质是相同的，即"形异而实同"。退一步看，如果说案例1中行为人即被告人在自己的手机上通过输入被害人的账户密码而获取被害人钱财具有"欺骗"的性质，因为输入被害人的账户密码似乎对应"以被害人的名义"这一性质，则直接通过操作被害

---

① 浙江省宁波市中级人民法院，（2015）浙甬刑二终字第497号刑事判决书。
② 江苏省南通市崇川区人民法院，（2017）苏0602刑初610号刑事判决书。

人的手机而获取被害人的钱财，便更加具有"以被害人的名义"这一性质，从而案例 1 更应定性为诈骗罪，但法院的认定却相反。前述案例 1 与案例 2 在罪名认定上的相互抵牾只能说明：一、二审法院对案例 1 的定性是存在问题的，而问题的根由名为"盗"和"骗"的界限模糊而实为对"盗窃"和"诈骗"的刑法理解与把握即刑法解释出了问题。

盗窃罪是"乘他人不备"之中的侵财类犯罪，且这里的"不备"至少是钱财已经开始遭受侵害时被害人的"不备"即"未察觉"，即这里的"不备"至少是盗窃罪着手实施时被害人的"不备"或"未察觉"。而诈骗罪是"于他人知晓"之中的侵财类犯罪，且这里的"他人知晓"即被害人对自己让与或给付钱财事实本身的知晓。于是，被害人对钱财转移的客观事实本身是否知晓和行为人是否利用被害人的"错误认识"是盗窃罪与诈骗罪在犯罪事实层面的关键区分点。而此区分点正是对"盗窃"和"诈骗"的刑法解释的应有结论。由此，前述案例 1 和案例 2 都不属于"于他人知晓"之中和利用他人的"认识错误"的侵财类犯罪，即都不属于诈骗罪，而只能都认定为盗窃罪。盗窃罪与诈骗罪的关键区分点应抓住被害人对钱财转移的客观事实本身是否知晓和行为人是否利用被害人的"错误认识"。

但是，对于前述发生在互联网领域即涉互联网的传统财产犯罪的个案定性，为何不应该有分歧而却有分歧？甚至同一家法院对只是具体情节有所不同而客观性质相同即"形异而实同"的个案定性，却得出了自己没有察觉的自相矛盾的结论？在本文看来，个案罪名的形成或选定过程就是被据以形成或选定罪名的刑法规范即个罪规范内容的理解和表达，从而是刑法解释的过程。于是，造成前述定罪分歧乃至自相矛盾这一司法局面的根本原因在于：持论者对相关犯罪的刑法规范内容并未形成与事物本来面目即其"本相"相吻合的理解与表达，从而未抓住一种"本相性刑法解释"。回到传统财产犯罪上来，"秘密地取得"和"在使得被害人陷入错误认识中取得"分别是盗窃罪和诈骗罪的"本相"，而这一"本相"无论是在传统现实空间，还是在所谓"网络空间"，都不会改变，即保持着一种确定性。于是，对发生在互联网空间即涉互联网的财产性犯罪，如果其"本相"是"秘密地取得"，则定名为盗窃罪；如果其"本相"是"在使得被害人陷入错误认识中取得"，则定名为诈骗罪。由前述例证可知，对于涉互联网即实施在互联网空间的传统财产犯罪个案，到底是认定盗窃罪，还是认定诈骗罪，我们只需对盗窃罪或诈骗罪的刑法规范作出"本相性解释"，便可作出恰当的罪名认定。

由前述例证也可知，"本相性刑法解释"是一种"常识、常理、常情性刑法解释"，从而是一种"当然性刑法解释"。体现着一种"常识常理常情性"，从而是一种"当然性"的"本相性刑法解释"意味着：当面对着传统财产犯罪个案的罪名认定时，我们切忌"简单问题复杂化"，而是先应探究和抓住据以个案定罪的刑法规范内容的"本义"，因为这一"本义"对应着事物的"本相"，然后在将刑法规范内容的"本义"与个案基本事实对接之中该定什么罪名就定什么罪名。可以肯定的是，当把"秘密地取得"和"在使得被害人陷入错误认识中取得"分别作为"盗窃"和"诈骗"的解释结论，则前述解释结论便分别保持或体现着"文义相符性"与"价值相符性"或"形式相符性"与"实质相符性"的兼顾或结合的。由此，"本相性刑法解释"是"文义相符性"与"价值相符性"或"形式相符性"与"实质相符性"兼顾或结合的刑法解释，从而是形式理性与实质理性兼顾或结合的刑法解释，因为所谓"本相"不仅就是"真相"，而且是在被解释项"可能文义"之内或其"文义射程"之中的"真相"。在某种意义上，"本相性刑法解释"是将形式理性与实质理性兼顾或结合得最紧密的刑法解释。

二、"穿透性刑法解释"与"涉互联网犯罪"的罪名认定

所谓"穿透性刑法解释"，是指一种按照解释项与被解释项的逻辑运动路径所作出的刑法解释，包括具象解释和扩张解释。借助"穿透性刑法解释"，"涉互联网犯罪"有关个案能够被作出恰当的罪名认定。

"穿透性刑法解释"对于"涉互联网犯罪"的罪名认定的方法论作用，我们可先从刑法的具象解释入手，且可以反向炒信案为例证。一度被热议的反向炒信案的大致案情是：被告人董某指使谢某使用同一账号大量购买作为竞争对手的某科技南京公司淘宝网店的商品，导致浙江淘宝网络有限公司认定某科技南京公司淘宝网店铺从事虚假交易，并于 2014 年 4 月 23 日对该店铺做出商品搜索降权的市场管控措施。在被搜索降权期间，消费者在数日内无法通过淘宝网搜索栏搜索到某科技南京公司淘宝网店铺的商品，使得该公司淘宝网店铺的正常生产经营遭到破坏，并蒙受 10 余万元的财产损失。对该案能否定性为破坏生产经营罪，曾经有过热烈争议。有人指出，在互联网时代背景下，如果继续将"生产经营"的含义束缚在农耕时代和机器工业时代，则这一法条将逐渐丧失适用空间，同时导致刑法对大量的破坏新兴产业尤其是互联网产业的行为视而不见，形成立法资源的浪费，故"生产经营"应作扩大解释，但不能超出语义的最大范围，否则就是类推适用，亦即可将"生产经营"的范围扩大解释为"业务"①。在本文看来，将破坏生产经营罪即现行《刑法》第276

---

① 互联网法律研究中心：《2017 年度互联网法律年鉴》，第 254 页。

条中的"生产经营"扩大解释为"业务",是明显不妥的,因为"业务"包括营利性业务和非营利性业务,而政府机关和有关事业单位的活动即属非营利性业务。按照现行《刑法》第276条的规定,破坏生产经营罪,是指由于泄愤报复或者其他个人目的,毁坏机器设备、残害耕畜或者以其他方法破坏生产经营的行为。联系前述反向炒信案,行为人使用的"反向炒信"属于"毁坏机器设备"和"残害耕畜"之外的"其他方法",而网上经营当然属于第276条中的"经营",正如化学武器当然属于"武器",故联系前述反向炒信案对现行《刑法》第276条所进行的解释当属于具象解释,亦即不发生或没有必要进行所谓扩大解释。言通过扩大解释而将破坏生产经营罪适用于前述反向炒信案,且以破坏生产经营罪的立法乃"农耕时代"和"机器工业时代"的立法为由,前述立论显然牵强附会,因为"生产经营"的概念外延显然不局限于哪个时代,亦即现行《刑法》第276条中的"生产经营"逻辑地包含着非现实生活世界的生产经营,而非现实生活世界的生产经营到了互联网时代也就对应了"网络生产经营"即"互联网生产经营",正如德国刑法将携带武器抢劫作为抢劫罪的加重类型,故将携带武器抢劫的规定适用于携带硫酸抢劫的个案,所发生的并非扩张解释而是具象解释,因为硫酸属于化学武器,而化学武器当然属于武器。从"农耕时代"到"机器工业时代"再到"互联网时代",破坏生产经营罪中"生产经营"的"具象"确实是在发生着时代变化,但其"抽象"或本质即其"一般规定性"仍然是确定的或稳定的。将现行《刑法》第276条适用于前述反向炒信案所发生的解释视为具象解释,正如决定破坏生产经营罪中"其他方法"外延的,不是前面的"毁坏机器设备、残害耕畜",而是"其他方法"之后的"破坏",即只要是对生产经营的破坏行为并损害他人的财产法益,就是"其他方法",而不一定是对"物"使用暴力。将反向刷单炒信行为纳入破坏生产经营罪的"其他方法"中,属于符合法益保护目的之客观解释,并未超出语义的最大范围边界,故不违反罪刑法定原则[①]。只要我们对第276条中的"生产经营"采用具象解释,则对前述反向刷单炒信的犯罪个案便自然定性为破坏生产经营罪。而随着我们对刑法解释理解和把握的越透,则我们的个案定性即罪名认定便越发自信。

对破坏网络生产经营案件中的刑法解释问题,我们还应予以进一步的讨论。有人指出,在信息时代,应当对破坏生产经营罪进行客观解释和扩张解释。生产经营不仅包括生产活动,还包括组织管理活动,另外还包括业务,故破坏生产经营罪可以包容国外的妨害业务罪。联系恶意注册网络账号行为,恶

[①] 互联网法律研究中心:《2017年度互联网法律年鉴》,第254—255页。

意注册是以欺骗手段妨害业务,而批量恶意注册行为本身,属于妨害网站和平台经营和业务的行为。中国刑法没有规定妨害业务罪,这是司法实践对恶意注册处理不力的重要原因。如果对破坏生产经营罪进行与时俱进的客观解释,则可涵盖国外妨害业务罪的内容①。有实务界人士指出,通过"反向炒信"使得他人经营受到影响,可以视为破坏生产经营行为,这虽然是一个"扩张解释",但在以后很有可能成为一种新的破坏生产经营的行为类型而被普遍接受②。本文认为,存在于网络空间的经营本来就在第276条中"经营"一词的逻辑涵摄之中,或曰破坏网络空间的经营本来就是第276条中"破坏经营"的一种行为类型,故网络空间的经营和破坏网络空间的经营相对于现行刑法第276条,原本就不存在"新"与"不新"之说,从而"扩张解释"便无从谈起。可见,把现行《刑法》第276条适用到发生在互联网领域的破坏生产经营的个案,根本就不会发生,也没有必要发生扩张解释的问题,而实际发生的就是依照字面进行的具象解释。显然,具象解释是运用被解释项与解释项之间的属种关系所进行的自上而下,即由"属"到"种",亦即由"一般"到"个别"的解释。由于这种解释丝毫不触动被解释项的外延,即不涨破被解释项的本来外延,而只是将被解释项的内涵予以具体化,故其明显属于具象解释。由于具象解释是在被解释项的"字面含义"之内所进行的解释,故具象解释也应当然解释。可见,反向刷单炒信和恶意注册网络账号等网络犯罪即涉互联网犯罪,完全可以通过具象解释来适用刑法中破坏生产经营罪的条文,以最终解决相应网络犯罪个案的定罪量刑问题。

"穿透性刑法解释"对于"涉互联网犯罪"的罪名认定的方法论作用,我们还可从刑法的扩大解释入手,且可以骗取网络平台积分案为例证。对于虚构交易骗取电商平台积分的个案,在实务界人士看来,由于在平台购买商品可以使用积分全额支付,这就使得积分在平台内具有相应的财物价值,故当行为人通过虚假购买商品骗得积分时,其行为就已经诈骗既遂③。而对于以虚假交易的方式骗取天猫积分的个案,在实务界人士看来,消费积分属于财产性利益,能够成为财产犯罪的对象。消费积分的存在对于消费者而言相当于未来商品价格的抵扣金额,具有极强的物质目的性。天猫积分系统根据会员生日信息与交易完成信息,自动将积分的所有权转移给消费者,具有代行交易的能力,实施

---

① 互联网法律研究中心:《2017年度互联网法律年鉴》,第253页。
② 互联网法律研究中心:《2017年度互联网法律年鉴》,第191页。
③ 互联网法律研究中心:《2017年度互联网法律年鉴》,第255—256页。

了处分行为,这与普通的诈骗行为不存在实质区别,故行为成立诈骗罪①。对前述两例能否定性为诈骗罪,实务界和理论界也曾存有争议,而在最终被定性为诈骗罪的过程中,便发生着对诈骗罪条文中"财物"的刑法解释问题。在前述两例中,积分本身不是"财物",或积分不是"财物"本身,但积分能够带来财物,且有两层含义:一是积分相当于金额,而金额相当于财物;二是积分能够兑换为有价值的实物,而有价值的实物当然也是财物。这里,"能够带来财物"使得积分代表着或构成了一种财产性利益。显然,财产性利益逻辑地包含着实物或现物形态的财产性利益即通常所说的财物,也包含着非实物或现物形态的财产性利益。易言之,财产性利益应视为财物的上位概念和属概念。于是,在前述两例中,当对诈骗罪条文中的"财物"进行解释时,便发生着自下而上,即由"种"到"属",亦即由"个别"到"一般"的解释,而此解释便属于扩张解释,因为作为属概念的解释项构成了作为种概念的被解释项的文义射程边界,而此文义射程边界排斥着类推解释。由此可见,扩张解释是在被解释项的"字面含义"之外却又在其"可能具有的含义"即"文义射程"之内所进行的解释。在此要顺便指出的是,除了能够被用来解答骗取网络平台积分个案的定性即罪名认定问题,扩张解释还能够被用来解答骗取网络信贷额度个案的定性即罪名认定问题。

结合前文论述,我们可形成具象解释与扩张解释的一种区分视角,而此视角即被解释项与解释项的属种关系及其逻辑运动方向。于是,在由"个别"到"一般"的逻辑运动方向上,如果解释结论已经打破了属种关系,即由"此种"走向了"彼种",则将走向类推解释,因为解释结论已经突破了被解释项与解释项之间的属种关系,且不当构建了"此种"与"彼种"的并列关系,而"彼种"即法无明文的一种或"那种"。进一步地,有的论断需要予以识别,即学者指出,从概念的相互关系看,扩大解释没有提升概念的阶位,而类推解释是将所要解释的概念提升到更上位的概念"提升概念的阶位"并非一定是类推解释,因为还要看在"提升概念的阶位"后,解释者是否"罔顾左右而言他"。由此,刑法扩张解释之所以无违罪刑法定原则,乃因为被解释项与解释项之间的概念属种关系能够把持着公众对刑法规范的"预测可能性",亦即刑法扩张解释仍然是"预测可能性解释"②。可见,对于骗取电商平台积分等网络犯罪的个案,完全可以通过扩张解释来适用现行刑法诈骗罪的

---

① 互联网法律研究中心:《2017年度互联网法律年鉴》,第256页。
② 马荣春:《刑法的可能性:预测可能性》,载《法律科学》2013年第1期,第91—92页。

条文以最终解决相应网络犯罪个案的定罪量刑问题。

当然,前述对具象解释和扩张解释区分的总结,虽然系因网络犯罪的具体问题而引发,但其道理同样适用于非网络犯罪。于是,这里还要进一步指出的是,发生在法律概念属种关系中的具象解释和把持公众预测可能性和罪刑法定原则的扩张解释,可视为一种"穿透性解释"。这里,"穿透性解释"的说法或表述,不仅在形式层面上概括着一种"由属到种"和"由种到属"的刑法解释文字逻辑运行路径,而且在实质层面上揭示着刑法规范的内涵价值演绎。易言之,所谓"穿透性解释"的"穿透性"是法言法语文字逻辑或形式逻辑的"穿透性"和刑法规范内含价值的"穿透性"相结合或相融合的"穿透性"。由此,"穿透性解释"能够赋予刑法规范以与时俱进的适用功能,从而能够延展刑法规范的生命力。① 正如林维教授指出,在技术的日新月异呈现加速的趋势下,一个好的刑事立法规定,在坚持罪刑法定原则的前提下,就应当像黄金一样而具有充分的延展性②。这里,"充分的延展性"是靠与时俱进的刑法解释来赋予的,以在互联网时代实现"让传统罪名在今天复活"。③ 可以肯定的是,"穿透性刑法解释"就是"与时俱进性刑法解释"。同样地,"穿透性刑法解释"及其所包含的具象解释和扩大解释也是"文义相符性"与"价值相符性"或"形式相符性"与"实质相符性"的兼顾或结合的刑法解释,从而是形式理性与实质理性兼顾或结合的刑法解释,因为"由属到种"和"由种到属"的文字逻辑运行路径是进行在法言法语的"可能文义"或"文义射程"之内,而内含价值演绎又是被"框定"在"可能文义"或"文义射程"之内。但在形式理性与实质理性予以兼顾或结合之下,"穿透性刑法解释"中的具象解释更加凸显刑法解释的形式理性,扩大解释则更加凸显刑法解释的实质理性。而这里要进一步指出的是,由字面解释或平义解释到扩大解释,对应着罪刑法定原则由形式的和绝对的罪刑法定原则向实质的和相对的罪刑法定原则的嬗变。由于实质的和相对的罪刑法定原则赋予刑法规范之于社会生活发展的必要张力,故扩张解释才得以成为"穿透性刑法解释",亦即扩张解释的"穿透性"就是刑法规范之于社会生活发展的"穿透性"。

三、"衡平性刑法解释"与"涉互联网犯罪"的罪名认定

"衡平性刑法解释",是指在理解和把握刑法规范的内容及其规范目的或

---

① 互联网法律研究中心:《2017 年度互联网法律年鉴》,第 174 页。
② 互联网法律研究中心:《2017 年度互联网法律年鉴》,第 175 页。
③ 互联网法律研究中心:《2017 年度互联网法律年鉴》,第 214 页。

规范价值时，应紧密观照法言法语及其所引申或牵扯出来的生活概念所处的"前置性制度语境"或生活语境，以求刑法规范的个案适用更加具有"社会回应性"，即更加充分地体现维护秩序和保障权利的刑法基本价值。

"衡平性刑法解释"对于"涉互联网犯罪"的罪名认定的方法论作用，可切入"互联网金融"的有关具体问题甚至违法犯罪的乱象予以实际例证。有研究报告指出，对于互联网第三方支付平台能否认定为金融机构，理论和实务界均存在争议。[①] 对互联网支付账户能否认定为信用卡，有人认为，"蚂蚁花呗""京东白条"等支付方式符合信用卡原理，提供一种先消费后付款的赊账服务，事实上具有信用卡的基本功能，故其是一种信用卡；但有人认为，互联网支付账户并非信用卡，而是带有信用性质的第三方支付账户，故其仍为网络支付工具。[②] 而司法实践中，对通过扫描非法取得的付款二维码信息后转移财产的行为也存在是构成信用卡诈骗罪还是盗窃罪抑或诈骗罪的定性分歧，[③] 而产生分歧的根本原因是对互联网支付中的条码（二维码）的法律属性，即条码（二维码）支付信息能否认定为信用卡信息。[④] 这里，条码（二维码）支付信息能否认定为信用卡信息即条码（二维码）图案能否认定为信用卡。有关研究报告所总结的前述问题可简单概括为：互联网第三方支付平台是否金融机构、互联网支付账户是否信用卡、条码（二维码）图案是否信用卡。前述问题可以转换为：金融机构是否或可否包含互联网第三方支付平台、信用卡是否或可否包含互联网支付账户和条码（二维码）图案。前述转换过来的问题首先是刑法中的金融机构和信用卡的解释问题，同时也是相关罪条的刑法解释问题，而最终就是相关网络犯罪个案的定罪即罪名认定问题，因为正如有关研究报告指出，对直接通过他人互联网支付账户非法获取钱款的行为，应认定为盗窃罪。对非法获取第三方支付平台已绑定银行卡内资金的行为，应认定为信用卡诈骗罪。对利用第三方支付平台绑定银行卡以取得银行卡内资金的行为，应认定为信用卡诈骗罪。如第三方支付平台能被依法认定为金融机构，对行为人非法取得第三方支付平台内的信贷资金行为，可以根据具体情况认定为骗取贷款罪或贷款诈骗罪。如第三方支付平台不能被依法认定为金融机构，对行为

---

① 江苏省南通市崇川区人民检察院课题组：《涉互联网支付类案件若干法律疑难问题研究》（2019），第4页。
② 江苏省南通市崇川区人民检察院课题组：《涉互联网支付类案件若干法律疑难问题研究》（2019），第5页。
③ 上海市浦东新区人民法院，（2018）沪0115刑初1232号刑事判决书。
④ 江苏省南通市崇川区人民检察院课题组：《涉互联网支付类案件若干法律疑难问题研究》（2019），第6页。

人非法取得第三方支付平台内信贷资金的行为,应认定为合同诈骗罪。① 可见,是否金融机构和信用卡直接决定了网络金融犯罪个案的定性即罪名认定问题,而是否金融机构和信用卡就是金融机构和信用卡的解释问题,当然也是相关罪条用语的刑法解释问题。

对于金融机构是否或可否包含互联网第三方支付平台的问题,针对互联网第三方支付平台是否属于金融机构的认识分歧,有研究报告指出,目前仍不宜将互联网第三方支付平台认定为刑法上的金融机构,即认定刑法上的金融机构仍需谨慎。对于信用卡是否或可否包含互联网支付账户的问题,针对"是"与"否"的认识分歧,有研究报告指出,从目前刑事法律的规制及司法实践的角度来审视,互联网支付账户目前还不能界定为信用卡。信用卡是否或可否包含条码(二维码)图案的问题,有研究报告先指出,条码(二维码)支付业务由中国人民银行《条码支付业务规范(试行)》(以下简称《规范》)予以规范。该研究报告进一步指出,条码(二维码)支付信息不能界定为信用卡账户信息,相应的犯罪就不能以信用卡诈骗罪定罪处罚。有关研究报告对金融机构是否或可否包括互联网第三方支付平台、信誉卡是否或可否包括互联网支付账户和条码(二维码)图案的审慎解答,隐含着对金融机构和信用卡的审慎理解和把握,进而隐含着对金融机构和信用卡的审慎解释。而对金融机构和信用卡的审慎解释就是审慎的刑法解释,其所对应的是"互联网金融犯罪"个案的审慎认定罪名即审慎定罪。对直接通过他人互联网支付账户非法获取钱款的行为,应认定为盗窃罪。对非法获取第三方支付平台已绑定银行卡内资金的行为,应认定为信用卡诈骗罪。对利用第三方支付平台绑定银行卡以取得银行卡内资金的行为,应认定为信用卡诈骗罪。如第三方支付平台能被依法认定为金融机构,对行为人非法取得第三方支付平台内的信贷资金行为,可以根据具体情况认定为骗取贷款罪或贷款诈骗罪;如第三方支付平台不能被依法认定为金融机构,对行为人非法取得第三方支付平台内信贷资金的行为,应认定为合同诈骗罪。如果说有关研究报告对涉互联网金融犯罪个案的前述罪名认定是稳妥而得当的,则稳妥、得当的罪名认定名为建立在互联网第三方支付平台、互联网支付账户和"条码"("二维码")与金融机构和信用卡的概念关系处理上,实为建立在对金融机构和信用卡这对刑法词汇的理解和把握,从而是其刑法解释上。但从前述对金融机构和信用卡的理解和把握,从而是其刑法解释的审慎性中,我们能够获得的启发的是:涉互联网金融犯罪个案罪名认定所引

---

① 江苏省南通市崇川区人民检察院课题组:《涉互联网支付类案件若干法律疑难问题研究》(2019),第26—27页。

发的刑法解释应把持一种"衡平性",即奉行一种"衡平性刑法解释",而所谓"衡平性"即在形成解释项的过程中应充分观照作为"前置规范"的专业规章的制度话语和日常的社会生活话语,而前述话语即"情境(性)话语",从而使得刑法解释结论的个案运用包括罪名认定能够更加积极稳妥地实现秩序维护和权利保障的刑法基本价值或功能。"衡平性刑法解释"通常会直接运用在法定犯场合,包括发生在互联网领域的法定犯。既然是充分观照"情境(性)话语",则"衡平性刑法解释"依然是"文义相符性"与"价值相符性"或"形式相符性"与"实质相符性"兼顾或结合的刑法解释,从而是形式理性与实质理性兼顾或结合的刑法解释。而在"情境(性)话语"的充分观照之中,"衡平性刑法解释"深度体现了"法秩序一致性"的刑法解释观念。

四、结语

有人指出,互联网时代已经到来,对整个法律体系都带来强烈冲击。表现在刑法上,就是传统犯罪的网络化与网络黑灰产业链的形成。作为应对措施,在客观解释刑法的同时,也应严密刑事法网,进一步加强对信用与信息的保护①。作为响应,已有不少人提出,网络犯罪在刑法典中应"单独成章"②。在本文看来,利用网络所实施的本来是发生在非网络空间即现实空间的犯罪,通过刑法解释包括"本相性刑法解释""穿透性刑法解释"和"衡平性刑法解释",我们便能够解决定罪量刑问题,而"本相性刑法解释""穿透性刑法解释"和"衡平性刑法解释"都是客观解释和"求真务实性解释"。可见,网络犯罪即涉互联网犯罪在刑法典中"单独成章"的提议或见解,确属没有必要,或至少暂无必要,因为对于利用网络所实施的本来是发生在非网络空间即现实空间的犯罪,我们感到事态严重的并非其实质,而是其"新鲜"且"诡异"的表象,故网络犯罪"单独成章"的提议或见解,多少有点"草木皆兵"甚或患上了"网络犯罪恐惧症",而深度有效的刑法解释能够抑制网络犯罪的"冲动立法"。易言之,当我们为定罪依据犯愁的网络犯罪只是传统犯罪的"场域转移",则不要动辄刑法完善或刑法修正,甚至炮制"网络刑法"或"互联网刑法",而是力求诉诸刑法解释来应对网络犯罪的司法规制问题。

在"同时符合"标准中,"文义相符性"即"形式相符性"铸造了刑法解释的形式理性,"价值相符性"即"实质相符性"铸造了刑法解释的实质理

---

① 互联网法律研究中心:《2017年度互联网法律年鉴》,第234页。
② 互联网法律研究中心:《2017年度互联网法律年鉴》,第269页。

性,而"同时符合性"则铸造了刑法解释的"整合理性"或"整全理性",即铸造了刑法解释理性的"一体两面"。① 本文所论证的"本相性刑法解释""穿透性刑法解释"和"衡平性刑法解释",都是"文义相符性"和"价值相符性",或"形式相符性"和"实质相符性"兼具或结合的刑法解释,从而都是形式理性与实质理性兼顾或结合的刑法解释,最终都是把持法治思维的刑法解释和避免"恶法亦法"的刑法解释②。而在某种意义上,"本相性刑法解释""穿透性刑法解释"和"衡平性刑法解释",构成了作为刑法解释应当遵循的"文义与价值同时相符"或"形式与实质同时相符"即"同时符合标准"的进一步落实与深化。刘仁文研究员指出,刑法中很多罪名经过合理解释,可以应对新形势下网络时代的挑战。而在网络语境下,需要司法人员把法律规范与现实情况有机结合起来,充分发挥刑法解释的作用③。可以这么说,我们目前所遇到的"涉互联网犯罪"的诸多定罪问题通过对已有条文的合理解释,基本上可以得到解决。法谚有云:"法本人心所设,也为人心所解"。立于公众的认知逻辑包括形式逻辑与事理逻辑,从而立于公众的常识、常理、常情,即立于公众对刑法规范的预测可能性,刑法解释不仅能够平抑"涉互联网犯罪"的"立法冲动",而且能够营造"涉互联网犯罪"刑事司法的公众认同。总之,与时俱进的刑法解释能够赋予现有的刑法规范以新的生机,从而使得"涉互联网犯罪"的刑法司法包括罪名认定"有法可依"或"于法有据"。但是,刑法解释的"与时俱进性"即其"求真务实性"和"深度有效性",而其"求真务实性"和"深度有效性"又是由其"本相性""穿透性"和"衡平性"来共同体现与支撑的。

最终,"本相性""穿透性"和"衡平性"沿着"由内而外"的路径,且在"三位一体"之中共同丰富着刑法解释的既有理论并喻示着刑法解释的新的"通道"。

---

① 马荣春:《"同时符合说":刑法解释甄别的新尝试》,载《中国刑事法杂志》2019年第6期,第75页。

② 马荣春:《刑法形式与实质融合解释观的提倡》,载《甘肃政法学院学报》2018年第6期,第11页。

③ 互联网法律研究中心:《2017年度互联网法律年鉴》,第208页。

"快播"后时代的冷思考

陈 晨[*]

通过抽丝剥茧,经过多位专家从技术与法律的角度深入地分析了这个案件之后,这起号称"全国扫黄打非第一案"的实质才呈现于我们面前。

一、行为实质只有一个:淫秽内容的提供者

(一)"快播"公司的行为实质上提供的是一种网络内容

对于"快播"公司的行为,存在三种有争议的看法:网络内容提供者、网络平台提供者和网络连接提供者。网络内容提供者,实际上指的就是快播软件是作为一种给社会大众提供服务内容的网络工具存在的。而所谓"网络平台提供者"和"网络连接服务商",则把问题的焦点曲解为没有实质意义的纯工具性问题,只有区分案件的实质,办案人员才能将案件中涉及的网络内容与"技术中立"的表象剥离开来。在此,笔者认为"快播"公司之所以模糊服务的实质,是意图以平台的称谓掩饰其提供淫秽信息的内容,事实上作为一种网络内容的提供者,而非仅仅是网络平台,亦非网络连接的提供者。有学者认为,按照提供服务内容的不同,可以分为网络信息内容提供者和网络中介服务者。[①] 它实际上是合并了网络平台提供者和网络连接提供者,将之作为网络中介服务者而存在。

众所周知,法庭上被告人和辩护人多次提及"技术中立",认为"快播"公司对 QVOD 软件的制作和运用仅仅是从技术创新的层面来进行,即技术本身是一种客观存在,并不具备合法或违法的价值内容。但就《刑法》第 364 条规定的传播淫秽物品罪而言,其构成要件是:行为客观上实施了传播淫秽物品行为,主观上具有故意。正如"目的行为论"的鼻祖韦尔策尔耳所言,违

---

[*] 陈晨,国家检察官学院副教授。
[①] 刘文杰:《网络服务提供者的安全保障义务》,载《中外法学》2012 年第 2 期。

法性的对象并非纯粹的客观事实,而是由客观和主观要素所组成的整个行为。① 也就是说,"快播"公司犯罪行为的实质,不仅是客观上的,还具有主观恶性,这就要求我们注意,任何行为不能只是关注其客观方面,还应关注其主观方面,基于一种恶的客观,与不谈善恶的非客观,是完全不同层面的两个概念。

(二)针对"技术本身无罪"辩护的应对

从"快播"案的庭审记录看,"快播"公司辩护人认为其开发 P2P 技术,设计 QVOD 网络,建立数据服务器的行为仅仅发生在技术领域,并不涉及社会伦理,因此刑法无须评价。但是,当这些技术提供给用户,用于社会成员的信息传播、分享和交换时,就赋予了行为社会属性,而被纳入法治的范畴,有了合法与非法的界分。根据《中国互联网管理条例》第 15 条的规定,"互联网信息服务提供者不得发布或传播含有淫秽、色情、赌博、暴力、凶杀、恐怖或者教唆犯罪的信息。"根据此项规定,技术开发者在将技术运用于社会生活时,必须履行社会义务,遵循法律准则;否则,就将受到社会规则的否定。技术信息中如果含有淫秽信息,就是法律所不允许的,就是违法或者犯罪。

二、犯罪行为的两种形式:作为与不作为

与传统的犯罪行为相比,网络技术犯罪在手段上通常不具有典型性,技术手段有时还具备合法性和创新性外观,因此在罪与非罪、此罪与彼罪的判断上,司法实践极易产生争议。笔者认为,"快播"案既包含着技术创新和技术管制之间的冲突,也包含着技术中立和可罚行为之间的转化。从刑法的角度看,如果"快播"公司所存储的视频中包含淫秽内容,其就应当构成"传播淫秽物品牟利"的行为。

但从行为的分类来看,"快播"案犯罪行为在形式上分为作为和不作为两种。其中:

(一)作为

1. 链接

链接也称超级链接,是指从一个网页指向一个目标的连接关系,所指向的目标可以是另一个网页,也可以是相同网页上的不同位置,还可以是图片、电

---

① [德]汉斯·韦尔策尔:《目的行为论导论》,陈璇译,中国人民大学出版社 2015 年版。

子邮件地址、文件、甚至是应用程序。① 在"快播"案中,这种链接连接的是视频,且大部分为淫秽视频。② "快播"公司通过在自己的网站上公布一些超级链接,使得用户能够连接到其他的网页上收看视频,而他们的牟利与传播行为也是由自己发布"链接"和用户点击"链接"来实现的,整个作为行为首先是围绕"链接"来完成的。

相关司法解释中对设置超链接行为的主观和客观方面都进行了详细规定,且对传播淫秽内容数量的计算标准也做出了明确规定。根据该规定,对于建立超链接的行为,从主观方面来讲,要求设置链接者明知链接的对象包含淫秽信息;从客观方面来讲,链接行为必须是可以直接指向淫秽信息的链接行为,只有同时满足这两个要件,才能按照传播淫秽物品牟利罪处罚。根据《关于办理利用互联网、移动通讯终端、声讯台制作、复制、出版、贩卖、传播淫秽电子信息刑事案件具体应用法律若干问题的解释(一)》(以下简称《解释(一)》),设置超链接行为是一种独立的传播行为,应当与网页管理者的行为分开来看,如果设置超链接行为与包含淫秽内容的网页建立联系,也应区分情况对待。对于超链接设置者在自己的网页或网站设置其他包括淫秽信息网页的链接,当网络用户点击该链接时,不需要再进行下一步操作可以直接获取淫秽信息文件。"快播"公司在自己的网站或者网页上设置了包括淫秽信息网页的链接,站长(用户)不需要进一步的程序,就可以直接通过点击链接获得淫秽视频。至此,在淫秽电子信息提供超链接的过程中,只要提供的超链接不是"死链接"或者是二次操作以上的"链接",这样的行为就可依据互联网的管理规定进行处理而认定为传播淫秽物品牟利罪的"传播"行为。而"快播"公司的网页链接直接与广告相联系,"快播"公司的"牟利"也就通过"链接"的方式完成了。

2. 缓存

"快播"案里的"缓存",是独立的、以作为方式实施的传播淫秽物品行为。这里往往与"储存"相混淆,容易简单理解为淫秽视频原本"储存"在"快播"公司硬盘里,这种理解是不对的。"快播"案中"快播"公司的行为不是单纯的"存储",而是通过"缓存"之后的碎片化形式。也就是说,淫秽

---

① 引自"百度百科"里关于"链接"的解释,网页最后访问时间 2017 年 10 月 23 日。

② 北京市公安局从位于北京市海淀区的北京某技术有限公司查获快播公司托管的服务器 4 台中的 3 台服务器里提取了 29841 个视频文件进行鉴定,认定其中属于淫秽视频的文件为 21251 个。

视频不是原本就在被告人硬盘里的。"存储"的实质是"缓存",而非一般人看到庭审笔录后以为的,淫秽视频是在用户观看视频之前就"存储"在"快播"公司硬盘里。

"快播"案中使用的 P2P 技术,既启动了 RAM 又把视频永久存储在了自己的硬盘里,这些都通过鉴定人(所谓"鉴黄师")的鉴定发现并固定为证据(鉴定意见)的淫秽视频,是通过"快播"公司的缓存技术而进入,并且永久进入了该公司的硬盘上;并同时进入到各站长(用户)的电脑里。此处的操作符合"传播淫秽物品"的特征。可见,"快播"公司的"传播"行为是通过"缓存"完成的。

从访问方式上看,定义中提及的 IP 地址和互联网域名是两套网络地址方案:IP 地址系统和域名地址系统。IP 地址是根据互联网协议所分配的地址,它由 4 个小于 256 的数字组成,有了 IP 地址,互联网上的电脑才能正常通信。域名是由用户注册产生的互联网上某一台计算机或计算机组的名称,是与数字型 IP 地址相对应的字符型地址。"快播"公司的域名地址与 IP 地址已由判决书作出认定。需要指出的是,"快播"公司设置在各地的 1000 多台缓存服务器必须通过 IP 地址访问,而这些缓存服务与用户之间建立链接的控制端是"快播"的调度服务器。①

根据上述来自技术方面的专业分析,"快播"软件把视频存储在缓存服务器中,就是为提供加速支持,如果用户之间的传输带宽足够,缓存服务器就不会介入传输。"快播"公司的缓存调度服务器会选择最佳路径,向缓存服务器调取视频直接提供给用户。

总之,缓存的方式实现了淫秽视频在用户之间的传播,符合"传播淫秽物品牟利罪"中"传播"这一要件。

3. 牟利

在"快播"案当中,"快播"公司是通过收取会员费、广告费等方式来实现其企业营收。所谓会员费,又称会费,是指为支付团体某方面开支,对一个团体的成员征收的金额。所谓广告费,是指企业通过各种媒体宣传或发放赠品等方式,激发消费者对其产品或劳务的购买欲望,以达到促销的目的而支付的费用。这两种手段是目前主流的网站、网络服务提供者获得营收的普遍做法,其具有社会性与普遍性。显而易见,"快播"案中的会员费和广告费应当被认定是传播淫秽物品牟利罪中的"利"。在淫秽物品的传播中,"快播"公司也

---

① 范君:《"快播"案犯罪构成及相关审判问题——从技术判断行为的进路》,载《中外法学》2017 年第 1 期。

利用收取广告费、会员费等方式非法牟利，这也可以证明"快播"公司具备"牟利"的目的，并且已经外化为行为。

4. 针对辩护的思考

针对上述三种作为形式，"快播"案辩护人认为，拽取、缓存和之前地提供播放器行为一样，是中性技术行为，根据"技术中立原则"，因为其仅仅按照用户点击的热门程度进行自动拽取并缓存，并没有特别挑选出哪些是淫秽视频去让用户下载，因此拽取、缓存行为不具有特殊的犯罪性。

这里需要注意的是，虽然缓存什么视频不是由"快播"公司决定的；但是，是按照10还是50的点击率来缓存视频，如此这般的频率是由"快播"公司来设定的，设定的过程便已经存在直接故意牟利的意图。此处，"快播"公司已经利用相关技术将"快播"软件应用到社会中，因此不能适用只针对技术开发行为的"技术中立原则"。其次，正是由于"快播"公司可以决定某一缓存视频被点播次数，这一特点又让她区别于一般的"站长"（"快播"软件用户），所以将技术中立作为辩护理由，是不成立的。

（二）不作为

1. 刑法对不作为行为的规制

传播行为的构造分为作为与不作为的模式。"快播"案被告人实施了提供媒体服务器安装程序的行为。提供播放器行为因为其内容是淫秽视频而违反监管义务，成立不作为犯罪。"快播"公司形式上扮演着网络内容管理者的角色。2015年11月，最新实施的《刑法修正案（九）》明确，在《刑法》第286条后增加一条，作为第286条之一，"快播"案正好符合其中"致使违法信息大量传播的"的规定。"快播"公司作为网络公司，承担着对其传播的视频资料进行监管的义务，其内部组织110平台虽经行政执法部门责令整改，仍然没有进一步的改正，没能搜索并筛选掉全部的淫秽视频而使其传播。我国刑法针对传播淫秽物品牟利罪并未具体地规定传播的形式。显然，"快播"公司使淫秽视频得以"传播"的行为中某些是以一种不作为来进行的。而"快播"公司明显违背了管理的义务，而以一种不作为的方式构成了犯罪。

2. 构成不作为犯罪的前提条件

不作为犯罪的成立需要相应义务的存在。平台营运商所应尽的监督管理义务主要应该包括警示义务、排查义务、审核义务。（1）警示义务，即提醒用户不要传播非法信息并注意传播非法信息的后果；（2）初步排查义务，即组织人员每天对云存储平台中存储内容合法性予以排查，并将其交由技术部门处理，根据文件标题、文件内容等途径进行初步排查是可行的，技术部门应当组织人员进行非法内容过滤系统的研发；（3）审核义务，不仅用户自己的下载受法律限制，他分享给他人的内容也应当进行审核。

3. 关于不作为行为被起诉的罪名

《刑法修正案（九）》增加了"帮助信息网络犯罪活动罪""法利用信息网络罪""拒不履行信息网络管理义务罪"等关于网络犯罪的罪名，说明目前我国对于网络犯罪行为的处罚有扩大化的趋势。这三种罪名审判机关均可以追究，缘由在于"快播"公司没有履行相应义务。但因检察机关没有起诉相应罪名，而审判机关只能就检察机关公诉的罪名进行裁判，无法对相应义务的罪名进行起诉。

三、犯罪的两个故意：直接与间接

（一）主观态度问题在本案中的重要性

"快播"公司负责人是否主观明知其网络技术被用于传播淫秽物品，这一被告人的主观态度是法庭辩论中的焦点问题。认定某一对社会有危害性的行为构成犯罪，必须确定行为人在实施该行为时主观上有罪过，这是追究其刑事责任的主观基础。理论上把罪划分为故意犯罪和过失犯罪两种类型，而犯罪故意又分为直接故意与间接故意。在犯罪故意这种心理态度中，犯罪故意由认识因素与意志因素构成，"明知自己的行为会发生危害社会的结果"是认识因素，"希望或放任这种结果发生"是意志因素。这在各国刑法学界已是定论。但是，构成要件事实是复杂多样的，犯罪故意是否对全部构成事实有认识，理解上存在分歧，大体有认识三要件说（包括对犯罪主体、犯罪客体和犯罪客观方面的认识）、认识二要件说（包括对犯罪客体和犯罪客观方面事实情况的认识）和认识一要件说（只包括犯罪客观方面事实的认识）。但一定要从客观去判决主观，而决不能从主观去判断客观。

（二）故意的区分

提到直接故意，问题的关键在于："快播"公司作为缓存服务提供者对所管理的存储空间能够实施排他性控制、支配，它能够将违法内容置于网络存储空间供他人使用，并对数据的违法性质知情，这足以确认它对淫秽物品事实性、实质性的控制和支配。这种传播，必然是各取所需，这种行为必然是支配性的，因此可以得知"快播"公司对缓存、链接等行为是知道或应当知道的状态，同时希望去实现这种结果，即具有直接故意。

我国《刑法》第14条已明确规定："明知自己的行为会发生危害社会的结果，并且希望或者放任这种结果发生，因而构成犯罪的，是故意犯罪。"所以，"快播"公司的"链接""缓存"的行为是出于直接故意。

而界定间接故意与其他犯罪形态时,除了要考量认识因素外还要考虑意志因素。间接故意是指明知自己的行为会发生危害社会的结果,并且放任这种危害结果发生的心理态度。放任可解释为不加约束,任其发展,是一种对行为发生的消极不重视,是明知危害结果必然发生的现实可能性。日本刑法中对间接故意也有相应研究,西田典之将故意分为确定的故意、概括的故意、择一的故意、附条件的故意、未必的故意。而其中未必的故意是指对犯罪事实特别是结果的认识,尚未达到确定的程度,但仍然可以认定主观上故意的,即我们所说的间接故意①。"快播"公司没有尽到管理义务的行为,是间接故意的体现。"快播"公司有其内部部门设立的"110"屏蔽系统,但"快播"公司在首次验收合格后,即将该平台搁置,未再有效进行检查评比工作,甚至连行业内的关键词屏蔽、截图审查等最基本的措施都没有认真落实。显然,"快播"公司对避免犯罪行为是有可能性的,但没有尽到相应的义务,因而凸显为刑法处罚的危险性。

(三) 故意的表现

我们无从预料人们的心理活动,但从被告人的行为中,我们可以推导出他们所持有的心理态度,而"快播"公司的行为里有这样一些特征不容忽视:

1. 在"快播"案中,其110系统,并非看上去的是公安机关的一种110审查机制,而是"快播"公司内部的一个常设部门,特别在查处其失职时110系统仍然存在失灵状态,足以认定为"快播"案的被告人对其传播的内容含有淫秽信息的事实是认知的并且持放任态度。如果网络服务提供者废弃某种信息审查机制,可以反向证明行为人对该技术可能传播违法信息的认知以及放任态度。

2. 在当前的网络技术中,文件的碎片化技术②是逃避文件合法性审查的最常见手段。正常的网络信息服务并不需要采取这种碎片技术,而当行为人以此类技术隐藏文件的真实内容,则证明行为人对文件的非法性具备明确认知。据此案侦查期间的办案人员讲,在查获"快播"公司相关服务器时,发现里面存储的视频为碎片化格式。

3. "快播"公司对于最新推出的电影、电视剧,没有通过付费方式让用

---

① [日] 西田典之:《日本刑法总论》,王昭武、刘明祥译,中国人民大学出版社2007年版,第171页。

② 碎片技术指的是视频文件存储格式不再采取片段方式,而是将一个视频文件分段存储在不同的服务器上,只有经过特定程序才在能将这些分散的片段集合成完整视频;这样该视频就能逃避信息合法性审查。

户收看,而是用规模化、无偿地传播该影视作品,这完全可以推定该网络服务提供者对侵权信息具备明知的主观内容。尤其是该影视作品的链接直接出现在网页中,网络服务商通过其系统管理、数据审查等方式是可以发现时,这样的明知已经确定无疑。

4. 大半数现象。2013 年,北京市公安局从查获的"快播"公司服务器中,提取了 29841 个视频文件,其中 21251 个为淫秽视频。很显然,淫秽视频占"快播"公司合法文件的半数以上。由于违法信息"大于半数规则",可以推定"快播"公司及其责任人员对这些视频具备主观明知。

与此同时,"快播"案一个很大的特点,是它不仅受到了刑法的规制,而且还经历了行政程序。"2012 年 8 月 1 日开始,深圳网监上门对快播公司进行公司信息安全管理情况检查,发现快播公司确实存在未建立安全保护管理制度,未落实安全保护技术措施等情况,依据《计算机信息网络国际互联网安全保护管理办法》第 21 条,开具正式法律文书,对快播公司给予行政处罚警告,并责令快播公司立即整改,要求在 2012 年 8 月 16 日前整改完毕。"[1] 随后,2014 年 6 月 26 日,"快播"公司被开出高达 2.6 亿元的罚单,之后公司被公安机关查处,很快进入到刑事审判程序中,并于 2015 年 2 月 10 日受理立案。

在前后经过了深圳、北京两地行政机关及司法机关的处理后,"快播"案的处理也突显出前置法乏力、后置法滞后的特点。

传统工业社会中,刑法的角色承担得很好。然而,面对互联网时代中具备显著非确定性特征的网络空间,刑法的消极一面,即滞后性显露出来,导致应对新增多样化风险不力。"快播"案一审的判决理由也明确地以内容管理义务作为刑事归责的根基,认为"快播"公司作为一个提供视频服务的网络平台,而非单纯的技术提供者,并实质通过设立用于加速视频播放的技术介入到淫秽视频的传播,应当承担网络安全管理义务。我国目前以网络中介服务者的刑事责任为探讨中心,是基于现有法律法规体系作出的选择,刑法仍是治理的最后手段。因此,在追究网络中介服务者的刑事责任时,应当对法条规定中的"拒不履行网络安全管理义务罪"进行严格的限缩解释,在功能性与重要性两个维度根据不同的类型加以认定,这是基本原则。对于网络平台和基础服务提供者,应以主动审查配合义务为切入点,并进一步遵循不纯正不作为犯的路径对其分别进行刑事归责。

---

[1] 北京市海淀区人民法院,(2015)海刑初字第 512 号"快播"案判决书。

三、网络犯罪相关罪名研究

涉网络毒品犯罪司法适用的几个问题

元 明　肖先华[*]

一、涉网络毒品犯罪的基本范畴

2020年4月28日，中国互联网络信息中心发布第45次《中国互联网络发展状况统计报告》，截至2020年3月，我国网民规模为9.04亿，互联网普及率达64.5%。[①] 网络在深刻影响人们生产生活，促进社会经济发展的同时，也为违法犯罪提供了极大便利。近年来，与网络相关的毒品犯罪案件呈逐年增多态势。据统计，2019年公安机关共破获网络涉毒案件6957起，抓获犯罪嫌疑人1.2万名，缴获毒品2.9吨。[②] 当前检察机关"起诉的毒品犯罪大多和网络有关"[③]，社会危害严重。

从司法实践情况来看，简单地说，涉网络毒品犯罪有以下几种行为方式：一是利用网络发布涉毒信息；二是利用网络进行联络和毒品交易；三是利用网络物色、诱骗、招募"马仔"贩运毒品；四是利用网络传授制毒技术；五是利用网络聚集吸毒，交流吸毒体验，引诱他人吸毒等。对于上述行为是否属于"网络犯罪"，立法和相关司法解释没有明确规定。我国刑事法律中关于网络犯罪的内涵和外延，在不同的语境下也有不同的理解。毋庸置疑的是，以网络犯罪的视角审视研究毒品犯罪十分必要。一方面，我国刑法和相关司法解释对网络犯罪的处理已有一些成熟的规定，对某些涉网络毒品犯罪认定为网络犯

---

[*] 元明，最高人民检察院第二检察厅厅长，全国检察业务专家；肖先华，最高人民检察院第二检察厅干部。

[①] 参见《第45次中国互联网络发展状况统计报告》，载中国互联网络信息中心网站，http://www.cnnic.net.cn/hlwfzyj/hlwxzbg/hlwtjbg/202004/P020200428596599037028.pdf，2020年8月8日访问。

[②] 参见国家禁毒委员会办公室：《2019年中国毒品形势报告》。

[③] 参见史兆琨：《涉新型毒品案件频发，检察机关放"大招"》，载《检察日报》2020年6月28日。

罪，进而适用相关规定，有利于惩治毒品犯罪。另一方面，当前涉网络毒品犯罪新情况新问题频现，应当以问题导向，有针对性地明确司法政策，以满足打击犯罪的需要。

随着信息网络技术的发展，利用信息网络作为犯罪工具、犯罪场域实施传统犯罪的态势悄然成型，传统犯罪趋向网络化。[1] 进言之，网络犯罪经历了网络由"犯罪对象"到"犯罪工具"，再到"犯罪空间"的演变。[2] 在网络作为"犯罪对象"的阶段，网络犯罪实际上就是计算机犯罪。1997年修订刑法时，即规定了非法侵入计算机信息系统罪等相关罪名。在网络作为"犯罪工具"的阶段，网络犯罪即网络作为犯罪工具而实施的传统犯罪。2000年全国人大常委会《关于维护互联网安全的决定》，对利用网络实施的几类传统犯罪作了指引性的规定。而在网络作为"犯罪空间"的阶段，网络犯罪实现了线上和线下互动，现实空间和虚拟空间融合。和前一阶段不同的是，"它成为一些变异后的犯罪行为的独有温床和土壤，一些犯罪行为离开了网络，要么根本就无法生存，要么根本不可能爆发出令人关注的危害性"。[3]《刑法修正案（九）》和相关司法解释针对这一阶段的犯罪形势和特点，作出了积极回应。当前，涉网络的毒品犯罪，几乎不存在第一阶段的计算机犯罪，主要是网络作为犯罪工具和犯罪空间的犯罪。尤其是毒品犯罪分子往往采取"网络+物流"的形式，利用网络进行犯意联络、交易毒品、支付毒资、安排物流寄递，第三阶段的犯罪特点更加明显。因此，上述几种涉网络毒品犯罪形式，是以静态的视角观察，而实际上，当前毒品犯罪往往包括多种行为方式。换句话说，当前毒品犯罪案件几乎均与网络相关，要么犯意联络利用网络，要么支付毒资利用网络，又或者利用多种网络手段进行毒品交易。毒品犯罪分子利用网络的信息化、虚拟性，助推网络变成犯罪空间。对于高度网络化的毒品犯罪案件，应当理解为网络犯罪的一部分，要采用应对网络犯罪的立法和司法政策，强化依法惩治的效果。

然而，在惩治涉网络毒品犯罪领域，除2015年最高人民检察院等九部门出台的《关于加强互联网禁毒工作的意见》外，至今未见专门的司法解释和

---

[1] 参见梁根林：《传统犯罪网络化：归责障碍、刑法应对与教义限缩》，载《法学》2017年第2期。

[2] 参见于志刚：《网络、网络犯罪的演变与司法解释的关注方向》，载《法律适用》2013年第11期。

[3] 参见于志刚：《网络、网络犯罪的演变与司法解释的关注方向》，载《法律适用》2013年第11期。

规定。该文件也只是笼统地规定，对于利用互联网贩卖毒品或者在境内非法买卖用于制造毒品的原料、配剂以贩卖毒品罪、非法买卖制毒物品罪定罪处罚，对于利用互联网发布、传播制造毒品等犯罪的方法、技术、工艺的以传授犯罪方法罪定罪处罚，对于开设网站、利用网络通信群组等形式组织他人共同吸毒，构成引诱、教唆、欺骗他人吸毒罪等犯罪的依法处罚。上述规定已与当前毒品犯罪的新形势、新特点不相适应，不能满足打击毒品犯罪的需要，需要进一步完善相关规定，切实解决司法政策供给严重不足的问题。

二、网络吸毒行为的认定

2011年10月，公安机关破获了"8·13"全国首例特大网络吸贩毒案，查获涉毒违法犯罪嫌疑人员12125人，缴获毒品308.3千克，涉及全国31个省、自治区、直辖市。① 由此也带来了一个法律适用的难题——网络吸毒行为该如何处理？"网络吸毒"，一般是指利用网络聊天群组，展示吸毒行为，交流吸毒感受的行为，在刑法和司法解释文件中并未出现，如何处理当时亦无规定。该案发生后，引发学术界和实务界的广泛关注。有观点认为，网络虚拟房间属于容留他人吸毒罪中的"场所"，对于开设网络虚拟房间的房主应当以容留他人吸毒罪进行处理。② 有观点认为，鉴于网络吸毒的社会危害性，有必要对于聚众吸毒行为入刑，追究房主和其他积极参与者的刑事责任。③ 还有观点认为，对于网络吸毒行为，不能以容留他人吸毒罪进行处理，立法也无必要设立聚众吸毒罪或组织吸毒罪，此类涉毒行为在性质上属于毒品的滥用，应当用道德或行政手段进行调整。④ 尽管其后网络吸毒行为多发，但各界对此如何处理意见分歧很大。2015年，最高人民法院在出台《全国法院毒品犯罪审判工作座谈会纪要》时，多数意见认为虚拟空间不符合容留他人吸毒罪中的场所特征，不能认定为容留他人吸毒罪。⑤ 2016年4月，最高人民法院《关于审理

---

① 参见邹伟、史竞男：《公安部指挥破获全国首例特大网络吸贩毒案》，载《检察日报》2011年10月31日。

② 参见谢金金、陈羽：《网络吸毒案中"房主"行为的法律定性》，载《中国检察官》2011年第12期。

③ 参见刘仁文、刘瑞平：《"网络吸毒"行为的刑法学分析》，载《中国检察官》2011年第12期。

④ 莫洪宪、周天泓：《论开设网络"烟馆"聚众吸毒行为的定性》，载《云南大学学报（法学版）》2014年第6期。

⑤ 参见高贵君、马岩、方文军、李静然：《〈全国法院毒品犯罪审判工作座谈会纪要〉的理解与适用》，载《人民司法·应用》2015年第13期。

毒品犯罪案件适用法律若干问题的解释》规定，设立用于组织他人吸食、注射毒品等违法犯罪活动的网络、通讯群组，构成非法利用信息网络罪。① 至此，对于网络吸毒行为的定性似乎已有定论，但实际上仍存在不少疑问。

我们认为，网络吸毒行为以非法利用信息网络罪论处，存在以下问题：一是网络吸毒行为是否符合该罪的构成要件需进一步研究。2019年10月，最高人民法院、最高人民检察院出台的《关于办理非法利用信息网络、帮助信息网络犯罪活动等刑事案件适用法律若干问题的解释》明确规定，《刑法》第287条之一规定的"违法犯罪"是指"犯罪行为和属于刑法分则规定的行为类型但尚未构成犯罪的违法行为"，"对于刑法未规定、仅在治安管理处罚法或者其他法律法规规定的行政违法行为，即使利用信息网络实施，也不应当构成非法利用信息网络罪"②。我国刑法并未将吸毒和组织他人吸毒作为犯罪处理，设立用于网络吸毒的网站、通讯群组，并不符合非法利用信息网络罪的规定。该司法解释是"两高"最新发布的关于办理非法利用信息网络等刑事案件的专门性司法解释，否定了《关于审理毒品犯罪案件适用法律若干问题的解释》的相关规定。网络吸毒行为该如何处理的问题，又回到了当初的原点。二是网络吸毒行为的主要危害在于行为人召集、吸引他人加入吸毒等组织行为，而非设立网站、通讯群组的行为。如果其虽出于组织吸毒目的，设立网站、通讯群组，但未实施组织吸毒行为，则根本谈不上违法犯罪的问题。也即对于网络吸毒行为，以非法利用网络信息罪进行处理，偏离了打击重点，针对性不强。三是非法利用网络信息罪，要求行为"情节严重"，入罪门槛过高。根据前述司法解释规定，设立用于实施违法犯罪活动的网站，数量达到三个以上或者注册账号数累计达到二千以上，设立用于实施违法犯罪活动的通讯群组，数量达到五个以上或者群组成员账号数累计达到一千以上的，才可认定为《刑法》第287条之一规定的"情节严重"。从当前司法实践情况来看，除少数重大的网络吸毒案件外，其他大部分尚达不到该罪的入罪标准。

当前，网络吸毒现象多发，社会危害严重，特别是对青少年的身心健康影响极坏，有必要按刑事犯罪处理，加大打击力度。通过上述分析，对此以非法

---

① 2015年8月，《刑法修正案（九）》规定了非法利用信息网络罪，相关条文作为刑法第287条之一。设立用于实施诈骗、传授犯罪方法、制作或者销售违禁物品、管制物品等违法犯罪活动的网站、通讯群组，是该罪的行为方式之一。

② 参见周加海、喻海松：《〈关于办理非法利用信息网络、帮助信息网络犯罪活动等刑事案件适用法律若干问题的解释〉的理解与适用》，载《人民司法·应用》2019年第31期。

利用信息网络罪来处理，存在无法克服的逻辑矛盾，也影响刑事打击的质效。在立法上设立聚众吸毒罪或组织吸毒罪，可行性还需研究，其与刑法中规定的容留他人吸毒罪存在交叉，关系不易理顺。"网络空间虚拟性与现实生活之冲突，使得立足于现实生活的刑事立法在处理利用虚拟网络所实施的犯罪时会产生疑惑。"① 我们认为，对于网络吸毒行为认定的难题，应当坚持网络思维，通过刑法解释原理，准确判断其行为性质。

"面对网络犯罪对各种传统刑法解释的冲击，刑法需要具有普遍意义的解释方法以增强其网络空间适应性"。② 实践中，为网络吸毒设立的网站和通讯群组，成员均需要通过一定权限才能进入，具有封闭性、隐蔽性，管理者也通过网络管理权限对网站和通讯群组进行严格的控制。从这个意义上说，其与现实的物理场所并无二致。当前，人们生活的现实空间和网络空间正交叉融合，"双层社会"正逐步形成。为适用"双层社会"背景下法益保护要求，刑法中的"场所"不应再局限于人的身体可进入的现实物理场所。③ 近年来，相关司法政策已经作出了适当调整。如《关于办理网络赌博犯罪案件适用法律若干问题的意见》《关于办理利用信息网络实施诽谤等刑事案件适用法律若干问题的解释》等司法解释文件，均将犯罪场所扩展至网络空间。因此，对于网络吸毒所在的网络空间，也可理解为容留他人吸毒罪之"场所"，对相关行为以容留他人吸毒罪进行定罪处罚。为此，最高司法机关应当出台相关司法解释或者编发指导案例予以明确，以满足打击网络吸毒犯罪的需要。

三、涉网络寄递毒品行为的认定

近年来，随着寄递行业的快速发展，寄递毒品犯罪活动呈高发态势，特别是犯罪分子采取"网络+物流"的形式贩运毒品，交易便捷，手段隐蔽，给监管、打击带来巨大挑战。2020 年新冠肺炎疫情防控期间，利用物流寄递毒品犯罪案件上升较快。寄递毒品行为在法律适用方面也存在着一些需要解决的突出问题。

当前寄递行业兴起了一种短途的寄递业务——"同城跑腿业务"，用户通过手机、网络等途径下单，快递员上门取件后直接送达目的地。犯罪分子利用

---

① 参见卢建平、姜瀛：《犯罪"网络异化"与刑法应对模式》，载《人民检察》2014 年第 3 期。
② 参见刘艳红：《网络犯罪的刑法解释空间向度研究》，载《中国法学》2019 年第 6 期。
③ 参见陈洪兵：《双层社会背景下的刑法解释》，载《法学论坛》2019 年第 2 期。

这一新业态没有严格执行身份核验、过机安检等制度的监管漏洞进行寄递毒品，在一些地方时有发生。对于这类同城跑腿寄递毒品的行为，是否能够按照运输毒品罪进行处理？有观点认为运输毒品罪中的"运输"，在两地之间的距离不能过短，从同一城区的一家到另一家，不能以运输论。① 在最高人民法院刑事审判庭编辑的相关刊物刊登的典型案例中，也认为同城毒品交易，购毒地点与送货地点间距离较短，不构成运输毒品罪。② 我们认为，立法者将运输毒品行为与走私、贩卖、制造行为并列，主要是几种行为在社会危害上具有一定相当性，在性质上也具有相似性，即均有促进毒品流通的性质。可见，运输毒品的本质不在于毒品发生了位置上的转移，或者其转移位置的长短，而是毒品通过运输进行了社会流通，也即其本质并不在于"毒品在运输"，而是行为人"为何运输"③。因此，对于这类同城短距离寄递毒品的行为，可以按照运输毒品罪进行定罪处罚。

寄递行业近年来还出现提供智能快递柜的相关业务，即寄递物接受者可以根据寄递者或者网络系统发送的验证码，到某处的快递柜自行验证提取物品。一些犯罪分子利用智能快递柜不需当面收取物品，不易被发现等特点，进行毒品犯罪活动。行为人在智能快递柜收取毒品后，未实际提取，此时应如何处理？我们认为，当行为人系以贩卖为目的购进毒品，并且在快递柜已收取毒品的情况下，其构成贩卖毒品罪的既遂。因贩卖毒品罪理解为行为犯较为妥当，其以法定犯罪行为的完成作为既遂的标志，无须出现物质性的或有形的危害结果，但行为并非一着手即完成，而是有一个实行过程，须达到一定程度。行为人实施交易行为即达到"一定程度"，构成贩卖毒品的既遂。当行为人利用智能快递柜收取毒品，其已经实施了毒品交易行为，实际上已基本完成了毒品交易，应当以贩卖毒品罪既遂论处。当行为人系以吸食为目的购进毒品，并且在快递柜已收取毒品的情况下，行为人构成非法持有毒品罪既遂。一般认为，非法持有毒品罪之"持有"是一种非法的状态，当行为人尚未持有毒品即被抓获不构成非法持有毒品罪。当毒品在快递柜已收取的情况下，此时毒品已经完全在行为人控制之下，随时可凭验证码提取，对毒品已然是一种非法持有的状

---

① 参见李永升：《关于运输毒品罪若干问题研究》，载《贵州民族学院学报（哲学社会科学版）》2010年第3期。

② 参见高某贩卖毒品、宋某非法持有毒品案，载最高人民法院刑事审判第一至五庭编：《刑事审判参考（第91辑）》，法律出版社2014年版，第79页。

③ 参见赵秉志、肖中华：《论运输毒品罪和非法持有毒品罪之立法旨趣与隐患》，载《法学》2000年第2期。

态，应当按照非法持有毒品罪既遂追究刑事责任。

另外，行为人以贩卖毒品为目的，购买并通过物流寄递方式接收毒品，应当认定为贩卖毒品罪，物流寄递毒品的行为系其上家行为的一部分，由上家负责，其不构成运输毒品罪。对于购毒者接收贩毒者通过物流寄递方式交付的毒品，以及代收者明知是物流寄递的毒品而代购毒者接收毒品，没有证据证明其是为了实施贩卖毒品等其他犯罪，一般不能认定为运输毒品罪，但毒品数量较大的，可构成非法持有毒品罪。因为"在代收者没有实施其他毒品犯罪的故意的情况下，其只是代替购毒者实际占有该毒品，让购毒者通过其代收行为实现对毒品的间接控制"①，本质上是一种非法持有毒品的行为。当然，在个别情况下，可以对购毒者依法认定为运输毒品罪。② 具体而言，对于接收物流寄递毒品的购毒者，符合下列情形之一的可构成运输毒品罪：购毒者对寄递毒品行为起主导、支配作用的；购毒者与寄递者共同投递毒品的；接收毒品后又运送或者交由他人运送毒品的；接收毒品后又寄递毒品的，等等。

四、涉网络毒品犯罪的管辖

依照刑事诉讼法及相关规定，毒品犯罪的地域管辖实行以犯罪地管辖为主，被告人居住地管辖为辅的原则。"犯罪地"包括犯罪预谋地、毒资筹集地、交易进行地、运输途经地以及毒品生产地，也包括毒资、毒赃和毒品藏匿地、转移地、走私或者贩运毒品目的地、犯罪嫌疑人被抓获地等。"被告人居住地"，包括被告人常住地、户籍所在地和其临时居住地。③ 应当说，上述规定采取列举的方式对毒品犯罪的管辖作了相对明确的指引，但毒品犯罪共同犯罪和上下家关系交叉，犯罪链条、层级纷繁复杂，特别是当前犯罪分子利用网络实施毒品犯罪，加之侦查破案普遍采用技术侦查、网络侦查、特情和控制下交付等手段④，使毒品犯罪管辖问题变得愈加混乱。

---

① 参见李静然：《非法持有毒品罪的司法疑难问题探析》，载《法律适用》2014年第9期。
② 参见高贵君、马岩、方文军、李静然：《〈全国法院毒品犯罪审判工作座谈会纪要〉的理解与适用》，载《人民司法·应用》2015年第13期。
③ 2007年，最高人民法院、最高人民检察院、公安部出台的《办理毒品犯罪案件适用法律若干问题的意见》，规定"犯罪地"包括"犯罪嫌疑人被抓获地"，而2008年《全国部分法院审判毒品犯罪案件工作座谈会纪要》删去了这一规定，对于"犯罪嫌疑人被抓获地"是否属于"犯罪地"的问题确值得研究。
④ 实践中，技术侦查、网络侦查、特情和控制下交付等侦查措施往往综合运用，均是与网络信息化密切相关的侦查手段。

在办理毒品犯罪案件时，应当着重审查办案机关是否具有管辖权，是否符合上述犯罪地和被告人居住地的相关情形。从司法实践来看，毒品犯罪的管辖还存在不少误区，成为影响办案质量的重要因素，有的案件甚至在死刑复核阶段才发现办案机关并无管辖权。① 一些侦查机关通过技侦等手段以摸排当地吸毒人员为线索，从而抓获在异地的贩毒人员。该案虽系其摸排本辖区线索而侦破，但实际上其并无管辖权。有的认为只要和毒品有关的资金所在地，如提供购买毒品的特情经费所在地，属于毒资筹集地②，而实际上只有为毒品犯罪筹集资金的所在地才能认定为毒资筹集地，其并不包括为吸食毒品筹集资金地以及侦查机关为特情提供经费所在地等。还有的侦查机关迫于考核压力，为完成办案指标，利用网络、技侦等侦查手段，想方设法到异地抓捕毒品犯罪分子，导致大量案件需要上级机关指定管辖，浪费有限的司法资源。对此，应当根据案件来源和侦破经过等情况，从严把握指定管辖的适用条件。

毒品犯罪案件由犯罪地的公安机关管辖，如果由居住地的公安机关管辖更为适宜的，可以由其管辖。当多个公安机关都有权管辖时，由最初受理的管辖，必要时由主要犯罪地的管辖。实践中，上述规定的落实还存在不少问题：一些地方为严厉打击外流毒品犯罪，将犯罪嫌疑人一概押回居住地处理。有的案件同一嫌疑人因不同毒品犯罪同时被多地公安机关管辖，其出于部门利益考虑，均不愿将自己侦查的案件进行移交。因各地毒情形势和经济社会发展水平差异，量刑的毒品数量标准不一，甚至存在"生死两重天"的地域差别。有的侦查人员以移送量刑偏重地区管辖相威胁，套取犯罪嫌疑人的口供，影响司法公正。另外，对于网络吸贩毒等高度网络化的毒品犯罪案件，需要进一步研究其地域管辖原则。由于网络犯罪的分散性，这就会使得管辖权大量出现与极度分散的情况，从而导致确定管辖权的混乱局面。③ 特别是一些跨地域网络犯罪案件，容易产生管辖争议或者互相推诿④。对于网络吸贩毒案件，要充分考虑其网络犯罪特性，可按照最高人民法院、最高人民检察院、公安部《关于办理网络犯罪案件适用刑事诉讼程序若干问题的意见》的相关规定，以网站、

---

① 参见闵某、马某、帕丽某贩卖毒品案，载最高人民法院刑事审判第一至五庭编：《刑事审判参考（第67辑）》，法律出版社2009年版，第131页。

② 参见夏忠文、柳红梅：《提供购买毒品的特情经费所在地是否"毒资"筹集地》，载《检察日报》2010年7月30日。

③ 参见刘品新：《网络时代刑事司法理念与制度的创新》，清华大学出版社2013年版，第125页。

④ 参见陆栋：《跨地域网络案件的刑事立案管辖问题研究》，载《甘肃政法学院学报》2016年第6期，第120页。

群组服务器所在地,网站、群组接入地,建立者、管理者所在地,犯罪嫌疑人使用的计算机信息系统所在地等,作为犯罪地的认定标准,进而确定案件管辖。

毒品犯罪案件往往因上下线关系复杂,尤其是与网络交织后,关联案件较多,且多分布在不同的地区,依法妥善确定案件管辖尤为重要。有的地方司法机关认为,办理毒品犯罪案件只能对该案嫌疑人的上一家或者下一家的犯罪事实进行查办,其他的关联案件需要通过指定管辖等方式才能办理。我们认为,这一理解明显不妥,当办案机关对某案具有管辖权时,其对关联案件在原则上均具有管辖权,而不论其上下家犯罪链条的长短。二是查明案件事实,准确适用刑罚的需要。"基于网络犯罪案件的特性,并案处理有利于查明案件事实,有利于严厉惩治网络犯罪。"[1] 毒品犯罪案件犯罪链长,并案管辖有利于查清全链条的犯罪事实,进而准确地适用刑罚。特别是在重大毒品犯罪案件中,如不并案管辖,不能查清犯罪嫌疑人在犯罪链条中的地位、作用,影响全案量刑平衡,乃至死刑的依法公正适用。三是新形势下打击毒品犯罪的必然要求。长期以来,公安机关习惯于抓人缴毒品,对毒品犯罪上下线深挖不够。在毒品犯罪普遍网络化的新形势下,侦查工作必须上下延伸,全链条打击。对于关联案件并案管辖,是强化打击质效的必然要求。此外,对于部分犯罪分子在逃,其他犯罪分子已被追究刑事责任的案件,在逃犯罪分子归案后,为便于查清事实,促进量刑平衡,案件可以由原办案机关管辖处理。当然,要准确判断毒品犯罪案件的关联性,对于虽存在一定联系,但并无关联的案件不能并案管辖。如犯罪嫌疑人的犯罪事实未被查实,办案机关对于其在异地的上下家并无管辖权。又如犯罪嫌疑人与异地的犯罪嫌疑人存在共同的上家,该上家未到案的情况下,对于异地的犯罪嫌疑人不能并案处理。同样,犯罪嫌疑人与异地的犯罪嫌疑人存在共同的下家,该下家未到案的情况下,对于异地的犯罪嫌疑人不能并案处理,等等。

---

[1] 参见喻海松:《〈关于办理网络犯罪案件适用刑事诉讼程序若干问题的意见〉的理解与适用》,载《人民司法·应用》2014年第17期。

陕西省 2017 年至 2019 年利用网络实施涉枪爆涉毒犯罪案件办理情况的实证分析

王 洋 王玉洁[*]

一、基本情况及特点

(一) 基本情况

1. 陕西省近 2017 年至 2019 年来受理审查批准逮捕的利用网络实施买卖枪支、爆炸品等违禁物品犯罪共计 44 件 82 人,案件数占此次调研 14 项罪名三年来总数的 3.8%,人数占 2.8%。决定批准逮捕人数合计 70 人,占 14 项罪名总批捕人数的 3.4%,占该类犯罪受理审查批准逮捕人数的 85.4%。提起公诉案件合计 57 件,占总数的 6.5%。判处 3 年以下有期徒刑、拘役或者管制的合计 33 人,占判处该类刑罚总人数的 5.1%。判处 3 年以上 10 年以下有期徒刑的合计 16 人,占总人数的 3.8%。判处 10 年以上有期徒刑的合计 3 人,占总人数的 4.4%。无判处无期徒刑以上刑罚。详见(图 1 - 3)。

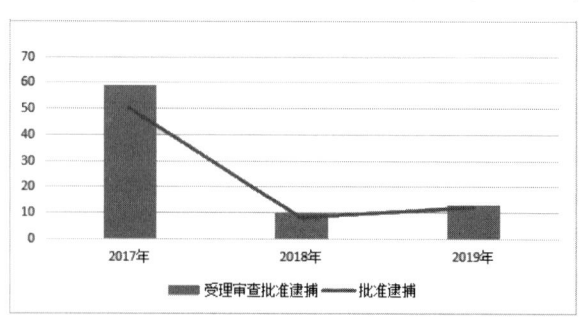

图 1 利用网络实施买卖枪支爆炸品等犯罪
2017 年至 2019 年受理逮捕数及批准逮捕数

---

[*] 王洋,陕西省人民检察院第二检察部主任,二级高级检察官;王玉洁,陕西省人民检察院第二检察部四级高级检察官。

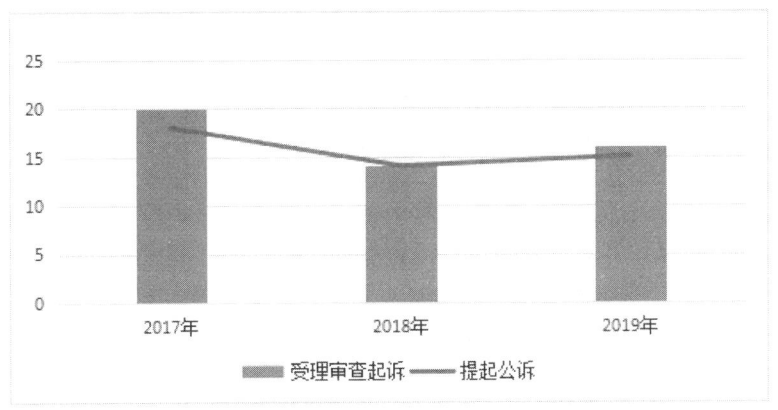

图 2　网络贩枪爆炸品等犯罪 2017 年至 2019 年审查起诉数及提起公诉数

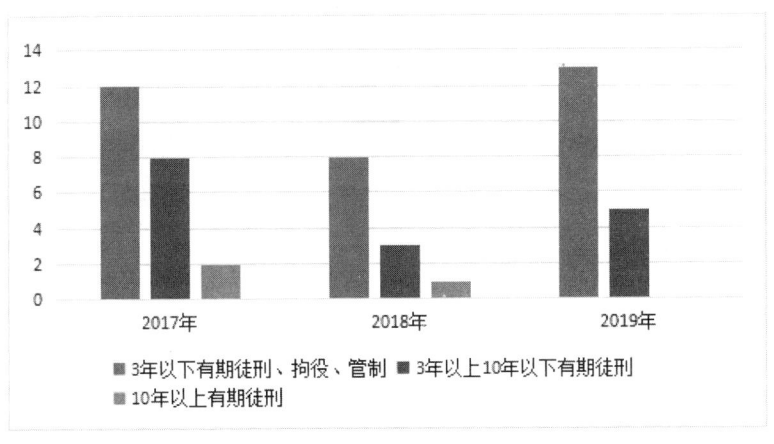

图 3　网络贩枪爆炸品等犯罪判处刑罚情况

2. 陕西省 2017 至 2019 年来受理审查批准逮捕的利用网络实施贩毒类犯罪共计 350 件 405 人，案件数占此次调研 14 项罪名三年来总数的 30.57%，人数占 13.9%。决定批准逮捕人数合计 334 人，占 14 项罪名总批捕人数的 16.08%，占该类犯罪受理审查逮捕人数的 82.5%。提起公诉案件合计 296 件，占总数的 33.9%。判处 3 年以下有期徒刑、拘役或者管制的合计 12 人，占 14 项罪名中判处该类刑罚总人数的 1.9%。判处 3 年以上 10 年以下有期徒刑的合计 10 人，占该类刑罚总人数的 2.4%。判处 10 年以上有期徒刑的合计 7 人，占该类刑罚总人数的 10.3%。无判处无期徒刑以上刑罚。详见（图 4－6）。

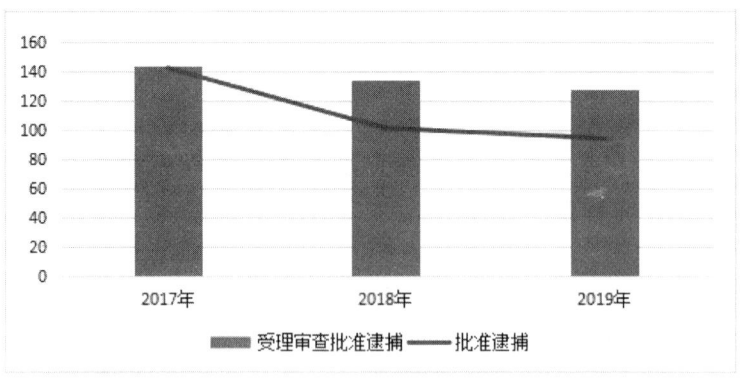

图 4　网络贩毒犯罪 2017 至 2019 年受理审查逮捕及批准逮捕数

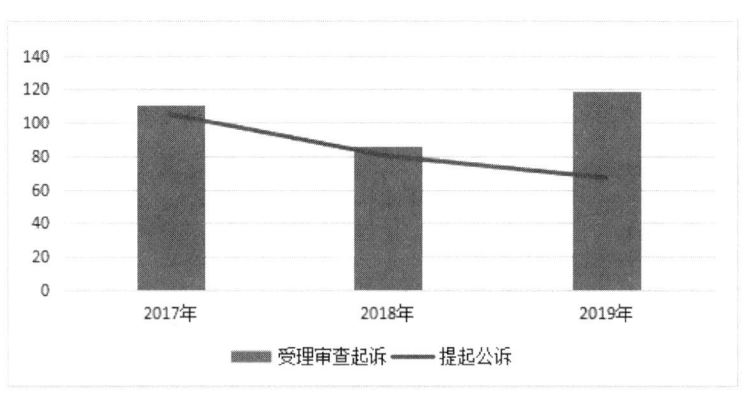

图 5　网络贩毒犯罪 2017 至 2019 年受理审查起诉数及提起公诉数

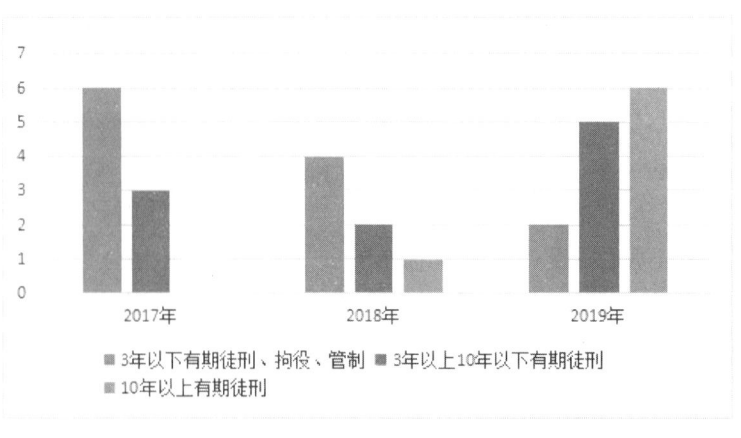

图 6　网络贩毒犯罪 2017 至 2019 年判处刑罚情况

(二) 数据分析及案件特点

1. 利用网络实施买卖枪支爆炸品等犯罪案件呈现区域化特征。如宝鸡市太白县三年来提起公诉的该类案件占全省提起公诉总数的 13.6%，该地区此类犯罪相对集中。据了解，基于该地区公安机关持续加大对此类犯罪打击力度，今 2020 该地区仍有多起该类案件正在办理中。

2. 利用网络实施买卖枪支爆炸品等犯罪三年来判处刑罚逐渐呈轻刑罚趋势。2018 年该类犯罪判处 3 年以上 10 年以下有期徒刑人数较 2017 年而言下降 62.5%，判处 10 年以上有期徒刑人数下降 50%。2019 年该类犯罪判处 10 年以上有期徒刑人数为 0，较 2018 年降幅达 100%，而 3 年以下有期徒刑、拘役、管制人数较 2018 年上升 62.5%。

3. 利用网络实施贩毒类犯罪三年来受理审查批准逮捕数稍有下降，年受理数基本在 100—130 件之间，总体呈平稳趋势，但该类犯罪批捕率降幅较大。如 2017 年该类犯罪批捕率为 99.3%，2018 年批捕率下降 24 个百分点，为 75.3%，2019 年批捕率下降 1.9 个百分点，为 73.4%。

4. 利用网络贩毒类犯罪判处重刑的罪犯呈大幅上升趋势。如 2017 年判处 3 年以上 10 年以下有期徒刑仅 3 人，判处 10 年以上有期徒刑无一人。但 2018 年判处 3 年以上 10 年以下有期徒刑人数较 2017 年比虽减少了 1 人，但判处 10 年以上有期徒刑人数确增加 1 人。2019 年判处 3 年以上 10 年以下有期徒刑人数较 2018 年增幅达 150%，判处 10 年以上有期徒刑人数增幅达 500%。这反映出犯罪分子利用网络实施贩毒类犯罪情节越来越严重，涉案毒品数量越来越大。

二、存在的问题

(一) 电子数据取证存在实践及应用难点

在办理网络涉毒涉枪犯罪过程中，主要面对的是大量的电子证据，相较于传统犯罪的犯罪地点固定、犯罪工具明确及犯罪过程清晰等特点，网络犯罪的犯罪地点具有隐蔽性，犯罪工具易毁损且难以恢复，犯罪过程不透明，导致侦查机关在取证难度加大。如贩毒案件中上下线联系时多通过手机语音进行交易，全部交易内容无文字记录。上下线在听取语音后，立即撤回或删除，据了解该语音内容通常很难通过技术手段进行恢复，甚至在网络服务商后台亦无法提取，导致指控犯罪的电子证据无法收集。且侦查中无法及时调取通讯数据。在网络犯罪中，犯罪嫌疑人都是通过短信等即时通讯工具进行联络，这些通讯数据对案件的成功办理起着重要的作用，但目前调取通讯数据存在一定的滞后性,对于及时固定证据存在变数。

(二)对烟花爆竹类案件所涉罪名理解把握不准

我国刑法规定非法生产、经营烟花爆竹及相关行为涉及非法制造、买卖、运输、邮寄、储存黑火药、烟火药,构成非法制造、买卖、运输、邮寄、储存爆炸物罪的,应当依照《刑法》第125条的规定定罪处罚;非法生产、经营烟花爆竹及相关行为涉及生产、销售伪劣产品或不符合安全标准产品,构成生产、销售伪劣产品罪或生产、销售不符合安全标准产品罪的,应当依照《刑法》第140条、第146条的规定定罪处罚;非法生产、经营烟花爆竹及相关行为构成非法经营罪的,应当依照《刑法》第225条的规定定罪处罚。在司法实践中,由于少数司法人员法律素质和业务能力有欠缺,对法律条款的理解和精神实质的把握有偏差,不能准确区分此罪与彼罪,导致对查出非法生产、经营烟花爆竹及相关行为的案件中出现定性不准,适用法律有误,有些案件事实情况类似,但是出现处罚幅度轻重不一的问题。

(三)网络监管平台存有漏洞

在互联网购物网站上,犯罪分子可以通过搜索引擎轻易找到形形色色的"射钉器""射钉弹""瞄准器"等核心零部件,同时可以轻而易举地购买到制枪零部件。我国法律对改制射钉枪的核心部件(如射钉器、瞄准器等)尚未列入枪支管理的范围。而且,犯罪分子往往利用动态或虚拟的IP地址分别购买零部件,切断制枪各相关要素的联系,使执法、司法机关很难发现线索。

(四)快递物流企业履职不到位和法律政策缺失为网络违禁品交易及寄递提供可乘之机

如商洛市办理两起贩卖毒品案件均系快递企业不严格履行开箱验货及实名制规定。其中一起毒品交易双方利用二手交易平台进行虚假交易完成毒资支付,位于西安市的犯罪嫌疑人通过物流快递将禁止邮寄的管制类精神药品邮寄至外省收货人完成交货。另一起利用网络实施的涉枪案件,嫌疑人通过快递邮寄日常使用的易制枪零部件,收货人分多次收到零部件后稍加加工便组装成具有杀伤力的枪支。这类案件一方面反映出邮政管理部门缺乏对快递企业的监管,另一方面反映出相关法律法规或措施在防范打击易制枪零部件犯罪中还存在漏洞。

(五)案件信息互通及区域协作不够健全

互联网涉及覆盖面广,但公检法各部门管理权限仅涉及各自业务范围,各个部门之间没有形成系统规范的规则,同时打击网络犯罪也不仅仅是公检法机关的业务。涉及各行各业及多个部门,目前打击网络犯罪仍缺乏统一的协作,没有形成健全的打击网络犯罪的管理体系。如近年来发现的多起涉枪犯罪均是犯罪分子利用大型购物网站购买无缝钢管、瞄准镜、打气筒和快型排气阀等枪支零部件后组装枪支。加大对这类犯罪的打击力度，涉及到网络监管部门，平台运营商、刑事侦查部门等多个部门跨区域之间的信息沟通及协作。

（六）毒品监管及禁毒宣传教育还需进一步加强

受城乡、部门、行业差异的影响，毒品监管工作发展不平衡。对流动人口、非公企业等存在监管漏洞，还存在监管缺位，禁毒宣传教育存在盲区和死角等问题。

三、意见建议

（一）坚持提前介入不放松，为侦查机关办理疑难复杂案件提供强有力支持

通过案情研判会、检察官提前阅卷等方式，会同公安机关共同研判分析案情及证据，引导公安机关开展侦查，明确取证方向，及时有效协助公安机关收集、固定、完善证据，为后续案件处理奠定良好基础。

（二）高度重视业务数据分析研判，切实发挥数据引领作用

一是完善办案系统中案件信息填录内容，将利用网络实施涉枪爆犯罪、涉毒犯罪单独设置填录项，以便数据统计时直接抓取相关案件信息，避免人工统计带来的不便。二是重点关注异常指标，由专人负责分析研判和预警指导，督促下级院自查整改。三是发挥一体化优势，要求各市分院同步做好利用网络实施涉买卖枪爆犯罪及毒品类犯罪的数据分析通报的常态化落实，通过数据分析，重点研判网络犯罪的特点、社会危害，有针对性地加强相关犯罪的打击力度，做到打准，有效，切实遏制类似犯罪。

（三）加强犯罪预防及社会综合治理

一是依托互联网络，公安机关特别是网监部门要运用技术手段，加强对涉枪线索的监控，缩小管控范围，提高管控针对性。加强多警种联动机制，清理情报线索，及时核实侦查。二是针对互联网销售平台开展必要的整治和监管，与快递业建立信息共享机制，严格落实网络购物平台、快递、物流行业实名制、收寄验视制度，确保快件与单据相符、收、发件人信息真实。三是网信部门要加强网络购物内容管理，督促互联网企业和网站，特别是电商平台严格按照核准的商品和服务范围经营。四是积极发挥基层治保作用，鼓励群众对涉枪类犯罪的检举揭发。

（四）有效发挥检察建议社会治理作用

一是对利用网络从事涉枪爆涉毒犯罪的，检察机关应将相关信息告知网络安全监察机构，并对相关网络运营商和网站管理者提出检察建议，要求其进行相应处理。针对互联网乱象、快递企业属于履行自身职责及相关部门执法监管不到位问题，在充分调研基础上制发检察建议，提出有针对性措施，督促跟踪落实整改情况。二是针对互联网交易、快递邮寄易制枪零部件行为，相关部门和行业组织及时制定完善行业规则，充分发挥大数据分析研判作用，对网络交易和物流信息异常行为加强风险预警和流程监督。

（五）加强诉讼监督，积极参与涉枪爆犯罪的源头治理、系统治理、综合治理和依法治理

对于网络涉枪案件，要加强追捕追漏工作，会同公安机关、人民法院加强与其他涉案地区的沟通协调，防止漏罪、漏犯、遗漏犯罪事实。综合运用新闻媒体等宣传工具和载体，积极开展以案释法等法治宣传教育，提高社会公众的防范意识，形成全社会拥护严管严控枪爆物品政策的广泛共识，提升打击整治涉枪爆犯罪工作整体效能和水平。

（六）开展多部门配合，联动工作机制

针对涉枪爆犯罪、涉毒犯罪网络监管难度大等突出问题，积极会同相关部门开展调研，完善多部门信息共享、联合执法、案件移送、联合培训等工作机制。

网络化背景下伪基站电信诈骗犯罪治理对策研究

高松林 肖尚成[*]

近几年的司法实践中，利用伪基站实施的电信诈骗犯罪案件较以往来看，数量明显上升，占比也明显提高，日益成为惩治电信诈骗犯罪工作的重点。随着中央与地方各部门联合部署打击惩治"伪基站"专项行动的持续开展，涉伪基站违法犯罪活动的惩治工作取得了阶段性成果。然而，随着惩治行动的深入，有关惩治伪基站电信诈骗犯罪的一系列问题不断暴露在司法实践中，如证据的发现与收集、行政监管的完善、国际刑事司法协助的开展等，目前均面临困境，严重制约着惩治伪基站电信诈骗犯罪工作的开展。因此，有必要对该种犯罪类型的本质、实施特点与规律进行探讨，进而针对现实中遇到的种种问题提出行之有效的对策和建议。

一、网络化背景下伪基站电信诈骗犯罪的当前态势

近年来，重庆市司法机关一起开展了惩治伪基站刑事案件的专项行动，从而取得了较好的阶段性成果。据统计，2015年1月至2018年12月，重庆市司法机关共办理伪基站电信诈骗案件264件631人，其中2015年39件，2016年56件，2017年71件，2018年98件，伪基站电信诈骗呈现高发态势。笔者以重庆市2015年1月至2018年12月查处的伪基站电信诈骗犯罪案件为分析样本，试图分析出互联网时代伪基站电信诈骗犯罪所呈现的诸多新特征、新情况。

（一）伪基站电信诈骗的犯罪类型

伴随着电信技术的不断发展，伪基站电信诈骗的犯罪类型也呈现多样化的

---

[*] 高松林，重庆市人民检察院第四分院检察长、全国检察业务专家；肖尚成，重庆市人民检察院第四分院办公室副主任。

犯罪态势，其诈骗的对象范围日渐扩大，科技智能化程度也不断提高，从司法实践审视，主要有以下几种犯罪类型：

其一，冒充公检法机关工作人员诈骗。在调查的 264 件案件中，有 38 件案件是犯罪嫌疑人冒充公检法机关工作人员的名义群发短信，告知被害人存在涉嫌洗钱、身份信息被他人盗用等情况，以避免造成被害人的巨大财产损失为由，要求被害人将现有流动资金转入冒充的国家机关银行账户中保管。

其二，购物退款退税诈骗。在调查中，共有 49 件案件是犯罪嫌疑人事先通过各类方式获得被害人个人信息，然后通过向其个人发送短信、拨打电话、发送 QQ 或是微信聊天信息等方式告知被害人在网上购物或是境外购物后会有退款退税优惠，要求被害人事先将保证金打入犯罪嫌疑人的指定账户。

其三，网络招工诈骗。在调查中，有 37 件案件属于犯罪嫌疑人通过以在 QQ 群内直发招聘信息或是短信群发高薪招聘信息为方式，诱骗一些无业的被害人进入犯罪嫌疑人事先设置的虚假公司网络界面，随后以支付服装费、培训费等为由要求被害人向虚假的公司账户转账。

其四，冒充银行等金融机构诱导点击恶意网络链接。在调查中，点击恶意链接的诈骗属于一种更加新型的诈骗类型，虽然只有 51 件，但是却从 2015 年的 6 件剧增到 2018 年 29 件，属于伪基站电信诈骗案件中技术更新最快发展最迅速的类型。此外，还有利用快递签收、冒充房东短信、重金求子、兑换消费积分等诈骗类型，虽然占比较小，但却显示出犯罪类型日渐多样化的发展趋势。

（二）伪基站电信诈骗犯罪案件的主要特点

1. 犯罪成本的低廉性

在调查中，犯罪嫌疑人主要利用 GSM 单向认证缺陷，非法占用无线电通信网络，通过拦截或覆盖合法信号，迫使用户手机信号被强制接入其设备。建立伪基站所需的设备，主要由主机、电脑（多为便携式手机或手提电脑）组成，主机用以搜取一定范围内的 GSM 移动电话并强行向用户手机发送诈骗、推销等垃圾信息，电脑用于编辑短信等信息。四年来，重庆市司法机关联合行动共查处伪基站设备 1187 套，每套伪基站设备的平均造价不足 1 万元，但获利却远远高于此。其缘由便在于伪基站突破了传统电信诈骗点对点的限制，能够自动批量向手机用户发送短信，发送效率高速度快，且无须支付通信费用，很大程度地降低了诈骗成本。而且，犯罪嫌疑人的大量犯罪事实中，有证据可以认定的往往仅有数笔，因此量刑普遍较轻，难以对犯罪行为形成威慑力。低廉的犯罪成本和高额的犯罪所得诱使犯罪嫌疑人铤而走险。

2. 犯罪主体的团伙性

在调查中，作案主体多为犯罪团伙，如办理的 51 件冒充银行等金融机构诱导点击恶意网络链接案件，基本都是团伙作案，具体包括组织诈骗活动的首要分子，负责制作钓鱼网站的网络设计者，负责实施伪基站信息发送的操作者，负责线下取款的取款者等。实际操作伪基站的背包客只负责在犯罪活动组织联系人的指令下流动作案，与其他犯罪嫌疑人基本无联系，分工明确而又不互相联系的团伙作案方式提高了案件侦办的难度。但根据所办理的 264 件案件进行分析，有 69% 的案件中的犯罪嫌疑人都有着电信诈骗违法犯罪前科，该特点有助于案件的侦破。

3. 犯罪行为的便利性

在调查中，大多数犯罪嫌疑人所持有的伪基站都是属于手提电脑或是手机伪基站，在查处的 1187 件伪基站设备中，有 798 件为背包携带，有 291 件通过摩托车或是面包车携带，因为犯罪所用伪基站设备体积小，可以很方便地将伪基站带入车站、商场等人流量大的区域，在大批量发送诈骗信息或是网址后，可以很迅速地离开犯罪实施地，犯罪行为快捷便利。

4. 犯罪活动的分散性

虽然伪基站电信诈骗犯罪行为具有团伙性，但犯罪活动的具体实施却存在明显的分散性，体现在各个犯罪环节的独立性上。在调查中，冒充公检法机关工作人员诈骗、购物退款退税诈骗等主要伪基站电信诈骗案件，基本都是采取分散作业的方式实施犯罪活动，若伪基站所在地在 A 地，相应的后台服务得则可能在 B 地，犯罪嫌疑人实际取款地又可能在 C 地。而且通过对查处的 264 件案件进行分析发现，目前伪基站电信诈骗犯罪已然形成了生产、销售、使用的完整犯罪链条，上中下游的犯罪嫌疑人无须见面，各自分散在各所在地实施本环节的犯罪活动，仅以虚拟身份进行日常交易和联系，增加了打击难度。在查处的案件中，有 167 件案件都只查获了使用伪基站的背包客或是取款者，只有 16 件是完整地抓获了分散在各地的生产、销售、使用环节的犯罪嫌疑人。

5. 犯罪发展的跨国性

在调查中，有 43 件案件的部分犯罪嫌疑人处于境外，他们为逃避侦查，通常会将除伪基站外的后台服务器、网络服务器等作案工具与设施转移至境外，远程操控并指挥整个作案流程，伪基站电信诈骗活动的国际化趋势日趋明显，极大地提高了案件侦破工作的难度。而且，网络信息科学技术的发展，使得网络虚拟空间不受地域和国别的限制，伪基站电信诈骗犯罪迅速蔓延和泛滥，即使犯罪嫌疑人潜伏海外，也可以毫无障碍地面向全国乃至全世界实施诈骗。在跨境的伪基站电信案件中，被害人数多、分布范围广、涉案资金大，犯罪嫌疑人非法所得数额巨大，加上犯罪嫌疑人的身份、行踪、赃款的流向等重要线索相对隐蔽，犯罪阶层多，犯罪行为被识别的时间相对更长，进一步加大了侦查的难度和成本。

二、网络化背景下惩治伪基站电信诈骗犯罪的实践困境

伪基站电信诈骗活动技术上的快速更新换代及其行为本身存在的各种特点，导致此类案件的办案难度不断增大，其原因既有立法制度的缺失，也有司法实践和行政监管的不足，需要找出问题所在，并根据现实需要提出相应的解决措施。

（一）法制维度的缺失：立法不完备，落实受限制

1. 网络立法相对滞后

为应对网络电信犯罪新的发展态势，我国出台了一系列涉网络犯罪的法律法规以及司法解释，如《刑法》第 285 条等相关条文、2000 年《维护互联网安全的决定》，2016 年"两高一部"《关于办理电信诈骗等刑事案件适用法律若干问题的意见》等。但这些大多属于笼统性、原则性规定，可操作性不强，如针对电信诈骗犯罪中虚拟财物的价格认定、被害人财产损失的认定、案件定性等问题，现行法律与司法解释尚缺乏具体性、针对性的规定，在司法实践中难以实际操作和运用，导致该类案件在侦查、起诉、审判等不同环节中引起案情认识与证据认定的分歧，影响了司法机关对该类犯罪的打击力度。因此，制定和完善电信诈骗犯罪相关法律法规是亟待解决的现实问题。①

2. 现有行政法律法规落实存在限制

我国《居民身份证法》《征信业管理条例》等法律法规均明确规定，公民个人信息受法律保护，用户手机号码等信息无疑属于个人信息的范围。现实生活中违法购买、出售个人信息的现象屡见不鲜，相关部门监管打击的力度却有所不足，致使个人信息严重泄露，利用个人信息进行电信诈骗的犯罪活动愈加猖獗。伪基站电信诈骗犯罪具有"点对面"的实施特点，对人们日常生活的影响远大于普通诈骗。然而，由于没有相关行政法律法规对该种行为进行专门定义和分类，公安机关开展取证、追赃等工作需要网络电信营运商、金融机构等机构协助时，往往受制于这些机构相关行政法律法规的限制规定，无法及时、有效地收集、固定证据并追回赃款。

---

① 参见袁广林、蒋凌峰：《基于公共治理理论的电信网络诈骗犯罪多元共治》，载《中国刑警学院学报》2019 年第 1 期。

(二) 行政管理的缺位：监管不完善，协作不到位

1. 互联网、电信、金融部门的监管制度不完善

当下，互联网、电信、金融机构等行业在管理上存在诸多管理漏洞，如目前仍有大量非实名认证手机号码存在，400 电话转接业务、电话任意显号业务、改号软件监管缺位，对非法网站、垃圾短信、恶意群呼等违法或不良行为缺乏强有力的打击手段，短信群发器、伪基站存在监管真空地带。以金融机构的监管为例，随着市场竞争日趋激烈，各金融机构为追求高效利润，在推出更多金融产品的同时，简化交易手续，使犯罪嫌疑人有机可乘。而且在黑客技术的威胁下，金融机构新型支付手段的交易安全不能得到有效保证。同时，这也导致犯罪赃款难以被及时冻结与追缴，进而导致被害人的财产损失最终无法挽回。①

2. 公安机关与各部门配合、协调不到位

一方面，公安机关与外单位的配合、协作不到位。虽然公安部等九部门通过联合开展惩治伪基站专项行动，已初步形成多部门联动机制，但尚未将其具体化、深入化。同时，当前对伪基站的惩治"重打击、轻预防"。另一方面，公安机关内部的配合、协作不到位。伪基站电信诈骗犯罪的跨地域分散性决定了一起案件涉及多个省市与地区成为常态。国内的伪基站电信诈骗犯罪的组织人员多隐藏在东南沿海地区，从而使公安机关在协作机制、协作效率等方面暴露出诸多问题。

(三) 侦破打击的困境：破获难度大，犯罪难发现

其一，此类犯罪具有团伙性和分散性并存的特点，分工复杂且各个环节具有相对独立性，涉案人员中即便是组织操纵者，也往往不了解整个团伙的具体情况，大量调查取证工作须在异地进行，全案的侦查周期大为延长，从而增加了整体性打击的难度。而且此类犯罪已经形成了犯罪链条，公安机关一旦抓获一方犯罪分子，其他犯罪分子便会立即切断联系，导致难以根除各个环节的犯罪。其二，此类犯罪的作案手法"与时俱进"，多智能犯罪方法的叠加使得此类犯罪具有很强的隐蔽性和迷惑性，且涉案人员多具有诈骗前科，反侦查能力较强，导致案件侦破难度加大。其三，群众监督意识薄弱，收到伪基站发送的相关诈骗短信后往往不予理会，导致此类犯罪不容易被发现。

---

① 参见陈世成、马红平：《利用伪基站实施电信诈骗犯罪的研究》，载《中国公共安全（学术版）》2017 年第 1 期。

三、网络化背景下惩治伪基站电信诈骗犯罪的应对之策

要在网络化背景下实现对伪基站电信诈骗犯罪活动的有效惩治,就必须针对此类案件办理实践中遇到的问题进行深层次剖析,进而提出相应的对策。结合司法实践需要,应对之策可以从以下几个方面考虑:

（一）完善伪基站电信诈骗的立法规制

伪基站电信诈骗的实施,必然需要事先获取公民个人信息,然后设计各种骗局,最终达到骗取钱财的目的。司法实践中,电信诈骗的犯罪嫌疑人获取公民个人信息,主要通过非法方式进行。在此意义上,打击伪基站电信诈骗犯罪的最有效手段就是保护公民个人信息不受侵犯,严厉打击侵害公民个人信息的违法犯罪活动,如此就使得伪基站电信诈骗因缺乏明确对象而无法实施,对此类犯罪来讲无异于釜底抽薪。因此,有必要制定的专门法律法规,在分析研判当前形势以及主要问题的基础上,规定各相关单位在保护公民个人信息上的权利与义务,明确违法泄露或者买卖公民个人信息行为的法律责任,将公民个人信息保护落到实处。[1]

（二）推进相关司法解释的适用性评估

随着通信与网络应用技术的不断演进,伪基站电信诈骗犯罪的具体表现形态、法益侵害内容及其程度必然呈现出易变性的特点,也就决定了相关的司法解释始终面临着滞后于时代发展的风险。因此,在精准适用伪基站电信诈骗司法解释的同时,有必要适时启动适用性评估工作：一方面,评估该类犯罪典型行为的界定方式和法益侵害实质内容,及时调整情节加重犯等修正犯罪构成的认定标准;另一方面,评估修正多个犯罪行为相互牵连情形下的综合评判依据,基于从严打击电信诈骗犯罪刑事政策的需要,及时调整相关行为罪数认定的适用原则。[2]

（三）加强伪基站电信诈骗刑事案件的证据运用

1. 注重适时保存伪基站涉案数据

伪基站发射软件仅会记录当天成功发送短信的用户信息,而前一天的同类型文件如果不及时保存则会被系统处于开机状态下随机生成的文本所覆盖,一

---

[1] 参见曹晓宝：《电信网络诈骗案件的取证策略与证据体系构建》,载《中国刑警学院学报》2018年第2期。

[2] 参见顾军：《疑难新型复杂案件法律适用精释精解》,中国检察出版社2015年版,第27页。

且关机，则需依赖电脑"克隆"技术防止数据灭失。因此，侦查人员需要尽量在开机状态下对现场查获的电脑进行取证，注重实时留存电子数据。同时，对于存在争议的电子数据也可以采用公证等手段进行证据的固定。

2. 注重提取伪基站文档数据

通过对已经破获的众多案件进行分析，犯罪嫌疑人一般都会将发送数据包过程中收集到的手机用户 IMSI 号保存在一个仅有用户 IMSI 号信息的 txt 文档中，并将其存放在配置文件 Business Action.php 中。通常情况下，如果犯罪嫌疑人不对伪基站文档数据进行清理的话，打开操作系统就能看到需要查找的信息。[1]

3. 注重提取数据库及 log 日志文件

My SQL 数据库记录了每一次发送任务的 ID 号、名称、时间、数量和内容等信息，伪基站设备中的 log 日志文件则记录了日志文件发送的时间、移动网络号和位置区等信息，犯罪嫌疑人每次打开或发送信息都会在这一文件中留下记录，但发送的数据记录存放在系统桌面很容易被删除，所以侦查人员一定要注重对 My SQL 数据库文件以及 log 日志文件进行查证来获取更多有用证据和信息。

4. 注重收集犯罪嫌疑人微信、QQ 等社交软件聊天记录

侦查人员在办案过程中应当注意对犯罪嫌疑人与其他共犯间的微信、QQ、微视频等社交软件的通讯记录进行收集，并结合手机数据和犯罪嫌疑人供述对待证事实进行印证。

5. 仔细甄别犯罪嫌疑人辩解

在部分存在数据截图的案件中，犯罪嫌疑人、被告人为逃避法律制裁或减轻自己责任，往往辩称数据截图是经过 PS 篡改的。针对此种辩解，司法办案人员应认真审查，不妨可以通过讯问犯罪嫌疑人具体细节、讯问同案犯是否知情、查验相关截图是否实时发送等方式来核实犯罪嫌疑人、被告人辩解的真实性。

6. 正确认识和运用伪基站影响评估报告

鉴于该类案件专业技术型强，侦查人员从伪基站等处提取数据后可以交由省级以上无线电管理机构及其依法设立的派出机构进行鉴定，如此，既能满足鉴定机构中立性要求，也能满足鉴定专业性要求，同时符合最高法《关于审理破坏公用电信设施刑事案件具体应用法律若干问题的解释》的相关规定。

---

[1] 参见杨鹏、李鹏超：《利用"伪基站"的电信诈骗数据取证分析初探》，载《网络安全技术与应用》2017 年第 8 期。

关于伪基站发送信息数量对定罪量刑影响的评估，建议做如下考虑：一方面，从立法层面上确定较为科学的计算方式，使信息数量的计算方法于法有据；另一方面，从司法层面上实行部分举证责任倒置，要求被告人分担一定的证明责任，如当被告人对发送数据记录作出系他人所为的辩解时，可要求其提供相关证据。①

（四）健全安全监管和部门协作机制

采取预警、防控措施是惩治、预防伪基站电信诈骗活动最直接、最有效的手段，而建立预警、防控机制的关键是公安机关、金融机构和通信等部门之间开展相互协作，形成打击治理合力。

其一，网络电信营运商、金融机构等相关部门需定期与公安机关进行沟通，对当前态势进行总结，对可疑情况进行分析研判并妥善处置。同时，根据实践中出现的新型网络电信诈骗犯罪形态，定期运用各种公用平台向网络与移动通信用户发布行之有效的防诈骗短信，在谨慎处理用户反馈的电信诈骗线索的前提下，及时向公安机关报案。

其二，网络电信营运商应当在信息源头处理上采取必要措施，对网络上出现的疑似诈骗信息进行实时监控和自动过滤，及时更新网络监控系统，以应对可能发生的新型安全隐患。同时，积极协助有关部门开展网络安全与网络文明执法活动，打击非法信息、有害信息的发布源头，发现相关线索应及时反馈给公安机关。

其三，网络电信营运商、金融机构等各方在完善自身安监管理体系的同时，应当建立高效的侦查配合机制，尽可能简化配合公安机关采取查询、扣押、冻结等强制措施以及调取证据的程序，协助公安机关办案。

其四，公安机关应当根据案件办理的实际情况，将查证属实的诈骗号码移送通信部门予以封号，以切断伪基站电信诈骗活动实施的通讯媒介。

其五，在加强各相关部门常规性协作的同时，可尝试以省级或地市级为单位建立反电信诈骗指挥中心，必要时实行公安、网络电信营运商、金融机构等多部门集中办公，提高办案效率。同时，还可以统筹各部门资源，探索建立集诈骗信息拦截、诈骗警示与预防、自动报警等功能为一体的"反伪基站电信诈骗应用平台"，如此，既能够提高公民的防诈骗意识，又能够及时对相关情况进行处理。

---

① 参见徐国天：《基于"伪基站"的电信诈骗犯罪案件线索调查方法研究》，载《中国刑警学院学报》2015年第4期。

四、结语

受互联网信息技术的影响，伪基站电信诈骗犯罪技术和方式以前所未有的速度升级换代，对侦查、惩治、防控提出了更高的要求，加之我国刑事法律相关规定还存在许多疏漏与不足，导致惩治该类犯罪面临着诸多现实困难，需要对其进行研究以应对实践应用。针对此类案件办理实践中遇到的问题进行深层次剖析，宜从立法规制和司法实践两方面进行综合性的惩治和防控。

惩治伪基站电信诈骗犯罪是一项长期艰巨的工作，司法机关要提升侦查取证和审查起诉工作的水平，方可准确地适用法律，使收集固定的证据符合以庭审为中心的审判工作的要求。只有构建惩治此类犯罪的新方法和新路径，才能对该类犯罪进行更为合理的惩治和防控，实现推动社会公共安全治理的良性发展。

"游戏托"电信诈骗案入刑的法理探析[*]
——以刘某某等43人诈骗案为例

薛 津 孙 超[**]

近期,具有"游戏托"公司化性质的电信诈骗犯罪集团案件在全国各地多发。被告人的真实身份是在网络游戏公司的游戏推广人员,假扮单身女性,以"奔现交友""恋爱结婚"等理由诱骗男性玩家对其游戏账号进行高额充值,从而赚取提成返现。本文以T市J区检察机关办案实践为例,以承诺效力的判断及诈骗罪中目的失败论为切入点,对该类型案件的性质进行法理探析,进而确定以刑法手段打击"游戏托"诈骗行为具有以预防为目的的处罚必要性。

第一,欺骗行为主要体现在"游戏托"提出"奔现"要求,与"游戏宅男"交友约会、恋爱结婚等,男性网友也是在这一问题上陷入认识错误,而对其游戏账户进行充值,被害人对游戏本身换来的"可玩性价值"事先是明知的,对于处分财产的范围、种类具有认识,对这一行为本身并未存在认识错误。

第二,被害人受到"游戏托"的欺骗而作出游戏充值的承诺,结合全面错误说和本质错误说,在此类案件中,"游戏托"的欺骗已经使得被害人形成了关于对等给付、所追求的目的之错误认识,此错误事关关键事实。因而被害人关于游戏账户充值的错误想象属于重大瑕疵,其决定性的动机是错误的,因此导致被害人承诺的无效,进而肯定"游戏托"行为具有犯罪属性。从这个角度而言,无论"游戏托"是否向男性网友游戏账户提供"游戏元宝",都会因为被害人承诺的无效而具有构成诈骗罪的可能。因而难以否定"无认识错误"承诺的效力,而会排除"游戏托"案的犯罪性,不利于普遍正义的实现。

---

[*] 本文系论坛联合征文期刊《中国检察官》拟录用稿件的精华版。
[**] 薛津,天津市津南区人民检察院第一检察部主任;孙超,天津市津南区人民检察院第一检察部三级检察官。

第三，无论被害人如何处分自己的财产，其处分财产的目的（与游戏托恋爱、结婚）都无法实现。可以看出，通过交换利益以及财产损失的实质解释，较好地解决了"游戏托"诈骗案在财产损失理解与认定上的理论。

综上所述，"游戏托"电信诈骗行为已经严重影响了网络空间和他人的财产权，刑法如果坐视不理，此类公司化运营的电信诈骗集团将会不断发展，严重蚕食网络环境。从形式上看，"游戏托"行为与传统诈骗罪构成要件虽然存在不尽一致的地方，这实际上是逻辑与实在之间的冲突在刑法领域的再现。因此，以刑法手段打击"游戏托"诈骗行为具有以预防为目的的处罚必要性。

电信网络诈骗犯罪研究

钟 琦 刘小君[*]

互联网技术被称为"20世纪人类最伟大的发明之一",正逐步成为信息时代人类社会发展的战略性基础设施。互联网在全面渗透到经济社会各个领域,推动生产和生活方式发生深刻变革,不断重塑经济社会发展模式的同时,也带来了全新的社会治理难题。随着科技的发展,借助于手机、固定电话、网络等通信工具和技术的非接触式电信网络诈骗犯罪在我国迅速发展蔓延。

为有效打击治理电信网络新型违法犯罪,近年来国家层面出台了一系统措施。2016年6月,经国务院批准,公安部、工业和信息化部、最高检、最高法等23个部门和单位,联合建立打击治理电信网络新型违法犯罪工作部际联席会议制度,加强对全国打击治理工作的组织领导和统筹协调。2016年8月4日,公安部打击治理电信网络犯罪防控中心成立,该中心主要承担全国电信网络诈骗案件涉案账号查询、止付、冻结以及通信工具的查询、封停等工作,为全国打击防范电信网络诈骗案件提供查控资金流、通讯流等支撑。2016年12月20日,最高法、最高检、公安部联合发布《关于办理电信网络诈骗等刑事案件适用法律若干问题的意见》(法发〔2016〕32号),该意见对电信网络诈骗犯罪及其关联犯罪的定性与量刑作出了详细的规定,统一了全国刑事裁判的标准。银监会、工信部纷纷出台管理措施,积极配合打击治理电信网络新型犯罪,全面堵截涉案资金与电信网络渠道。

---

[*] 钟琦,广东省广州市人民检察院法律政策研究室副主任,三级高级检察官,全国检察理论研究人才、全国检察机关调研骨干人才;刘小君,广东省广州市人民检察院第一检察部检察官助理。

一、电信网络诈骗犯罪的基本特征分析

(一) 诈骗对象为不特定多数人

电信网络诈骗犯罪的诈骗对象数目庞大,即使诈骗成功概率低,受害人数也非常庞大。犯罪团伙获得被害人的途径主要有两种:一种是群拨群呼的方式,直接联系诈骗对象;另一种是利用各种电信网络推广方式,散布虚假广告,诱骗潜在被害人根据广告中的提示,主动联系犯罪团伙。早期犯罪团伙按照电话号段逐一拨打的方式联系诈骗对象,由于不能剔除空号、无人接听号码,诈骗效率非常低;又由于犯罪分子对接电话人的情况不了解,诈骗难度较大,成功概率非常低。近年的电信诈骗团伙对寻找被害人的方式进行了改进。一方面以大量购买公民个人信息的方式,精确拨打诈骗对象电话。另一方面,犯罪团伙采用电脑自动发送语音包或发送带网址链接、联系电话的诈骗短信,引诱诈骗对象主动联系犯罪团伙。这样就成功过滤掉空号、不接电话、识破骗局或不感兴趣的诈骗对象,提高了诈骗效率。尤其是近年出现的利用各种网络推广渠道散布虚假信息的方式,由于受众广,且虚假信息的设计极具诱惑性和欺骗性,使受害人范围轻易地突破了地域和时间的限制,呈不可控的发展趋势。

(二) 诈骗话术模式不断翻新完善

电信网络诈骗犯罪的诈骗话术模式根据社会公众的防范弱点变化不断更新。经过长期的犯罪预防宣传和个案报道,早期的冒充"公检法""猜猜我是谁"、电视节目中奖等诈骗话术模式逐渐被人们熟知,社会公众提高了防范意识,诈骗成功的可能性越来越低,这种骗术也越来越少。之后,电信网络诈骗团伙又紧贴人们日常生活实际,开发出机票改签、淘宝退款、银行积分兑换、办理大额信用卡、影集类木马链接、刷单兼职等新型诈骗话术模式。随着对此类案件的查处和宣传的增加,又有犯罪团伙开发出"淘宝代运营"、仿冒公司老总网络账号、保健品销售、考试查分等新的诈骗话术模式。据公安部统计,至少已查处 48 种电信网络诈骗话术模式。每种诈骗话术模式都有相对固定的话术剧本,犯罪团伙内部会根据诈骗话术实施情况及成功个案分析,不断改进话术。新入行的团伙成员只需按照话术熟练推演,就可以成功实施诈骗。

(三) 犯罪团伙跨区域、跨国(边)境作案

电信网络犯罪本身就具备跨越地域限制,实现远程作案的技术优势,直接挑战了公安机关仍以地域为主的案件管辖分工模式。为防止被警方查获,电信网络诈骗犯罪团伙将跨区域、跨国(边)境作案发挥到了极致。有了网络即

时通信工具，不同区域的犯罪团伙成员实现协同作案，被害人更是广泛分散在全国各地，案件调查的工作量成倍增加。警方接报警后，一般从查证电话、银行卡、电脑 IP 的角度入手，初接警地区的警方经过初步调查就会发现，除了被害人是本地的，其他都在其管辖区域和国（边）境之外。查询、抓捕都需要跨区域、跨国（边）境进行，需要层层上报协调和启动国际司法协助。警方办案烦琐的程序和手续，正好为犯罪团伙毁证逃匿提供了充足的时间和空间。而且异地调查取证成本高、效率低，严重制约了打击电信网络诈骗犯罪的时效与实效。

（四）采用多种手段转移、隐匿犯罪赃款

电信网络诈骗犯罪团伙为掩盖资金的真实性质及流向，采取多种形式转移资金，增加资金流向查询难度，导致案发后追赃相当困难。一是使用他人银行账户运作资金，诈骗犯罪团伙购买大量他人名下的银行卡，用于收集或跳转资金，一旦诈骗成功，便利用网络银行的便利，采取资金闪进闪出的形式，在短短几分钟内将资金多次分解转入多个不同的账户，之后再层层分解到更多的账户，有些资金分解层次多达 10 余层，涉及数百个账户。最后再通过"职业取款人"① 在 ATM 机上分散取出现金。二是 POS 机刷卡的方式。为应对 ATM 取款方式效率低、风险大的不足，负责取款的犯罪团伙开始采用 POS 机刷卡的方式转移诈骗犯罪资金。由于 POS 机发放过程中存在诸多不规范操作，一些不法中介使用假冒资料申领 POS 机，非法转售 POS 机现象比较普遍。犯罪团伙将收款账户中的诈骗资金通过 POS 机伪装成交易的形式迅速转移分账。POS 机的虚假注册、异地使用，使得查证每笔经过 POS 机转账资金的性质与流向的工作量非常大。三是伪装成网上消费。犯罪团伙将收款账户的资金，伪装成网上购物、网上购买虚拟产品、博彩网站充值等网上交易的形式，完成资金支付与转移。四是购买贵金属消费。一些犯罪团伙为快速将资金转移，利用黄金不贬值、易销赃的特点，将来不及取现的大额资金，用于金店刷卡消费，以黄金饰品的形式完成资金变现过程。五是虚假网上理财。犯罪团伙通过第三方支付平台，采用虚假的网上理财方式，既充当交易买方又充当卖方的方式，将受害人银行卡内的钱予以套现，然后再通过取现、充值功能将涉案资金多次在多个银行账户和第三方支付平台之间切换、拆分、流转。六是无卡现金存款。一些犯罪团伙让被害人在 ATM 机上以无卡现金存款的形式，将资金直接存入犯

---

① 这类犯罪分子通过频繁更换银行卡、身份证和手机号码，辗转各地为诈骗犯罪团伙转取款，作案手段极为隐蔽。如上官某团伙，使用 700 余张银行卡，纠集、雇佣人员，在广东省深圳市、惠州市、东莞市等地专门为诈骗团伙转取赃款 895 万余元。

罪团伙指定的银行账户，且假称保密需要让被害人销毁存款凭条，负责取款的犯罪团伙在资金拆借完毕后快速提取现金，扣除提成后将涉案资金以无卡存款的方式，存入电信网络诈骗团伙的指定账户。七是随机二维码支付。采用随机二维码支付时，显示的收款方名称是随机变化的，虽然收款账户固定，但扫码支付并不直接显示具体收款账户。如某起购物网站虚假代运营案中，使用随机二维码收款，收款商户名称多达数十种，遍布全国各地各种行业，实际收款账户为涉案公司的财务账户或公司员工的个人账户。

二、惩防电信网络诈骗犯罪的困境及原因分析

据公安部公布的数据，2017年以来，全国公安机关共立电信网络诈骗案件53.7万起，破案7.8万起，破案率为14.5%。2016年，广东省共立电信网络诈骗案件51168起，破案8935起，破案率为17.5%。造成电信网络诈骗犯罪"高发低破"态势的原因，一方面是案件事实的证明困境难以突破，包括证明思路固化、侦查技术落后、侦查专业化水平不足等；另一方面是相关的监管和防范措施不到位，包括电信、网络平台等运营商重逐利、轻监管，社会大众防范意识不强等。

（一）犯罪嫌疑人反侦查手段日趋完善

电信网络诈骗案件中犯罪嫌疑人一直都在不断总结升级各种反侦查手段，掩盖其犯罪行为，逃避公安机关抓捕和法律责任的追究。电信网络犯罪常见的反侦查手段有以下10种：（1）匿名作案。（2）作案用的电话、手机卡、银行卡更换频繁，利用技术手段设置跳转电脑IP。（3）作案所需的资料或软件工具皆有购买途径。（4）作案后及时销毁所有作案痕迹。（5）团伙成员事先统一好供述口径。（6）涉案资金多层次分账、多名目流转掩盖资金去向。（7）跨地域或跨国（边）境作案拖延被查获的时间。（8）与被害人建立"和谐"关系。（9）精准完善诈骗话术，阻挠银行和公安机关的拦截。

（二）受害人留存证据意识薄弱

电信网络诈骗案的被害人与犯罪分子直接联系，并向犯罪团伙指定账户转款，本应是证明犯罪的最佳切入点。然而，由于被害人留存证据意识较弱，实践中仅凭被害人手中的证据很难突破电信网络诈骗犯罪的证明困境。犯罪分子往往在诈骗话术设计中，加入指引被害人销毁证据、预防被害人报案的内容。部分被害人等到发觉被骗报案时，只能提供给侦查机关的一些模糊的信息。虽然通过查询途径也能获取部分证据，然而对一些"小额多发"跨地域作案的个案来说，办案查询难度相当大。

(三) 人事证一一对应难

由于电信网络诈骗犯罪的非接触性特点,被害人对诈骗行为人的直接指认、犯罪团伙不同环节的成员之间的相互指认、诈骗行为人对被害人的指认等传统的证明模式完全失效。如果按照传统的"人事证一一对应"的证明要求,在有限的办案期限内,电信网络诈骗犯罪几无彻查可能,绝大多数案件都止步于"达到法律追诉标准"。

(四) 侦查人员专业化办案能力及效率有待提高

侦查人员办案能力不足、办案效率有待提高,是影响电信网络诈骗犯罪打击效果的重要因素。一是专业化办案能力不足。电信网络诈骗犯罪涉及互联网黑技术、资金账户操作黑技术、金融投资操作黑技术、网游操作黑技术等专业知识,办案人员的专业知识和技能无法应对,短板效应明显。二是查处犯罪效率不高。电信网络诈骗犯罪的管辖分工虽已放宽到"沾边即管"的程度①,但电信网络诈骗跨区域犯罪已成常态,刑事案件办理过程中,调查取证、通缉抓捕、扣押冻结等多项工作都需要跨地域、跨部门协调配合,协调过程费时费力。

(五) 电信网络诈骗犯罪追赃挽损效果不好

如前所述,电信网络诈骗犯罪团伙采取多种手段、通过多种途径转移隐匿资金,掩饰资金流向,增加资金查获难度,导致案发后追赃十分困难。由于其犯罪对象针对为数众多的不特定受害人,通常涉案数额特别巨大,多数受害人难以挽回损失,有些受害人一次受害就可能倾家荡产,造成极大的社会危害性

---

① 《关于办理电信网络诈骗等刑事案件适用法律若干问题的意见》(法发〔2016〕32号)规定:电信网络诈骗犯罪案件一般由犯罪地公安机关立案侦查,如果由犯罪嫌疑人居住地公安机关立案侦查更为适宜的,可以由犯罪嫌疑人居住地公安机关立案侦查。犯罪地包括犯罪行为发生地和犯罪结果发生地。"犯罪行为发生地"包括用于电信网络诈骗犯罪的网站服务器所在地,网站建立者、管理者所在地,被侵害的计算机信息系统或其管理者所在地,犯罪嫌疑人、被害人使用的计算机信息系统所在地,诈骗电话、短信息、电子邮件等地拨打地、发送地、到达地、接受地,以及诈骗行为持续发生的实施地、预备地、开始地、途经地、结束地。"犯罪结果发生地"包括被害人被骗时所在地,以及诈骗所得财物的实际取得地、藏匿地、转移地、使用地、销售地等。对因网络交易、技术支持、资金支付结算等关系形成多层级链条、跨区域的电信网络诈骗等犯罪案件,可由共同上级公安机关按照有利于查清犯罪事实、有利于诉讼的原则,指定有关公安机关立案侦查。多个公安机关都有权立案侦查的电信网络诈骗等犯罪案件,由最初受理的公安机关或者主要犯罪地公安机关立案侦查。有争议的,按照有利于查清犯罪事实、有利于诉讼的原则,协商解决。经协商无法达成一致的,由共同上级公安机关指定有关公安机关立案侦查。

和恶劣的社会影响。相比之下，办案部门的追赃工作遭遇更专业的财务操作手法，实际能查清的资金流向有限，能扣押并追缴的涉案资金更少。电信网络诈骗犯罪的巨额收益，不断刺激犯罪分子不计成本地创新诈骗手法和洗钱手法，如不能有效切断电信网络诈骗犯罪的资金收益链条，就不可能在电信网络诈骗犯罪的综合治理上取得治本功效。

（六）防范电信网络诈骗犯罪宣传不到位

电信网络诈骗通过电话或网络的途径接触到被害人，因此，获取被害人的电话或网络联系方式就成为电信网络诈骗的必由之路。当前，掌握公民个人信息的主体包括政府机关、电信、金融、交通、酒店、快递公司、网络平台等。公民个人信息泄露的渠道除黑客侵入窃取、发送木马病毒窃取、钓鱼网站诱骗窃取等途径之外，也有上述掌握公民个人信息的单位内部工作人员，为获取非法利益，利用职务便利非法窃取大量公民个人信息并出售或提供给他人。由于部分群众平常较少关注电信网络诈骗相关方面的信息，对防范措施了解不足，警惕意识不强，对陌生号码轻易产生信任，过于自信或疏忽大意而成为电信网络诈骗犯罪的受害者。群众自身防范意识低是电信网络诈骗犯罪的重要诱因。虽然近年来监管部门陆续出台一系列预防措施，加大了电信网络诈骗犯罪预防宣传的力度，起到了一定的预防效果。但预防宣传覆盖面不足、宣传频率较低、宣传效果较弱，群众防范意识仍然薄弱。

三、惩防电信网络诈骗犯罪的对策思路

针对电信网络诈骗犯罪跨地域和非接触性、客观证据留存少、电子证据容易灭失和容易污染等特点，惩防电信网络诈骗犯罪，在查证手段和方法、惩防思路和措施等方面都必须有新的突破。

（一）拓宽电信网络诈骗犯罪的查证思路

电信网络诈骗犯罪不同于传统的诈骗犯罪，被害人不能指认行为人，不同环节的团伙成员之间也不能相互指认，团伙窝点隐蔽、行为隐蔽，事后销毁证据。按照传统的人、事、证相互印证的查办思路，不能完全适应这种新型诈骗犯罪的侦查与认定。因此，应在既往传统侦查思路和措施的基础上拓展思维和方法。

1. 查清行为模式和获利模式以揭露犯罪故意

与传统诈骗犯罪相同，电信网络诈骗犯罪在客观行为上无论采取何种话术模式，其手段都是虚构各种情境或事实、欺骗或利诱当事人上当，其目的是零投入或以较少的投入骗取当事人的巨额财物。与假冒身份型、胁迫型、支付失

误型诈骗"空手套白狼"的情况不同,利诱型和销售型诈骗,会以各种项目投资赢利、低价购买高性能产品等为借口引诱当事人上当,查清犯罪团伙承诺的事实、实际投入情况、实际经营状况、投入产出比例、所骗资金用途、团伙成员分赃等事实,对揭露犯罪团伙的主观故意和犯罪目的具有重要作用,既能有力指控犯罪,又能有效反驳嫌疑人的种种狡辩。因此,在利诱型和销售型诈骗犯罪中,查明犯罪的行为模式和获利模式,是揭露电信网络诈骗犯罪的关键环节。

2. 查找团伙成员与受害人的联结点以查证涉案事实

电信网络诈骗犯罪团伙寻找诈骗对象的途径通常有两种:一种是购买受害人资料,主动联系潜在受害人;另一种是在网络上发布虚假广告或群发信息、邮件,诱骗受害人主动联系犯罪团伙。犯罪团伙与受害人之间的联系点,聚焦在信息往来记录和资金往来记录上。联系点反映出来的信息,可以同时从犯罪团伙成员和受害人的角度查找到,单方删除信息不妨碍对事实的证明。根据犯罪分子专卡专用的特点,犯罪分子的 QQ 号、微信、电话记录和银行卡记录可以客观反映出与受害人的联系、与犯罪同伙的联系、资金流向的信息,可以统计出受害人数、诈骗所得数额等重要信息。犯罪分子自行制作的客户统计表、业绩统计表、快递公司留存的快递单等资料,亦能作为查找全案受害人,证明全案涉案金额的证据线索。

3. 剖析犯罪团伙各种反侦查手段以佐证犯罪事实

如前所述,犯罪团伙的反侦查行为都是针对办案机关查办案件的手段来设计,用来应对东窗事发后逃避法律责任追究的。反侦查行为虽给查清案件事实制造了不少障碍,但同时也是证明犯罪的重要信息来源。通过对犯罪分子反侦查行为的分析,能有力证明行为人的犯罪故意、涉案程度、犯罪经验等。

(二) 以侦查专业技术破解电信网络诈骗技术

1. 追踪电子信息踪迹锁定涉案犯罪嫌疑人

电信网络诈骗案件除了在作案窝点当场抓获犯罪嫌疑人外,通过其他技术手段查获犯罪嫌疑人的途径,本身就是锁定嫌疑人涉案犯罪的有力证据。

2. 借助专门技术力量破解各种诈骗技术

从专业技术角度破解涉案网络技术在案件中的作用,本身就是揭露犯罪事实的过程。电信网络诈骗犯罪涉及的专业技术领域广、技术更新快,期待办案人员成为熟悉各种涉案专业问题的多面手是不现实的,专业问题主要通过聘请专门技术人员来破解。因此,查办电信网络诈骗犯罪案件,应充分发挥银行、电信、互联网龙头企业专业力量的技术优势,由各领域专业人员对电信网络诈骗犯罪的技术问题进行破解,对涉案专业问题进行专业解读,提出专业分析论证报告，办案人员只需熟悉这些专业分析报告的论证过程和论证结果，借助专业人员的技术优势，有效弥补自身专业短板。

3. 借助现代人工智能技术提高惩防效率

面对电信网络诈骗犯罪分子利用木马病毒、黑客攻击等传统技术手段和抓包软件、撞库软件、批量注册软件、钓鱼软件等新型技术手段作案，并利用互相网金融方便、快捷的特点开设海量资金账户多层次跳转诈骗所得资金的形势，办案部门如果仍依赖于办案人员的人工分析来处理海量信息不仅耗时费力，而且容易使办案人员产生畏难心理，消极对待案件查办而导致办案效率不高。应对电信网络诈骗犯罪日趋严峻的形势，执法司法机关和关联运营商在调查及防范的技术措施上必须做到"魔高一尺、道高一丈"，及时了解和掌握信息技术领域的各种前沿技术，组织专门力量利用大数据、云计算和云存储等高端技术，研究和开发人工智能办案系统，发挥人工智能技术在案件信息阅读、信息抓取、信息统计、信息分析、信息预警等方面的巨大价值，将各种系统自动生成的网络信息以及隐藏的网络黑技术，交由专门的人工智能分析软件和系统来完成，并形成科学、系统、证明力强的案情分析报告，辅助、指导案件的查处和防范，全面弥补人力资源的短板和不足，切实提高惩防电信网络诈骗犯罪的效率。

(三) 加大对犯罪团伙涉案资金去向的追查和追缴

1. 查明各类涉案资金账户的性质

从已查办的案件来看，用于电信网络诈骗的账户群内部，其实有着严格的用途分工，不同性质的款项，使用相对固定的银行账户群，以方便犯罪团伙内部记账和结算。根据账户群的功能不同，犯罪团伙使用的银行账户通常可分为五种账户群：直接用于与被害人产生联系的账户群、专门用于中转资金的账户群、专门用于支付犯罪团伙成员报酬的账户群、专门用于收集经过"洗白"资金的账户群、专门用于支付犯罪团伙各种日常开支的账户群。与被害人直接联系的收款账户，资金一般在几分钟内就拆解完毕，异地跨行操作，或取现或转走，收取手续费较高，防止被公安机关及时冻结；用于中转资金的账户，资金一般都是快进快出，或转走或消费，网银操作居多；资金池账户或分赃账户，多使用嫌疑人自己或特别信任的人的实名账户，资金停留时间较长，本行本地操作为主，较少产生手续费。准确判断涉案银行账户资金拆借的特点，就能查明涉案银行账户的性质、查清犯罪规模、查获犯罪团伙成员、查明各成员的地位作用、追查犯罪资金流向、追缴涉案赃款。

2. 查明团伙成员的约定分成与实际分赃所得

电信网络诈骗犯罪中，犯罪团伙各成员的约定分成直接显示其在共同犯罪中的地位，各成员的实际违法所得直接证明其参与犯罪的程序。如果约定分成与实际违法所得之间逻辑一致，则能证明犯罪团伙各成员在犯罪中的地位和作用，同时也能查清犯罪团伙的涉案金额。如果查明的约定分成与实际违法所得之间不一致，则为突破案情提供了新的线索。

3. 查明各类团伙成员赃款去向全力予以追缴

对电信网络诈骗犯罪资金流向的调查，直接决定着追缴赃款的数额，同时也直接关系着被害人挽回损失的比例以及对犯罪团伙的打击力度。电信网络诈骗犯罪受害人人数众多，如果追赃效果不好，受害人将遭受巨大损失，查办案件的社会效果也不好。因此应当改变过去重案件侦破、轻案件追赃的做法，加大对电信网络诈骗犯罪赃款的追查和追缴。为遏制电信网络诈骗犯罪高发的态势，立法司法机关要通过修改完善法律、制定司法解释等途径，采取各种有效措施增加犯罪分子的犯罪成本，如相关行业从业禁止、责令退赃退赔、承担高额罚金、没收违法所得和没收财产等，使电信网络诈骗犯罪从"低风险、高收入"犯罪演化成"高风险、低收入"犯罪，最大限度地压缩犯罪分子的生存空间，打掉犯罪分子再度实施犯罪的经济基础。

（四）创新监管机制达成惩防电信网络诈骗犯罪合力

电信网络诈骗犯罪专业性、隐蔽性都很强，公安机关、网络安全部门、电信网络运营商等"分而治之"的监管现状顾此失彼，难以收到打防犯罪的实效。对其防范和打击，需要从以下几个方面加强合作和监管：

1. 严格落实行业监督管理规定

电信、通讯、网络等运营商要加强用户信息的登记备案、巡查督查制度，建立健全全网账户实名制。网监部门要建立严格的网络运行标准，通过大数据等技术手段对涉嫌违法犯罪的网站进行筛查屏蔽，对不断更新变换的可疑网站地址和域名进行跟踪监控。电信、金融、医疗、教育等领域要增加业务流程的技术含量及访问权限的技术识别，加强行业自律，完善内部监管体系，建立查询信息的审批、备案和登记制度，规范数据的管理和使用。电信企业、银行、网络运营商等都负有保护公民个人信息的责任，公安机关破获电信网络诈骗案件后，有充分证据证明电信企业、银行、网络运营商负有直接责任的，要承担相应的刑事和民事责任。

2. 建立多部门联动机制

执法司法机关和电信企业、网络平台及监管部门、银行等要打破信息壁垒，建立信息共享、情报互通、阻截联动等工作机制，构建"电信网络安全共同体"，及时截获犯罪信息、有效拦阻资金流转、捕获和固定相关证据，实现监管综合治理效应。建立专业化惩防工作机制，建立网上报案系统和快速调查取证通道，被害人在实名认证的前提下，利用智能手机操作就能完成报案并上传证据材料；简化办案流程，压缩协调环节，减少纸质文件传输，增加电子文档往来，提高办案效率。

3. 提高电信网络诈骗犯罪案件管辖级别

电信网络诈骗案件具有跨地域、发现难、取证难、定性难、查处难、追赃难等特性，基层执法司法机关的人员配备、技术实力、协调能力等资源配置，已难以应付专业化打击犯罪的需要。

4. 建立个人征信联合惩戒机制

电信网络诈骗案件中，常见涉案人员出狱后不久又重操旧业，没有因为其犯罪经历，在相关行业中受到任何影响。因此有必要将电信网络诈骗犯罪及关联犯罪的涉案人员纳入个人征信系统，禁止或限制其从事相关的行为或参与相关的社会活动，压缩电信网络诈骗犯罪及关联犯罪行为人的生存空间。同时，对为电信网络诈骗犯罪提供身份证、银行卡、POS 机、提现、推广、技术等服务的公司或人员，在证据不足或情节轻微不予追究刑事责任时，根据国务院办公厅《关于加强个人诚信体系建设的指导意见》（国办发〔2016〕98 号）规定，将他们列为失信人员予以重点监管，依法依规采取行政性约束和惩戒措施。

（五）强化预防宣传提高群众的识别和防范能力

增强群众的识别能力和防范意识，是源头治理电信网络诈骗犯罪的根源性方法和"抽薪"之举。2017 年 8 月，腾讯"2017 守护者计划"在全国六大城市举行了线下反诈骗公益活动，吸引了数百万人参加线下签名。在互联网高度发达的新时代，执法司法机关和法治宣传部门应强化责任担当，充分发挥各大门户网站、"两微一端"等新媒体的影响力，多层次、多角度、立体化开展电信网络诈骗犯罪预防宣传，扩大预防宣传的覆盖面，紧扣被害人防范薄弱节点，用典型案例引导、用警示教育作品发声，切实提升预防宣传的效果。法治宣传部门针对较易受骗的老年人群体、文化水平较低者等特殊人群，可以通过"两微一端"等新媒体平台、法治宣传进社区进街道等，推送电信网络诈骗犯罪的常见骗术模式，广泛报道办案机关打击电信网络诈骗犯罪的典型案例，提高群众保护个人信息的意识，提高对电信网络诈骗犯罪的识别和防范能力。针对电信网络诈骗犯罪的特点，相关运营商和监管部门可在关键环节设置预警，尽可能阻截犯罪分子实施诈骗犯罪的机会。如银行转账风险警示、账户资金异动提醒、异常转账延时到账、高频电话和改号电话识别，伪基站信息识别、病毒攻击警示、钓鱼网站识别等。

网络诈骗犯罪的司法认定疑难问题研究*

刘占勇**

一、"网络诈骗"行为的定性问题

行为人通过虚假链接或病毒程序使被害人进入钓鱼网站，通过被害人的操作，获取被害人的激活码或验证码，然后利用激活码或验证码转走账户内款项的行为，被害人在陷入错误认识后主动提供的仅是支付关键信息，完全没有处分其账户内财产的意思，行为人取得财产需要有后续的行为，因此，我们认为由于缺乏被害人的处分意识，该行为认定为盗窃罪更为妥当。

行为人在了解被害人账户内余额后，将巨额支付的木马程序伪装为小额交易的链接，被害人在自动取款机、电脑或手机上操作时仅有支付小额交易款项的处分意识，木马程序将被害人银行卡内巨额存款转至行为人账户的行为，因为被害人具有处分同一性质、同一种类的财物的处分意识，该行为宜认定为诈骗罪。

二、网络诈骗犯罪的数额认定问题

如果行为人与其他行为人之间事先存在共谋，在可以查证犯罪数额的前提下，行为人的犯罪数额不仅包括自己诈骗的数额还包括与其共谋的其他行为人的诈骗数额。如果各行为人事先没有共谋，只是受犯罪集团的策划、组织者的指使单独实施诈骗的，其犯罪数额的认定还要考虑事中、事后行为人的客观行为等其他因素来判断。

如果行为人事先没有共谋，而是在当场或者事中知晓并表示赞同或积极参与其中，或者行为人明知他人与自己共同实施网络诈骗行为，而继续进行自己的网络诈骗行为的，我们认为，各行为人之间构成共同犯罪，各行为人的犯罪

---

* 本文系论坛联合征文期刊《中国检察官》拟录用稿件的精华版。
** 刘占勇，天津市南开区人民检察院检察官助理。

数额为共同犯罪的全部数额。

行为人仅是听从犯罪集团的组织、策划者的指使，且仅根据自己实施网络诈骗行为所获得的赃款按比例或数额分取赃款，则一般宜认定行为人仅对自己实施的网络诈骗数额承担责任。

如果行为人利用了先行为人实施网络诈骗所引起的效果且该效果处于持续状态，继续实施网络诈骗行为，则应认定后行为人与先行为人构成共同犯罪，对共同犯罪的数额承担责任。

三、网络诈骗帮助取款人行为的司法认定

如果帮助取款人明知他人要实施网络诈骗行为，将自己持有的银行卡提供给他人或帮助取款人与网络诈骗行为人事先存在通谋，帮助取款的行为，我们认为应该以诈骗罪共犯追究其刑事责任。如果帮助取款人事前与网络诈骗行为人没有事前通谋，仅是在诈骗既遂后帮助取款的行为，客观上是在诈骗行为完成后的事后帮助行为，宜认定为掩饰、隐瞒犯罪所得罪。对于多次反复帮助同一网络诈骗行为人取款的行为，宜认定为诈骗罪共犯。

溯源与破局：电信网络诈骗的入罪标准探讨

李毅荣　邓莉莉　郭　勇*

一、引言

据相关数据统计，近年来，检察机关办理网络犯罪案件数量以年平均34%的幅度增长，借助网络传播的便捷性和隐蔽性，此次新冠肺炎疫情期间诈骗案件大幅度增长，截至2020年4月7日，全国检察机关依法批准逮捕诈骗罪1588件1675人，起诉881件926人，批捕的案件数和起诉的案件数分别占所有涉疫刑事犯罪案件的58.4%和47.3%①。在应对电信网络诈骗的攻防博弈中，我国刑事立法保持一定的克制，仅在两部司法解释文件中对电信诈骗的罪与罚上提供些许指引，但随着实践的深入，面对技术更迭带来的犯罪手法更新，以及特殊境况下法益保护与罪刑法定原则的衡平，这种因时制宜的解释性文件也难免出现捉襟见肘的局面。

在我国，电信网络诈骗在刑法罪名体系中尚无独立地位，仅作为诈骗罪的一种特殊形式，且在入罪求刑上较之普通诈骗罪具有"低入高罚"的特点。根据2011年"两高"《关于办理诈骗刑事案件具体应用法律若干问题的解释》（以下简称《诈骗刑事案件解释》）、2016年"两高一部"《关于办理电信网络诈骗等刑事案件适用法律若干问题的意见》（以下简称《电信网络诈骗意见》），电信网络诈骗的刑法规制以惩罚既遂为原则，未遂为例外，且入罪标准须满足四个要素，即技术特征上利用通讯工具或互联网等手段，行为特征体现为类型化的诈骗行为，对象特征须面向不特定多数人，罪量特征要求达到一

---

* 李毅荣，北京市丰台区人民检察院副检察长；邓莉莉，北京市丰台区人民检察院检察官；郭勇，北京市丰台区人民检察院检察官助理。

① 参见孟植良：《聚焦打击网络犯罪 最高检发布第十八批指导性案例》，载人民网，http://legal.people.com.cn/n1/2020/0408/c42510-31665828.html，最后访问日期：2020年7月13日。

定的数额或情节。从内容表述来看，上述四要素中，行为特征涉及刑法理论中对诈骗行为的教义学构造，罪量特征有具体的数额标准或明确的情节要素，一般不会出现文义理解的分歧，技术特征因司法解释采取了不完全列举方式进行技术性处理，也预留了相当的弹性空间，唯有对象特征不如其文义般明朗，在电信网络诈骗出入罪中扮演着"守门人"的角色。一方面，因不同传播媒介受众范围的广度受其传播特性制约，对象特征一般对技术特征存有一定的依赖性，也即受制于特定时期的信息技术发展阶段人们对科学技术的理解，需要结合时代背景更新知识结构以进行解读，例如对QQ、微信、钉钉等社交软件中的群组功能及虚拟社区的传播特性认定。另一方面，在刑事司法的场域中，受复杂的实践挟裹，对于对象特征的认定，通常并不仅限于技术特性层面，也受特定情境、刑事政策等复合因素干扰，例如疫情防控期间涉防疫物资虚假消息传播范围的认定是否受限于实际被害人的数量，是否需要兼及疫情防控刑事打击需要，以及如何把握才不至于罪刑法定原则与罪刑相适应原则的失衡？上述问题，表面上是如何对电信网络诈骗中的对象特征进行适当的教义学诠释，深层次却关涉电信网络诈骗入罪逻辑的溯源。

二、理论溯源：风险社会下电信网络诈骗的刑法规制理念

纵观2011年《诈骗刑事案件解释》至2016年《电信网络诈骗意见》的内容承继与发展脉络，电信网络诈骗的入罪逻辑或多或少受到刑法中风险社会理论影响。第一，电信网络诈骗以其"低成本、高收益"横行网络空间，加之行为手段非接触性及被害人不特定性等特点，其危害程度远超出传统点对点式诈骗，而且其行为阶段从着手到既遂的层级推进受网络加持大大缩短，此时，民众对电信诈骗单独入罪的呼声也愈发强烈，而刑事法域的回应则较为缓和，相较于频繁立法对现有法典稳定性的牺牲，选择了运用司法解释进行犯罪构成要素的增减以调适犯罪圈。司法解释立足现行法资源，在保持诈骗罪构成要件完整性的基础上，从技术、行为、对象、罪量四个方面确立了作为诈骗罪特殊形式的电信网络诈骗的入罪要件，同时在罪量上以较低的数额降低了入罪门槛，但总体上并未改变其结果无价值的导向，电信网络诈骗作为诈骗罪的特殊形式，仍然是结果犯，以惩罚既遂为原则，而非行为犯或危险犯。第二，司法解释对电信网络诈骗的诠释思路整体上体现了形式刑法观的形式理性内核。为了体现与普通诈骗罪的区分度，司法解释为电信网络诈骗限定了四项准入标准，虽然体现出网络犯罪的行为外观，但是并未跳脱诈骗罪的罪质及其一般行为构造，而未遂部分的"行为+情节"规定看似突破了传统诈骗罪纯正数额犯的"行为+数额"模式，却也体现出与司法解释中对普通诈骗罪规制的自

洽，即未遂犯的处罚均以诈骗罪二档以上为原则。因此，从结果意义上来说，基于司法解释在求刑方面对电信网络诈骗科以更严苛的刑罚，在对电信网络诈骗的入罪要素把握上也应严守形式理性的防线。

三、实践辨析：电信网络诈骗入罪要素的破局思考

案例1：2020年3月，张某以学生家长的名义加入班级家长聊天群，并通过设置与班主任相同头像及昵称的方式，以收取教辅费用为由，向QQ群内发微信支付码，要求家长转账，共骗取数十名家长共计3000元。

案例2：2020年2月3日，王某在其朋友圈公开发布售卖N95口罩信息"现有N95口罩现货2万个，单价10元，先到先得"，并将该条信息转发至多个线上游戏微信群，李某看见该条消息后，向王某约购400个口罩，并向其微信转账4000元，但转账完毕即被王某拉黑，李某得知被骗，随即打电话报警，民警于当日将王某查获，后经查，至案发前，仅有李某一人交付钱款。

按照上述论证逻辑，电信网络诈骗的认定遵从技术、行为、对象、罪量四要素，并多以对象要素的范围理解而产生认识分歧，上述两个案例的共性问题之一即为"不特定对象"的理解，也即利用即时聊天软件等群组及虚拟社区功能发布消息能否当然视为面向不特定对象传播。如上所述，对象特征一般对技术特征存有一定的依赖性，该问题的分析路径可以从以下三个层面入手。

（一）立足网络传播媒介的传播机制

人们对传统传播媒介的传播机制及特性一般有着较为清晰的理解，如对短信、电话等媒介具有大众传播的特性没有太多争议，但是对新生媒介的传播机制却模棱两可，这不仅源于人们对其背后的运行机理缺乏充分的知识认知，也与诸种新生媒介本身在人际传播、群体传播及大众传播的特质上暧昧不清有关，以至于同种传播媒介在不同情境下可能表现出不同的传播特性，故在个案中以某类传播媒介的一般属性来进行传播特性认定可能并不准确，需要因时因地具体分析。诸如以微信、QQ为代表的即时通讯工具，其并不像微博般属于完全开放的信息发布平台，其最初架构以熟人圈之间的好友互联为基础，传播方式是典型的封闭式点对点人际传播，而后随着功能拓展，衍生出群组功能及以网络社交为内容的朋友圈和空间等虚拟社区功能，群组成员已不限于好友之间，而且多则人数上千，朋友圈和空间如果不是自主设置权限，其内容也对陌生人开放，这种半封闭的平台在传播方式上由人际传播向群体传播过渡，而微信公众平台、订阅号等自媒体平台的出现最终实现了大众传播特质的齐备。与此相对，以飞秋和OA系统为代表的局域网通讯工具，在运行范围上一般限于内部网络，与广域互联网相对隔离，严格来说，其终端用户的数量和范围均是

可控的，从传播学意义上讲，介于人际传播和群体传播之间。

（二）合理修正"不特定对象"的外延

对于"不特定对象"的理解，人们通常较容易抓住其内核，但很难界定其边界，根源在于概念本身的抽象性。而且，特定与不特定作为对合概念，本来就是相对的，并不存在超越语境的绝对区分标准。如在作品的信息传播侵权案件中，在考虑是否向不特定对象传播时虽然综合传播范围大小以及传播对象是否特定等因素，但核心是围绕着是否会不合理地损害著作权人的正当利益[1]，而非法吸收公众存款罪中的"向不特定对象吸收资金"，正如有学者所说，区分特定与否不能脱离设定这种区别的目的[2]，刑法规制非法集资意在保护普通投资者，而具有身份及资质的投资者则不需要法律特别保护，因而在判断"不特定对象"时需要考虑投资人承担风险能力及集资行为的社会辐射广度[3]。因此，在电信网络诈骗的语境下，界定"不特定对象"内涵也应回溯司法解释设定的意旨。电信网络诈骗以信息网络为据点，通过非接触式技术手段，面向公众实施较普通诈骗欺骗性更强的行为，作案范围突破时空限制，从这个意义上来看，对电信诈骗的刑法规则意在保护可能成为潜在受害人的使用电信网络群体的财产权益，似乎有着较非法吸收公众存款罪在"不特定对象"上更为宽泛的外延，具体判断上可以综合行为人的主客观因素，即事先是否限制行为辐射面、事中是否放任行为扩散以及行为扩散后是否及时采取应对措施等。那么，如何在个案中具体把握"不特定对象"的标准呢？对电信网络诈骗的认定逻辑，一般按照"技术—行为—对象—罪量"的思考进路，对"不特定对象"的认定也应遵从"技术特质"到"不特定对象"的语义语境修正，具体来说，首先明确行为人选择传播媒介的实际传播特性，以群组和朋友圈等半封闭平台为例，虽然具有群体传播特点，但是此处的群体却可能因情境不同而呈现特定或不特定特点，需要结合成员的人员结构组成及人数等因素，就特定群组而言，其内部人员相对固定，如果行为人有针对地对特定群组人员散播虚假消息，而非不加筛选地选择群组进行行骗，或者只在朋友圈发布消息，而好友列表绝大部分均为亲属朋友，不宜认定为"不特定对象"。需要注意的

---

[1] 参见马云鹏：《局域网环境下传播作品问题的定性——〈不见不散〉信息网络传播权纠纷案评析》，载《科技与法律》2012年第4期。

[2] 参见彭冰：《非法集资行为的界定——评最高人民法院关于非法集资的司法解释》，载《法学家》2011年第6期。

[3] 参见刘为波：《〈关于审理非法集资刑事案件具体应用法律若干问题的解释〉的理解与适用》，载《人民司法》2011年第5期。

是，这种半封闭平台毕竟多以熟人圈为限，在认定其"群体"的不特定性时须以有证据支撑的实际情况而定，不能仅依据行为上的高度盖然性。其次，结合"不特定对象"语义语境进行行为人主客观因素修正，也即行为人对传播媒介传播特性的认识、对其行为性质的认识以及其具体行为过程等，如虽然选择微博这一大众传播媒介，但将发布消息的可见范围仅限定在固定的几个同学，也不宜认定为针对"不特定对象"。最后，电信网络诈骗虽然仍是结果犯，但是"不特定对象"的认定并不要求不特定多数人实际受害，应避免陷入仅从受众数量或者实际受害人数量进行判断的误区，当涉案被害人较少时，应从行为人发布信息的辐射面、行为人与被害人交际关系、行为人由"普遍撒网"到"精准诈骗"的犯罪手段演变等因素进行综合判断①。此外，在疫情期间打击电信网络诈骗更需恪守罪刑法定原则，切忌人为降低标准，擅自拔高疫情防控因素作为判断社会危险性及刑罚当罚性的标准，如以应然代替实然，不加区分地判定疫情期间涉防疫物资虚假信息在传播上具有当然不可控性，在运用《诈骗刑事案件解释》第5条第（三）项时进行入罪考虑时，需要对"手段恶劣、危害严重"结合作案情境、手段、对象、后果等因素综合考虑，在认定诈骗数额、发送短信、拨打电话数和浏览量等情节时需要与司法解释中"其他严重情节"给出的量化标准在社会危害性方面基本相当。同时，为体现电信网络诈骗与普通诈骗的质分，其技术特性在诈骗行为及结果的因果力上应占据主导性地位，如果前期使用电信网络技术，但被害人是在实际接触中被骗，应认定为普通诈骗②。

（三）个案分析及延伸思考

承上所述，从技术特征和对象特征来看，上述两个案例中，行为人分别使用聊天群、朋友圈及微信群聊散布虚假消息行骗，符合电信诈骗的技术特征，案例1中行为人冒用班主任名义在聊天群中行骗，聊天群组虽然具有半封闭性，但已有群体传播特性，且其封闭性更多是对于群组内部成员而言，再结合行为人的行为方式，该群组的选择对于行为人而言具有一定的随机性，抑或是经大量筛选后的特定化，具体群成员的实际身份、姓名、职业等均不在行为人的考虑范围内，综合上可以认定为针对不特定对象，而案例2则更为明显，行为人不仅通过朋友圈发布消息，更将消息转发至多个线上游戏群，且不论朋友

---

① 参见《王郊诈骗案——针对特定人通过电信网络联络实施的诈骗犯罪不属于电信网络诈骗犯罪》，载中华人民共和国最高人民法院刑事审判第一、二、三、四、五庭编：《刑事审判参考》（总第121集），法律出版社2020年版，第1320号案例。
② 参见《检察机关办理电信网络诈骗案件指引》（高检发侦监字［2018］12号）。

圈和群组本身的传播特性，其通过多个人员混杂的群组进行转发也体现行为人对其行为扩散的主观故意，可以直接认定为面向不特定对象，即使实际受害人仅有1个人，也不影响电信诈骗的成立。

由案例1、2进行引申，还有这样两个值得深究的问题。其一，通过电信诈骗手段行骗且数额已查证的，在行骗数额少于3千元即被查获时，有无刑法规制空间？其二，在前述行为的基础上，如果查实行为人以3万元财物为诈骗目标且无法查证虚假信息浏览量，能否援引普通诈骗（未遂）？问题一涉及电信网络诈骗行为关联罪名的刑法适用，根据《电信网络诈骗意见》，利用"伪基站""黑广播"或组建群组、架设网站发送违法犯罪信息，可以视具体情节构成扰乱无线电通讯管理秩序罪、非法利用信息网络罪等罪名，如果同时构成电信诈骗的，从一重罪处罚。例如，诈骗数额虽未达到电信诈骗的入罪标准，如果存在架设网站、组建通讯群组或者利用已存在的网站及群组发布虚假诈骗消息的，在网站数量、累计注册账号数、群组数量、累计群组成员账号数或网站发布消息数、接收消息用户数、群组成员总数及相关账户关注人数达到法定数额标准时①，可以考虑构成非法利用信息网络罪。而在非法利用信息网络罪与电信网络诈骗（未遂）竞合的情境，基于实践中电信网络诈骗的层级繁杂，受雇发送诈骗消息人员作为流水线比较靠前环节，有时并无技术含量可言，参与程度深浅皆有，将其作为共犯认定为电信网络诈骗（未遂）时仍需要对主观明知进行充分论证。问题二的根源则在于对司法解释中电信诈骗（未遂）条款的理解，有人从"数额难以查证"入手，将难以查证限定在未遂数额上②，这种思考进路确实能解决一部分问题，但毕竟治标不治本，也有人直面

---

① 《最高人民法院、最高人民检察院关于办理非法利用信息网络、帮助信息网络犯罪活动等刑事案件适用法律若干问题的解释》（法释〔2019〕15号）第10条规定，"非法利用信息网络，具有下列情形之一的，应当认定为刑法第二百八十七条之一第一款规定的'情节严重'：（一）假冒国家机关、金融机构名义，设立用于实施违法犯罪活动的网站的；（二）设立用于实施违法犯罪活动的网站，数量达到三个以上或者注册账号数累计达到两千以上的；（三）设立用于实施违法犯罪活动的通讯群组，数量达到五个以上或者群组成员账号数累计达到一千以上的；（四）发布有关违法犯罪的信息或者为实施违法犯罪活动发布信息，具有下列情形之一的：1. 在网站上发布有关信息一百条以上的；2. 向二千个以上用户账号发送有关信息的；3. 向群组成员数累计达到三千以上的通讯群组发送有关信息的；4. 利用关注人员账号数累计达到三万以上的社交网络传播有关信息的；（五）违法所得一万元以上的；（六）二年内曾因非法利用信息网络、帮助信息网络犯罪活动、危害计算机信息系统安全受过行政处罚，又非法利用信息网络的；（七）其他情节严重的情形。"

② 参见吴成杰、陈雯：《电信网络诈骗案件中的疑难问题探讨》，载《法律适用》2017年第21期。

问题核心,认为该条为刑法处罚的电信诈骗(未遂)的唯一情形,也即电信诈骗(未遂)须以数额难以查证为前提,如果数额能够查证,应该构成普通诈骗未遂①。其实仅从条文内容来看,《诈骗刑事案件解释》对诈骗罪(未遂)的处罚确定了数额与情节两种选择性标准,对电信诈骗(未遂)的规定只是针对电信网络诈骗侦查取证困境的现状,在情节方面明确了数额难以查证时如何平衡罪刑相适应,并没有在数额上否定电信诈骗(未遂)规制的可能,其后《电信网络诈骗意见》也只是延续这一思路,进一步明确情节方面的具体内容,因此,当行为人以数额巨大的财物作为电信诈骗犯罪的目标而诈骗未遂时,也有按照诈骗罪第二个量刑档的未遂进行处罚的适用空间。

四、结论

在后疫情时期,随着国内基本取得阻断疫情本土传播阶段性成果而进入疫情防控常态化,"非接触式"将成为一种常态的工作及生活方式,可以预见,受世界整体经济形势萎缩及经济下行的影响,伴随网络直播、直播带货等新型经济形态如雨后春笋般崛起,新型网络诈骗犯罪可能会在短期内出现发案"洪峰"。所谓万变不离其宗,新型网络犯罪对传统刑法理论的冲击并未导致传统刑法体系完全失灵②,合理界定电信网络诈骗犯罪的入口需要准确把握"不特定对象"的认定,具体来说,以涉案传播媒介的实际传播机制为基础,区分传播介质在功能意义上的传播机制及实际上的传播机制;在明确传播机制的前提下,进一步结合行为人的主客观要素进行适当修正,如事先是否限制行为辐射面、事中是否放任行为扩散以及行为扩散后是否及时采取应对措施等;而对于疫情防控等特殊情境因素,在司法办案中应当保持适当警惕,不宜过高估量,肆意其作为突破构成要件符合性的因素纳入判断相关行为社会危害性及刑罚当罚性的标准,而在已实现构成要件该当性时,可以适当将疫情防控因素作为衡量行为危害性的辅助因素。

---

① 参见孟庆华:《电信诈骗犯罪司法解释的理解与适用》,载《上海政法学院学报(法治论丛)》2011年第6期。

② 参见曲新久:《惩治网络犯罪的刑法思路》,载《人民检察》2020年第12期。

网络黑灰产业链治理刑事司法实证研究*

姜淑珍　刘丽娜**

随着互联网产业的高速发展，网络黑灰产犯罪也呈迅猛上升趋势。近年来，网络黑灰产业链逐渐形成，呈现"上、中、下游"犯罪层层衍生、链条分工"精细化"的特点，带来了严峻的网络安全问题。根据《2018网络黑灰产治理研究报告》估算，2017年我国网络安全产业规模为450多亿元，而黑灰产已达近千亿元规模；全年因垃圾短信、诈骗信息、个人信息泄露等造成的经济损失估算达915亿元，而且电信诈骗案每年以20%—30%的速度在增长。为深挖当前网络黑灰产业链动态、解决刑事司法惩治难点，本文以近年来裁判文书网刊登的网络黑灰产刑事案件为例，通过实证研究，提出对策建议。

一、当前网络犯罪案件的新动向、新趋势

（一）作案手段不断升级，爬虫、嗅探、逻辑炸弹等新型犯罪层出不穷

爬虫技术相对成熟，也为社会公众熟知。近年来又涌现了利用"嗅探（sniff）""逻辑炸弹"等新手段截取或攻击计算机信息系统的案件。嗅探是指对计算机网络上传输的数据包进行捕获、截取，并不改变数据传输方式及内容。既可以被网络管理员用于实时监视网络运行、捕捉分析通信数据、查找网络安全漏洞，也可以被当作黑客工具，用以窃取用户数据、窥探用户隐私、实施会话劫持等网络攻击。因为被攻击用户难以发觉，一些犯罪分子利用嗅探器设备，远程劫持相同基站下活跃用户的手机号及短信内容，获取实名认证信息。而逻辑炸弹是指使用一定的计算机语言设计，蓄意埋设在计算机内部的程序代码，当设置的逻辑条件满足时，激活"爆炸"，以达到破坏数据、瘫痪机器的目的。这些新兴技术被不法分子利用，成为盗窃罪、敲诈勒索罪等下游犯

---

* 本文系北京市人民检察院2020年检察理论课题（立项编号BJ2020A4）阶段性成果。
** 姜淑珍，北京市人民检察院第四检察部主任；刘丽娜，北京市人民检察院第四检察部副主任。

罪的帮凶。

（二）黑产链条层级分工越来越细，上中下游均呈职业化发展态势

随着黑色产业链分工不断细化、升级，相关环节之间的关联程度越来越低，提供非法资金流转、支付结算、洗钱服务、平台服务等，均呈现有组织、规模化、产业化发展趋势。电话卡、银行卡"两卡"领域和黑客犯罪领域问题较为突出。由于黑色产业链每一环分工都较细且呈模式化发展趋势，上中下游犯罪主体之间甚至不需要有犯罪共谋，也不需要有较高的文化水平，一方面追查更加困难，另一方面也出现了越来越多的低年龄、低学历犯罪主体，犯罪群体更加广泛。

（三）网络黑手多种手段躲避侦查，跨地区、跨境犯罪时有发生

鉴于互联网的全球特性，网络犯罪亦不局限于本地。为逃避打击，行为人在境外诈骗境内受害人，或在境内租用服务器攻击境外服务器，此类行为常见于电信网络诈骗案件与流量劫持案件。如肯尼亚西班牙特大跨境电信诈骗系列案，行为人在境外成立犯罪集团专门针对境内的用户实施诈骗。还有部分犯罪分子为了躲避侦查，对被害人地域进行选择，采取人数众多且分布全国各地对方式，对每名被害人以单笔数额小额化的方式实施网络诈骗等犯罪，使得被害人往往放弃报案或出现单笔不够罪的现象，因并案取证难度大，从而导致犯罪黑数增加。

（四）新生经济产品易被非法利用，监管盲区成为黑灰产"避风港"

此类问题在互联网金融领域相对突出，金融创新为金融市场带来了新的生机和活力，但因"摸着石头过河"，安全管理系统和风控机制尚存漏洞，容易被不法分子利用，成为实施黑灰产犯罪及转移资金的工具。如虚拟银行卡业务，主要用于鼓励消费、刺激投资，但因该类银行卡无须前往银行柜面办理，且不需要银行工作人员现场核验开户申请人身份信息，直接通过网上银行、手机银行等电子渠道申请办理，办理门槛低，成为"卡贩子"提供虚假信息申办并非法倒卖的对象。为加强管理，金融监管部门对此类银行卡限定了较低交易金额，但因未能与第三方支付结算业务予以统筹，部分犯罪分子使用虚拟卡在第三方支付平台进行实名认证，从而获取第三方支付平台账户有较高支付结算额度，实质性打破监管设置的额度限制。

（五）犯罪分子无孔不入，第三方平台被当成作案工具

电商、云存储平台受"避风港规则"保护，一般情况下不需要承担连带民事或刑事责任，容易被不法分子利用。部分第三方网络电商平台已形成较大经营规模，但因信息审核严重不到位、举报和投诉渠道不畅通、对发布虚假信息的经销商处理力度明显不足等,被当作犯罪传播工具,而用户基于对平台信任而上当受骗。

二、刑事司法办案面临的主要难题

(一) 传统共同犯罪理论难以应对分布式网络犯罪

与传统犯罪不同,互联网促进了联络的便捷和分工的细化。犯罪形态呈现链条化发展特点,各行为人分工明确,流水线上的每个环节都可能有专人负责。从实体上苛求每个行为人之间都有犯意联络或者每个行为都达到犯罪程度是不现实的。间接正犯理论不能涵盖行为人均自愿且具备刑事责任能力的情形,共同犯罪理论至少要求行为人均实施了共同违法行为。从取证实际分析,要查找到众多分散在各地的行为人并证明每组行为相互之间的关联性也是极为困难的。基于此,对于其中的一些重要的帮助行为,刑法规定了单独罪名,如对帮助信息网络犯罪活动罪、提供侵入、非法控制计算机信息系统程序、工具罪,但部分帮助犯并没有规定单独罪名,在没有查明或者无法认定被帮助者的情况下,能否直接按照相关罪名认定提供帮助的行为,存在较大争议。如明知他人实施破坏计算机信息系统的违法行为而向众多实施者提供程序、工具,每一个实行行为单独分析均未达到入罪标准,按照传统共犯理论,难以认定提供工具者构成犯罪。不法分子故意制作、传播计算机病毒等破坏性程序,假借他人之手恶意攻击计算机系统及通信网络,不仅随时可能导致系统或网络瘫痪,还可能严重影响正常的市场交易秩序。倘若因为共同犯罪或者间接犯罪理论上的缺位,致使犯罪分子逃之夭夭,显然不是刑法目的,更不是公平正义的应有之义。

(二) 部分关键证据仅有犯罪团伙掌握

与传统案件不同,网络黑灰产案件因链条过长,部分关键证据往往掌握在犯罪嫌疑人甚至上下游犯罪行为人手中,难以取证指控。以帮助信息网络犯罪活动罪为例,"两高"《关于办理非法利用信息网络、帮助信息网络犯罪活动等刑事案件适用法律若干问题的解释》第12条规定了该罪"情节严重"的认定标准,其中包括支付结算金额、提供资金额、违法所得数额、多次实施、被帮助对象实施的犯罪造成严重后果等情形,对确实无法查明被帮助对象构成犯罪也规定了相关数额按照五倍立案追诉标准认定的规定,但仍有较大适用难度。如犯罪嫌疑人向被帮助对象提供银行卡用于网络犯罪活动,有银行卡流水显示一天之内频繁转入转出,且银行卡使用时间很短,有利用该账户进行资金结算的极大可能性,但因难以查找到被害人,犯罪嫌疑人拒不供述支付情况,难以认定犯罪数额。即便末端持卡人交代卡中钱款均为上游犯罪嫌疑人犯罪所得，但因为未能查找到上游犯罪分子和对应被害人，也难以追缴巨额来源不明的财物。

（三）利用技术手段实施相关行为的法律边界模糊

新型技术是互联网企业提高运营能力的重要工具，利用技术手段获取互联网数据、加强内部技术安全监管的行为广泛存在，但合法利用与违法犯罪之间的边界还有相对模糊之处。争议较大的是非法提供VPN"翻墙"服务和利用爬虫技术非法获取他人计算机信息系统数据的行为定性。关于第一类行为，有观点认为提供VPN"翻墙"服务在客观上绕过了计算机信息系统或者相关设备的防护措施，"翻墙"软件实质是专门用于侵入、非法控制计算机信息系统的工具，应当认定为提供侵入、非法控制计算机信息系统程序、工具罪。[①] 也有观点认为VPN类翻墙软件并非系专门用于侵入、非法控制计算机信息系统的程序、工具，擅自经营VPN类业务牟利的行为违反了《电信条例》和相关司法解释，其中属于非法经营电信业务情节严重的，更宜定性为非法经营罪。[②] 通过在裁判文书网上查询了带有"VPN""翻墙软件"的刑事判决，发现其中以提供侵入、非法控制计算机信息系统的程序、工具罪判决的有7例；以非法经营罪判决的有5例（其中1件认定为非法电视网络接收设备；有2件认定为增值电信业务；1件认定为国际电信业务；1件认定为国际通信数据业务）；以拒不履行信息网络安全管理义务罪判决的有1例。关于第二类行为争议也很大。观点认为行为人在权限许可范围内使用爬虫行为获取数据的，不属于"非法"。[③] 也有不少从业人员认为需要证据证明被爬取的数据是被爬取对象合法所有的，否则不能认定爬虫行为的非法性。[④] 但有观点认为即便数据实质内容属于公开信息，也只有在数据权利人或者控制者允许公众获得数据或者允许他人获取数据并且不限制他人再提供给公众，才失去法益保护的必要性。[⑤]

---

① 参见梅礼匀：《提供VPN"翻墙"服务的行为如何定性》，载《人民检察》2019年第6期。

② 参见郭树正：《非法经营VPN类业务定性问题研究》，载《中国检察官》2019年第1期。

③ 参见刘艳红：《网络爬虫行为的刑事规则研究》，载《政治与法律》2019年第11期。

④ 系作者与相关从业人员交流中了解。

⑤ 参见游涛、计莉卉：《使用网络爬虫获取数据行为的刑事责任认定——以"晟品公司"非法获取计算机信息系统数据罪为视角》，载《法律适用》2019年第10期。

(四)海量电子数据收集与审查困难

大数据时代，电子数据的载体存储量越来越大。从受理案件来看，10G 以上的不在少数，甚至甚至以 T 为单位存储数据的案件，如何在海量数据中挑选出符合电子数据真实性、完整性、关联性、合法性要求的证据，对办案人员提出较高专业要求。对于涉海量电子数量的案件，侦查机关有的委托司法鉴定机构对涉案电子存储设备进行检验，并出具电子物证检验报告。有的因没有在第一时间及时查扣涉案设备而被犯罪嫌疑人破坏或者销毁，只能通过后期修复功能尽可能恢复数据。虽然鉴定机构相对专业，但因前期收集数据的过程要求较高，实践中也出现过侦查人员遗失存储介质而后使用类似存储介质二次复制数据的情况，所以仍然需要认真审查电子数据"四性"。此外，电子数据的关联性问题也较为复杂。以侵犯公民个人信息案件为例，如何在海量数据中筛查大量重复、非真实性信息，成为普遍办案难题。另外电子数据的证据适用规则还需要进一步明确，如运用存储空间大小比对认定涉案信息数量；以及在达到立案追诉标准后，对其他数据按照抽样取证方法核实，上述做法是否可行，存在一定争议。

三、立法及司法完善建议

(一)修正共犯理论降低帮助犯的入罪门槛

目前，共犯理论包括犯罪共同说与行为共同说，都旨在解决结果归属问题，从而为适用"部分实行全部责任"的原则提供依据。但是都至少要求两个以上的行为人在客观行为上符合刑法意义上的违法构成要件。完全犯罪共同说认为共犯是数人共同犯一罪，所以共犯者相互之间的罪名必须具有同一性。部分犯罪共同说在逻辑思维的中间阶段维持了罪名的同一性，但是在最终阶段又承认了罪名的非同一性。构成要件的行为共同说放弃罪名的从属性要求，但是也以共同行为符合违法的构成要件为基础。间接正犯理论实际上是共同犯罪理论的延伸，解决的是在构成共同行为违法的情况下，一方当事人不具有责任要素的问题。其核心是将他人视为"工具"，行为人操控所有行为并对全部后果负责。然而在互联网环境下，很难单一评判帮助行为的作用大小。帮助行为包括提供互联网接入、服务器托管、网络存储空间、通讯传输通道、费用结算、交易服务、广告服务、技术培训、技术支持等多种形式，在共同犯罪中可能起绝对作用、主要作用，也可能起次要和辅助作用；可能有证据证明与实行行为人之间有犯意联络，也可能难以证明或者实行行为人根本不构成犯罪。刑法上的犯罪不可能仅按照行为手段进行分类，而是要按行为所侵害的具体法益进行分类。在采取二元模式时，不能仅按行为手段增设新类型的犯罪，否则就会造成法条的无限膨胀。在多种形态交织的情况下，完善共同犯罪理论显得尤为重要。在现有共同犯罪理论中，行为共同说最符合社会发展需要。行为共同说的基本立场是，共犯通过共同实施"行为"来实施各自的犯罪；共犯也是对自己的犯罪"行为"承担罪责，所以，共犯者相互之间的罪名不必具有同一性，也不要求共犯人之间存在作为共通的犯罪意思的故意。建议进一步降低门槛，将"行为"界定为违反刑法规定的行为，即使行为情节、危害后果未达到刑罚追诉标准，也属于共同"行为"的范畴。对于确实操控对方行为，将对方视为工具的犯罪，则直接认定为间接正犯。以共同行为说为基础的共同犯罪，实际上认可了行为人被追责的独立性，只要符合刑法及司法解释规定的"后果严重"的情节之一，即可以构成犯罪。在已有的网络侵犯著作权犯罪判例中也即有类似情形。行为人并不会因为共同行为另一方具有违法阻却事由，而一同免责。在量刑情节上需要考虑其在共同犯罪中的作用及主观恶性大小。在没有查找到共同行为另一方的情况下，也可以认定主从犯，对于无法区分或者不宜区分的，可以直接根据提供帮助者的行为及危害后果定罪处罚。

（二）针对特殊情形提高行为人说明义务

针对被告人规避侦查问题，建议增强被告人说明义务，提高违法犯罪成本，避免有人游走在灰色地带规避侦查。建议结合刑事诉讼的特点，适度参考《最高人民法院关于民事诉讼证据的若干规定》等民事法律规定，提高刑事推定的适用力度。按照相关民事司法解释规定，有证据证明一方当事人持有证据无正当理由拒不提供，如果对方当事人主张该证据的内容不利于证据持有人，可以推定该主张成立。在刑事诉讼中，对于实际由被告人或犯罪嫌疑人掌握或控制、侦查机关难以获取的证据，按照正常经验和逻辑，有关证据能够认定犯罪事实的，除非被告人或犯罪嫌疑人提供有效反对线索，否则按照现有证据认定。

（三）提高网络平台第三方审查义务及配合取证责任

电商、云存储平台受"避风港规则"保护，一般情况下不需要承担侵犯著作权连带民事或刑事责任，但仍需要承担相应审查义务，如果没有认真履行相关审查义务，情节严重的可以推定其具有犯罪故意而追责。建议刑事认定规则：一是相关被害人告知网络平台系违法犯罪并且提供了相关证据，网络平台应当履行必要的审查义务，对于确实可能违法犯罪的，应当禁止继续利用其平台实施相关活动，否则可能根据具体情节认定其犯罪故意。二是根据审查义务高低综合判断主观明知。如果网络服务提供者实施了额外行为或者提供了额外的服务,则应当承担更加严格的审查义务。不能一方面从中获取利益,另一方面提出没有能力做实质审查的抗辩。除非确有证据线索证明其客观有难以进行有效监控的可能性,否则应当推定为明知,尤其是此类网络存储服务提供者,对存储于服务器上的信息具有较强的支配力,可进行物理或远程控制乃至轻而易举地删除存储内容,其监控义务相对更高。如果作为一个心智正常的人就可以发现违法犯罪线索,但是平台管理者因未能尽到相应的审查义务而未发现,应当承担不作为义务,认定为具有犯罪故意。三是被有关单位明确告知违法犯罪的,应当立即停止传输,采取消除等处置,否则也应当认定为具有犯罪故意。此外,其还有配合取证义务,建立线索移送机制。实践中不少案件因为相关证据移送机制不畅,导致案件难以办理。建议发布配合取证指引,由平台对违法信息的上传时间、分享次数、浏览及下载次数等材料予以积极提供,缓解网络犯罪取证难问题。

(四)进一步明确技术中立理念及刑事追责边界

如果一种程序或工具既可用于合法目的也可用于非法目的,那它就是中性的,而非专门性,自然不构成此罪。[①] 利用具有中立性的技术实施具体行为,是否认定为犯罪,还需要查实犯罪故意及社会危害后果。以爬虫为例,如果仅仅是访问行为不会构成侵权犯罪,但是如果被数据抓取到的网站本身设置有一些技术措施,以确保只有特定的用户才可以通过这些技术措施访问信息,而爬虫控制者以非法侵入他人计算机信息系统等不正当手段侵入并获取数据,无论数据是否系合法储存于该计算机信息系统内,均突破了技术保护限制,情节严重的,涉嫌危害计算机信息系统安全犯罪。对于确属权利人所有的,则还可能侵犯著作权罪、侵犯商业秘密罪等。但是对部分情节较轻、损害结果较小的行为,一般持相对宽容的态度。比如通过合法权限也能获取相关信息,为提高便捷度采用技术手段获取,再如对相关数据享有所有权或使用权、为了调查收集侵权证据且未造成其他损失等。同理,提供 VPN 工具的行为是否构成犯罪,主要看其是否具有犯罪故意、行为是否侵害了法益,比如提供者是否知道使用者通过 VPN 工具传输的数据内容,是否知道使用者通过该 VPN 工具访问境外非法网站等。对于行政机关提出予以整改后仍拒绝履行网络管理义务的,符合条件的可以按照拒不履行信息网络安全管理义务罪处理。

(五)完善有专门知识的人辅助办案机制

为研究解决网络黑灰产案件中的专业难题,近年来检察机关开始积极摸索

[①] 参见罗翔:《警惕"计算机流氓罪"》,载《澎湃新闻》2018年10月16日。

有专门知识的人辅助办案机制。如北京市检察机关借助内部技术部门工作人员力量,由技术人员随同办案组开展提前介入侦查、同步辅助审查等工作,从 2016 年 10 月运行至今,同步辅助审查案件共 30 余件,主要涉及电信诈骗、危害计算机信息系统安全、非法吸收公众存款、侵犯公民个人信息等领域新型疑难复杂案件,均取得良好效果。尽管技术人员在编制上属于司法辅助人员,但是相关法律及司法解释并没有明确规定可以由其并入刑事案件办案组,其出具的专业性审查意见也缺乏明确定性,人员的选任和管理等工作机制也未能成龙配套,故而其以何种身份出席法庭、如何对此类人员优化管理均存在一定障碍。建议根据参与程度的不同对"有专门知识的人"分层管理。对于需要深度参与的,可以直接并入办案组,参照知识产权法院关于技术审查官制度进行管理,严格限定人员范围,赋予较大的职权并规定更加严格的司法责任。而对于开展一般性技术审查或协助工作的,则相对放宽条件设置,让更多有专门知识的人能够参与进来,协助检察官办理案件。在选任制度上,"有专门知识的人"并没有过于硬性的条件限制,特定领域内的理解和掌握、具有专业技术性的认识和经验的人,只要没有违法违纪等规定的禁止性情形,均属于该范畴。在具体职责上,有专门知识的人可以在检察官的主持下进行勘验或者检查,对专门性问题及证据进行检验、审查、协助检察官做好出庭准备、经法院同意出庭,就鉴定人作出的鉴定意见提出意见、进行庭审技术性证据演示操作。

网络黑产链规制的法理与路径[*]
——以检察环节为视角

陈 岑 曾为欢 周硕鑫^{**}

网络黑色产业链（简称"网络黑产链"）指通过网络技术形成的分工明确、衔接密切的利益团体，包括制作销售黑产工具、非法窃取个人信息等数据、提供交易平台变现、洗钱等各方面形成的多元化、产业化的非法产业体系。① 随着大数据、人工智能等新技术的兴起，网络黑产的形式不断丰富发展，升级换代，推动网络犯罪手段从黑客攻击、话术诈骗等传统模式向数据采集、劫持挖矿等新型样态转变，智能化、趋利性不断增强，组织模式趋向平台化、集团化，产业规模迅速膨胀，成为危害网络生活和互联网企业的毒瘤。

一、网络黑产链的构成

网络黑产链的运行路径可分为上中下游三个区域，相互支持协助而又各自独立运行，上游是黑产技术支持者，包括病毒制作、木马开发代理、网站攻击、制作钓鱼网站、盗取用户数据库、整合社工库等；中游利用黑产资源、工具实施各种网络违法犯罪活动，如利用木马、网络、社工库实施诈骗、盗窃、敲诈勒索等；产业链下游负责将资产进行交易变现，包括第四方支付平台、洗钱、销赃团伙等。②

随着网络、手机的全面普及和关联服务的逐步成熟，网络黑产犯罪的准入

---

* 本文系2019年度最高人民检察院检察理论研究课题"网络'黑产链'的惩治与预防"（项目编号：GJ2019C34）的阶段性成果。

** 陈岑，广东省人民检察院第一检察部主任，三级高级检察官；曾为欢，广东省人民检察院四级高级检察官；周硕鑫，广东省人民检察院检察官助理。

① 参见刘权、李东格：《网络黑产：从暗涌到奔流》，载《互联网经济》2018年第6期。

② 参见周威宁：《从共同犯罪视角看网络黑色产业链》，载《法制与社会》2016年第27期。

门槛越来越低,仅凭一台网络环境下的计算机或手机就能满足软硬件需求。随着黑产工具的智能化、便捷化,犯罪主体无须具备相关专业知识与教育培训即可熟练操作,一些无业人员、大学生在暴利驱使下投身网络黑产行业,团伙规模动辄数百人,呈低龄化、涉众化、动态化发展趋势。与传统的团伙犯罪的"金字塔"形管理结构不同,网络黑产链常由一些中小型团伙分工协作,以类似邦联的形式联结成分段加工、流水作业的利益链,团伙内部呈扁平化管理模式,无明显的上下层级关系。网络犯罪中这种产业化的有组织犯罪形式,可以用"犯罪协作"来进行概括,犯罪协作是一种产业化的组织方式,即每个行为人基于分工处于不同的"产业链条",只是基于其分工提供"服务"。①

二、网络黑产犯罪案件的司法困境

(一)证据形式虚拟抽象,办案资源相对薄弱

网络黑产犯罪案件的关键证据大多以电子形态展现,除少部分存储在计算机硬盘、u 盘、光盘等存储介质外,大多以电子文档、日志信息、交易流水、计算机程序等形式散布在网络空间,提取、保全、固定的难度较大。由于电子数据的无形性、潜内性、脆弱性、发散性、分离性等特点,对电子数据的可靠性验证十分困难,要求取证主体是专业人士,而且要有技术性方面的知识和技能。②电子数据的收集、提取设计了较为复杂的程序性规定以确保其原始性、真实性,这也对侦查取证的专业性、及时性提出较高要求。各地侦查、司法机关普遍缺乏熟稔网络知识或具有计算机专业背景的复合型人才,办理网络犯罪案件的经验和水准有待加强。公检法、网信、工信、金融等部门及网络运营商等经营在打击整治网络黑产链方面各自为战,有的搭建了独立运行的相关数据资源库,由于缺乏交流共享而形成信息孤岛,未能发挥整体效应。

(二)作案方式趋于隐蔽,犯罪事实难以认定

许多网络黑产犯罪案件涉及地域较广,犯罪分子跨区域分布,通过即时通讯软件、电子邮件等进行线上联络,需要侦查机关跨省或跨境追查,执法成本远高于违法成本。有的案件被害人数量庞大,分布地域广,很多被害人由于经济损失小没有报案,侦查机关也无法向数以百万计的被害人逐一核实被骗金额,实际犯罪金额往往远大于审查认定的数额。犯罪分子获取赃款后常通过第四方平台、虚拟货币等渠道、形式迅速转移支付或投资,即时毁灭流转痕迹和

---

① 参见时延安:《网络规制与犯罪治理》,载《中国刑事法杂志》2017 年第 6 期。
② 参见李双其、林伟:《侦查中电子数据取证》,知识产权出版社 2018 年版,第 28 页。

账户,使资金流向难以追查。由于网络记录、IP 地址只能从表面证明"机—数据"的关联性,大多数情况下不足以认定身份的同一性,上网终端归属只能用以证明电子设备的所有者或管理者而非行为人的身份。① 由于网络空间的开放性、动态性,许多犯罪分子未以明示真实身份,以大量账号、"马甲"为掩护,通过代码、暗号秘密集结,导致网络身份与现实身份难以一一对应。如何将虚拟空间与现实空间相关联、将电子数据与犯罪行为相关联,将电子设备与犯罪人相关联,成为利用电子数据证明力判断的重要挑战。② 网络黑产链中下游的诈骗、盗窃等违法犯罪活动处于易暴露地带,常被作为侦查突破口和重点打击区域,而上游主体常由于回溯侦查困难或法律适用障碍难以有力惩治。

(三) 立法活动相对滞后,入罪路径陷入阻滞

传统犯罪的网络变异现象已经严重冲击和销蚀着传统的刑法基础理论,它对于刑事法律体系的影响日益增大,已经不再局限于刑事立法的一般框架和范畴,转而开始逐渐侵蚀其基础理论架构。③ 传统犯罪纷纷向网络空间迁移后,几乎所有类别的犯罪形式在互联网上都存在立法真空。④ 网络黑产犯罪游走于法律边缘地带,现行法律、司法解释对其中许多新型手法的定性和入罪界限未予以明确,办案实践中容易面临法律适用困境。"两高"《关于办理非法利用信息网络、帮助信息网络犯罪活动等刑事案件应用法律若干问题的解释》(以下简称《信息网络犯罪解释》)的出台为网络服务提供者相关行为的规制提供了依据,但无法囊括各类型犯罪主体和作案模式。

三、网络黑产犯罪规制的法理阐释

(一) 网络黑产犯罪的共犯模式与界定

刑法的共犯种类采取作用分类与分工分类相结合的模式,未对正犯、帮助犯等概念与处罚原则予以明确。传统共犯模式下,帮助犯在犯罪活动中起辅助作用,在共同犯罪中的地位和参与程度不及正犯,帮助犯有特定的支持、帮助对象。而在网络黑产犯罪中,上游黑产源以网络平台为载体提供各类技术或服务,供中下游用户按照需求进行交易采购,形成"一帮一""一帮 N"的帮助模式。由于网络帮助行为指向不特定、大批量客户,法益侵害性可随着网络空

---

① 参见李双其、林伟:《侦查中电子数据取证》,知识产权出版社 2018 年版,第 288 页。
② 参见赵长江:《刑事电子数据证据规则研究》,法律出版社 2018 年版,第 194 页。
③ 参见于志刚:《网络犯罪与中国刑法应对》,载《中国社会科学》2010 年第 3 期。
④ 参见沈德咏主编:《〈刑法修正案(九)〉条文及配套司法解释理解与适用》,人民法院出版社 2015 年版,第 267 页。

间的动态性传播、开放式共享而迅速累积、扩散,因此,不能将网络帮助者绝对化地认定为从犯而予以从轻处罚。由于上游黑产技术、工具提供者往往与中下游犯罪实施者依托网络中介平台进行匿名、非接触性交易,交易双方缺乏直接的意思联络,难以认定为具有共同犯意。有观点认为上游帮助者可构成片面帮助犯,但片面共犯的前提是帮助犯有对实行犯提供犯罪协助的单方意愿,而上游帮助者提供的很多技术服务都具有合法用途,其无法掌握受助者使用技术的真实目的,如果无法认定上游帮助者明知受助者具有犯罪故意,就难以认定双方构成片面共犯。共犯从属性说认为共犯的可罚性应以正犯的存在为前提,帮助犯与教唆犯依附于正犯而存在,与之相对应的共犯独立说则认为帮助与教唆行为可独立构成犯罪。①《刑法修正案(七)》设置的"提供侵入、非法控制计算机信息系统程序、工具罪"将开发、提供恶意软件、程序类帮助行为予以正犯化评价,而后《刑法修正案(九)》增设了"拒不履行信息网络安全管理义务罪""帮助信息网络犯罪活动罪",将网络帮助行为的正犯化范围延伸至网络基础性服务领域,使网络空间的特定帮助犯可以脱离于正犯而独立存在,在一定程度上吸收了共犯独立说的观点。

除跨流域的纵向共犯关系外,各黑产团伙内部横向的共犯范围也应审慎认定。网络黑产团伙的成员分工明确、专业化程度较高,但很多成员地域分散、流动性强,甚至互不透露真实身份,基于共同的趋利目标而结伙作案,组织严密性程度相对较低。由于网络共同犯罪的物理隔离性与联络电子化,黑产团伙组织者的领导力相对弱化,主要表现为共同犯罪的发起者、造意者,其组织行为容易与教唆行为相混同,对组织成员的管控力度一般低于传统犯罪组织。由于相互之间联络匮乏,有的技术型、辅助性岗位成员只专注于具体业务,行为方式具有独立性,有的组织成员系被蒙蔽或雇佣而临时性参与,对团伙性质、犯罪事实和危害后果缺乏主观认知,难以认定为共同正犯。

(二)网络帮助行为的中立性考察

中立的帮助行为又被称为外部的中立行为,是指不存在犯罪的主观意思的日常生活行为或业务行为,但在客观上对正犯行为起到了促进作用。② 对于中立的帮助行为的可罚性及其处罚边界,学界多主张从法益侵害性、利益衡量等角度出发主张限制处罚范围。信息时代背景下,网络帮助行为并非简单表现为传统帮助行为在网络空间的形象映射,而是衍生出复杂的定性与归责难题。网

---

① 参见陈兴良:《共同犯罪论》,中国人民大学出版社 2017 年版,第 38—40 页。
② 参见刘艳红:《网络中立帮助行为可罚性的流变及批判——以德日的理论和实务为比较基准》,载《法学评论》2016 年第 5 期。

络黑产链上游的技术性、专业性程度较高，多以合法经营为外衣，常导致涉黑产犯罪的网络帮助行为陷入惩治困境，就网络黑产犯罪帮助行为的归罪路径而言，将线下行为以妨害信用卡管理、侵犯公民个人信息等线下行为入罪相对容易把握，而将线上行为以帮助信息网络犯罪活动罪、非法利用信息网络犯罪活动罪等定性则难以界定，许多技术性辅助行为难以在中立的帮助行为或者帮助犯的定性中作出抉择。由于网络服务提供者难以对海量化用户的用途合法性进行甄别，提供的服务具有开发性、共享性特征，使得网络帮助行为较之传统帮助行为更具有中立性外衣。虽然网络帮助行为客观上降低了网络犯罪的技术门槛，但其提供技术或服务以牟利为主要目的，大多具有日常经营或业务行为的形式，评价其可罚性应主要从前述技术无罪原则的第一个前提来考量，涉及对技术的功能属性的价值判断。

可根据网络黑产犯罪使用的工具、技术的运行机理、功能目的，评估其被用于制造法不允许的危险的可能性，并将其区分为纯正的黑产工具、技术与不纯正的黑产工具、技术。纯正的黑产工具、技术的研发目的和用途具有明显的不法性，多被用于逃避监管、窃取数据、非法控制等为网络安全规则所绝对禁止的行为，如勒索软件、黑客软件、病毒程序等攻击性、侵入性的工具、程序，一般不具有合法使用的空间，无法以帮助行为的中立性进行抗辩。不纯正的黑产工具、技术指导虽已被犯罪分子用于非法用途，但也拥有一定合法使用空间的技术或服务，如被网络黑产犯罪所使用的 VPN 跳转、IP 代理、接码平台、打码平台、伪装链接等服务，虽不同程度上违反了网络安全管理规则，但也可以被正规用户用于隐匿真实身份或信息，如无法证明服务提供者对正犯行为的主观明知，就难以将其定性为帮助犯。

(三) 网络运营者管理不作为的归责原则

网络服务提供者的管理不作为的归责原则，应根据其是否履行内容审查义务、安全保障程度以及违法内容的显著性等因素综合考量，并可参照源自著作权领域的"避风港"原则与"红旗"原则。具体而言，网络服务提供者如果收到要求移除侵权内容的通知后，就移除其提供的网络空间中的侵权内容，可如同驶入"避风港"一般成功规避侵权责任；而如果侵权事实如"红旗"一样醒目，网络服务提供者明显应发现其提供服务的网络空间中存在侵权行为，但未采取措施予以制止，将承担相应的侵权责任。如有人在网站发布贩毒、招嫖、犯罪方法等违法信息，网络经营者经举报或告知仍拒不履行监管或阻止义务的，应承担相应责任。

《刑法修正案（九）》增设的"拒不履行信息网络安全管理义务罪"将网络服务提供者特定情形下的管理不作为拟制为正犯行为，强调了网络服务提供者的合规管理和监管义务,凸显其在网络犯罪链源头防控中的重要地位。拒不履行信息网络安全管理义务罪的构成要求网络服务提供者"经责令改正而拒不改正",此时其履行安全管理义务具有期待可能性,不能认定为中立的帮助行为。① 虽然网络安全管理不作为的刑事可罚性得以实现,但其适用范围受到严格限制,应根据网络运营者的管理权限、运营模式、平台功能等因素确定其管理义务和责任范围。如果网络平台系具有存储、分析功能和审核、筛选权限的宿主式平台,网络运营者的管理义务包括上传资源的内容审查和事后补救,其管理权限层级、平台信息违法程度与责任范围相匹配,留存违法性显著的信息会导致"避风港"原则的适用障碍。欧盟《网络与信息系统安全指令》(NIS指令)要求,数字服务提供者承当传统的事后内容管理义务,基础信息运营者则应承担对网络与信息系统安全风险的主动审查义务。② 就服务类型而言,对于网络平台提供的广告推广、信息发布、营销策划等定制型服务,网络服务提供者对信息内容的接触介入程度较高,其对内容合法性的保障义务要高于提供网络接入、搜索引擎、通讯传输等连接型服务的情形。

四、检察视角下网络黑产链的规制路径

(一)完善配套制度,构建综合防控体系

应完善网络实名化、P2P借贷、非银行支付等领域的监管制度,构建对手机卡、银行卡、网络账号、对公账户等的严密管控体系,将违反网络监管制度、严重扰乱网络秩序的行为纳入治安管理处罚范围;出台相关司法解释、指导意见或会议纪要,对新型网络犯罪形态的行为定性、证据规则和刑事制裁提供法律依据,形成行刑衔接、层次分明的网络黑产链规制体系。由于网络黑产犯罪的再犯现象严重,可根据《信息网络犯罪解释》第17条的规定,探索建立网络禁止令制度,禁止网络犯罪累犯在刑罚执行完毕或考验期内,禁止涉足互联网行业,避免其利用其技术优势"重操旧业"。构建互联网企业司法保护机制,切实维护网络小微企业的合法权益,对涉案互联网公司审慎认定单位犯罪,尽量将责任主体限定为直接主管人员,精准切割违法所得与合法资产。对涉案情节轻微的网络经营主体应秉持恢复性司法理念,探索采取附条件不起诉、非羁押性强制措施等制度促进网络平台整治,避免"一网打尽"式的简

---

① 参见周光权:《拒不履行信息网络安全管理义务罪的司法适用》,载《人民检察》2018年第9期。

② 参见敬力嘉:《论拒不履行网络安全管理义务罪——以网络中介服务者的刑事责任为中心展开》,载《政治与法律》2017年第1期。

单化关停取缔,保障互联网经济健康发展。

(二) 强化诉前主导,确保引导侦查实质化

有的网络黑产犯罪案件作案链条冗长,事实证据繁杂,对侦查取证提出较高要求,检察机关应发挥诉前主导作用,积极派员提前介入,应贯彻亲历性原则,尽量零距离接触侦查手段,开展"参与式"介入,加深检察人员对电子数据取证原理和方式的理解和认知,促进提出更具科学性、可行性的取证意见。应引导侦查人员注重取证的及时性、规范性、有效性,妥善扣押、封存涉案计算机、手机、银行卡等硬件设备,必要时对相关电子数据予以冻结。引导侦查人员积极运用大数据分析、数据挖掘、区块链存证、云取证、数据文件完整性校检等前沿技术辅助办案,使侦查路径由传统的"由供到证""由人至网"转变为"由网至人""人网关联"。对于涉案人员众多的网络黑产犯罪团伙,检警双方可在呈捕前对犯罪嫌疑人进行合理甄别、筛选,综合考量主观恶性、悔罪表现、地位分工、犯罪情节、社会危害性等因素,依法、合理确定呈捕人员范围,共同探讨法律适用疑难点,推动认罪认罚从宽制度的早期适用。对于跨流域网络黑产系列案,应引导侦查人员横向深挖拓网,纵向循线追踪,使侦查视野和路径不局限于中下游环节,追溯上游黑产源头,实施全链条深度打击。

(三) 更新办案思维,改进证据审查方式

检察环节办理网络黑产犯罪案件,应从庭审视角审查、分析证据的真实性、完整性和关联性。电子数据经拷贝后的再生形态虽然与其原始状态表面上无异,但存在一定数据失真或生成附属信息的风险,因此,要细致注重审查远程勘验笔录等程序性文书及录像,核实电子数据及其存储介质的原始性、封闭性,确保电子数据的来源可靠性和形式合法性。推动侦查人员将抽象的电子数据以"图片+文字说明"的形式进行书面化、可视化改造,确保成为"看得见的证据"。对于重要的技术性事项应要求进行技术勘验或鉴定,必要时寻求专家辅助人出具权威意见,促进科学证据向诉讼证据转化。办案人员在事实认定过程中,可通过图表等形式梳理团伙的发展轨迹、层级结构、事实脉络,围绕"数据流"与"资金流"和的流转路径,勾勒出黑产链的整体运行路径和利益链条。应实现传统证据与电子数据相互印证,防止孤证定案,注重服务器镜像、网络映射数据等证据的投射性印证功能。从司法证明上对"人—机—数据—行为"各个环节建立起关联性证明的锁链。①

---

① 参见李双其、林伟:《侦查中电子数据取证》,知识产权出版社2018年版,第287页。

（四）构建部门联动机制，推进社会共同治理

应整合公安、电信、经信、金融等部门的信息数据资源，破除信息壁垒，搭建网络黑产犯罪防治信息平台，实现涉案网络账号、银行账户、手机信息、户籍资料等数据信息集成共享；完善涉案资金快速拦截机制，明确金融机构有义务协助侦查机关以实时查询、快速冻结、紧急止付等方式及时追赃止损。对于办案中发现的网络监管缺位等深层次问题，司法机关可通过检察建议、司法建议等形式督促有关部门切实整改，弥补修复监管漏洞。侦查机关与相关网络运营商、互联网企业可构建协查合作平台，实现数据协查、线上调证。充分利用互联网公司、高校、科研机构的技术资源和智力支持，推动网络安全产品升级换代，全面提升网页、微信、论坛、群组等网络空间的安全防范水平。采取传统媒体与新媒体相结合的形式，大力宣传网络黑产犯罪的各类手法和防范策略，推动广大网民提升网络安全防范意识和能力，通过数据备份、定期杀毒、系统升级、漏洞修复等方式筑牢网络安全防火墙。

网络"薅羊毛"黑灰产的刑事法视角分析

陈 焰*

一、背景性铺垫：互联网技术异化对传统刑法的挑战

网络社会的发展，在带动社会经济飞速发展的同时，也催生了需要法律予以规则或保护的新事物。同时，技术是一柄双刃剑，由于网络技术发展日新月异，其发展速度远远超过社会治理速度的更新，因此技术进步带来的互联网新经济业态的同时，也带来了与之伴生的各种犯罪手段的更新。有学者认为，技术变革所带来的技术风险远远超过了工业社会带来的风险。放任"薅羊毛"网络黑灰产的发展，将严重影响网络营商环境、危害互联网正常生态。因此，本文拟讨论"薅羊毛"网络的刑事法律规制问题，分析此类行为罪与非罪的边界区分，此罪与彼罪的选择，以及证据标准适用等问题。

"薅羊毛"一词源于互联网，最早是指收集各类网络商家的优惠信息来占便宜的行为。这些优惠信息早期通过各种即时通讯群组来传递，群主则为"羊头"，负责发布各类优惠信息。参与"薅羊毛"活动的群体则被称为"羊毛党"。跟风"薅羊毛"的行为在"羊毛党"内部被称为"上车"。据统计，2017年我国网络黑灰产已经到达上千亿元规模，且发展速度极快，每分钟至少造成290万美元的损失[①]。网络黑灰产"薅羊毛"的手法主要是用各种技术手段获取商家营销资金，即利用商家营销活动的交易规则或漏洞，通过各类黑灰产工具或通过各种交流渠道组织、组织招募人员进行虚假注册、虚假交易进行刷单，骗取商家的营销资金[②]。被"薅羊毛"的网络平台涉及O2O平台例

---

* 陈焰，广东省广州市人民检察院四级高级检察官。
① 参见《2019年网络犯罪治理防范白皮书》，百度和公安部网络安全法律研究中心发布，http://www.cbdio.com/Bigdata/2019-12/19/content-6153569.htm
② 董文辉、程汀：《网络交易薅羊毛行为的刑法分析》，载《中国检察官》2019年第6期。

如滴滴、饿了么、P2P平台例如理财金融公司、大型电商如拼多多、京东、亚马逊等。此类黑灰产利润丰厚，组织严密，分工明确，采用链条化运作。由于网络"薅羊毛"黑灰产业呈现多样态、新颖性和复杂性等特点，司法实践中对此类案件应当如何应对，是否应选取刑事路径予以规制，都存在一定的争议和分歧，增加了监管的难度。

网络黑灰产"薅羊毛"是整个黑灰产业链一部分，其主要犯罪手法之一就是利用上游产业提供的各种个人信息，购买批量注册账号的技术工具，注册各平台账号来模拟普通用户赚取收益补贴，因此是处于犯罪的下游，然而它的危害性不容小觑。看似每个账号获取几毛几块的小优惠，聚少成多却是上千万的利润。一方面，对正常用户的权益造成了损害，还侵犯了公民的个人隐私；另一方面，网络黑灰产将互联网公司本来应当用于给消费者的补贴非法占有，导致互联网公司支出的用户补贴、优惠券、新用户奖励等推广本应产生的积累用户规模和交易规模等应有的效果没有产生，对于网络平台特别是处在成长期的互联网公司有着十分严重的影响，甚至可能影响企业下一步的发展和生存，对正常的经济秩序产生了极大干扰，恶化了互联网生态。因此，对这类犯罪应当从入罪的角度，予以严厉打击。

二、网络"薅羊毛"案件的类型化分析

实践中网络"薅羊毛"行为具有多样态、新颖性和复杂性等特点，特别是网络黑产为了谋取非法利益不断迭代升级技术，无论规模、种类、方式都可谓纷繁复杂甚至称得上是"与时俱进"。以司法裁判中涉及的案例来看，检索中国裁判文书网可查询到相关判决有165份，其中刑事判决128份，民事判决27份[①]。刑事判决涉及的罪名有诈骗罪、侵犯公民个人信息罪、盗窃罪等。从判决文书中列举案件事实看，薅羊毛案件的类型可以归纳为六种：

一是利用平台提供的多种优惠，达到以较小的金额购买较大价值的产品，来实现"薅羊毛"的行为。二是由于商家价格设置错误导致的"薅羊毛"行为。三是串通平台上的商家赚取网络平台补贴的行为。四是利用电商平台"退款不退货"规则套取货物的行为。五是利用非法获取的公民信息注册用户返利或套现。这也是近年网络"薅羊毛"黑灰产常用的手法。六是利用平台规则漏洞进行碰瓷。这种主要是恶意打假或者差评，如向目标店铺买到商品后以假货、次货或其他问题为由向商家各种要挟以获取退款或赔钱等。

---

① 实际案件数量应该大于裁判文书网上可检索到的案例数，原因是部分裁判文书并没有被裁判文书网收入，例如下文黄埔区法院判决的郭某平诈骗案。

三、"薅羊毛"行为的可罚性与刑法的实质解释

从上述"薅羊毛"的案例来看,利用网络平台漏洞"薅羊毛"的主体大致可以分为三类:一是偶尔利用平台规则漏洞顺手捡漏的普通用户;二是明知是漏洞却依旧多次利用来"薅羊毛"的"羊毛党";三是组织化程度较高的网络黑灰产团伙,主动挖掘和利用各种规则漏洞来对平台进行攻击。其中,第一类主体明显不存在违法性,一般是依据民法关于无效民事行为和不当得利的规定来进行处理,因此本文不展开讨论。第三类主体的违法性和危害性明显,因此对其需要加以考虑的是如何适用具体罪名的问题,第二类群体却由于其获利方式和获利程度不同而可能介于不当得利与刑事犯罪之间,近年多起引起较大争议的案件都属于此种情形。

从上文所述案例来看,网络时代"薅羊毛"源于人的逐利本性,因而是常见的行为,普通消费群体也可能参与"薅羊毛"活动,网络平台对于薅羊毛在一定程度上也是容忍的,因为可以带来一定的流量转化。对于网络"薅羊毛"行为是否能入罪,此类行为犯罪化的红线应当如何划定,不仅应当从形式构成要件来入手,更应当从实质层面来解释和判断。"在刑事立法中,不可能根据形式的违法性标准,判断刑法应当禁止哪些行为;只能以实质的违法性即犯罪的本质为标准判断哪些行为值得科处刑罚。"① 因此,笔者尝试基于刑法实质解释的立场,对网络"薅羊毛"行为的刑事规制和判断做实质化、场景化的分析。有的网络"薅羊毛"行为虽然表面上符合犯罪构成要件,但是,对于形式上符合犯罪构成要件的行为,还要看其实质上是否达到了应受处罚的法益侵害程度方能认定是犯罪。

从司法实践中的案例来看,对网络"薅羊毛"行为采取的是"先民后刑"的做法,上文所述"薅羊毛"的第二种类型都是以民事案件来处理的,原因不外乎此类行为首先涉及的是网络交易领域,是民商事法律调整的范围,只有当其中涉及法益的侵害或威胁达到实质可罚性的程度,才会进而需要适用刑法来规则,亦即"通过刑法的目的或是任务的理解而推导出实质违法构成要件,基于实质根据展开对行为非法性的分析和判断"②。正如有学者指出,刑法分

---

① 张明楷:《刑法理论与刑事立法》,载《法学论坛》2017年第6期。
② [日]山口厚:《刑法总论》,付立庆译,中国人民大学出版社2018年版,第103页。

则的每个条文都有其所保护的经过筛选的重要基本价值、利益,即法益[①]。而在这类案件中,受到侵害的法益就是网络平台的财产性利益,在具体个案中,实质解释的判断标准可以从保护社会是否免受此类新型犯罪的侵害角度出发,大致归纳为两个方面。一是行为人获取补贴的手段是否具有非法性。二是行为人侵害的法益是否到达法定保护的必要性程度。这也是区分普通用户和"羊毛党"的标准之一。

四、对网络"薅羊毛"犯罪的体系化制裁思路

对于网络"薅羊毛"黑灰产的刑法规则,涉及此罪与彼罪、一罪与数罪的区分,从现有案例来看,刑法中适用于网络"薅羊毛"黑灰产的罪名有诈骗罪、盗窃罪、侵犯公民个人信息罪、破坏生产经营罪等几个罪名。如何准确区分这些罪名以精确定罪,既要明确此类网络犯罪行为指向的法益,同时也涉及对此类犯罪的体系化制裁,也就是应当从整个刑法分则罪名体系、法条表述体系的高度来厘清这类网络犯罪行为的制裁体系[②]。笔者梳理了实践中对此类行为定罪上的几种争议,并逐一进行评述。

争议之一是关于诈骗罪和盗窃罪的选择。网络"薅羊毛"和传统的犯罪相比,存在网络的媒介性、交易的间接性,因此对犯罪行为性质的认定也产生了争议。主要的争议是"机器是否能被骗",也就是在网络"薅羊毛"案件中,行为人针对网络平台使用伪造、虚假的信息获取财产性利益,从而使得网络平台产生误认而错误地处分财产,能否视为被欺诈的对象是网络平台的所有者或设计者。一种观点认为诈骗罪的成立要求受骗人因错误认识而处分财物,行为人虽然实施了虚构事实、隐瞒真相的行为,但是该行为的对象是机器(网络平台的系统)而非自然人,机器是没有意识的,也就没有认识,所以机器不可能因为认识错误而受骗。行为人利用机器作出错误的"处分"行为而获取财物,应被评价为一种窃取行为,因此符合盗窃罪的构成要件。另一种观点则认为根据"两高"《关于办理妨害信用卡诈骗管理刑事案件具体法律若干问题的解释》,冒用信用卡包括"窃取、收买、骗取或者以其他非法方法获取他人信用卡信息资料,并通过互联网、通讯终端等使用",该解释明确了机器也能成为被诈骗的对象,应当适用于所有使用伪造、虚假的电子信息、程序等

---

① [法]米海依尔·戴尔玛斯·马蒂:《刑事政策的主要体系》,法律出版社2000年版,第247页。

② 于志刚:《虚拟空间中的刑法理论》,社会科学文献出版社2018年版,第317页。

获取不当利益的情形①。行为人利用网络平台规则,以虚假信息套取补贴,符合诈骗罪的构成要件。笔者认同第二种观点。随着互联网的普及,计算机信息系统已经大规模代替自然人处理相应业务,其处分的结果也当然的归属于机器的主人。刑法作为保障法,其所调整的社会关系和保护的法益是以民事法律关系为基础的,如果刑法不加区分地对计算机的处分行为进行否定,固守机器不能被骗的观点,不符合现代社会的认知。大陆法系的传统刑法理论认为机器不具有意识,因此不可能成为被骗的对象,但随着人工智能的出现,不少国家也开始认可计算机信息系统可以成为被骗的对象,如《德国刑法典》第263条"计算机诈骗"、《瑞典刑法》第9章第1条"准诈欺罪"、《日本刑法》第246条"使用电子计算机诈骗"、《丹麦刑法典》第279A条"计算机诈骗"等都认可了机器可以被骗②。在网络"薅羊毛"的案件中,网络平台营销活动的目的是通过补贴让利等活动给予消费者优惠措施、吸引消费以提高销售量,行为人虚构事实使得网络平台的计算机信息系统误认为存在真实的买卖家,误判"薅羊毛"是正常交易流程,并按照预设的程序予以补贴,网络平台系统做出违背交易主体真实意愿的交付行为,应当被认定为诈骗。

争议之二是关于破坏生产经营罪能否在此类网络犯罪中能否适用。这一罪名在司法实务中对破坏电商平台等互联网经济体的新型案件已有判例,例如"南京反向炒信案",被告人恶意好评导致淘宝公司对该店铺作出搜索降权处分,而使其造成经济损失,法院认定构成破坏生产经营罪一度引起争议。在网络"薅羊毛"中同样存在恶意点击、恶意差评的情形,这里争议的焦点在于破坏生产经营罪"其他方法"如何进行解释、能否扩大到对网络空间中的生产经营和资料要素的概括。有观点认为应根据同类解释的规则将"其他方法"理解为与列举示例同样性质的物理性毁坏,也就是坚持严格解释的立场③。笔者认为破坏生产经营罪中对"其他方法"的解释应当是指法益侵害的同类性,也即只要具有破坏他人生产经营的法益侵害性质,都可以构成破坏生产经营罪,而不能只限定为毁坏机器、残害耕畜等传统生产资料的行为方式。否则,刑法在面对新型网络犯罪时将毫无招架之力,只能以法无明文规定为由予以出罪。因此,只有对破坏生产经营罪进行客观目的解释,以破坏生产经营罪的保护法益为指导,将"其他方法"解释为所有使生产经营造成破坏的方式手段,

---

① 最高人民检察院法律政策研究室:《网络犯罪指导性案例实务指引》,中国检察出版社2018年版,第150页。
② 高国其:《机器诈骗犯罪浅议》,载《中国刑事法杂志》2010年第3期。
③ 张明楷:《妨害业务行为的刑法规制》,载《法学杂志》2014年7月。

只有这样才能实现保护法益的刑法机能,才能满足社会现实的需要①。在网络黑灰产"薅羊毛"案中,行为人采取恶意差评、恶意索赔、恶意点击等方式,故意使他人生产经营活动濒临崩溃或者受到扰乱,显然是具有破坏生产经营性质的,因此从体系化解释角度此种行为可以认定为构成破坏生产经营罪。

争议之三是如何准确认定犯罪数额,即以实际损失还是以违法所得来认定犯罪的具体数额。在诈骗犯罪案件中,行为人实际骗取的数额与最终获利的数额之间往往存在一定的"差价"。在网络"薅羊毛"案件中这种情形尤为常见,因为行为人往往将平台给予的补贴或优惠在网络上进行转卖来变现牟利,因此平台支付的补贴必然大于行为人最终获利金额。司法解释中对采取何种标准也有不同规定。例如最高人民法院在2001年《全国法院审理金融犯罪案件工作座谈会纪要》中规定:在具体认定金融诈骗犯罪的数额时,应当以行为人实际骗取的数额计算。而2013年"两高"《关于办理盗窃刑事案件适用法律若干问题的解释》第5条第1款第(二)项规定:盗窃记名的有价支付凭证、有价证券、有价票证,已经兑现的,按照兑现部分的财物价值计算盗窃数额。笔者认为,这类案件应当按照被害人的实际损失来计算。理由是这类案件中网络平台支付的各种补贴优惠是其给予特定消费者的让利,在该部分补贴优惠被行为人用"薅羊毛"手段获取后,就已经实际支付了。如果按照行为人转卖的金额来计算犯罪数额了,就可能出现罪责刑不相适应的情形,对此类犯罪的打击是极为不利的。

五、结语

信息技术发展带来的犯罪对象的扩大和犯罪手段的升级,是我们这个时代刑法所面临的最大挑战之一。对于不断涌现的新型网络犯罪,刑法不可能也没有必要穷尽列举,作为国家法律体系中权益维护的最后一道屏障的刑法,应当关注对现实社会传统法益和社会关系的维护②。在面临新型网络犯罪现象时,合理的应对思路应当是挖掘现有刑法规范的潜力,使其能够适用于新的不法行为。立足于当前网络犯罪的新动向,针对网络"薅羊毛"黑灰产进行刑法规则,特别是在已有的法律框架内遏制此类犯罪行为,预防其所带来的社会危害性,长远来看对于电商时代的网络生态治理、优化互网络营商环境具有十分重要的意义。

---

① 朱建华、薛琴琴:《破坏生产经营罪的网络异化与刑法消解》,载《学术探索》2019年第4期。

② 于冲:《网络刑法的体系建构》,中国法制出版社2016年版,第75页。

网络平台非法集资案件的实务应对与源头防控

王小粉 焦珊珊[*]

P2P 网贷平台集中"爆雷"以来,利用网络平台非法集资的案件越来越受到关注,在实践中非法集资网络平台都是以各种合法形式掩盖,表现形式多样,具有很强隐蔽性、迷惑性,对该类案件的打击取证、司法认定存在诸多问题。为落实最高人民检察院"三号检察建议",强化监管、源头防控金融风险,现对诸暨市院近年来办理的平台集资案件进行研判分析,总结该类案件办理过程中遇到的困境,并提出源头防范的对策建议以供参考。

一、网络平台非法集资犯罪案件主要形式及特点

(一) 网络平台非法集资犯罪的主要形式

网络平台非法集资案件往往披着新型经济的领域的外衣,以各种形式掩饰其非法集资的目的,实践中主要有以下几种类型:

1. 购物型。如嫌疑人利用网络优卡特等购物平台,以三倍价格购物 45 天后全额返还货款为诱饵,进行非法集资。

2. 种植型。如嫌疑人在当地设立与农业相关的公司,通过网络提供土地承包并代为种植的名义,进行非法集资。

3. 投资理财型。如嫌疑人成立投资理财、融资公司,在其他地方成立贵重稀有金属、瓷业等公司,通过发放鸡蛋、挂面等小礼品吸引被害人注意,以高回报为诱饵骗取中老年被害人投资。

4. 传销型。如嫌疑人利用"善心汇"网络传销平台、北京某商贸有限公司等传销组织进行非法集资。

5. 购买保健品、虚假商品型。如通过网络以购买虚拟产品或保健品返利

---

[*] 王小粉,浙江省诸暨市人民检察院检察一部检察官助理;焦珊珊,浙江省诸暨市人民检察院检察二部检察官助理。

的方式，向社会不特定对象吸收存款。

6. 充值返息型。如嫌疑人以黄山徽州某文化旅游公司诸暨分公司的名义，通过向中老年人推荐旅游、度假、养生项目吸引中老年客户，后以高利息为诱饵，诱骗中老年人办理会员卡并充值进行非法集资。

（二）网络平台非法集资犯罪的特征

1. 隐蔽性强，极具迷惑性，且不同类型相互掺杂更加难以鉴别。网络平台非法集资犯罪之所以层出不穷主要是因为其具有较强的诱惑性，以"购物全额退款""资产快速增值""投资获得高收益"等诱骗群众，而在其宣传中又以国家政策鼓励、新兴产业等名义隐蔽其非法的本质。不同类型的集资形式互动交织在一起，使本就隐蔽性较强的集资活动变得更加复杂，令群众难以辨别。

2. 借助互联网，网上网下交织，打破地域限制。在大数据、"互联网+"时代，互联网被不法分子利用成为非法集资的载体，通过聊天软件网站、社区等互联网平台，不断实施非法集资犯罪活动，已经突破了地域的限制。而且实践中有越来越多的非法集资人采取先在某地注册公司，然后再到其他地方设立分公司进行非法集资活动。目前很多非法集资案件不仅跨县市、而且跨省，还有一些非法集资案件一个案件可能就涉及到多个省份，更有甚者波及全国。

3. 犯罪嫌疑人多为外地人，与被害人之间不再以相识为主。在传统的非法集资犯罪案件中，具有固定职业的嫌疑人占到90%[1]，因固定职业的人信誉比外地人员高，更容易进行集资。而网络平台非法集资活动多以投资理财、平台购物等为幌子进行集资，再加上很多非法集资人利用网络世界虚拟性的特征，更是改变了传统非法集资犯罪中犯罪人以具有固定职业为主、被害人以相识为主的特征，被害人与犯罪人之间呈现出以陌生人为主的新特征。

4. 宣传方式多样化、专业化，老年人被害人增多。网络平台非法集资已经不再是传统"口口相传"的宣传方式，而是采用发传单、来推介会、做广告等专业的宣传方式，吸引被害人尤其是老年人注意。

二、司法实践中惩治非法集资犯罪存在的主要问题

（一）侦查取证难

1. 电子数据的发现和固定难

电子数据本身具有隐蔽性强、专业性高、极易灭失和易被篡改的特点，对

---

[1] 闵钐、朱亮：《非法集资类案件实证研究——以江苏省S市数据为基础》，载《中国刑事法杂志》2013年第1期。

于证据的获取及固定提出了较高的要求,且网络平台集资案件的犯罪分子逃避侦查的意识和能力不断加强,通常采用网址、加密技术等手段,或及时清除记录、销毁存储介质,导致侦查人员取证十分困难。

2. 异地取证和海量数据排查难

网络非法集资案件一般涉案公司零散分布,异地作案现象突出,多是总公司或投资公司在外地,涉及面广,跨地域甚至跨国界的情况多件,异地取证、服务器在境外加大了取证的难度,而涉众型的非法集资案件,被害人人数众多,犯罪数额中小额多笔,被害人不配合侦查机关取证,网络运营商、服务提供商态度消极甚至不配合等均加大了侦查机关全面排查取证的困难。

(二)定性处理难

网络平台非法集资活动形式多样,又有合法形式掩盖,具有很大的隐蔽性和欺诈性,而法律法规对非法集资没有一个明确系统的法律界定,且对其的认定一般要涉及多个法律范畴,导致对非法集资的认定缺乏清晰的法理支持,对其认定难度很大,并导致不同的地区对相同案件定性处罚不同。

1. 罪与非罪难分辨

网络平台非法集资活动形式多样,有合法形式掩盖,具有很强的迷惑性,很难跟合法的投资理财、商品销售活动区分开。如,嫌疑人徐某涉嫌利用"优卡特"购物平台非法吸收公众存款案中,徐某以2万元的费用从"优卡特"公司处申请到在诸暨市的运营权,后在诸暨市设立优卡特的子公司诸暨市引航电子商务有限公司作为"优卡特"县级服务中心,并不断发展何某、周某等5人在村、社区设立村级服务站,服务站以口口相传的方式,以三倍购物45天后全额返还货款为诱饵,吸引被害人加入"优卡特"平台的会员并在该平台购物,徐某提成Z市销售总额的6%,何某等人提成其所经营村级服务站销售额的10%。"优卡特"电商信息服务平台对外宣称是专注于涉农电子商务发展的高新互联网企业,以"互联网+文化+县域经济"的商业模式,致力于打造专业互联网领域的属地化综合性农村电商信息服务平台。该平台的经营方式是一种合法的营销模式还是"空手套白狼"的庞氏骗局,需要剖开其层层包裹的外衣才能发现,该平台在无其他经营收入的情况下,该种经营模式得以持续运作的途径便是不断吸引消费者进入购物平台消费,用后期消费者投入的资金来支付前期消费者的返款,该种经营模式系变相吸非法集资的行为,应当以非法集资相关罪名追究相关人员的刑事责任。

2. 非法集资相关罪名易混淆

(1)集资诈骗罪难认定。非法吸收公众存款罪与集资诈骗罪在客观上都有非法吸收公众资金的行为,因此两个罪名较容易混淆。根据法律规定非法吸收公众存款罪与集资诈骗罪具有两个显著的区别。一是集资诈骗罪的成立以非法集资人具有非法占有的目的，这是集资诈骗罪作为特殊诈骗犯罪的基本要求，也是于非法吸收公共存款罪相区分开的关键所在。二是非法吸收公众存款罪与集资诈骗罪在行为实施方式上也存在差异，集资诈骗罪的非法集资人必须运用了诈骗的方法，这是该罪的构成要件，非法吸收公众存款罪的行为人非法集资表现为以诈骗方法和非法集资两种行为相结合，该罪并不以欺骗方法为构成要件，尤其是在吸收公众存款或者募集资金的行为目的上，并没有遮掩盈利的意图和表现。但办案实践中，很多网络平台非法集资案件涉及全国各地，且大部分总公司设在外地，非法集资来的钱款也都交到总公司，总公司是否具有吸储资格、是否有正常的生产经营活动、集资款是否主要用于正常的生产经营活动等事实不清，证据不足，很难证实非法集资人是否具有非法占有的目的、是否采用了欺骗的方法集资，又因非法吸收公众存款罪与集资诈骗罪的量刑存在较大差别，只能依照有利于被告人的原则，即以非法吸收公众存款罪来认定。

（2）非法吸收公众存款罪与组织、领导传销活动罪易混淆。部分网络平台非法集资活动，利用传销组织进行集资，更有互联网金融与传销相互结合的形式，致使在对嫌疑人进行定性时很容易将非法吸收公众存款罪与组织、领导传销活动罪相混淆。如，嫌疑人陈某一次性消费10500元购买北京某商贸有限公司产品，成为该公司消费者，便可以根据直接或者间接加入获得数额不等的利息，另外该公司还根据参与人数给予拓展人员陈某一定数额的奖励（每2人加入便可获得3600元奖励），之后陈某成为该公司Z市第二联络处主任，并向他人介绍某健康中国行的产品（北京某商贸有限公司产品），通过陈某介绍，共计80余人购买该公司产品，陈某获利30余万元。该案侦查机关以陈某涉嫌非法吸收公众存款罪提请逮捕，但审查逮捕部门经审查后认为陈某涉嫌组织、领导传销活动罪。

（3）能否认定单位犯罪存在争议。网络平台非法集资中集资人通常以单位的名义实施集资行为，而单位犯罪的刑事责任普遍轻于自然人犯罪，所以对是否成立单位犯罪做出正确的判断是遵守罪责刑相适应原则的基本要求。办案实践中最典型的单位非法集资犯罪是集资人用于集资的公司系合法成立，并且确实由多个真实的经营项目在正常运作，某个项目因资金紧张而向社会公开募集资金，集资人所募集资金均用于项目经营和返还前期借款利息。该种情况下集资人的公司还在主要从事正常的生产经营活动，集资人集资是为了单位利益，集资来的资金也归单位所有，应当属于单位犯罪。但是，上述典型的单位犯罪在办案实践中所占比例很小，绝大多数非法集资案件都是集资人成立公司就是为了通过某个或几个项目进行非法集资活动，这种情况属于单位犯罪还是自然人犯罪，存在争议较大。

三、网络平台非法集资案件的实务应对与源头防控

（一）侦查协作，司法联动盘活优势资源

1. 打破办案壁垒联动侦查

由于网络平台非法集资案件具有涉案范围广，跨区域作案的特点，因此，需加强不同地区侦查机关之间的联系。公安机关之间侦查协作的内容可以是关于非法集资资料的查询、证人的询问，也可以进行跨地区拘捕、押解、追缉非法集资犯罪嫌疑人，跨地区查控知情人，搜查、冻结涉嫌非法集资的赃款赃物，以及跨地区采取技术侦查措施等。另外，要逐步建立"条块结合，以块为主"的侦查机关体制格局，并建立非法集资的地区间信息共享平台和交流协作机制，这有利于对非法集资犯罪案件的全面认识，及时将非法集资犯罪嫌疑人缉拿归案，更有利于侦查机关将非法集资案件查处情况进行通报，以便其他地区侦查机关及时对同一公司非法集资活动进行查处，防止集资人继续作案，以防危害后果进一步扩大。

2. 善借"外脑"共同攻克

司法办案中应加强与审计、工商、通信、银行等单位的协作，形成打击非法集资犯罪的合力。在对非法集资案件进行侦查的过程中，可以提请工商部门协助开展，通过专业财务审计查明涉案公司资金状况。虽然公安机关内部设有网监部门，但是网监部门的技术有限，在案件实际需要的情况下，对于涉嫌网络非法集资信息的取证、删除、屏蔽，可以联系通讯服务供应商及时进行。对于非法集资案件中网络技术方面难以解决的问题，也可以借助"外脑"，与阿里巴巴、银行等单位加强合作交流，为办案中实现对大数据的精准分析研判，厘清法律关系打下坚实的基础。

（二）充分履行检察职能，源头防控网上金融风险

各级检察机关要打好防范化解重大金融风险攻坚战，推动高检院"三号检察建议"落实见效，强化法律监督职能，进一步加大对集资类犯罪案件的打击力度，防控化解网上金融风险。

1. 提前介入侦查，对取证标准达成共识。在侦办案件过程中注重侦、捕、诉、审的互动交流，以联席会议、案情分析会等形式共同对网络非法集资案件的证据体系进行梳理分析，对事实认定中从虚拟身份到真实身份、人机同一性、嫌疑人与犯罪事实之间的联系达成共识，以期在侦查环节解决好案件的定

性、电子数据、证据"抽样式"收集、固定和被害人、证人信息的掌握等问题，为起诉、审判工作打下良好基础。

2. 加强理论研究，适时发布指导性案例。对于网络平台非法集资案件的认定加强理论研究和探讨，厘清各类罪名之间的定性争议，对各类新型的犯罪手法准确定性。同时对较为典型、多发的网络平台非法集资犯罪案例进行及时、快速的梳理并发布，并附上相关法律条文、司法解释，确保大多数情况下办案人员可以快速找到有参考意义的案例，将有利于办案人员对非法集资犯罪案件的准确定性。

3. "预防约谈+白皮书"双管齐下源头防控。检察部门根据自行掌握的线索或根据金融行政部门提供的线索，对查处打击金融犯罪有职务犯罪苗头的单位和个人，适时开展"预防约谈"，对其进行警示诫勉，要求履职到位。同时，适时发布《金融检察白皮书》，针对集资类犯罪呈现出的发案率和涉案总金额明显提高的"两高"趋势，对办理的非法集资类案件进行调研、梳理、分析，总结该类犯罪的案件特征和危害后果，提高广大群众识别网上金融风险、防范非法集资犯罪的能力。

4. 以司法保障金融，与银行等金融机构建立协作机制。建立涉及网络金融领域违法犯罪活动立体化惩防体系，需要检察机关与金融机构建立线索移送、联防联动、共建共治机制。尤其加强网上金融监管信息日常通报，监测、分析和预判辖区内网络金融活动风险状况，强化防范化解系统性、区域性金融风险，形成预防和打击金融违法犯罪合力。

当前新型非法吸收公众存款犯罪之特征及其检察应对

——基于 100 份 P2P 案件判决书的样本分析

王永强　贺英豪[*]

一、引言

金融是现代经济发展的核心和命脉，在信息网络高速发展之下，互联网金融成为区别于传统金融之外最炙手可热的金融模式。在 4G 向 5G 跨进的时代，金融与互联网的创新结合是大势所趋，对金融业务的开展、产品的销售产生重要影响。但是，随着各项金融业务业态创新与金融监管改革不断深入，各种金融违法犯罪活动相继出现，甚至假借金融创新之名行犯罪之实，其中以 P2P 网络借贷诱发的非法吸收公众存款类犯罪尤甚。

P2P 网络借贷是新兴的金融业态，有着强大的互联网思维，其产品创新能力强，入资门槛低，市场化程度高，传播人群广，这些显著的特点对难以从国有银行获取低息贷款的小微企业来说无疑是融资扩产的理想渠道，并且其高于银行同期利率的收益也为收入稳定有闲钱的群体衍生出新的投资渠道，P2P 网络借贷在宽松的环境之下野蛮生长。但高速的发展也会带来危险，"e 租宝事件"过后，国家的监管日趋严格。

尽管 P2P 网络借贷频频"爆雷"，绝大多数网贷平台的业务都不合规。但是，正如前文所述，互联网金融是大势所趋，是建立现代金融体系的重要部分。P2P 模式本也有一个善意的初衷：为大量无法获得传统银行贷款又急需资金的人群提供帮助，这本身也是三方互利的操作：借款人解决燃眉之急，出借人丰富投资渠道，平台方收取信息费用。因此，如何鉴别巧借平台实行非法吸

---

[*] 王永强，四川省天府新区成都片区人民检察院副检察长，三级高级检察官；贺英豪，四川省天府新区成都片区人民检察院干部，全国检察机关调研骨干人才。

收公众存款的违法犯罪行为,精准打击犯罪,引导 P2P 网贷平台合规合法发展,重振群众民间投资信心,助力经济又好又快发展,才是关键所在。

为了探究上述问题,笔者通过中国裁判文书网以 P2P 和非法吸收公众存款罪为关键词再加以时间和地区为限定搜索判决书的方式进行了实证研究。笔者将时间限定在 2016 年至 2020 年,随机各抽取了北京市、上海市、深圳市、杭州市和成都市的 20 个案例,样本容量共计 100 个。

二、裁判案例统计:P2P 网贷平台涉罪之主要特征

通过对 5 个代表城市随机抽取的 100 份判决书进行归纳分析,笔者的发现如下:

(一)犯罪主体趋向年轻化、高学历化

以往人们有一个惯常观念:违法犯罪者大多受教育程度较低,常常因为不懂法而做了违法之事。然而,P2P 网络借贷犯罪的主体却与大众常识呈现出相悖的表现。

笔者进行的实证调研,统计 100 起总共涉及的 174 名被告人当中,几乎均为 20-50 岁之间的中青年人,未出现未成年人犯罪的情况,年龄在 60 岁以上老龄犯罪主体仅有 2 人。在已知文化程度的 134 人当中,超过 70%的被告人都取得大学学历,接受过高等教育,甚至有 6 人取得研究生学历,小学学历者为 0。P2P 网络借贷作为互联网与金融相结合的新生事物,具有相当的前沿性和专业性,因此需要能接受新鲜事物的年轻人以及接受过专业教育的学习者方能实施网上资金聚集的行为,同时给非法集资行为披上一层专业的外衣,让被害人相信自己投资的钱定有高效益的回报,所以区别于其他犯罪,P2P 网贷平台作为新型的带有互联网因素的金融类犯罪,犯罪主体更加年轻化、高学历化、专业化。

(二)犯罪组织性增强,共同犯罪分工明确

被告人多成立以"基金管理""投资基金""理财咨询"冠名的公司来吸收资金,这也和普通的民间借贷多以个人名义进行不同。公司内横向机构设置与纵向层级划分已由早期的"作坊式"组织向现代化企业模式转变,组织结构的正规性往往具有较大迷惑性。

被刑法所惩罚的被告人之中,既有非法吸收公众存款公司的实际控制人、法定代表人、股东,又有公司内部地位层级较高的管理人员,也有普通负责拉业务的普通工作人员。当然,他们因为身份的不同,对于吸收来的资金的控制程度也不一样。纵观 100 份判决书,非法吸收的大量资金基本上都是进了公司

实际控制人、法定代表人和股东的账户，他们决定了资金的后续流向，经理和业务人员只是领取固定的工资以及拉来人数的奖金提成，唯一的不同可能就是到手金额的差别。值得注意的是，多份判决书显示被起诉的被告人既有公司的高层人员也有普通的业务人员，这表明了我国司法机关对此类犯罪严厉打击的态势，并非仅仅惩罚首要分子。

（三）为加强资金流向的控制，资金吸收者多违规自创融资平台

顾名思义，P2P 网贷平台犯罪正是通过平台将原本素未谋面的借贷双方联系到一起，然而违法者为了更好的掌控资金，转变了平台信息中介的性质，成为法律严禁的资金池，绝大多数的 P2P 网贷犯罪都是非法集资者自己成立一个没有资质的公司，然后违规进行融资活动，这样相比于借用专门的融资信息中介平台，能够使资金脱离监管的渠道，全额进入融资公司控制者、法定代表人、股东控制之下的公司账户或者个人账户，他们就可以自由支配资金，有的被用来拆东墙补西墙继续做大融资平台，有的被用来放贷投资赚利息差，有的被用来个人生活挥霍。而那些借用融资信息服务平台的融资活动触碰法律的红线都是因为信息中介异化为信用中介，对理财客户的投资款进行归集、控制、支配、使用以及还本付息，本质都与商业银行吸收存款业务相同，并非国家所允许创新的网络借贷信息中介行为。这里我们需要注意的是网络借贷信息中介平台的服务定位：网络借贷信息中介机构依法只能从事信息中介业务，为借款人与出借人实现直接借贷提供信息搜集、信息公布、资信评估、信息交互、借贷撮合等服务。信息中介机构不得提供增信服务，不得直接或间接归集资金，包括设立资金池控制、支配资金或者为自己控制的公司融资。

（四）宣传攻势凶猛，虚假项目繁多

非法吸收存款活动早期的传播方式主要为发放传单、电话营销、讲师授课等，到如今已发展成为集网络平台、推介会、报刊、形象代言、新闻发布会等于一体的全方位、立体化的宣传攻势。在读完 100 份判决书后，笔者发现这种凶猛的宣传攻势往往还伴随着虚假：公司虚假包装，显得财力雄厚；利率虚假夸大，显得前景光明；项目虚假成立，显得业务繁忙。正是这些虚幻的假象让投资者信以为真，甘心投资。

（五）受害者人数众多，财产损失严重

非法吸收公众存款的首要特征就是涉及的投资人数众多，被害人少则数十人，多则上万人。尤其是互联网平台的交互性打破了过去传统模式下的熟人推荐，更加轻松的将"项目"推往全国各地，投资者地区来源达到最大化。投资者数量的急剧增长自然也就带来庞大的资金流量，资金池的数量也就滚雪球

式的成倍增长，轻而易举达到令人咋舌的数目。

在笔者随机抽取的 100 份判决书当中，受害者人数和损失金额的跨度都非常巨大，差值明显，总的来说相比较之下小规模的非法吸收公众存款占了发案数量的大多数。抽样的判决书中受害者人数最少的为 10 人，最多的为 28003 人；损失金额最少的为 100 万，最高的为 26 亿。但就算是小规模的 P2P 网贷犯罪案件，受害者数量和造成的财产损失也远高于刑法惩罚的其他大多数犯罪。而且不难看出，非法集资案件的被告人是以高额利息为诱惑达到快速吸收存款的目的，在特定的时间内自身偿还能力是有限的，致使该类案件赃款赃物的实际追缴不理想，致使众多被害人损失难以及时挽回。此外，在没有其他索赔渠道的情况下，被害人往往集结到各级政府寻求救济，给政府施压，极易引发群体性事件。

三、庭审中三个焦点问题的厘清

细读判决书文本，除了上文所归纳出的 P2P 网贷平台犯罪的特征，笔者发现被告人的供述及其辩护人的辩护意见也值得专门进行探讨。在 100 份判决书中，有 94 个案件的融资活动是被告人凭借自己违规成立而没有资质进行金融服务的公司开展的，被控诉的被告人均为自设公司的股东和员工。有 6 个案件发生在专门从事民间融资信息咨询服务的居间公司，其被告人为居间公司的控制人和管理人员。虽说案件的发生的时间、地点、具体情况都不尽一样，但是面对检察机关的指控，各被告人及其辩护人有三点重要的辩护意见都是一致的，这说明在这三个法律问题上控辩双方的看法有所分歧，应当引起注意。

（一）单位犯罪还是个人犯罪，主犯还是从犯

在 94 起检察机关指控被告人设立公司，违规开展金融业务，以投资理财为由，向社会公开宣传，变相非法吸收公众资金，应当以非法吸收公众存款罪追究刑事责任的案件中，被告人及其辩护人基本都对指控的事实及罪名无异议，但是针对被告人在公司中不同的身份对应提出了自己的辩护意见。倘若被告人为案发公司的实际控制人、法定代表人、股东，辩护人就会强调该案应是单位犯罪而非自然人犯罪，倘若被告人为案发公司的公司经理、部门经理，则会突出被告人的从犯地位。笔者认为，需要结合案情具体分析。如果说某公司本身一直都是从事的合法合规的经营业务，并且有大量的交易活动和流水往来可以印证，在某段时间因为扩大生产经营需要或者经营管理不善导致资金紧张，一时又难以从国有商业银行贷出款项。为了公司能继续经营顺利发展，单位实际控制者或高层管理人员决定冒险向社会吸收资金以缓解现状的，检察机关可考虑以单位犯罪提起公诉。至于是否为从犯，则应根据被告人在吸收存款

违法犯罪活动中的作用大小来进行认定,而不应简单依据被告人在公司内部的职务大小。

(二) 普通员工是否构成共同犯罪

在 P2P 网络借贷犯罪中,由于其公司化的正规包装以及涉众性,往往有大量的人员被牵扯其中。其中不仅包括决策者、资金获得者,还包括拉来资金的宣传者。在笔者所实证研究的这 100 份判决书中,有 174 名被告人,其中有 16 人就属于普通的业务人员。我们又该如何对这些人的行为进行定性呢?

对此,笔者认为可从事实与价值层面进行判断。事实是性质,价值和实际认识是考量。事实判断限于犯罪现象,价值判断在于主体感受度。诚然,P2P 网贷平台犯罪的一个重要环节就是业务人员与投资人的对接沟通,甚至可以说如果没有他们的参与犯罪就不能够完成。投资人往往很少能够见到平台公司的管理层人员,更别说公司的实际控制人了,他们有疑问能够对接的只有这些业务客服人员,业务人员的劝说一定程度上坚定了他们的投资信心。正是这些普通业务人员的客观行为促使主犯达到了主观目的。那么仅就在成立非法吸收公众存款这一犯罪行为来说,业务人员是确确实实是犯罪的实行者,这就是事实判断的入罪。但是按照事实判断标准一律进行打击又难免有失偏颇。这个时候我们还应当考虑业务人员主观上的心态和他所处的公司环境。如果该人员本身不知道并且也不应当知道自己所服务的公司不具有经营投资理财的业务资质和理财产品的虚假化,那么业务人员就不应该是非法吸收公众存款罪的共犯,这也就是价值判断的出罪。所以,价值判断标准对事实判断标准有一个修正补充的作用。

(三) 信息中介还是信用中介

信息中介与信用中介的最本质区别在于对信息不对称问题的解决程度。① 信息中介为借款人与出借人实现直接借贷提供信息搜集、信息公布、资信评估、信息交互、借贷撮合等服务。在这个信息整合披露的过程中,信息中介就应该像是单纯的信息发布机构,既不为借款人作信用担保又不引导放贷人的资金流向。而信用中介恰恰就像是一个积极的干预者,既为借款人信用背书又试图操控放贷人的资金走向,全面参与双方借贷活动。信息中介还是信用中介,一般会重点考察两个点:资金池和虚假标。

资金池的形成一般有三种方式。第一种是先利诱投资人自己公司有好的投

---

① 张怡心、赵振宇:《互联网金融的新发展探究——基于信息中介转为信用中介的视角》,载《中国市场》2017 年第 29 期。

资项目，投资人只需把钱转到公司账上然后定期享受分红就行，等拿到了投资人的钱之后再去寻找借款方或者投资项目。第二种是平台先将贷款放给借款人，然后再将这些债权进行切割转让给其他众多的债权人，这样自己就能够对债权人的资金和借款方的还款代为管理。第三种就是自融，自己找来资金自己进行投资。之所以法律严令禁止 P2P 网贷平台设立资金池，是因为要保证资金的进出平衡，这样才能使交易正常进行。倘若平台手里掌握了大量资金就有可能会带来两个风险：一是当资金流出大于资金流入，那么平台就会产生兑付困难，影响正常的金融交易经济往来；二是平台私自挪用或者直接携款玩起消失。

虚假标其实就是平台为了获得资金弄虚作假，虚假的借款方，虚假的项目，虚假的资信等等。在一切都是虚假的情况下平台兑现利率承诺的唯一办法就是拆新补旧、拆东补西、击鼓传花，成为一场"庞氏骗局"。

四、检察机关治理 P2P 非吸犯罪的应对之策

对于潜伏期长、隐蔽性强的 P2P 网贷平台犯罪，检察机关应当主动适应新形势，将非法吸收公众存款的违法行为纳入早期监管，将此类经济犯罪控制在萌芽状态，实现早预防、早发现、早预警、早处置，避免投资者遭受巨额财产损害后，引发金融及社会秩序混乱，造成社会不稳定的重大风险。

一是充分认识 P2P 非吸犯罪对经济和社会的严重危害性。假借 P2P 平台进行的非法吸收公众存款行为，相比传统犯罪手段具有极强的隐蔽性。传统非吸依托于实体经济，打着投资开发的幌子，P2P 则是以金融投资之名行集资之实。多数投资客并非金融领域的专业人士，根本发现不了非法之处，只有平台兑付困难公司人去楼空才发现自己买的根本不是金融产品而是平台的虚假项目。此外，在 P2P 平台运营前期，支付高额利息的方法往往是拆新补旧。资金池让平台有了可用的现金流，利用期限错配做出一笔笔好看的交易数据，只要有新的投资客进来那么就能支付老用户的利息费。可是一旦当流入的现金出现短缺，那么"爆雷"也成自然。而且在"爆雷"的前期，平台还会用系统升级、到账需要数个工作日等借口来稳住放贷人，因此从投资进入到发现被骗，时间从数月到数年不等，犯罪潜伏期漫长，平台方有足够的时间逃避犯罪打击，隐藏犯罪证据。我国当前正处于经济发展转型的重要时期，全面建成小康社会的决胜时期，检察机关必须提高政治站位，统一思想认识，坚决对这种严重破坏市场经济秩序、损害人民财产利益的新型网络金融犯罪从严打击，形成常态的金融司法治理机制，为城市金融健康稳定发展营造良好的社会和司法生态环境。

二是适时提前介入侦查,引导公安机关侦查取证。跟踪犯罪行为轨迹和资金流向轨迹,准确界定犯罪行为边界和犯罪金额,参与追赃挽损和涉案资产处置。建立涉案财物长效跟踪机制,督促追缴非法获利。引导公安机关取证需要在锁定主要犯罪嫌疑人和骨干分子后,尽快采取各种侦查手段,摸清非法集资活动运行网络和资金运行、转存情况,向公安机关提出追赃方向,并建议对相关犯罪嫌疑人采取必要强制措施并及时查封、冻结资金、机动车及其他涉案款物。积极参与妥善处理资产,探索先行处置涉案款物,最大限度为群众挽损。对于集资款流向清晰的案件,在固定好证据前提下对冻结、查封的涉案资产中确实属于受害群体合法财产的部分,主动协调相关部门探索提前开展清退,及早稳定受害群体情绪,防止群体性事件发生。以审判为中心,引导公安机关全面、客观收集案件证据。检警协作机制层面,定期邀请经侦侦查人员、法制预审科负责人列席检察委员会,听取检委会关于P2P网贷平台案件的证据收集、刑事追究人员的范围认定等意见,提高打击精准度。

三是检察机关在审查起诉中,区分情况,规范处理。大量吸收公众存款是P2P常见的行为方式,但切不可固化办案思维模式,以非法吸收公众存款罪审查所有案件。比如对处于组织、领导地位的集资行为人,有证据证明其非法占有故意的,应当以集资诈骗罪提起公诉;对合法借贷只因经营不善难以偿还债务的,应当不以犯罪论处;对参与非法集资、主动退清不法收入的涉案人员依法变更强制措施或作出微罪不起诉决定;对参与非法集资、未主动退交犯罪所得的涉案人员向公安机关发出追诉函;对正常履行工作职责,有正当理由相信公司开展合法经营的职工不认为其构成共同犯罪。

四是运用认罪认罚制度依法高效处置P2P非吸犯罪。根据判决书的统计,P2P非吸犯罪显著特点就是追赃挽损难,造成财产损失严重,金额从百万到数亿不等。实践来看,只要被害人能够挽回财产损失也是愿意司法机关对被告人从宽处理的。因此,检察机关在运用认罪认罚从宽制度审查P2P非吸案件时,将退赔情况和效果纳入量刑协商范围之中,对退赔积极并落实到位的被告人可从轻提出量刑建议,符合条件可做不起诉处理。对不积极退赃的,一般不予从宽处理,这充分体现了"宽严相济"的刑事司法政策。

跨区域网络"套路贷"涉恶犯罪检察办案研究

——以吕某等人恶势力犯罪集团案、夏某等人恶势力犯罪集团案为例

杨玉心　黄昕颖[*]

一、跨区域网络"套路贷"涉恶案件新趋势

（一）跨区域网络"套路贷"涉恶案件——吕某恶势力犯罪集团案、夏某恶势力犯罪集团案

2019 年 1 月，被告人吕某、涂某等四人共同出资成立温州某网络科技有限公司，以陈某等人开发的"A+系统"为网络基础架构，开办"某网贷平台"，并以公司化的形式专门从事"714 现金贷"业务。2019 年 3 月，因中央电视台"3.15"晚会曝光了"714 现金贷"，被告人吕某、涂某等人因害怕被追究刑事责任，遂将"某网贷平台"暂停歇业。为获取非法利益，吕某、涂某等人于 2019 年 4 月下旬再次筹款 1300 万元重启"某网贷平台"。同年 5 月，因担心被公安机关查处，将该网贷平台操盘地点转移至越南岘港，又招募了他人一同前往越南岘港协助操盘。后 2019 年在 5 月至 7 月期间，谢某、吕某等人追加投资开办 3 个网贷平台。上述人员将多个网贷平台操盘地点均设置在越南岘港。

吕某、涂某等人通过运营"某网贷平台"等平台，在未取得贷款发放资质的情况下，假借民间"借贷"，虚构事实，通过多种方式不断垒高被害人债务，骗取被害人财物，形成了以吕某、涂某为首要分子，陈某等人为成员，以"套路贷"方式骗取被害人钱款的恶势力犯罪集团，并通过外包形式将网贷平

---

[*] 杨玉心，江苏省南通市崇川区人民检察院第一检察部检察官助理；黄昕颖，江苏省南通市崇川区人民检察院第一检察部副主任，员额检察官。

台逾期借款人的催收委派给夏某等人成立的南通某信息技术公司实施"软暴力"催收，扰乱经济、社会生活秩序。

2018年8月2日，被告人夏某等人陆续出资注册成立的南通某信息技术公司，对外宣传从事信息技术服务、互联网信息服务，实为专营网贷平台债务催收。2018年11月至2019年9月期间，被告人夏某、葛某、陈某、李某等人通过中间人被告人姚某的介绍，先后承接了吕某等人及其他公司开办的网贷平台催收业务，逐渐形成以夏某、葛某、陈某、李某为首要分子，姚某某等19人为成员的恶势力犯罪集团，严重扰乱经济、社会生活秩序，造成恶劣社会影响。仅2019年8、9月期间，该公司催收人员使用威胁、辱骂等方式对被害人实施催收近百起，使吕某等人累计非法获利5000余万元。

(二) 跨区域网络"套路贷"涉恶案件新趋势

对"套路贷"犯罪手段及其特点的分析有助于更加准确地把握该种类型的犯罪。① 跨区域网络"套路贷"较实体经营的"套路贷"存在明显不同的特点。

1. 放贷业务从实体经营走向"互联网+"

首先，"套路贷"放贷业务从线下走向线上，被害人不局限在一定区域范围。"套路贷"公司从原来的考察当地环境、设立公司从事放贷业务，发展到了利用互联网+信息技术支撑，向更广地域范围内的被害人发放"套路贷"。其次，"套路贷"放贷业务操作地点从境内走向境外。近几年国内打击"套路贷"等非法金融活动的力度加大，"套路贷"放贷人员为逃避打击，将放贷业务操盘地点从国内转移至境外，如越南岘港等地。再次，"套路贷"放贷业务从有纸化转向无纸化。放贷业务也从业务员带客户至公司签订书面借贷合同，转向利用手机APP向更广泛的人群传播，用户通过"套路贷"APP进行借款操作，签订的合同是无纸化、电子化。最后，技术支撑走向智能化。一方面，"套路贷"放贷业务统计和通讯信息提取智能化，"套路贷"放贷业务从人工Excel统计到手机APP软件智能统计，实现了放贷业务统计结果动态化、准确化；"套路贷"业务需要提取的信用信息，实现了从面对面要求提交的方式，转变为手机APP获得提取借款人手机通话记录权限后，自动抽取借款人通讯；另一方面"套路贷" APP涉及的套路陷阱更加隐蔽化、智能化，即通过将"套路贷"放贷业务流程转化为手机APP放贷操作，使得扣除相关高额费用更

---

① 董邦俊、侯晓翔：《"套路贷"的刑事规制及其防控研究》，载《湖北社会科学》2018年第10期。

加隐蔽,让被害人不易察觉。

2. 催收业务从"放催一体"经营走向独立经营

一是"套路贷"催收团队由"放催一体"走向独立经营。"套路贷"公司由原来的自己放贷、自己催收的"放催一体"模式,转变为专注放贷、催收外包的经营模式。即催收团队不在为一家"套路贷"公司催债,而是承接多家"套路贷"公司的催收业务,呈现"套路贷"催收业务专业化特征。二是"套路贷"催收手段从当面催债向不见面滋扰转移。"套路贷"催收业务也由催收人员至被害人家中当面滋扰亲属、放哀乐、喷油器等手段,转向催收人员拨打被害人及其亲属电话或者电话轰炸等不见面方式滋扰转移。三是"套路贷"催收软暴力趋势明显。"套路贷"催收业务人员涉及的罪名从抢劫罪、敲诈勒索罪、寻衅滋事罪,转变为以寻衅滋事罪为主,可以看出催收软暴力趋势明显。

3. "套路贷"借贷双方关系呈现恶性循环特征

一是"套路贷"担保模式由产权担保转向人格信用担保,获取被害人及其亲属身份信息更容易。"套路贷"出借方从要求借款人提供房产证明、车辆权属证明等产权担保,向无抵押方式转变,即要求借款人提供裸照、亲属身份信息等人格信用方式担保。二是部分"套路贷"借款人出现"薅羊毛"特质。打击"套路贷"宣传铺天盖地,让部分借款人打起歪主意,即对于新开张的"套路贷"公司或者 APP 疯狂借钱,但是就是不打算还钱,同时对催收人员也"恶语相向"。三是"套路贷"借贷双方关系恶性循环。"套路贷"出借方通过套路累高借款金额,让借款人陷入边借边还、越还越多的陷阱。而部分"套路贷"借款人借机"薅羊毛",占有出借方钱款,致使出借方无法收回本金。

二、跨区域网络"套路贷"涉恶案件办理难点及现实路径

(一)跨区域网络"套路贷"诈骗数额的认定

吕某等人经营的网络"套路贷"平台,涉及被害人地域广,从扣押到的电子记录来看,已涉及 12 万余条转账记录等,就司法机关而言,无法也不可能对被害人进行一一核实。

如何有效惩治犯罪,准确认定诈骗数额成为难点。一是对已收集的被害人陈述进行精细化审查,审查被害人陈述、转账记录、贷款记录等,严格依照最高人民法院、最高人民检察院、公安部、司法部《关于办理"套路贷"刑事案件若干问题的意见》(以下简称《意见》)第 6 条关于"套路贷"犯罪数额的认定规则,确定准确数额。二是参照《关于办理电信网络诈骗等刑事案件

适用法律若干问题的意见》关于诈骗数额认定规则予以认定。因网络"套路贷"被害人同电信网络诈骗案被害人一样，同样存在人数众多等客观条件的限制，无法逐一收集被害人陈述的，可以结合已收集的被害人陈述，以及经查证属实的银行账户交易记录、第三方支付结算账户交易记录、电子数据等证据，来综合认定跨区域网络"套路贷"贷款平台被害人人数及诈骗资金数额等犯罪事实。

（二）跨区域网络"套路贷"催收人员寻衅滋事的认定

跨区域网络"套路贷"催收人员寻衅滋事的难点，在于难以查清每个催收人员具体的犯罪事实。正当的私力救济也应受到必要的限制，犯罪嫌疑人在催款时也应考虑手段是否合理、适当，这一点从一般人的社会观念来看即可。[1] 具体而言，夏某等人成立的公司专门从事网络"套路贷"催收业务，招收有大量催收人员。催收人员采取发送威胁性、辱骂性的短信给借款人及其亲友、拨打电话、使用短信轰炸软件等恶劣手段进行催收。一是虽然经公安机关侦查，催收人员实施发送侮辱短信、拨打电话的事实共计93次，但具体到每个实施催收的人员次数在3至12次。但根据在案短信提取等电子数据，每个人实施滋扰次数远多于已查证的事实。二是犯罪嫌疑人往往也会辩解，"到涉案公司后并没有马上从事发送短信、拨打电话的滋扰活动"或者"没有打过恐吓性质的电话"。在这种情况下，如要查清每个人具体的犯罪事实，就会成为"不可能的任务"。

因此，只能借助于共犯理论认定整体犯罪。犯罪嫌疑人、被告人应对其参与期间该团伙实施的全部寻衅滋事行为承担责任。犯罪嫌疑人、被告人"参与期间"，从犯罪嫌疑人、被告人着手实施发送威胁性、辱骂性短信行为开始起算。具体到跨区域网络"套路贷"催收人员对其参与期间该团伙实施的寻衅滋事行为承担责任，同时对每个催收人员已查实的寻衅滋事的次数、发送短信内容的恶劣程度等综合考量，做到罪责刑相适应。

（三）跨区域网络"套路贷"中介人员构成上游犯罪还是下游犯罪共犯

本文中跨区域网络"套路贷"中介人员，指的是将网络"套路贷"平台催收业务与催收公司进行牵线搭桥，从中获取利益的人员。跨区域网络"套路贷"放催业务中介人员构成上游犯罪还是下游犯罪的共犯，要从中介人员的地位、发挥的作用、是否成立共同犯罪、有无获利及获利方式等方面进行

---

[1] 陈斌：《"网络套路贷"案件定性评析——以温岭"4·26特大网络套路贷"案为视角》，载《中国检察官》2019年第8期。

分析。

本案姚某即是从多家上游网贷平台（含涉案吕某等人经营的网贷平台）承接催收业务，后转交给专营催收业务的涉案夏某等人经营的公司。从姚某的地位和发挥的作用来看，其是承揽多家网贷平台催收业务，不是专门服务于任何一家网贷平台，将其认为是上游网贷平台实施的犯罪明显不妥；从姚某的获利方式来看，来源于下游催收费用。在夏某等人公司催收回款后，经姚某交由上游网贷平台，再由上游网贷平台公司根据债务逾期时间长短，分级别结算借款人还款金额2%—50%不等的佣金给姚某，姚某扣除佣金的5%，其余催收费用交给夏某等人；从合作方式看，在长期经营过程中，姚某与夏某等人走到了一起，将多家网贷平台的催收需求在夏某等人经营的公司落地，且明知夏某等人会实施"软暴力"催收。可见，姚某应当构成下游犯罪的共同犯罪。

（四）跨区域网络"套路贷"放催业务分离模式的涉恶案件能否认定为两个恶势力犯罪集团

1. 吕某等人跨区域网络"套路贷"定性为诈骗罪还是寻衅滋事、诈骗罪，择一重处罚

吕某等人整体上表现为以非法占有为目的，应定性为诈骗罪。其一，吕某等人实施"套路贷"过程中，主要目的是骗取被害人钱款。吕某等人通过现代网络技术手段有针对性地筛选出22岁至55岁之间急于借款又具有一定还款能力的借款人，然后通过套用居间服务条款，扣除所谓的综合服务费、逾期保证金、审核费、人工费等占借款金额35%的费用等套路，在部分被害人没有全额还款能力，仍通过设置展期，让被害人向平台先缴纳更容易筹措到且数额较少的展期费用（实为借款时当扣借款金额35%的费用），以达到所谓帮助被害人暂时解决还款困难、延长还款期限的目的；被害人一旦不能按期还款，平台还将收取被害人逾期费用，并立刻将借款人员名单交由催收公司进行催收，保障自身非法利益。

其二，吕某等人明知催收公司采用"软暴力"方式催收。吕某等人虽然不直接参与催收行为，并且将催收业务外包给催收公司，但吕某等人明知催收公司通过其网络"套路贷"APP爬取借款人的通讯信息进行滋扰、发短信等"软暴力"方式向被害人实施催收。

综合考量，吕某等人行为将逾期催收工作外包是实现其"套路贷"骗取他人钱款的手段行为，构成寻衅滋事罪、诈骗罪，系牵连犯，应当择一重处罚。吕某等人构成诈骗罪，也符合《意见》中"实施"套路贷"过程中，未采用明显的暴力或者威胁手段，其行为特征从整体上表现为以非法占有为目的，通过虚构事实、隐瞒真相骗取被害人财物的，一般以诈骗罪定罪处罚。"

2. 吕某等人经营套路贷与夏某等人专司催收应定性为一个还是两个恶势力犯罪集团

（1）两者存在犯罪意思联络，但又不同于一般的共同犯罪。第一，两者存在寻衅滋事罪的意思联络。吕某等人将逾期催收业务外包，且明知夏某等人经营催债公司采用"软暴力"手段实施催收，两者在寻衅滋事的犯意下存在意思联络。第二，本案不同于一般的共同犯罪。"套路贷"放催业务社会分工的细化，致使上下游共同犯罪意思联络的弱化。本案中夏某等人经营的催债公司，除了承接吕某等人网络贷款平台的催收业务，还同时承接了多家网络贷款平台的催收业务。第三，两者主观目的存在差异。吕某等人实施"套路贷"，主观目的在于骗取被害人钱款；而夏某等人承接"套路贷"贷款平台催收业务，获取上游平台支付的"劳务"费用。

（2）一案处理，认定为两个恶势力犯罪集团。首先，一案处理，有利于指控上游产业链犯罪的社会危害性。若将吕某等人实施的犯罪行为同夏某等人专司催收的犯罪行为分案处理，不能呈现吕某等人将催收业务外包给夏某，夏某等人采用"软暴力"催收，造成恶意滋扰被害人的社会危害性，不能呈现夏某等人承接的催收平台如何开展"套路贷"的犯罪行为。只有一案处理，才能完整呈现跨区域网络"套路贷"放催业务分离犯罪的社会危害性。其次，认定为两个恶势力犯罪集团，才能做到罪责刑相适应。若将夏某等人与吕某等人作为一个恶势力集团打击，会造成与事实不符，夏某等人不是吕某等人附属的催收团队，而是上下游犯罪产业链的合作关系，不存在接受吕某等人领导、管理、指挥的关系。案件中作为两个恶势力犯罪集团打击，一方面做到与事实相符，即吕某等人成立网络套路贷公司，形成了以吕某、涂某等人为首的首要分子，以提供技术支撑的陈某等人为重要成员和以在越南岘港操盘的一般成员的犯罪集团；夏某等人成立催债公司，也形成了以夏某等人为首要分子，陈某等人为重要成员，魏某等十余人为一般成员的犯罪集团；另一方面做到罪责刑相适应，吕某等人对夏某等人实施的承接吕某涉案公司催收业务的"软暴力"催收行为负责，是符合案件情况的；而夏某等人不仅承接吕某涉案公司催收业务，还承接其他公司催收业务，且其不从吕某等人涉案公司获取诈骗犯罪分成，不应对吕某等人涉案公司的诈骗金额负刑事责任。

三、跨区域网络"套路贷"涉恶案件的检察办案路径

"套路贷"犯罪属于兼具组织性、专业性、链条性、网络性的新类型犯罪，对案件线索的查证、行为定性、证据审查、法律适用、追诉标准的把握，

与传统的刑事犯罪存在较大差异,需要从侦查、起诉、审判各环节全方位地提升案件办理的专业化水准。[1]

(一) 全链条梳理,适时并案处理,展现案件全貌

一是全链条梳理。"套路贷"放催业务社会分工的细化,致使上下游共同犯罪意思联络的弱化,以致出现公安机关侦查方向发生偏离,必须从"套路贷"放催业务全链条梳理,分析全案社会危害性。二是适时并案处理。"套路贷"放催业务分开处理不能体现社会危害性的前提下,应当适时并案处理。并案处理,方能完整呈现网络"套路贷"上下游犯罪的全貌,利于准确把握案件整体,也符合《意见》关于"多个犯罪嫌疑人实施的犯罪存在直接关联,并案处理有利于查明案件事实的"的管辖规定。从网络"套路贷"上下游犯罪产业链条分析,认定涉案两家"公司"各司其职,上游公司专司网络"套路贷"骗取公司财物,将催收业务外包,下游公司专司催收,且并非专门为一家上游网络"套路贷"公司服务的角度,可分别认定恶势力犯罪集团。

(二) 全流程分析,精准定性,准确指控

一是全流程分析。对于从事"套路贷"放贷业务和催收业务的黑恶势力是否存在共同意思联络成为重要考量,必须全流程分析。对于承接多家"套路贷"公司催收业务的人员,应着重分析其同上游犯罪是否存在共谋、利益分成等,结合罪行相适应原则,准确认定恶势力犯罪集团。二是精准定性。从事"套路贷"放贷业务的人员实施"套路贷",并将催收业务分包给其他公司的,且对暴力或者软暴力催收方式明知的,应当择一重处罚。对于"套路贷"犯罪行为同时构成诈骗罪、非法拘禁罪、敲诈勒索罪、抢劫罪等多种犯罪的,依照刑法规定进行数罪并罚或者选择处罚较重的罪名定罪处罚。[2] 如案例中,吕某等人负责"套路贷"放贷业务,将催收业务外包给其他公司,但对专门从事催收业务公司的催收方式明知,即符合诈骗罪和寻衅滋事罪,择一重,应当以诈骗罪定罪处罚。三是准确指控。"套路贷"案件中"零口供"重要成员并不鲜见。需要结合"零口供"行为人认知能力、既往经历、行为次数、手段、与同案人员关系、获利情况、具体参与的违法犯罪行为、是否故意规避查处等主客观因素综合分析,准确指控"零口供"行为人参与实施犯罪。

---

[1] 彭新林:《论"套路贷"犯罪的刑事规制及其完善》,载《法学杂志》2020年第1期。

[2] 沈言、王霏:《对"套路贷"犯罪的认定与处理》,载《人民司法》2018年第20期。

（三）全方位瓦解，推动认罪认罚

在强调依法从严惩处"套路贷"犯罪的同时，《意见》还坚持贯彻宽严相济的刑事政策，明确对于认罪认罚、积极退赃、真诚悔罪或者具有其他法定、酌定从轻处罚情节的被告人，可以依法从宽处罚，鼓励被告人认罪服法、退赔退赃，确保案件的裁判效果。[①] 一是化解规避制裁行为。催收团队负责人员企图以签订催收人员不得采取非法手段的承诺书，来逃避刑事打击。对此，对涉案催收人员，从催收负责人员为何要制定承诺书、有无明确制止催收不法行为、有无依此实施处罚等方面，逐一核实，化解催收团队负责人员逃避打击的行为。二是推动犯罪嫌疑人认罪认罚。认真听取辩护律师和犯罪嫌疑人的意见，并记录在案。详细向嫌疑人宣讲宽严相济刑事司法政策，告知认罪认罚制度相关规定，促使被告人真心悔过、真心认罪、真心服罚。如本案中两个恶势力犯罪集团案件，共有24名被告人自愿认罪认罚。

---

① 朱和庆、周川、李梦龙：《〈关于办理"套路贷"刑事案件若干问题的意见〉的内容与解析》，载《人民检察》2019年第11期。

网络游戏外挂行为司法认定问题的探讨
——基于 134 件案例样本的分析

储颖超[*]

网络游戏作为一项新兴科技经济产业,其盈利模式依赖于游戏用户规模,数据显示,网络游戏外挂行为(以下简称外挂行为)已经成为导致用户流失的第三大原因,占近 15% 的比例[①],与此同时,外挂行为具有违反游戏规则、打破游戏的公平性和平衡性等负面效应。因此,为了维护网络游戏产业的健康有序发展,刑法有必要审慎地介入外挂法律规制领域。

一、外挂行为司法实践情况的透视

随着网络游戏外挂类的新型犯罪的频发,该类犯罪对其涉及的刑事法律问题提出了诸多挑战。由于外挂犯罪本身技术性较强且表现形式多样,我国目前针对外挂的立法明显滞后于网络游戏产业的发展。笔者针对网络游戏外挂行为过往的司法实践做了一次实证调研,通过网上常用法律文书数据源[②],检索 2006—2017 年全文含"外挂"一词的所有一审刑事案件裁判文书,共得到与游戏程序外挂相关的 174 个刑事案件。根据主题限定条件[③],进一步筛选出 134 个有效案件。经分析,笔者得出以下结论:

第一,外挂案件行为模式多样,背后牵扯不同的行为主体。尽管外挂行为的目的主要是牟利,但外挂存在开发、销售和使用等不同环节,故相对应的不同环节主体的行为方式也呈现出一定的差异。134 件案件中,72 件系制作开发外挂软件并牟利,占 53.73%。其中,制作并出售外挂程序牟利的有 67 件,

---

[*] 储颖超,广东省广州市天河区人民检察院一级检察官。
[①] 《中国游戏用户行为研究报告》,http://report.iresearch.cn/report/201504/2364.shtml,2018 年 5 月 3 日。
[②] OpenLaw 开放法律联盟、无讼案例网和中国裁判文书网。
[③] 限定条件是排除了盗窃罪、开设赌场罪和诈骗罪三种类型案由的案件共 40 个。

制作并使用外挂程序以获取游戏金币牟利的有 3 件；51 件系直接销售外挂程序牟利，行为人通过网络或他人获取外挂程序并通过下线、网络等渠道宣传推广以加价销售牟利；11 件系行为人利用他人制作的外挂软件进行牟利，其中，5 件系行为人利用外挂赚取游戏币并出售牟利，3 件系行为人利用外挂替他人代练收取服务费方式牟利，3 件系行为人利用外挂盗取他人游戏账号或游戏虚拟物品并销售牟利。

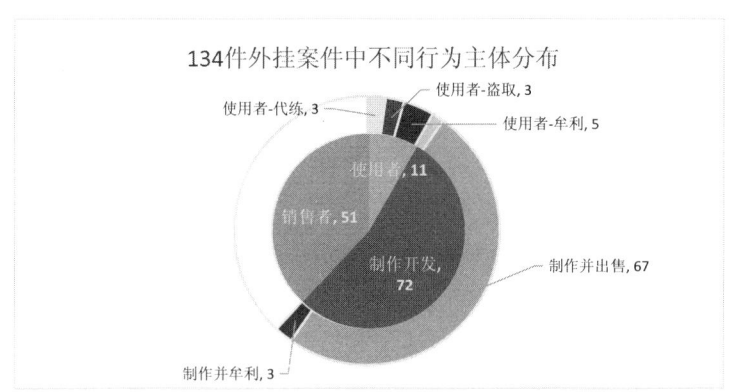

第二，外挂案件的司法认定存在较大差异，这种差异包括罪名差异，诉判差异、时间差异和地域差异。从宏观上看，134 个案件中最终被法院认定为非法经营罪的有 70 件，侵犯著作权罪的有 20 件，破坏计算机信息系统罪的有 7 件，非法获取计算机信息系统数据罪的有 8 件，提供侵入、非法控制计算机信息系统的程序、工具罪的有 29 件。从判决结果看，法院认定的罪名中，与公诉机关指控罪名或公安机关刑拘罪名不同的有 16 件①。从时间上看，在 2006 年至 2012 年期间的外挂类案件每年均是个位数；而在 2014 年高达 34 件，同时当年认定为非法经营罪的比例最高，达 88.24%，但之后认定该罪的比例逐年下降，值得注意的是，从 2013 年开始，外挂类案件新出现了认定为提供侵入、非法控制计算机信息系统的程序、工具罪的判决，其比例逐年上升，2017 年达 57.14%②。同时，侵犯著作权罪也有类似的上涨趋势，2017 年达 23.81%③。

---

① 由于涉及的判例数量较多，笔者在此不一一列举，仅列举其中个别判例（以下注释类同），如（2016）粤 1203 刑初第 80 号、（2016）沪 0104 刑初第 1178 号刑事判决书刑事判决书、（2015）深南法刑初字第 1134 号刑事判决书等。
② 如（2017）鄂 0581 刑初第 135 号刑事判决书、（2017）苏 1282 刑初第 481 号刑事判决书、（2017）浙 0702 刑初第 435 号刑事判决书等。
③ 如（2017）鄂 0703 刑初第 180 号刑事判决书、（2017）豫 1481 刑初第 1388 号刑事判决书等。

从地域上来看,历年外挂类案件中,江苏、上海各占总额的43.28%和22.39%,且两地的非法经营罪判决数量均超过60%;而广东、浙江占总额的比例各是8.21%和4.48%,且更偏向于计算机类罪名的判决,其占比均在60%上下。

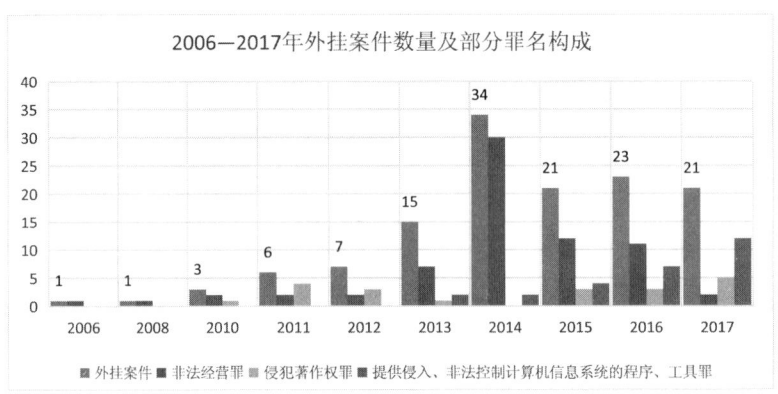

2006—2017年外挂案件数量及部分罪名构成

第三,关于外挂行为在司法层面的认知仍较为模糊。一方面,由于外挂问题相对专业化,技术含量较高,司法工作人员往往基于实用主义立场采取适当回避对外挂具体行为内容及背后的主体区分,缺少对外挂行为展开实质性的分析。72件涉及外挂制作案件中,有41件①案件的裁判文书中对外挂行为描述的停留在如"改变软件的运行过程、结果"或"游戏的正常操作流程和正常运行方式造成了破坏"的模糊描述层面,仅有18件②能够对外挂具体运行机理做详细说明与阐述,占全部外挂案件的13.4%。另一方面,针对外挂案件,法院的裁判文书对于法检两家认定罪名一致的情形多以"公诉机关指控成立""定性正确"一笔带过,而在法检两家罪名认定不一致的情形则多以"公诉机关指控罪名不当,本院予以纠正"来表述,仅有个别裁判文书给出了局限于"非此即彼"的分析阐述,未能就不同罪名选择结合适用的法理与案情内容进行探究,以致认定罪名的理由缺乏说服力。

通过对上述司法实践中外挂类案件的实证研究和梳理,可以看出以下问题:第一,司法机关对外挂行为的罪名认定不一,缺乏精准的刑法评价。在司法实践中,对于相同性质的外挂行为的司法认定会得出不同的结论,这种不一

---

① 如(2016)苏0802刑初第81号刑事判决书、(2016)沪0104刑初第777号刑事判决书等。
② 如(2012)深南法知刑初字第31号刑事判决书、(2016)沪0107刑初第552号刑事判决书等。

致不仅出现在公、检、法三家各自认定的罪名之间；不同地域的法院对于同一性质的外挂行为也存在认定不一的情况；即便是上下两级法院对于同一案件事实也会出现情节认定不一而改判的情况。司法实践中对外挂行为的司法认定差异较大，呈现出一定程度的混乱状态。第二，外挂行为司法实践亟须统一的司法认定标准。当前，学术界、游戏行业和司法部门之间，因各自立场不同而对外挂行为有不同的定义，导致现阶段对外挂行为的规制，涉及了经营权、著作权、计算机等多种罪名来间接对网络游戏外挂进行规制，通过上述的实证分析，近几年来外挂类案件有从认定为非法经营罪这一"口袋罪"逐渐趋向于认定侵犯著作权罪、提供侵入、非法控制计算机信息系统的程序、工具罪等罪名，这一认定的变化也说明了司法实践中缺乏统一的认定标准，而仅仅依靠司法工作者的业务经验和实务探索来判案。因此，对外挂行为的司法认定，应当坚持从技术原理出发，在厘清技术原理的基础上，针对其各自涉及的法律问题，按照有关法律的基本原理展开刑法评价，从而对案件作出审慎的判断。

二、外挂运行机理分析与理论阐述

司法实践中，司法工作者通常对外挂行为的运行机理不甚明了，在司法判案过程中只能依靠专业机构的技术鉴定意见，而对于鉴定意见中检材的来源、鉴定的程序等专业问题囿于其自身专业的限制而导致判案捉襟见肘。因此，弄清楚什么是外挂程序及外挂的运行机理，是科学判案的第一步。目前唯一对外挂行为的官方定义，仅有新闻出版总署、信息产业部、国家工商行政管理总局等于2003年联合颁布的《关于开展对"私服"、"外挂"专项治理的通知》中的规定①，但该规定存在明显的缺憾②，导致我国理论界与实务界对外挂的定义、性质认识不一，其原因除了外挂种类繁多，功能模式各异，难以分析之外，更主要的原因是在分析问题时多停留于外挂的表象，而未对外挂的技术原理进行深入的分析。

笔者就外挂运行机理向网易、阿里等网络游戏公司技术人员征询专业意见，并结合对上述134个外挂案例的案情梳理，认为网络游戏外挂主要采用以下三种常见的运行原理达到作弊目的：一是修改内存数据；二是修改通信协议

---

① "'私服'、'外挂'违法行为是指未经许可或授权，破坏合法出版、他人享有著作权的互联网游戏作品的技术保护措施、修改作品数据、私自架设服务器、制作游戏充值卡（点卡），运营或挂接运营合法出版、他人享有著作权的互联网游戏作品，从而牟取利益、侵害他人利益"。

② 如没有明确区分私服与外挂两个不同概念；未介绍外挂的相关技术特征等。

数据;三是模拟操作。

综上,外挂是指针对某一款或某几款网络游戏的内存、通讯协议数据进行修改、伪造或者操作模拟以实现游戏作弊目的的软件程序。围绕着外挂行为的司法认定,理论界主流观点主要涉及刑法的三类犯罪,即侵犯知识产权的犯罪、对计算机信息系统的犯罪以及非法经营类的犯罪。那么究竟应当如何判断外挂行为的刑事违法性及适用的罪名,这就须从主体实施外挂行为所侵犯的具体法益以及外挂行为的特征来进行具体分析。第一,外挂行为的技术特征存在多样性,从上述司法案例的实证分析来看,外挂行为有单纯开发外挂,制售外挂牟利、单纯销售外挂牟利,利用外挂进行有偿代练牟利、利用外挂窃取账号等虚拟财产等多种形式,且每一种外挂行为又对应不同的行为主体(主要涉及三类主体:开发者、销售者、使用者)。因此,有必要通过对各行为主体实施外挂行为的阶段、具体行为模式、行为目的的剖析,充分在类型化的基础上展开刑法学分析,从而避免仅在一个抽象的层面笼统地适用某一罪名来单一评价外挂行为的法律适用。第二,外挂涉及知识产权方面的内容,对于外挂行为的刑法认定,应充分尊重知识产权相关法律规范并结合刑法解释、刑事政策等因素确定罪名适用。由于外挂行为牵扯到方法行为和目的行为的相互缠绕,哪些行为能够确定为定性行为,由此造成多重行为的定罪难点;罪名的适用涉及的是一罪还是数罪;在犯罪形态上,属于牵连犯还是数罪犯,均需从每一种具体外挂行为的犯罪构成及罪刑相适应的原则出发,在认定外挂行为具有社会危害性的基础上分别予以探讨。故对于外挂运行机理并由此对外挂行为主体实施具体行为模式的准确把握,是外挂行为刑法评价的逻辑起点。鉴于此,笔者对当前网络游戏市场关于外挂的行为主体及其行为模式进行分类,具体如下图所示,

外挂行为主体及行为模式分类图

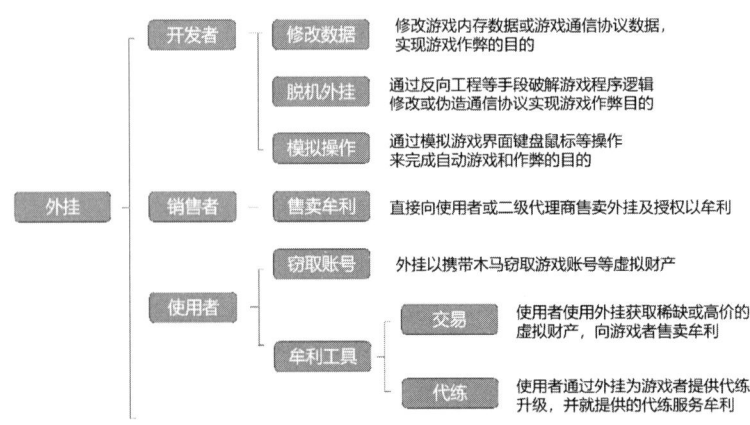

三、开发者制作外挂行为的定性分析

（一）开发者制作外挂行为的定性分析

开发者修改数据的行为分为两种方式，一种是修改客户端程序内存数据；一种是通过修改游戏客户端软件发送至服务器的数据来实现其"作弊"功能。有观点认为，外挂程序制作的行为手段通常表现为破坏游戏程序的技术、保护措施、复制利用他人网游程序、修改和伪造数据封包等[①]。也有观点认为，外挂程序的制作通过修改服务器端程序、客户端程序和修改客户端与服务器端程序之间传送的数据的方法进行作弊[②]。但无论持何种观点，始终绕不开对数据性质的界定，只有明确了数据的性质，才能准确地认定开发者修改数据的行为。

针对外挂这一计算机软件，《计算机软件保护条例》列有相关条文规定，依据该条例第 2 条[③]的规定，判断数据是否属于计算机软件就是判断数据是否属于程序或文档。该条例第 3 条[④]对计算机程序的认定进行了详细的规定，依据这一规定，我们可以得出：（1）程序就是一系列按一定顺序排列的指令[⑤]，指令是用来确定"做什么"或"怎么做"的执行方法。而数据是指所有能输入到计算机并被计算机程序处理的符号的介质的总称，数据属于程序执行的对象，只能被调用，不能主动执行。因此，数据并非指令，不属于计算机程序。（2）第 3 条对文档[⑥]亦作了相应的阐述，文档是依托于程序而存在的，没有程序即没有文档，二者是相互依存的关系，既然数据不是计算机程序，当然也就不构成文档。因此，根据上述分析可知，数据既不是程序，也不是文档，不属

---

① 于志刚、于冲：《网络犯罪的裁判经验与蓄力思辨》，中国法制出版社 2013 年版，第 298 页。
② 于同志：《网络游戏"外挂"的认定与处罚》，载《政法论丛》2008 年第 6 期。
③ 《计算机软件保护条例》第 2 条规定，"计算机软件是指计算机程序及其有关文档。"
④ 计算机程序，是指为了得到某种结果而可以由计算机等具有信息处理能力的装置执行的代码化指令序列，或者可以被自动转换成代码化指令序列的符号化指令序列或者符号化语句序列。同一计算机程序的源程序和目标程序为同一作品。
⑤ 在软件工程上，指令是指使计算机执行一个特定操作或者执行一组特定操作的程序语句，或者是在程序设计语言中规定某种操作，且如果有操作数则对操作数进行标识的一个有含义的表述。对于指令的定义参见北京市高级人民法院（2005）高民终字第 00443 号民事判决书。
⑥ 文档是指用来描述程序的内容、组成、设计、功能规格、开发情况、测试结果及使用方法的文字资料和图表等，如程序设计说明书、流程图、用户手册等。

于计算机软件，亦不属于游戏软件的一部分，不受著作权的保护。

外挂开发者通过破解、拦截等手段对客户端的内存数据或是对客户端与服务器端之间传输的数据进行修改，都会侵入到计算机信息系统，且侵入获取的对象系除国家事务、国防建设、尖端科学技术领域外的计算机信息系统中存储、处理或者传输的数据，进而达到作弊的目的。笔者认为，就外挂开发者修改数据这一行为，符合我国《刑法》第 285 条第 2 款非法获取计算机信息系统数据、非法控制计算机信息系统罪①的犯罪构成，在情节严重的情形下，认定为非法获取计算机信息系统数据罪较为合适。

司法实务中，开发者还存在制作脱机外挂即模拟操作两种行为，这类案例并不多，笔者在这里作简要探讨。针对开发者制作脱机外挂②的认定，应当解决两个逻辑问题，第一，关于定义中"戏运行逻辑、数据结构、通信协议等内容"性质的认定。根据中华人民共和国国家标准 GB/T 5271.7 – 2008 《信息技术词汇第 7 部分：计算机编程》③ 有关定义，网络游戏运行逻辑，数据结构、通信协议内容和加密规则属于技术信息的一种，也属于计算机编程程序的一部分，因此受著作权法保护。第二，复制重现游戏客户端核心逻辑、数据结构和加密规则是否构成实质性相似。目前，判断计算机软件是否侵犯著作权主要有三个标准，"实质性相似加接触"标准；"镜像复制"标准；"结构、顺序与组织"标准。④ 在司法实务中，我国目前主要采用"实质性相似加接触"

---

① 非法获取计算机信息系统数据、非法控制计算机信息系统罪，是指违反国家规定，侵入国家事务、国防建设、尖端科学技术领域以外的计算机信息系统或者采用其他技术手段，获取该计算机信息系统中存储、处理或者传输的数据，或者对该计算机信息系统实施非法控制情节严重的行为。

② 所谓脱机外挂，指开发者通过反向工程技术手段破解网络游戏客户端程序，获悉其中游戏运行逻辑，数据结构、通信协议和加密规则等内容，从而利用相同或相似的计算机语言开发脱机外挂程序，复制重现游戏客户端核心逻辑、数据结构和加密规则，最终伪造输出与正常游戏客户端一致的通信协议内容，欺骗网络游戏服务器端，达到游戏作弊的目的。

③ 《信息技术词汇第 7 部分：计算机编程》第 2 节的标准包括：编程的方法、技术与程序结构。

④ 肖群：《判断是否侵犯计算机软件著作权的通用标准》，载《电子知识产权》2003 年第 12 期。

标准，一般从质与量两个方面进行判断，而这一判断标准，亦得到了学者的认可①，也直接被运用到刑事判决中②；脱机外挂中，开发者通过反向工程等技术手段，获取他人享有著作权的计算机软件中的相关核心程序内容，虽然该外挂与官方的游戏客户端的所有程序内容不一定完全一致，但其主体结构、功能系实质性相同，即开发者其实是伪造了虚假的客户端代替官方的客户端，以蒙蔽服务器达到作弊目的。从网络游戏服务器端看来，脱机外挂与官方的客户端高度相似，符合实质性相似的判断准则。因此，开发者制作脱机外挂的行为属于我国刑法中著作权罪中的"复制"行为，应当认定为侵犯著作权罪。

至于模拟操作属于辅助性外挂行为的定性，其主要针对网络游戏重复性、枯燥无味的动作和设计的不合理之处而制作的，其将游戏中一些重复性的内容由程序自动完成，这类外挂对游戏规则冲击较小，对网络游戏的实质性伤害程度较低。因此，对于此类外挂，鉴于其社会危害性程度不大，一般可以适用民事、行政手段对此类外挂进行调整和规制，这也体现了刑法谦抑性的原则。

(二) 开发者涉及制售外挂的定性分析

除了单一的开发、销售外挂行为外，司法实践中还存在制售外挂的行为，学术界③与实务界④对于制售行为的罪名认定均存在分歧，由于该行为的认定牵涉到牵连犯、竞合犯、罪数等刑法理论问题，因此，有必要对制售行为进行探讨。根据上述实证案例的梳理情况，现阶段开发者涉及制售外挂行为可分为以下三种情况，(1) 开发者一人完成制售行为，即单独制作外挂并销售给不特定对象；(2) 开发者与他人共谋制售外挂并负责制作外挂，他人负责销售

---

① 我国台湾地区学者也指出："当判决理由强调'实质相似不仅指量之相似，亦兼指质之相似'时，其中之'量'与'质'，皆以整部作品全体，作为判断基础……同时，将系争作品区分'核心或重要'部分与'非核心或重要'部分二者，若涉嫌抄袭者仅属于后者之'非核心或重要'部分，则纵使二者著作于此实质类似，亦可能不该当于违法重制。"黄铭杰：《重制权侵害中"实质类似"要件判断之方式与专家证人之运用》，载《月旦法学杂志》2011年第2期。

② 参见（2006）海法刑初字第1750号刑事判决书；（2011）徐刑初字第256号刑事判决书。

③ 学术界认定的罪名分歧集中在非法经营罪、侵犯著作权罪，相关文献可参照徐凌波：《网络"外挂"相关行为的刑法评价》，载《刑事法判解》2012年第2期；俞小海：《网络游戏外挂行为刑法评价的正本清源》，载《政治与法律》2015年第6期。

④ 根据实证分析中对134件外挂案件统计，制售外挂行为相关案件一共有67件，其中41件认定为非法经营罪，3件认定为破坏计算机信息系统罪，12件认定为侵犯著作权罪，11件认定为提供侵入、非法控制计算机信息系统的程序、工具罪。

外挂，共同牟利；（3）开发者在获得他人授意、雇佣条件下制作外挂，有限度非主导①参与制售行为。

第一种情况，行为人具有两种身份，既是外挂开发者又是外挂销售者，行为人擅自制作外挂出售牟利，这一行为既属于出版程序违法的非法经营行为，也属于出版内容违法的非法经营行为②；同时，行为人制售外挂软件进行非法经营并以此获利系其目的所在，故笔者认为，在一人非法制售外挂的行为定性中，制作行为应属于销售行为的手段，两者具有牵连关系，作为罪数理论中处断的一罪，据此目的，应当认定为非法经营罪。

第二、三种情况，涉及到刑法理论中的共犯及主从犯的认定。第二情形中，开发者与他人是存在犯罪的共谋，开发者对犯罪的认定并不仅限于其自身开发的行为，其对他人利用其开发的外挂销售非法牟利的行为是明知且积极参与的，因此，可以认定为共同犯罪行为。对于这种情形，笔者认为，这两种行为存在明确分工，由不同的行为主体实施，亦侵犯了不同的犯罪客体，侵犯了不同的法益，应当对开发、销售行为分别予以认定，并适用数罪并罚的原则，才能够实现行为与目的的统一。第三种情况，存在确切证据表明开发者开发外挂是受到他人直接、间接授意或雇佣，且仅获得固定收益（如领取工资等形式），不涉及销售外挂，即开发者与销售者虽共处于同一案件中，但无法证实二类行为主体存在犯罪的共谋，开发者对犯罪的认识仅限于自身的开发行为，不宜认定为共同犯罪，应当根据其自身开发行为来认定并适用相应的罪名。

四、销售者销售外挂行为的定性分析

在外挂销售阶段，销售者从他人处获取外挂程序，系外挂的持有者，其通过网络等方式推销、出售外挂，从表面上看，销售者销售外挂软件非法牟利，此处的外挂软件是实现其牟利的商品，故有观点认为，此处的外挂属于非法出版物，销售外挂应当界定为非法出版活动，应当认定为非法经营罪。③ 但笔者认为这一认定并不合理。我国《刑法》第 285 条第 3 款规定了提供侵入、非

---

① "有限度非主导"，笔者在此将其理解为，"有限度"是指开发者并非获取与实际销售外挂所得的合理或显著比例的利益。"非主导"是指开发者对外挂整体制作、销售流程和环节非处于掌握、管理和控制的地位。

② 罗鹏飞：《擅自制作网游外挂出售牟利如何定性——北京一中院判决谈文明等非法经营案》，载《人民法院报》2008 年 2 月 15 日。

③ 王晨恺、秦天宁、瞿勇：《制作发行网络游戏外挂行为的刑法适用》，载《政治与法律》2009 年第 6 期。

法控制计算机信息系统的程序、工具罪①，且明确规定了该罪的两种行为方式②及情节严重③的具体情形，从行为方式的规定我们可以得知，如果行为人为他人提供的是通用的计算机程序或工具，主观上需明知他人用于非法用途；而外挂程序属于非法程序软件，销售者销售外挂的行为显然符合第一种行为方式，即为购买者提供专用的非法程序或工具，刑法也将这一行为作为独立的犯罪行为予以评价，另从前文对司法实证案例的梳理分析来看，司法实践从2013年开始对于销售者销售外挂的行为亦多以提供侵入、非法控制计算机信息系统的程序、工具罪认定，一改之前多以非法经营罪的认定。笔者认为，在计算机类犯罪逐渐明确的情况下，作为投机倒把罪沿袭形态的非法经营罪应当适时地从计算机刑事保护领域中退出，一方面考虑到计算机类犯罪与非法经营罪之间属于一般法与特别法的关系，按照计算机类犯罪进行定罪处罚，更加符合该类犯罪的性质，亦避免非法经营罪传统"口袋罪"的诟病。另一方面，为了更加准确地对该类犯罪进行定性，并使其符合罪刑法定原则，也有必要适用计算机类的罪名。

有学者认为，现如今网络空间中外挂销售有三种方式④，销售者以电子形式转移他人享有著作权的行为属于《刑法》第217条规定的"发行"⑤。笔者

---

① 本罪的规定是鉴于《刑法》第285条第1款非法侵入计算机信息系统罪保护的是国家事务、国防建设、尖端科学技术领域的计算机信息系统，因而在《刑法修正案（七）》规定了该罪，以扩大对计算机信息系统的保护范围。

② 两种行为方式分别是：第一种是行为人为他人提供专用的非法程序或工具，第二种是行为人提供通用的计算机程序或工具，但需事先明知对方是用来非法入侵或控制计算机系统。

③ 最高人民法院、最高人民检察院《关于办理危害计算机信息系统安全刑事案件应用法律若干问题的解释》中规定了提供侵入、非法控制计算机信息系统的程序、工具罪六种情节严重的情形："（一）提供能够用于非法获取支付结算、证券交易、期货交易等网络金融服务身份认证信息的专门性程序、工具五人次以上的；……（五）违法所得五千元以上或者造成经济损失一万元以上的；……"

④ 一是提供网络免费下载的模式；二是网上宣传、网下销售；三是通过传统的渠道销售，即侵权产品的持有人通过广告、征订等方式推销侵权产品。于志刚、陈强：《关于网络游戏中"外挂"行为的刑法思考》，载《山东警察学院学报》2009年第1期。

⑤ 《著作权法》规定，发行权是以出售或赠与方式向公众提供作品的原件或者复制件的权利。最高人民法院、最高人民检察院颁布的《关于办理侵犯知识产权刑事案件适用法律若干问题的意见》中规定：《刑法》第217条中的"发行"，包括总发行、批发、零售、通过信息网络传播以及出租、展销等活动。这是刑事司法领域第一次对"发行"的含义作出界定。

对该学者的这一观点亦无法苟同。《著作权法》及《刑法》均规定了侵犯著作权罪中的发行对象必须获得著作权授权的作品原件或复制品，上文已经探讨外挂这一计算机程序软件不属于网络游戏的原件抑或复制品，对其销售并没有侵犯其发行权。因此，销售者销售外挂的行为不属于侵犯著作权罪中的发行行为，当然也不构成侵犯著作权罪或共犯。《刑法》第218条规定的销售侵权复制品罪，其针对的对象是他人的侵权复制品，开发者开发外挂的行为并不侵犯著作权，因此，外挂销售者也就不存在销售侵权复制品的行为，不构成销售侵权复制品罪。

笔者认为，销售者销售外挂的行为实质上是为购买者提供外挂程序，购买者使用外挂程序侵入、非法控制计算机系统，在符合情节严重的情形下，应当认定为提供侵入、非法控制计算机信息系统的程序、工具罪，而不宜认定为非法经营罪和侵犯著作权类犯罪。

五、使用者使用外挂行为的定性分析

（一）使用者窃取虚拟财产的行为认定

关于虚拟财产的定义，我国法律没有明确的相关规定，学术界从各个方面肯定了虚拟财产的价值：即虚拟财产能够满足玩家的精神需求，具有使用价值（主观价值），无论是运营商所主导的在线交易市场还是玩家之间的离线交易市场中，虚拟财产都有其市场价值，能够兑换为现实的财产；虚拟财产是玩家投入时间、精力和金钱的产物，等等。这些观点不仅经常为学理论述采纳[1]，也常常被各司法判决所援引。将虚拟财产解释为刑法上的财物，不会侵害国民的预测可能性，没有违反罪刑法定原则[2]。因此，像网络账号、游戏货币、游戏装备等应当归属于虚拟财产指涉范围之内，属于法律意义上的财产，可以成为侵犯财产罪的犯罪对象。

使用者窃取虚拟财产的行为主要有三种表现形式[3]，这些表现形式均是使

---

[1] 参见于志刚：《论网络游戏中虚拟财产的法律性质及其刑法保护》，载《政法论坛》2003年第6期；赵秉志、阴建峰：《侵犯虚拟财产的刑法规制研究》，载《法律科学》2008年第4期。

[2] 张明楷：《侵犯虚拟财产的刑法规制研究》，载《法学》2015年第3期。

[3] 第一种是利用外挂程序或网页中隐匿的木马程序盗取玩家游戏账号、密码；第二种是通过远程控制的方式；第三种是通过系统漏洞，在本机植入木马或者远程控制工具，然后通过第一种和第二种方式进行盗号活动。转引自刘磊：《谁动了我的"虚拟财产"》，载《软件世界》2004年第2期。

用者在相对人不知情的情况下，利用技术手段，获取虚拟财产的账号密码，之后登录账号改变密码或网络游戏相关内容，使相对人无法登陆其账号对其虚拟财产进行占有、使用、收益和处分，从而达到非法占有他人虚拟财产的目的。因此，虚拟财产的窃取行为符合盗窃罪"秘密窃取"的本质特征，其和传统盗窃行为的区别仅在于窃取对象的物理性质，即窃取的对象承载了数字化的科技含量，但这仅是形式上的区别。因此，盗窃虚拟财产行为符合传统盗窃罪的基本构成要件，数额较大的，应当以盗窃罪定性处罚。

（二）使用者使用他人制作的外挂牟利行为的定性

使用者使用他人制作的外挂牟利主要有两种模式，一种是使用者通过使用他人制作的外挂获取稀缺或高价的虚拟财产进行售卖牟利①；一种是使用者提供代练服务②。这两种模式中，使用者使用他人已经制作完成的外挂软件，使用的行为不涉及侵犯著作权罪中的复制发行行为，不宜以侵犯著作权罪中论处。"在电子环境下，作品是以代码为载体的方式存在，复制品所有权的转移以代码的发送为前提。要认定为发行行为，要求作品向公众提供了代码，且代码能够在公众的终端为公众所感知。"③ 上述两种模式，外挂软件均是存储并运行在使用者的计算机上，使用者没有另行将游戏上载在其他服务器上通过互联网传播，或采取其他方式复制发行游戏软件，外挂软件的使用权和控制权也没有因为使用者的使用行为发生转移，使用者只是为游戏者提供超出游戏规则范围的额外帮助，外挂软件仅是实现使用者牟利的手段或工具。因此，使用者的行为仅属于对外挂软件的使用，并未构成出版、发行行为，自然也不构成非法经营罪。

笔者认为，上述行为主体主要涉及使用者与游戏者，二者作为网络游戏的市场主体，行为模式本质上属于买卖关系，并不为法律所禁止，即"法无禁止即可为"。因此，根据罪刑法定原则，使用者使用他人制作的外挂牟利的行为不属于犯罪行为。但针对使用者的上述违规行为，网络游戏运营商完全可以通过封号、降级、封停等手段对使用者进行处理，以警示使用者不要使用外挂，受到侵害的运营商也可以通过民事诉讼等自立救济的方式获得赔偿。

---

① 如（2016）苏0903刑初第337号刑事判决书、（2012）醴法刑初字第403号刑事判决书、（2013）成郫刑初字第166号刑事判决书、（2016）黑0602刑初第124号刑事判决书等。

② 所谓代练，即使用者通过他人制作的外挂为游戏者提供代练升级服务牟利，游戏者付费购买的是使用者提供的代练服务而不是外挂软件。

③ 皮勇：《侵犯知识产权罪案疑难问题研究》，武汉大学出版社2011年版，第192页。

网络游戏涉赌风险的边界探讨
——以游戏运营者法律风险防范为视角

艾 静[*]

一、网络游戏涉赌风险的类型解析

网游的类型多种多样，如传统的休闲棋牌类游戏；"萌妹子"喜欢的养成类、卡牌类游戏；"硬核"大型对战、射击类游戏；策略类游戏以及占据了网游市场半壁江山的角色扮演类游戏，等等。对于各类游戏模式中存在的涉赌风险，大致可分为四种类型——"虚拟赌场类""寄附游戏类""氪金博彩类"和"有奖销售类"。

（一）虚拟赌场类

"虚拟赌场类"主要表现为投注类游戏，实质上是披着游戏外衣的赌博游戏，玩家根据一定比例将现实货币兑换为虚拟货币后进入游戏，且游戏平台为用户提供反向兑现服务以及相互转移虚拟货币机制，"赌博"色彩浓厚，可识别性高。

典型的"虚拟赌场类"，名为游戏，实为赌博。游戏网站吸引大量玩家，玩家赌资特别巨大，开设公司注册网站为玩家提供平台、专人负责货币兑换并设有客服人员进行引导，分工明确，相互配合，均属于开设赌场的行为。值得注意的是，上述北京赛车、快三挖宝、幸运飞艇、幸运二八农场游戏、捕鱼达人、竞技虚拟足球等各种投注"游戏"操作十分简单，以"赌"为主要特征，游戏设置符合赌徒心理，本身就具有赌博性质，本案判决书中也将上述游戏认定为"具有赌博性质的游戏"。根据最高人民法院、最高人民检察院、公安部发布的《关于办理网络赌博犯罪案件适用法律若干问题的意见》（以下简称

---

[*] 艾静，北京市盈科律师事务所高级合伙人，中国行为法学会法律风险防控委员会理事。

《意见》)的精神,我们可以将"虚拟赌场类"的行为模式归纳为"建立赌博网站并接受投注、以及建立赌博网站并提供给他人组织赌博"的行为,网站的设立者、货币兑换者都应认定为开设赌场的共犯。

此种类型较为常见,司法实践中认定的"网络赌博"大多数均属于此种类型,游戏运营者构成开设赌场罪,争议较小。

(二)寄附游戏类

"寄附游戏类"主要存在于棋牌类游戏当中,游戏本身并不具有赌博性质,而是表现为游戏运营者通过建立平台,借助合法游戏为玩家提供赌博机会,此种场景下由于平台提供或间接提供虚拟货币的反向变现渠道,涉赌风险主要来自监管义务的违反。

典型的寄附型赌博在"棋牌对局"类游戏中较为常见。游戏运营者明知第三方提供兑换渠道,但是为了增加自己平台的会员和流量,不履行监管责任,放任银子商为玩家提供兑换渠道。仔细分析,其有以下两个主要特征:

其一,第三人具有营利目的。第三人银子商通过"低买高卖"与赌客也即玩家进行交易,从而实现牟利;赌客则借助网站、银子商在游戏或游戏网站中实现赌博并变现的目的。

其二,游戏运营者具有营利目的。尽管游戏运营者自己并不为玩家提供反向兑换服务,但其明知有"银子商(也即中介)"提供兑换渠道却放任不管,并仍为其提供平台及游戏内容,且借助此种赌博模式增加流量、吸引大量会员注册缴费,营利目的明显。另外,游戏运营者通过设定的程序,从特定环节获取2%的税收,可以认定为抽头渔利行为,这也是营利目的的表现。

从表面上看,游戏运营者只提供法定货币向虚拟货币的单向兑换服务,其主要营利来源于用户正常充值,但实际上其通过第三人实现虚拟币与人民币的反向兑换,此种情形下,游戏运营者未履行监管义务,放任"网络赌博"行为。若再行"抽头渔利"来达到自身的营利目的的,被认定为开设赌场罪的风险较大。

(三)氪金博彩类

"氪金",是指在网络游戏中的充值行为。其来源于暴雪公司MMORPG魔兽世界中的一种十分稀有矿物,TBC时期(魔兽世界的一个版本)用来制作各种高端装备及物品,需要的材料就是"氪金矿",这个矿石固定10小时刷新一次,且非常难找,一份完整的氪金矿石的矿点可以说是价值不菲。

"氪金博彩类"是指,游戏运营者设定并利用游戏中的"博彩机制"(如"开箱子""夺宝""幸运大转盘"等),诱导玩家投入法定货币的场景。"氪金"的范围十分广泛,如直接充值购买游戏装备等虚拟道具用于打造装备提升战斗力等,但本文在这里的讨论是仅限于"氪金博彩"的情形,此种情景的特点是,游戏中设立博彩机制,如"开宝箱""夺宝""幸运大转盘"等,玩家按照的一定的比例将人民币兑换为游戏中的虚拟货币,使用虚拟货币"开箱",会随机获得不同价值的虚拟道具(以下简称"开箱"玩法)。

回顾游戏行业营利模式的变迁,从一次性付费买断到阶段性点卡付费,再到如今大部分游戏均以"免费"的模式出现,游戏平台主要的收入就来源于玩家充值。许多网游号称免费游戏,但实质上却是"氪金"游戏,十分烧钱,加上游戏中设置的博彩机制充满诱惑,让人欲罢不能。游戏运营者这种以营利为目的设置开箱规则、接受投注,使游戏沦落为"开箱博彩"的行为可能会涉嫌开设赌场罪,具体如下:

其一,游戏运营者确立玩法,具有支配地位。开设赌场罪是指,开设以行为人为中心的、在其支配下供他人赌博的场所的行为[1]。游戏运营者能准确地抓住人性的弱点,根据玩家在开箱机制中"好赌"的心理来设计"开箱"玩法,玩家一旦介入"开箱"就必须遵循其事先设定好的规则,也即"箱子内容随机,即使未获得高价值的虚拟道具也不退不换"。且为了获取高额的营利,通常存在严重的诱导行为,如赋予"箱子"中的稀有道具以超高攻击值;"箱子"中的稀有道具只能通过"开箱"获取;或者表面上获得该稀有道具可以通过"做任务""攒"等方式获得,但实质上任务难度系数极高,充值"开箱子"几乎是唯一获取手段,等等;使得玩家在游戏过程中不知不觉就陷入游戏运营者设计的套路中。

其二,玩家充值"开箱子"属于"接受投注"的行为。赌博,是指就偶然的输赢,以财物进行赌事或者博戏的行为[2]。用斗牌、掷骰子等形式,拿财物作注比输赢[3]。在"开箱"玩法中,玩家为了获取价值较高的虚拟道具,将法定货币按照一定的比例兑换成虚拟货币,虽然开箱所使用的货币是虚拟货币,但是要通过与法定货币的兑换的方式来获得,因此,开箱行为与下注行为具有相似性。

需要指出的是,也有观点认为"开箱"玩法缺乏偶然性要素,不构成赌博,虽然在机制中有运气的成分,但玩家总能保证从中获得游戏物品,即使玩

---

[1] 参见张明楷:《刑法学》(第五版下册),法律出版社2016年版,第1079页。
[2] 参见张明楷,《刑法学》(第五版下册),法律出版社2016年版,第1078页。
[3] 参见中国社会科学院语言研究所词典编辑室:《现代汉语词典》,商务印书馆第七版,第323页。

家不幸拿到了不想要的东西①。但笔者认为，没有人愿意为了获得不想要的东西去氪金"开箱"，虽然从表面上看，玩家获得游戏道具的概率是100%，只是稀有程度有所区分，但是实质上那些"不想要的东西"在玩家眼里是可以忽略不计的，开出稀有道具就是胜了，开出"不想要的东西"就是败了，而输赢的结果取决于"开箱"运气，完全具备偶然性因素。

其三，游戏运营者通过平台提供兑换功能。实践中，游戏运营者在游戏里并不直接提供虚拟物品与现实货币的交易系统，且虚拟物品是否可以作为赌博犯罪的对象也存在一定的争议，网络游戏隐性赌博环节似乎没有完整的现金流，只是一种花钱玩的电子游戏而已，因此氪金"开箱"不排除"过度消费""冲动型消费"的可能。但是游戏运营者会另行开设游戏官方交易平台，专门为多种游戏提供装备回收、玩家交流、买卖账号以及各种稀有道具的交易，或者类似于寄附游戏类那样，明知游戏平台存在有组织的兑换行为，故意对聊天室等"道具回收"等信息不屏蔽、不制止、不履行监管义务的，那么仍有涉嫌开设赌场罪的风险。

（四）有奖销售类

"有奖销售类"与"氪金博彩类"具有一定相似性，即玩家购买有独立价值的虚拟道具后，以获赠的形式获得博彩机会的场景。如某游戏中设置了以下场景，购买游戏人物、皮肤等虚拟道具，会免费获得一次抽奖机会，有机会抽中高价值稀有道具。

此情形与氪金"开箱"玩法最主要的区别在于抽奖机会获得的方式不同。在"氪金"开箱场景下，玩家获得的抽奖机会是使用法定货币或按照一定比例将法定货币兑换为虚拟货币，直接购买"箱子"参与抽奖；而在"有奖销售型"开箱的场景中，抽奖机会是免费获得的，通常表现为，在购买其他虚拟道具的同时，游戏平台会赠送其一次或几次抽奖机会，一般情况下，当用于促销的商品的确具有重要的价值，比如是某些游戏通关必要的道具或增加战斗力的商品等，玩家购买该道具就是基于希望获取该道具，其主观上并非为了获得抽奖机会才购买虚拟道具，因此就不应认定为赌博性质。但是，如果游戏运营者将促销的道具与可能抽取的奖品价值间设置悬殊的差距，使得购买促销道具成了获取抽奖机会的通道，但该道具的获取本身就很容易，使得多数玩家形成只是为了获取抽奖机会才采取购买道具的情形，那仍然是具备涉

---

① 参见游民星空：《"开箱子"虽然略坑人，但权威机构认定并不属于博彩》，载 https://www.gamersky.com/news/201710/965134.shtml。

赌风险的场景。

二、游戏运营者的法律风险防范

天网恢恢，疏而不漏，游戏运营者在追求网游利润的同时，不仅不能够故意开发涉赌游戏、建立涉赌平台，还要履行严格的监管义务，才能减少甚至杜绝网络赌博的蔓延，实现网络环境的净化。

根据我国《网络安全法》的相关精神，对于网络环境的相关监管措施，要求在互联网企业层面就须得以落实，并协助我国相关部门进行监管，这种监管模式即为"代理式监管"。行为人进入该领域，就必须按要求办事。因此，游戏运营者作为网络运营者的主力军之一，对游戏平台内的信息、数据等具有严格监管义务。同时，《刑法》以及前述《意见》等司法解释，都是网络游戏运营规范的重要法律依据。笔者认为，游戏运营者以及有关游戏开发者等应当从以下方面提升法律合规意识，加强风险防范。

（一）开发者应提高游戏技能因素，降低运气因素

游戏运营的开端是游戏产品的设计。严格来说，几乎所有的游戏中都同时含有技能因素和运气因素，只是占比有所不同。技能因素占比最高的应该算是传统的竞技类游戏，如围棋、象棋、射击等。以大型团队作战游戏为例，开箱获得的装备虽然能够在一定程度上获得增加战斗值的额外效果，但是主要还是依靠团队的合作以及个人的操作技巧，这样总体评价下来，"开箱"玩法的运气因素在整个游戏中的占比就会降低。但反过来，若开箱获得的道具十分稀有，通过正常通关几乎很难获取，且一旦获取能够大幅度增加战斗力，逢战必胜，个人技巧相对来说显得不再那么重要，就会出现"全民氪金开箱"的局面导致该游戏沦为"开箱游戏"，以"赌运气"为主要特征，符合赌徒心理，这样就应当受到规制。《监管通知》第 8 条规定："网络游戏运营企业以随机抽取方式提供虚拟道具和增值服务时，应当同时为用户提供其他虚拟道具兑换、使用网络游戏虚拟货币直接购买等其他获得相同性能虚拟道具和增值服务的方式。"因此，游戏设计者应当找到运气因素和技能因素的平衡关系，淡化"开箱"玩法在整个游戏中的主导作用，如，开箱可能获得的虚拟道具，也可通过"做任务""打 boss""累计签到"等形式获得，且不可过于强化其他途径获取的难度，避免变相地出现只能"开箱"获取的情况。

（二）游戏运营者应禁止虚拟货币的反向兑换

纵观四大类戏类的场景下，游戏运营者以及与第三方平台联合提供虚拟货币反向兑换的渠道，是网络游戏运营者涉嫌开设赌场罪的核心要件。而实际上

从行业规范的角度,早已有禁止反向兑换的规定。《查禁赌博通知》规定,"规范网络游戏行业经营行为。要监督网络游戏服务单位依法开展经营活动,要求其不得收取或以虚拟货币等方式变相收取与游戏输赢相关的佣金;开设使用游戏积分押输赢、竞猜等游戏的,要设置用户每局、每日游戏积分输赢数量,不得提供游戏积分交易、兑换或以"虚拟货币"等方式变相兑换现金、财物的服务,不得提供用户间赠予、转让等游戏积分转账服务,严格管理,防止为网络赌博活动提供便利条件。"该规定要求对于游戏中的虚拟货币,仅在终止服务时可以退还,但禁止反向兑换,避免给赌博行为创造土壤。

(三)游戏运营者应对第三方兑换进行屏蔽监管

网络游戏运营者在自己不主动提供反向兑换渠道的同时,还应当加强对第三方非法提供反向兑换渠道进行监管,可以通过制定专门的游戏规则、发布公告、采取措施,对游戏聊天室等设置屏蔽敏感词等方法,对第三人提供的虚拟货币的兑换、转移机制进行严格的监督,同时通过对用户单日充值金额进行限定,禁止为游客模式登录游戏的用户提供游戏内充值或消费服务等。实践中有很多游戏平台为了增加用户注册量,实现盈利,明知第三方有组织地提供反向兑换渠道并不加以制止,不履行监管义务,基于互联网企业的监管义务所在,此种行为无论是"第三人"还是游戏运营者均难以跳开违规甚至开设赌场罪的刑事风险。如果游戏本身不具有赌博性质,用于游戏的虚拟货币不具有赌资性质,对于游戏运营者来说,应当充分尽到监管义务,唯有如此,即使第三人利用合法游戏实施了赌博的行为,游戏运营者也可以其不具有营利的目的来阻却自己的刑事责任。

(四)游戏运营者禁止获得或变相抽头渔利

实践中,抽头渔利主要表现为两类:一类是游戏运营者设置通过从参赌人员所赢得的财物中抽取一定比例作为"税收""服务费"的机制,此种模式在寄附游戏类的场景中较为常见;一类是向参赌人员直接或间接收取固定的场所服务费用,此种模式在虚拟赌场类的场景中较为常见。根据最高人民法院、最高人民检察院《关于办理赌博刑事案件具体应用法律若干问题的解释》(以下简称《解释》)第1条将抽头渔利的数额作为认定赌博罪中"聚众赌博"的情形之一,但是何为"抽头渔利"并未作出说明,从文理解释的角度来看,抽头是指,赌博是指从赢得的钱里抽一小部分归赌博场所的主人或供役使的人[①]。渔利

---

① 参见中国社会科学院语言研究所词典编辑室:《现代汉语词典》,商务印书馆第七版,第184页。

是指趁机会谋取不正当的利益①。所以,这是一种开放性的规定,不管采取何种形式,只要符合抽头渔利的本质,就有被认定的风险。因此,直接乃至变相的抽头渔利行为总是能够被识破,不要抱着侥幸心理认为多设计几个游戏环节就能轻易绕开法律的视线。

三、结语

当前,我国网络游戏的很多玩法在全球范围内是普遍存在,但是存在不等于合理,更不等于合法。提前防范,及早规制,应当成为规范网络赌博行为的规则意识。希望此文能够引起监管部门以及游戏运营者的警醒,完善法律、制度规范,准确把握网络游戏与赌博的边界,净化网络游戏空间,使之回归真正的娱乐功能。

---

① 参见中国社会科学院语言研究所词典编辑室:《现代汉语词典》,商务印书馆第七版,第1597页。

窃用他人新型支付账户侵财行为的司法认定[*]

徐 娜[**]

窃用他人新型支付账户侵财行为的认定,在司法实践认定中存在争议,主要涉及盗窃罪、诈骗罪、信用卡诈骗罪。该类犯罪主要表现为行为人以非法占有为目的,通过借用、窃取、骗取他人手机或新型支付账户和密码信息等方式,进入他人手机银行APP、第三方支付账户,窃取财产的行为。

窃用他人手机银行APP,或在第三方支付非法绑定他人信用卡,实施侵财的行为,应认定信用卡诈骗罪。手机银行账户与信用卡具有同质性,侵财行为符合最高人民法院、最高人民检察院《关于办理妨害信用卡管理刑事案件具体应用法律若干问题的解释》(以下简称"信用卡管理司法解释")第5条第2款第(三)项规定的"窃取、收买、骗取或者以其他非法方法获取他人信用卡信息资料,并通过互联网、通讯终端等使用的,属于'冒用他人信用卡'的行为"。利用第三方支付平台,非法开通、绑定他人信用卡的行为,虽然介入了第三方支付载体,但亦符合信用卡司法解释中"冒用他人信用卡"的行为,应认定信用卡诈骗罪。

窃用他人第三方支付,窃取账户内或已绑定信用卡内财产的行为,成立盗窃罪。首先,该行为无法认定为信用卡诈骗罪。侵财行为冒用的仅是他人第三方支付账户密码等信息,第三方支付非金融机构,其账户也不属于信用卡,密码亦非信用卡资料,因而不能构成信用卡诈骗罪。直接使用第三方支付内已绑定信用卡侵财的,因缺少了"非法获取信用卡信息资料的行为",无法认定为"冒用他人信用卡"。其次,该行为不符合诈骗罪构成要件。信用卡司法解释中隐含着ATM机可以"被骗"的观点,但此观点在规范层面仅限于信用卡诈骗罪,不能类推适用于诈骗罪。且第三方支付平台无处分意识、无法被骗,根据《非金融机构支付服务管理办法》规定,客户备付金不属于支付机构的自

---

[*] 本文系论坛联合征文期刊《中国检察官》拟录用稿件的精华版。
[**] 徐娜,江苏省苏州市吴江区人民检察院第六检察部检察官助理。

有财产，转移仅能根据客户发起的支付指令委托银行业金融机构办理；平台内理财产品的购买、转让、赎回，凭借支付密码自主操作实现；信贷资金的申请，依据系统内部评估获取，无人工介入，第三方支付账户资金交易遵从执行的均是账户所有人的意志，处分权归所有人并非第三方支付平台。第三方支付已绑定的信用卡是已经授权开通的信用卡快捷支付，银行在转移资金的过程中并没有被骗。最后，第三方支付账户内的余额、理财产品、信贷资金，以及已绑定信用卡的资金，均应认定系账户所有人的财产。账户余额是所有人控制、支配的备付金；理财产品，无论处于何种交易状态，或购买或转让、赎回，均是账户内财产以不同管理方式的体现；申请获得的信贷资金，虽然表现为负债，但一经发放便成为账内财产；已绑定信用卡，已经授权开通使用，亦属于账户所有人支配、控制。行为人以非法占有为目的，窃用他人第三方支付平台，私自使用余额、已绑定信用卡、转让赎回平台内理财产品、申请信贷资金，进行转账消费造成被害人财产减损的，应以盗窃罪定罪处罚。

第三方支付方式中侵财犯罪的定性困境与出路[*]

唐　祥　金朝榜[**]

第三方支付方式的迅猛发展，使得侵财犯罪呈现新特征。以实物为基础所构建的侵财犯罪刑法体系，正遭受着网络空间虚拟化和侵财犯罪手段新型化的冲击。新型侵财犯罪未脱离既有的刑法规制范畴，应当诉诸解释论予以解决。

一、罪质判定

第三方支付方式中侵财犯罪，主要存在着"骗""盗"分歧。一部分观点基于被害人"不知情"为由，将其定为盗窃罪；另一部分观点通过赋予第三方支付平台"拟制人格"，将其以"骗"定性。新型侵财犯罪场景的转变，使得财物认定边界更模糊，转移占有更抽象，处分意识逐步弱化，呈现"似盗非盗、似骗非骗"的新特征。既要进行事实层面的类型划分，又要规范的准确解读，才能实现对其科学的涵摄推理。

二、定性困境

第三方支付方式中侵财犯罪的"骗""盗"对立，主要源于被害人分析视角的误区。被害人视角分析脱离了刑法所关注行为人"行为"的重心，也忽视了"事实层面的被害者""民法上的责任承担者""刑法上的被害者"的关联。新型侵财犯罪应以骗、盗行为样态为中心，从夺取罪与交付罪的分歧焦点出发，分析侵财对象、处分行为。第三方平台尚未脱离工具的桎梏，应坚守"机器不能骗"立场；盗窃罪作为夺取罪，其侵财对象不包含"债权性利益"。基于第三方支付平台与用户之间的委托保管合同关系，应将第三方平台数额认定为"数字化财产"。

---

[*] 本文系论坛联合征文期刊《中国检察官》拟录用稿件的精华版。

[**] 唐祥，四川省成都市锦江区人民检察院综合业务部副主任、员额检察官；金朝榜，西南财经大学法学院刑法学2020级博士研究生。

三、正确出路

第一，支付端口领域：偷换二维码窃取财物构成盗窃罪。行为人窃取的是停留于买家与商家所构建支付通道内"数字化财产"，刑法上的被害人是第三方平台，其行为应构成盗窃罪。

第二，支付平台理财领域：转移账户余额构成盗窃罪。机器不能被骗，决定行为人的行为不构成诈骗罪；第三方支付平台也非金融机构，其账户信息不是信用卡信息，不构成信用卡诈骗罪。结合行为人行为样态，系因用户或第三方平台"不知情"而转移占有，构成盗窃罪。

第三，支付平台信贷领域：冒领信贷产品构成合同诈骗罪。受法益指导、构成要件制约，诈骗罪与合同诈骗罪具有不同的内涵，虽诈骗罪中"机器不能被骗"，但合同诈骗罪存在"冒用"表述，故行为人以用户名义冒领（用）"花呗""借呗"的行为构成合同诈骗罪。

第四，支付后端领域：转移信用卡资金构成信用卡诈骗罪。通过第三方支付平台侵害用户信用卡资金，已突破了第三方支付平台管控范围，并进入金融支付领域，犯罪行为除侵害财产法益外还侵害了信用卡管理秩序，应认定为"冒用他人信用卡"，构成信用卡诈骗罪。

三、网络犯罪相关罪名研究

涉第三方支付类案件法律疑难问题研究[*]

江苏省南通市崇川区人民检察院课题组[**]

第三方支付是互联网支付的重要类型。从近年来司法实践中出现的案例来看,第三方支付领域刑事犯罪一般可以分为虚假刷单获取互联网第三方支付平台返利、利用互联网消费(透支)账户套现和登陆他人第三方支付账户非法获取财物三大类型。司法实践中,对这种包含现代化手段的传统犯罪,需要把握技术实质,透过现象看本质,笔者认为,目前仍不宜将互联网第三方支付平台认定为刑法上的金融机构;在认定案件性质时,应当区分行为类型、资金来源及主要犯罪行为,对不同类型的案件作如下认定:

虚假刷单获取支付平台返利的行为。行为人以非法占有为目的,虚构交易、虚假刷单,欺骗第三方支付平台,使其误以为发生真实交易,而对行为人予以补贴,数额较大的,应依法认定为诈骗罪。行为人主观上具有非法占有目的,客观上采取了虚构事实、隐瞒真相的方法,行为具有主动性、掠夺性,触犯了刑律,不属于不当得利。准确认定此类犯罪行为非法占有的目的,需要从技术、法律的角度详尽考察其"排除意思"与"利用意思"。

利用互联网消费(透支)账户套现的行为。这类犯罪可以分为纯中介性质的套现和幌子型的诈骗套现。对于以套现为幌子,欺骗套现人,骗得套现人财物的行为,应依法认定为诈骗罪。对被害人自行开通消费(透支)账户,行为人予以冒用的行为,应认定为盗窃罪。对消费(透支)账户由行为人冒充被害人开通并套现的行为,基于该产品背后公司的属性,如为小贷公司则认定为贷款诈骗罪;如为一般的公司,则考虑诈骗罪或合同诈骗罪。对盈利性帮助他人消费(透支)账户套现的,应认定为非法经营罪。

---

[*] 本文系论坛联合征文期刊《中国检察官》拟录用稿件的精华版。

[**] 课题组负责人:邹建华,江苏省南通市人民检察院检察委员会专职委员,江苏省检察业务专家;课题组成员:章建生,江苏省南通市崇川区人民检察院党组副书记、副检察长;任留存,江苏省南通市崇川区人民检察院员额检察官;刘俊杰、姜依菲、陈宝红、王美霞、鞠丽,江苏省南通市崇川区人民检察院检察官助理。

登陆他人第三方支付账户非法获取财物的行为。对直接通过他人第三方支付账户非法获取钱款的行为，不论该钱财是账户余额、已绑定银行卡内资金、已开通消费（透支）账户资金，均应认定为盗窃罪。对采取欺骗等方式获取账号、密码的，获取手段行为直接影响案件定性，对行为人以非法取得第三方支付平台内资金为手段，实施诈骗他人财物行为的，应认定为诈骗罪。对利用第三方支付平台绑定银行卡取得银行卡内资金的行为，因有银行等金融机构的介入，应认定为信用卡诈骗罪。对行为人冒充他人身份开通消费（透支）账户否认，区别该消费（透支）产品的运营公司属性，区别定性，属于金融机构的，认定为贷款诈骗罪；不能被依法认定为金融机构的，应认定为诈骗罪或合同诈骗罪。

新型支付方式下盗窃罪与诈骗罪的界限研究[*]

北京市顺义区人民检察院课题组[**]

一、新型支付对既有学理的冲击

新型支付方式与传统交易模式存在的差异导致侵财犯罪罪名之间的界限模糊，新型支付对既有学理的冲击体现为：其一，第三方支付能否被欺骗，鉴于第三方支付平台是否可以成为被骗的对象存在不同的意见，导致对此类侵财案件的定性存在分歧。其二，财产处分意识是否必要，关于处分意识的各种学说分歧点在于是否有处分意识及处分意识的内容如何。其三，利用第三方支付平台非法取财过程中存在侵犯财产性利益的难题。

二、新型支付下盗窃罪与诈骗罪的界分

新型支付方式背景下侵财犯罪对象主要包括账户余额、账户所绑定的银行卡、信贷和理财账户资金四种，实践中出现"同案不同判"的情况，影响法律适用的统一性和公正性。司法实践中，区分盗窃罪与诈骗罪应把握：一是犯罪得以实施的关键阶段或起决定性作用的因素；二是被害人处分财物过程中有无处分财物的意识；三是第三方支付平台及其他智能机器并不能作为诈骗罪的对象；四是防止被害人倒置的认定模式。

三、不同情况下的适用界域

第一，侵犯他人第三方支付账户资金的行为普遍认为构成盗窃罪。此种情况下，银行不参与对资金使用的实名审核，通过非法手段获取支付密码从而使用银行资金的行为侵犯的被害人的财产利益，成立盗窃罪。第二，侵犯第三方

---

[*] 本文系论坛联合征文期刊《中国检察官》拟录用稿件的精华版。

[**] 课题组主持人：李存海，北京市顺义区人民检察院副检察长；课题组成员：宋鹏，北京市顺义区人民检察院第二检察部副主任；高小艳，北京市顺义区人民检察院第一检察部干部。

支付账户所关联信用卡内资金的行为存在盗窃罪和信用卡诈骗罪的分歧。行为人窃取被害人支付宝所绑定的银行卡内资金时，只需要输入相对应的密码，根据账户所有人之前与支付宝公司的绑定协议即可以转移资金，关联银行在支付资金过程中不存在错误认识，不能认定为信用卡诈骗罪，应构成盗窃罪。第三，侵犯第三方支付所关联信贷资金的行为成立诈骗罪。"蚂蚁花呗"等小额信贷产品类似信用卡中的贷记卡，冒用他人"蚂蚁花呗"的行为，其实质是行为人冒充真实用户利用第三方支付设备实施资金转移，故应定性为诈骗罪。第四，侵犯第三方支付所关联理财基金产品的行为应构成盗窃罪。网络理财具有理财和消费这两种功能，属于财产的范畴。非法获取第三方支付基金账户内资金，侵犯了账户所有人的财产权利，应构成盗窃罪。

当前防范新型支付环境下侵财犯罪要考虑鼓励创新与个体利益的平衡，在防范与治理路径的选择上，应综合考虑第三方支付应当承担的社会责任，以宏观层面把握盗窃罪、诈骗罪在不同情况下的适用界域。

新型支付方式下盗窃罪与诈骗罪的界限思考[*]

晏 鹏[**]

新型支付方式的广泛应用使得侵财型案件呈现出新特点，出现犯罪地域维度拓展，犯罪对象与被害人关系密切，犯罪行为连续等情况。诈骗罪的罪状描述不同于盗窃罪，但在现实案件中由于盗窃行为中存在骗的因素，两者容易混淆，所以我们应该将被害人是否做出具体处分行为，进而改变财物的占有状态来作为判断两种罪名的依据。对于处分行为来说，需要行为人具备处分意识，对于处分意识应该做进一步限缩解释，对于被处分物的认知不仅仅要求认识到是同种的种类物，还需要衡量同种类物的数量等因素。同时，对于诈骗罪来说，不仅需要具备处分意识，行为人还应该具备一定的处分地位，特别在三角诈骗等特殊诈骗中，被害人与处分人不是同一人，处分地位的判断尤为重要，笔者认为应该坚持做客观事实判断，在"客观权限理论"的基础上，包容事实授权认定，同时对于授权的认定做出一定的规范性要求，使其可以采用刑事推定等方式进行认定，并通过形式和实质两个侧面进行司法判断。

在厘清诈骗罪与盗窃罪的边界后，再引入新型支付方式条件下的行为方式及对相关犯罪要素进行定性分析，对于盗窃对象来说，在新型支付方式的条件下，平台财物其实质上就是一种电子货币，能够行使普通货币转账、消费、支付等货币职能，而对于平台保管方来说，这些电子货币占有人依然是客户，而支付宝等平台作为非银行机构仅仅是占有辅助人。对于以非法手段获取他人信息、账号密码等进而获取APP绑定信用卡内钱款的，不管前行为是采用盗窃方式或者诈骗方式，因为开始取得信息的行为并未实质上改变财物的占有，被害人的钱款依然在银行等金融机构的占有之下，而账号密码等信息本身没有价值，犯罪嫌疑人是基于后面实施的取财行为而取得信用卡内的钱款，同时笔者根据客观条件、实质理解、立法状况等因素，认为"机器人"可以被骗，所

---

[*] 本文系论坛联合征文期刊《中国检察官》拟录用稿件的精华版。
[**] 晏鹏，天津市南开区人民检察院检察官助理。

以应该认定为信用卡诈骗罪。对于获取平台内钱款的，信息和账号如果是盗取的，被害人没有处分信息和账号的行为，被害人财物被转移占有，应认定为盗窃罪。如果是被害人做出了处分行为，要辨析被害人是处分钱款还是处分密码，如果处分信息和账号，后续转移财物行为是处分财产的现实转移，认定为诈骗罪，只处分信息和账号的认定为盗窃罪。

诈骗花呗额度行为的定性分析[*]

张怡铭　李佳峰[**]

随着互联网的飞速发展，新型财产犯罪层出不穷。虚构刷单套现的事实，针对被害人花呗信用额度实施诈骗，令不少具有超前消费意识的年轻人中招。针对此类犯罪，需要重点明确以下几方面问题。

首先，需要明确花呗的法律性质。从法律规范层面看，能够发行银行卡的金融机构只包括商业银行和其他金融机构，不包括小额贷款公司；从法益保护的层面看，小贷公司发行的信贷产品保护力度不及信用卡。综上，花呗不是信用卡，而是一种新型消费信贷产品。

其次，分析行骗人的行为定性。根据诈骗对象的不同，分为诈骗罪说和贷款诈骗罪间接正犯说。笔者认同诈骗罪说，理由为：第一，贷款用户具有使用花呗付款的自主意识和选择权，不能将贷款申请人的身份无限扩大；第二，诈骗罪可以评价全部犯罪行为，而贷款诈骗罪弱化了用户的作用；第三，诈骗罪有利于保障小贷公司对还款义务人的追偿权。

再次，分析花呗用户的行为定性。利用花呗套取现金刷单谋利，是否构成骗取贷款罪？笔者认为不构成。第一，小额贷款公司不属于刑法意义上的"其他金融机构"。小贷公司只需省级主管部门批准，无须银监会批准；第二，赋予小贷公司金融机构编码与性质认定无关；第三，从资金来源和公众财产安全看，小贷公司无法与银行进行同等保护。此外，仅对花呗资金用途进行虚构不属于在申请贷款中的实质性欺骗，因为花呗平台是根据信用情况自动赋予可用额度，与资金用途无关，且可以通过民事手段追究违约责任。

最后，分析中介的花呗套现行为。争议的焦点在于该行为是否构成非法经营罪。笔者认为：第一，中介商利用花呗套现属于"非法从事资金支付结算

---

[*] 本文系论坛联合征文期刊《中国检察官》拟录用稿件的精华版。

[**] 张怡铭，浙江省杭州市人民检察院第三检察部检察官助理；李佳峰，浙江省杭州市萧山区人民检察院第二检察部主任。

业务"。与信用卡套现类似，资金在花呗用户和特约商户之间的转移；第二，新出台的司法解释需要适应时代发展，规制新型支付方式中的套现行为。

立足法益保护的核心，坚持实质解释的规则，只有具有严重社会危害性的行为才是刑法打击的对象，使固定不变的法律条文应对千变万化的现实生活，是每一个司法工作者的责任。

三、网络犯罪相关罪名研究

网络传销刑事案件的审查认定[*]

王 瀛[**]

网络传销行为,本质上与传统传销无二,其本质特征仍为"缴纳入门费、拉人头和层级计酬"。把握住本质特征,就能准确认定网络传销行为。

一、网络传销组织者、领导者的认定

《刑法修正案七》增设了组织、领导传销活动罪,打击对象是组织者、领导者。准确认定网络传销组织者、领导者,要解决以下问题。

(一)行为、作用和发展下线层级人数是否需同时具备

多数网络传销组织都规模庞大,公司制管理,分工细致。组织内实施组织、领导行为的人员并不一定亲自发展下线,对于此类犯罪嫌疑人应将其个人行为和传销组织的整体活动联系起来,虽然其个人发展下线未达到三层级30人,但其行为对传销组织的扩大起到关键性作用,因此可以认定为组织者、领导者。

(二)技术人员是否可以认定为组织者、领导者

技术人员是网络传销中特有的一类人员,是否能认定为组织者、领导者不应一概而论,应看涉案的技术人员是否属于"其他对传销活动的实施、传销组织的建立、扩大等起关键作用的人员",即其行为对组织建立、扩大所起的作用。

(三)直接发展下线少,但发展下线层级人数达到三层级30人,是否可以认定为组织者、领导者

传销组织的结构是金字塔结构,这就注定其在塔尖或上层的人数少,底层人数多的特点。另外,其行为为下线的加入提供了支持和便利,客观上对传销

---

[*] 本文系论坛联合征文期刊《人民检察》拟录用稿件的精华版。
[**] 王瀛,广东省广州市人民检察院第一检察部四级高级检察官。

活动的实施和传销组织的扩大客观上起到了关键作用；并且根据传销组织按层级关系计酬返利的特点，其也获得了所有下线骗取财物的层层返利。

综上，认定网络传销活动中的组织、领导者，应当从"两个结合"进行把握。一是犯罪嫌疑人个体行为与整体传销活动相结合，二是发展下线层级人数与实际获利相结合。关键是看犯罪嫌疑人的行为对传销组织的建立、扩大所起的作用。

二、组织者、领导者的主观故意认定

可以从三个证明方向入手来认定。第一，是否清楚整个组织的运营模式并参与其中。主要看行为人是否知道网络传销组织的加入、发展下线及返利的流程。第二，是否参加过传销组织的培训、宣传活动，是否了解传销组织的外部评价。传销组织会通过多种多样的培训、宣传活动对群众洗脑，在宣传、培训过程中，获利前景和模式一定会成为反复宣讲的重点。同时，网络传销在被刑事立案之前，大多数已有负面评价，了解行为人是否知悉这些负面评价也对认定其主观故意有所帮助。第三，是否发展下线并从中获利。如果行为人发展的下线人数已经超过三层级30人，并且从中获得层层返利的，则应当认为行为人是明知传销组织的经营模式和获利模式的。

三、犯罪数额的认定

审查认定网络传销刑事案件中组织者、领导者的犯罪数额，应结合三个方面的考虑因素综合认定。首先，是后台数据和鉴定意见，这是整个传销组织犯罪数额的全貌，是"建立传销案件证据链条，证实传销犯罪行为的关键"。其次，是支付费用或者计酬返利的记录、凭证，包括转账的银行流水、网络传销公司的会计账册，还有收款收据，等等。第三，是上线人员、下线人员或同级别、地位人员的指证，这在传统传销中是认定发展下线层级人数的关键证据。然而网络传销涉及人员众多，跨地域情况突出，不可能收集全部言词证据，可以取得部分参与人员的言词证据用以印证电子数据的真实性。

论打击网络知识产权犯罪的刑事立法对策

张　驰[*]

知识产权是人类智慧成果的结晶和促进社会进步发展的重要动力，因其本身具有的非物理性、可传播性、可共享性、无限可重复性等特点使得其与互联网这种新型信息传播与共享方式具有天然的契合性。不过互联网在促进知识产权能够得到充分发展、利用、收益的同时，也因其便利、快捷、广泛、廉价等特点使得知识产权更容易遭受来自各方面的侵犯，并在网络犯罪面前变得更加脆弱。如今，网络知识产权犯罪已经在世界范围内被公认为是知识产权犯罪全新的发展趋势和新时期最为严重的威胁[①]。而在我国，随着"互联网+"政策的全面推进，利用互联网实施侵犯知识产权犯罪的数量同样在快速增长，已经成为当前知识产权犯罪的首要特点[②]，如何依法有效打击各类网络知识产权犯罪是当前我国面临的一项重大任务。

一、网络知识产权犯罪的新特点

（一）侵犯著作权犯罪成为网络知识产权犯罪的主要形式

根据知识产权犯罪所针对的法益类型不同，知识产权犯罪大体可以被分为著作权犯罪、商标犯罪、专利权犯罪和商业秘密类犯罪。虽然以上四类犯罪的本质都是对知识产权权利人专有权利的侵犯，但由于商标和专利往往需要与线下特定的商品和服务结合之后才能体现出其经济收益，而商业秘密类犯罪则只能针对特定的经济实体，因此针对这三种类型的网络知识产权犯罪只是发生在网络上的传统知识产权犯罪，其发案数量仍然受特定线下因素的限制。相比之

---

[*] 张驰，最高人民检察院第六检察厅三级高级检察官助理。

[①] 参见毛庆：《互联网成知识产权侵权重灾区》，载《南京日报》2013年4月24日。

[②] 冯飞：《网络知识产权犯罪成关注重点！最高检：莫让互联网成为网络犯罪"温床"》，载《中国知识产权报》2019年5月8日。

下，著作权作品的形式不但最为广泛，而且完全可以通过数字化的形式在网络上独立创作、呈现、储存、传播，其与网络的结合最为紧密，并且会产生域名、数据库、技术措施、电子签名等独立的新型知识产权形式，由此产生的网络犯罪形式和犯罪数量都远远高于其他类型的网络知识产权犯罪，其中网络盗版又是网络知识产权犯罪的最主要形式。

（二）犯罪成本急剧降低

犯罪成本既包括物质成本，也包括道德成本。一方面，宽带、5G、大数据、人工智能、云计算等互联网新技术的推陈出新使得获取、储存、复制、传播数字化知识产权成果的便利程度极大地提升，而相应的经济成本却大幅下降，从而使更多的犯罪分子得以更容易地实施更多种形式的知识产权犯罪。另一方面，由于知识产权犯罪并不会如传统的盗窃、抢劫、毁坏财物等犯罪那样对现实中的人身、财物造成直接、明显的损坏，而互联网所具有的虚拟性、便捷性、共享性等特征、理念使得犯罪人与被害人之间的现实联系更加遥远、薄弱，对互联网知识产权犯罪所造成的各类经济损失和知识生产动力的潜在损害计算变得更为困难，因此犯罪分子对实施网络知识产权犯罪的道德愧疚感会更低，甚至还会以反抗知识垄断，促进知识传播和共享这一目标来为自己的犯罪行为进行辩解。

（三）犯罪复杂程度急剧提升

互联网的出现使得为传统知识产权犯罪创造了一个新的领域，犯罪人可以通过虚拟与现实、线上与线下、境内与境外等方面的结合，使得各类知识产权犯罪的形式、过程、影响、危害等环节变得极为复杂。尤其是绝大多数知识产权犯罪所具有的高逐利性特点，使得网络知识产权犯罪具有明显的产业化趋势。犯罪分子不但会通过组建各类形式上合法的经营实体来掩盖自己所实施的知识产权犯罪的非法性，而且会通过将犯罪行为细分为不同的环节交由线上、线下不同的成员、伙伴和对象来完成，这使得任何一个单独环节行为的犯罪属性都变得不再明显，而产业体系的过分庞大又使得从总体上综合认定网络知识产权的犯罪事实变得极为困难。此外，互联网因素的介入使得办案机关在打击此类犯罪时不得不面对诸如电子证据的提取、保存、使用、认定，跨境刑事司法协助或联合执法，大量数据和事实所导致的定罪证明标准调整，涉众犯罪被害人权利的保障等多方面的新问题，甚至会超出具体办案机关的办案能力，不但会导致大量犯罪黑数的出现，也容易遭受公众对选择性执法的质疑。

二、打击知识产权犯罪的世界刑事立法趋势

(一) 提升打击知识产权犯罪的规范性文件层级

一方面,各国不断修改本国相关立法,将对侵犯知识产权行为的刑事惩治加入传统的知识产权立法体系当中,并用效力等级更高的正式刑事立法来逐步弥补传统上依据民事法律而适用的侵权损害赔偿,或依据行政立法或行政指令而进行的行政处罚在互联网时代下对知识产权保护效果的不足。此外,部分联邦制国家还通过制定更高层次的全国性法律来统一对网络知识产权犯罪的法律适用标准和提升打击效果。如美国在传统上一直依赖各州法律来打击侵犯商业秘密的行为,但在1996年制定了联邦层面上的《经济间谍法》,不但将刑事手段作为保护商业秘密的重要途径,而且将保护范围扩展到了美国域外。

另一方面,当前对网络知识产权犯罪的刑事立法已经从国内层面上升到国际层面,并成为了越来越多国家所要明确承担的国际义务。如1994年生效的《与贸易有关的知识产权协定》(简称 TRIPS 协定)是首次将刑法保护条款引入知识产权保护方面的国际公约①,如该协议第61条即要求"各成员应规定至少将适用于具有商业规模的蓄意假冒商标或盗版案件的刑事程序和处罚。可使用的救济应包括足以起到威慑作用的监禁和/或罚金,并应与适用于同等严重性的犯罪所受到的处罚水平一致。在适当的情况下,可使用的救济还应包括扣押、没收和销毁侵权货物和主要用于侵权活动的任何材料和工具。各成员可规定适用于其他知识产权侵权案件的刑事程序和处罚,特别是蓄意并具有商业规模的侵权案件。"尤其是在2004年生效的《网络犯罪公约》(Convention on Cybercrime),签字国包括了42个欧洲国家和日本、加拿大、南非和美国,该公约同样涉及了版权及相关权利保护的内容,并且其第4条明确要求其成员国"采取必要的立法或其他措施使其国内法中对那些以故意、达到商业规模并且借助计算机系统实施的对著作权的侵犯能够被作为刑事违法处理"。2020年1月15日,中美两国签署了第一阶段贸易协议,其中重点强调了运用刑事措施来打击知识产权犯罪的义务,从而再次将对知识产权犯罪的刑法规制上升到国际条约的层面。

(二) 加大对知识产权犯罪的刑事打击力度

在过去,知识产权侵权行为主要通过权利持有人获得的一系列民事救济来

---

① 曹建明、贺小勇:《世贸组织基本法律制度讲话》,中国青年出版社2000年版,第80页。

解决，例如禁令、"交付"或销毁侵权物品以及支付损害赔偿金等方式。即使法律规定了对侵犯知识产权犯罪的刑事处罚，但是因为司法资源有限及对此类犯罪的重视程度较低而使对此类犯罪的实际追诉数量很少①。如今，各国不但更加愿意使用现有法律中的刑事制裁手段来打击各类侵犯知识产权的行为，而且通过不断增加和调整刑法条款来提升对此类犯罪的打击力度，这一对各类传统知识产权违法行为进行犯罪化的过程被认为是近年来最重要的法律发展之一②。例如英国1988年《版权、设计和专利法》第107条增加规定了地方行政当局（如贸易标准部门）有义务执行刑事版权条款，并在之前存在的1956年《版权法》基础上大大加强了刑罚措施。在美国，1988年的《禁止电子盗窃法》（No Electronic Theft Act, 1988年）对被定罪的"海盗"作出了最高三年监禁的规定，同时还将制裁的适用范围扩大到那些为商业利益而从事的盗版行为之外，例如包括从事非营利性数字交易的网络文件共享者。印度于1994年对《版权法》修订后首次把计算机软件列入保护范围，不但将罚款额度最高提到20万卢比，而且将监禁日期最长延至3年。2004年，法国修订后的《著作权法》对侵犯著作权行为的处罚从原来的处以3个月至2年的徒刑和6000至12万法郎的罚金，修改为5年以下有期徒刑和50万欧元以下的罚金（如果该行为是犯罪集团所为）；如果是累犯或是与受害人有合同关系的人侵犯著作权的，最高可处以10年有期徒刑或150万欧元的罚金③。2006年，韩国在修订后的《计算机程序保护法》中将"三年以下有期徒刑或者五千万元以下的罚金"的起刑点调整为"五年以下有期徒刑或者五千万元以下的罚金"，对于累犯则处以"七年以下有期徒刑或者七千万元以下罚金"④。2008年，美国制定的《资源和机构为知识产权优先法》第2章进一步强化知识产权犯罪的刑罚处罚，明确规定侵犯知识产权犯罪为"重罪"，以替代"犯罪"这一含糊不清的表述，从而有效地排除了将知识产权犯罪视为"轻罪"的做

---

① 例如，在1970年至1980年间，英国针对版权犯罪的起诉不到20起。Sodipo, B.. *Piracy and counterfeiting: GATT TRIPS and developing countries*. London: Kluwer. (1997) p. 228.

② David S. Wall and Majid Yar. *Intellectual property crime and the Internet: cyber - piracy and 'stealing' informational intangibles*, Handbook of Internet Crime, Willan Publishing, (2010) p. 265.

③ 参见刘新魁、张凝：《简论法国对著作权的刑法保护》，载王世洲主编：《关于著作权刑法的世界报告》，中国人民公安大学出版社2008年版，第188—190页。

④ 参见赵秉志、刘科：《国际知识产权刑法保护的发展趋势》，载《政治与法律》2008年第7期。

法。可以说，越来越多的国家对知识产权的保护正在有从"以民法为中心"向"以刑法为中心"转化的趋向①。

（三）针对网络知识产权犯罪制定专门性立法

为有效打击网络知识产权犯罪，部分国家通过制定专门性立法或在传统立法中增设相关罪名来扩大刑法对侵犯知识产权行为方式和行为对象的适用范围。例如，美国在发现传统的《版权法》无法有效规制非法实施的传播行为之后，就通过修改《版权法》，将在线非法实施传播行为规定为重罪加以处罚。此外，1997年、1998年还分别通过了《反电子盗窃法》和《美国数字千禧版权法》以专门打击网络版权犯罪。法国则于2009年制定了《创作与互联网法》，不但专门建立了以保护网络知识产权为主要责任的网络著作传播与权利保护高级机构（HADOPI），还针对非法下载网络著作权作品的行为，规定经过该机构的两次警告无效后可以判处断网1年、罚款30万欧元或者处以2年监禁的刑罚。2010年，日本在实施的著作权法修正案中将明知是盗版DVD而进行的非法复制，并通过网络拍卖的方式销售的行为认定为犯罪，并处以5年以下徒刑及500万日元以下的罚金②。

三、我国当前针对网络知识产权犯罪的刑事立法不足

虽然我国近年来在完善保护知识产权的法律制度方面取得了巨大的进步，但是刑事立法还与发达国家的知识产权刑事保护标准存在一定差距，无论是在针对性罪名的数量方面还是在现有罪名的要件表述方面都是有待完善的，无法针对互联网知识产权犯罪所具有的特殊性进行有效规制，严重影响了对此类犯罪的打击效果，其不足之处主要体现在以下几个方面：

（一）部分传统知识产权罪名的构成要件为有效打击利用互联网侵犯知识产权行为的定罪设置了不合理的门槛

例如《刑法》第217条所规定的侵犯著作权罪将以营利为目的作为构成该罪名的主观要件之一，但是当前互联网侵犯著作权的最广泛方式之一就是将享有知识产权的作品通过网络进行文件共享，侵权人虽然往往并不以营利为目的，但显然极大地侵犯了著作权人对作品的网络传播权、收益权等一系列等相

---

① 参见于志强，《我国网络知识产权犯罪制裁体系检视与未来建构》，载《中国法学》2014年第5期。

② 丛立先：《国际著作权制度发展趋向与我国著作权法的修改》，知识产权出版社2012年版，第22—24页。

关权利,其所造成的危害显然已经达到了需要进行刑法保护的程度。

(二)部分传统知识产权罪名对特定构建要件的描述无法涵盖新型的网络知识产权犯罪的行为方式

例如侵犯著作权罪中仅规定了复制发行、出版、制作、出售几种行为方式,却未将对作品在网络上进行传播这种目前最广泛的网络知识产权犯罪形式包括在内。虽然最高人民法院、最高人民检察院发布的《关于办理侵犯知识产权刑事案件具体应用法律若干问题的解释》和《关于办理侵犯著作权刑事案件中涉及录音录像制品有关问题的批复》中都将通过信息网络向公众传播知识产权作品的行为"视为"复制发行,暂时解决了对此类犯罪进行打击的法律依据方面的障碍,但将信息网络传播"视为"复制发行显然是一种规定上的拟制,即承认复制发行的语义范围内实际上并不包含信息网络传播,因此通过司法解释将对信息网络传播按照法律对复制发行的规定处理是一种法律上的类推适用,显然违反了刑法所要坚持的罪刑法定原则的基本要求。

(三)我国刑法对知识产权罪名修改的滞后性

我国刑法对知识产权罪名的修改往往滞后于《著作权法》《反不当竞争法》等相关知识产权类专门法的修改,从而使得无法对相关知识产权特别法中已经明确规定需要进行刑事打击的网络知识产权犯罪行为进行有效打击。例如,《著作权法》于 2010 年修正后就已经在第 48 条①中规定了 8 种可以追究

---

① 《著作权法》第 48 条规定,有下列侵权行为的,应当根据情况,承担停止侵害、消除影响、赔礼道歉、赔偿损失等民事责任;同时损害公共利益的,可以由著作权行政管理部门责令停止侵权行为,没收违法所得,没收、销毁侵权复制品,并可处以罚款;情节严重的,著作权行政管理部门还可以没收主要用于制作侵权复制品的材料、工具、设备等;构成犯罪的,依法追究刑事责任:(一)未经著作权人许可,复制、发行、表演、放映、广播、汇编、通过信息网络向公众传播其作品的,本法另有规定的除外;(二)出版他人享有专有出版权的图书的;(三)未经表演者许可,复制、发行录有其表演的录音录像制品,或者通过信息网络向公众传播其表演的,本法另有规定的除外;(四)未经录音录像制作者许可,复制、发行、通过信息网络向公众传播其制作的录音录像制品的,本法另有规定的除外;(五)未经许可,播放或者复制广播、电视的,本法另有规定的除外;(六)未经著作权人或者与著作权有关的权利人许可,故意避开或者破坏权利人为其作品、录音录像制品等采取的保护著作权或者与著作权有关的权利的技术措施的,法律、行政法规另有规定的除外;(七)未经著作权人或者与著作权有关的权利人许可,故意删除或者改变作品、录音录像制品等的权利管理电子信息的,法律、行政法规另有规定的除外;(八)制作、出售假冒他人署名的作品的。

刑事责任的情形,而我国《刑法》第217条①所规定的侵犯著作权罪仍然只将四种情形列为犯罪行为,并且在类似情形的涵盖范围上已经明显窄于《著作权法》上的相关规定。如侵犯著作权罪中只规定了制作、出售假冒他人署名的美术作品的可能构成犯罪,而《著作权法》中已将制作、出售制作、出售假冒他人署名的任何形式作品都规定为可能构成犯罪。

(四)专门性的知识产权特殊名数量过少,无法满足精准打击网络知识产权犯罪的需要

目前我国《刑法》只规定了7个针对适用于知识产权犯罪的特殊罪名,但其适用范围显然不能囊括实践中已经出现的各类网络知识产权犯罪形式。为避免遗漏对此类危害社会行为的打击,司法机关往往需要适用一些一般性罪名加以规制。不过,由于这些罪名并非直接针对网络知识产权犯罪行为,因此在认定犯罪行为与构成要件的符合性方面往往并不显而易见,极易引发适用具体罪名时的争议。例如,随着近年来网络游戏发展而出现的私服、外挂等行为,虽然在理论和实践中都认为在其对游戏运营商的合法权益构成严重侵犯时应当作为犯罪进行打击,但在具体适用的罪名上却并不统一,分别有适用侵犯著作权罪、非法经营罪、破坏计算机信息系统罪等不同的观点②。这种理论和实践上的不统一不但会破坏法律的统一适用标准,而且容易导致司法机关在打击此类犯罪时有所顾虑,实践中不但网络知识产权犯罪的特殊罪名适用比例较低,即便是作为一般性罪名的计算机类罪名同样几乎不适用于知识产权犯罪③,从而极大地削弱了对此类犯罪的打击力度。

---

① 《刑法》第217条规定,以营利为目的,有下列侵犯著作权情形之一,违法所得数额较大或者有其他严重情节的,处三年以下有期徒刑或者拘役,并处或者单处罚金;违法所得数额巨大或者有其他特别严重情节的,处三年以上七年以下有期徒刑,并处罚金:(一)未经著作权人许可,复制发行其文字作品、音乐、电影、电视、录像作品、计算机软件及其他作品的;(二)出版他人享有专有出版权的图书的;(三)未经录音录像制作者许可,复制发行其制作的录音录像的;(四)制作、出售假冒他人署名的美术作品的。

② 参见温长军、王然:《"私服""外挂"行为的刑法性质再探析》,载《网络犯罪与安全》,法律出版社2017年版,第307—315页。

③ 参见于志强:《我国网络知识产权犯罪制裁体系检视与未来建构》,载《中国法学》2014年第5期。

四、完善我国打击网络知识产权犯罪的刑事立法对策建议

（一）更新打击网络知识产权犯罪的刑事立法理念

网络知识产权犯罪属于典型的法定犯罪，其犯罪属性和构成要件形式受特定时期立法者态度的影响，具有鲜明的时代特征和政策导向。改革开放以来我国在经济发展上取得了一系列的巨大成就，以华为为代表的一系列知名企业已经在多个重要领域内拥有了世界上最多的商标、专利技术等知识产权，我国正在从知识产权的弱国转变为知识产权大国。知识创新已经成为我国转变经济发展模式，提高经济质量的根本动力之一，也是实现中华民族伟大复兴的重要保障。只有加大对网络知识产权犯罪的打击力度才能够创造良好的知识产权保护环境，才能够吸收国内外更多的优秀知识产权成果留在或进入国内并为我所用。不可否认，与民事立法和边界控制措施等传统知识产权保护措施的一致性趋势不同，各国在采用刑事手段保护知识产权方面的差别非常大。尤其要在国际法层面上保持一致非常困难，即便部分国家的国内法已经规定了对某些侵犯知识产权行为的刑事惩戒措施，该国也不愿意签署包含该内容的国际条约。部分原因可能是刑事法律涉及国家的主权，因此对特定行为的刑事处理包含着很多的政治性因素，并且与一国的道德和文化理念紧密相连。但一个值得注意的现象是，近年来，泰国、越南等部分新兴发展中国家在适用刑法来打击侵犯知识产权犯罪方面的力度甚至超过了传统发达国家[①]，以树立良好的国家形象和营商环境，进而吸引更多的投资，同时避免在国际交往中受到恶意攻击。因此我国未来针对网络知识产权犯罪的刑事立法不但要继续扩大特定罪名的数量，而且还要适当降低启动刑事追诉程序的门槛，提升对此类犯罪的处罚力度，向国内外郑重宣誓我国政府对知识产权进行坚决、彻底保护的决心，为我国经济、社会、文化等领域的全面、持续、健康发展提供坚实的法律保障。

（二）转变打击网络知识产权犯罪的刑事立法视角

由于网络知识产权犯罪具有犯罪成本极低，犯罪涉及面极广，犯罪复杂程度较高，技术性和专业性较强等方面的特点，单纯依赖国家刑事司法机关来惩治此类犯罪很难取得理想的效果。从其他国家或地区的经验来看，一些知识产权行业组织正在揭露和参与执法方面发挥着主导作用。这些组织声称通过参与

---

① Xavier Seuba, The Global Regime for the Enforcement of Intellectual Property Rights, Cambridge University Press, p. 371.

一系列日益密集的警务活动来"减轻执法机构的调查负担"①。在公共机构不愿投入时间和资源解决侵犯知识产权问题的地方，工业和商业利益"填补了空白"。除了情报收集和秘密行动外，他们还试图通过任命专家联络人员"协助"和"建议"负责机构侦查和起诉"侵犯版权"行为，将打击知识产权犯罪纳入刑事司法主流②。虽然其他国家或地区的做法也许不一定完全适合我国的刑事司法体制，但却能够表明通过调动知识产权权利人自身在打击此类犯罪方面的积极性所具有的重要意义。总体来看，我国目前对网络知识产权犯罪的刑事立法仍然偏重于将此类犯罪视为一种犯罪人对国家社会主义市场经济秩序的破坏，因此往往从犯罪人的非法经营数额、销售金额数额、违法所得数额、是否在特定时间内曾经被追究过一定次数的行政或民事责任、是否具有特定的营利目的等角度规定有关犯罪的构成要件。不过，知识产权与传统有形财产的重要区别之一就是两者遭受侵犯的方式明显不同，因此在衡量犯罪的标准方面应当有所区别。其中传统财产犯罪往往以财产的占有权为主要侵害对象，而对财产本身的使用价值一般不造成直接的损害③，犯罪的结果往往是财产价值在被害人与犯罪人之间进行了转移，因此被害人的物质损失与犯罪人的违法所得等收益具有高度的相关性，从犯罪人收益类指标作为入罪标准有助于提高办案效率，也大体能够反映出犯罪的社会危害程度。但知识产权的本质是对特定知识信息内容的垄断使用，其财产价值会随着违法使用人数的增加而被不断稀释，直至消失。而具体侵权人所获得的经济收益也同样会因为其他更多侵权人的存在而被稀释，直至消失。当知识产权犯罪达到一定严重程度时，其导致的最终结果是知识产权的经济价值彻底消失，包括权利人和犯罪人都不再能够从该知识产权中获得收益。因此实践当中，部分犯罪人并非以获取经济收益为犯罪目的，而是追求打破知识垄断、促进知识传播等所谓的正当理由。在这种情形下如果继续依据犯罪人的经济收益类指标来作为定罪的标准显然已经无法准确反映犯罪的实际社会危害性，对知识产权的权利人而言也是极不公平的。因此未来我国对网络知识产权犯罪的刑事立法视角应当从犯罪人转向被害人，尽量从被害人的角度设置认定此类犯罪的标准，从而既便利启动对此类犯罪的追

---

① AACP. (2002). *Proving the connection: Links between intellectual property theft and organised crime*. London: Alliance Against Counterfeiting and Piracy. p. 2.

② David S. Wall and Majid Yar, Intellectual Property Crime Online 6 in Asia, J. Liu et al. (eds.), *Handbook of Asian Criminology*, Springer Science + Business Media New York 2013, p. 225.

③ 故意毁坏他人财产罪是例外。

诉，也有利于调动权利人协助国家机关办案的积极性。

（三）完善针对网络知识产权犯罪的具体刑事立法条文

鉴于我国当前刑法所规定罪名在适用于网络知识产权犯罪时所遭遇的困境，有必要在以下几个方面进行修改和补充：

首先，取消《刑法》第217条中"以营利为目的"之规定，以便与当前国际上通行的立法形式相一致。例如，TRIPS协议第61条规定"各成员应规定至少将适用于具有商业规模的蓄意假冒商标或盗版案件的刑事程序和处罚"。可见该规定要求启动刑事追诉的标准是假冒商标或盗版行为达到了"商业规模"，并且行为人在主观上存在"蓄意"，但却不要求行为人具有"商业目的"。此外近年来美国、英国也都纷纷在各自刑法当中取消了对侵犯著作权犯罪需要以营利为目的的构成要件。

其次，修改条文的表述方式，使得现有相关罪名能够准确适用于网络知识产权犯罪。例如，将"通过信息网络向公众传播""故意避开或者破坏权利人为其作品、录音录像制品等采取的保护著作权或者与著作权有关的权利的技术措施的""故意删除或者改变作品、录音录像制品等的权利管理电子信息的"等内容增加规定到侵犯著作权罪的罪状当中，将"电子侵入""未经授权或者超越授权使用计算机信息系统"等内容加入到侵犯商业秘密罪的罪状当中[①]，以使刑法与相关知识产权立法和我国签署的国际条约中的规定相一致。

最后，增设针对网络知识产权犯罪的特殊罪名。近年来，一些发达国家之间在签订有关知识产权保护方面的特惠贸易协定（Preferential Trade Agreements）时大都要求缔约国扩大刑事立法对知识产权的类型和行为方式的适用范围，并尤其考虑到网络环境对此产生的影响，要求将发生在网络上的行为规定为犯罪[②]，尤其是将各种帮助、教唆及规避技术保护措施的行为规定为犯罪[③]，可见增加网络知识产权特殊罪名符合知识产权保护的发展趋势。例如，互联网的出现和发展为传播侵犯知识产权方式的传播和危害后果的扩散提供了巨大的便利，知识产权权利人曾试图通过对作品施加技术保护措施的方式来抵

[①] 参见《中华人民共和国刑法修正案（十一）（草案）》、最高人民法院、最高人民检察院《关于办理侵犯知识产权刑事案件具体应用法律若干问题的解释（三）（征求意见稿）》。

[②] 参见 Article 17.11.13 US – Chile FTA and EIA（2004）；Article 18.10.30 Republic of Korea – US FTA and EIA（2012）.

[③] Xavier Seuba, The Global Regime for the Enforcement of Intellectual Property Rights, Cambridge University Press, p. 389.

御由此造成的风险,但也由此产生了利用网络发布各类规避、破解此类技术保护措施的装置和技术的行为。由于缺乏针对此类行为的明确罪名,实践当中往往将其作为相关知识产权犯罪的共犯(帮助犯)来处理,但由于我国的共犯理论要求帮助犯与实行犯之间必须要有共同犯罪故意这一构成要件,而规避技术保护措施装置和技术的网络发布者往往与利用该装置和技术实施知识产权犯罪的实行犯之间缺乏明确的意思联络,因此实际上很难达到构成共犯的主观要件。此外,我国刑法规定帮助犯要比照实行犯进行从轻或减轻处罚,而在网络上发布规避技术保护措施的装置和技术的危害性甚至超过了某个具体利用该装置和技术实施的知识产权犯罪,因此如将其作为帮助犯来处罚也显然与罪责刑相一致原则不符。事实上,将规避技术保护措施行为规定为犯罪已经成为其他国家和地区的普遍做法,如美国、英国、德国、日本及我国台湾地区都已经在立法中加以体现①。事实上,将帮助行为实行化是刑法为应对网络犯罪所采取的一项重要趋势,并已经在我国近年的刑事立法中有所体现②,因此建议在未来的刑法修正案中增设利用信息网络非法提供规避技术保护措施装置、技术罪。

---

① 王燕玲:《论规避技术保护措施之刑事制裁》,载《知识产权》2013年第5期。
② 如2009年通过的《刑法修正案(七)》增加规定的"提供侵入、非法控制计算机信息系统程序、工具罪"(第285条第3款)、2015年通过的《刑法修正案(九)》增加规定的"非法利用信息网络罪(第287条之一)""帮助信息网络犯罪活动罪(第287条之二)"。

刑法对盗链行为的"打击点"

陶芳德　潘　颖[*]

一、个案样本

(一) 基本案情

链接,指从一个网络目标(如图片、文件、网址、应用程序)到另一个网络目标,目标网页的属性通过区分统一资源定位符(URL)加以区分[①]。盗链,指通过抓取他人内容地址、占用他人版权、带宽等网络资源,在设链方设置的网址或客户端上播放,以窃取他人流量、用户黏性和广告收入的行为。本案系中央宣传部版权管理局、全国"扫黄打非"工作小组办公室、公安部和最高人民检察院联合挂牌督办案件,也是安徽省首例直接认定盗链行为侵犯著作权案,引发社会和媒体广泛关注。

2017年七八月份,被告人李某某为获取百度联盟广告收入,在明知懒人听书网站所有作品均未获得著作权人授权的情况下购入该网站,并以个人信息在安徽省申请备案。李某某购得该网站后,将该情况告知其妻华某某,华某某在明知懒人听书网站内作品均未获得著作权人授权的情况下,协同李某某经营该网站。2018年2月8日,经滁州市文化广电新闻出版局勘验,懒人听书网站内共有作品12398部。同年2月12日,北京德云社文化传播有限公司(以下简称德云社)认定,懒人听书网站内共679部郭德纲、岳云鹏作品未获公司授权,截至李某某转让该网站,该网站获得百度联盟广告收入8944.81元,扣税后实际获利7679.88元,转让网站得款10万元。

庭审阶段,李某某提出如下辩护意见,第一,李某某经营的懒人听书网站

---

[*] 陶芳德,安徽省人民检察院党组成员、副检察长;潘颖,安徽省人民检察院第四检察部副主任,全国检察调研骨干人才、全省检察业务专家。

[①] 吕长军:《简析深度链接、加框链接与盗链》,载《中国版权》2016年第2期,第39页。

仅仅是通过盗链技术将用户带至第三方网站,懒人听书网站本身并不提供作品,认定懒人听书网站复制发行他人作品不符合法律规定;第二,网站镜像内容未能获取备份,不能认定懒人听书网站内的作品总数,更不能认定德云社侵权认定书所附清单中的 679 部作品懒人听书网站曾提供过在线收听;第三,李某某经营的懒人听书网站并不是每一个作品均能打开,很多链接均为失效链接,德云社提供的认定书清单中作品并无证据证明均能正常收听。华某某辩护人提出如下辩护意见:第一,华某某并不明知懒人听书网站内作品均未获得著作权人授权;第二,华某某仅给懒人听书网站内部分作品更换图片,没有证据证明华某某更换的图片超过 500 部;第三,懒人听书网站镜像内容未获取,无证据证明懒人听书网站内所有作品的具体情况。

公诉人提出如下公诉意见:第一,网站镜像内容不能获取,系李某某个人行为导致的必然结果,行政机关的勘验笔录同步音像资料可以证明网站内共有作品 12398 部,但因证据灭失,根据对被告人有利的原则,认定德云社出具的侵权认定书中合计 679 部作品,系有确认、充分的证据证实懒人听书网站侵权了他人著作权;第二,懒人听书网站内作品均可以正常收听。行政机关随机点击网站内任何一部作品均可以正常收听,抽样验证本身也符合刑事诉讼证据采信原则,李某某在和下家聊天记录中也明确提到了手动替换域名的解决办法;第三,懒人听书网站的涉案行为属于司法解释中的发行:经阅看行政机关远程勘验的录像资料,用户对懒人听书网站的点击结果并不是跳转到某被涉链网站,而是仍在懒人听书网站域名下对被侵权作品进行收听,用户根本看不到来自被涉链的标识、网址,更看不到涉链网站的网页广告;第四,华某某明知李某某以牟利为目的购得未经授权的懒人听书网站进行经营,还为其经营该网站提供帮助,系帮助犯。

(二)裁判理由概述

一审法院认为,公诉机关指控被告人在懒人听书网站上侵权的 679 部作品,已经在滁州市文化广电新闻出版局的见证下,由涉案作品著作权人郭德纲、岳云鹏授权单位北京德云社文化传播有限公司的工作人员登陆涉案网站进行现场比对确认,故对李某某辩护意见不予采纳。被告人李某某、华某某以营利为目的,复制发行其作品,情节严重,构成侵犯著作权罪。宣判后,被告人李某某、华某某不服一审判决,提起上诉,滁州市中级人民法院裁定驳回上诉,维持原判。

(三)个案评析

随着互联网技术日新月异,网络侵犯著作权行为频发,表现形式也日趋复杂隐蔽。本案检察机关紧扣侵犯著作权的本质特征和构成要件,收集、审查和运用证据,通过补充侦查取得行为人在第三方网站人工更改域名的证据,排除该网站系被动提供链接的可能,证明了行为人主观故意行为导致著作权人权益受到实质性损害,审判机关予以采信。但司法实践中,对深层链接和盗链的区分、对盗链行为和危害结果的因果关系研究仍不够深入充分,且盗链行为是否侵犯著作权仍存争议。

二、类案研判

丰厚利益和打击力度之间的落差,反向驱动我国盗链行为实施者时常游走在法律边缘,"腾笼换鸟"继续实施侵权。这一现象提醒司法工作者:当社会穷尽其他法域的手段仍不能阻止加害行为时,刑法必须介入,且必须强有力介入。通过抓取中国裁判文书网上公开的 134 起案件、85 份涉盗链侵犯著作权(2015 年至今)的法律文书研判发现①(其中有部分案件仅有一审判决或二审裁定的法律文书),我国司法机关对通过设链行为侵犯知识产权的行为打击力度增大(参见表一):

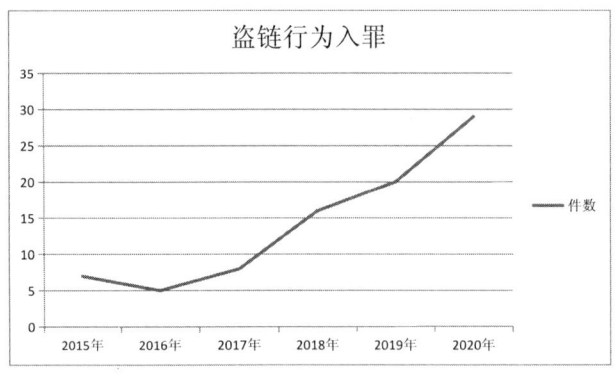

表一

但目前对盗链行为的刑法"打击点"并不一致(参见表二),对设链行为并没有统一明确界定,对设链行为称为盗链、深层盗链、深层链接、加框链接等,称谓和定义混乱:

---

① 中国裁判文书网:载 http://wenshu.court.gov.cn/website/wenshu/181217BMTKHNT2W0/index.html?s8=02,2020 年 8 月 12 日访问。

三、网络犯罪相关罪名研究

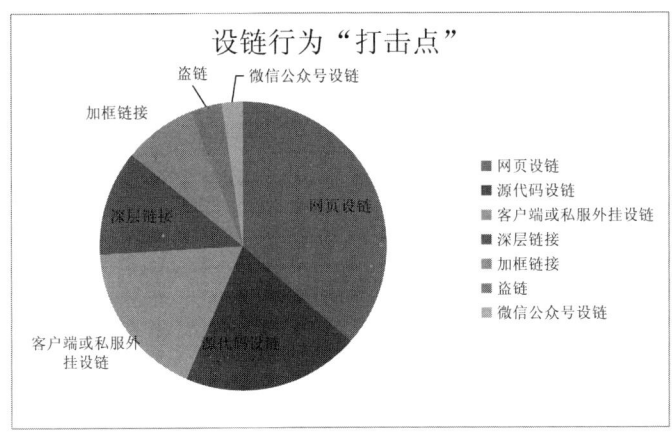

表二

通过类案研判可以发现，由于学术界、司法和行政管理认识不统一，尺度不统一，导致裁判理由、裁判结果有很大差异：

（一）对法律语境下的盗链行为本身定义混乱

通过浏览法律文书发现，这些链接行为确有类似之处，即在不脱离设链网页（或客户端）的前提下，抓取原链接网址内容，使用户并不认为其在新的平台获取内容。本文尝试对盗链行为予以精准定义，并结合信息网络传播权的内容予以区分和解读（参见表三）：

表三

名称	设链方式	抓取内容	用户感知	是否侵权
深度链接（本案公诉人援引案例时指出的深度链接，在技术领域并非严格术语，业界多称为"跳转"）。	从涉链网站页面绕过被链网站主页，直接链到目标网页	网页地址	对用户查询内容搜索后自动生成页面，用户认为仍访问原被链网站。	未改变内容传播的主体，著作权人也未失去对传播行为主体控制
加框链接（学界讨论较多，仅是较为形象的说法，实质是对目标作品技术干预）。	通过修改页面参数，绕过被链网站主页，且仅对目标网页的部分内容进行"加框"并"嵌入"设链网站的网页或应用。	网页地址	用户误认为是设链网站在提供作品。	用户在设链者自己的网站（或客户端）上接触、获得作品。

— 423 —

续表

名称	设链方式	抓取内容	用户感知	是否侵权
盗链（以抓取他人内容地址、占用他人带宽、版权内容等硬、软件资源，在其设定的网页或客户端上进行展示、播放的一种行为）。	直接抓取内容地址，并将内容由被链网站服务器直接传输至设链网站网页或客户端，由设链网站播放器解读、播放。	内容地址	用户误认为是设链网站在提供作品。	带宽、服务器资源、版权资源、广告、流量均由盗链者操控，直接侵犯著作人网络权益。

（二）打击侵权行为的标准不一

1. 感知标准

即司法机关认为被告方直接提供作品，构成直接侵权。这一标准以用户感知作为判断平台是否实施了网络传播行为的标准。如张俊雄侵犯著作权罪案①和"1000影视"案件，后者判决书表述为："网络服务提供行为，可使公众在其个人选定的时间和地点通过网站获得作品，符合信息网络传播行为的实质性要件，符合侵犯著作权中发行的行为性质"②。在这两起案件中，司法机关认定涉链行为是信息网络传播行为，并予以刑事规制。

2. 实质性标准

即根据最高人民法院《关于审理侵害信息网络传播权民事纠纷案件适用法律若干问题的规定》第5条，设链行为只有实质性取代被链网站作品所提供服务，因此侵犯信息网络传播权："网络服务提供者以提供网页快照、缩略图等方式实质替代其他网络服务提供者向公众提供相关作品的，人民法院应当认定其构成提供行为。"如上海幻电与飞狐公司案，即采用实质性标准判定被告方侵犯信息网络传播权利。

3. 竞争标准

随着互联网商业模式转型更迭，有的网站虽经合法授权，但对其他未经授权作品，同样通过设链行为突破技术保护，并通过对用户收费等模式窃取著作权方流量、广告利益，有的司法机关认为这一行为属于不正当竞争。如乐视诉"电视猫"案、爱奇艺诉聚网视案、搜狐诉"看客影视"APP案，此类案件司

---

① 该案是全国首例深层链接行为触刑案件，入选"2014年度十大知识产权案件"。法院以侵犯著作权罪入刑。一审判决后，被告人未上诉。

② 秦天宁：《知识产权犯罪案件典型问题研究》，法律出版社2019年版，第108页。

法机关又援用《反不正当竞争法》,将盗链行为认定为不正当竞争行为。

4. 服务器标准

即设链行为是否将作品置于向公众开放的服务器中。此标准是目前我国知识产权法院的通用标准。如 2016 年"中国十大传媒法事例"——腾讯公司诉易联伟达公司侵犯信息网络传播权案,一审法院认为,易联伟达公司不仅提供链接,还进行了选择、编辑、整理、专题分类等行为,主观上意图破坏他人技术措施以获取不当利益,客观上实现了在其平台上向公众提供涉案作品播放等服务的实质性替代效果,构成侵犯著作权。被告方不服一审判决,提起上诉。北京知识产权法院生效判决依据服务器标准,认为被诉行为未构成对信息网络传播权的直接侵犯,亦未构成共同侵权,予以改判,驳回腾讯公司全部诉求①。

以上概括的四类标准,用户感知标准缺乏客观依据,实质性标准不符合客观行为逻辑,竞争标准脱离了著作权法而直接援引《反不正当竞争法》,服务器标准则拘泥于传统技术,已被不少国家摒弃。因此,上述界定标准即未在理论界实现区分和界定,也未在实务界得到统一和认可。

(三) 认定盗链行为构成何种侵权不统一

根据 2012 年最高人民法院《关于审理侵害信息网络传播权民事纠纷案件适用法律若干规定》第 4 条的规定,提供链接的行为一般不构成侵权,但学界仍有观点认为,传播行为应以客观形成"传播源"为要件,对在他人服务器公开传播的作品,对该作品设链均不构成信息网络传播侵权。受这些观点的影响,反盗链的技术手段能否认定为著作权法意义上的"技术措施"备受争议。在此观点下,如本案的著作权人德云社文化传播有限公司,只能依据《信息网络传播权保护条例》,从而依据《著作权法》第 48 条来责令其承担责任。

另一种侵权认定的依据是诉争行为欠缺合理性,这恰恰与反不正当竞争法下审判案件的思路相一致。如上海幻电信息科技有限公司与天津飞狐信息技术有限公司侵害作品信息网络传播权纠纷案,上海知识产权法院依据服务器标准,认为幻电公司虽然未直接提供作品,不构成对信息网络传播权的直接侵犯,但其设链行为具有用户感知性,且实质上对作品实现了较大程度的控制,设链作品属于影视作品,幻电公司应对作品的法律属性、商业属性予以了

---

① 李颖:《破坏技术措施进行盗链的行为是否构成侵犯信息网络传播权》,载《法律适用》2017 年第 22 期,第 18 页。

解①。因该公司未尽到必要的注意义务,属于主观明知的侵权行为,构成共同侵权。

通过对上述案件及认定标准、裁判思路的类比分析可以看出,我国对什么是盗链行为、盗链行为是否侵权、侵犯的是何种权利、判定侵权的标准等问题,存在不同程度的分歧,甚至在同一起案件(如前述的腾讯公司诉易联伟达公司一案)中,两级法院做出截然相反的裁判。这些对技术层面和法律层面的理解分歧,直接导致各地、各级司法机关对盗链行为认定失序,对网络犯罪惩治、版权秩序维护和知识产权保护等,所产生的影响都是巨大而深远的。

三、打击盗链行为的必要性

(一)盗链行为应认定为侵犯著作权

知识产权法是权利法,著作权法对信息网络传播权的规定,重在把握其与其他类型的著作权的界限。既然著作权的核心还是财产权,那么在法律视域下,无论是刑事、民事、刑民交叉或行政领域,保护著作权的核心就是保护财产权。而反不正当竞争法的价值在于禁止不正当竞争,维护市场秩序,涉及侵犯著作权的不正当经营行为,已由著作权法予以规范,反不正当竞争法更适合作为兜底法律②。

(二)侵犯著作权的盗链行为应受到刑法规制

我国《著作权法》及《信息网络传播权保护条例》规定了多种构成著作权合理使用的情形,包括初始上传、管理作品及创作使用的权利,但在对后续传播的权利保障上不够明晰。在盗链商业模式中,著作权人不再享有对版权和传播范围的控制,亦无法获得传播利益,而侵权行为人的行为不受法律规制,或规制程度极低,长此以往势必导致著作权人创作积极性受挫,影响市场公平和资源效率,甚至引发文化教育产业的萎缩。因此,只有禁止盗链行为模式下的非法传播,才能实现新媒体和大数据时代著作权人利益的有效保护。

(三)打击盗链行为应引入刑法因果关系说

司法机关认定盗链行为是否违法及是否处刑时,既要把握平台对作品内容的控制和受益关系,也要把握网络提供商的设链行为与危害后果之间是否具有因果关系。通过主动设置链接使正版作品被免费观看,造成被盗版网站收取本

---

① 李婷:《视频聚合行为的法律规制》,载《宜宾学院学报》2018年第5期,第50页。
② 赵俊梅:《聚合平台深度链接的法律适用问题》,载《法律适用》2019年第15期,第78页。

应属于著作权方的收益,显然这种行为与危害后果之间具有因果关系,应当受到刑法规制。

四、打击盗链行为的重难点

(一)遵循从民到刑的司法判断进路

当行为即具有民事侵权属性又具有刑事可责性时,宜分别运用民事规范和刑事规范对其进行考察,先厘清民刑规范之间的交错关系,进而运用法益分析规则,对民法和刑法的立法目的进行定位,最终分别从规范和价值层面对相关行为进行实质可罚性考察。司法机关通过对设链行为的刑事责任认定进行细致谨慎的逻辑解构,将"信息网络传播"性质的认定、刑事政策的价值取向及刑法制裁的限度把握等问题放置于法律体系之中,进行解释的合目的性检验,确保案件办理过程中对罪刑法定原则的动态贯彻。

(二)对盗链行为全方位加以规制

1. 增加邻接权

以国际条约为例,《保护表演者、唱片制作者和广播组织罗马公约》规定了广播组织权、转播权的著作权邻接权,禁止广播组织未经允许对他人已经向公众提供广播服务的信号进行使用或传播,以保护广播组织信号权。其也是著作权的一种,可以作为惩治盗链行为的修法思路[①]。网络传播体系增加邻接权,即增加作品传播的相关权利,著作权人可主张谁提供、谁控制,谁管理、谁收益。

2. 重新设立控制使用标准

随着移动网络普及,网址、域名有一大部分被移动客户端(APP)、游戏私服、微信公众号、各类小程序所取代,盗链与普通链接的区分仅仅依赖服务器标准或感知标准均不能适应当下网络技术的发展。在刑法规制以外,目前对互联网信息管理也多采用域名、网址、客户端等综合控制标准,以适应技术需要。

3. 强化侵权证据作用

在大数据时代,P2P、云端、语音、视频应用渐渐取代文字输入、邮箱等传统互联网传播,因此,通过服务器获取电子证据繁杂困难。对以域名等为控制标准的传播结果的取证相对容易,建议通过修法、增加相关司法解释等办法,重新归纳侵权证据的收集方法。

---

① 孙勇:《深度链接的法律规制探究》,载《中国版权》2015年第1期,第58页。

4. 完善各法域共同规制

刑法保障法和补充法的独立地位，并不意味着刑法的适用无须顾及前置法的具体规定，进而忽略刑法的谦抑性，随意扩展犯罪圈。要解决网络时代的侵权责任问题，应寻求各方的妥协，既不能在一味严苛的刑法保护环境中忽视技术传播者和社会公众的利益，也不能罔顾作品内容提供者的利益。增加著作权行政部门对著作权传播市场的行政监管，通过民事、行政、刑事手段齐抓共管，维护著作权传播市场秩序。对盗链以及其他危害著作权传播秩序的行为，通过立法、司法解释和修订行政法规等方法予以分类分层规制，以实现著作权人、用户、传播方等各方权益的平衡。

五、结论

诚如罗尔斯所言，"自由只是为了自由的缘故而被限制"。综观安徽省首例直接认定网络盗链侵权案件和相关类案，盗链行为的核心问题是如何针对迅速变化的网络利益格局，作出及时有效的法律制衡。而非让法律判断受制或落后于技术判断，造成同案不同判、各方利益失衡、著作权失序。知识产权制度是多方利益共存的渐进性机制，司法机关的追求显然并非阻止民众获取和使用作品，而是合法、合理、公平的获取使用作品。如何实现对盗链行为的法律规制，本文虽提出了几点不成熟的构想，但实践之路漫长，唯愿司法官能秉承公允之心，综合运用司法鉴定、大数据分析、媒体技术、法律解释等方法，解决打击重难点问题，科学设计对侵犯著作权犯罪的刑法打击路径，稳步构建各法域对知识产权的保护体系，才能在维护著作权人合法权益的基础上促进知识创新，实现互联网时代的科技、资源合法共享。

纯正计算机网络犯罪实证研究

白 磊[*]

近年来随着网络信息技术的发展，我国已成为全球网民数量第一的互联网大国，"互联网＋N"模式极大地促进了科技、社会、文化的发展，尤其是互联网经济成为刺激我国经济发展的新引擎。与此同时，犯罪分子也将侵害视野从诸如扒窃这种实体接触型犯罪转向虚拟、多元的互联网世界，在虚拟网络掩饰犯罪主体并不断寻找作案机会、谋取不法利益，以致近年来各类利用计算机网络实施犯罪的手段迅速蔓延，互联网犯罪及网络安全事件呈高发趋势，社会危害性日益严重。本文研究对象为2013年至2017年间，中国裁判文书网上公开的纯正计算机网络犯罪判决文书。

纯正计算机网络犯罪，指《刑法》第285条至第287条的8个罪名，其中非法侵入计算机信息系统罪和破坏计算机信息系统罪系97刑法颁布时最早设立的两个罪名；2009年《刑法修正案（七）》一次性增设了非法获取计算机信息系统数据罪、非法控制计算机信息系统罪、提供侵入、非法控制计算机信息系统的程序、工具罪三个罪名；2015年《刑法修正案（九）》又一次性增设了拒不履行网络安全管理义务罪、非法利用信息网络罪、帮助信息网络犯罪活动罪三个罪名，同时对原有的五个罪名都增加了单位犯罪的规定。《刑法修正案（九）》的颁布实施，实现了即打击侵害行为、又打击获取行为，即将预备行为正犯化、又将帮助行为正犯化，即打击个体网络使用者、又打击网络管理者，即惩处个人犯罪、又全面惩处单位犯罪，标志着纯正计算机网络犯罪体系的基本建立。

一、纯正计算机网络犯罪画像

（一）案件基本情况

1. 2013年至2017年间全国纯正计算机网络犯罪案件总量稳步增长、增幅

---

[*] 白磊，北京市海淀区人民检察院第二检察部检察官。

明显,案件量增长达十倍之多。

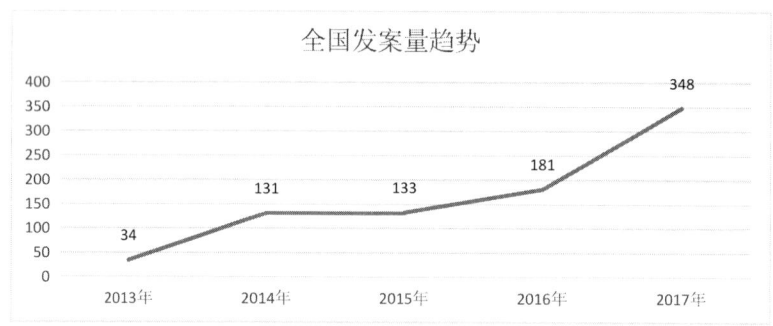

虽然已判决案件数量增长明显,但相比杀人、重伤害这种报案、破案率较高的传统犯罪,纯正计算机网络犯罪由于犯罪主体借助网络隐匿身份、犯罪手段不易侦察、被害人报案率较低、破案取证难度大等原因,导致案件发生后存在立案难、破案难和定罪难的问题。虽然目前并无官方文件的权威统计,但笔者认为考虑到上述案件的特征,计算机网络犯罪案件的破案率必定是所有具体犯罪中最低的一个犯罪种类,犯罪黑数问题无疑十分严重。

2. 案件地域分布具有明显特点,呈两极化、梯度化表现。全国案发量最高的属江苏省,占全国案件量的26.96%,另外则有11个省份在5年间案发量总和不足10件,2个省份案发量为0。

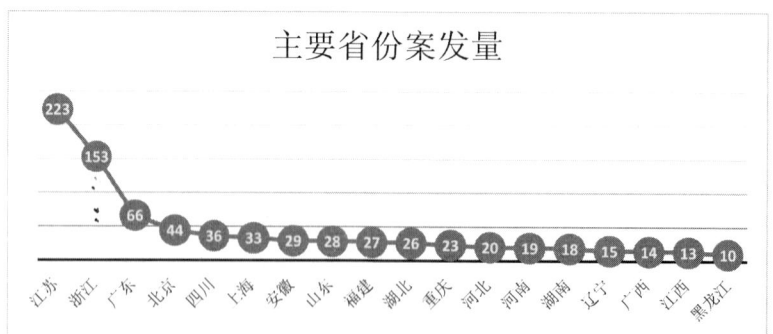

从主要省份案发量图可以看出,排名第一江苏的案件量甚至超过排名二三的浙江、广东两省案件量的总和,这主要是因为江苏经济较为活跃同时江苏公安系统打击纯正计算机网络犯罪的力量较强。除了江苏之外,案发量排名二三四的省份容易让人理解,浙江、广东、北京三地分布着阿里、腾讯、百度三大老牌互联网企业,这些企业不仅要面临更多安全风险问题,其技术实力也是警方打击此类犯罪的必要保障。

3. 各罪名情况对比分析。在研究8个纯正计算机网络犯罪罪名5年间案发量情况时发现，2015 年《刑法修正案（九）》增设的拒不履行网络安全管理义务罪、非法利用信息网络罪、帮助信息网络犯罪活动罪三个罪名未统计到实际案例中，这主要和此三罪名设立较晚、缺乏能够具体指导办案的司法解释有关。而另外五个罪名的 5 年案发量具体情况如下图：第一梯队的破坏计算机信息系统罪和非法获取计算机信息系统数据罪案件量几乎持平，前者高发是因为近年来利用 DDoS 攻击实施敲诈谋取非法利益已成为互联网上的一股主要犯罪潮流，后者高发主要是因为犯罪分子看重各类计算机信息系统数据的经济价值和各种利益；第二梯队的非法控制计算机信息系统罪和提供侵入、非法控制计算机信息系统程序、工具罪也几乎持平，这两种犯罪形态几乎可以说是第一梯队两个罪名的辅助；此外，非法侵入计算机信息系统罪之所以案发量最小，主要和其所保护"国家事务、国防建设、尖端科学技术领域的计算机信息系统"安防等级高且无法带来直接经济利益有关。

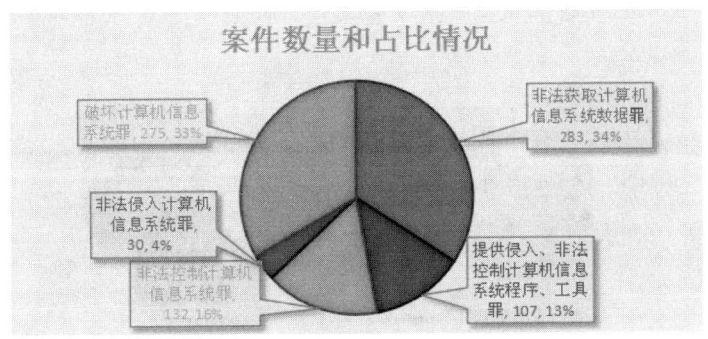

不仅各个罪名总量区别明显，单个罪名的 5 年案发趋势也很有特点：除提供侵入、非法控制计算机信息系统程序工具罪在 17 年有明显回落外，另外 4 个罪名都是增长趋势。笔者从实际司法经验推断，这主要是因为提供侵入、非法控制计算机信息系统程序工具罪打击的主要是木马、病毒的制作者，这类黑客往往经济实力较强、反侦察意识较高，在近年来打击力度不断增大的情况下很多人都已选择出国来逃避打击，破获的案件量自然不升反降。但是并不代表此类犯罪也呈下降趋势，非法侵入计算机信息系统和非法控制计算机信息系统两类犯罪仍呈现上升趋势，也可以印证这一点。此外，破坏计算机信息系统和非法控制计算机信息系统两罪的趋势图体现出高度一致的走向特征，这主要是因为两罪名的伴生关系：目前主要高发的破坏计算机信息系统案件为 DDoS 攻击案，此类网络攻击需要以"抓鸡"，即非法控制大量计算机信息系统作攻击源为前提，因此破坏计算机信息系统案件量高发必然带动非法控制计算机信息系统的案件数量。

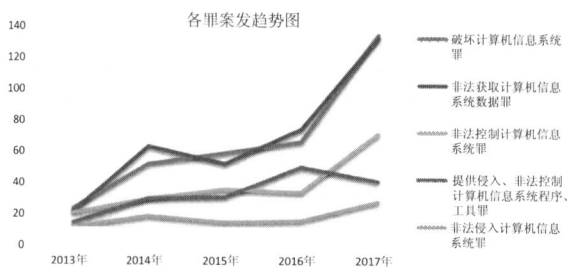

4. 具有较强的侵财属性。在纯正计算机网络犯罪案件中，非法获取计算机信息系统数据、非法控制计算机信息系统、破坏计算机信息系统，这三个罪名占绝对数量，主要因为被告人可以通过获取数据、控制计算机进而谋取大量非法利益，体现出较强的牟利目的。同时从关联罪名角度分析也能得出上面的结论：纯正计算机网络犯罪案件中数罪并罚案件比例达到14.87%，涉及罪名主要包括掩饰、隐瞒犯罪所得、犯罪所得收益罪、盗窃罪、诈骗罪这类侵财犯罪。

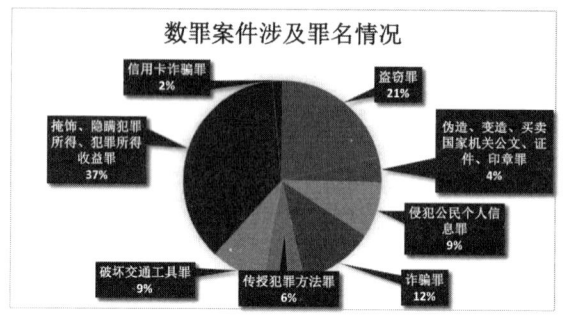

（二）被告人基本情况

1. 虽然各罪名均有规定单位犯罪，但仍以自然人犯罪为绝对数量，2017年出现4个单位犯罪案件。

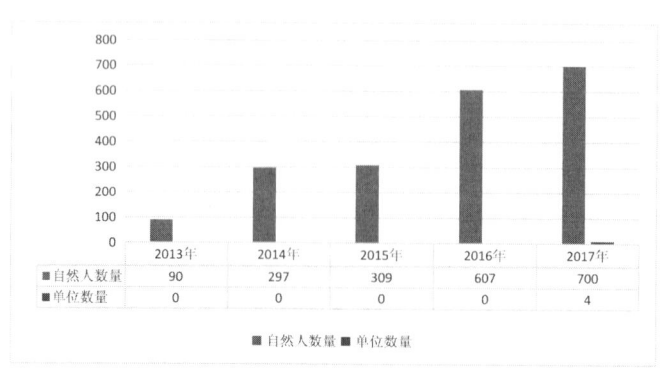

2. 在性别、年龄分布方面，男性青年人群为主要犯罪群体，主要和这一人群的计算机网络应用接受能力强弱有关。

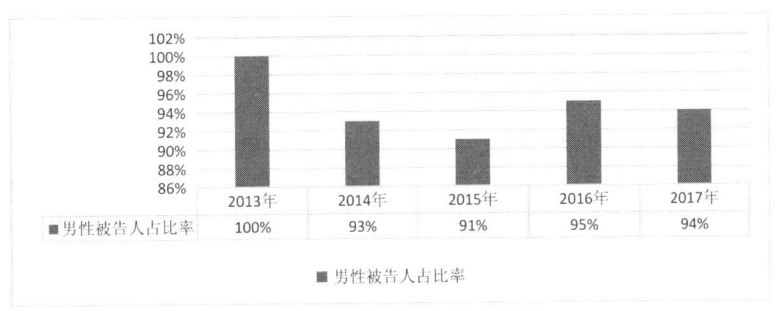

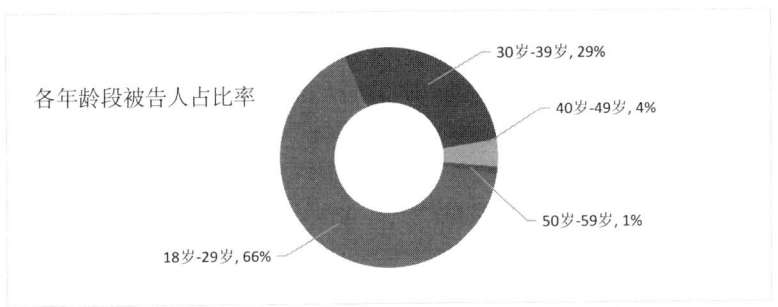

3. 文化水平方面，高中及以上学历占54%，并出现相当人数的本科和硕士学历被告人，这与纯正计算机网络犯罪属高智商犯罪，需要一定专业知识有关。

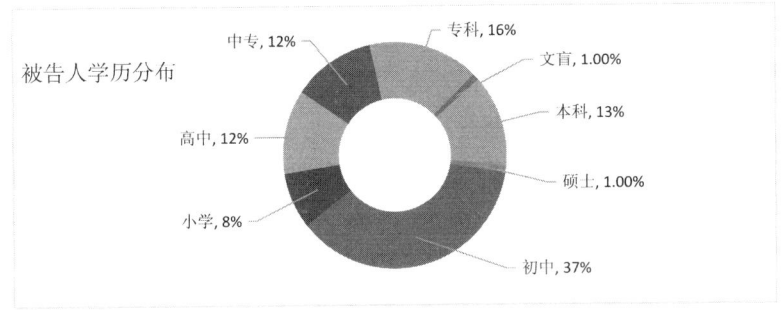

4. 共同犯罪和体系化犯罪特征明显，甚至影响到立法工作。在全部统计的827个案件中，共有自然人被告人2003人，平均每案涉及被告人2.4人，具有较高的共犯特征。由于网络的虚拟属性，造成纯正计算机网络犯罪具有明显的非接触性，不仅被告人和被害人之间没有实体接触，绝大多数共犯被告人之间也没有实体接触，而是通过QQ、微信等社交软件进行意思联络。社交软

件尤其是通讯群组的存在，更进一步方便了被告人之间相互串联、分工协作，体系化实施跨区域的犯罪行为。

二、司法审判特点

（一）刑罚普遍轻缓

非法获取计算机信息系统数据罪、非法控制计算机信息系统罪和提供侵入、非法控制计算机信息系统程序、工具罪的主刑档分为3年以下有期徒刑和3年以上7年以下有期徒刑，破坏计算机信息系统罪主刑档分为5年以下有期徒刑和5年以上有期徒刑。考虑到上述罪名入罪门槛和刑罚上档线是在2011年的司法解释中予以明确，而近年来互联网经济、技术和各种硬件配套飞速发展，相应犯罪所造成的危害已远超2011年的量级，刑罚情况可能会呈现整体偏重趋势。但和预估情况截然相反的是，实践统计数据反应近年来上述罪名判决量刑普遍轻缓。

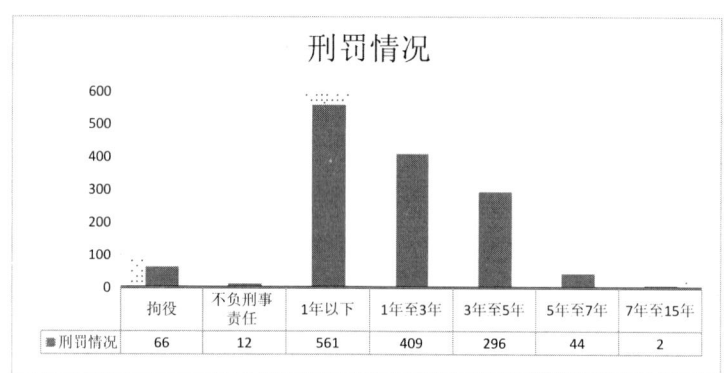

其中，非法控制计算机信息系统罪和非法获取计算机信息系统数据罪的判决量刑上档率分别为30%和29%，而破坏计算机信息系统罪的上档率仅有10%。在量刑偏轻的同时，刑罚执行方式上也出现高比例缓刑趋势，如拘役刑中适用缓刑比例高达71%，有期徒刑中适用缓刑比例也在28.5%。与此同时，此类犯罪同种累犯情况较为严重，经过整理发现10件此类案例。

案例编号	前科判决情况	累犯判决情况	再犯间隔期
1	2009年5月25日因犯破坏计算机信息系统罪，有期徒刑1年；2011年3月4日因犯破坏计算机信息系统罪，有期徒刑3年6个月	破坏计算机信息系统罪有期徒刑2年6个月	2个月

续表

案例编号	前科判决情况	累犯判决情况	再犯间隔期
2	敲诈勒索罪（因DDoS攻击） 有期徒刑7个月又15日	掩饰、隐瞒犯罪所得罪（因DDoS攻击） 有期徒刑1年，并处罚金人民币5千元	3个月
3	破坏计算机信息系统罪 有期徒刑1年6个月	破坏计算机信息系统罪 有期徒刑2年	6个月
4	破坏计算机信息系统罪 有期徒刑1年10个月	非法侵入计算机信息系统罪 有期徒刑11个月	6个月
5	非法获取计算机信息系统数据罪 有期徒刑8个月	非法获取计算机信息系统数据罪 有期徒刑3年2个月，并处罚金人民币8千元	16个月
6	非法获取计算机信息系统数据罪 有期徒刑1年3个月，并处罚金人民币4万元	非法获取计算机信息系统数据罪 有期徒刑1年3个月，并处罚金人民币1万8千元	20个月
7	非法获取计算机信息系统数据罪 有期徒刑1年2个月，并处罚金人民币7千元	非法获取计算机信息系统数据罪 有期徒刑1年4个月，并处罚金人民币5千元	2年9个月
8	破坏计算机信息系统罪 有期徒刑1年	非法获取计算机信息系统数据罪 有期徒刑1年，并处罚金人民币1万元	3年
9	非法控制计算机信息系统罪 有期徒刑11个月，并处罚金人民币8千元	非法控制计算机信息系统罪 判处有期徒刑1年6个月，并处罚金人民币1万元	3年4个月
10	提供侵入、非法控制计算机信息系统程序罪 有期徒刑6个月	破坏计算机信息系统罪 有期徒刑1年4个月	4年

关于为何纯正计算机网络犯罪的刑罚轻缓、缓刑比例高、同类罪累犯情况严重问题，囿于材料限制、条件制约无法进一步做实证分析研究。笔者结合长

期办案实践总结经验认为,与存在大量犯罪黑数的原因一致,由于纯正计算机网络犯罪的非接触性和虚拟性特征,导致犯罪证据很难完全留痕,公安机关取证难度较大,因此很多案件在检察机关审查起诉过程中会由于证据不足而"就低认定",倾向于追究较低刑罚以保证起诉质量,防止法院降档判决;而在法院审判阶段,也倾向于追究较低刑罚以保证审判质量,防止被告人上诉。在这种整体轻缓的量刑惯性下,相比较于巨大的犯罪获利情况,被告人很有可能选择再犯。

(二)内鬼犯罪和单位被侵害情况严重

现代科技企业均十分重视安全防护工作,往往设置周全的防御措施,并花费大量的人力物力进行维护,以抵御外部威胁。但是在单位作为被害人的纯正计算机网络犯罪案件中,经常能够看到内鬼作案的情况,不仅让被害企业安防工作功亏一篑,相比外部威胁更容易造成严重影响。

内鬼犯罪高发的同时,单位被侵害情况也十分严重。由于纯正计算机网络犯罪一般将矛头指向游戏、各类APP、计算机信息系统数据和服务器等,造成相关网络科技企业极易成为被侵害对象,单位被侵害现象相比于一般刑事犯罪案件更加突出。

(三)跨地域、体系化作案特征明显

在纯正计算机网络犯罪中,跨地域共犯特征明显,很多犯罪分子通过互联网长期串联形成固定体系,这些看似虚幻的犯罪组织往往比单个作案人具有更强的反侦察能力和破坏性。

(四)非计算机犯罪罪名被用于打击纯正计算机网络犯罪

司法实践中,很多计算机犯罪最终以非计算机罪名处理,这主要是由于大量的破坏计算机信息系统、非法控制计算机信息系统和非法获取计算机信息系统数据犯罪,都与敲诈勒索、诈骗、盗窃等犯罪构成手段和目的的牵连关系,导致在罪名的选择适用上要考虑刑期、证据等种种因素。但有时以非计算机犯罪罪名处理纯正计算机网络犯罪案件,也是一种司法惯例,最具代表性的当属以破坏生产经营罪处理DDoS攻击破坏计算机信息系统案件。如已决一审案件中典型的判决文书:

判决书文号	认定事实	量刑情节	判刑情况
上海市闵行区人民法院(2016)沪0112刑初2025号	为报复而DDoS攻击购物网站	被害公司网站被攻击时段与同时段最小销售额的差额为人民币7181.50元,与同时段平均销售额的差额为人民币11768元。	犯破坏生产经营罪,判处拘役5个月,缓刑5个月。

续表

判决书文号	认定事实	量刑情节	判刑情况
湖州市吴兴区人民法院（2016）浙0502刑初1205号	网吧间实施DDoS攻击	多次采用网络攻击的手段破坏他人正常生产经营活动	二被告人犯破坏生产经营罪，分别判处有期徒刑6个月、缓刑1年和拘役5个月、缓刑8个月。
浙江省长兴县人民法院（2015）湖长刑初字第721号	网吧间实施DDoS攻击	多次采用网络攻击的手段破坏他人正常生产经营活动	二被告人犯破坏生产经营罪，分别判处有期徒刑6个月、缓刑1年和拘役5个月、缓刑10个月。

通过梳理上述案件可以发现，司法机关之所以倾向于以破坏生产经营罪处理网络攻击犯罪行为，主要原因在于损失数额与证据条件。前者损失数额问题，破坏计算机信息系统罪入罪门槛中关于数额的要求是造成损失10000元，而成立破坏生产经营罪关于数额的要求仅是5000元，入罪门槛的差异导致对网络攻击造成损失不足10000元而又高于5000元的，只能以破坏生产经营罪处理；另外有的案件中无法核实造成损失数额，只能以多次破坏生产经营进行入罪追责。后者证据问题更加明显，由于DDoS攻击具有手段虚拟化特征，调查取证难度较大，导致公安机关有时调取的证据情况不尽理想。如在马某某等三人案中，二审之所以改判，就是因为被攻击网吧网络中断时长结果不准确；计算机台数认定与实际情况不符；一审认定网吧路由器属于"为其他计算机信息系统提供域名解析、身份认证、计费等基础服务的计算机信息系统"依据不足，虽然诸多证据缺失导致难以认定上诉人的行为成立破坏计算机信息系统罪，但破坏生产经营罪的犯罪构成相对简单、证据要求不高，因此变更罪名处理并无不当。可以说，这种以非计算机犯罪罪名应对纯正计算机网络犯罪的做法，一方面是对损失数额的有效应对，另一方面是对较差证据情况的妥协。

三、犯罪治理路径

（一）在规范层面，立法超前于司法

1994年我国正式接入世界互联网，97刑法仅在第285条、第286条规定了非法侵入计算机信息系统罪和破坏计算机信息系统罪的个人犯罪；2009年《刑法修正案（七）》对《刑法》第285条进行了修改，增设非法获取计算机信息系统数据、非法控制计算机信息系统、提供侵入、非法控制计算机信息系统的程序、工具罪；2011年"两高"出台《关于办理危害计算机信息系统安全刑事案件应用法律若干问题的解释》，明确各罪入罪门槛和基本名词解释；2012年刑事诉讼法修改，增加电子数据这一新型证据种类；2014年"两高一部"《关于办理网络犯罪案件适用刑事诉讼程序若干问题的意见》出台，明确规范了网络犯罪案件管辖权等问题，突破性的明确涉众网络犯罪案件证明标准成为该意见的一大亮点；2015年《刑法修正案（九）》再次体系化扩张了纯正计算机网络犯罪立法，增设各罪的单位犯罪规定，增设拒不履行信息网络安全管理义务罪、非法利用信息网络罪和帮助信息网络犯罪活动罪三各罪名；2016年"两高一部"出台《关于办理刑事案件收集提取和审查判断电子数据若干问题的规定》，明确了电子数据的提取、移送、审查、判断和展示等程序问题；2019年"两高"出台《关于办理非法利用信息网络、帮助信息网络犯罪活动等刑事案件适用法律若干问题的解释》；加之近年来侵犯公民个人信息犯罪、电信网络诈骗犯罪、淫秽电子信息犯罪、网络赌博犯罪等相关各罪司法解释中，都在实体法和程序法两个层面完善了相关网络犯罪的刑事规制问题。

十余年来的密集立法活动，已经让纯正计算机网络犯罪及电子证据等问题，在体系规范的角度上相当完善，诸如拒不履行信息网络安全管理义务罪、非法利用信息网络罪和帮助信息网络犯罪活动罪这种新罪名的增设，体现出立法机关为打击犯罪而丰富罪名、将预备犯和帮助犯正犯化，放松刑诉证明标准，堪称具有预见性的先进立法。但是相比于先进的立法活动和不断技术更迭的犯罪形式，司法在打击纯正计算机网络犯罪问题上尚显滞后，这一方面和犯罪活动具有极高的反侦察属性有关，一方面和专业司法打击队伍建设跟不上犯罪增速也有直接关系，同时缺少刑事、行政程序对接也影响类似拒不履行信息网络安全管理义务罪的适用。

（二）司法的应对路径在于专业化建设

如何有效应对、治理纯正计算机网络犯罪，目前来看主要问题不在立法而在于司法，尤其是侦查机关。如前所述，目前我国打击此类案件破案量最大的省份分别是江苏、浙江、广州、北京，这四地公安机关尤其是网安部门高度依赖阿里、腾讯、百度等互联网企业，大型互联网企业的技术实力是警方打击此类犯罪的必要保障，在打击网络犯罪中"公私合作"是一种必要机制。笔者曾在一次公开论坛中，听到某公安部领导分享打击涉台跨境电信诈骗案件的经验，就是亲自协调阿里和腾讯的技术人员出国办案。同时在侦查力量方面，一个很大的隐患是网安警力亟须加强，笔者认为不仅要继续加强网安编制的独立性和体系化，还要警惕网安警力的流失现象，要从制度保障、体系保障等层面维护网安队伍的建设。

在建立专业侦查打击队伍的同时，检法两家也要积极应对新型案件的挑战。检察官、法官相比网安侦查力量，缺乏相应计算机网络知识和技能，限于法学教育背景和办理案件种类的庞杂，很少有检察官、法官有能力精通纯正计算机网络犯罪知识，因此检法更加需要专业化办理类案机制。如2018年4月，最高人民检察院印发《关于指派、聘请有专门知识的人参与办案若干问题的规定（试行）》，明确检察院可以指派、聘请有鉴定资格的人员，或者具备专业能力的其他人员，作为有专门知识的人参与办案。此项规定是检察系统明确引进外脑的重要举措，可以有效解决检察官在办理专业化案件过程中知识体系不足的问题。但在引进外援的同时，也应当注意树立检察官、法官的司法主体地位，不能过度依赖外部力量，要培养司法官审查鉴定、专家意见的专业能力，加强司法官司法能力和业务能力的建设。

近年来，专业化的知识产权法院、互联网法院层出不穷，张军检察长在2018年9月也公开表态在探索设立包括知识产权检察院在内的专业检察院。可以说，贯穿整个刑事诉讼阶段的专业化办案思维和专业的侦查、检察、审判机构，才是有效治理纯正计算机网络犯罪的有效解决路径。

（三）开展综合治理工作

犯罪是社会的毒瘤，互联网犯罪产生的原因也是深刻根植于当今中国经济、社会、人文和互联网的高速发展之中的，如何治理预防此类犯罪，不是靠司法机关单纯打击就能够解决的。近年来，一方面立法机关不断出台法律法规、司法解释，司法机关从体制、机制角度不断创新应对集中爆发的各类问题，"两高"短时间内连续发布三批指导案例，对准的矛头正是纯正计算机网络犯罪问题。但另一方面，我们必须认识到互联网犯罪治理工作中，必须引入移动通讯、银行金融、网络电信、大中型互联网公司等政府、企业力量，丰富行政治理体系，规范互联网各个层级和方面的行为方式，从提高互联网从业人群的法制意识开始，带动整个网络体系的法制观念。

检察机关计算机网络犯罪专业化办案工作机制研究

谢闻波　孙　伟[*]

信息时代背景下，互联网已成为社会经济发展的重要基础设施，也为民众生活带来了极大便利，与此同时，犯罪分子对计算机信息系统的破坏以及对信息网络的非法利用成为信息时代犯罪防控的重点与难点。此类案件的证据收集、审查重点与传统案件迥然不同，这使得检察机关面临全新挑战，这也促使检察机关对从检察官个人能力培养到调整办案组织架构乃至于建立和侦查机关、鉴定机构更紧密协作的各个环节进行针对性的专业化建设。

一、计算机网络犯罪的发展趋势与侦办难点

以上海市徐汇区检察院（以下简称徐汇区院）为例，近几年受理的涉计算机、信息网络案件数量增长迅速。在案发数量快速增长的背后，可以总结出以下趋势：首先，犯罪主体呈现年轻化态势，青年群体热衷于网络"薅羊毛"但法治意识相当淡漠。其次，以非法获利为目的、使用计算机网络手段实施的传统型犯罪、非纯正型网络犯罪数量激增。最后，网络犯罪呈现产业化、分工化，片面共犯、概括的共同犯意屡见不鲜。由于网络犯罪发生于虚拟空间，又呈现出边际犯罪成本递减、侦查难度高、虚拟身份与现实身份对应困难等一系列侦办难点。

（一）网络犯罪主体年轻化，法治意识淡漠

从徐汇区院近几年的办案情况来看，涉案的285名犯罪嫌疑人中，大专及以上文化程度110人，高中及中专文化程度65人，初中文化程度89人，小学及以下文化程度21人。在涉及木马软件制作、黑客技术手段的源头性犯罪的

---

[*] 谢闻波，上海市徐汇区人民检察院副检察长；孙伟，上海市徐汇区人民检察院第一检察部检察官助理。

27 名犯罪嫌疑人中，有 17 名为高中及以下文化程度。可见计算机、网络犯罪已不再是专属于"黑客"才能实施的高科技犯罪，网络犯罪已完成"代际转变"。互联网时代各种平台资源随处可见，文化程度不高的人也可通过网络搜索信息掌握计算机、互联网等知识，获取相关软件来实施犯罪。从各年龄段人数占比来看，29 岁以下的占比超过 50%，39 岁以下的占比超过 80%。由此可见网络犯罪主体呈现出年轻化趋势，年轻人成长于网络时代，对于计算机技术的接受程度比年长者更深，也更易通过网络学习犯罪技术。与对计算机技术的熟练掌握相比，年轻群体的法治意识显然并未匹配，其对自己行为触犯刑法的认识非常欠缺，往往认为自己只是修改一下数据、扮演一下黑客并没有什么大不了的。

（二）传统犯罪转向网络化实施，年利型犯罪高发

随着互联网的发展，传统犯罪也逐渐走向网络化实施的道路。从徐汇区院办理的 162 件案件来看，其中有 144 件是以计算机、互联网为工具而实施的盗窃、诈骗、非法经营、开设赌场等传统型的犯罪案件，占比为 88.9%，如利用"Fiddler"软件进行数据抓包修改充值金额、订单金额等盗窃案件。剩下 18 件属于制作破坏性程序或使用黑客技术手段等以网络为对象的源头性、技术性犯罪案件。可以看出，传统犯罪向网络化发展致使网络犯罪呈现出以获利为主要目的趋势。从犯罪防控的角度看，切断网络犯罪的收益链条是遏制网络犯罪的有效措施。从犯罪代际演变的趋势看，传统犯罪网络化对于侦查、诉讼均提出了新的挑战与要求。

（三）网络犯罪产业化、分工化，犯罪故意与共同犯罪认定难度大

随着网络技术的发展，网络犯罪呈现出产业化、分工化的趋势，已不再以"独狼"式个人犯罪为主。除了直接的破坏、非法获取犯罪，制作入侵工具、提供黑卡或个人信息、贩卖犯罪方法等多种黑灰产业形成了网络犯罪正犯的帮助产业链。对于网络犯罪正犯可以径行认定其犯罪，但对于上下游的黑灰产业链而言，认定其明知他人实施犯罪而予以帮助则存在难点。网络空间中绝大多数情况为非接触性团伙链条化作案，难以认定犯罪主体们的主观犯意及客观联络，共同犯罪中各犯罪主体的犯意联络也就难以认定。

由于网络犯罪势头迅猛，黑灰产业链的社会危害性引起司法界的重视，通过片面共犯的司法确认、帮助行为的正犯化将其纳入刑法的打击范围之内，这在一定程度上缓解了网络空间中犯罪帮助行为难以有效制裁的司法困境。2005 年 5 月"两高"颁布的《关于办理赌博刑事案件具体应用法律若干问题的解释》第 4 条规定，明知他人实施赌博犯罪活动，而为其提供计算机、网络技

术等帮助行为的,以赌博罪的共犯论处。该规范是对传统共犯理论的突破,不再强调共同犯罪之间的意思联络,而是在某些犯罪中更重视单方面的帮助行为。① 2017年《刑法修正案(九)》增设帮助信息网络犯罪活动罪,2019年"两高"颁布《关于办理非法利用信息网络、帮助信息网络犯罪活动等刑事案件适用法律若干问题的解释》,这都说明了对完善网络犯罪法律规定的充分重视,也反映出网络犯罪不同于传统犯罪的特点与难点。

(四) 网络犯罪的侦办难点

计算机网络犯罪发生在计算机网络空间之中,从侦查、取证到证据采信、证明重点与普通犯罪都有较大差异。其一,网络犯罪具有边际犯罪成本递减特性。由于网络的普及应用,技术工具、通信流量等犯罪成本往往是固定不变的,增加犯罪次数不会增加犯罪成本,反而具有边际递减效应,这导致网络犯罪次数越多边际收益越高,而侦查难度并未随着犯罪数量的增加而降低,证明每节犯罪事实的资源耗费、难度却在上升。其二,网络犯罪发生于虚拟空间中,具有很强的技术性。对于犯罪分子来说,网络上大量的"傻瓜化"工具不需要较高的文化程度就可以上手使用,相对应的是在侦查、审判网络犯罪时需要对使用的技术手法、软件进行非常深入的分析,准确判断其作用原理从而证明犯罪事实,这对侦查人员、公诉人和法官都提出了较高的能力、素质要求。电子证据通常存在于特定的介质之中,那么网络犯罪现场作为这些介质的载体或者可能存在的空间,无疑给案件的调查取证工作带来了更多的障碍。电子取证意味着更高技术的取证手段。电子证据的特殊性更意味着需要经过专业培训的司法侦查人员来完成对电子证据的收集,不仅如此,电子证据的收集也需要配备专业化的设备来完成。②

二、检察机关网络犯罪专业化办案机制建设——以徐汇区院为例

全国各地检察机关面对网络案件的高发态势以及对应案件的特殊性,均选择了加强专业化办案的模式,只是在相应机制上各有千秋。徐汇区院作为地处于上海市中心城区的基层院,由于辖区内经济发达、互联网企业较多,办理了较多的网络犯罪案件。同时,徐汇区院也基于与互联网企业、专家、鉴定机构联系较为密切,院内专业化人才优势等特点形成了一套行之有效的专业化办案机制。

---

① 于思:《网络犯罪帮助行为正犯化的规范解读与理论省思》,载《中国刑事法杂志》2017年第1期。

② 刘品新:《电子证据的基础理论》,载《国家检察官学院学报》2017年第1期。

(一) 打造专业化办案模式，实行网络犯罪集中化办理

针对网络犯罪的专业化办案要求，徐汇区院成立专业化的涉计算机、网络案件办案组，由具有办案经验和丰富的计算机、互联网知识的检察官、检察官助理组成，以实现办案机构专业化为目标，将检察机关专业化的办案力量进行整合。通过采用一类案件指定轮案的方式，专业化办案组积累了大量网络犯罪案件的办理经验，在网络犯罪的侦查方向、作案规律、证据标准等方面不断提升办案能力。通过专门的办案组织可以促使检察官、检察官助理形成带教助学的学习交流，从而打造出专业化的办案队伍，这是"大转盘"式随机轮案难以达到的。此外，计算机网络犯罪专业办案组具有较高的灵活性，不需要突破检察机关内设机构的限制即可形成专门领域案件专办的即战力，也不妨碍对于其他常规案件的办理，兼备灵活性与实用性。

(二) 聘请计算机网络领域专家组成专业化咨询组

检察干警往往未接受过系统的计算机网络知识培训，而计算机网络犯罪必然涉及大量相关知识。徐汇区院在上海市率先聘请实务专家形成专家咨询组，为办案提供专业知识上的帮助，这也是对落实"有专门的知识的人"制度的探索研究。2012年《刑事诉讼法》新增的"有专门知识的人"规定可谓专家咨询小组的制度先声。该项制度的优越性体现在它的中立性、专业性及可操作性。首先，"有专门的知识的人"并非是有偿提供鉴定的鉴定人，立场中立。其次，从人选来说可以邀请钻研于特定领域的专家学者、专业人员，他们通常站在理论的最前端，在学术界有着一定的话语权，有力地促进了检察决策的科学化和民主化。最后，"有专门知识的人"的选择范围远大于持证上岗的鉴定人员，参与办案的形式也不局限于进行鉴定和出庭作证，在日常办案工作中也可以采用更多形式支持检察办案。在审前阶段，专家组成员可以在签订保密协议等前提下，在侦查阶段、起诉阶段参加具体案件的论证和研讨，在具体技术层面对检察机关提供引导，帮助确立侦查方向，针对网络犯罪案件中的技术难点提供专业化意见，精准打击犯罪，破解网络犯罪方法。在平时，专家组可以向检察机关通过举办知识讲座、授课、与办案人员交流等方式预先提示网络犯罪技术层面的重点难点，帮助检察机关制定有针对性的对策，强化检察机关网络犯罪相关知识，提高承办检察官的业务水平。在审判阶段，建立疑难案件专家组证人出庭制度。专家围绕网络犯罪中的电子证据、网络安全等问题发表专业意见，有助于使得晦涩难懂的相关证据、案件事实变得易于理解，为查明案件事实、准确适用法律奠定坚实基础，这在一定程度上也推动了"以审判为中心""庭审实质化"诉讼制度改革。

（三）总结办理案例经验，建设网络犯罪研究基地

专业化办案组、专家咨询小组的设立都是为了更有效办理网络犯罪尤其是新型犯罪案件。在不断挑战新类型案件的同时，也需要及时总结对新型网络犯罪的研究成果。通过对已办理案件的总结、分享，分析办案中的争议问题以及解决方案，以指导性案例、白皮书、案例辩论等多种形式形成可以传承、复制的经验成果。徐汇区院办理的"李丙龙破坏计算机信息系统案"被选入最高人民检察院第九批指导性案例中。2019年，徐汇区院编纂了计算机网络犯罪案例适用白皮书，并就实务中遇到的真实案例进行了案例辩论赛，通过这些方式进一步提升了办案能力，实践了"一个案例胜过一打规定"。

在此基础上，徐汇区院加强对计算机网络犯罪的理论研究，构建研究基地。2018年以来，徐汇区院发布了计算机网络犯罪研究白皮书，对近年来计算机网络犯罪态势、典型案例、机制做法进行了系统性研究；组织人员深入研究计算机网络犯罪，形成调研课题、理论论文以及授课课程等研究成果，建设理论研究高地。

（四）加强检察引导侦查机制建设，形成侦诉合力

新时期网络犯罪的特殊性更加要求公安机关与检察机关形成侦诉合力，以审判为目标，充分发挥公安机关的侦查优势与检察机关的法律审查优势。检察引导侦查机制是集中追诉力量，强化侦诉合力的需要。网络犯罪案件的办理尤其凸显检察引导侦查的重要性。一方面网络犯罪涉及的专业知识多，针对不同罪名案件取证重点也不尽相同。另一方面网络犯罪涉及的证据数量、内容远超普通犯罪。在侦查的初始阶段，需要强调对电子证据的固定，且取证手段受到互联网环境的制约，取证窗口时间短暂，电子证据的提取过程相对困难，灭失后也难以恢复。因此加强网络犯罪案件的检察引导侦查机制是案件办理的必然要求。

徐汇区院在网络犯罪案件办理的过程中，大量使用提前介入、捕后补证、制作类案证据规格等多种手段实现检察引导侦查，加强检察机关与侦查机关的合作。网络犯罪的证据往往数量较多并且具有很强的专业性，检察机关不仅重视证据的质量，更要重视证据的充分性。现在已经有部分检察院探索"证据清单"机制，在与公安机关双方案件信息互联互通的基础上，根据不同的犯罪种类列出相应的证据，发送公安机关；就证据是否可以指控犯罪的最低标准达成共识，提高公安机关人员对证据收集的认识，保证提取证据的质量。① 除

---

① 吕继东：《检察引导侦查取证的程序构建》，载《国家检察官学院学报》2004年第2期。

此之外，检察机关也会根据指控犯罪的需要与鉴定机构加强合作，要求侦查机关委托鉴定时写明检察机关需要进行的鉴定方向。

（五）推进诉讼制度改革，落实庭审实质化

通过专业化办案机制建设，检察机关加强了侦查引导，提升了办案质效，也更有利于落实庭审实质化，推动以审判为中心的诉讼制度改革。庭审实质化的基本目标是"保证庭审在查明事实、认定证据、保护诉权、公正裁判中发挥决定性作用"。[1] 通过网络犯罪中检察引导侦查机制的建立，可以将侦查活动纳入到侦查和审查起诉统一的审前规范程序之下，优化侦诉机关在审前程序的关系。[2] 当理顺侦诉关系之后，加强庭审实质化就是水到渠成之举。

在当前以审判为中心诉讼制度改革的背景下，公安机关和检察机关对案件的办理都需要以面向庭审的标准来衡量，以满足刑事审判的标准对证据进行收集、固定、勘验、审查，更加严格地审查案件背后事实与证据的逻辑联系，否则将会与诉讼制度改革的要求不相符合。在此基础上，通过公诉人的专业化建设以及建立专家咨询组等措施，在庭审上更加有针对性地对被告人进行讯问、示证、辩论，都将不断提升庭审实质化的程度，充分发挥检察机关的主导作用。例如徐汇区院在办理沈某某等人网络诈骗案中，就被告人提出的辩解邀请鉴定人以及专家证人等出庭作证，当庭驳斥了被告人辩解在技术上的不合理性，取得了良好的庭审效果。

三、立足检察专业化办案机制，加强社会共防共治网络犯罪

正如先哲所说，最好的社会政策就是最好的刑事政策，在立足于检察专业化办案机制的同时，检察机关应当作为社会综合治理的"第一责任人"，跨前一步与相关部门、协会、企业等一同加强对网络犯罪的综合防控，从加强犯罪预防、打击、增强法治意识等多方面入手来遏制网络犯罪。

（一）做强检察专业化办案，探索跨区域专业人才团队、类案集中管辖办理等新机制

随着计算机网络犯罪愈演愈烈的态势，加强检察专业化办案机制，集中办案人才成为提高办案质效的有力选择。计算机网络犯罪呈现出跨区域的特点，而目前的办案体制则受到行政区划的限制，基层机关有限的人力物力难以满足

---

[1] 参见《中共中央关于全面推进依法治国若干重大问题的决定》。
[2] 王贞会：《重大疑难案件检察引导侦查制度探讨》，载《人民检察》2017年第9期。

日趋增长的办案需求。上海市检察机关在2019年设立了多个市级层面跨区域的专业化办案人才团队,打破了地域性的办案人员限制,在检察机关外部智库之外形成了内部的"智库"团队,这值得在今后计算机网络犯罪专业化办案中加以借鉴。跨区域办案团队吸纳了不同基层检察机关的办案人才,在某一基层检察院受理新类型疑难复杂计算机网络案件后,可以由专业办案团队支援该检察院进行案件会商、引导侦查等一系列办案工作。在案件办理之余,亦能总结研究计算机网络犯罪发展态势,形成证据审查指引、加强典型案例和类案指导,形成更高层面的统一认识,有利于在更大范围内形成证据采信、事实认定、法律适用等方面的统一。

(二)与网信部门、公安机关等加强协作,实现惩防并举

网络犯罪往往利用互联网技术的便捷、快速的特点,在较短的时间内完成作案。这种产业化、职业化现象导致犯罪团伙中间分工明确、"流水作业",上下游之间的犯罪嫌疑人互相不认识。这给检察机关案件办理带来一定程度的困难,除了加强引导侦查,更需要加强社会治理遏制犯罪环境。

针对这些情况,第一,需要整合力量,加强与网信部门、公安机关、商业银行、支付平台、通信部门等的交流合作。通过跨区域协作加强协调,开展跨区域的侦查、预防机制,补强取证能力,并以此为抓手提升事前预防与事后打击能力。第二,针对网络犯罪产业化、链条化的特征,需要各相关部门、企业对其展开上、中、下游的各环节打击,才能有效预防、减少网络犯罪的发生。通过严厉打击非法制售"伪基站""黑广播"设备,非法买卖个人身份证件、银行卡、软件账号以及非法提供结算账户等网络黑灰产业,切断网络犯罪中的上下游产业链,遏制网络犯罪方法的传播。无论是立法规制,还是执法监管,都必须夯实锁定主体责任。在上下游产业链受到控制的情况下,网络犯罪就难以获得生存空间。

(三)加强未成年人、老年人权益保护,预防网络犯罪低龄化

一方面,未成年人、老年人由于其知识的相对缺乏,是网络犯罪的主要受害者之一,需要加强对其保护。检察机关可以利用干警担任法制副校长、社区宣讲等多种方式加强对两类群体的保护。除此以外,检察新媒体的运用在新时代下具有更加重要的作用,以案说法、多种形式宣传都有利于未成年、老年人对网络犯罪的认识。

另一方面,网络犯罪呈现年轻化态势,在校学生乃至于在校未成年人参与网络犯罪的比例有所上升。对于治理未成年人网络犯罪,应当注重惩治、预防、教育相结合,在严格打击的同时加强对未成年犯罪的预防与教育。对于未

成年人实施的网络犯罪,应当依法办理;对于情节轻微的,坚持教育训诫为主,积极与家长和学校联合帮教。对于针对未成年人实施的网络犯罪,应当依法严厉打击,特别是国际上比较关注的网络儿童性侵犯罪,打击网络贩卖婴幼儿犯罪,以及网上侵犯未成年人个人信息的犯罪。[①] 我国检察机关的未成年人网络权益保护,仍有长路要走。

(四) 积极参与社会治理创新,切实推动网络安全保护

检察机关应当加强与网络安全相关行业协会的沟通,及时了解网络行业的新进展,以检察建议对已经出现的社会综合治理情况行使检察监督权。加强与网络安全相关执法机关的沟通,督促行政机关积极履行职责,两机关共同探讨网络犯罪的预防策略和打击网络犯罪的对策。网络环境的净化还需要互联网企业积极参与,互联网企业作为主体需要加强防范意识。在实践中,有一些企业没有遵守《网络安全法》的相关规定,未保留网络日志、未对重要数据进行备份加密等行为都对案件的侦查取证、公诉产生了一定程度上的不利影响,更不利于其对网络犯罪的日常防范。互联网公司需要加强对网络犯罪的重视程度,收集和分析各个领域所存在的网络犯罪情报,并通报有关部门,从而更好地制定相应的事前或事后对策。总而言之,要加强互联网监管,开展网上公开巡查执法,设立社会举报机制,整治上网场所,指导督促网络服务提供者落实法律规定的安全管理责任和技术防范措施,净化网络环境。徐汇区院通过设立驻园区咨询点、走访相关企业,为辖区内的网络企业提供了应对网络犯罪的指引,今后将进一步加强协作。共治格局的培育虽非一日之功,从检察机关的角度来看,如何在政府主导下,吸纳尽可能多的社会资源以恰当的方式参与网络犯罪治理,仍是值得深入探讨的话题。随着移动互联网、大数据、人工智能的发展态势,检察机关将面临更加严峻的网络犯罪态势,也应以更加昂扬的态势更加深入地参与到社会治理创新以及对网络犯罪的打击与预防工作中去。

---

① 代秋影、苑宁宁:《"未成年人网络保护与犯罪预防研讨会"综述》,载《预防青少年犯罪研究》2017 年第 1 期。

非法获取计算机信息系统数据罪的实务认定
——以"白帽子"刑事法律风险为视角

吴春妹 王爱强[*]

一、"白帽子"安全测试的行为界限

"白帽子"黑客如果突破了必要的界限,就可能触犯非法获取计算机信息系统数据罪、非法控计算机信息系统罪、破坏计算机信息系统罪、侵犯公民个人信息罪等犯罪,因此明确"白帽子"的行为边界十分重要。

认定"白帽子"的行为是否构成犯罪,笔者认为,如果该行为已经符合非法获取计算机信息系统数据罪的犯罪构成,那么就应当认定为犯罪行为,即认定该行为是具有法益侵害性(客观违法性)与非难可能性(主观有责性)的行为。[①] 行为人客观上采用非法手段实施了获取计算机信息系统数据的行为,并且扰乱了计算机信息系统数据的系统正常运行秩序,危害了计算机信息系统数据安全,达到了相应的立案追诉标准,同时犯罪嫌疑人不具有免责事由,就应当认定为非法获取计算机信息系统数据罪。

但是,笔者认为,下列两种情况可以认定为非法获取计算机信息系统数据罪的免责事由。

(一)"白帽子"进行测试应以授权为原则

认定"白帽子"的行为是否过线,应当首先判断其是否获得了被测试单位的授权,目前国内"漏洞盒子"平台是一个较好的范例,为"白帽子"提供了发展的空间,该平台是一个专业的企业级互联网安全测试平台,接受企业或者网站委托,帮助查找系统漏洞,防患于未然,截至 2020 年 8 月,漏洞盒

---

[*] 吴春妹,北京市朝阳区人民检察院副检察长;王爱强,北京市朝阳区人民检察院第二检察部检察官助理。

① 周光权:《犯罪论体系在中国的论争与发展》,载《国家检察官学院学报》2010年第1期。

子已经发现漏洞 55 万余个，为"白帽子"发放奖金 2600 余万元①。

获得了网站的相应授权，在授权范围内"白帽子"就可以"冒充"黑客入侵对网站的安全系统进行压力测试。但需要明确的是网站的授权和免责必须以不违反法律规定为前提。"白帽子"在经过网站授权的检测行为属于有权检测，但不能超过委托授权的范围，如果检测已经超过了委托的范围而破坏了系统的数据或者盗取了数据库数据，那么仍有可能被追究责任。即规范的漏洞搜集、上报、处置方式是"白帽子"及漏洞平台的免责理由。需要说明的是，不能仅仅依据授权就能完全避免责任的追究。② 如果测试的"白帽子"违反测试的义务，不按规定流程披露相应的漏洞或者违反保密规定造成其他损失的，也要承担相应的法律责任。

（二）未经授权的"白帽子"不应进行恶意测试

未经授权的"白帽子"，即网络安全技术的爱好者，单纯为了技术交流等目的对相关网站进行技术测试，那么此类行为就不应当超过必要的限度，不得影响网站的正常运行。如进行单纯进行漏洞检测，那么就不符合《关于办理危害计算机信息系统安全刑事案件应用法律若干问题的解释》所列举的情形，仅属于一般侵权行为。③ 行为人在成功测试到漏洞后，大量盗取数据、恶意获取网站控制权限，就应当视为其不再具有善意，应认定为刑法意义上的"非法侵入"。正因如此，"白帽子"在进行漏洞检测时需要严格自律，对使用的手段和工具有充分的了解，确保知悉自己每一步操作的具体后果。

二、非法获取计算机信息系统数据罪的构成要件分析

（一）犯罪主观方面

实践中，在办理非法获取计算机信息系统数据案件的过程中，首先需要考虑的问题就是行为人是否具有犯罪故意。而在本罪中更多的是需要依托客观证据来推断行为人主观是否具有犯罪故意。非法获取计算信息系统数据罪往往并不能抓获"现行"，破案和发案往往存在时间差，这是因为非法获取计算机信息系统数据罪具有隐蔽性，计算机信息系统的管理者往往不能及时发觉，在发觉之后再向公安机关报案，公安机关经过技术手段侦查将犯罪嫌疑人查获，需要一定时间。在办理案件的过程中，犯罪嫌疑人往往会做好充足的心理准备和

---

① 参见漏洞盒子官方网站，载 https://www.vulbox.com/projects/list
② 皮勇、王爱强等：《对"白帽子"应当如何定性》，载《人民检察》2017 年第 4 期。
③ 皮勇、王爱强等：《对"白帽子"应当如何定性》，载《人民检察》2017 年第 4 期。

辩解来应对公安机关的讯问,因此不能轻信其无罪的辩解,应当围绕行为人对所使用的软件掌握的知悉程度,被侵入或者控制的服务器的系统日志记录等客观证据进行分析判断,如果确定行为人进行了大量的非法操作,那么就可以确定其主观上具有非法获取计算机信息系统数据的犯罪故意。在审查中需要结合客观违法性和主观故意性一并进行审查。具体在审查时可以通过以下三个方面进行把握:

1. 犯罪对象的选择

如前述所言,非法获取计算机信息系统的包含了"具备自动功能处理数据的设备都可以算为计算机信息系统",本罪犯罪对象就是窃取存储、处理或者传输的数据,而身份认证信息和虚拟财产是窃取的重点,此类数据是网络安全防御的重要领域,有必要予以重点保护,行为人对侵入目标的选择最能体现出其真实的犯罪动机,反映出行为人主观恶性的大小,通过判断行为人想要获取的数据库,如教育机构、购物网站、社交网站等使用的网站服务器等,来综合判断其真实的犯罪意图。

一方面,要注意到侵入、获取不同的计算机信息系统的造成的危害结果是不同的,不同计算机信息系统数据的价值也各不相同,因此司法机关在承办案件的过程中应当充分注重被侵入和获取的计算机信息系统的特征,有的虽然不属于《刑法》第285条第1款中规定的对象,但是通过技术手段非法获取淘宝、微信聊天等具有重大社会影响或者用户众多的服务器的数据,应当充分考虑到其主观恶性以及社会危害性。而对于有的网站安全措施不到位,有的论坛大量账号由于处于闲置状态的系统数据,数量认定不宜过低,避免打击面过大。①

另一方面,行为人获取计算机信息系统数据库的类型多种类多样,不同的数据库在计算机信息系统中的价值不同,有的数据库作为计算机信息系统中的核心,丢失或者破坏将影响系统的功能的正常发挥或者造成重大的经济损失;不同数据库在整个计算机信息系统中的功能也各不相同,有的是用于识别用户身份的认证信息,有的是为记录登录系统的信息的系统日志、有的是记录用户的操作信息。犯罪嫌疑人在犯罪过程中往往有目的性的选择获取哪一类数据库,如果犯罪嫌疑人采取非法手段后再对带有虚拟财产属性的数据库进行侵入,以期出售或者变现,那么就可以推定犯罪嫌疑人具有非法占有的目的。而如果犯罪嫌疑人针对存储较多的公民个人信息因素的数据库,那么在案件定性

---

① 陈国庆、韩耀元、吴峤宾:《关于办理危害计算机信息系统安全刑事案件应用法律若干问题的解释的理解与适用》,载《人民检察》2011年第20期。

的问题上就应当充分进行论证。

2. 使用的工具和手段

无论是"白帽子",还是故意非法获取计算机信息系统数据犯罪嫌疑人,其在犯罪过程中都必然使用黑客手段,这同样能够反映其主观恶性的大小以及是有对计算机信息系统造成破坏的故意。根据裁判文书网的案例显示,非法获取计算机信息系统数据罪的手段可以分为两类。

一是不侵入或者不与存储数据的计算机信息系统产生关联,而使用传统犯罪手段在信息系统外收集登录用户名和密码等数据,再运用获取到的登录名和密码登录所对应的计算机信息系统,再非法获取数据。此类犯罪行为与一般的收集用户操作习惯和缓存的行为不同,使用虚构事实隐瞒真相的方法本身就具有非法性,此类行为虽未侵入到计算机信息系统中,是使用非法的手段从外部获取到了计算机信息系统数据,该行为通过不法手段获取的登录信息并使用这些信息登录计算机信息系统,最终的危害结果是在计算机信息系统中产生,在系统外的不法行为与最终获取计算机信息系统数据的行为具有手段和目的的关系。此类行为还包括使用木马病毒记录用户操作、创建钓鱼网站等行为,司法实践中也将上述行为一并认定为非法获取计算机信息系统数据的手段。

另外一种是使用技术手段侵入计算机信息系统中非法获取数据,行为人使用工具的选择就一定程度上反映了其主观恶性,行为人一般都有一定的黑客知识,对所使用的工具有所了解,不同的工具"威力"不同。例如,绕开登录的软件、采用木马非法获取数据、采用自动对比软件进行"撞库"等手段。此类犯罪方法必然伴随着对计算机信息系统的不法侵入,容易与非法控制计算机信息系统罪、破坏计算机信息系统罪等其他犯罪相关联。"撞库"等手段往往都具有避开或者突破计算机信息系统安全保护措施的功能,容易造成网络堵塞,致使网站无法正常访问,或者影响系统的稳定性,或者将数据库"拖库"。使用的黑客技术手段对计算机信息系统破坏越大,则反映出行为人主观恶性越大,犯罪情节更加严重。

3. 对计算机信息系统数据的处置

犯罪嫌疑人在成功获取数据库数据后,对数据的处理,一定程度上可以反映出其主观恶性,是用于向他人炫耀,还是出卖变现,还是自己留存。有观点认为,实践中发生的出于好奇、显示网络技术等目的而实施的打包盗窃论坛身份认证信息等行为,即使获取身份认证信息略微超过500组的,由于社会危害性也不大,应当适用《刑法》第 13 条但书的规定,不宜纳入刑事打击的范围。① 对非法获取的计算机信息系统数据处置可以推定犯罪嫌疑人的是否适用《刑法》第 13 条但书情节,可以通过以下几个方面进行判断:

通过审查鉴定机构的鉴定意见,以及对被侵入服务器的系统日志进行分析,可以还原犯罪嫌疑人的登录时间、登录 IP,访问、复制、删除了哪些数据,犯罪嫌疑人是否进行了跨库检索,是否对核心数据拖库。如果犯罪嫌疑人频繁进行登录,进行跨库检索,对核心数据进行复制,则表明其具有明显的犯罪故意。如果行为人在获取数据后,将上述数据变现或者牟取其他经济利益,情节严重的也不应当适用上述的"但书"出罪条款,而犯罪嫌疑人非法获利的情况应当予以充分考虑。

根据《关于办理危害计算机信息系统安全刑事案件应用法律若干问题的解释》(以下简称《司法解释》)的相关规定,将违法所得 5000 元以上或者造成经济损失 10000 元以上的作为"情节严重"的一种情形,在实践中不应当忽视其他出于猎奇、显示技术、出于报复目的等单纯的对计算机信息系统进行破坏和非法获取计算机信息系统数据的行为,即便犯罪嫌疑人未将数据进行牟利,只要系客观行为达到了司法解释中的规定的情形,那么就应当依法追究刑事责任,此点应当引起重视。

(二)犯罪客观方面

笔者认为,非法获取计算机信息系统数据罪的客观方面应注意以下几个方面的问题:

1. 身份认证信息和公民个人信息的区分

笔者认为,行为人获取的信息是否属于真实"公民"的个人信息,是与包含公民个人信息因素的计算机信息系统数据最大的区别。有观点从"公民个人信息"是"个人法益"并且具有"超个人法益属性"的角度,个人信息数量较大,既包括非法获取一个公民的较多数量的个人信息特别是个人隐私信息,也包括非法获取众多公民的姓名、年龄、职业、电话等可以识别个人身份(进而区别分类)的一般性信息②。公民个人信息和计算机信息系统中存储的会员信息等可能会有一定的重合,计算机信息系统数据中的数据可能会包含身份认证信息的要素,但两者有显著的区别:计算机信息系统中的身份认证信息

---

① 喻海松:《关于办理危害计算机信息系统安全刑事案件应用法律若干问题的解释的理解与适用》,载《人民司法》2011 年第 19 期。

② 曲新久:《论侵犯公民个人信息犯罪的超个人法益属性》,载《人民检察》2015 年第 11 期。

其主要作用是用于计算机信息系统识别用户身份,用于区分不同用户在计算机信息系统中的权限,一个自然人或者机构或者组织在一个计算机信息系统中有多个身份,有不同权限,因此也就会有多组身份认证信息,在系统中扮演不同的角色,因此是为了让计算机信息系统正常运行,即便存在手机号、姓名等信息全部是虚假信息的情况,也不会影响其在信息系统中的作用。

2. 一"组"身份认证信息的把握

根据《司法解释》第11条,所谓一组身份认证信息,是指可以确认用户在计算机信息系统上操作权限的认证信息的一个组合,比如某些网上银行需要用户名、密码和动态口令就可以转账,那么用户名、密码和动态口令就是一组身份认证信息[①]。

笔者认为,不同数据库中的数据,不管是包含一项信息还是十多项信息,只要合法存储在数据库中,其都属于数据库表中完整的一组信息,因此应当认定为一"组"数据;即便通过鉴定结论在人眼进行阅读时,有可能存在重复,但只要其来自不同的数据库,其在计算机信息系统中发挥不同的功能,就应当累计计算。

3. 数据加密并不影响计算机信息系统数据的认定

现实中,各大网站出于对核心数据的保护都会对数据库进行二次加密,有的犯罪嫌疑人即便使用技术手段侵入到数据库中,通过取得控制权获取了计算机信息系统的数据,但是由于最终取得的数据属于加密数据,其真实内容并不能被犯罪嫌疑人所掌握,因此对加密的数据库数据是否应当认定为身份认证信息?笔者认为,不能因为被侵害的对象采取自我保护而减轻犯罪嫌疑人的责任,只要获取到计算机信息系统的数据,就存在造成危害计算机信息系统数据泄露的危险;同时电子数据本身就需要借助专业设备和系统来进行读取,最终转化为能够被识别的数据,因此无论是否加密,以何种形式加密,其本质都属于身份认证信息。

三、非法获取计算机信息系统数据罪证据规格

在新冠病毒肺炎疫情防控的大背景下,中央应对新型冠状病毒肺炎疫情工作领导小组会议上提出"支持网上办公等措施",催化云办公需求爆发。数据显示,2020年新春复工期间中国共计超过4亿用户使用远程办公应用,其中

---

① 喻海松:《关于办理危害计算机信息系统安全刑事案件应用法律若干问题的解释的理解与适用》,载《人民司法》2011年第19期。

日新增用户逐步走高①。云办公必须依托计算机信息系统，而计算机信息系统的数据属于网络活动的基础。国家对计算机信息系统数据的重视程度越发提高，通过立法等手段鼓励和支持数据创新、应用，支持数据开发利用和数据安全等领域的技术推广和商业创新，积极推进数据资源开发利用，保障数据依法有序自由流动②。这就使得不同的网上办公系统遍地开花，不同的运营主体，其数据结构各不相同，同时数据总量也暴增，司法机关在保障计算机信息系统的平稳运营和数据安全，对正当维护网络安全的行为进行规范，对合理利用和开发计算机信息系统数据的行为进行保护，对侵害计算机信息系统数据的犯罪行为予以打击，这就要求在执法办案过程中准确把握刑事犯罪的证据标准。

(一) 电子证据的获取

非法获取计算机信息系统数据罪的侦办具有一定的专业性，由于公安机关案审工作改革，使得当前大量刑事案件的侦查由基层派出所承担，派出所往往缺乏办理信息网络犯罪的经验，但非法获取计算机信息系统数据罪的专业要求高，这主要体现在：一是案件的查办需要一定的计算机信息系统专业背景知识，有一定的专业门槛；二是案件的审查、认定大多依靠的是电子证据，电子证据收集、提取、鉴定都有相应的规范，取证不规范将严重影响诉讼进程，同时由于电子证据的特性，必须及时对关键证据进行固定，庞杂的犯罪客体和愈发专业的犯罪手段也必然会增大证据调取和审查的难度；三是侵犯计算机信息系统的犯罪大多数属于跨区域的犯罪，需要网安等部门协调配合，将网络 ID、IP 地址等落地，部分案件需要现场勘验，与专业鉴定机构进行合作才能及时取得关键证据，不同机关和单位收集的证据需要整理和转化，确保证据体系完整。

另外，被侵入的往往是网站的云服务器等设备，这些云服务器往往肩负着数家网站或者公司的运营任务，被侵入或者获取数据的往往是某个网站虚拟空间的数据库，因此对服务器进行查封、扣押或者断电会给企业带来不小的损失，侦查机关往往为涉案的网站制作镜像、提取关键的系统日志等进行鉴定勘验，作为指控和证明犯罪的证据，对此司法机关应当严格证据审查标准，重点审查证据的来源、电子证据的提取时间、证据提取的方式，是否使用 MD5 等技术进行加密、采用何种技术标准对证据进行提取等，鉴定人及鉴定机构是否具有相应的资质，鉴定方法是否符合相关规定，及时对瑕疵证据进行补正、重

---

① 参见中商产业研究院《2020 年云办公行业市场前景及投资研究报告》，载 https://www.sohu.com/a/380808814_350221。

② 参见《数据安全法（征求意见稿）》及《数据安全管理办法（征求意见稿）》

新提取勘验、重新进行鉴定,对非法证据进行排除。

(二) 电子证据的审查

如前所述,非法获取计算机信息系统数据案件中大多都是电子证据,而电子证据相较于普通刑事案件中的证据,有其特殊性:将其用作线索,可以用来转化为别的证据;将其用作证据,可以用来证明案件事实;将其作为现场,可以用来还原案件事实。我们应当将这些有机地结合起来,最大程度地发挥电子证据的多元性价值①。有专家认为只要"具备自动功能处理数据的设备都可以算为计算机信息系统,无须区分操作系统,各类内置有可以编程、安装程序的操作系统的数字化设备,其本质与计算机系统没有任何区别,都应当受到本条的保护。② 因此,电子证据的来源多种多样,增大了审查的难度,同时非法获取计算机信息系统数据罪的手段不断翻新,如技术入侵:适用黑客软件绕开防御体系非法获取控制权,获取其中数据;暴力破解:使用自动化软件撞库(数据库)、洗库(数据库)等暴力破解用户名和密码;骗取数据,使用钓鱼软件或者搭建虚假网站骗取用户登录,然后引诱客户登录输入账号和密码并盗取账号下资产;越权获取:如利用职务之便,超越权限非法获取信息系统存储的如试题等数据,并将其出售来获取非法利益。被侵害的计算机信息系统可以是游戏软件、可以是网站题库,可以是购物网站存储的用户习惯数据等,这些犯罪事实的查明,需要在犯罪嫌疑人供述的基础上,依托电子证据进行审查。

在审查时,应当注意计算机信息系统数据的证据链条,如依托被侵入系统的系统日志,查明不法登录发生的时间、登录的 IP 地址、登录的次数、访问数据库和复制数据库情况,以及犯罪嫌疑人使用犯罪工具的情况,将犯罪嫌疑人所使用的电脑中起获的数据和登录情况与被侵入计算机信息系统的系统日志应当进行对比,以便排除合理怀疑,准确认定犯罪嫌疑人的犯罪事实,这要求司法办案人员运用要更加丰富的办案经验和知识储备对证据进行审查,对案件准确定性从而得出办案结论。

---

① 刘品新:《电子证据的基础理论》,载《国家检察官学院学报》2017 年第 1 期。
② 陈国庆等《关于办理危害计算机信息系统安全刑事案件应用法律若干问题的解释的理解与适用》,载《人民检察》2011 年第 20 期。

技术中立的"破"与"立":网络"翻墙"行为的刑法规制

陆 旭[*]

近年来,我国网民使用"翻墙"软件人数不断增加,催生了提供"翻墙"软件服务的灰色产业链。VPN 代理(Virtual Private Network 的简称,指虚拟专用网络)等"翻墙"软件不仅可以用于远程访问、便利生产生活,同时也可能被用于实施违法犯罪活动,因此,"翻墙"技术本身具有中立帮助属性。笔者通过对裁判文书的搜索发现,存在大量因利用"翻墙"软件实施犯罪或者因向他人出售"翻墙"软件、提供"翻墙"服务而被定罪判刑的案件,但对于上述行为是否构成犯罪及罪名定性上还存在较大争议。"翻墙"行为是一个既涉及法学又包含计算机专业技术支持的跨学科问题,且涉及到当前被广泛用于无罪辩护的"技术中立性"问题而显得莫衷一是。但过于热衷于技术中立性,会使得行为背后的危害性被忽略,随着近年来越来越多的网络技术犯罪,若想从源头上减少愈演愈烈的技术类网络犯罪现象,就必须揭开"技术中立"的面纱,正确认识技术中立行为。

一、现象透视:网络"翻墙"行为的司法现状

"翻墙"一词并非法律术语,是一个因广泛流传而被赋予特定含义的网络用语,是指通过特殊的互联网技术突破中国大陆对互联网的监管限制进而访问被禁止或限制访问的国外网站的行为。在网络上流传着一种说法,即我国对国内互联网访问采取了一系列的监管措施,被称为"长城防火墙"(GreatFire Wall——国际互联网网络隔离系统,又称"国家防火墙",以下简称 GFW),因此,"翻墙"的名字因此而得来。国家之所以对国内网络访问进行监管限制,是因为互联网本身就是一个"鱼龙混杂"的空间,在方便社会生产生活

---

[*] 陆旭,天津市人民检察院一级检察官。

的同时,也会夹杂着危害国家政治安全和稳定、扰乱社会秩序、侵犯公民权利等各种各样的信息,如网络暴恐、色情、谣言、民族歧视、宗教歧视等信息,因此,有必要对网络内容进行审查,有效控制不良违法信息的滋生、蔓延。可以说,世界上任何一个国家都会对本国网络进行监管,只不过监管的力度、范围、标准和方法有所不同而已。对于"翻墙"行为,网络用户的目的有所不同,网络用户通过"翻墙"并非都是为了实施违法犯罪行为。

二、利弊权衡:网络"翻墙"的中立帮助属性

一般认为,中立帮助行为是指"从外表看通常属于无害的、与犯罪无关的、不追求非法目的的,但客观上却又对他人的犯罪行为起到促进作用的行为"①,也被称为"中性帮助行为"②或者"日常行为"③。这种行为一方面具有帮助性,即该行为对他人的犯罪实行行为起到了促进作用,具有了犯罪关联性,与危害结果建立了因果联系,但其同时具有中立性。

可以从主、客观两个方面来分析其中立特征:所谓"主观中立性",体现在虽然对正犯犯罪行为具有认识,但行为人与正犯之间欠缺犯意联络,以及行为人在犯罪人与被害人之间"不偏不倚"、处于相对中立状态等三个方面。所谓"客观中立性",是指行为是按照通常的社会交往习惯和交易规则进行的,属于社会生活中非针对犯罪行为而反复实施的日常行为,具有被大众所认可的社会相当性,概言之,中立帮助行为是同时具有社会意义上的"有益性"和"有害性"双重属性的行为。正是由于这种中立性的存在,决定了其帮助性不同于一般帮助行为,如在网络犯罪中,"行为人通过网络以购买服务与提供服务的方式实施犯罪行为,但在利用网络实施犯罪的正犯者与提供网络技术的帮助者之间,并不需要传统犯罪意义上明示的通谋与默示的合意,在双方意思联络上出现了形式上的分离。"④ 这就给司法实践处置网络犯罪带来了巨大困境和挑战。

网络"翻墙"技术是一种技术含量极高的科技行为,具有"中立性",也就是说,其技术属性通常情况下没有违法犯罪目的,往往是针对不特定人实施

---

① 参见陈洪兵著:《中立行为的帮助》,法律出版社2010年版,第2页。
② 参见林钰雄著:《新刑法总论》,中国人民大学出版社2009年版,第361页。
③ 参见[德]乌尔斯·金德霍伊泽尔著:《刑法总论教科书(第六版)》,蔡桂生译,北京大学出版社2015年版,第452页。
④ 刘宪权:《论信息网络技术滥用行为的刑事责任——〈刑法修正案(九)〉相关条款的理解与适用》,载《政法论坛》2015年第6期,第94—95页。

的具有日常性、反复性的业务行为；同时，提供技术服务行为还具有"帮助性"，即往往对他人实施的违法犯罪行为起到促进作用，如利用深度链接行为侵犯他人的著作权，或者通过即时通讯软件传播淫秽视频等，在这些犯罪中，网络技术行为起到了重要的"推波助澜"作用。特别是，随着网络安全技术和安全保护措施的健全，非技术主体实施网络犯罪的难度愈发加大，其必须借助一定的技术支撑，此时无甄别的中立网络技术行为便提供了可利用的"技术通道"，从而使其犯罪目的得以实现。① 故对"翻墙"技术相关行为的刑事责任探讨应始终置于中立帮助行为理论和视角下进行研究。但技术中立原则的初衷是鼓励技术革新，与中立帮助行为理论中"中立性"的含义相同，其仅仅是对涉案技术本身的评价，不能因此而得出无罪的结论，是否构成犯罪，还要考量技术的使用和提供行为是否具有危害性、行为主体是否具有认识，以及是否具有技术控制能力等方面的因素。

三、正本清源：使用网络"翻墙"技术行为的刑事责任

在国外，技术行为的中立属性早已受到关注。三十多年前，美国最高法院在"环球影视诉索尼案"中确立了"实质性非侵权用途原则"，也就是说即使技术的研发者和提供者知道该技术可能被用于实施侵权等违法行为，也不能推定其故意帮助他人侵权并构成"帮助侵权"，② 这成为技术中立行为免责的重要依据和罪责判断的主要标准。开发研制"翻墙"技术并不必然具有可罚性，不然会严重阻碍网络技术的创新，使互联网行业停滞不前。需要研究的是，使用 VPN 代理等"翻墙"技术行为是否具有犯罪性质。

目前，我国并没有关于明确禁止个人使用"翻墙"软件的规定。值得注意的是，1996 年邮电部发布的《计算机信息网络国际联网出入口信道管理办法》（仍有效）第 2 条规定："我国境内的计算机信息网络直接进行国际联网，必须使用邮电部国家公用电信网提供的国际出入口信道。任何单位和个人不得自行建立或者使用其他信道（含卫星信道）进行国际联网。"根据该规定，评价"翻墙"行为合法性的依据应在于"翻墙"软件使用者是否使用国家公用电信网提供的国际出入口信道或者是否擅自建立或使用了其他信道。这其中重要的问题是，什么是国际出入口信道，所谓的物理信道均是指物理空间中的通

---

① 参见马荣春、王腾：《"云时代"网络犯罪的刑法范式转换》，载《法治社会》2017 年第 5 期，第 3 页。

② 参见何培育、刘梦雪：《技术中立原则在信息网络传播权保护领域的适用》，载《重庆邮电大学学报（社会科学版）》2017 年第 3 期，第 42 页。

信设施而不包括计算机软件避开监管措施而封装出的虚拟信息通道,即便是采取 VPN 代理等"翻墙"软件也必须是以我国移动、联通运营商铺设的各种物理信道为基础,即该网络通信行为是建立在使用合法的国家互联网基础设施之上的。

另外,还需要研究的是,2017 年 1 月 17 日工业和信息化部发布了《关于清理规范互联网网络接入服务市场的通知》(以下简称 2017 年《通知》),其中明确指出"未经电信主管部门批准,不得自行建立或租用专线(含虚拟专用网络 VPN)等其他信道开展跨境经营活动。"那么,是否可以据此认定为个人使用"翻墙"软件的行为构成违法呢?笔者认为,2017 年《通知》在规定禁止未经电信主管部门批准的自建或租用专线等其他信道开展跨境经营活动的同时,进一步指出:"基础电信企业向用户出租的国际专线,应集中建立用户档案,向用户明确使用用途仅供其内部办公专用,不得用于连接境内外的数据中心或业务平台开展电信业务经营活动"。可见,2017 年《通知》中的禁止性规定是针对电信企业而不是针对个人的。对此,2018 年工业和信息化部办公厅发布的《关于深入推进互联网网络接入服务市场清理规范工作的通知》在通知发布的背景介绍部分也指出,该通知是在"部分企业违规自建传输网络、非法经营传输业务及违规经营跨境数据通信等问题仍较为突出"的情况下制定的。

综上可见,我国现有法律中尚无对单纯使用 VPN 技术"翻墙"行为的禁止性规定,涉及该行为的相关规定也是仅对电信企业私自网络业务活动进行禁止,但并没有明确地禁止个人使用 VPN 等"翻墙"软件的行为。所谓的网络监管法律法规主要针对的是网络服务提供者等网络运营商或通过网络发布信息从而成为网络信息内容提供者的网络用户。针对网络违法信息而言,现有法律规定[1]只是要求网络服务提供者履行信息安全管理义务,防止该违法信息在国内网络空间扩散;同时禁止网络用户制作、复制、发布和传播该违法信息,也就是说,法律禁止的是违法信息向国内非法传播,但并没有禁止网络用户进行浏览,虽然从价值导向上对这种行为持否定态度,但并没有上升到法律禁止行为之列。因此,从法律的规范保护目的角度来看,网络用户单纯使用 VPN 等技术进行"翻墙"的行为并不违法,关键是其后续是否通过"翻墙"进一步

---

[1] 如《互联网信息服务管理办法》第 16 条规定:"互联网信息服务提供者发现其网站传输的信息明显属于法律、行政法规禁止内容之一的,应当停止传输,保存有关记录,并向国家有关机关报告。"同时,该办法还规定:"制作、复制、发布、传播上述违法信息,构成犯罪的,依法追究刑事责任,尚不构成犯罪的,……。"

实施了违法犯罪行为，即网络"翻墙"的一些延伸行为却具有触犯刑法构成犯罪的可能性，如将境外网站上的包含煽动颠覆国家政权、推翻社会主义制度、煽动分裂国家、破坏国家统一、煽动民族仇恨、民族歧视、破坏民族团结的信息、图片、视频等进行复制、传播的，则相应会构成煽动颠覆国家政权罪、煽动分裂国家罪、煽动民族仇恨、民族歧视罪；同样，使用翻墙技术的后续延伸行为还可能构成侮辱、诽谤罪，损害商业秘密、商业信誉罪，组织、利用会道门、邪教组织、利用迷信破坏法律实施罪，传播淫秽物品牟利罪、传播淫秽物品罪，等等。

一言以蔽之，充分考虑网络技术的中立属性，毋庸置疑具有必要性和合理性，但不区分辨别具体技术行为的类型统统贴上"中立"的标签，可能会使刑法对网络犯罪行为的规制走向另一极端。在以"快播案"为代表的网络犯罪案件中，被告人及辩护人最常见的辩护意见就是"技术中立""技术无罪""避风港原则"便是这一问题的很好例证。事实上，近年来技术中立原则确实也被错误地扩大适用了，甚至可以说被滥用了，任何一项技术从无到有再到产生效用，都会经历技术开发、技术提供和技术应用等环节。尽管技术本身或技术产品是中立的，但在技术提供和技术应用两个环节中，因为人的参与从而不可避免地产生非中立性。①

四、回归本质：网络"翻墙"服务提供者的刑事责任

（一）刑事责任情形及认定思路

布莱克·阿瑟指出，技术是对现象有目的的编程。因此，单方面过分强调技术的客观面向，主张技术中立，便无法认清其社会属性，忽视技术设计背后的价值考量和目的性。② 因此，提供"翻墙"技术服务行为的可罚性受到技术使用者的行为性质影响，由于该技术具有独立的社会意义，不具有典型的犯罪意义关联，因此，销售、提供"翻墙"技术的行为属于中立的网络技术服务行为，原则上无须进行刑法评价。但笔者认为，在以下两种情况下，提供"翻墙"技术的行为具有刑罚处罚的必要：

第一，明知他人实施犯罪而提供 VPN"翻墙"技术支持的，可以成立《刑法》第 287 条之二的帮助信息网络犯罪活动罪。此种情况下，对"翻墙"

---

① 参见李涵：《互联网视阈下的技术中立抗辩——快播公司传播淫秽牟利案》，载《刑事法判解研究》第 38 辑，第 98 页。

② 吴梓源、游钟豪：《AI 侵权的理论逻辑与解决路径——基于对"技术中立"的廓清》，载《福建师范大学学报（哲学社会科学版）》2018 年第 5 期，第 71 页。

技术提供者的刑事责任问题上，刑法评价的对象并不是"翻墙"技术本身，而是技术提供者明知他人实施犯罪活动而提供网络技术支持行为的刑事责任。① 但对提供者主观"明知"，应加以严格限制，因为使用VPN"翻墙"技术本身就游走于合法与违法边缘，所以如果仅要求该技术服务提供者只要具有概括认识就可以构成犯罪，无疑会导致处罚范围过宽，没有充分关注该技术服务的中立属性，因此，只有当技术提供者对他人实施犯罪行为达到高度盖然性的"明知"程度时才应认为构成犯罪。根据避风港原则和红旗原则，当技术服务提供者在被有关行政机关通知改正或者犯罪意图已如"红旗"般显而易见时，完全可做此推定。另外，根据共同犯罪原理，若"翻墙"技术提供者与他人事前或事中通谋，为他人实施犯罪行为提供"翻墙"网络技术支持或帮助的，应按照正犯所实施犯罪的共犯处理。

第二，若"翻墙"技术提供者对他人实施犯罪不具有明知，但长期利用该技术为他人提供"翻墙"服务，牟取经济利益的，可以按照非法经营罪定罪处罚。对于提供VPN"翻墙"服务行为的性质，在司法实务界存在一定争议，笔者通过裁判文书网和威科先行法律数据库，输入"VPN"选择"刑事案件"，再对筛选结果进行逐一浏览排除，最终挑选出案件事实为出售VPN"翻墙"软件或提供VPN"翻墙"服务、提供VPN虚拟专用网服务的案件，在所查询的案件中，大多数案件被认定为《刑法》第285条第3款规定的提供侵入、非法控制计算机信息系统程序、工具罪，② 也有少部分案件被认定为

---

① 参见张婷：《犯罪产业链背景下"技术中立原则"对犯罪定性的干扰和反思——以"侵犯公民个人信息犯罪"为视角》，载《青海社会科学》2018年第2期，第142页。

② 具体可参见上海市宝山区人民法院（2018）沪0113刑初1606号刑事判决书、广东省东莞市第一人民法院（2017）粤1971刑初250号刑事判决书、河南省光山县人民法院（2018）豫1522刑初220号刑事判决书、广西壮族自治区南宁市江南区人民法院（2019）桂0105刑初633号刑事判决书、河南省永城市人民法院（2019）豫1481刑初498号刑事判决书、河南省新野县人民法院（2017）豫1329刑初556号刑事判决书、河南省三门峡市中级人民法院（2018）豫12刑终271号刑事裁定书、云南省昆明市西山区人民法院（2018）云0112刑初541号刑事判决书、四川省绵阳市安州区人民法院（2019）川0724刑初161号刑事判决书、河南省永城市人民法院（2019）豫1481刑初663号刑事判决书、广东省湛江市霞山区人民法院（2019）粤0803刑初266号刑事判决书，等等。

《刑法》第 225 条规定的非法经营罪。①

（二）认定为"提供侵入、非法控制计算机信息系统程序、工具罪"的批判思考

笔者认为，对于出售 VPN"翻墙"软件或者提供"翻墙"服务的行为，认定为提供侵入、非法控制计算机信息系统程序、工具罪存在一定司法障碍，主要体现在对客观罪状的把握上：第一，用途不匹配，即 VPN 技术或者利用该技术研发的软件、程序不属于该罪要求的专门性程序、工具及其他程序、工具。VPN 技术应用广泛，并不是专门用于"翻墙"行为，且网络用户"翻墙"后多数并不是实施非法侵入计算机信息系统、非法获取计算机信息系统数据、非法控制计算机信息系统犯罪，在笔者统计的判例中存在大量构成利用邪教组织破坏法律实施罪、寻衅滋事罪、侵犯公民个人信息罪、开设赌场罪、传播淫秽物品罪等。因此，提供 VPN"翻墙"技术的用途并不符合提供侵入、非法控制计算机信息系统程序、工具罪的要求。

第二，工作原理不匹配。根据"两高"《关于办理危害计算机信息系统安全刑事案件应用法律若干问题的解释》（以下简称《计算机案件解释》）第 2 条②的规定，程序、工具的专门性技术原理体现在其本身通过避开或者突破计算机信息系统安全保护措施来实现侵入或非法控制。但 VPN"翻墙"技术的核心无外乎利用加密技术在公网上封装出一个安全的数据通讯隧道供网络用户访问国外网站，根本无法避开或突破计算机信息系统安全保护措施，不会对任何计算机信息系统安全保护措施造成影响。同时，从文义解释来看，司法解释中规定的计算机信息系统安全保护措施显然是被侵入或被非法控制的计算机信

---

① 具体可参见四川省自贡市人民法院（2015）荣刑初字第 54 号刑事判决书、浙江省泰顺县人民法院（2018）浙 0329 刑初 46 号刑事判决书、广西壮族自治区梧州市长洲区人民法院（2018）桂 0405 刑初 38 号刑事判决书、安徽省合肥高新技术产业开发区人民法院（2018）皖 0191 刑初 142 号刑事判决书、安徽省合肥市包河区人民法院（2018）皖 0111 刑初 885 号刑事判决书、湖南省郴州市湖北区人民法院（2018）湘 1002 刑初 268 号刑事判决书。

② "两高"《关于办理危害计算机信息系统安全刑事案件应用法律若干问题的解释》第 2 条规定，具有下列情形之一的程序、工具，应当认定为刑法第 285 条第 3 款规定的"专门用于侵入、非法控制计算机信息系统的程序、工具：（一）具有避开或者突破计算机信息系统安全保护措施，未经授权或者超越授权获取计算机信息系统数据的功能的；（二）具有避开或者突破计算机信息系统安全保护措施，未经授权或者超越授权获取计算机信息系统数据的功能的；（三）其他专门设计用于侵入、非法控制计算机信息系统、非法获取计算机信息系统数据的程序、工具。"

息系统一方所采用的技术保护措施，即我国国内的技术保护措施。退一步讲，即便认为VPN"翻墙"软件具有上述避开或者突破的技术原理，但其针对的也是国外被访问的网络系统的技术保护措施，也不是我国国内计算机系统的技术保护措施。

第三，功能不匹配。根据刑法及司法解释规定，本罪所规制的程序、工具应具有侵入或非法控制计算机信息系统的功能。那么，何为"侵入"和"非法控制"呢？翻墙软件实际上为远程访问技术，通过加密处理的方式访问受限制的特定服务器上的信息资源，这种访问行为并不构成一种侵入或控制措施，且远程访问的数据也不是计算机系统本身的数据、相关软件数据及附属数据、文件数据、网络访问数据、个人信息数据等计算机信息系统数据。另外，在犯罪对象上，VPN"翻墙"软件是对国外网站进行访问，并非作用于我国国内的计算机信息系统。综上，不应对提供VPN"翻墙"技术或软件的行为认定为提供侵入、非法控制计算机信息系统程序、工具罪。

（三）认定为非法经营罪的妥适性

本文主张对出售VPN"翻墙"软件或者提供"翻墙"服务的行为认定为非法经营罪。理由在于：第一，提供"翻墙"软件实际上处于从事电信活动。根据国务院颁布的《中华人民共和国电信条例》（以下简称《电信条例》），通过VPN等"翻墙"软件浏览境外网站实际上就是一种传递或接受信息的活动，属于一种电信活动。进一步而言，根据国务院颁布的《电信条例》第7、8、9条的规定，我国对电信业务实行许可制度，并根据基础电信和增值电信不同类别分别颁发许可证。而国务院颁布的《互联网信息服务管理办法》第4条进一步规定，国家对经营性互联网信息服务实行许可制度，对非经营性互联网信息服务实行备案制度。也就是说，经营互联网信息服务业务属于国家专营事项，经营VPN业务属于国家限制经营范围，① 必须进行事先审批获得行政许可。②

第二，根据《电信条例》第7、8、9条规定，我国对电信业务实行许可制度，并根据基础电信和增值电信不同类别分别颁发许可证。而国务院颁布的

---

① 参见郭树正：《非法经营VPN类业务定性问题研究》，载《中国检察官》2019年第1期，第27页。

② 参见梅礼匀：《提供VPN"翻墙"服务的行为如何定性》，载《人民检察》2019年第6期，第49页。此外，工业和信息化部于2017年1月22日印发的《关于清理规范互联网网络接入服务市场的通知》规定："未经电信主管部门批准，不得自行建立或租用专线（含虚拟专用网络VPN）等其他信道开展跨境经营活动。"

《互联网信息服务管理办法》第4条进一步规定，国家对经营性互联网信息服务实行许可制度，对非经营性互联网信息服务实行备案制度。也就是说，经营互联网信息服务业务属于国家专营事项，经营VPN"翻墙"业务属于国家限制经营范围，① 必须进行事先审批获得行政许可。② 《电信条例》第58条对此作出进一步规定。可见，未经电信主管部门批准，提供翻墙软件的行为属于擅自经营跨境电信业务的扰乱电信市场秩序的行为。

第三，2000年4月，最高人民法院发布的《关于审理扰乱电信市场管理秩序案件具体应用法律若干问题的解释》规定，"翻墙"技术提供者在从事这项跨境网络服务时，若未取得国家许可，属于擅自经营国家限制经营的国际电信业务，并牟取经济利益，符合《刑法》第225条规定的，应构成非法经营罪。

需要注意的是，在提供"翻墙"服务的案件中，按照帮助信息网络犯罪活动罪或非法经营罪的"二元处罚模式"定罪处罚时，可能会出现处罚上的漏洞，即如果行为人长期在明知他人意图实施犯罪的情况下，还提供VPN"翻墙"服务，牟取经济利益的情形，同时符合了上述两个罪名，但任何一个罪名都无法对该行为全面评价。笔者认为，此时应根据《刑法》第287条之二的规定，依照处罚较重的规定定罪处罚，一般认定为非法经营罪。

五、结语

在"互联网+"时代，刑法既要支持技术创新，充分发挥技术中立原则在网络技术行为刑事责任方面的限定功能，避免不当遏制网络技术发展，保障网络社会的生产、生活不断发展进步；也要打击技术滥用行为，防止网络技术提供者刑事责任落空，防止以技术中立为外观的犯罪行为肆意横行，为不当技术应用行为划定边界。由于"翻墙"技术所具有中立帮助性，应充分考虑但又避免囿于"技术中立性"特征，单纯地利用"翻墙"软件浏览行为并不构成违法犯罪，但其后续行为具有刑事处罚的可能性，应根据其行为目的及危害进行认定；提供"翻墙"技术服务行为不应认定为提供侵入、非法控制计算机信息系统程序、工具罪，但可构成帮助信息网络犯罪活动罪或非法经营罪。

---

① 参见郭树正：《非法经营VPN类业务定性问题研究》，载《中国检察官》2019年第1期，第27页。

② 参见梅礼匀：《提供VPN"翻墙"服务的行为如何定性》，载《人民检察》2019年第6期，第49页。此外，工业和信息化部于2017年1月22日印发的《关于清理规范互联网网络接入服务市场的通知》规定："未经电信主管部门批准，不得自行建立或租用专线（含虚拟专用网络VPN）等其他信道开展跨境经营活动。"

非法提供 VPN "翻墙" 软件行为定性研究

薄 亮 郭 勇[*]

近年来，黑灰产业肆虐互联网空间，为深化网络违法犯罪打击，净化互联网环境，公安部等有关部门多次联合开展净网专项行动。在北京市公安机关"净网2020"专项行动中，整治非法 VPN（虚拟专用网络）被纳入重点工作[①]。一直以来，因对 VPN 技术原理缺乏清晰明确的认识，加之相关法律概念的语义分歧，司法实践中对非法提供 VPN "翻墙"软件的行为性质存在诸多分歧，从上述 3 个案例中迥异的裁判观点可见一斑。为进一步厘清非法提供 VPN "翻墙"软件的罪质分界，本文拟立足实践争议前沿，以司法判决作为入口点，通过剖析 VPN 技术的一般性原理，对相关法律解释的常态化理解，为该类行为的准确定性提供有益视角。

一、非法提供 VPN "翻墙" 软件行为的实践样态与定性分歧

一般来说，庭审现场是司法观点碰撞的"角斗场"，而通过判决文书回溯司法场域中特定问题的争点也成为实证研究较为青睐的方式。为探究非法提供 VPN "翻墙"软件行为的司法实践样态，笔者以"VPN""翻墙软件"等为关键词，在中国裁判文书网站上共查找到涉及非法提供 VPN "翻墙"软件行为的生效刑事判决书 28 份（二审刑事裁定书 1 份）。经梳理，具有以下特点：

1. 从时间分布上看，相关案件的刑事判决数量在近两年的增长幅度较为明显。其中，2015 年 1 件，2017 年 2 件，2018 年 11 件，2019 年 13 件，2020 年 1 件（截止到上半年）。显示出近年来，非法提供 VPN 翻墙软件行为日益增多，而司法机关对该行为的查处力度也在逐渐加强。

---

[*] 薄亮，北京市丰台区人民检察院第二检察部检察官；郭勇，北京市丰台区人民检察院第二检察部检察官助理。

[①] 参见《北京警方开展"净网2020"专项行动》，载 http://sn.people.com.cn/n2/2020/0525/c378297-34038927.html，最后访问日期：2020 年 6 月 9 日。

2. 从案发地域上看，相关案件主要集中在我国中东部地区。现有已决案件共涉及 12 个省份（自治区、直辖市），其中，河南省 8 件，湖北省和广东省各 3 件，上海市、江苏省、四川省、安徽省、广西壮族自治区各 2 件，云南省、福建省、浙江省、湖南省各 1 件。显示出该类案件不仅与地域间的科技网络发展和活跃程度相关，也与司法机关的打击和查处力度密切相关。

3. 从处理结果上看，相关案件在不同地域和不同司法机关间的处理意见存在分歧。其中，以提供侵入计算机信息系统的程序、工具罪定罪处罚的共 20 件，以非法经营罪定罪处罚的共 6 件，以拒不履行信息网络安全管理义务罪定罪处罚的共 2 件。此外，在认定相同罪名的案件中，罪名论证路径、犯罪情节认定等方面也均存在不同程度上的差异。

实践中对行为人非法提供 VPN 翻墙软件牟利的行为论证，主要存在以下三种不同的思考进路：第一种意见认为，VPN 翻墙软件具有避开或者突破计算机信息系统安全保护措施，绕开我国互联网防火墙的监管，非法访问境外互联网网站等功能。在部分案件中，鉴定机构或者有关部门都对涉案 VPN 软件的功能和性质进行了鉴定或者检验，如在桑某某等人案中[①]，云南省公安厅电子证据检验鉴定中心对涉案 VPN 翻墙软件进行检验；在艾某某等人案中，四川公安厅网络安全保卫总队对涉案的翻墙软件进行检验，认定其属于"其他专门设计用于侵入、非法控制计算机信息系统、非法获取计算机信息系统数据的程序、工具"[②]。因此，认定非法提供 VPN 翻墙软件的行为构成提供侵入、非法控制计算机信息系统的程序、工具罪。第二种意见认为非法提供 VPN 翻墙软件的行为系非法经营电信业务的行为，扰乱电信市场管理秩序，情节严重的，构成非法经营罪，但论证路径也存在一定的差异。一种观点认为，根据《电信条例》所附的《电信业务分类目录（2015 年版）》第 B13 规定，国内互联网虚拟专用网业务（IP－VPN）属于增值电信业务，而经营电信业务，应当依法取得电信管理机构颁发的经营许可证。因此，非法提供 VPN 翻墙软件牟利的行为属于非法从事增值电信业务的非法经营活动[③]，判决依据仅有《刑法》第 225 条。另一种观点认为，擅自经营 VPN 业务属于违反国家规定，未经许可经营国际电信业务或者通信数据业务的非法经营行为[④]，判决依据增加

---

① 参见（2018）云 0112 刑初 541 号刑事判决书。
② 参见（2019）川 0191 刑初 567 号刑事判决书。
③ 参见（2018）浙 0329 刑初 46 号、（2018）浙 0329 刑初 46 号、（2018）湘 1002 刑初 268 号刑事判决书。
④ 参见（2018）皖 0111 刑初 885 号、（2018）皖 0191 刑初 142 号刑事判决书。

了最高人民法院《关于审理扰乱电信市场管理秩序案件具体应用法律若干问题的解释》第1条的规定。第三种意见认为，VPN软件提供方作为网络服务提供者，应当遵守法律、行政法规规定的信息网络安全管理义务，如果其不履行法律、行政法规规定的信息网络安全管理义务，经监督部门责令采取改正措施而拒不改正，构成拒不履行信息网络安全管理义务罪[①]。

二、VPN"翻墙"软件的技术原理简析

世界各国基于国家安全、网络安全等因素考虑，普遍对网络信息和内容进行网络审查和监管，我国也对互联网内容和站点实施审查和监管。针对域外网络中的不良信息等内容，国内通过对国际互联网数据采取IP地址阻断、数据内容过滤、域名劫持、流量限制等措施，限制国内互联网用户对部分域外互联网数据的访问，这些限制措施就是所谓"翻墙"中的"墙"[②]。而所谓"翻墙"就是指利用技术手段突破上述技术限制，实现对境外被限制访问网站或内容的访问。目前，国内"翻墙"所用的技术一般都是VPN技术。VPN（Virtual Private Network，虚拟专用网络）属于一种远程访问技术，简单说就是利用公用网络架设专用网络进行加密通讯。在通讯过程中，VPN实际使用的是互联网上的公用链路，但为了保证信息数据的安全，VPN服务器和客户机之间的信息数据进行了加密处理，因此可以认为信息数据是在一条专用的数据链路上进行安全传输，就如同为信息数据传输专门架设了一条专用网络，因此该技术被称为虚拟专用网络。VPN技术最早适用于企业内部的互联互通，由于其具有数据加密性强、运营成本较低、技术原理简单等特点，后逐渐被运用到跨境互联网连接中，即通过VPN技术绕过相应的国内互联网限制性手段，实现国内网络对国际互联网内容的自由访问。

目前，实现"翻墙"的主流软件主要运用以下两类协议：一种是传统的PPTP、L2TP等隧道协议，属于有链接的技术，相当于连接到境外服务器后进行"翻墙"行为，连接过程的数据会加密处理。另一种shadowsocks、shadowsocksR等无链接的技术，相当于在境外租用服务器，通过境内计算机连接该服务器后实现数据中转，这个过程的数据也会加密处理。现在国内运用最广泛

---

① 参见（2018）沪0115刑初2974号、（2018）鄂1003刑初150号刑事判决书。
② 目前，实践中通常使用"The Great Firewall"（长城防火墙，简称为GFW）来指代我国所实施的互联网审查系统和国际互联网网络隔离系统，但其并非一个正式的名称，我国官方没有承认和认可过这一系统和名称，但客观其确实存在。参见郭树正：《非法经营VPN类业务定性问题研究》，载《中国检察官》2019年第2期。

的就是 shadowsocks、shadowsocksR 技术，因为我国长城防火墙会自动拦截和阻止对境外非法网站和信息的访问，而通过 shadowsocks、shadowsocksR 等技术可以通过访问不受限的网站，然后再通过该服务器连接到其他网站实现访问。如果将网络访问比作信件邮寄的话，正常的信件邮寄（网络访问）是寄件人（访问人）在信封上写明邮寄地址（被访问网站 IP 地址）投递，邮局根据邮寄地址投送信件，收件人（被访问网站）收到信件后回信（反馈数据），从而实现信件交换（访问数据交互）。但如果访问人意图访问被限制访问的境外网站时，由于邮寄地址或信件内容受限，则该邮件会被邮局（长城防火墙）查验和扣留，因而无法实现信件邮寄（网络访问）。常见的利用 VPN 技术"翻墙"其实相当于第三方代理商，帮助访问人加密信件内容并进行信件转投。具体是，租用不在受限制访问之列的境外服务器，访问人将原本无法正常邮寄的信件外再加装一层信封，邮寄地址写为该 VPN 服务器，且外侧信封具有加密功能。再次将该信件寄出后，由于邮寄地址不在受限制访问范围内，且邮寄内容无法正常检视，则该信件被正常邮寄出境到达该 VPN 服务器，VPN 服务器将信件拆开（数据解密）后再根据里层信件的地址（访问需求）进行转投邮寄，获得被访问人回信后再通过类似途径将信件寄回国内访问人，从而帮助访问人逃避监管，实现自由访问的"翻墙"目的。当前，在国内利用 VPN "翻墙"软件访问境外网站的行为中，大部分是以科研和外贸交易等合法用途为主，少部分用于访问、浏览境外不良网站和信息，还有极少部分用于实施违法犯罪活动等。

三、非法提供 VPN "翻墙"软件的定性分析

结合上述司法实践的入罪论证路径展示及 VPN 技术原理的一般化剖析，审慎合理地界定非法提供 VPN "翻墙"行为的罪质仍需立足于 VPN 的技术原理，并准确把握相关罪名中法律用语的语义内涵，以此为据，笔者认为，对于非法提供 VPN 翻墙软件牟利的行为，提供侵入、非法控制计算机信息系统的程序、工具罪及非法经营罪在当前仍然存在些许难以自洽的障碍，以拒不履行信息网络安全管理义务罪追究刑事责任更为适宜。首先，VPN 具有技术中立性。VPN 技术属于一种计算机网络通用技术，具有加密、高速等特点，能够实现外地员工、商务合作伙伴和其他人利用本地可用的高速宽带网络远程连接到企业网络等目的，目前被许多企业、高校以及广大互联网用户广泛应用。但目前 VPN 技术除合法应用外，也被网络黑灰产业链滥用。对于利用 VPN 从事违法犯罪活动，或者明知他人利用 VPN 从事违法犯罪活动而为其提供的，应当以相关行为涉嫌的具体罪名来认定和追究行为人的刑事责任。其次，非法提

供 VPN 翻墙软件的行为不符合提供侵入、非法控制计算机信息系统的程序、工具罪的犯罪构成。第一，VPN 是一种通用技术，并不属于专门用于侵入计算机信息系统、非法控制计算机信息系统的工具，该技术本身也不具有侵入或者非法控制计算机信息系统的功能，因而非法提供 VPN 翻墙软件的行为不能满足该罪状要求的"专门""侵入""非法控制"计算机信息系统的条件。第二，使用 VPN 翻墙软件后，能够获取的相关信息未必是刑法所要保护的对象，因此也不能认定 VPN 翻墙软件是专门用于非法获取计算机信息系统数据的违法软件。故不能将非法提供 VPN 翻墙软件牟利的行为认定为提供侵入、非法控制计算机信息系统的程序、工具罪。再次，非法提供 VPN 翻墙软件牟利的行为是否符合相关司法解释中规定的"擅自经营国际电信业务或者涉港澳台电信业务"而纳入非法经营情形之中存在疑问。第一，根据《电信条例》以及工业和信息化部《电信业务分类目录》（2015 年版）的相关规定，VPN 类业务属于电信业务，但对国际互联网虚拟专用网业务（IP－VPN）的性质未作出明确规定，对于"翻墙"使用的 VPN 类业务属于何种电信业务存在疑问。第二，最高人民法院《关于审理扰乱电信市场管理秩序案件具体应用法律若干问题的解释》第 1 条、最高人民检察院《关于非法经营国际或者港澳台地区电信业务行为法律适用问题的批复》以及最高人民法院、最高人民检察院、公安部《办理非法经营国际电信业务犯罪案件联席会议纪要》第 2 条规定了多种"擅自经营国际电信业务或者涉港澳台电信业务"的情形，但非法提供 VPN 翻墙软件的行为是否属于其中规定的"私自设置国际通信出入口"情形也存在疑问。因此，根据刑法谦抑性原则以及非法经营罪的特殊性，在司法解释未明确规定的情况下，暂不宜直接将非法提供 VPN 翻墙软件牟利的行为认定为非法经营罪[①]。最后，非法提供 VPN 翻墙软件，不履行法律、行政法规规定的信息网络安全管理义务，经监管部门责令采取改正措施而拒不改正的，应以拒不履行信息网络安全管理义务罪追究刑事责任。根据最高人民法院、最高人民检察院《关于办理非法利用信息网络、帮助信息网络犯罪活动等刑事案件适用法律若干问题的解释》第 1 条的规定，非法提供 VPN 翻墙软件的行为人属于"网络服务提供者"，应当遵守我国《网络安全法》的有关规定，履行相关信息网络安全管理义务。提供 VPN、网络加速器等网络代理服务的网络服务提供者，不履行法律、行政法规规定的信息网络安全管理义务，经监督部门责令采取改正措施而拒不改正的，应以拒不履行信息网络安全管理义务罪

[①] 参见梅礼匀：《提供 VPN "翻墙"服务的行为如何定性》，载《人民检察》2019 年第 6 期。

追究其刑事责任。

四、结论

综上所述，笔者认为对于利用VPN从事违法犯罪活动，或者明知他人利用VPN从事违法犯罪活动而为其提供的，应当以相关行为涉嫌的具体罪名追究行为人的刑事责任；对于非法提供VPN翻墙软件牟利的行为，如果行为人不履行法律、行政法规规定的信息网络安全管理义务，经监管部门责令采取改正措施而拒不改正的，应以拒不履行信息网络安全管理义务罪追究刑事责任。但在实践中，对于该类行为的司法认定，以提供侵入计算机信息系统的程序、工具罪定罪论处的最为常见，以非法经营罪论处次之，而以拒不履行信息网络安全管理义务罪论处的则最少，仅有两个案件。笔者认为，造成该现象的原因有多重因素，如对VPN技术原理理解不全面、对国际通信出入口认识到位等，而拒不履行信息网络安全管理义务罪的入罪门槛较高、司法认定难度较大也是其中重要的原因之一。

网络帮助行为类型化归责路径研究
——以帮助信息网络犯罪活动罪为视角

曾 昌[*]

一、问题的提出

《刑法修正案（九）》新增的帮助信息网络犯罪活动罪旨在进一步完善我国网络空间犯罪规制体系，其将原属于帮助他人犯罪的行为以正犯化，并于2019年11月1日出台了明确帮助信息网络犯罪活动罪明知情形、入罪标准的司法解释——最高人民法院、最高人民检察院《关于办理非法利用信息网络、帮助信息网络犯罪活动等刑事案件适用法律若干问题的解释》（以下简称《解释》），直接促使了传统共犯理论在网络信息领域帮助行为认定标准的突破。[①]我国学者在反思传统共犯理论的基础上，就中立帮助行为人入罪问题提出了不同的理论解读：帮助行为正犯化[②]、帮助犯独立性说以及量刑规则[③]，无论是持何种观点的学者均认可网络帮助行为不同于一般的中立帮助行为，具有其独特性与危害性，其争论主要集中于帮助行为对危害结果的影响以及帮助主观心态结合判定问题。

---

[*] 曾昌，湖南大学法学院刑法学博士研究生。

[①] 参见邓矜婷：《网络空间中犯罪帮助行为的类型化——来自司法判决的启发》，载《法学研究》2019年第5期；张晓娜：《法工委解读〈刑法修正案（九）〉涉网络条款》，载《民主与法制时报》2015年11月15日，第2版。

[②] 参见于冲：《网络犯罪帮助行为正犯化的规范解读与理论省思》，载《中国刑事法杂志》2017年第1期，第80—93页；皮勇：《论新型网络犯罪立法及其适用》，载《中国社会科学》2018年第10期；刘仁文、杨学文：《帮助行为正犯化的网络语境——兼及对犯罪参与理论的省思》，载《法律科学》2017年第3期。

[③] 参见张明楷：《论帮助信息网络犯罪活动罪》，载《政治与法律》2016年第2期；黎宏：《论"帮助信息网络犯罪活动罪"的性质及其适用》，载《法律适用》2017年第21期。

网络帮助行为的特殊性不仅在于其扩张的社会危害性，大数据时代层出不穷的技术发展也会给帮助行为衍生出不可知的行为形态，成为帮助行为领域全新的研究课题，又无法脱离传统中立帮助行为理论而存在。① 传统理论对于中立帮助行为可罚性的研究则呈现出主观说、客观说、折中说三足鼎立的纷争局面。随着帮助信息网络犯罪活动罪的确立，这是国家面对网络空间犯罪主体的行为隐蔽性、意思不确定性、危害扩张性②而采取的明确帮助行为的入罪化决策，存在一定的功利倾向。这一跨越式立法直接将处于学术争议中心的帮助行为归罪，极易成为信息网络犯罪的兜底性罪名③，甚至在复杂网络犯罪冲击情势下面临着刑事司法滥用的苛责，刑法学界重新掀起了对中立帮助行为归责路径的探究。刘艳红教授所提出的综合考察说，结合了主观上对犯罪的认知以及客观利用盖然性以规范该罪之成立④，属于典型的折中说；陈洪兵教授依旧贯彻了其客观立场坚持利益衡量说⑤；也有学者持主观不法论以应对扩张性刑事立法的挑战⑥。但是无论基于何种角度展开对我国帮助信息网络犯罪活动罪的研究，其最终目的都是在于完善刑法基本理论，以应对日渐复杂的网络犯罪事态，从而实现对司法适用的有效指导。因此，对于我国帮助信息网络犯罪活动罪的司法适用研究，离不开对现有司法判决的归纳总结，通过分析现有判决之现状，解析其症结所在，以明确帮助信息网络犯罪活动罪的类型化规范路径。

二、帮助信息网络犯罪活动罪的判决现状

帮助信息网络犯罪活动罪作为网络帮助行为刑事规制的重要罪名，以其为

---

① 参见刘艳红：《网络中立帮助行为可罚性的流变及批判——以德日的理论和实务为比较基准》，载《法学评论》2016年第5期。
② 参见于志刚主编：《共同犯罪的网络异化研究》，中国方正出版社2010年版，第19—22页；张明楷：《论帮助信息网络犯罪活动罪》，载《政治与法律》2016年第2期。
③ 参见车浩：《谁应为互联网时代的中立行为买单？》，载《中国法律评论》2015年第5期。
④ 参见刘艳红：《网络中立帮助行为可罚性的流变及批判——以德日的理论和实务为比较基础》，载《法学评论》2016年第5期。
⑤ 参见陈洪兵：《论中立帮助行为的处罚边界》，载《中国法学》2017年第1期。
⑥ 参见李长兵：《网络中立帮助行为刑事处罚的边界新论——以帮助信息网络犯罪活动罪为视角》，载《法学杂志》2020年第4期。

关键词从中国裁判文书网下载自2019年11月1日①截止至2020年5月31日涉及的判决书共92份，包括一审判决书与二审判决书。结合《解释》对"明知""情节严重"等列举式规范不难看出，帮助信息网络犯罪活动罪的争议焦点在于帮助者对下游犯罪的认知程度以及帮助行为的危害程度。列举式类型化的帮助信息网络犯罪活动罪构成要件本身是为了完成对中立帮助行为入罪范围的合理限缩，但是这一立法模式在刑事司法实务的适用过程中却出现了行为认定模糊化、帮助危害附属化、明知判定形式化情形，偏离了限缩犯罪圈的立法初衷。

（一）下游犯罪行为认定模糊化

帮助信息网络犯罪活动罪涉及下游犯罪情况依旧以诈骗罪为主，共54个，其次为罪名不明情形（判决书中主要是提及该帮助行为对非法转账等犯罪行为的促进作用，并未明确帮助行为下游犯罪的具体罪名）14个、开设赌场罪12个、传播淫秽物品罪5个、非法侵入计算机信息系统罪2个、非法获取计算机信息系统数据罪1个、非法利用信息网络罪1个、侵犯公民个人信息罪1个等。帮助信息网络犯罪活动罪的下游犯罪类型主要为财产类，公共管理秩序类以及信息网络类，但是也有部分案件法院并没有对下游犯罪具体罪名进行认定，只是指出该行为对某类不法行为产生了帮助作用。与此同时，各判决对于下游罪名的查实情况各不相同，查明定罪仅37件，犯罪行为明确17件，不明情形39件，其中不明情形涉及转账类犯罪情形，多数判决并未对明确标准进一步说明，只是对下游犯罪行为进行简单描述。

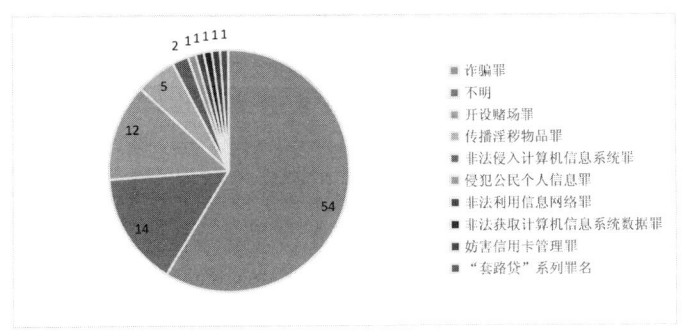

图1 下游犯罪分布情况图

---

① 最高人民法院、最高人民检察院《关于办理非法利用信息网络、帮助信息网络犯罪活动等刑事案件适用法律若干问题的解释》明晰了帮助信息网络犯罪活动罪的明知标准以及入罪标准，因此对我国刑事司法实务帮助信息网络犯罪活动罪的实证研究应当自此开始，并且已有学者实证研究司法解释前该罪之乱象，参见邓矜婷：《网络空间中犯罪帮助行为的类型化——来自司法判决的启发》，载《法学研究》2019年第5期。

(二) 帮助行为危害附属化

帮助信息网络犯罪活动罪的帮助行为可以依据帮助行为的技术含量以及帮助程度区分为技术支持、技术帮助、转账支持、转账帮助四种类型,其中转账帮助类型 42 个,主要为提供个人银行卡、提供对公转账账号、提供收款二维码等有利于转账类行为;转账支持类型 14 个,主要为架设或运营多卡宝、GOIP① 等多卡多待类设备,多被用于电信诈骗类案件;技术支持类型 28 个,主要为开发网站平台、维护平台运营、提供加密技术等为信息网络犯罪活动提供技术性支持的行为类型;技术帮助类型 8 个,为非法推广网站、APP 类行为。而正因为下游犯罪涉及的主要是财产类犯罪,转账类帮助行为占比高达60.9%,多数为出售个人银行卡抑或者个人名义下对公账号的行为,其非法所得在 900—60000 元不等,非法所得区间差异性较大,所处刑期也在拘役 5 个月至有期徒刑 1 年 11 月之间,其量刑差异性并不是帮助行为的非法所得所决定,而是以帮助行为对下游犯罪的推进作用为准。也就是说,下游犯罪为诈骗罪案件中,帮助行为的促进作用则以帮助行为提供的银行卡诈骗流水为参考,帮助行为的社会危害性直接以正犯的犯罪数量为单一评价,其危害性依附于正犯危害性而存在。

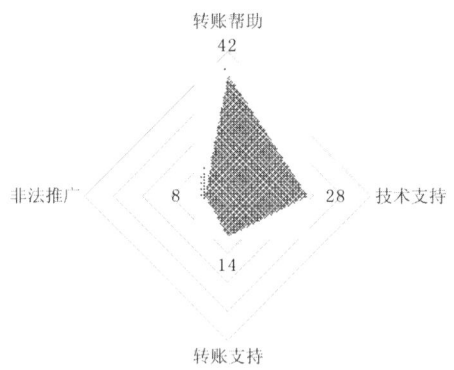

图 2 帮助行为类型情况图

---

① "多卡宝",实际上就是基于互联网,可使多张手机卡同时待机的多卡多待设备。用户可将多张手机卡插入 1 台 "多卡宝",通过手机 APP 连接,从而实现 1 人用 1 部手机同时异地操作多张手机卡拨打电话。电信网络诈骗团伙往往会利用 "多卡宝" 等设备建立 "服务点",为电信网络诈骗活动提供话务技术支持。"GOIP" 是一种具备多条线路并可配备多张手机卡,支持手机卡接入并将传统电话信号转化为网络信号,实现多个手机号同时通话的设备,它还可以隐藏真实号码。此类设备均可远程操控向外拨打电话,主要目的在于实现多卡多待,却被诈骗团伙用于多向诈骗服务。

(三) 明知情形判断形式化

帮助信息网络犯罪活动罪初始存在明知认定不明之情形,甚至在实务判断标准上双向意思联络与帮助者单向明知两种不同认定标准。① 依据《解释》第11条对明知判定之标准,明知情形一般为以下几类:管理义务类(包括行政告知管理义务与法定管理义务)、提供技术服务类、交易明显异常类以及其他。实务中,对于管理义务类案件,帮助者自始实施其中立帮助行为,在受到行政机关亦或用户举报后,并未中止其帮助行为,以此认定帮助者明知下游犯罪的存在②;对于提供技术服务类,帮助者对于源代码的修改、维护等技术类服务,可以知晓其技术服务所指向的下游犯罪类型,对于犯罪故意认知较为明确,一般以技术支持或者帮助推定帮助者"明知"③;对于交易明显异常类,帮助者多出售银行卡、二维码、手机卡、对公账号等,这种附着个人信息产品的价格往往从百元至千元不等,一般以价格异常推定其应当明知他人利用信息网络实施犯罪,为他人犯罪提供支付结算帮助④。正因为《解释》第11条对"明知"进行了穷尽式列举,只要行为人的帮助行为符合《解释》第11条所规定的情形,就认定帮助人"明知"。部分法院甚至省略了对明知的推理,并没有结合帮助人的认知能力与环境态势作出进一步说明,落入了形式化认定的窠臼之中。但也有判决注重了对帮助人"明知"的认定推理,结合了帮助人的认知能力与帮助行为具体异常,推理出其刻意逃避监管,交易价格明显异常认定其"明知"⑤。

三、帮助信息网络犯罪活动罪实务症结所在

帮助信息网络犯罪活动罪的设立是外缘化立法技术的体现,即由传统正犯中心立法模式转向帮助犯外缘化立法模式。这种外缘化趋势不仅仅弱化了总则

---

① 参见邓矜婷:《网络空间中犯罪帮助行为的类型化——来自司法判决的启发》,载《法学研究》2019年第5期。

② 参见(2020)粤0305刑初357号刑事判决书,(2020)晋0621刑初50号刑事判决书。

③ 参见(2020)晋0621刑初50号刑事判决书,(2019)闽08刑终357号刑事判决书,(2020)冀1102刑初61号刑事判决书。

④ 参见(2020)浙0881刑初173号刑事判决书,(2020)浙0624刑初118号刑事判决书,(2020)浙0282刑初447号刑事判决书,(2020)浙0282刑初375号刑事判决书,(2020)粤0306刑初1426号刑事判决书,(2020)粤0306刑初1301号刑事判决书,(2020)粤0305刑初529号刑事判决书,(2020)豫1322刑初68号刑事判决书。

⑤ 参见(2019)桂0126刑初535号刑事判决书。

关于共犯的规范，而且分则各罪构成要件又因此产生交织，从而衍生了罪行不一抑或罪数不明的情形。① 信息网络的多元化又促使了原本中心化犯罪行为转向了链式犯罪行为，原本中立性、社会性的中立帮助行为直接进入了刑事规制视野，这一转变也引发了诸多问题。以下对帮助行为入罪症结作出归纳分析，以合理解析当下我国帮助行为入罪的核心问题所在。

(一) 帮助行为理论争议的混乱性：无法明晰帮助行为入罪的规范属性

为了应对新时代层出不穷的网络共同犯罪问题，《刑法修正案（九）》直接增设了帮助信息网络犯罪活动罪，是对中立帮助行为可罚性的探索。中立帮助行为的可罚性，是对中立帮助行为社会性的否定，从而探讨帮助犯的刑事规制路径。早期我国学者对于中立帮助行为的研究就集中于其可罚性，基本形成了客观说、折中说立场，客观立场下基于法益保护与自由保障的利益权衡说②、客观事后视角下的危险上升说③、客观因果性说④，折中立场下要素判断说⑤、法益认知说⑥，由单纯的客观转向主客观统一的并行视角，以合理限缩中立帮助行为的可罚廓限。而帮助信息网络犯罪活动罪罪名的确立，更是衍生帮助行为正犯化与帮助犯量刑规则的对立，两者都不否认立法增设该罪的根据就是立于传统共同犯罪理论⑦，但对于传统共犯理论的解读却出现了两极化现象。帮助行为正犯化直接突破了共犯从属性，将原本的帮助行为规范评价为正犯，那么帮助之帮助行为也会基于共犯原理而被处罚，被正犯化的帮助行为也无法依据《刑法》第 27 条从轻处罚；帮助行为的量刑规则认为该条款只是对帮助行为的量刑确认，依旧受共犯从属性的制约，其认定标准依旧遵循了共犯成立之标准，因此帮助行为可依刑法总则之规定从轻处罚。这一理论争议直接导致了对下游犯罪行为认定模糊化的现象，有的判决认为帮助行为的确认应当查明下游犯罪的具体犯罪行为，有的判决则认为一旦存在下游犯罪行为就可以直接认定帮助行为成立。这一现象在刑事判决量刑中体现得尤为突出，部分

---

① 参见刘艳红：《走向实质解释的刑法学》，载《中国法学》2006 年第 5 期。
② 参见陈洪兵：《重力行为的帮助》，法律出版社 2010 年版，第 251 页。
③ 参见黎宏：《刑法学总论》，法律出版社 2016 年版，第 193 页。
④ 参见孙万怀：《中立的帮助行为》，载《法学》2016 年第 1 期，第 143 页。
⑤ 参见张明楷：《刑法学》（上），法律出版社 2016 年版，第 425 页。
⑥ 参见周光权：《刑法总论》，北京大学出版社 2016 年版，第 352 页。
⑦ 参见张明楷：《论帮助信息网络犯罪活动罪》，载《政治与法律》2016 年第 2 期。

判决秉持了正犯化立场,在多人帮助的场合依据作用不同区分为主从犯①,部分判决则持量刑规则的观点,对帮助犯直接适用《刑法》第 27 条之规定②,刑事判决量刑的紊乱就可见一斑。

(二) 列举式类型模式的闭环性:致使帮助犯的认定落入形式化窠臼

《解释》关于帮助信息网络犯罪活动罪的规定,实际是传统列举式立法模式的延续,但信息网络犯罪其本身技术复杂性、辐射性衍生的犯罪行为隐蔽性,以至于网络信息犯罪一般难以被发现,体现在帮助犯认定上就会出现下游犯罪行为查明不清的情形。而在列举式规范下,只要帮助行为客观上符合列举情形之一,正犯实施的危害结果达到法定额度,就应当将帮助行为纳入刑事规制范畴。中立帮助行为列举式立法的初衷在于穷尽帮助行为类型,以合理指导刑事司法适用,但是这一规范模式侧重于行为的微观具象化,忽视了对犯罪行为的整体把握。列举式立法模式都是建立于公民对日常行为的理解基础之上,同时这一列举式立法的兜底性条款内容的理解更是如此。"犯罪构成不仅体现了法律的形式理性,在形式化的客观外在性的背后,还蕴含着刑法的实质理性,蕴含着犯罪成立的实质条件。"③ 立法类型化的构建模式本身在于实现刑事规范的形式理性与实质理性的统一,帮助行为认定也是如此,"明知 + 情节严重"的认定模式本身可以依靠《解释》第 13 条的犯罪行为明确而趋向实质理性,在刑事实务中却出现入罪闭环的尴尬境地,最终陷于形式化认定的窠臼之中。

(三) 帮助行为判断模式的结果论:完全忽视帮助作用的综合性判断

帮助行为入罪标准在于帮助作用对下游犯罪造成了"情节严重"的社会危害性,其本身在于完成对帮助行为的规范认定,限缩犯罪圈。但是,信息网络犯罪本身会由于其技术性带来高风险性、扩散性,这就促使网络空间刑事立法将更多的信息科技风险纳入规制范畴,这也是帮助犯正犯化的缘由所在。同时,这种信息网络犯罪的扩散性本身又衍生出帮助行为危害结果的偶然性,以偶然性的危害结果归责于帮助行为,放大了帮助行为的促进作用,直接以正犯的危害结果评价帮助行为的社会危害性,又陷入了结果论的尴尬境地。如涉诈骗案中帮助行为只是提供自身银行卡,却会因为诈骗人员于众多银行卡中选中

---

① 参见(2020)黔 0201 刑初 35 号刑事判决书,(2019)豫 0522 刑初 736 号刑事判决书,(2019)闽 0725 刑初 207 号刑事判决书。

② 参见(2019)桂 0126 刑初 535 号刑事判决书,(2019)鲁 1703 刑初 361 号刑事判决书,(2020)闽 0721 刑初 49 号刑事判决书。

③ 刘艳红:《网络犯罪的刑法解释空间向度研究》,载《中国法学》2019 年第 6 期。

用于诈骗转账,其帮助作用的危害性却会以诈骗罪在银行卡上的转账金额为准。换言之,这种结果倾向导致中立的帮助者可能依据运气的好坏承担不同的责任,因而在责任判断中充满了恣意的成分。① 网络信息犯罪本身就是高度抽象的技术型犯罪,帮助行为本身的帮助作用又难以衡量,传统立法模式则以类型化行为的方式将结果等关键要素视为犯罪构成要件类型化的过程,结果类关键要素又是入罪判断的核心要素,最后信息网络类型化的犯罪构成评价变成了帮助犯定罪量刑的结果判断。这一判断模式的结果倾向又会导致刑事司法实务注重危害结果的社会危害性,忽视了对帮助行为主观因素的评价,极易出现量刑不均衡现象。

四、帮助信息网络犯罪活动罪的路径选择

作为共犯的帮助行为本身就是一种危险行为,这种危险行为给予正犯实施犯罪主观帮助抑或者客观帮助,有利于危害结果的实现,此时传统理论认为这种帮助行为制造了不被允许的危险。但是,网络空间中立帮助行为的归罪不同于传统的帮助犯情形,其本身在社会评价上属于中立性社会行为,而信息网络犯罪特有的空间性、隐蔽性、不明性②以至于难以有效打击正犯行为,以将中立帮助行为入罪的方式,维护社会公民合法权益。③ 中立帮助行为与危害后果的因果关系选择与传统因果关系不同,其选择必然伴随着主观的选择与评价问题。在已然朝向法益侵害结果的因果流程,帮助行为都不会是该不法因果流程的制造者,其只是危害后果的危险促进者,而不是部分学者认为的危险制造者。甚至信息网络犯罪帮助行为的技术性会掩盖其中立性,如果简单适用"明知+情节严重"判定模式就会模糊其本质而直接以本罪追究其刑事责任。④ "情节严重"作为犯罪构成要件,立法初衷就在于提高入罪门槛,防止扩大犯罪圈,⑤ 而网络帮助行为的极速扩散性极易致使其有关的危害后果达到"情节严重"的阈值,原本中立帮助行为一旦满足形式要件就会受到刑事规制,背离了立法限缩本意。

---

① 参见姚万勤:《中立的帮助行为与客观归责理论》,载《法学家》2017年第6期。
② 参见张明楷:《论帮助信息网络犯罪活动罪》,载《政治与法律》2016年第2期。
③ 参见郎胜主编:《中华人民共和国刑法释义》,法律出版社2015年版,第505-506页。
④ 参见缐杰:《〈关于办理非法利用信息网络、帮助信息网络犯罪活动等刑事案件适用法律若干问题的解释〉重点难点问题解读》,载《检察日报》2019年10月27日,第3版。
⑤ 参见张智辉:《试论网络犯罪的立法完善》,载《北京联合大学学报(人文社会科学版)》2015年第2期。

无论是理论界还是实务界都注重于中立帮助行为的社会性与归责性问题,忽视了其技术性属性,以至于无法实现帮助行为的有效"定质"。基于帮助行为在信息网络犯罪领域的技术性,对于帮助行为的定性应当是一个结合行为、结果、主观意图等构成要件的综合性判断过程,而不是对帮助行为构成要件的形势判断,着重进行帮助行为的实质价值判断。帮助行为的综合性判断意味着从帮助行为到危害结果的类型化判断,这种类型化判断不同于主观不法论的类型化认定规则,其将不同类型帮助行为与主观心态结合以解决刑事处罚边界问题,实质还是将不同类型的客观帮助行为与不同形态的主观心态结合判断,以客观结合主观的类型化判断标准,最后还是回归了折中说的范畴。并不是其言及"主观论与客观论的区分在于主、客观要素何种居于主导地位,就此而言,所谓的折中说没有存在的余地"。①

网络犯罪的实行行为与帮助行为之间往往是"一对多""多对多"的关系,犯罪网覆盖面广,传播速度快,侵害范围大,甚至在刑事个案中,部分网络帮助行为极大提高犯罪进程,社会危害性极大。如果普通刑事犯罪是一条平缓、社会危害性不断增大,直至犯罪危害结果发生的斜线,而帮助行为则借助网络传播性、便捷性极大地提高犯罪进程,甚至社会危害性更大,促进了犯罪结果的发生,因此该行为应当予以独立评价。换言之,帮助行为的独立评价性应当是基于其技术性所衍生的促进作用进行实质性判断,即根据各种不同类型帮助行为在网络信息犯罪场合的促进作用对帮助行为进行定质性判断,然后再结合帮助行为所体现的主观意图以及危害结果进行定量性判断。这种定量判断不应该直接套用正犯的犯罪数量、非法收入数额等进行单一的定量评价,尤其对网络中立帮助行为认定"情节严重"要采取谨慎而又全面的态度,否则又会陷入了形式化判断误区。此时这种促进程度判断应当采取行为时判断标准,特别是对于不同类型帮助行为对危险结果的促进作用而言,应当结合帮助行为违法获利与侵害结果以明确其帮助主观心态。在对帮助行为进行入罪化判断时,不能简单地因为该行为具有严重的社会危害性就直接按照案件事实进行描述使之成为犯罪,②而是要正视网络空间内帮助行为与正犯侵害结果之间的偶然性,回归帮助行为的促进作用,结合刑事实务出现的帮助行为类型,应当将帮助行为分为轻微促进作用的帮助行为,一般促进作用的帮助行为以及显著促进作用的帮助行为三种类型行为来进行综合性评价。

---

① 李长兵:《网络中立帮助行为刑事处罚的边界新论——以帮助信息网络犯罪活动罪为视角》,载《法学杂志》2020年第4期。
② 参见张明楷:《法益保护与比例原则》,载《中国社会科学》2017年第7期。

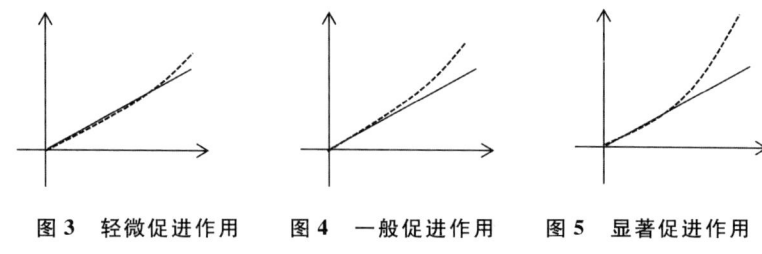

图 3　轻微促进作用　　图 4　一般促进作用　　图 5　显著促进作用

（一）轻微促进作用的帮助行为

轻微促进作用的帮助行为是指提供社会生活类（如饮食、住宿等）日常行为，就该类型帮助行为的表现而言，其也为犯罪行为提供了某种帮助抑或者是支持，轻微促进了犯罪行为向危害后果的流转。但是，轻微促进作用的帮助行为没有在刑事规范的范围内促进不被允许的危险，不应当纳入刑事规范领域。此类帮助行为对于危害结果的发生具有微小的促进作用，在实际因果流程的促进作用如图 3 所示，前期对于危害结果的促进作用并未明显，对危害结果最终侵害法益具有一定的提升，但其提升幅度不高，一般在 10% 以下，即该促进作用只是提升正犯危害结果的发生速率，主要体现在时间层面，具有一定的犯罪化表征。

（二）一般促进作用的帮助行为

一般促进作用的帮助行为，是指对犯罪结果发生具有一定促进的帮助行为，这种帮助行为具有一定的技术性，其能被犯罪分子所利用。如架设 GOIP 等多卡多待类行为，GIOP 设备本身是为了便利电话销售公司的销售电话，却被应用于电信诈骗领域。这类促进作用的帮助行为的技术性要求不高且能够被一般公民所掌握，其不是专业的技术性行为，只是专业技术性行为衍生出的帮助类行为，包括部分转账帮助类型帮助行为①、转账支持类型帮助行为、技术帮助类型帮助行为。转账帮助类型帮助行为分为处理自身个人信息的银行卡、

---

① 《银行卡业务管理办法》第 28 条规定，"银行卡及其账户只限发卡银行批准的持卡人本人使用，不得出租和转借"。《人民币银行结算账户管理办法》第 65 条规定，存款人使用银行结算账户，不得出租、出借银行结算账户。非经营性存款人有出租、出借银行结算账户行为的，给予警告并处以 1000 元罚款。《中国人民银行关于加强支付结算管理防范电信网络新型违法犯罪有关事项的通知》第 3 条规定："银行和支付机构对经设区的市级以上公安机关认定的出租、出借、出售、购买银行账户（含银行卡、下同）或者支付账户的单位和个人及相关组织，假冒他人身份或虚构代理关系开立银行账户或者支付账户的单位和个人，5 年内暂停其银行账户非柜面业务，支付账户所有业务，3 年内不得为其新开立账户。人民银行将上述单位和个人信息移送金融信用信息基础数据库并向社会公布"。

微信等转账账户，以及处理他人个人信息银行卡、微信等转账账户，前者对外出售行为违背了相关使用规定，违反对应金融业务管理制度需承担一定的民事责任、行政责任。以出售自身银行卡为例，违反《银行卡业务管理办法》第28条规定的用户管理义务，应当承担对应的民事责任、行政责任。因此，出售自身银行卡行为本身就存在被民事、行政规范的双重责任体系，持卡人在实际刑事实务中一般沦为诈骗罪、洗钱罪等财产类犯罪的转账"工具人"，此类"工具人"身份主要是学生、农民工等，该类帮助行为本身是处理具有自身属性的银行卡，对于其采取刑事规制应当采取审慎的态度，以现有技术明显可以完成对此类异常账号的锁定①，能有效实现对违规行为的规制，没有必要上升到刑事规制层面。而多次处理他人信息的银行卡等转账账户在主观心态上起码持间接故意心态，这类帮助行为对于危害结果的促进作用已经达到30%，批量为犯罪行为提供转账帮助行为，属于典型的一般促进作用的帮助行为。

对于这类帮助行为的判断，应当立足于一般理性人的立场，以帮助行为发生时的客观事实为基础，判断帮助者能否预测该帮助行为是否最终促进了犯罪行为流向不法侵害结果。此时，帮助者对于不法侵害结果的预测应立足于对不法侵害结果的事前标准，而不是对不法侵害结果的事后判断。这种判断应当以帮助行为时为基准，如GOIP设备架设时的主观心态，而不是简单地考量正犯的危害结果、社会危害性，否则必然忽视了帮助行为与危害结果之间的偶然性，直接以帮助行为的技术的表征进行形势判断。此类帮助行为的主观心态判断以帮助行为表象以及获利多少为主，不能结合正犯的犯罪结果判断。单个提供银行卡的帮助行为并不能决定诈骗行为的成功与否，诈骗正犯会选择另一张银行卡进行诈骗行为，如果此张银行卡被限，那么诈骗正犯会选择另一张银行卡继续进行诈骗活动。那么依据现有帮助行为判断模式，同样是提供银行卡的

---

① 中国人民银行发布的《金融机构大额交易和可疑交易报告管理办法》第5条规定，金融机构应当报告下列大额交易：（一）当日单笔或者累计交易人民币5万元以上（含5万元）、外币等值1万美元以上（含1万美元）的现金缴存、现金支取、现金结售汇、现钞兑换、现金汇款、现金票据解付及其他形式的现金收支。（二）非自然人客户银行账户与其他的银行账户发生当日单笔或者累计交易人民币200万元以上（含200万元）、外币等值20万美元以上（含20万美元）的款项划转。（三）自然人客户银行账户与其他的银行账户发生当日单笔或者累计交易人民币50万元以上（含50万元）、外币等值10万美元以上（含10万美元）的境内款项划转。（四）自然人客户银行账户与其他的银行账户发生当日单笔或者累计交易人民币20万元以上（含20万元）、外币等值1万美元以上（含1万美元）的跨境款项划转。累计交易金额以客户为单位，按资金收入或者支出单边累计计算并报告。中国人民银行另有规定的除外。

帮助者，同样的帮助行为，同样的获利，却因为偶然的正犯结果存在了罪与非罪的天壤之别。帮助行为入罪判断不仅是帮助行为的社会危害性判断，也是帮助行为主观不法的判断。在一般促进作用的帮助行为场合，帮助者只有基于故意、间接故意的主观心态才具有主观上的不法，即以帮助者行为时的行为表征与违法所得为主要考量因素，在其主观心态未明确的情况下，即使正犯犯罪数量达到"情节严重"，也不应当被定罪处罚。

（三）显著促进作用的帮助行为

显著促进作用的帮助行为，是指这种技术性帮助行为本身就是为了犯罪而设计，如开发非法网站，维护赌博平台运营，躲避调查而提供加密技术等为信息网络犯罪提供高技术性的帮助行为，直接对应技术支持类型帮助行为。这种技术帮助行为是为了实现网络犯罪而实施，其本身就具有高度社会危害性，一旦推广开来，极易被同类型犯罪人员所利用。这一类型帮助行为伴随着算法时代的不断演化，必然会衍生出不同的表现形式，如制造专业仪器以模拟基站信号，拦截验证短信的帮助行为就属于此类。显著促进作用的帮助行为并不需要对明知有所认识，其行为自始就有帮助之故意，也无须意思联络的查明行径，就可以直接构成帮助信息网络犯罪活动罪。如果以数值体现该类帮助行为的显著促进作用，那么这种显著促进作用至少达到50%以上才能被归于此类帮助行为（如图5所示）。即在常见的电信诈骗场合，在高技术性行为没有介入的情形下，在某一时间段只能诈骗或者诈骗成功100人，在高技术性行为介入后，同一时间段诈骗或诈骗成功150人即可以认定该类帮助行为属于显著促进作用的帮助行为。

跨境网络销假刑事案件的办理难点和完善对策

沈忆佳[*]

互联网平台的出现,使得许多店铺从线下搬到了线上,网络购物已经逐渐成为社会热烈追捧的购物模式。网络购物让商店更加精细,类目更加明朗,更加能满足人们的购物需求,逐步改变了传统消费模式。但是网络商务给现代商业带来新的发展机遇的同时,也能够成为犯罪分子实施犯罪的"顺风车",网络知识产权犯罪一直是刑事执法面临的难点问题。由于互联网平台具有开放性的特征,全球商务都能以互联网平台为纽带连成一个统一的整体,侵犯知识产权犯罪已经成为联合国规定的 17 类跨国犯罪中最为严重的犯罪之一,而在侵犯知识产权犯罪中,侵犯商标权犯罪占了较高的比例。[①] 所以,跨境侵犯商标权犯罪的案件已经成为现阶段乃至以后很长一段时间国际社会所必须共同面对的问题。本文以跨境侵犯商标权犯罪的特点为逻辑起点,分析当前针对此类刑事案件办理的难点,以期为检察机关办案提供新的思路。

一、跨境网络销假刑事案件的主要特点

传统的销售假冒商标产品如果没有互联网平台作为依托,通常波及范围较狭窄,产业链条完整,发现一点端倪,司法工作人员就可对其一网打尽。而这类跨境网络销售假冒商标产品,侵犯商标权的犯罪方式较之传统的侵犯商标权的犯罪,呈现出极大的不同,也比传统的在现实生活中售假具有更大的危害性。不仅损害这些知名品牌商家和消费者的利益,而且对电子商务的健康发展造成不良影响。

司法实践中出现较多利用互联网平台,向境外销售假冒商标商品,侵犯知识产权犯罪的典型案例,其行为方式是以线上线下结合通过物流等有形载体的

---

[*] 沈忆佳,上海市虹口区人民检察院第三检察部检察官。

[①] 元明、张建忠、余岚:《惩治侵犯知识产权犯罪渐趋"从严"》,载《人民检察》2012 年第 18 期。

方式侵犯知识产权,即犯罪嫌疑人在线上第三方平台开设网购渠道,在该平台上销售侵权商品,并通过线下邮寄的方式交付商品,这类案件主要呈现出以下特征:

(一) 以互联网为犯罪平台

由于是境内外勾结的侵犯商标权的刑事案件,互联网平台发挥了重要的媒介作用。一方面,境内外的犯罪分子通过网络聊天沟通犯罪细节,包括通过发布订单,提供产品的样式或者提出假冒品的规格参数或者其他要求,再指令将侵权商品发往指定国家或地区;另一方面,犯罪分子通过租用境外服务器,开设、运营百余个互联网站的方式向境外销售侵权商品。犯罪分子还会用频繁更换租用的境外服务器、开设关闭互联网站的方式来隐藏自己的犯罪行为。

(二) 以国际知名商标为侵权目标

跨境侵犯商标权案件中,犯罪分子主要会选择有口碑、价格高、普及范围广的国际知名商标作为侵权目标,例如 LV、Chanel、Dior、UGG 等。一方面,国际知名商标的产品一般具有良好的声誉和固定的消费群体,这使得犯罪分子能够几乎零成本的吸引到大量客户群,获得巨额非法利润;另一方面,由于相关商品的国际或区域流通状况不同,商品价格的透明度不高,再加上不同渠道商品价格差异较大,犯罪分子多以国外代购、原单甩卖、境外打折等借口以低于国内专柜的价格销售侵权商品,吸引消费者。然后在网站上营造"好评如潮"的销售假象来误导消费者,让他们再次购买或者介绍其他消费者购买,以此蒙蔽客户。另外,对于消费者群体来说,购买假冒国际知名商标品牌更能满足其"知假买假"的虚荣消费心理,使得犯罪分子的犯罪行为更具有隐蔽性。而大多数消费者通常不具有专业的鉴别能力,很难从商品外观直观的辨别是否属于侵犯商标权的商品。

(三) 以"境内外共同制假再销售"为犯罪模式

境外发达国家的知识产权保护体系已经比较成熟,并在知识产权保护和鼓励创新方面取得了较好的平衡。中国的知识产权保护起步相对较晚,因此,这为不法分子选择中国作为造假基地提供了得天独厚的条件。然而,随着近些年中国愈发加强对知识产权的保护意识,健全知识产权保护法律,强力打击侵犯知识产权行为,使得在中国造假这种传统的犯罪模式难以继续存续。在跨境侵犯商标权的刑事犯罪中,境外犯罪分子通常通过境内犯罪分子在中国寻找加工厂生产侵权产品、侵权标签后,通过国际物流将侵权商品和侵权标签分别运输到境外,由境外的犯罪分子贴标包装后,再销往其他国家或地区。因此,犯罪分子已经逐步从传统地把中国作为造假基地转变为"境内外共同制假再销售"

的犯罪模式。

（四）以多个地区为犯罪行为地

网络侵犯商标权犯罪的案件都是跨区域犯罪，网络售假的黑色产业链条长，包括生产假货、仓储、运输、销售以及邮寄的产业链条。① 一方面，先是在国内小工厂生产假货，然后分销至销售网店，再由经营者通过电商平台销售。由于现代物流行业发展迅速，假货的生产工厂、仓库以及销售点可以分处各地。另一方面，经营者为了逃避工商、税务、公安等部门的侦查，往往会把进货和销售渠道做得非常隐蔽，有的犯罪分子会联系多个生产厂家，采购渠道并不固定，而且按照订货量采购后马上销往其他国家或地区。另外，网络交易不受地域的限制，犯罪分子通常租用多个服务器，建立售假网站，分处不同地区。

二、跨境网络销假刑事案件对司法办案工作产生的挑战

（一）资金跨境流动的监控难点

在跨境犯罪中，往往涉及域外取证，难点在于我国与其他国家尚未建立顺畅的沟通合作渠道，且其他国家本身都会建立较为完善的信息保护立法，也为域外取证设置了较大的障碍。同时，对于跨境资金犯罪，认定犯罪金额也特别困难。一方面，单次用于跨境结算侵权商品的货款金额一般不会非常大，以国际贸易或者国际汇款为借口发生的涉案资金跨境流动很难被实时监控，即使监控到相关款额，由于数额不大，相关机构也不会对其进行深入分析和审核。一般是案发以后，侦查机关根据嫌疑人的供述被动地去寻找涉案资金跨境流动的走向，这使得侦查机关的侦查方向受限于犯罪嫌疑人的供述，其隐瞒资金流动的情况有时无法由侦查机关掌握；另一方面，境内外犯罪分子间的货款结算很多是通过国际支付结算平台进入公司实际掌控的多个个人银行账户，并非进入公司账户。这些个人银行账户有些是境内账户，有些是境外账户，对于境外账户，境内的侦查机关无法调取资金走向的证据，只能由犯罪分子提供的销售记录提供。如果犯罪分子用技术手段，将聊天记录、转账记录、电子票据等电子数据删除销毁，那么在认定犯罪金额将无法准确认定。这些涉案的多个个人银行账户与公司结算平台的关系也会直接决定了犯罪金额的认定。

---

① 连惠勇、杜惠琼：《网络售假中知识产权犯罪惩治问题研究》，载《检查调研与指导》2018年第1辑。

（二）侵权物品跨境运输的查证难点

无论犯罪分子采用货、标分离将侵权商品运输到境外贴标后再销售的方式，还是通过租用服务器、建立自营网站平台直接销售的方式，跨境运输都是跨境侵犯商标权刑事案件中的重要一环，可谓是"没有运输，就没有侵权"。一方面，跨境商品境内收货渠道的主体较为复杂，且多为个人消费，例如，通过犯罪分子开设的自营网站直接跨境购买侵权商品，这些个人消费者并没有在相关部门进行登记和分类，难以对其进行风险管理。同时，由于商品种类丰富，涉及的品牌众多，涉及的部分商标并没有在海关进行知识产权备案。这些都给相关部门开展知识产权执法带来困难。另一方面，物流行业的便捷性以及物流监管的疏松性特征，也成为犯罪分子完成销售链条的重要手段。一是由于物流运输具有很强的流动性，许多中小型物流公司通常管理水平较低，缺乏相关配套设备，且在经营管理中缺乏依法依规运作的理念，为招揽到稳定客户源、节约时间和成本，对运输的货物不会进行开箱检查，从而导致在物流环节被犯罪分子利用；二是有些犯罪分子注册公司后以国际贸易名义、谎报货品名称和类别、通过多家快递公司，最终由 EMS 将侵权产品运输到境外。在此过程中，由于有些快递公司的经营资质与邮政速递物流有限公司签订经营邮政 EMS 的境外速递业务不可同日而语，则会出现多家快递公司转委托运输的情况，继而对于货物的真实内容、种类也就无法一一查实。

（三）网络交易平台推广模式的转变

中国传统的销售、推广侵权产品的方式一般分为两种：一是开设实体店，老板负责进货渠道、小工负责销售；二是在已有的境内外电商平台上进行实名注册后开设网店。在采用这两种传统的销售模式实施侵犯商标权的犯罪行为的过程中，犯罪分子会留下明显的犯罪线索，有利于侦查机关及时锁定犯罪嫌疑人、扣押待售的侵权商品、计算已销售侵权商品的数额。而在跨境侵犯商标权的刑事犯罪中，犯罪分子已经摒弃了上述两种传统的模式，开始采用租用境外服务器，直接开设、运营多个的互联网站的方式，在自营的互联网平台上销售侵权产品。此种模式下的犯罪证据易被犯罪分子转移或毁灭，犯罪分子通过技术手段隐匿真实身份，增加了此类案件治理和侦破的难度。一方面，传统意义上的知识产权犯罪案件的司法管辖一般为户籍地、经常住所地、侵权行为地等，都是建立在以地域和当事人意志的基础之上的。但是当电子商务出现以后，网络打破了固有的地域限制和范围限制，犯罪分子可以在网络上注册多个虚拟账户，导致侦查机关在侦查时很难确认犯罪主体的真实身份。此外，犯罪分子一般隔一段时间就会关停一个网站，重新开设、运营新的网站，所以要锁定其销售侵权商品的网站非常困难；另一方面，犯罪分子为逃避工商管理机关的监管和公安机关的侦查，将后台服务器托管在境外，其租用的服务器遍及世界各地，很难全部锁定。

（四）犯罪链条的碎片化

侵犯商标权的刑事犯罪涉及很多环节，包括侵权商品的生产制造、进货渠道、销售方式、产品去向等。在传统犯罪模式中，各个犯罪环节间往往有着紧密的联系，容易"一锅端"。但是，在新型的跨境网络销假犯罪中，境内外犯罪分子割裂了上述犯罪环节，打碎传统的犯罪一条龙服务，使得犯罪不易被一网打尽。第一，犯罪分子不囤货，只按照已有订单的数量进货后立马销往世界各地，所以侦查机关很难扣押到侵权商品的实物，一方面无法对已销售的侵权商品做真伪鉴定，另一方面只能从扣押的涉案电脑中提取电子证据用以明确犯罪数额；第二，为了躲避查处，犯罪分子以公司的形式来经营，将各个环节分列为各个部门，负责进货、发货的部门渠道实际上根本不在其公司的经营地址，而是在外租借的普通民房中。公安机关在获得线索查处涉案公司却不了解这种方式的情况下，一旦涉案公司的主要经营场所被查处，这些在租借的民房中实施犯罪行为的渠道部会立马退掉房屋，消灭证据。第三，境内外勾结的犯罪分子可能互相根本不认识，境外的犯罪分子通过互联网平台就可以向境内的犯罪分子下订单。为了逃避处罚，境内的犯罪分子会采用谎报品名、货标分离的方式通过货运代理公司向境外发货，即犯罪分子将商品和商标分开运输，由境外的犯罪分子在境外贴标贴牌加工后再销售，以躲避海关监督。犯罪分子采用这种方式是因为商标本身价值较低，即使被海关查扣，相对比整批货物被扣，其损失较小。

（五）国际刑事司法协助的欠缺

随着跨境侵犯商标权的刑事犯罪愈演愈烈，国际刑事司法协助就显得越来越重要。提到国际司法协助，不仅会让人想到的是引渡、诉讼移管、外国判决的承认和执行等这些让检察官们觉得较为生疏的法律词汇。虽然按照国际法、国际公约的规定，一国应另一国的请求通过本国司法机关的活动为使请求国的刑事诉讼顺利进行而提供有关案件的证据、文书送达等也属于国际刑事司法协助的范畴，但是，目前我国所签订或加入的国际性、区域性条约覆盖面不广，涉外刑事司法合作面较窄，主要限于有组织犯罪、恐怖犯罪、毒品犯罪等，缺乏对于打击侵犯知识产权犯罪协作的相关规定。那么，针对犯罪金额不够大、国际影响力不够深远的普通跨境侵犯商标权的刑事案件，如何确保在正常的诉讼时效范围内，有效地实现犯罪线索移送、调取证据、冻结赃款等国际司法协助在目前的刑事实务中对于各国而言均是个不小的挑战。同时，对于在互联网平台上发生的知识产权犯罪案件，证明犯罪分子犯罪事实的通常是电子数据，其具有不确定性和易逝性。换句话说，犯罪分子可以通过技术手段将网络上的数据和记录进行修改和擦除，侦查机关必须也进入服务器通过技术手段恢复数据和记录，而由于犯罪分子租用的是境外服务器，侦查和取证涉及国家之间外交以及司法制度不同等因素的制约，司法机关获取证据面临巨大的障碍。例如，在境内外犯罪分子勾结的情况下，境内的侦查机关现阶段尚无条件与境外警方直接比对侵权商品在境外的销售情况，只能根据销假台账、合同订单、银行账户等书证材料，再结合犯罪分子的供述，最终确定犯罪金额。

三、跨境网络销假刑事案件办理的完善建议

（一）探索跨境网络销假案件办理的司法协助

1. 跨境案件执法信息的共享和跨境取证制度的建立

克劳塞维茨的《战争论》指出，"情报是我们一切思想和行动的基础"。因此，最重要的是建立跨境案件执法信息共享机制，实现犯罪情报的交流与协作是实现打击侵犯商标权犯罪跨境合作的重要内容。包括各方侦办中涉及的对方地区的犯罪情况信息、线索、新型作案手法和犯罪类型等进行及时交互和沟通。考虑到各国对信息安全保护的限制，建议我国与其他国家签订针对跨境资金犯罪取证的专项性协议和保密协议，保证信息内容只用于案件侦破以及确定犯罪金额方面。案件跨境执法信息共享不仅能及时发现跨境犯罪的预备和实施，反映跨境犯罪行为的内在联系，还能在跨境犯罪既遂案发后，通过"互联互通、信息共享"平台，及时共享侦查线索，提高异国调查、取证的效率，击垮犯罪分子自认为在境外犯罪就难被追查的侥幸心理。

要制定一套统一的域外取证标准，优化跨境取证的操作效率。与境外司法机关探索和细化关于相互代为询问证人、相互移交物证、书证，相互委托检查、鉴定、搜查、扣押和冻结等工作。派员直接取证是跨境取证中比较高效的形式，考虑在对方司法人员陪同的情况下询问证人等。但是由于跨境取证始终会受到距离的约束，因此视频取证也是值得探索的途径。取证操作问题是决定跨境取证工作最终落实情况的关键环节。[①]

2. 没收犯罪所得的跨境协助

在跨境犯罪的追赃和没收违法所得的工作中，主要障碍出现在国际公约下

---

① 黄伟：《跨境资金犯罪的域外取证》，载《检察风云》2018年第10期。

资产追回操作性障碍上。这里主要有两个方面的问题：一方面，在直接追回犯罪赃款的环节中，要求犯罪资产流失国通过直接诉讼的方式参与到另一国的案件管辖中去。另一方面，在间接追回犯罪赃款的环节中，赃款的没收与否及没收后的处置将极大地依赖于外国法及其程序的规制当中，当然中国在国内刑事司法协助法律体系的建设和国际上通行的司法协助做法的差距也是我国难以顺利实现犯罪赃款间接追回的一个重要的障碍。例如，在处理跨境侵犯商标权刑事案件中，围绕现有的国际追逃追赃工作办公室，夯实其职能并在地方层面相应设置配套下属机构的同时，对于犯罪分子的违法所得的追回是否可以尝试建立跨境快速通道，提高追赃效率，释放追赃工作活力。

（二）跨部门执法的多元协作

打击侵犯商标权的违法犯罪活动是一项长期而艰巨的任务，这不是单个执法机关就可以完成的，需要实现多领域、多单位、多部门的多元化合作。因此应从国家层面开始统筹建立高效的执法司法协同机制，从上而下实现同部门条线间，以及不同部门横向间的资源整合，形成全方位、多层次的作战体系，提高打击力度和效率。主要可以从以下几个方面作出努力：第一，由主要机关牵头，联合公安、工商、税务、质检、等部门形成打击网络侵犯知识产权的专门小组，发挥各部门优势，打破信息壁垒。针对跨境犯罪，还应加强检察机关与海关、边防等部门以及电商平台的联动合作，打破犯罪运输链条，遏制侵权范围扩大。第二，加强内外联动。工商部门要加大与质检、食药监、海关等执法部门的协作力度，[①] 做好信息共享机制和信息及时通报机制，加强商品治理的源头工作。第三，电商平台应当全力配合执法部门的调查取证工作。电商平台应当对消费者负责，在门槛设定、规则制定、事中监管、商家选定、大数据分析等方面都应该承担起相应的责任，配合相关部门做好打击假冒注册商标商品。第四，执法部门也应当充分利用互联网获取信息。健全消费者网络维权渠道，重点受理跨地区、跨境的网络消费投诉举报，注重收集数据，联动银行、外汇管理部门和金融机构等，强化对境外汇款、国际贸易和第三方支付平台的监控。第五，除了境内各个执法单位间的相互合作，更应加强商标权保护的国际司法交流与合作。第六，各国均应建立涉外案件翻译工作的相关规章制度。

（三）商标权利人的作用发挥

网络销售假冒注册商标的犯罪行为对商标权利人来说，伤害是巨大的，不

---

① 徐鹏：《新型跨境制售假冒注册商标的商品犯罪防治对策研究》，载《福建检察学院学报》2020年第2期。

但会降低消费者对品牌的忠诚度和信任度,从而降低品牌的无形资产,造成不可弥补的创伤,而且将会降低该品牌在市场上的竞争力和影响力,缩短其市场寿命。

首先,应当积极调动国内外商标权利人、品牌厂商的打假积极性,与国外的品牌厂商形成打假联盟,积极协同司法机关、电商平台打击假冒注册商标商品。做到消息互通,将销售假货的商家拉入平台黑名单,共同核实和查处假货,并公布售假商家名录,强化网络打假力度。其次,商标权利人可以制作授权的生产商、销售商的名单,方便执法机关查阅档案,排查线索。同时商标权利人还应加强对授权生产商、销售商的监管力度,严格把控生产商原材料的数量和销售商的进货渠道,从源头上防止侵权商品出现的可能性。

(四)物流行业的有效监管

物流与网络购物的关系非常密切,物流行业是连接消费者和销售者的重要纽带。对于网络侵犯商标权的犯罪分子来说,松散的物流管理是支撑网络经济犯罪最重要的环节,是假货得以在市场上流通的唯一途径。因此,加强对物流行业的监管,能够有效遏制网络销售假冒注册商标犯罪。一方面是加强执法监管,市场监督管理部门应当严厉打击无证物流经营者,同时建立物流诚信档案,对明知是假冒产品而协助其运输的,取缔其物流经营资格,加大惩罚力度。另一方面是整合物流资源,同时,物流企业应当对物流运单做好审查和详细记录。

区块链技术背景下非法转移加密数字货币行为的刑法规制*
——基于2015年至2020年判决文书的研究

浙江省瑞安市人民检察院课题组**

本文探讨的是以窃取、骗取、索取、劫取等手段非法转移加密数字货币的行为定性。

一、非法转移加密数字货币犯罪案件判决情况

一是绝对数量少,大部分判例是盗窃电力以挖矿的方式生产加密数字货币,或者是利用被害人对加密数字货币价值的认可骗取钱财。二是相较于以计算机犯罪定性,以侵犯财产犯罪定性的判例数量和类型均逐年增多(见图1、图2),主要争议在于其是属于电子数据还是财物。三是对加密数字货币的价格认定标准不一,不同判例分别有以价格鉴定结论书、销赃数额、购入价格、当日收盘价来认定犯罪数额。

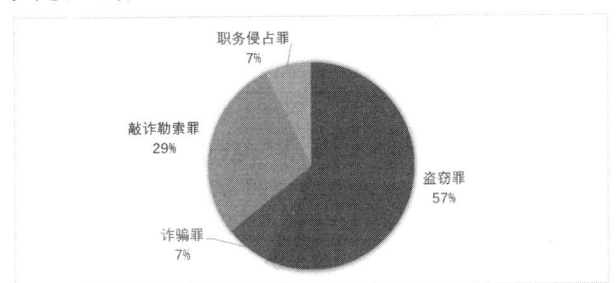

图1:2015—2019年5月非法转移加密数字货币以侵财犯罪定性的判决情况

---

* 本文系论坛联合征文期刊《人民检察》拟录用稿件的精华版。

** 课题组负责人:陈锋,浙江省瑞安市人民检察院党组成员、政治部主任;课题组成员:林海珍,浙江省瑞安市人民检察院第三检察部副主任、员额检察官;林胜超,浙江省瑞安市人民检察院第二检察部员额检察官。

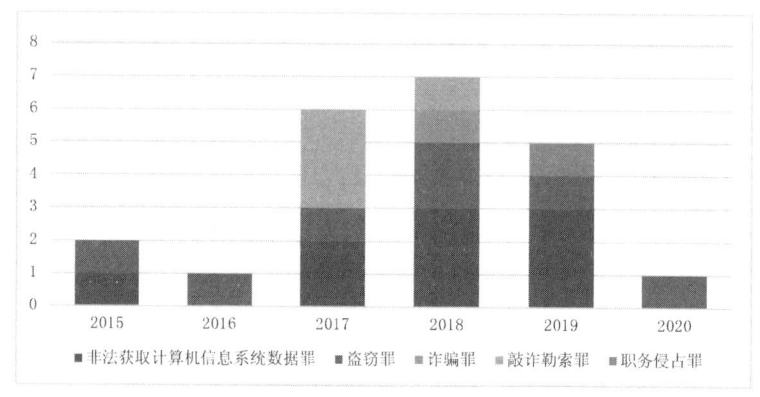

图 2：2015 – 2020 年 5 月非法转移加密数字货币的判决情况

二、非法转移加密数字货币犯罪案件的理论分歧

一是加密数字货币是否有交易中介与价值存储功能，具备实质上的货币职能；二是加密数字货币是人为稀缺还是传统经济学意义上的财物；三是获取加密数字货币有无凝结了相应的劳动付出；四是在我国禁止加密数字货币交易流通情况下，持有者能否实现对其完整的所有权，通过市场流通来实现自身价值；五是在没有现实、直接占有的情况下，能否通过掌握的私钥实现对加密数字货币绝对的、排他的支配。

三、非法转移加密数字货币的司法认定路径

（一）加密数字货币应认定为刑法意义上的财物

加密数字货币虽不具备货币地位，但具备现实中财产的基本属性，属于特殊的虚拟商品，应认定为刑法意义上的财物。其一，因加密数字货币的总量恒定，生产的过程需耗费大量的资源，在客观上有普遍认可的使用及交易价值。其二，将虚拟财产纳入侵财犯罪对象符合当前司法判例，也符合国际立法趋势。其三，以非法获取计算机信息系统数据罪定性，除了存在量刑不均衡的问题外，无法评价诈骗、敲诈勒索加密数字货币等被害人主动交付型的案件。

（二）非法转移加密数字货币犯罪数额的认定思路

由于挖矿方式不同，以及挖矿耗费电力、损耗硬件设施的成本难以计算，不宜以生产加密数字货币的生产成本价来认定，也缺乏公允的市场价，应以三级递进适用的认定标准来进行认定：首先，加密数字货币价格波动大，不宜优先适用购入价或者销赃价。参考股票价值认定，以犯罪行为发生，加密数字货

币转移时平台交易价认定，最能体现行为人犯罪行为的罪责。其次，缺乏交易价的，优先适用销赃价。倘若行为人销赃价高于被害人的购入价，以此价格认定并未加重行为人责任。反之，被害人损失大于销赃数额的，可以参照司法解释将损失数额作为量刑情节考虑。最后，又没有交易价，又尚未销赃的，最后适用购入价，从被害人财产损失的角度而言，同样符合处罚原则。

四、电子数据相关问题研究

刑事电子证据证明力规则实证研究[*]

侯东亮[**]

互联网革命来袭,电子证据作为法定证据种类成为刑事证据法学的理论增长点。但司法实践的"搁置现象",漠视了电子证据规则的发展。一般认为,证明力与证据能力构成了现代证据法学的两个基础。特别是英美证据法学的影响,学者们开始呼吁"从偏重证明力的证据观转向重视可采性的证据观""从对证明力的关注转向对证据能力的关注"。然而,中国的司法实践呈现出推崇证明力规则的"新法定证据主义"。

司法实践表明,裁判文书首先遵循真实性规则的逻辑,较少提及证据资格问题或程序性违法。具体而言,辩方对电子证据存在质疑,主要集中在电子证据的真实性、原始性和依靠电子证据得出的犯罪数额不准确等方面。这种考察证据载体以及载体所反映的案件信息,强调证据的真实性,显然混淆了证据能力和证明力的关系问题。而相互印证的证明方式,甚至把争议焦点的电子证据"堆放"在其他证据种类之间,其用意在表明所谓案件事实能够得到印证。

其次,可靠性、完整性规则保障电子证据证明力大小。在司法实践中,应当重点关注电子证据之间或者与其他证据之间在逻辑上是否存在矛盾之处、在证明问题上是否一致,电子证据有无被篡改的可能性。对电子证据从其生成到提交给法院的全过程进行严密审查,判断生成电子证据系统、程序以及取证技术、工具的可靠性。

再次,最佳证据规则。最高人民法院《关于适用〈中华人民共和国刑事诉讼法〉的解释》第71条规定大体体现了我国刑事诉讼中的最佳证据规则。但电子证据的原件不能与传统意义上的书证原件相吻合,也无法严格适用最佳证据规则以及传统的原件与复制件之分,电子证据的复制件在符合证据三大属性的基础上与其原件具有同等的证据效力。根据国外的立法经验,最佳证据规

---

[*] 本文系论坛联合征文期刊《人民检察》拟录用稿件的精华版。
[**] 侯东亮,河南财经政法大学司法案例研究院研究员、副院长。

则在电子证据中或许可采纳为"任何可以用肉眼阅读的、表明其能准确反映数据的打印件或者其他的输出物,均为'原件'"。需要满足电子证据的复制件或者副本与该电子证据生成时的原始数据内容保持一致。

最后,完善电子证据鉴真规则。鉴于电子数据的特殊性,有必要建立专业的鉴定制度,以审查证据的真实性。可以借助专家辅助人制度,通过专家辅助人的协助来实现对鉴真信息的识别、辨认和说明。同时,建立中立的第三方电子证据存管制度,建立统一的国家和行业技术标准。

"审判中心主义"构成了刑事证据法学革新的框架。在此框架之下,回归法律人的思维,建构电子证据真实性规则,助推司法权权威地位和法律人职业救赎。

美国鉴真规则及其借鉴启示*

陈邦达**

鉴真是举证方证明某一证据确属其声称之证据的证明活动,必须首先证明有关证据即提出证据者所主张的证据,在此基础上才有该证据的可采性可言。美国《联邦证据规则》确立常见的鉴真方法,对有特殊表征之物采取知情者证言方法,对无特殊表征之物采用保管链条等方法。鉴真规则强调涉案物品从源头到庭审整个流程保管的严密性,是确定某一证据的关联性、真实性的基本制度保证。我国刑事诉讼法及司法解释确立了类似于鉴真的规则,提出证据的真实性鉴别要求,但它与美国鉴真规则存在性质区别。完善我国鉴真制度,须注意以下问题:

第一,我国目前鉴真规则在功能上侧重确保证据的真实性,而轻证据的关联性作为鉴真的任务,不同于美国鉴真任务既解决证据的真实性,又解决其关联性问题。

第二,中国鉴真的主体、步骤、范围有特殊性。我国的鉴真规则并不要求控诉方在庭审中对所有证据必须一一鉴真,而是限于在特定条件下,如当双方对证据的真实性存在疑问时,法官才会要求控诉方尽到鉴真的义务。

第三,我国宜借鉴可操作性的鉴真方法。目前司法解释强调的是对勘验笔录、检查笔录等各种笔录证据的印证作用,但这些笔录本身是侦查人员对其提取实物证据的书面记载而已,实物证据与书面笔录相互印证,除非能发现侦查取得的证据与笔录记载的内容存在明显的矛盾,否则法庭很难对实物证据的鉴真发挥实质性的作用。

第四,我国不宜设置违反鉴真规则的刚性后果。如果采取对无法满足鉴真规则的证据一律排除的做法,恐怕会对侦查、公诉工作带来巨大的冲击。在中

---

* 本文系2018年度最高人民检察院检察理论研究课题"检察环节刑事涉案物品鉴定实务研究"(GJ2018C36)阶段性成果,系论坛联合征文期刊《人民检察》拟录用稿件的精华版。

** 陈邦达,华东政法大学刑事法学院副教授。

国现有鉴真规则的法律后果方面，还不宜设置绝对排除的后果，否则会造成打击犯罪不力，增加我国刑事诉讼中健全鉴真制度的现实阻力。不设置刚性的法律后果，如何保证鉴真规则在实践中得以切实执行？可能的解决方案在于：可以规定特定的案件（如可能判处死刑的案件等）必须严格遵循鉴真规则，否则法庭不能采纳无法得到鉴真的证据材料。其他类型的案件对鉴真规则只做出正面的要求，至于违背鉴真规则是否排除，由法官根据侦查人员的补正和合理解释做出自由裁量的判断。

网络犯罪证明的实践难题与解决向度

孙 琳 陈 思[**]

网络犯罪具有数据海量、证据分散隐蔽及容易改变等特点,基于技术手段的障碍、司法资源的有限等原因,存在取证困难、主观证明困难、定量证明困难、证明体系构建困难等现实难题,导致在实践中对网络犯罪的惩治常常受阻于取证和证明的不能,网络犯罪的刑事司法证明不能适应立法政策的严厉要求,亟须给予充分关注。

为解决上述问题,法律解释和司法指导性文件从简化网络犯罪的证明方法、降低网络犯罪的证明负担和转移网络犯罪的证明责任三个方面,规定了"综合认定""综合评估""刑事推论""刑事推定"等证明方法,构建起解决我国网络犯罪证明难题的规范应对。总体上,规范层面对于解决网络犯罪的证明采取了较为审慎的态度,体现为坚持法定证明标准的前提下对证明进行简化,并严格限制适用条件。如对于"综合认定"方法,规定仅适用于涉众型网络犯罪有关定量事实的证明,且要注重审查被告方的意见。与此同时,实践部门积极探索相关的证明路径,借鉴毒品犯罪、侵犯知识产权犯罪等案件的证明方式,将抽样取证从传统的对物证明扩展运用到对人证明,形成了对涉案物品和被害人进行抽样取证方法;针对网络犯罪定性+定量的规定模式,形成了对最低数额标准进行充分证明,对超出底线部分概要证明的"底线证明"方法。上述规定和方法的适用,促进解决了网络犯罪的实践证明难题,体现出降低司法成本,提高诉讼效率的明显成效,但也存在因未能精确证明而可能导致对行为人不利的认定,甚而有加重刑罚的风险。

刑事法律要实现对持续扩张的网络犯罪的有效规制,需要解决好技术领先和法律滞后之间的矛盾,处理好司法公正和诉讼效率相对平衡的关系。应当坚

---

[*] 本文系论坛联合征文期刊《人民检察》拟录用稿件的精华版。
[**] 孙琳,重庆市人民检察院检察委员会委员、检察一部主任,全国检察业务专家;陈思,重庆市人民检察院检察一部检察官助理。

持法定证明标准的前提，区分定性证明和定量证明，实行差异化的证明方式。对定性证明严格证明标准、严格证据审查，对定量证明可以概括印证取代具体印证。可以综合运用综合认定、推论、推定以及证明责任的转移等简化证明方法，但应明确限定具体适用条件，严格适用程序，并且应当允许犯罪嫌疑人及其辩护人提出反证。要强化刑事取证技术的运用，适时借力互联网企业的资源优势，建立专门的办案技术人才队伍，推动电子取证技术的创新。要研究制定网络犯罪类案证据标准指引，定期发布网络犯罪的指导性案例，进一步完善电子数据收集提取和审查判断规则，健全打击网络犯罪的证据体系。

电子数据的收集提取、审查判断研究
——以刑事案件为视角的微信聊天记录电子证据问题研究

连儒东[*]

信息技术迅速发展给人们的生活带来便利的同时，也促进了证据的多样化，给检察办案带来巨大的挑战。移动网络的普及和智能终端的应用，使电子数据很容易遭到破坏和篡改，收集提取的成本越来越高，检察机关对电子数据的审查判断面临巨大压力，特别是在刑事案件诉讼过程中，对于即时通信证据的诸多不确定性，会使办案部门产生对此类证据不会用、不敢用、甚至是不能用的尴尬境地。因此，围绕微信聊天记录的证明力，以证据的收集提取程序科学合法和审查判断"三性"为抓手，从理论研究到实战应用，促进刑事案件中的微信聊天记录落地成为法庭证据。

一、微信聊天记录证据概述

微信聊天记录在刑事诉讼法及相关司法解释中，从属于电子数据的即时通信的范畴内，是当前刑事诉讼中最为常见的即时通信类证据。

检察机关在办理刑事案件过程中，将微信聊天记录作为证据应用，从狭义的范围来讲，是指两个人点对点的聊天记录，在互联网的刑事案件办理中，涉及如集资诈骗、网络赌博，通常犯罪行为和过程发生在微信群里，因此，微信聊天记录既应该包括点对点方式，也应该包括微信群里的聊天内容，不论是哪种形式，都是以文字聊天信息为主，同时，还包括聊天对话过程中的图片信息、音频信息和视频信息三个方面，具体细化表现为以下几方面：

1. 文字的聊天内容包括双方自行编辑并发送的文字信息，复制粘贴的文字信息，转发的互联网链接信息，以及以 Word、WPS、PDF 等为载体的文字信息。

---

[*] 连儒东，最高人民检察院检察技术信息研究中心司法鉴定中心电子证据和图像专业鉴定人。

2. 图片主要是制作、转载和拍摄的图片形式存在的信息，特殊情况下，还包括能够代表发送人员意愿的表情信息。

3. 音频主要是制作、转载和录制的音频形式存在的信息。通常是聊天过程发送的语音方式的对话和朋友圈发出的音频文件。

4. 视频主要是制作、转载和录制的视频形式存在的信息。

除上述信息外，还应该将聊天记录中涉及的朋友圈分享的位置信息、支付记录、红包信息和转账记录等与案件有关部分纳入进来，收集提取案件发生过程中形成的，以数字化形式存储、处理、传输的，能够证明案件事实的数据①，形成较为完整的微信聊天记录证据链。办理互联网案件，电子数据并不一定是单独存储在位置或独立存在，而是由不同的组成部分构成，微信聊天记录也具有互联网上电子数据的这一特性，所以需要办案人员了解并掌握微信的"整体功能架构"（图一）和"后台系统架构"（图二）。

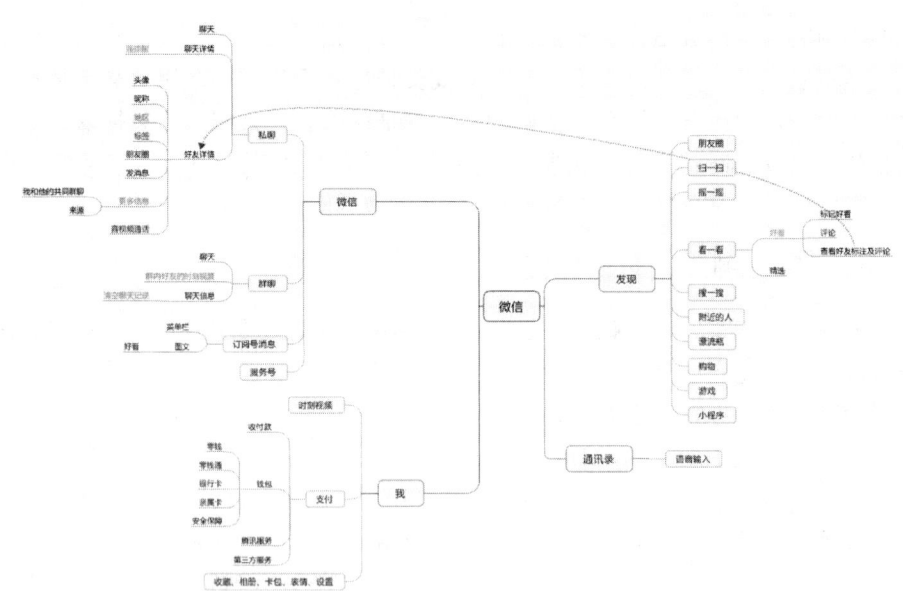

图一：微信整体功能架构②

---

① 2018年10月26日第十三届全国人民代表大会常务委员会第六次会议《关于修改〈中华人民共和国刑事诉讼法〉的决定》第三次修正。

② 来源于互联网，网易号为"人人都是产品经理社区"于2018年12月28日发布，载 https://dy.163.com/article/E443R2GQ0511805E.html。

四、电子数据相关问题研究

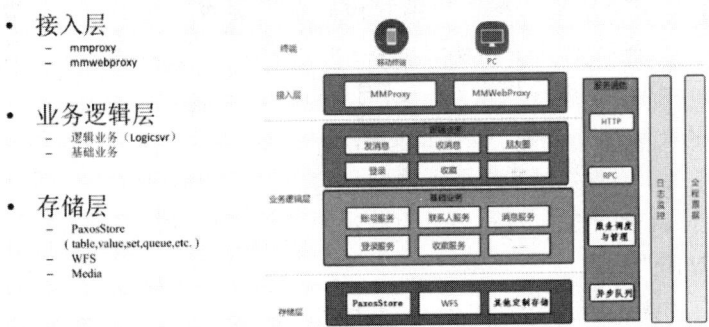

图二：微信后天系统架构①

二、微信聊天记录证据的收集与提取

在一起网络集资诈骗的案件中，涉及受害人较多，且多为老年人，司法机关为能够快速办理此案，与受害人取得联系后，要求受害人提供与犯罪嫌疑人的微信聊天记录，部分受害人认为转账记录最为关键和重要，所以只提供了转账相关的聊天记录，在法庭上，犯罪嫌疑人的律师以微信聊天截图不够完整，双方身份无法确认为由，质疑证据的真实性和关联性，导致此类微信聊天记录证据最终未被采纳。办理刑事诉讼案件能否认定犯罪，需要较为完整的证据链，同时可以排除一切合理的怀疑，达到确实充分的程度。微信聊天记录进行收集和提取，不但要遵守有关法律和司法解释的规定，达到法定程序查证属实的基本要求，同时需要按照科学的技术手段和方法，符合相关的技术标准，做到法律法规与技术规范相融合，才能确保微信聊天记录证据的真实和完整②。

（一）收集提取的法律依据

微信聊天记录证据的收集提取和审查判断，在程序上需要合法，遵守相关规定和规范。在司法实践中，"两高一部"均给出了相关的规定：2014年5月4日，最高人民法院、最高人民检察院、公安部联合制定下发了《关于办理网络犯罪案件适用刑事诉讼程序若干问题的意见》（以下简称《意见》），为规范

---

① 微信技术架构部后台总监许家滔，在"第十届中国系统架构师大会 SACC2018）"的演讲内容整理而成。

② 刘浩阳：《电子数据取证》，清华大学出版社2015年版。

司法机关对于互联网上的电子数据运用，《意见》第 13 条至第 18 条对电子数据取证的和审查一般原则规定，对电子数据取证人员资质、收集提取电子数据的笔录制作、电子数据的移送规则和检验鉴定等问题作了明确的要求。2016 年 10 月 1 日起施行《关于办理刑事案件收集提取和审查判断电子数据若干问题的规定》（以下简称《规定》），以刑事诉讼法为依据，细化了电子数据的收集提取和审查判断的规则，操作性更强。2019 年 2 月 1 日，公安部发布了《公安机关办理刑事案件电子数据取证规则》，除对收集提取有了进一步的完善，同时对电子数据在收集提取过程中可能涉及的"检查和侦查实验""检验与鉴定"做出相应的管理规定。

（二）收集提取微信聊天记录的主要方式

作为移动互联网即时通讯类的应用，微信聊天记录有移动互联网共有的网上交流和移动存储的特点，同时也具有电子数据容易被篡改的特性，收集和提取要从数据的源头开始抓起。微信聊天记录的来源并非单一，而是多种渠道。电信诈骗案件是典型代表，其涉及人员众多，分布广泛，情况复杂，收集提取微信聊天记录证据需要多种方法和渠道，例如，对于现场抓捕的犯罪人员可以直接在案件现场扣押智能移动终端中获得；对于恶意篡改和删除的内容可以委托专业技术人员或鉴定机构恢复获得；对于将聊天记录存储在网上的可以进行远程网络提取，总的来说，司法机关收集提取此类证据的主要方式及其参考的行业标准规范有以下几方面：

1. 从案件现场扣押的原始介质获得。微信聊天记录的产生和存储大多都是位于移动终端上，主要是智能手机，为此，在办理现场勘查的案件过程中，需要 2 名以上侦查人员，遵从电子数据证据收集和提取的相关技术标准，对原始存储介质扣押，获取微信聊天记录。

2. 依托司法鉴定机构进行提取和收集。网络诈骗案件中，很多人员都具有一定的反侦察意识，拒不交代扣押的手机密码或恶意删除聊天记录，阻碍司法办案人员获取犯罪关键证据。司法办案人员可委托司法鉴定机构进行数据恢复和提取。

3. 网络远程取证的方式。微信聊天记录存储在云端或其备份存储在网络时，无法扣押存储介质的，应当做好记录，注明不能扣押的原因、原始存储介质的存放地点或来源，采用网络取证的方式时，做好拍照和录音录像的相关工作。

4. 除上述方法外，司法办案机关可依法向微信的网络服务商和个人收集、调取相关信息。

(三) 收集提取微信聊天记录的重点与难点

微信聊天记录证据种类在网络诈骗、网络赌博以及其他网络犯罪之中得到广泛应用，在传统的故意杀人、强奸和职务犯罪等刑事案件中也充当着关键证据的角色，收集提取微信聊天记录证据过程中的重点和难点有以下几方面：

1. 原始存储介质的扣押与封存保管。微信聊天记录的原始存储介质通常是在智能手机，移动网络设备，笔记本和台式机上，办案人员能够扣押原始存储介质的应当进行扣押、封存原始介质，并制作扣押笔录，记录原始介质的封存状态，确保在不解封的情况下，无法对微信聊天记录的内容进行修改、增加和删除。需要注意的是，对智能手机或其他移动互联网的电子设备封存时，应注意对网络信号的屏蔽或阻断，如果需要长期存储的，应在温湿度适宜的环境，并将移动设备的电池拔下，确保长期存储的安全性。

2. 微信双方当事人的身份确认。微信聊天记录收集提取要确保双方身份的真实性和合法有效性。通过收集具有唯一性且能够指向当事人身份的信息，主要收集提取的内容有：一是微信的微信号和登录账号，具有唯一性；二是微信关联的手机号；三是微信登录原始载体的相关信息；四是微信关联的银行卡号；五是结合微信朋友圈等其他信息；六是与微信关联其他注册的账号信息，另外也可采用视频截图和录音录像的方式，固定双方当事人的真实身份。这里值得一提的是，微信的头像和昵称具有可随时修改性，及时使用双方当事人的照片和名字，也很难凭借这一点来认定就是其当事人。

3. 勘验笔录和录音录像的必要性。为确保收集提取微信聊天记录内容的完整性，根据刑事诉讼法的规定，在收集提取过程中制作勘验笔录，记录提取微信聊天记录内容的时间、地点、方法和过程等信息，侦查人员、微信聊天记录持有人、见证人等相关人员进行签字或盖章，无法签名或者拒绝签名的，应当在笔录中注明，有条件的情况下，可进行拍照，录音录像。

4. 注重对个人隐私的保护。法律法规为司法办案提供了执法办案的依据，但在执法过程中需要注意的是对人权的保障①，特别是要在侦查和诉讼活动中对通信自由的权利保护，严防对个人隐私的侵犯。司法机关收集和调取微信聊天记录的内容要仅限于与案件事实的相关部分，例如，性侵害犯罪发生前行为人与被害人往来的微信聊天记录，网络诈骗实施过程中双方发送的微信聊天记录等，证据应该限定范围内的收集和提取。

---

① 黄惠华：《浅议宪法对隐私权的保障及完善》，载《法制与社会》2012年第3期。

三、微信聊天记录证据审查判断

刑事案件的证据审查,是司法办案机关对于收集提取的各种证据材料,进行分析研究,审查判断的过程。检察机关对于证据审查,主要围绕真实性、合法性、关联性的"三性"来审查判断,那么微信聊天记录证据的审查则重点应该围绕收集提取的合法性,聊天内容有无删减或截图篡改的真实性,聊天内容与案件事实和双方真实身份的关联性来进行审查。除了上述的审查内容外,最容易让司法机关忽视的是对司法鉴定机构出具的检验报告或鉴定意见的审查。检验鉴定是为了查明案情,解决案件中某些专门性问题,由司法机关指派或聘请具有专门知识的人,就案件中的专门性问题进行科学鉴别和判断的行为。然而,近年来,司法鉴定机构和鉴定人员受利益的驱使,故意提供虚假材料和意见,作虚假的鉴定,严重影响判决结果,例如,某县公安局法医出具虚假死亡鉴定协助杀人凶手逃脱法律的制裁;司法鉴定人员刘某某收受钱款后按他人要求勾兑血样并出具鉴定意见帮助醉驾人员逃避刑事处罚;受仲裁委员会委托出具鉴定报告的中介组织人员提供虚假证明文件给涉事公司带来直接经济损失达100余万元;司法部于2020年3月31日发布的2019年度五起司法鉴定违法违规行为查处典型案例。提醒着司法机关要依法、全面、科学合理对证据进行审查。

(一)从微信聊天记录的现场勘验报告和扣押载体介质的状态进行合法性审查判断

审查侦查部门在案件现场收集提取制作的勘验笔录信息是否完备,扣押的手续是否合法,扣押的过程是否按照相关的技术标准操作。对于案件现场无法对原始介质进行扣押封存的,在勘验报告上有无说明原因,并详细说明微信聊天记录来源等相关情况。

(二)从微信聊天记具有电子数据重现的特性进行真实性审查判断

在审查微信聊天记录的过程中,对于存储在智能移动终端、网络云平台或备份存储在其他网络设备时,提取的过程仍然可以重现,通过此特性,比较提取后的信息是否与现场勘查时提取的信息一致,从而进行真实性审查。复现审查的方式主要是针对微信聊天记录可能被删除或篡改的情况,同时也常用于经过侦察人员或司法鉴定技术人员进行数据恢复的聊天记录。复现审查是在客观条件符合的情况下进行,并非所有的情况下都可以复现,从而来否定恢复删除聊天记录数据的真实性。

(三) 微信聊天记录发生删除或篡改时的真实性审查判断

在办案实践中,微信聊天记录的内容存在删除或篡改的风险,特别是在智能移动终端上的,例如,智能终端的管理软件定期或在开关机过程中对聊天内容的缓存文件进行清理,导致微信聊天记录发生变化。在通常情况下,微信聊天记录发生删除或篡改,其真实性必然会受到质疑,但是并不意味着直接排除,需要进一步的审查分析,如对证明事实没有影响的,可以认定为真实的,如是人为故意或保管不当,而导致内容上受到严重影响的,也就无法认定其真实性。当然也有补救的措施,在经过有专门的知识的人或鉴定机构的技术人员,按照相关的操作标准和规范,对删改的部分进行恢复或修复的,可重新审查判断,是否将微信聊天记录作为证据使用。

(四) 微信聊天记录完整性与存证的真实性审查判断

电子数据的完整性已纳入了真实性审查的范畴,需对微信聊天记录在提取和保存过程进行审查。最高人民法院在 2018 年 9 月 7 日印发的《关于互联网法院审理案件若干问题的规定》,第 11 条规定当事人对电子数据真实性提出异议的,互联网法院应当结合质证情况,审查判断电子数据生成、收集、存储、传输过程的真实性,并首次承认了经区块链存证的电子数据可以用在互联网案件的举证中,这标志着我国区块链存证技术手段得到司法解释的认可[①]。科学的存证,可以确保证据的完整性,2020 年 5 月 29 日,司法部发布了《电子数据存证技术规范》(SF/T 0076—2020) 标志着电子数据存证买入了科学规范化进程,规定了电子数据存证服务提供者、电子数据存证平台和电子数据存证过程的要求,为微信聊天记录的存证提供了审查的方法和依据。

(五) 微信聊天记录的内容与双方当事人的身份的关联性审查判断

对于微信聊天记录内容的审查,需要检察官结合相关证人证言、犯罪嫌疑人、被告人的供述和辩解进行综合分析研判。对于双方当事人线上与线下的对应关系,与收集提取时的微信号或登录号、关联的手机号、原始载体信息、关联银行卡号和朋友圈综合信息等多种方式进行研判,确定使用者的真实身份。

四、微信聊天记录证据在法庭展示

随着庭审实质化的推进,对司法机关查明事实、解决争议和公正裁判发挥

---

① 可信区块链推进计划于 2019 年 6 月发布《区块链司法存证应用白皮书 (1.0 版)》

着重要作用①。为此，微信聊天记录作为证据使用时，需要更加合理有效的示证。由于微信聊天记录分为点对点和微信群的方式，涉及的内容包括文字、图像、语音、位置信息以及转账记录等，形式多样，内容丰富，需要做好三个方面的工作：一是突出重点难点和做好争议焦点的解决方案。结合案情，突出在庭审示证中的重点和难点，建议能够使用原始存储介质展示的，尽量用原始介质展示，以避免在微信内容提取的过程中，因丢失部分聊天文字、图片或音视频等信息，而产生不必要的争议，并且更加充分的展示位置或转账记录等其他伴随犯罪行为而产生的重要信息；二是科学合理的展示使用网络远程方式收集提取内容和过程。建议采用拍照录像的方式，利用法庭的多媒体设备进行展示，既可以将案件收集提取的内容流畅地展现出来，又可以将取证过程得到合理的展示；三是把握庭审节奏，提炼有效的聊天信息。在高效的庭审中，需要围绕查清案件事实，有侧重地对微信聊天记录内容进行提炼，有所区别地进行示证；四是必要时可聘请有专门知识的人或司法鉴定人员就技术问题出庭，提高庭审效果。

五、结语

近年来，随着移动互联时代的快速发展，5G网络的普及应用，智能手机和其他智能移动便携设备的广泛使用，在办理的各类刑事案件中，大部分都会涉及移动互联网络线索侦查和证据提取，特别是对微信聊天记录的收集提取逐渐增多。微信聊天记录在辅助司法机关查明刑事案件的事实方面发挥着越来越重要的作用，此类证据的收集、提取和使用，应不仅限于司法机关，社会各界多方参与，在技术标准的完善和新技术成果应用提供方面，通力合作，构建科学、合理、合法的电子数据证据应用体系。

---

① 李相峰、任红梅：《庭审实质化背景下示证质证方略》，载《人民检察》2018年第17期。

审查认定电子数据的基本方法及实践展开

梁 莉 王 斑[*]

一、审查认定电子数据的实践困境

自 2012 年修改后的《刑事诉讼法》将电子数据增设为法定证据种类以来，极大推动了电子数据的研究探索。网络犯罪依次经历：以个人与"系统"的冲突成为犯罪唯一表现形式的互联网犯罪 1.0 时代——以网民之间"点对点"利用网络工具的侵害成为犯罪主要模式的互联网 2.0 时代——网络空间与现实空间水乳交融，网络社会和现实社会成同时存在的"双层社会"成为新的社会结构[①]的互联网 3.0 时代。尽管侦查机关发挥一体作战优势，采取区域协同、共享案件资源方式针对新型犯罪开展了各类专项行动；检察机关积极发挥诉前主导作用，及时介入侦查，依法引导取证。但由于新型网络犯罪融合了自由、开放、包容、共享的互联网思维和不断迭代更新的互联网特点，无疑会给网络犯罪的取证、电子数据的审查认定工作带来前所未有的挑战。

（一）网络犯罪呈现新特点

1. 犯罪行为专业化。利用网络实施违法犯罪活动不断呈现出广泛化、体系化和职业化等特点。在利用网络平台实施赌博、贩枪等案件中，犯罪分子事前采用虚假网络身份、事中采用观念交付、指示交付等方式实现兑付，事后清除聊天、操作记录等方式实施犯罪活动；在利用网络平台实施诈骗的案件中，犯罪分子以公司的名义实施专门犯罪，以"游戏规则""行业准则"来引导"员工"，基于对被害人心理研究而制定"话术""谈话模板"，呈现公司化、规范化的特点。

---

[*] 梁莉，湖北省黄石市人民检察院检察长；王斑，湖北省黄石市人民检察院技术信息部主任。

[①] 于志刚、郭旨龙：《网络刑法的逻辑与经验》，中国法制出版社 2015 版，第 9—12 页。

2. 犯罪现场虚拟化。传统刑事犯罪一般都有犯罪现场，各种类型证据紧密围绕犯罪现场，并以犯罪现场为中心构建起完整的证明体系。而网络犯罪发生在虚拟空间，没有对应犯罪现场的概念，能够证明人、事、时空的各种电子数据证据呈现松散和不易察觉的状态。

3. 犯罪组织跨区化。传播方式更加多样化、影响范围更大。大量涉及网络犯罪的服务平台在境外、犯罪嫌疑人、被害人众多分散，给侦查取证和审查认定工作带来很大困难。

4. 犯罪利益链条化。犯罪嫌疑人往往具有较为复杂的行为类型和犯罪关系网，网络犯罪存在广泛上下游利益链条，网络运营商和平台服务商的"技术中立"行为、嫌疑人的帮助行为相互交织，给案件的准确认定带来了难题。

（二）办案机关应对不足

在面对新型、智能化网络犯罪高发态势时，基层办案机关还不同程度存在以下问题：一是为回应社会关切和舆论热点，办案机关往往把办案资源和主要精力投放在打击犯罪和源头治理上，弱化了对部分案件中定罪量刑关键证据的分析和提取，对案件中的关键证据是否达到"足以认定犯罪事实"的证明标准关照不够；二是办案机关还惯用传统思维和顺藤摸瓜、逐一排查等传统方法办理网络犯罪案件，一旦某个环节的关键证据缺失会导致全案无法定罪；三是电子数据的取证工作存在随意性，部分关键证据并没有能在第一时间及时调取，造成后续定案困难。四是从文本卷宗看，由于目前刑事程序的流转及司法决策的作出皆以各种证据和文书材料构成的案卷材料为主要载体。① 在此种情况下，网络犯罪案件卷宗中的证据材料仍然以犯罪嫌疑人供述、证人证言、书证和物证为主，电子数据以卷宗附带光盘形式移送审查，卷宗装订安排证据序目时往往将电子数据排在卷末，同时在卷宗移送时还存在只移送相关材料而未移送附卷光盘的情况，在电子数据难以直观展示时往往采取转化展示的方式，从形式上大大降低了电子数据的证明效力。

二、遵循网络规律，更新办案理念

基于互联网思维的犯罪需要用互联网思维来惩治预防。如何把庞杂、虚拟、分散、无序的信息抽取提炼形成能够证明案件事实的证据，是办理网络犯罪案件必须具备的能力。

---

① 左卫民：《刑事诉讼的中国图景》，生活·读书·新知三联书店 2010 年版，第 104 页。

四、电子数据相关问题研究

（一）深刻认识电子数据的证明作用

司法实践中的网络犯罪主要有两种情形：一是传统犯罪网络化，犯罪行为发生在现实空间，反映案件事实的痕迹、线索和信息主要发生、移转于现实空间，犯罪嫌疑人仅利用网络或计算机等技术手段为其实施犯罪提供帮助。例如，在传统的侵财类犯罪中，犯罪嫌疑人以网络、计算机作为犯罪工具实施犯罪，此类案件中的电子数据可能在证据链的某个环节中起着辅助作用，也可能在整个证据体系中起着辅助证明的作用，以印证主要犯罪事实。二是新型网络犯罪，由于反映案件事实的痕迹、线索或信息均留存于网络空间，犯罪嫌疑人往往采用高科技手段隐蔽作案，仅凭传统的书证、物证、犯罪嫌疑人供述、被害人陈述、证人证言等证据种类难以认定犯罪事实，需要构建以一套电子数据为核心的证明体系，此时电子数据所起的就不是辅助证明而是起到关键证明的作用。

（二）形成及时、全面、规范的取证思维

首先，对于新型跨区域、跨平台的网络犯罪，应当在收集证据时首先做好犯罪现场的保护工作，对涉及网络犯罪的计算机、手机、平板、短信群发器、伪基站设备等设施设备要在第一时间做好现场保护。其次，应尽可能及时调取电子数据，由于计算机内存数据、手机短信数据、租用服务器的环境数据存在极大的灭失风险，数据恢复难度大，应当在控制现场后及早提取。再次，对于需要证实身份关联的事实可以利用信息痕迹进行查询分析，获取通话话单、手机移动轨迹等关键信息。从过往办理的网络犯罪案件来看，对于电子数据鉴定，侦查机关移送的证据完全可能存在证据缺漏的情况，存储在移动设备的电子数据由于种类较多、需要获取最高管理权限等问题，在提取时往往难以全面、全部，在审查时应当重点关注。

（三）培养全局、动态和闭环的审查思维

动态、闭环审查，就是在对单个证据进行证据资格审查的基础上，对证据的提取、保管、鉴定链条中上一个环节和下一个环节是否对应关联以及对电子数据处理的全流程是否可溯源、可复验进行全局性、动态的审查。审查内容主要包括：（1）固定、提取、保管、鉴定等环节是否能够形成完整链条，电子数据的原始存储介质是否安全、稳定、可靠，电子数据是否存在被篡改、被污染的可能性。（2）经过鉴定成为定案关键证据的电子数据对其合法来源是否能够证实。（3）电子数据原件或复制件是否存在前后设备无法对应、数据校验无法对应、系统环境信息、时间信息存在矛盾等情况。

（四）坚持无损原则

电子数据的提取固定是一个真实的数据搬运的过程，就是将产生于案件场景中的数据搬运到一个更适合存储、还原和展示的平台上，用以展现案件的相关情况。坚持"以扣押原始存储介质为原则，以直接提取电子数据为例外，以打印、拍照、录像等方式固定为补充"是电子数据取证的基本原则。在司法实践中，收集、固定电子数据的过程应避免不当操作，始终确保涉案设备和运行环境的一致性，对存储介质的保存应远离磁场、高温、灰尘、潮湿的环境，避免造成电磁介质数据丢失，确保电子数据的无损状态。

三、证据资格审查：从准确把握特征出发

运用刑事证据证明犯罪，其主要工作体现在两个方面：一是通过对刑事证据资格和证明力的审查，确定证据的客观性、合法性和关联性；二是通过对刑事证据的综合判断，确定在案证据是否达到"事实清楚，证据确实充分"的证明标准。① 要准确认定犯罪事实，既要理解和熟练运用法律规范，也需要办案人员掌握电子数据的经验法则来断定事实。从电子数据的审查认定来看，其主要任务是通过从证据资格和证明力两个方面对电子数据进行审查评价，以发挥定案作用。有学者指出，法律对进入庭审范围的证据提出某种限制条件，主要是基于诉讼公正和诉讼效率两个方面的考虑，而证据能力则是这两者结合之后的产物。② 电子数据资格审查就是对单个电子数据的证据资格评价，主要包括对证据的合法性、真实性和关联性的审查。

一般认为，电子数据应当具有技术依赖性、非直观性、精密性、易消失性、系统性、安全性、混杂性、多元性、国际性、多媒体性、跨境性、超容性、复合性、虚拟性、可复制性、高科技性、易破坏性、数字性、无痕性、昂贵性……③由于电子世界中数据特征复杂多样，单凭一种或者数种特性概括描述很难准确界定电子数据，理论和实践对电子数据的技术特征和司法属性也尚未达到高度统一。毫无疑问，所有电磁、电子数据均具有物理属性和自然属性，要将这些普通数据评价为电子数据，则需要通过法定程序对其赋予司法属

---

① 刘玉民、于海侠：《刑事证据规则适用》，中国民主法制出版社2012年版，第116页。

② 陈卫东、付磊：《我国证据能力制度的反思与完善》，载《证据科学》2008年第16卷。

③ 刘品新：《利益平衡，电子取证的国际协作》，摘自刘品新教授在2017年第二十二届国际检察官联合会年会上的讲话，载http://www.sohu.com/a/192080693_505860。

性。因此电子数据的司法属性应当来源于其自然、物理属性。也许从电子数据的某些典型的自然、物理属性出发来理解和把握证据资格的审查重点不失为一个颇具操作性的路径。

（一）真实性——基于存储形态和运行形态

电子数据的真实性审查主要解决电子数据是否客观真实以及是否可能被篡改、污染的问题，应当从以下几个方面重点把握：

1. 两种形态。电子数据的存储形态和运行形态，是电子数据的一体两面。电子数据的存储形态是指在电子世界里，所有的数据通过一组二进制代码存储在载体介质之中，该组二进制代码既包含有文件内容信息，也包含有记录文件特征的相关信息，如文件类型、生成日期，等等，当修改包含文件内容信息或文件特征信息的二进制代码时，都将引起电子数据内容的实质变动。电子数据的运行形态是指在特定系统环境中运行特定电子数据的时候，根据文件类型的不同，数据会呈现出不同的运行状态。由于电子数据的存储形态是本质，运行形态是表象，不能简单地认为电子数据运行状态没有改变就能够做出电子数据没有被篡改的结论。

2. 文件校验。由于电子数据具有可复验性，实务中通采哈希（Hash）算法实现文件校验，只要电子数据存储形态中的二进制代码被修改，校验出来的哈希值将和原来文件的哈希值完全不同。例如，侦查机关通过远程勘验方式提取到文件名为"25000.exe"的木马程序，侦查人员将该程序保存至文件名为"61.130.31.171提取文件"的文件夹内并计算出整个文件夹的MD5值。随后，鉴定机构对文件名为"61.130.31.171提取文件"的文件夹内的"25000.exe"进行了SHA-256值校验，并对该"25000.exe"文件出具鉴定意见。能否得出从远程勘验提取到的木马程序和鉴定检材中的木马程序具有同一性的结论？结论应该是否定的，原因有二：一是前后两份电子数据中的文件所检验的对象并不相同，前者校验对象是"25000.exe"木马文件，后者校验对象是文件名为"61.130.31.171提取文件"的文件夹；二是两者校验方式不同，前者使用MD5校验，而后者使用SHA-256校验，无法从前后两次校验中得出电子数据同一性的结论。

3. 文件属性。由于实务中并非所有的电子数据都有数字签名或者数字证书，不能因为电子数据没有数字签名或者数字证书就当然否定其真实性。通过文件属性来判断电子数据的真实性就是一种典型的辅助判断手段，在实践中往往需要和其他证据、材料结合起来进行综合认定。文件属性定义了文件的独特性质，包括文件生成、创建、修改时间，文件类型、大小、属性和其他相关基本信息。这些文件属性是电子数据不可分割的一部分，也是判别电子数据之间是否具有同一性，是否被篡改的关键性要素。文件属性具体包括对电子数据的创建、访问、修改时间的判断，等等。

（二）关联性——基于内容关联和载体关联

由于电子数据始终存储在固定介质之中，电子数据的关联性应不仅局限于数据内容与待证案件事实之间的关联性，还应当包含电子数据与存储载体之间的关联性。电子数据的关联性应当包括内容关联性和载体关联性。内容关联性是电子证据的数据信息同案件事实之间的关联关系，即判断电子证据的内容是否对证明物理空间的案件事实产生了实质性的影响，影响案件事实存在或不存在之认定，而载体关联性确定电子证据所蕴含的信息同案件当事人等主体有无关联；属于一种经验上的关联性。① 载体关联性是指对电子证据而言，其载体通常被称为信息载体，是指脱离数据本身、承受电子信息的一种形式，它可能表现为案件中的手机、计算机、网络服务器、U盘、光盘或者云存储装置等。因此，在审查电子数据关联性的有无时，应当将内容关联性和载体关联性作为审查的重点。

（三）合法性——基于专业性和规范性

对电子数据的合法性审查应当严格依照相关的法律规范进行，合法性审查重点包括：取证主体是否具备主体资格，取证程序、取证方法（手段）是否合法。收集、提取、固定、远程勘验、侦查实验、鉴定意见中所采取的必要技术手段是否符合相关法律规定和技术规范。在审查电子数据时，应将合法性审查作为形式审查的主要内容，涉及对技术性较强的技术方法、手段的审查应交由专业人员进行。

四、证明力审查：从信息解构到综合分析

一个证据具有关联性需要同时满足两个条件：一是该证据试图证明的事项属于能够影响诉讼结果的案件事实，对此，理论上称之为"实质性"；二是该证据对于结果事实的证明能够产生一定影响，对此，理论上称之为"证明力"。② 证明力反映了证据的自然属性。③ 电子数据的证明力是与待证事实关联程度强弱的指标。与在证据资格审查过程中需要对关联性的有无做出判断不同，审查电子数据的证明力是对证据关联性大小的一种综合判断，需要结合全

---

① 刘品新：《电子证据的关联性》，载《法学研究》2016年第6期，第176页。
② 易延友：《证据法的体系与精神》，北京大学出版社2010年版，第99页
③ 何家弘、刘品新：《证据法学》，法律出版社2004年版，第389页。

案的证据进行综合分析,是从宏观着手针对案件证据体系的整体权衡。电子数据的证明力审查应当重点围绕以证明案件事实的身份信息、环境信息、时间信息、载体信息与全案其他证据进行综合分析,排除证据之间存在的疑点和矛盾,这是电子数据证明力审查的主要内容。

(一)信息要素的分类解构

要发挥电子数据的证明价值和证明作用,需要检视并解构网络空间下犯罪行为的基本特征。透过对电子数据关联性基本内涵的把握,从实务中证据审查的角度来看,每一个或一组电子数据中应当包含以下几个维度信息需要予以分别验证证明:

1. 身份信息。由于具有现实身份的行为人利用网络平台上的虚拟身份充分参与网络活动,实施网络犯罪行为,网络犯罪行为人必须具备现实和网络中的双重身份,这是审查网络犯罪中电子数据的基础。身份信息主要用以关联行为人真实身份和网络空间虚拟身份。典型的电子数据身份信息包括微信、QQ、网络直播平台、支付宝等账号及申请人信息,网络域名申请人信息、网络服务器申请租赁人信息,等等。

2. 环境信息。由于任何电子数据均依存于网络、系统运行环境,电子数据是否稳定可靠,在不同的运行环境中电子数据可能呈现出不同的运行状态。由于电子数据具有系统性特征,网络行为和事件可以被多种系统运行日志和操作日志所记录反映,因此,需要通过系统环境信息来进一步认定电子数据。系统环境信息包括电子数据生成、运行、存储的系统环境信息,系统操作记录、运行日志记录,等等。包括操作系统环境、服务器环境、网络平台环境、软件运行环境等。

3. 载体信息。为证实电子数据的合法来源,需要对存储电子数据的介质设备予以确定。载体信息主要包括记录电子数据在网络空间的实际存储和位置信息。例如,在云空间实际存储电子信息的数据服务器、计算机硬盘、缓存、手机相机存储卡等。

4. 时间信息。时间信息用以关联行为人所实施犯罪行为的时间,需要将电子数据中的时间信息与其他证据中的时间信息予以对比关联,形成可以准确描述案件事实的时间信息。主要包括记录电子数据的生成、修改、访问等时间信息等。

以上每一组信息需要分别对应找到对应和印证关系,逐一对应形成现实身份与虚拟身份、系统环境信息、载体信息和时间信息的一致性。

(二)证明力的综合分析

证明力审查一般遵循单个审查—对比审查—全案证据分析的基本思路。在对单个证据或单组证据进行四个维度的解构并形成印证后,就需要综合全案证据进行整体评断。纵观网络犯罪案件,身份信息不仅关联着现实自然人,也关联着网络空间的犯罪行为。所有的网络行为均是围绕着网络空间的虚拟身份而展开,身份信息是认定网络犯罪的基础要素。由于网络犯罪具有极强隐秘性,在司法实务中,关联性是最大的证明困境。要探索建立以身份关联性为中心的取证模式,从证据的身份关联性出发,寻找证据的时间关联性、载体关联性、系统环境关联性信息,从而完整构建起虚拟空间下的犯罪事实基本框架。

另外,网络犯罪的证据审查也有类型化特征:针对网络社交类,审查上网 IP 地址、账号、聊天记录等计算机特有信息识别体,以确定犯罪嫌疑人网络虚拟身份与真实身份的同一性;针对电子商务类,审查网上银行、微信、支付宝等第三方交易平台等反映网络交易平台过程、资金及货物流向等内容;针对虚拟货币(网络游戏)类,审查虚拟平台上的虚拟财产的价值认定;针对侵犯计算机信息系统类,审查行为人计算机、远程控制服务器、被侵犯计算机信息系统 IP 地址、日志记录和被控制痕迹(如植入的木马)等内容的印证关联。在现实网络犯罪中,往往存在一个案件跨多个类别的情况。例如,在网络赌博案件中可能存在上述第一、二、三类情形;在侵犯计算机信息系统案件中可能存在上述第一、二、四类情形,需要在审查案件时进行综合运用。

检察机关在办理刑事案件中电子数据审查研究

蒲泓全　吕海宁[*]

一、电子数据概述

（一）电子数据的概念

2013年1月1日起施行的《刑事诉讼法》正式将电子数据作为与视听资料并列的刑事证据种类之一，但法律条文中并未对电子数据的定义和范围作出规定，其后发布的司法解释也未明确给出电子数据的定义和范围，不利于在实践中电子数据收集和审查的规范。2016年9月，最高人民法院、最高人民检察院、公安部制定了《关于办理刑事案件收集提取和审查判断电子数据若干问题的规定》，对电子数据的定义和范围做出了明确的规定[①]，规定电子数据是在案件发生过程中形成的，以数字化形式存储、处理、传输的，能够证明案件事实的数据。以数字化形式记载的证人证言、被害人陈述以及犯罪嫌疑人、被告人供述和辩解等证据，不属于电子数据。随着科技的进步，电子数据的类型也日益增多，比如区块链、大数据、人工智能等高新科技使用过程中产生的电子数据，与司法解释中列举的四种类型的电子数据可能不尽相同，检察机关在刑事案件办理过程中对于不同类型电子数据的审查重点和方法值得探索和研究。

---

[*] 蒲泓全，四川省成都市武侯区人民检察院综合业务部副主任；吕海宁，四川省成都市武侯区人民检察院综合业务部科员。

[①]《关于办理刑事案件收集提取和审查判断电子数据若干问题的规定》第1条中规定，电子数据包括但不限于下列信息、电子文件：（一）网页、博客、微博客、朋友圈、贴吧、网盘等网络平台发布的信息；（二）手机短信、电子邮件、即时通信、通讯群组等网络应用服务的通信信息；（三）用户注册信息、身份认证信息、电子交易记录、通信记录、登录日志等信息；（四）文档、图片、音视频、数字证书、计算机程序等电子文件。

（二）电子数据的特点

1. 计算机识别的数字性

根据电子数据的定义可知，所有电子数据都能够被计算机所识别，能够被计算机识别的数据最终都必须转化为二进制数据"0"和"1"，因此电子数据的共性是底层都是以二进制数据存储的，且能够被计算机所识别而不能被人识别，从本质来讲，都是不同排列的二进制串组成，这一特征与传统的刑事证据不一样，比如说书证和物证，具有外在的直观性，容易理解和判断。

2. 存储的虚拟性

电子数据必须存储于电子设备中，比如服务器、计算机、手机、U盘等，而存储在这些设备中的数据具有虚拟性，不易被别人察觉，隐蔽性较强。例如一些利用科技手段犯罪的案件，公安机关侦破难度大的主要原因是能够客观证明犯罪事实的电子数据难以发现并有效取得。

3. 易丢失性、易篡改性和可恢复性

以上三个性质是电子数据的最大特征，和刑事案件办理关联性最大。易丢失是因为电子数据可能受到存储设备、网络情况、数据本身等情况的影响，一旦发生变化可能就会丢失。易篡改是电子数据可以利用编程工具、可视化软件、网络攻击等手段进行篡改，且不容易被人发现。可恢复性是可以利用专业数据恢复软件对存储在电子设备的电子数据进行恢复，前提是数据没有被永久性覆盖和删除，也就是说不是所有的数据都可以被成功恢复。实践中，被删除的数据往往是犯罪嫌疑人或被告人不愿让司法机关掌握和发现的数据，但可能对案件的侦破与办理具有重要作用，甚至可能是案件的关键证据，直接影响定罪量刑。

二、刑事案件中电子数据的作用

当前处于信息化时代，通讯技术和手段日益先进，各种通讯工具层出不穷，促进了社会的快速发展。通讯工具在为人们的生活、工作和学习带来便利的同时，也为犯罪分子实施违法犯罪提供了手段和空间[1]。许多犯罪分子利用科技手段和通讯技术实施犯罪，隐蔽性极强，难以发现，电子数据难以取得和有效恢复，因此在办理部分案件时从公安机关提取到检察机关审查都应当格外重视电子数据的作用，笔者从三种类型的案件中分析电子数据的作用。

---

[1] 蒲泓全、郭艳芬、卫邦国：《电子取证应用研究综述》，载《计算机系统应用》2019年第1期。

(一) 诈骗类犯罪的非法占有目的认定

诈骗类犯罪的共性是要求以非法占有为目的的主观故意，非法占有为目的属于特定人的内心主观活动，只有特定人知晓和掌握，其他人无法察觉其真实意图。在实践中，非法占有目的是相当复杂的，相关法学理论和科学技术均无法对非法占有目的进行直接判断，因此要证明犯罪嫌疑人或被告人构成诈骗类犯罪，这一点是最关键也是最难的。司法实践中，多采用司法推断的方法证明犯罪嫌疑人或被告人的非法占有目的[①]，即通过行为人的一些客观行为来推断其主观意图。但是行为人的客观行为在具体案件中往往很隐蔽，即便掌握了一些客观行为，行为人也会对其行为作出辩解，并且辩解看似还相对合理，从而难以就行为人的非法占有目的形成证据链。随着通讯方式的多样性，微信、QQ等通讯软件成为犯罪嫌疑人或被告人骗取被害人钱财的工具和手段，诈骗的过程往往能够证明其非法占有目的，因此犯罪嫌疑人或被告人通讯设备中的电子数据甚为重要，可能是公安机关侦破或检察机关指控的关键证据。公安机关在对案件进行侦查时，首先应将犯罪嫌疑人的通讯设备进行扣押，并将其中的电子数据按照规范进行提取，并分析其中与嫌疑人相关的非法占有目的。检察机关在审查逮捕或审查起诉阶段，均应让公安机关移送从犯罪嫌疑人通讯设备中提取的电子数据，并进行仔细审查，并和其他客观证据相结合分析印证犯罪嫌疑人的非法占有目的。另外在一些电信诈骗案件中，还需要对实施诈骗的服务器进行及时扣押并提取其中的应用程序和数据库，防止被犯罪嫌疑人删除和修改，不能及时扣押的，应当立即开展远程勘验实验，并完整记录整个实验过程。

(二) 毒品类犯罪的毒品代购行为牟利认定

我国刑法和司法解释均未对毒品代购这种新颖的毒品交易方式进行规制，仅在一系列毒品会议纪要中有所提及[②]。2008年，最高人民法院下发的《全国部分法院审理毒品犯罪案件工作座谈会纪要》(简称《大连会议纪要》) 中规定："代购者从中牟利，变相加价贩卖毒品的，对代购者以贩卖毒品罪定罪"。2015年，最高人民法院印发的《全国法院毒品犯罪审判工作座谈会纪要》(简称《武汉会议纪要》) 中对毒品代购行为作了进一步的补充："行为人为他人代购仅用于吸食的毒品，在交通、食宿等必要开销之外收取'介绍

[①] 刘立芳：《诈骗罪中"非法占有目的"之认定研究》，江西财经大学2018年硕士学位论文。

[②] 徐雅佩：《毒品代购行为定性分析》，江西财经大学2019年硕士学位论文。

费''劳务费',或以贩卖为目的收取部分毒品作为酬劳的,视为从中牟利,以贩卖毒品罪定罪处罚"。从两次会议纪要的相关规定中可知,司法实践中将毒品代购中的牟利行为视为贩卖毒品罪,牟利情况需要查实才能对其定罪量刑,但是毒品犯罪中的毒品犯罪分子不同于其他犯罪分子,许多都是惯犯且熟知毒品犯罪相关的法律规定,同时,随着科技的进步,线上支付方式应运而生,便捷且安全,如支付宝、微信等,许多毒品代购的交付不再是传统的现金交付,而采用线上交付,交付完成之后还可以删除交付记录。犯罪分子若因代购牟利被抓获后,一般难以从其供述中获知牟利情况,但线上交付痕迹即便被删除后,只要数据没有被覆盖,还可以通过电子数据恢复工具对其交易记录进行恢复,从而查实是否牟利、牟利多少。因此对于代购毒品行为中的牟利认定应当重视手机中电子数据的作用,尤其是支付宝、微信等移动软件的支付记录,还包括各种通讯软件的聊天记录等。

(三) 网络犯罪的证据收集

随着社会的进步、科技的发展,利用计算机技术实施网络犯罪的行为日益频发,我国刑法中明确规定了部分网络犯罪的罪名,同时配有相关的司法解释。从利用计算机技术实施网络犯罪的立法过程中可以发现,宏观上的计算机网络犯罪可以分为两大类,一类是针对计算机信息系统内数据的犯罪,一类是利用计算机网络技术实施带有一定程度非法占有目的的犯罪①。两种类型都是利用科技手段,也就是两类犯罪关键的客观证据均是电子数据,如病毒程序、攻击程序、干扰程序等,那么就要求电子数据的收集、提取、分析、鉴定应当严格依照相关法律、司法解释的规定进行,必要时对于专业问题可以引入具有专门知识的人进行说明和咨询,以帮助司法机关更好地了解和掌握犯罪分子实施的犯罪过程。例如,破坏计算机信息系统的犯罪,犯罪分子利用自己撰写的服务器程序攻击被害公司的网站,导致公司业务受到影响,不能正常开展,并导致严重后果。对于这种类型的犯罪,除了获取犯罪分子供述、被害公司的陈述外,还需要把整个作案过程搞清楚。这时就需要提取相关服务器程序,分析程序代码或在有条件的情况下开展侦查实验,获取被害公司服务器的流量图、IP登录情况,这样方能形成证据链,有效指控犯罪。这些证据的提取、分析过程都非常专业,因此为了避免在法庭上犯罪分子对某项证据提出非法证据排除,必须依照相关的规定进行,同时借助司法鉴定机构的鉴定意见和具

---

① 马凤:《计算机网络犯罪的刑法规制现状及刑法建议》,载《律师理论与实务》2020年8月(上)。

有专门知识的人的专业意见,这样才能对此种犯罪做到有效打击,达到净化网络环境的目的。

三、检察机关在办理刑事案件中电子数据审查的关键

(一) 对完整性校验值的审查

《关于办理刑事案件收集提取和审查判断电子数据若干问题的规定》中规定:"完整性校验值,是指为防止电子数据被篡改或者破坏,使用散列算法等特定算法对电子数据进行计算,得出的用于校验数据完整性的数据值"。规定中的散列算法即 hash 算法[①],可以对电子文件、计算机程序、音视频、聊天记录等计算特征值,内容不同特征值也不同,即便电子文件中存在一个字母不相同,得出的特征值也可能千差万别。因此根据这一特性可以保证提取到的电子数据的完整性,即未被删除和修改等。检察机关应当要求公安机关移送案件时提供电子数据提取时生成的完整性校验值,同时要求提供使用的哪一种算法(常用的有 MD5,SHA1 等算法),检察机关可自行下载对应算法的软件对电子数据计算完整性校验值,得到的结果再与公安机关提供的值进行比对。如果相同,则证明电子数据是完整的,未被篡改过,如果不同,则证明电子数据被篡改过,则不再是原始的电子数据不能使用。检察机关审查电子数据时必须严格对完整性校验值进行审查,保证电子数据的真实性未被破坏。

(二) 对电子数据提取及时性的审查

电子数据和其他证据不一样,部分电子数据可能由于本身的性质会相应变化,这个变化可能不是人为的,但可能导致电子数据不再是案发时的电子数据,比如计算机内存、局域网 IP 地址,数据库覆盖、缓冲区溢出等,一旦发生变化将不能复原,不能反映案件的真实情况。因此检察机关应当审查电子数据提取的及时性问题,并判断提取的电子数据本身是否会随时间的改变而发生变化。当然电子数据提取不及时,更容易受到人为恶意修改,而这些修改可能公安机关在提取时都不能察觉,但已不是案件中的真实数据。

(三) 对电子数据提取过程合法性的审查

2019 年,公安部发布的《刑事案件电子数据取证规则》对电子数据提取过程的程序进行了明确规定,包括收集、提取电子数据(扣押、封存原始存储介质、现场提取电子数据、网络在线提取电子数据、冻结电子数据、调取电

---

① 《hash 算法原理详解》,载简书,https://www.jianshu.com/p/f9239c9377c5,2020 年 8 月 2 日访问。

子数据），电子数据的检查和侦查实验，电子数据委托检验与鉴定，内容全面、完整，涵盖了电子数据提取所有过程。检察机关可以按照公安部发布的规定审查公安机关提取电子数据过程的合法性，程序必须合法，才能保证实体有效，程序往往制约实体。

（四）对电子数据来源的审查

电子数据易于存储，U盘、硬盘、服务器、区块链存证等均可用于电子数据的存储和备份。U盘、硬盘、服务器等类型的存储设备从外观上大体一致，实践中很容易混淆，可能公安机关移送的存储设备中的电子数据不是案件中的电子数据，因此检察机关应要求公安机关提供存储电子数据设备的编号、扣押或提取时的同录视频，并与移送的设备进行比对。区块链存证是利用区块链技术保存证据，其本身的去中心化、防篡改等特性[1]可以保证电子数据的完整性，目前来说，还没有针对区块链存证的相关法律和技术标准，区块链本身就属于证据的一部分，只有保证区块链的安全性，才能保证电子数据的安全性，因此检察机关对于利用区块链存储的电子数据首先应当审查区块链的安全性，是否满足去中心化、防篡改等特性。

（五）对电子数据与案件之间关联性的审查

实践中，公安机关移送案件的电子数据容量普遍较大，动辄以GB来计算，而且没有经过分析和筛选，其中大部分数据可能和案件不具有关联性，导致检察机关在审查时无从下手，特别是审查逮捕阶段，需要在7日内作出决定，无法从大数据量的电子数据中快速找到和案件相关的有用数据，从而可能影响决定的作出。检察机关在审查大数据量的电子数据时，可以要求公安机关对电子数据进行初步分析和筛查，把有效数据做好记录，和原始数据一并移送，这样既不会影响完整性校验值的生成，也不会影响案件中电子数据的审查。对于前期侦查检察机关提起介入的案件，对于大数据量的电子数据，检察机关可要求公安机关进行初步分析和筛查。

（六）对电子数据司法鉴定意见书的审查

对于应用程序类的电子数据，对于里面的架构、数据库、源代码需要找专门的司法鉴定机构做鉴定，鉴定意见中的描述一般较为专业，检察机关审查时案件承办人由于专业受限难以清楚和明白，检察机关可以要求鉴定人对鉴定内容予以说明，还可以聘请具有专门知识的人进行咨询，也可以委托检察技术部

---

[1] 韩璇、袁勇、王飞跃：《区块链安全问题：研究现状与展望》，载《自动化学报》2019年第1期。

门予以技术协助，但必须要求鉴定机构提供鉴定时用于鉴定的软件名称、版本和参数等。

四、电子数据审查过程中常见的问题

（一）缺少专业的电子数据分析工具

大数据时代，独立的数据似乎没有价值，但是和其他数据相互关联确能够体现出价值。检察机关在审查电子数据时，可以通过人力和时间的投入，挖掘出和案件相关的电子数据，但是并不能将获得的关联数据进行整体数据分析，只能对个体数据结合案情分析，比如微信聊天记录、网上支付记录、位置信息、电话拨打频率之间如何建立与案件的整体联系，分析出犯罪嫌疑人犯罪的特点和其他犯罪情况。仅靠检察官个人来进行电子数据整体分析是不可能完成的，需要借助专业的电子数据分析软件，利用人工智能、语义分析、自然语言处理等相关技术实现，大多数检察机关没有配备电子数据分析软件，难以对案件中的电子数据做到全面整体分析，不能充分发挥电子数据的作用。

（二）对电子数据的作用认识不强

电子数据的特点和其他证据不同，需要有与时俱进的精神去认识电子数据的作用，检察机关的办案人员需要加强对电子数据的作用认识，只有从思想上加强认识，才能在具体办案过程中有意识地去发挥电子数据的作用。尤其是信息化程度的不断提高，重视电子数据的作用，可能会为案件办理提供一个新的方向和思路。检察机关审查电子数据，同时需要转变思维，不能完全按照书证、物证等证据的审查方法，虽然审查证据的原则都是合法性、真实性和关联性，但是审查的内容发生变化，审查方式也会不尽相同。电子数据的审查要更加注重提取的程序是否合法，而且制约实体有效的程序繁多，只有转变思维，结合个案不断实践，才能真正提升电子数据的审查能力。

五、完善电子数据审查的方法及路径

（一）加强检察办案人员对电子数据审查的培训

可通过现场培训与线上培训相结合的方式开展培训，不仅对电子数据相关的法律规定、司法解释进行培训，还要对办案人员的技术储备知识加强培训，比如：计算机工作的原理、网络基本知识、新技术的认识等。另外邀请实务专家对案件办理工作电子数据审查的问题和重点进行培训，特别是办理过电子数据案件并起到重大作用的专家，提升检察机关一线办案人员电子数据实际工作能力。

（二）培养法律和检察技术的交叉复合型人才

重视培养法律和检察技术的交叉复合型人才，实践中，检察技术的作用体现的不明显，甚至边缘化，主要原因是检察技术人员不具备法律知识和素养。应当鼓励检察技术人员学习法律知识，考取法律职业资格证书，甚至返校考取法律类的研究生。同时鼓励业务部门的办案人员到技术部门学习技术类的专业知识。上级机关开展的法律实务和检察技术培训，可交叉派员参加。

（三）提前介入引导公安机关对电子数据的提取

检察机关适时提前介入的案件属于重大、疑难、复杂类的案件，应当引导公安机关在侦查阶段对电子数据的提取，特别是电子数据提取过程中的程序问题，做到提取程序规范、合法。

（四）配备专业的取证软件和数据分析工具

有条件的检察机关可配备专业的取证软件和数据分析工具，对电子数据的审查包括提取和分析，目前取证软件一般属于行业专业软件，需要每年定期更新和升级，数据分析工具可根据工作特点，进行实际研发，也可配备行业专业软件。没有条件的检察机关，可以统筹资源，联合多家检察机关配备，共同使用。同时检察技术人员应加强理论学习和实践操作，申请电子数据鉴定人资格，建立起电子数据鉴定的专业化队伍。

（五）结合实际建立电子数据专家库

对于电子数据审查过程中的复杂技术问题，需要聘请具有专门知识的人进行咨询，因此可结合实际和相关文件规定建立电子数据专家库，不仅局限于本地的专家，其他地域的专家也可通过远程咨询，检察机关应当重视针对电子数据具有专门知识的人的意见。

（六）制定健全的电子数据审查工作机制

目前电子数据取证方式和操作方法有待规范，刑事诉讼中电子数据取证不仅是技术难题更是制度难题。制定规范的电子数据审查认定流程、工作机制是保障刑事诉讼电子证据审查认定有序开展的关键[1]。检察机关可根据本地区实际情况，在满足现行法律、司法解释规定的情况下，制定本地区的电子数据审查工作机制，保障电子数据审查按制度有序进行。

---

[1] 胡勇：《电子证据审查认定"四难"及其解决》，载《检察日报》2019 年 11 月 7 日，第 3 版。

六、结语

随着信息技术的发展,电子数据作为一项法定证据,在刑事案件办理过程中越来越重要,检察机关对电子数据的审查应当重视起来,主动作为,切实提高一线办案人员的电子数据审查能力。本文详细分析了刑事案件中电子数据的作用、检察机关在办理刑事案件中电子数据审查的关键、电子数据审查过程中常见的问题,提出了完善电子数据审查的方法与路径。在以后的工作中,将继续对电子数据审查进行深入研究,将基于区块链的电子数据审查、基于云平台取证的电子数据审查作为重点研究方向。

电子数据的审查与判断研究

国　晶　贾旭龙[*]

电子数据证据是一种以计算机为基础的证据,随着信息技术的不断发展,数据终端变得越发多样化,电子数据的种类也越来越多,目前主流学术观点是任何存储、记载于电子介质的证据都属于电子数据证据,无论数据的、磁性的、光学的、电磁的或者类似技术产生的信息、记录合作和其他信息形式都有可能成为电子数据证据,但是,电子数据证据的数字性、脆弱性和载体的多样性等特点直接影响着其作为法律证据的效力。在司法实践中,电子数据证据发挥的作用越来越明显,特别是在经济犯罪中,犯罪嫌疑人往往在主观明知与不具有非法占有目的为主要辩解,此时判断犯罪嫌疑人具有"明知""故意""非法占有"的主观目的越来越需要依靠电子数据发挥作用,因此如何审查、判断、应用、运用电子证据越发重要。

一、电子数据的发展与地位

(一)电子数据的发展

"电子证据"及其相似词汇是在20世纪50年代以后伴随着计算机、互联网的相继发明和应用才出现的,在20世纪之前,我国在立法上并没有将电子证据作为证据的种类予以规定,直到2015年《公安机关电子数据鉴定规则》第2条"本规则所称的电子数据,是指以数字化形式存储、处理、传输的数据"才首次将电子数据的定义在法律法规层面予以明确。2009年,最高人民检察院《人民检察院电子证据鉴定程序规则(试行)》规定:"电子证据是指由电子信息技术应用而出现的各种能够证明案件真实情况的材料及其派生物。"根据上述两规则,我国正式在立法领域确定了电子证据作为证据使用的

---

[*] 国晶,黑龙江省人民检察院林区分院副检察长;贾旭龙,黑龙江省哈尔滨市人民检察院第四检察部检察官助理。

定义，但电子数据仍然不属于单独的证据种类，为解决此问题，2012年修改后的《刑事诉讼法》第48条规定："可以用于证明案件事实的材料，都是证据。证据包括：（一）物证；（二）书证；（三）证人证言；（四）被害人陈述；（五）犯罪嫌疑人、被告人供述和辩解；（六）鉴定意见；（七）勘验、检查、辨认、侦查实验等笔录；（八）视听资料、电子数据。"第52条第2款规定："行政机关在行政执法和查办案件过程中收集的物证、书证、视听资料、电子数据等证据材料，在刑事诉讼中可以作为证据使用。"至此，电子数据作为我国法定的证据种类之一在刑事侦查、审查、审判活动中得以应用、运用。

（二）电子数据的重要意义

随着近年来网络犯罪的比重逐年增长，电子数据在证明犯罪中的地位愈加重要，以笔者所在的黑龙江省为例，2017—2019年，共受理审查起诉网络犯罪案件608件1876人，提起公诉的利用网络实施的犯罪分别是129件、214件和223件（如下图）。

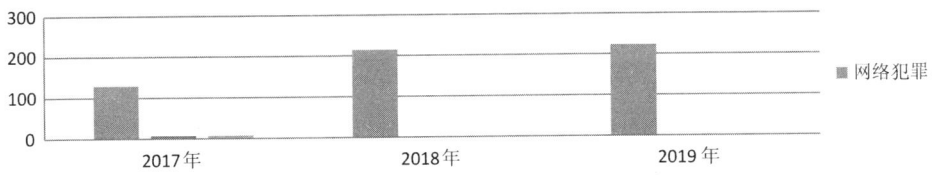

特别是利用网络实施的侵财类犯罪，近三年来全省审查起诉的利用网络实施的电信网络诈骗犯罪270件982人，占比达45.92%。越来越多的网络犯罪，意味着需要电子数据证据在犯罪证明体系中的地位越来越高，对电子数据证据的审查与应用也应该越来越规范。

二、电子数据在司法实践中的应用

以最高检发布的第十八批指导性案例中的张凯闵等52人电信网络诈骗案为例。

（一）基本案情

2015年6月至2016年4月间，被告人张凯闵等52人先后在印度尼西亚共和国和肯尼亚共和国参加对中国大陆居民进行电信网络诈骗的犯罪集团。在实施电信网络诈骗过程中，各被告人分工合作，其中部分被告人负责利用电信网络技术手段对大陆居民的手机和座机电话进行语音群呼，群呼的主要内容为"有快递未签收，经查询还有护照签证即将过期，将被限制出境管制，身份信息可能遭泄露"等。当被害人按照语音内容操作后,电话会自动接通冒充快递公司客服人员的一线话务员。一线话务员以帮助被害人报案为由,在被害人不挂断电话时,将电话转接至冒充公安局办案人员的二线话务员。二线话务员向被害人谎称"因泄露的个人信息被用于犯罪活动,需对被害人资金流向进行调查",欺骗被害人转账、汇款至指定账户。如果被害人对二线话务员的说法仍有怀疑,二线话务员会将电话转给冒充检察官的三线话务员继续实施诈骗。至案发,张凯闵等被告人通过上述诈骗手段骗取 75 名被害人钱款共计人民币 2300 余万元。

(二)案件涉及的电子数据问题

由于本案系在境外作案,且证明犯罪的证据多存在于网络,多系电子数据,为确保证据的客观性、关联性和合法性,侦查机关联系肯尼亚方,在遣返犯罪嫌疑人前将起获的涉案笔记本电脑、语音网关(指能将语音通信集成到数据网络中实现通信功能的设备)、手机等物证移交我国公安机关,通过确定电子数据的来源系原件,保证未来调取电子数据时的客观性;检察机关就案件有关涉外电子数据的提取等问题与公安机关沟通,提出提取、恢复涉案的 Skype 聊天记录、Excel 和 Word 文档、网络电话拨打记录清单等电子数据,并对电子数据进行无污损鉴定的意见。在审查电子数据的过程中,检察人员与侦查人员在恢复的 Excel 文档中找到多份"返乡订票记录单"以及早期大量的 Skype 聊天记录。依据此线索,查实部分犯罪嫌疑人在去肯尼亚之前曾在印度尼西亚两度针对中国大陆居民进行诈骗,诈骗数额累计达 2000 余万元人民币。随后,11 名曾在印度尼西亚参与张凯闵团伙实施电信诈骗、未赴肯尼亚继续诈骗的犯罪嫌疑人陆续被缉捕到案。至此,张凯闵案 52 名犯罪嫌疑人全部到案。

(三)司法实践中应用电子数据存在的问题

通过本案的办理过程可以发现,目前诈骗犯罪以及其他相关经济犯罪特别是金融诈骗、破坏社会主义经济秩序等犯罪越来越趋向线上犯罪,犯罪嫌疑人多借助网络通讯等手段开展犯罪行为,电子数据作为法定证据,在这里就显得越来越重要,特别是在用互联网实施的涉众型经济犯罪案件中,为有效指控犯罪,对电子数据的收集与审查提出了更高的标准和要求。但是,电子数据在应用时由于其独特的构成形式,在司法实践中始终存在一个突出问题,即载体信息易修改,恢复难度大。其证明内容始终依附于一定的电子设备或终端上,这些载体主要有计算机、手机、电话、U 盘等,在这些载体上信息具有删改简易化以及人身识别特征减弱化的特征,因此办案中经常出现载体中数据被删除或修改的情况，此时就需要对电子数据进行恢复，目前司法实务领域恢复软件往往需要一定的时间，因此，案件发生与电子数据恢复之间存在一定的"时间差"，这就导致电子数据证明案件事实的证明力偏弱，这也要求对电子证据的审查比对书证、物证等其他证据的审查更为严格。

三、电子数据的审查

（一）审查的依据

对电子数据的审查，一直是我国司法实践中的难题之一，早在2010年最高人民法院、最高人民检察院、公安部、国家安全部、司法部《关于办理死刑案件审查判断证据若干问题的规定》中就对电子证据的审查作出了比较详细的要求，其第29条规定："对于电子邮件、电子数据交换、网上聊天记录、网络博客、手机短信、电子签名、域名等电子证据，应当主要审查以下内容：（一）该电子证据存储磁盘、存储光盘等可移动存储介质是否与打印件一并提交；（二）是否载明该电子证据形成的时间、地点、对象、制作人、制作过程及设备情况等；（三）制作、储存、传递、获得、收集、出示等程序和环节是否合法，取证人、制作人、持有人、见证人等是否签名或者盖章；（四）内容是否真实，有无剪裁、拼凑、篡改、添加等伪造、变造情形；（五）该电子证据与案件事实有无关联性。对电子证据有疑问的，应当进行鉴定。"

对电子证据，应当结合案件其他证据，审查其真实性和关联性，对电子证据的审查就是对证据"客观性、关系性、合法性"的审查，具体如何审查，最高人民法院《关于适用〈中华人民共和国刑事诉讼法〉的解释》，2016年最高人民法院、最高人民检察院、公安部《关于办理刑事案件收集提取和审查判断电子数据若干问题的规定》以及2019年公安部下发的《公安机关办理刑事案件电子数据取证规则》详细规定了"收集、提取电子数据、电子数据的检查和侦查实验、电子数据委托检验与鉴定"等内容，为检察机关、审判机关审查电子数据的"三性"提供了明确的法律依据。

（二）审查的重点

1. 注重对电子数据客观性的审查。一要审查是否为原件。对电子数据原件的识别，应特别注意审查电子数据的获取方式，目前电子数据主要获取方式有：扣押、封存原始存储介质；现场提取电子数据；网络在线提取电子数据；冻结电子数据；调取电子数据。首先在审查过程中要确定电子数据来自于侦查机关的哪种获取方式，对于扣押、封存原始存储介质的以及现场提取的电子数据，要注意审查侦查机关调查收集证据的地点，电子数据的原件是指最初生成的电子数据及其首先固定所在的各种储存介质。侦查机关扣押、封存、调取的电子数据固定于犯罪场所的计算机硬盘上，则该硬盘或其上的电子数据就是原件；如果侦查机关扣押、封存、调取的电子数据来源于公安机关在犯罪现场扣押、封存、调取的磁带、软盘、光盘，电子数据也属于原件；如果因特殊原因无法扣押原始存储介质并且无法提取电子数据的或者存在电子数据自毁功能或装置，需要及时固定相关证据的，则侦查机关在第一时间通过打印、拍照或者录像等方式固定电子数据的形式，该证据也属于电子数据的原件。网络在线提取电子数据，还应审查侦查机关调取电子数据的网络媒介。二是审查电子数据的完整性。完整性是考查电子数据证明力的特殊指标，电子数据的完整性包括电子数据本身的完整性和电子数据所依赖的计算机系统的完整性。电子数据本身的完整性是构成电子数据原件的重要要素，因为电子数据本身具有可修改、可复制、可剪辑、可拼凑的形式，因此，电子数据的完整性包括形式上的完整性和内容上的完整性。形式上的完整性是指电子数据必须保持生成之时的原状，这就要求审查时重点审查电子数据包括格式调整、存储位置变化、制作人修改等在内的任何更改；电子数据内容上的完整性是指电子数据自形成之时起，其内容保持完整、未遭到非必要的添加或删除，这要求重点审查电子数据是否进行过非必要的添加或删除，也就是说是否对电子数据进行了关键性的更改，但诸如对电子文件进行格式调整、加入页眉、页脚、注明来源、形成过程和取得日期等非关键性的更改，并不影响这段时间的完整性。

2. 注重对电子数据合法性的审查。对于合法性的审查，可以从三个方面进行：一是取证主体是否合法。《刑事诉讼法》第41条和第52条规定，电子数据的收集和调取主体为法院、检察院、公安机关以及辩护律师。行政机关在行政执法和查办案件过程中收集的电子数据也可作为证据使用，而刑事案件中除检察机关自行补充侦查的证据外，一般侦查主体是公安机关，因此首先要审查调取电子证据的公安机关人员是否符合法律规定。《公安机关办理刑事案件电子数据取证规则》第6条规定："收集、提取电子数据，应当由二名以上侦查人员进行。必要时，可以指派或者聘请专业技术人员在侦查人员主持下进行收集、提取电子数据。"因此，在审查中可以优先审查取证人员是否是侦查人员或者聘请的专业技术人员。二是审查调取程序是否合法。从最高人民法院《关于适用〈中华人民共和国刑事诉讼法〉的解释》第93条，最高人民法院、最高人民检察院、公安部《关于办理刑事案件收集提取和审查判断电子数据若干问题的规定》第24条来看，应着重审查的收集程序、方式主要包括：经勘验、检查、搜查等侦查活动收集的电子数据，是否附有笔录、清单，并经侦查人员、电子数据持有人签名；没有持有人签名的，是否注明原因；远程调取境外或者异地的电子数据的,是否注明相关情况;对电子数据的规格、类别、文件格式等注明是否清楚;是否依照有关规定由符合条件的人员担任见证人,是否对相关活动进行录像;电子数据检查是否将电子数据存储介质通过写保护设备接入到检查设备;有条件的,是否制作电子数据备份,并对备份进行检查;无法制作备份且无法使用写保护设备的,是否附有录像;作为证据使用的电子数据是否经过了司法鉴定,鉴定人的身份是否符合法律规定。三是审查调取手段是否合法。应当结合电子数据提取和保存技术过程,判定是否违背社会公共利益或违反公序良俗,是否侵犯他人合法权益,比如是否系通过电子病毒、恶意程序攻击等违反互联网公共秩序方式获取,是否侵犯他人隐私权、知识产权等权利进行综合审查。

3. 注重对电子数据关联性的审查。由于电子数据证据的属性往往既与设备相关联,又与人相关联。因此,电子数据关联性的认定,一方面应当结合电子数据生成技术原理和其内容,注意电子数据与案件待证事实之间的关联性。既要留存计算机软硬件上的电子数据,也要留存其相关外围设备中的电子数据;既要留存电子数据中的文本信息,也要留存其中的图像、音频、视频等信息,使各种电子数据证据间相互印证、相互支持,使电子数据与待证事实相对应。另一方面,应当结合犯罪嫌疑人、被告人的身份进行审查。根据最高人民法院、最高人民检察院、公安部《关于办理刑事案件收集提取和审查判断电子数据若干问题的规定》第 25 条规定,认定犯罪嫌疑人、被告人的网络身份与现实身份的同一性,可以通过核查相关 IP 地址、网络活动记录、上网终端归属、相关证人证言以及犯罪嫌疑人、被告人供述和辩解等进行综合判断。因此,认定犯罪嫌疑人、被告人与存储介质的关联性,可以通过核查相关证人证言以及犯罪嫌疑人、被告人供述和辩解等进行综合判断。

四、电子数据的应用

(一) 调取电子数据"原件"

严格执行最高人民法院、最高人民检察院、公安部《关于办理刑事案件收集提取和审查判断电子数据若干问题的规定》,及时全面提取电子证据的原始存储介质,保证电子数据的真实性、客观性。

(二) 介绍性听取专家辅助人意见

在电子数据存在瑕疵,在公安机关难以把握的前提下,适当引入专家辅助人制度,在提前介入时就要求公安机关对电子数据相关内容征求相关领域专家的意见,根据专家意见适当地对电子数据证据进行修复或者及时引导公安机关补充调取相关证人证言、犯罪嫌疑人供述和辩解、书证、物证等其他关联证据进行综合判断，与电子数据相互印证，形成完整的证据链条，准确认定案件事实。

（三）突出电子数据转化程序的备份管理

检察机关要确保电子数据自收集至起诉时起一直处于连续保管状态，使每个流转阶段的电子数据都处于实质上的相同状态，以保证转化使用后的电子数据与原始数据始终保持一致，因此，应当通知公安机关将转化前的原始数据备份备查且一并在审查起诉阶段移交检察机关，公安机关在转化过程中应当注意转化的主体、程序和方式符合法律和技术规范，确保转化内容真实完整，无剪裁、拼凑、篡改、添加等伪造、变造行为。检察机关在法庭审理阶段应当监督法庭提交的电子数据与原始数据一致。

（四）规范对电子数据鉴定

确保鉴定意见是由法定的司法鉴定机构出具，具备鉴定意见所要求的法定形式条件，对缺乏鉴定资质或不具备鉴定意见形式要件的应当及时要求公安机关予以补强，无法补强的鉴定材料，确能与在案证据相互印证的，可以作为专家证人意见予以采纳。

网络犯罪电子数据收集的困境与解决建议

刘晓涛[*]

随着近些年来网络技术的发展,为人们的日常生活提供了便利,却也衍生出新的犯罪工具及犯罪模式,在新冠肺炎疫情期间通过微信、电商、直播的方式进行网络诈骗的犯罪行为屡见不鲜。近年司法机关加大对网络犯罪的打击力度,仍难以遏制其上升趋势,其原因一是网络技术发展,犯罪手段不断更新,二是网络犯罪取证难的问题主要体现在对电子数据的收集。

电子数据是无形的且无法独立存在的,必须依靠外界设备存储收集,这就决定了其收集方式与实物证据收集方式有所不同。2016年9月最高院、最高检和公安部联合制定《关于办理刑事案件收集提取和审查判断电子数据若干问题的规定》,这是我国首部关于电子数据的专门性规定,该规定意味着电子数据收集时终于有法可依。但在实际案件办理中,电子数据的收集仍存在问题:向案外第三方收集电子数据收集与隐私权之间的冲突、网络空间交互性与刑事诉讼侦查行为的冲突、电子数据收集审查能力稍显不足等问题,造成电子数据的收集周期长、审查难,为办理网络犯罪增加了难度。本文拟从电子数据收集困境进行分析并提供建议,希冀可以为网络犯罪电子数据收集提供有利帮助。

一、网络犯罪的现状

随着现代网络技术的发展,网络平台井喷式爆发,为人们交流提供了便捷的通讯方式,不仅丰富了人们的日常生活,更推动了社会进步。但是与此同时,不法分子也利用现代网络技术,以极低的犯罪成本获得高额的犯罪收益。随着网络技术的发展,犯罪手段更新,网络犯罪主体呈现年轻化趋势,犯罪行为更易操作。

---

[*] 刘晓涛,辽宁省沈阳市于洪区人民检察院党组书记、检察长,二级高级检察官。

(一) 网络犯罪主体趋于年轻化、专业化、团伙化

1. 网络犯罪年轻化

根据最高人民法院发布的司法大数据专题报告中统计,网络犯罪的主体呈现年轻化趋势。该报告指出,网络犯罪案件中被告人主要分布在 20－40 周岁占比约为 76.96%；年龄为 28 周岁的被告人最多,约占全部被告人数的 5.97%；年度趋势网络犯罪中 20 周岁以上未满 40 周岁的占比最大,且总趋势呈逐年上升趋势。① 这是因为年轻人对于新型发展的网络技术、社交平台更为依赖和熟悉,而网络平台监管机制建立的不完善、侥幸和投机心理作祟,使得年轻人误入歧途。

2. 网络犯罪专业化

据该报告统计,网络犯罪案件,从事信息传输、计算机服务和软件业的犯罪主体占比最多,犯罪主体呈专业化趋势。据第 45 次《中国互联网络发展状况统计报告统计》,截至 2020 年 3 月,我国网民规模超过 9 亿,网络购物用户规模超过 7 亿,2019 年交易规模超过 10 万亿元。我国连续 7 年成为全球最大的数字消费市场。② 在飞速发展的互联网领域中,从事计算机服务等行业的人员占据着重要的作用,他们精通电脑操作系统、熟知操作程序、了解网络平台漏洞及缺陷,可以凭借极低的犯罪成本获得高额的犯罪收益。

3. 网络犯罪团伙化

报告显示 2016 年—2018 年期间,网络犯罪中犯罪嫌疑人 3 人以上的比重分别为 26.03%、27.63%、28.71%,呈逐年上升趋势。数据显示网络犯罪呈现共同犯罪趋势,甚至成立团伙化、集团化运营模式,屡禁不止的网络诈骗、网络赌博等案,都属于团伙化作案。

(二) 网络犯罪行为易操作虚拟性强

1. 网络犯罪行为易操作

随着网络平台、通讯工具的发展,网络犯罪的手段不断更新,现行网络犯罪不仅有黑客入侵、病毒入侵这类专业性强操作难度大的犯罪手段。还包含操作性强简单易行、通过使用智能型网络平台实施犯罪的犯罪手段,例如通过微信、微博等通讯工具进行网络诈骗、传播虚假信息、传播恐怖主义视频等行

---

① 数据来源《司法大数据专题报告之网络犯罪特点和趋势》,最高人民法院网,载 http：//www.court.gov.cn/fabu－xiangqing－202061.html,最后访问日期：2019 年 11 月 22 日。

② 谢鹏程：《网络犯罪司法控制效能提升路径选择》,载《检察日报》2020 年 7 月 27 日。

为。微信、微博等通讯工具不断智能化精进，本意是方便人们日常的交流、沟通与学习，却给犯罪嫌疑人提供了可乘之机。

2. 网络犯罪行为虚拟性强

网络犯罪属于无接触性犯罪，虚拟性强。犯罪嫌疑人使用虚拟账号或通过技术手段隐藏其真实身份及住址，无须与被害人面对面交流，只用电脑、手机进行简单的指令操作，即可实施犯罪行为。正是因为这种较强的虚拟性，为办理网络犯罪案件带来困难。办案人员即使通过技侦手段寻找到犯罪主体，仍需向虚拟账户所在的第三方网络运营公司，调取虚拟账号与真实犯罪主体联系的证据。

二、网络犯罪电子数据收集三个方面的困境

尽管近年来司法机关加大了对网络犯罪的打击力度，但仍难以遏制其发展趋势，这不仅是因为网络犯罪手段更新，还有就是网络犯罪取证难的问题，这主要体现在电子数据的收集。网络犯罪中的电子数据主要是指电子邮件，微信、QQ 等各网络平台中的电子聊天记录，其中的信息可以直观展示网络犯罪的行为过程，是案件办理中最有力、最关键的证据。《电子数据若干问题的规定》为电子数据的收集提供了法律依据，但在实际案件办理中仍会出现问题：向案外第三方收集电子数据收集与隐私权之间的冲突、网络犯罪电子数据网络空间交互性与刑事诉讼侦查行为的冲突、电子数据收集审查能力稍显不足。这些问题会影响案件的办理，由此需要对这三个问题进行分析，以期为解决电子数据收集中存在的问题提供一定的帮助。

（一）向案外第三方收集电子数据收集与隐私权之间的冲突

1. 向案外第三方主体收集电子数据周期长

网络犯罪中收集的电子数据更多的是微信、微博或其他网络平台中的聊天记录，犯罪嫌疑人会通过更换、丢失手机电脑毁灭证据，或自行通过软件、网络平台删除记录。手机、电脑中的数据恢复成功率低，给搜集电子证据增加了困难。但网络时代，用户只是网络平台和相关系统的使用者，并不是所有者，电子数据都存储于各网络平台的服务器中，即使出现信息被删除的情况，也可以通过网络运营公司的服务器，进行后台恢复或复制，所以在案件办理的过程中，向拥有技术和设备第三方网络平台运营公司进行收集，更能方便收集电子数据。然而，网络平台运营公司多位于深圳、杭州，与案发地距离较远，致使调取证据周期长。

2. 向案外第三方主体收集电子数据操作不当易侵权

传统证据收集是以犯罪嫌疑人为侦查对象、案情相关情况为内容进行侦查

取证。而在电子数据收集过程中，侦查对象由犯罪嫌疑人扩展到案外第三方。在刑事诉讼法中并没有设立案外第三方的概念，因为在刑事案件中知悉案情、掌握案件线索的人却未向司法机关提交证据的，涉及的就是共同犯罪或包庇罪，而非案外第三方主体。网络犯罪第三方运营公司只提供存储功能，不能认定其知悉案件。而且服务器储存的不单是犯罪证据，还包括财产、隐私等，而且在筛查扣押中，可能会接触其他人的隐私，电子数据的收集方法不当，可能会造成对犯罪嫌疑人或他人隐私权的侵犯。

(二) 网络犯罪电子数据网络空间交互性与刑事诉讼侦查行为的冲突

刑事诉讼侦查行为主要分为强制性侦查和任意性侦查。诉讼规则中通过物理空间的不同性质区分侦查行为及扣押行为，是为了规范实物证据的取证流程以及保证实物证据取证的合法性。

但是网络犯罪互联网空间的交互性，使互联网中的公有领域和私有领域的概念模糊，在技术操作层面通过设立关键词进行筛选，也会因逻辑推理的局限性、教条性出现筛选漏洞，极难实现公有领域和私有空间的区分。如果将网络空间视为公有领域，那么可能出现在侦查阶段对于网络空间的电子数据搜查无限制的情形；如果将网络空间视为私有领域，那么在收集某些不具有隐私性的电子数据时，以强制性侦查行为来限制侦查可能会过于严苛。刑事诉讼以区分公有领域和私有领域对不同侦查行为予以规范性限制，但在电子数据收集过程中却无法发挥作用，这就导致某些应受到规制的强制性侦查行为可能被打着任意性侦查的名义来实施，某些强制性较高的侦查措施可能被借着强制性较低侦查措施的名义来实施，收集到的电子数据可能会在案件审理中被质疑程序不合法，出现被非法排除的情形。

(三) 电子数据收集审查能力稍显不足

1. 电子数据收集设备脆弱

网络犯罪电子数据通常以数据化形成存储于运营公司的服务器，当有人恶意侵入网络系统或控制存储装置或是系统出现故障时，电子数据都可能遭到盗取、复制、修改或者被销毁，销毁后恢复数据时间长且成功率低。电子数据所存储运输的设备较为脆弱，尤其是网络犯罪涉及异地取证的问题，存储、运输甚至正常使用都会损耗设备，造成证据的毁损。

2. 电子数据收集与行政执法部门配合少

行政执法部门在行使日常监管职责时，能在执法执勤中发现某些领域或某些行业出现不合理、不合法的违规、违法行为，在某些行业中行政执法部门具有完整的调查体系以及较强的电子数据收集能力。然而，刑事案件侦查中，电子数据收集与行政执法部门配合较少,可能会出现电子数据重复收集的情形,造成司法资源的浪费。

3. 电子数据审查缺少专业人员

电子数据审查过程中,办案人员无法依靠其专业知识简单地对电子数据的真伪、关联性等进行审查认定,往往需要通过司法鉴定机构的鉴定意见辅助办案人员审查认定电子数据,但司法鉴定机构的鉴定时间过长,可能会出现超出审理期限的情况。而在办理金融类犯罪时,也需要会计对案件进行专项审计,由于专项司法会计审计缺失,普通会计与刑事司法脱节,审计人员刑法常识储备不足,出具的审计报告与实际需要相脱钩,对案件帮助低,造成司法资源的浪费。

三、网络犯罪中电子数据收集审查三点建议

(一) 对案外第三方收集电子数据收集的建议

由于网络技术的发展,网络共享模式的兴起,许多用户会通过网络云端储存相关的信息,所以即使用户删除掉手机中的信息,也可以通过云端恢复或通过云端后台服务器进行信息筛选复制。除了云端储存,各网络平台、通讯软件都可以实现网络存储功能,聊天记录、转账记录、个人信息这些数据全部存储在网络运营公司的服务器中,所以当电子数据丢失、毁损或被嫌疑人销毁时,可以向案外第三方网络运营公司收集相关的数据,而且这种情况也会越来越普遍,所以在相关司法解释中也对这种情形有所规定,《电子数据规定》第3条规定:"人民法院、人民检察院和公安机关有权依法向有关单位和个人收集、调取电子数据。有关单位和个人应当如实提供。"该条中"有关单位和个人"既应该包括刑事诉讼主体,还应包括作为案外人的网络运营商、服务商等第三方主体。

该条解释赋予了司法机关对有关单位个人调取、收集电子证据的权利,但对于该权利的具体内容并没有过多指导,所以在办理案件过程中仍会出现如下问题:案发地与案外第三方网络运营公司距离远、调取证据难、取证周期长的问题;调取数据时,由于对权利没有限制,可能会侵害案外第三人个人信息权、隐私权以及财产权。针对这两种情况,拟提出以下两种建议,希望可以向案外第三方主体收集电子数据时提供些帮助。

1. 通过法律推动网络运营公司建立协查、教育、自纠机制

在司法实践中,司法机关与网络运营公司之间的协查机制对于打击网络犯罪已初见成效,公安部门通过网安协作和点对点通道两种方式发起调证,与阿里巴巴集团下属电商平台包括淘宝、蚂蚁金服、阿里云、菜鸟物流等平台类公

司，建立网络协查机制，实现"调证不去人"的集约模式，并实现高效率完成调取证据的工作。①

建立司法机关与网络运营公司协查机制有利于电子数据的收集，不仅可以调取网络平台中存储的聊天记录或其他信息，还可以通过网络运营公司调取犯罪嫌疑人与虚拟账户的关联性的证明，这种"调证不去人"的模式降低了电子数据收集的成本，减少了数据收集的时间，更提高了取证的效率。在实务中，这种协查机制的建立并不普及，一是某些网络运营公司的实质就是为网络犯罪提供犯罪的工具，二是在立法上没有对建立协查机制的规定，所以在实务中仍需调动办案人员到第三方网络运营公司进行实地调取，这会造成司法资源的浪费。为了减少电子数据收集的周期，可以通过法律推动网络运营公司有义务配合公安建立协查机制，为网络犯罪电子数据的收集工作提供有力的后援力量。

网络犯罪的犯罪嫌疑人，有的是具有专业知识的人主动进行病毒侵入制造漏洞，有的是利用网络自身漏洞或网络平台尚未完善出现纰漏而实施犯罪行为。无论犯罪嫌疑人通过何种方式进行犯罪，网络平台在犯罪嫌疑人实施犯罪行为的过程中都变成其手中的工具，网络运营公司应有义务建立自纠机制，完善网络平台自身漏洞，从而降低因其漏洞而造成的不利后果。

2. 收集电子数据时办案人员应对案外人履行告知义务

向案外第三方主体收集电子数据时，可能会出现案外人个人信息隐私侵权的情况，应秉持电子数据与案件的相关性、必要性以及对案外人隐私侵害最小为原则进行审查、收集。对于涉及案外人重大隐私利益，办案人员应有告知义务，被告知人不仅是案外第三方主体，还应向电子数据中记录个人信息权、隐私权和财产权等权利主体进行告知。第三方网络运营公司虽掌握数据，但这些数据承载的个人信息、隐私以及财产信息并不属于第三方主体，其可能缺乏对于电子数据的收集、审查过程的监督的能力，对案外人予以提前告知，能保证案外人利益受到损害时可以及时寻求救济。

(二) 将电子数据进行分类规制侦查措施

电子数据网络空间的交互性和开放性，刑事诉讼中的侦查行为无法通过区分证据所处的物理空间予以限制。比如刑事案件中的作案工具，如果处于私人住宅或公司等私有区域内时，对该物理空间搜查需要搜查证；而如果该作案工

---

① 谢鹏程：《网络犯罪司法控制效能提升路径选择》，载《检察日报》2020 年 7 月 27 日。

具位于公共区域,在紧急情况下可以无须搜查令。刑事诉讼中侦查行为的关注点不在于物品,而着重于所处空间的法律属性。虽然,网络空间的交互性模糊了互联网中公共区域和私有领域的概念,使得在收集电子数据时无法适用刑事诉讼中关于侦查行为的规则。为了保障电子数据承载的公民利益,对电子数据进行分类规制不同的侦查措施,电子数据进行分类有以下三种方式。

1. 列举式分类。《电子数据规定》第 1 条第 2 款列举了常见电子数据的不同类型,具体包括网页、微博、手机短信、电子邮件、数字证书、计算机程序等信息和电子文件。同时,该款阐明电子数据并不限于本款所列信息、电子文件形式,为新形态电子数据预留了空间。① 针对该规定中现有的证据种类,有学者认为该款第一项中所列电子数据视为公共信息,提取此类电子数据通常不涉及公民基本权益,所以可以适用任意性侦查行为;而将第二至四项所列电子数据视为涉及公权力的信息,收集此类电子数据应适用强制性侦查。② 这种将证据类举式分类方法并不科学,电子数据的形式多样无法穷尽,因此将后三类与第一类数据完全对立,并以此界规制刑事侦查行为并不恰当。

2. 按电子数据承载信息的法律属性进行分类。有学者认为电子数据应按照其自身所承载信息的法律属性进行分类,该学者参考国际网络犯罪公约委员会在 2015 年的调查报告将网络犯罪侦查中所涉电子数据概括为三类:注册人信息、交互信息和内容信息。③ 该学者认为分类应着重于信息自身的法律属性,一般而言,注册信息是由当事人自愿提供,其承载的隐私期待利益相对较低;而交互信息处于半公开状态,电子数据作为现代信息技术的产物,其具有科学技术含量高的特征,这就对电子数据承载的隐私期待略高;内容信息则直

---

① 《关于办理刑事案件收集提取和审查判断电子数据若干问题的规定》第 1 条规定,电子数据是案件发生过程中形成的,以数字化形式存储、处理、传输的,能够证明案件事实的数据。电子数据包括但不限于下列信息、电子文件:(一)网页、博客、微博客、朋友圈、贴吧、网盘等网络平台发布的信息;(二)手机短信、电子邮件、即时通信、通讯群组等网络应用服务的通信信息;(三)用户注册信息、身份认证信息、电子交易记录、通信记录、登录日志等信息;(四)文档、图片、音视频、数字证书、计算机程序等电子文件。 以数字化形式记载的证人证言、被害人陈述以及犯罪嫌疑人、被告人供述和辩解等证据,不属于电子数据。确有必要的,对相关证据的收集、提取、移送、审查,可以参照适用本规定。

② 龙宗智:《寻求有效取证与保证权利的平衡——评"两高一部"电子数据证据规定》,载《法学》2016 年第 11 期,第 7—14 页。

③ 裴炜:《犯罪侦查中网络服务提供商的信息披露义务》,载《比较法学研究》2016 年第 4 期,第 92—104 页。

接触及私人通信自由与通信秘密的核心。对承载此三类信息的电子数据调查取证时，法律施加控制的严厉程度呈逐步递增趋势。① 从规范电子取证措施的运用并有效控制侦查权的角度，该学者的观点具有积极意义，但是类型划分方案并不能覆盖所有电子数据，所以不能作为收集电子数据的程序法律制度唯一的理论依据。

3. 按照电子数据承载的公民权益分类。有学者认为电子数据更应考虑电子数据是否涉及或者承载公民的基本权益，应将按照"完全不涉及""部分涉及""绝对涉及或推定涉及"进行划分。"完全不涉及"包含网络公开信息以及"电子介质、个人在线主机或服务器中存储的数据"对于这类完全不涉及公民基本权利的电子数据，可以适用任意性侦查措施。"部分涉及"指的是第三方平台存储的用户数据，对于"电子通信及云存储的非内容数据"可以适用任意性侦查措施，而对于"电子通信、登录凭证保护的云存储的内容数据"则须适用强制性侦查措施。"绝对涉及或推定涉及"指权利主体单独有效持有、控制的非公开数据，这类涉及公民基本权利的电子数据必须适用强制性侦查措施。② 该学者的观点侧重于依据电子数据所承载的公民基本权利来对相应侦查措施予以不同规制，这种方式更为科学全面，值得借鉴。

综上所述，列举式分类可以将现有电子数据进行分类，但由于网络的发展，电子数据模式更新频率快，列举式分类无法对未来的证据进行预判，所以根据此方式规制刑事侦查措施并不恰当；按电子数据信息的法律属性分类，可以有效地控制强制侦查权，但可能会出现无法涵盖所有电子数据的情形；而根据电子数据承载的权益进行规制侦查措施，更能保护公民权益，也对规制侦查措施有着科学的指导意义。

(三) 提升司法机关的电子数据收集审查能力

1. 建立专业化电子数据取证机构，保障电子数据的完整性。《网络犯罪刑事诉讼程序意见》第13条规定："收集、提取电子数据，应当由二名以上具备相关专业知识的侦查人员进行。"与传统证据材料相比，电子数据更脆弱更易毁损，这种特征就决定了电子数据的取证主体必须具有专业知识，既可在技术层面来保障电子数据的完整性，又可以保障取证主体权限的合法性，还可以保障取证主体技术资质的合法性。从世界范围来看，很多境外发达国家或者地

---

① 谢登科：《论电子数据与刑事诉讼变革：以"快播案"为视角》，载《东方法学》2018年第5期，第47—54页。

② 梁坤：《论初查中收集电子数据的法律规制》，载《中国刑事法杂志》2020年第1期，第39—57页。

区为打击计算机犯罪、网络犯罪成立了收集电子数据的专门机构。① 司法机关可以设立电子数据取证实验室,为保障电子数据的完整性提供技术支持。

2. 联合行政执法机关,提高电子数据收集效率,有效打击网络犯罪。与行政机关联合建立收集电子数据的工作制度,这既可以发挥行政机关管理督促职能又兼顾其电子数据收集能力较强的优势,也可以提高电子数据收集的效率,从而有效打击网络犯罪。

3. 培养高素质复合型人才,强化电子数据收集审查能力。针对网络犯罪电子数据的真伪、关联性审查认定难、经济案件中缺乏法律性的审计报告这类些问题,急需培养既有专业性又具备法律知识的复合型人才,刑检部门可以招录专业化人才,让其在学习中办案、在办案中学习,尽快熟悉办案流程及其相关的法律知识,强化电子数据审查能力,培养专业化队伍以应对电子科技对检察工作的挑战。

---

① 裴兆斌:《论刑事诉讼中电子数据取证模式》,载《东方法学》2014 年第 5 期,第 87—95 页。

电子签名拓展非接触式远程视频取证之探析

陈贤木　林　国[*]

随着社会经济的不断发展和互联网技术的不断推进，利用互联网进行跨区域的犯罪活动日益增加，随之而来的取证难问题也日渐凸显。特别是在疫情防控期间，现行的远程视频取证规则，显然不能很好地推进各类非接触式取证的有效进行，这将给侦查取证工作带来极大的困惑。如何使远程视频取证在人口大量流动的社会变化中得到更好的提升，如何将电子签名技术应用于远程视频取证，如何有效破解疫情期间取证的诸多困惑，并同相关的数字卷宗应用进行无缝衔接和融合发展，亟须深入研究和完善。

一、现行远程视频取证在司法实践中的困惑

远程视频取证是"互联网＋"融入司法实践，解决案多人少，提升司法效率的有效途径[①]，其证据能力也逐渐得到司法实践的认可。2014年"两高一部"《关于办理网络犯罪案件适用刑事诉讼程序若干问题的意见》（以下简称《网络犯罪意见》）[②] 虽明确可在异地公安机关的协作下通过远程视频方式进行取证，但远程打印的笔录仍需被取证人签字捺印。2018年新修订的《公安机关办理行政案件程序规定》[③] 也对远程视频取证进行了相似的规定，但对取证方式的"限缩"必将制约远程视频取证进一步的拓展和延伸。

---

[*] 陈贤木，浙江省温州市瓯海区人民检察院检察长，三级高级检察官；林国，浙江省温州市瓯海区人民检察院梧田检察室副主任。

① 参见陈贤木、张启飞、虞纯纯：《远程视频取证模式的构建》，载《人民检察》2019年第3期。

② 参见《关于办理网络犯罪案件适用刑事诉讼程序若干问题的意见》第12条。

③ 参见《公安机关办理行政案件程序规定》第120条。

（一）法律规定限缩制约取证方式拓展

《网络犯罪意见》率先对接触式远程视频取证予以规范，为远程视频取证模式的发展指明了方向。而现行规范要求远程视频取证时，办案地公安机关应将书面笔录传输至协作地公安机关或看守所，经被取证人确认并逐页签名捺印后，又需通过协作单位邮寄至办案单位，再上传至办案系统，既烦琐复杂又耗时费力，且扫描后的笔录受制于打印和扫描的质量，直接影响电子文本的拷贝质量，间接制约数字卷宗协同办案优势的充分发挥。

（二）核对方式固化制约取证形式拓展

最高人民法院《关于适用〈中华人民共和国刑事诉讼法〉的解释》（以下简称《刑诉法解释》）规定，笔录没有经被取证人核对确认，不得作为定案的根据。《网络犯罪意见》要求远程视频取证制作的纸质笔录，必须经被取证人确认并逐页签名捺印。在纸质笔录上逐页签名捺印系核对笔录的传统方式，但随着互联网、电子签名和录音录像等技术的普及与应用，拘泥于传统的核对方式将使远程视频取证的功效大打折扣，导致新冠疫情等突发公共卫生事件发生后，很难通过非接触式的方法进行远程视频取证。

（三）取证地点限制制约取证空间拓展

《网络犯罪意见》规定可通过两地公安机关的密切协作进行远程视频取证，在制度层面上率先架起跨区域取证的空中桥梁。因远程视频的取证地被限制在公安机关，将无法充分发挥互联网无地域限制的时空优势，也必将加大取证的难度和增加投入的警力，证人作证的积极性也会大大降低，间接制约远程视频取证空间的拓展。而在疫情防控时期，要求证人主动到就近公安机关接受询问将会变得更加烦琐和困难，证人若是被隔离后更是无法离开隔离点，现行的远程视频取证方式将很难发挥其应有的作用。

二、远程视频取证拓展至非接触式的法理解析

远程视频取证是"互联网+"融入司法实践，解决案多人少，提升司法效率的有效途径[①]，其证据能力也逐渐得到司法实践的认可。讯（询）问调查是侦查人员依照法定程序，向被取证人调查案情的一项侦查活动，是获取言词

---

① 参见陈贤木、张启飞、虞纯纯：《远程视频取证模式的构建》，载《人民检察》2019年第3期。

证据的主要渠道①,但采取何种方式取证,刑事诉讼法并无限制。接触式的远程视频取证虽能在一定程度上能够缓解办案压力,但远不能满足公安机关办案的真实需求,在疫情发生后更是"捉襟见肘",而将远程视频取证拓展至非接触式也完全符合现行法律规定。

(一)签字捺印并非核对笔录的唯一方式

书面证言未经证人核对确认,则无法确定该书面证言是该证人提供,也就无法判断该证言的真实性,当然无法作为定案的根据②。传统取证是通过纸张记录取证内容并交由当事人签字核对,签字捺印也就成为传统笔录核对的当然选择,但并非所有笔录核对的唯一方式。《刑诉法解释》第546条规定:"当事人拒绝签名、盖章、捺指印的,办案人员应当在笔录材料中注明情况,有录音录像证明的,不影响笔录材料的效力。"而远程视频取证完全可用电子签名的形式予以核对,以录音录像的形式予以佐证。

(二)公安机关并非远程视频取证的唯一地点

《刑事诉讼法》第124条规定:"侦查人员询问证人,可以在现场进行,也可以到证人所在单位、住处或者证人提出的地点进行,在必要的时候,可以通知证人到公安机关提供证言。"故到公安机关提供证言并非证人取证的唯一方式,是否需要异地公安机关协作,不应成为影响远程视频取证证据效力的考量因素。

(三)网络犯罪并非远程视频取证的唯一类型

《刑诉法解释》第544条规定:人民法院讯问被告人,根据案件情况,可以采取视频方式进行。2017年最高人民法院《关于全面推进以审判为中心的刑事诉讼制度改革的实施意见》第14条规定:根据案件情况,证人可以实行远程视频作证。上述两个规定表明法庭可通过远程视频讯问被告人、询问证人,且均未对刑事案件的类型作出任何限制,故远程视频取证也不应有案件类型的限制。

三、远程视频取证拓展之理论解析

在现有科技水平已能有效支持远程视频取证的情况下,应充分发挥数字卷

---

① 孙谦主编:《〈人民检察院刑事诉讼规则(试行)〉理解与适用》,中国检察出版社2012年版,第163页。

② 张军、江必新主编:《新刑事诉讼法及司法解释适用解答》,人民法院出版社2013年版,第72页。

宗协同办案应用之优势，最大限度地拓展应用范围，破除制约因素，有效构建一套科学、合理、高效的远程视频取证体系，进一步提高诉讼效率、节约司法资源。

（一）互联网技术能破解空间距离之限制

传统讯（询）问是通过侦查人员与被取证人面对面进行，而远程视频取证是借助网络视频技术，并实行全程同步录音录像的方式进行，同步录音录像集取证地检查、身份核验、笔录制作于一体，系远程视频取证的重要证据载体。而最高人民法院《关于全面推进以审判为中心的刑事诉讼制度改革的实施意见》第24条规定，"讯问笔录记载的内容与讯问录音录像存在实质性差异的，以讯问录音录像为准。"远程视频取证的同步录音录像直接反映取证全过程，有效避免笔录的人为"筛选""加工"，作为笔录真实与否的重要佐证材料，从而为远程视频取证地的有效拓展提供技术上的支撑。

（二）电子签名技术能破解笔录核对之限制

言词证据未经被取证人核对确认，则无法确定该言词证据是该被取证人提供，也就无法判断该言词证据的真实性，当然无法作为定案的根据①。《电子签名法》明确规定，可靠的电子签名与手写签名或者盖章具有同等的法律效力。通过电子签名对远程视频取证后制作的笔录进行核对，系互联网领域言词证据收集的突破口，能有效破解远程视频取证笔录核对难的"瓶颈"。另外，因指纹具有唯一性，传统笔录制作完成后，一般均要求签名后捺印，以期实现被取证人身份的再确定，结合民法典将签名和按指印置于同等的法律效力，且高清的同步录像能有效弥补现行被取证方捺印设备配置不足而触发的"程序瑕疵"，故电子签名后可无须捺印。

（三）卷宗源头数字化能破解笔录传输之限制

浙江省公检法司《关于在疫情防控期间充分发挥政法一体化单轨制协同办案应用优势的通知》指出，鼓励通过电子签名捺印技术，在办案系统中直接生成具有法律效力的电子文书、证据材料。远程视频取证制作的电子签名笔录，从源头数字化、可用性、一致性、完整性入手，有效提升数字卷宗协同质量，并辅之以"区块链"技术，确保电子笔录能在公检法律之间高速、安全流转，全面满足司法机关网上办案的切实需要。

---

① 张军、江必新主编：《新刑事诉讼法及司法解释适用解答》，人民法院出版社2013年版，第72页。

四、电子签名拓展远程视频取证之实务构建

随着人口流动日益频繁及突发公共卫生事件等因素的影响，一律要求被取证人到就近公安机关接受远程取证，既不现实，也无必要。根据中国互联网络信息中心第 45 次《中国互联网络发展状况统计报告》显示，截至 2020 年 3 月，我国网民规模达 9.04 亿，互联网普及率达 64.5%，手机上网的比例达 99.3%。因此，要充分利用我国网络普及现状，在远程视频取证中引入电子签名技术，拓展数字卷宗协同办案模式的潜在功能，有效破解突发公共卫生事件期间的取证困惑，以适应互联网时代刑事案件侦查、起诉和审判的现实需求。

（一）构建专门的取证前置程序

传统的面对面取证，侦查人员可直接查验被取证人身份、亲身感知询问环境、避免被取证人受到干扰，故非接触式远程视频取证要保证证据的合法性，理应设置专门的取证前置程序。

1. 取证地点须保证与外界相对隔离。传统取证系侦查取证人员与当事人面对面调查，而远程视频取证必须通过网络视频进行，考虑到侦查取证的特殊性和保密性，侦查人员取证的地点应严格限定在办案机关专门的取证室内，让被取证人知晓侦查人员取证时的地点，体现侦查取证的严谨性。因现行规定对被取证地无严格的限制，理论上只要证人同意或明确提出的地点均可进行，但在视频取证中要尽量远离外界嘈杂、喧哗的位置，尽量减少外来噪声的干扰，以期保证同步录音录像的清晰。另外，为避免证人间的相互影响和干扰，消除证人在其他人员在场时不敢讲或不愿提供真实证言的思想顾虑①，应规定证人必须在一个相对封闭的场所内接受远程调查。同时，要求被取证人在询问前应对取证场所内进行无死角的视频录像检查，将摄像头对准已关闭的出入口，保证在取证期间无他人干扰取证，确保侦查取证应个别进行的规定在非接触式询问中有效"落地"。必要时可开启取证定位功能，以保证被取证地同笔录记载的一致性。

2. 身份信息须通过人脸识别技术查验。核实证人身份是取证过程的重要程序。远程视频取证的身份核实，可借鉴深圳前海微众银行、浙江网商银行等互联网银行的网上开户流程，由证人面对摄像头，手持身份证件，采用视图扫描技术对身份证正反面进行扫描、采集、录入，并按照提示"点点头，眨眨

---

① 张军、江必新主编：《新刑事诉讼法及司法解释适用解答》，人民法院出版社 2013 年版，第 71 页。

眼，动动嘴"等，完成对脸部的全景扫描，并有系统地进行人脸识别比对，系统验证成功后才能进入正式的取证程序，以确保被取证人身份的真实性。

3. 权利和义务须具体明确告知。两名侦查人员应通过出示传唤证、询问通知书和工作证件等方式，向被取证人亮明身份，再嵌入式的播放系统已录制的语音加文字的告知视频后，由侦查人员针对本案的具体情况，结合证人对告知内容的理解能力，着重再行告知相关的权利和义务，确保证人均已知晓。同时，取证正式开始时应告知证人本次取证采用远程视频方式且同步录音录像，并与证人核对视频、音频质量，并在笔录中予以载明。

（二）应用电子签名技术确认笔录

侦查机关在刑事诉讼的过程中，通过远程视频取证制作电子笔录，应使用电子签名技术，有效实现笔录的远程签字核对、确认，进而拓展数字卷宗协同办案模式的新功能。

1. 电子签名的效力已获法律支持。"两高一部"《关于刑事诉讼中应用电子签名和电子指纹捺印有关问题的意见》规定"诉讼参与人在电子法律文书上电子签名、电子指纹捺印，与其在纸质法律文书上手写签名、捺印指纹具有同等法律效力。"故电子签名同纸质法律文书上的手写签名具有同等的法律效力，其在远程视频取证中的全面应用，不仅能很好地解决突发公共卫生事件期间取证的诸多困惑，还使远程视频取证更加规范、高效。

2. 数字卷宗应用系统为电子签名提供软件支持。在数字卷宗协同办案模式下，通过开发专用的软件，将远程视频取证有效拓展至电子笔录模式。在专用远程视频取证办案系统内实行电子笔录的远程签字核对，并直接作为电子卷宗上传至办案系统，将集规范性、操作性、效率性为一体，有效实现证据网上生成、网上组卷、网上流转的"无纸化"办案。

3. 电子签名的过程应有同步录音录像支持。对被取证人电子签名和侦查人员的电子签章等过程，侦查机关在取证时均应同步录音录像。同步录音录像应不间断进行，且对签名过程及笔录内容均能清晰可见，从而充分保证电子笔录制作、核对全过程的完整性，有效实现电子笔录网上跨部门流转，有效规范刑事司法行为，有效提高刑事诉讼效率。

（三）构建专门的笔录制作程序

远程视频取证时被取证人同取证人在不同的地点进行，笔录的核对、确认均同传统的笔录存在质的差别，故有必要构建专门的笔录制作程序。

1. 笔录格式具有特殊性。笔录是对取证过程的客观记录，远程取证程序的特殊性决定了笔录制作的新要求。如笔录的首页应将笔录的名称明确标注为

"远程视频讯（询）问笔录"，以有效区分于传统书面笔录；讯（询）问笔录中必须载明侦查人员取证时的地点和被取证人接受取证时的地点；视频告知的过程及内容必须在笔录中予以载明；取证过程中需出示物证、书证等证据的，可通过视频的方式向被取证人出示让其辨认；辨认过程应同时记载于讯（询）问笔录中，并标注出示时间；笔录记载的起止时间应与录音录像资料反映的起止时间一致。

2. 被取证人应逐页核对。被取证人未对笔录进行核对确认，难以保证笔录中记载的内容系被取证人所述，自然无法保证笔录内容的真实性，因而也不能作为定案的根据。取证笔录制作完成后，办案人员应将电子笔录清晰、完整、全面地传输至被取证人的视频界面，便于被取证人在视频下阅读、核对，并逐页进行电子签名。被取证人对笔录提出异议的，侦查人员应针对异议的内容对笔录进行相应的修改。修改后的笔录应再次展示给被取证人核对，并重新进行电子签名确认。

3. 侦查人员应逐页签名。因非接触式远程取证主要是利用手机等通讯工具，现行技术尚无法在手机上直接进行捺印操作，故暂无法实现被取证人在笔录上骑缝捺印。为确保笔录内容的准确性，有效防止笔录中间页在流转过程中被人为地修改、调包，笔录经被取证人视频核对确认无误后，侦查人员作为取证人应在视频前对已核对的笔录逐页进行电子签名或电子签章，以保证笔录的当场性、完整性。

（四）构建专门的同步录音录像系统

同步录音录像是非接触式远程视频取证结果的重要载体。同步录音录像能够很好地保证非接触式远程视频取证过程的真实性、完整性、稳定性，既可提高电子签名笔录的证明力，也能充分保证当事人的合法权益不受侵害，故在非接触式远程视频取证中需构建专门的同步录音录像系统。

1. 确保同步录音录像完整。取证开始前，应做好录音录像的准备工作，对取证场所及录音录像设备进行检查和调试，确保设备运行正常、时间显示准确。录音录像应从侦查人员同被取证人视频交流开始（含被取证地视频检查、身份核对等），至侦查人员将逐页电子签名或使用电子签章后的电子笔录上传至办案系统后结束，以充分保证远程视频取证过程的完整性。对取证过程进行录音录像，应当对侦查人员、被取证人员、取证场景和计时装置、温度计显示的信息进行全面摄录。有条件的地方，可通过画中画技术同步显示侦查人员正面画面。取证过程中出示证据和被取证人辨认证据、核对笔录，侦查人员签字的过程均应在画面中予以反映。录音录像的图像应当清晰稳定，话音应当清楚可辨，能够真实反映取证现场的原貌，全面记录取证的过程。在取证过程中，因存储介质空间不足、技术故障等客观原因导致不能录音录像的，应当中止取证。

2. 嵌入音频转文本程序。利用嵌入式的语音转换软件，将相关的音频信息转换为文本信息，并作为附件随案移送。但因语音转换文字同普通话的标准程度、录音的清晰程度等有很大的关联，转换准确率会有较大的波动，显然不能作为直接认定录音录像内容的依据，但可作为佐证笔录内容真实有效的辅助材料，也能更好的方便司法人员有重点的播放、审查音像证据，间接促进办案效率的提升。

3. 自动刻录同步备份。非接触式远程视频取证作为新型的取证方式和新型的证据载体，其"弱点"之一就是易被"篡改"。为有效防止同步录音录像信息泄露及非法篡改，有效保证数据的完整性、真实性、长久性，应引入同步录音录像全自动光盘打印刻录系统，高效快速地对音视频数据进行自动实时刻录及数据备份存储归档，同步上传至公安机关内部的云端系统，有效避免人工下载导出视频数据、手工换盘等烦琐操作。侦查人员在取证完毕后就能获取完整的视频光盘，有效减少办案压力。另外，司法机关在证据审查的过程中，对存在疑问的同步录音录像，可应用相关识别技术对音视频信息进行真伪、时间、空间、维度等进行分析，以确保相关录音录像未被进行编辑、修改。

(五) 运用"区块链"存证保存电子笔录

"两高一部"《关于刑事诉讼中应用电子签名和电子指纹捺印有关问题的意见》规定，"电子签名、电子指纹捺印的原始数据文件及其元数据，应当封装后生成不可更改的文件格式，并能够脱离原系统保存、归档。""区块链"存证是"区块链"技术在存证领域的一大应用，能够脱离原系统保存、归档，真正实现电子签名笔录的全流程记录、全链路可信、全节点见证，有效确保电子签名笔录在流转过程中的完整性、真实性和安全性。

1. "区块链"存证能确保电子签名笔录的完整性。为增强电子笔录的法律效力，解除一线司法办案人员的后顾之忧，应通过在政法数据共享平台引入"区块链"技术，对电子笔录流转过程实施节点保全，构建政法联盟链，有效促进系统融合、数据融合和业务融合，实现电子笔录的全程记录、多点存储、互为镜像。即使电子笔录改了一个标点、一个字符，即被视为无效，确保电子笔录可互信、可溯源、防篡改。

2. "区块链"存证能确保电子签名笔录的真实性。电子笔录具有虚拟性、隐蔽性和脆弱性，以及不安全和易篡改等特征，所以在司法审查中如何判定电子笔录的真实性和安全性，能否作为案件事实的有效证据使用，成为司法审查的重点和难点。随着数字卷宗协同办案模式的逐步推进，不可避免地存在部分涉案犯罪嫌疑人翻供或证人证言发生变化等情况，并会不同程度地对之前的电子签名笔录的真实性提出异议。最高人民法院《关于互联网法院审理案件若干问题的规定》第 11 条规定，"当事人提交的电子数据，通过电子签名、可信时间戳、哈希值校验、区块链等证据收集、固定和防篡改的技术手段或者通过电子取证存证平台认证，能够证明其真实性的，互联网法院应当确认。"故可参照该规定，利用"区块链"技术进行存证、认证，确保电子笔录的真实性。

3. "区块链"存证能确保电子签名笔录的安全性。侦查部门在完成远程视频取证后制作的电子笔录，通过时间、地点、人物、事前、事中、事后六个维度，经过制作、存储、传输和应用四个环节，而"核心环节"制作信息的真实性可用"区块链"技术来"护航"。运用"区块链"技术，将相应的电子签名笔录实时同步保存在各级政法单位所在的本地服务器里面，不会因远程视频取证等新方式的出现而降低证据载体可靠性的标准，充分保证电子签名笔录的安全性。

区块链存证技术在办理
互联网犯罪案件中的应用

王 珍 章 哲 葛茜茜[*]

随着网络技术及数字经济的发展，特别是在智能手机及智能化支付手段普及之后，传统的犯罪类型，例如盗窃、诈骗等都发展出新的犯罪模式，同时网络犯罪新类型出现，例如非法获取计算机信息系统数据罪。在互联网犯罪多发趋势下，涉及互联网犯罪的证据往往以电子数据的形态出现。2012年，刑事诉讼法将电子数据纳入新的法定证据种类；2013年施行的最高人民法院《关于适用〈中华人民共和国刑事诉讼法〉的解释》用专门一节规定了电子数据的审查与认定；2016年施行的最高人民法院、最高人民检察院、公安部《关于办理刑事案件收集提取和审查判断电子数据若干问题的规定》（以下简称《规定》）对电子证据的收集和审查进行明确，电子证据也在更多的案件中发挥着前所未有的作用。

一、刑事司法领域电子证据应用中的问题

（一）电子证据取证上的问题

1. 来源可靠性存疑。电子证据在形成过程中很大程度依赖于网络环境。一些外在的原因例如取证过程中感染病毒、硬件损坏产生故障都会影响电子证据的真实性。电子证据的质量还受一些内在原因的影响，例如，具有反侦查手段的犯罪分子，提前设置触发条件，当有不明身份人员提取数据时，系统就会自动删除相关数据，另外还可能存在提取到的数据本身是经过伪装和加密的，导致对电子证据来源可靠性的怀疑。

2. 取证方式科学性存疑。侦查机关采取的取证方式是否科学很大程度上

---

[*] 王珍，浙江省杭州市杭州铁路运输检察院副检察长；章哲，厦门大学附属翔安医院纪检监察室职员；葛茜茜，浙江省杭州市杭州铁路运输检察院第一检察部检察官助理。

影响着电子证据的证明力乃至证据资格。以快播案为例,最初扣押涉及淫秽视频服务器的行政执法机关只记录了这几台服务器的 IP 地址,而没有及时固定硬盘序列号等信息。被告人一方遂对取证的科学性提出质疑,服务器的 IP 地址、各种笔录及情况说明不能确定涉案的硬盘及其中储存的淫秽视频同快播公司的联系。

3. 电子证据真实性与完整性存疑。"电子数据的完整性,不仅是指对涉案电子数据无遗漏、无毁损的提取,还包括要对电子数据进行全面提取"。[①] 除了对传统证据的收集要求以外,对电子证据来说,收集的电子证据及相关信息越完整,越能确保电子证据的真实性,然而电子证据的收集工作具有很强的专业性和技术性,依赖于收集电子证据的人员的水平,在收集的过程中,很容易发生遗漏。例如,在快播案中,由于涉案服务器经过多个机关鉴定,服务器在多个机关之间发生流转,其中在文创动力公司保管服务器是,没有任何行政执法人员进行监督,这就难免产生怀疑:服务器中的硬盘可能被污染,甚至可能被写入新的内容。虽然快播案中最终通过鉴定意见,并兼及情况说明、证人证言、书证等对电子证据进行补强,但效力有待商榷。

4. 介质稳定性存疑。在办案中,被办案机关扣押的原始介质虽然被及时提取了,但常常忽略对原始介质的妥善保管。涉及电子证据采信的复杂案件,往往诉讼程序漫长,办案机关注重对电子证据的使用和保管,而往往将被遗忘的原始介质放在受磁场干扰、震动、潮湿的环境中,使得原始介质受到损坏,当需要将提取出来的电子证据复制件与存储在介质中的原件进行核对时,毁损的电子证据成为被告人一方质疑的对象。如 1 例案件中侦查机关扣押了被告人手机并进行电子数据勘验,但因 usb 数据接口损坏,导致无法提取数据;1 例案件通过手机越权使用警务软件的案件,涉案手机因保管不善而遗失。

(二) 电子证据采信上的问题

1. 采信率的问题。刑事诉讼程序上的法定性和公权性为电子证据的证据效力提供背书保证,法院对于检察院提交至法院的电子证据,仅仅从形式上审查取证过程的合法性,进而直接对电子证据的证明力予以认可。从文章第一部分的数据分析结果来看,被告人一方对电子数据的质疑仅有 6%,但对质疑证据的采信比率高达 16%。

2. 电子证据的书证化。缺乏专业知识的审判人员在面对电子证据及专家

---

① 王志刚:《从"快播案"看当前电子数据运用困境》,载《法治研究》2016 年第 4 期。

证人时显得缺乏自信，在适用电子证据的时候通常将其进行转化。电子证据的质证和认证针对的并非原件，通常是针对以打印、复印、网页截图等方式产生的证据。裁判文书认定的并非电子证据的真实性，裁判逻辑也通常是笼统论述，抹杀了电子证据的独立法律地位。

3. 电子证据依靠鉴定。控辩双方一旦对电子证据的真实性产生争议，应该如何认定电子证据的真实性？最高人民法院《关于适用〈中华人民共和国刑事诉讼法〉的解释》（以下简称《解释》）对这个问题有规定，《解释》第93条规定控辩双方对电子数据真实性有疑问时，应当进行鉴定或者检验。有学者认为"由于电子证据具有很高的科学技术含量，很难通过常规审查手段审查其内容的真实性，因此，如果对电子证据的真实性存在疑问，就应当进行鉴定。"① 虽然法律规定的较为清晰，但司法鉴定行业内并未对电子证据的真实性鉴定问题达成共识，因此通过鉴定并不能解决电子证据真实性受到质疑的问题。

二、区块链存证技术在互联网犯罪案件中的司法价值

基于区块链技术本身无可篡改的内涵以及其去中心化、开放性、独立性、安全性、匿名性的特征，利用区块链共识机制、数字签名、链式存储结构、对等网络技术以及时间戳等应用技术，将其引入司法领域，使之具备独特的司法价值，或为电子证据取证过程合法、及时、有效和完整，以及提升电子证据采信率，实现电子证据在整个诉讼流转过程中的安全性和一致性提供保障。

（一）区块链存证的应用价值

1. 电子数据提取上的价值

在侦查机关的取证过程中，通常要求用各种方式记录所有行为，从而证明取证的真实及可靠，在一些情况下还要借助于信息技术手段，时常对提取、传输中的电子数据进行校验。电子证据由于其天然的脆弱、易被篡改的性质，难以保证其真实性。区块链存证技术可以弥补上述不足，在可信任的环境下，该技术可以自动抓取电子证据，全程保真，同步转移，不需要人为的操作，保证证据在流转中的同一性和完整性，从而提高存证的效率。同时，基于区块链中的数据独立存储、互为备份，储存在区块链上的证据可以被认定为原件，最大程度保证电子证据的真实性。

---

① 刘品新：《论电子证据的理性真实观》，载《法商研究》2018年第4期。

2. 电子数据存储上的价值

区块链技术保证储存过程中电子证据的真实性、安全性。在传统的证据存储中，将从原始介质中提取的核心代码刻录成光盘，同时再制作备份光盘，当受到真实性质疑时，将原始光盘与备份光盘做比对。在这种情况下，计算机本身和程序都可以使电子证据产生变化。事实上，是否是对原始证据原样进行复制存在着受质疑的空间。区块链技术一旦在电子数据生成时将关键信息储存下来，基于区块链分布式存储的特性，在未来任何时间想要验证电子证据均能保证电子证据的真实性。具体如下：链式存储结构保证要更改一个区块的内容，也要修改所有的后续区块，从而保证数据难以被篡改；时间戳技术对于每个数据都有明确的时间认定，保证电子证据在生成、流转的过程中不被篡改。

3. 电子数据示证上的价值

目前电子证据的示证通常采用书证的形式，即将电子证据快照并进行纸质化，采用笔录、打印、公证书、网页快照等方式提交增加办案机关时间、资金成本，效率也不高。同时，书证化的电子证据本质上是复制件，影响高质量的质证。而区块链的方式是一种可视化的质证方式，节省时间和资金成本，很大程度上提升诉讼效率。具体来看，一是可以用区块链浏览器的示证方法；二是可以将流程打通，供多方参与示证。

（二）区块链存证证据能力

区块链存证证据能力，即电子证据可采性，指的是区块链存证证据是否有被采纳作为定案依据的法律资格，要判定区块链上的一个电子证据是否具备证据能力，要看该电子证据是否符合证据的三性要求，即证据的真实性、关联性和合法性。

首先，区块链技术保证证据的真实性。不论实践还是法律界，自从电子证据被提起，一直存在着关于其真实性问题的学术争论，因为电子数据是电子信息技术发展的产物，属于科技类证据的一种，其本身具有易被修改且不易被察觉的特性，单个电子证据较传统书证、物证，有其本身特有的脆弱性特点，容易被修改或者删除。例如，司法实践中电子证据越来越多的出现可以反复修改，打印出来卷面依然很整洁被认为易失真。而区块链技术创制了一个新的电子证据的载体，新载体可以从技术上确保新的载体的真实性，使得电子证据可以脱离原始存储介质而安全存储，无被篡改之虞，进而得以确保电子证据载体的真实性。因此，区块链技术保证了电子证据在技术层面的真实性，使电子数据内容的真实性达到"自我鉴真"的证明效果。

其次，证据的关联性，是指作为证据的材料与案件待证事实之间存在某种联系。某个证据要想具备关联性：一种情况是要求这个证据能够增强或者减损待证事实发生的可能性；另一种情况要求其能增强某个证据的证明力。由于区块链技术的不可篡改特征和时间戳功能，使得区块链存证的证据相比打印的电子证据具备更高的证明力。因此，区块链存证的技术本身不能增强或者减损待证事实发生的可能性，但是基于区块链技术所提供的证明具备关联性要素——补强现有证据证明力的功能，应当被认定为符合关联性理论的要求。

最后，证据的合法性。与证据的真实性、关联性要求不同，证据的合法性要求与案件事实无关，而与法律规定密切相关。也就是说，只要法律承认区块链技术的合法性，那么基于区块链技术所提供的证据就具备证据的合法性要件。实际上，除了有违伦理的科技发明之外，例如克隆人、代孕，科技的中立性、价值无涉性以及科学性等特征，能够在新兴科技与法律之间建立天然的正当关系。

（三）区块链存证证据规则

1. 特殊原件理论

传统证据规则要求书证必须提供原件，在特殊情形下，才能提供复印件。在互联网犯罪案件中，侦查人员获取到电子证据后，因为存储在计算机硬盘等介质中最原始的电子数据是肉眼看不见的，常常是通过一定方式转化再提交法庭的，导致在实践中，不同水平的取证人员操作上会存在差异，可能对电子证据造成破坏，复制件也达不到证明标准，从而不具备法律效力。传统电子证据在取证、存储以及流转过程中存在上述原件认定的困惑，而区块链存证的电子证据是一种全新的方式，颠覆了传统的原件理论，使其具有同原件相同的证据效力，而无论其载体是否为原件之载体，由于区块链证据去中心化的存储，在每一个区块中无差别的同步保存电子证据，任何细小的修改都将被同步，保存在区块链上的证据是最接近原件的，其满足完整呈现原件记载的内容并且保证从形成起未被篡改的标准，即等同于原件，也即区块链技术的特殊原件理论。

2. 区块链存证电子证据证明力认定规则

区块链证据因系中立、不涉及人为因素且不易被篡改的特性的证据，从而拥有比普通证据更高的证明力，因而举证责任分配可适当改造传统的"谁主张，谁举证"规则，引入有条件的"谁反驳，谁举证"规则。依照技术推定方式，当区块链在正常运行情况下，通常推定其中存证的电子证据是处于正常状态的。即对于存储在区块里的证据，司法人员通常可以初步确认其真实性。当然，在上述情况下，均应当给予对方提出反驳证据的机会。

三、区块链技术在刑事诉讼领域的应用

（一）区块链技术在刑事诉讼领域的应用构想

区块链存证证据在民事领域的运用对刑事诉讼领域是一个很好的借鉴，固然因其昂贵、稀缺而导致目前尚不可能普遍运用，但对于一些特殊类型刑事案件，如集资诈骗、侵犯知识产权等领域的团伙、涉外、数额大、笔数多的犯罪案件有其价值。结合实务，笔者将结合一例互联网犯罪案件来对具体操作进行构想。

2010年12月，被告人马某某在互联网上设计并推出了"Excel三国杀"游戏，并于2011年7月取得了计算机软件著作权登记证书。其间，马某某未经著作权人许可，使用了边锋公司运营的三国杀游戏的图片和声音。2012年7月，马某某和边锋公司在谈判合作"Excel三国杀"游戏未果后，边锋公司明确禁止马某某使用三国杀游戏的相关图片和声音。马某某为谋取私利，仍编辑三国杀游戏的相关图片和声音，制作成"Excel三国杀"素材包V2.0，为规避法律，使用"六只白蚁"的网名在互联网上发布该素材包供用户下载，用于"Excel三国杀"游戏的运营，截至案发，该素材包总下载量为237710次。经鉴定，该素材包169张图片中，有147张图片与边锋公司的三国杀系列美术作品中对应的图片分别构成实质性相似。马某某通过"Excel三国杀"游戏获取相关收入共计人民币50余万元。[①]

本案的关键电子证据为被告人开发的Excel三国杀游戏中使用的图片和声音、被害单位运营的三国杀游戏的图片和声音以及两者相似度的鉴定、被告人开发的Excel三国杀游戏的下载量。

本案被告人及辩护人辩护理由中关于"下载量在被害单位去报案前三个月内就达到20万次不正常，有人为增加点击量的可能""一审法院未查明上传的素材包被点击下载后，有多少与'Excel三国杀'游戏具有关联性，侵犯报案人权利达到什么程度"和"请求二审法院对本案有关的服务器的日志、百度的搜索引擎结果和官网访问路径进行调查取证"，在使用区块链存证之后都将能迎刃而解。

以本案为例，公检法三机关可以根据智能合约[②]，在其职能范围内上传涉案证据，因区块链不可篡改的特性确保证据的真实、可靠。所有上传的区块都

[①] 参见马义词犯侵犯著作权罪二审刑事裁定书，载刑事裁判文书网。
[②] 智能合约（Smart contract）：是一种旨在以信息化方式传播、验证或执行合同的计算机协议。允许在没有第三方的情况下进行可信交易，这些交易可追踪且不可逆转。

是在前一个区块后面增加，形成时间戳和哈希值，在整个诉讼活动结束后形成一个闭环。若授权中立的第三方机构如电子证据鉴定机构，也可以在其鉴定阶段上传相关证据，包括游戏下载量与相似度的鉴定过程和结果。最后，所有与本案关联的证据均在该区块链的每个区块上得以详细记载。且一直到庭审阶段，上述各区块的证据都无从篡改，后一个区块与前一个区块是补充关系还是矛盾关系都非常明显，整个区块链把案件所有证据可视化、清晰化。

此外，如果公检法三机关在办理刑事犯罪案件中，能够通过搭建执法办案与区块链互通平台，将执法办案平台上收集的证据实时上链，形成区块原始证据，该证据因来源自证，也无须第三方鉴定，那么区块链技术的应用价值将更加显现。

（二）区块链存证证据的审查要点

区块链技术在刑事诉讼过程中的审查要点，笔者建议重点在于主体资格和一致性进行审查。

一是主体审查。身份适格是指制作主体的身份合法。在刑事案件电子证据的收集过程中，享有侦（调）查权的公安机关、国家安全机关、监察机关天然享有收集区块链存证的电子证据的权力。中立的第三方机构是否是适格的证据收集主体呢？中立的第三方机构不是法律规定的侦查主体，但也不能简单地将其排除在外，虽然第三方机构不能够单独去取证，但可以以其专业性与侦查机关合作，用其技术发挥专业的辅助作用。为了更好地使第三方机构参与到取证活动中来，可以对第三方机构设立相应的门槛，如审查第三方机构的资质、审查其与本案是否有利害关系。同时，也可以倡导司法机关用属于自己的技术力量来负责区块链存证业务。

二是一致性审查。区块链技术为媒介的证据载体，本身具有不可篡改、不可删除的优势，从而保证区块链载体的完整性和真实性。区块链技术在保证载体的真实性上发挥着显著的作用，然而如何将载体的真实性传至电子证据本身，办案机关应当严格审查原始数据同区块链所载数据的一致性。如果电子证据已经上链并分布式存储，则电子证据的真实性能够得到保障。所以要关键审查电子证据上链时的真实性。对于来源自互联网的电子证据，可以通过程序进行登入并自动抓取，只需审查这是否在正常网络环境下操作，但是对与存储在电脑等载体上的电子证据，考虑到电子证据的数据信息上链前有无被更改其实是属于一个传统电子证据鉴定的场景，不能发挥区块链技术的优势，故而在区块链存证的领域，最理想的取证方式是在电子证据的数据信息生成的时候即同步上链，可以最大限度地保证电子数据的真实性。

网络贩毒犯罪电子证据的收集和审查

张 雷 胡 江*

一、引言

随着互联网电子技术的高速发展,计算机网络已然成为社会大众日常生活生产中的重要组成部分。第42次《中国互联网网络发展统计报告》显示,截至2018年6月,我国网民规模为8.02亿,互联网普及率为57.7%。庞大的网民基数给了犯罪分子侵害网民合法权益的契机,各类网络犯罪日渐增多,网络安全问题愈加严峻。其中,毒品犯罪分子利用互联网实施贩毒活动呈现出了新的犯罪态势。电子证据作为打击网络贩毒犯罪的核心证据,在审查认定案件事实和定罪量刑等方面具有不可替代的关键作用。

近年来,我国陆续出台有关电子证据调查取证的法律法规,为电子证据调查取证工作提供了一定程度的支撑。如2012年修订的《刑事诉讼法》将电子证据作为独立的证据种类予以明确规定;2016年"两高一部"出台的《关于电子数据收集提取判断的规定》明确了电子数据的收集、提取、移送、展示、审查、判断规则,为司法实践提供了指南;2016年5月出台的《办理毒品犯罪案件毒品提取、扣押、称量、取样和送检程序若干问题的规定》对毒品案件的证据收集、提取及审查也提出了新的要求。但这些规定仍不够完善,如未针对电子证据的概念及范围等进行明确界定,如何审查电子证据才能符合审判采信需求没有明确的规定,这使得过去网络贩毒案件侦办中存在的问题没有得到彻底性解决。在此背景下,司法实践中网络贩毒案件的侦破和庭审证据审查面临新的挑战。

基于上述背景与问题,本文通过实证调研,梳理了网络贩毒案件电子证据收集和审查司法实践中的一些先进经验,分析了出现相关问题的缘由,总结了

---

* 张雷,重庆市人民检察院第四分院办公室干部,重庆市检察理论研究人才;胡江,西南政法大学法学院副教授,硕士生导师。

下一步的发展路径。考虑到网络贩毒案件的特殊性，本文以西南地区 C 直辖市公安机关 2018 年的司法实践为调查对象，从中选取了 50 件比较典型的网络贩毒案件进行实证研究①，从中既可以发现当下公安机关在网络贩毒案件电子证据收集与审查司法实践中予以推广的一些行之有效的做法，也可以分析出当下出现的主要问题所在，从而根据司法实践需要提出应对之策。

二、网络贩毒案件的犯罪模式特点

（一）犯罪信息发布空间向虚拟空间演变

传统贩毒犯罪主要在实地进行单向的活动信息发布，网络贩毒则转向了虚拟空间进行信息传播发布。根据调查，犯罪嫌疑人利用网络进行贩毒活动，首先就是要在网络世界中寻找毒品需求者。犯罪嫌疑人会在各种网络平台上大量发布毒品销售信息，但为了躲避监测和侦查，往往以保健品或食品等产品加以伪装。在反复确认并排除"钓鱼执法"的情况后，犯罪嫌疑人才将实情告知对方。有的犯罪嫌疑人也会使用"圈内暗语"或毒品别名发布毒品销售信息。

在调查中，被用以发布信息的平台分为以下几种：一是网络聊天工具，利用该平台发布毒品销售信息的对象相对特定，通常是具有贩毒或者吸毒前科的人；二是专门的交易网站，犯罪嫌疑人通过各种渠道获取域名并建立网站，通过伪装、掩饰等手段逃避网络监测，在交易网站上发布毒品销售信息，对象不特定；三是网络论坛，网络论坛中有不少吸毒、贩毒者，因而犯罪嫌疑人常常选择在论坛上发送有关毒品销售的帖子，对象也不特定；四是电子邮件，犯罪嫌疑人编辑好毒品销售信息的邮件后，批量发送给不特定的电子邮箱用户；五是视频聊天室，不少犯罪嫌疑人利用专门的视频聊天室，发布毒品销售信息。在办理的 50 起案件中，利用网络聊天工具进行贩毒活动联系的有 24 件，利用交易网站、网络论坛、电子邮件进行贩毒活动联系的有 21 件，利用视频聊天室进行联系的有 5 件。值得注意的是，多数案件都涉及了多种网络电子工具，其犯罪实施手法正呈现多种手段联合并用的态势，增加了案件侦办的难度。

（二）联络方式向现代化网络通信方式演变

传统贩毒犯罪主要使用电话进行通信联系，而在调查中发现，网络贩毒的犯罪发布信息得到回应后，出于安全之考虑，犯罪嫌疑人先会使用微信、QQ 等网络交流平台以虚拟身份与对象联络，联络使用的往往是"圈内暗语"，确定对方的真实意图后才决定是否交易，整个过程分为试探与商谈两个阶段。经

---

① 案件来源于重庆公安禁毒总队通报的禁毒工作情况和相应的各区县新闻。

过商谈，双方确定毒资支付、毒品移交方式。C直辖市公安机关所侦办的50起案件仅包含破获的实际实施的犯罪，通过网络交流预备实施的犯罪远远超过了这个数量。

（三）支付方式向"人货分离"的第三方支付演变

传统贩毒犯罪基本都采用一手交钱、一手交货的交易支付方式，而在侦办的网络贩毒案件中，购毒者与犯罪嫌疑人达成协议后，往往利用网络第三方支付平台支付毒资。具体流程为：购毒者先行支付货款给第三方，第三方收到货款后通知犯罪嫌疑人发货，犯罪嫌疑人以虚假的发件人地址，通过快递物流将毒品寄送至购毒者指定之地，购毒者验货后通知第三方付款给犯罪嫌疑人，第三方从中收取服务费。第三方平台通常并不明知双方交易的对象系毒品。此外，也有一小部分不通过第三方而采取"定金＋尾款"模式的情形，即购毒者先将定金打入犯罪嫌疑人用虚假身份开立的账户中，待验收毒品后再完成尾款支付。

三、网络贩毒犯罪电子证据取证的实务应对探索

C直辖市位于我国西南部，是西南地区的经济、文化、交通中心，具有承东启西、连接西部和中部的区位便利，也是网络贩毒犯罪多发的区域。近年来，C直辖市公安机关在网络贩毒案件的侦办司法实践中采取了一些新式的电子证据收集和审查方式，具有较好的参考和研究价值，其主要体现在以下3个方面：

（一）电子证据的收集整理

1. 静态数据收集

网络犯罪活动中有关于犯罪实施交易记录、账目信息的文档、视频音频等便属于静态数据。以C直辖市涪陵区公安局办理的陈某某网络贩毒案为例，在提取涉案计算机数据时，采用硬盘克隆技术专用的克隆机在计算机存储设备中原样拷贝数据。实践中的静态数据具体收集流程如下：拆除涉案计算机的硬盘；检测硬盘中与毒品犯罪有关的内容；格式化处理硬盘；正确连接涉案硬盘、克隆机器和转移硬盘；将涉案硬盘数据复制到转移硬盘中。

2. 动态数据收集

网络贩毒活动中存储在网站和基站中的电子邮件、即时通信记录等动态数据信息，应通过捕获、过滤、分类三流程进行收集。在Windows环境下，应着重对于网络数据包进行捕获，因为数据包中包含了访问网络从高层到低层的所有数据。其收集流程为：获取本地网卡数据列表；设置过滤器的参数，寻找毒

品犯罪的重点关键词；捕获数据包，通过调用从核心缓冲区拷贝到用户缓冲区；经过木马杀毒软件处理后，将数据包拷贝到证据存储设备中进行分类处理。

（二）电子证据的转化使用

在调查中，网络毒贩往往一个人拥有多台手机和电脑设备，如何在大量的电子证据中收集整理有关案件事实的有力证据，并将事实证据与具体的犯罪嫌疑人关联起来是案件侦办中的一项关键问题。如2018年3月，C直辖市渝中区公安局在办理张某某网络贩毒案时，因检察机关对证据提出瑕疵意见，案件经过了两次退查。为了提高证据证明力，公安机关将几千个通话记录进行筛选核对，将其中有关运毒车辆流转GPS路线图、作案联系聊天记录全部转化为书证，再以原件作为印证，增强了证明力，证据被依法采纳。因为网络贩毒犯罪嫌疑人通常都会对涉案信息和电子设备进行加密和删除处理。在提取之时，C直辖市公安机关重点保证其数据的完整性，以便在审查时合法有效，主要从数据的整理、恢复、解密、挖掘、保全五个方面进行处理。

（三）协作式电子围栏的使用

所谓的电子围栏指的是通过电信等部门的协助，与外地侦查机关一起通过实时定位确定犯罪嫌疑人的犯罪轨迹和具体位置，并对犯罪活动进行实时分析。在网络贩毒案件的侦办过程中，C直辖市公安机关通过电子围栏收集的证据可以用于驳斥犯罪嫌疑人供述的虚假性。如C直辖市万州区公安机关侦办的刘某某网络贩毒案，其在被抓获后自称案发当日并未在犯罪现场，且出具了一些虚假的不在场证明，而电子围栏所收集的犯罪嫌疑人在案发当日的实时位置电子证据则排除了其虚假辩解。协作式电子围栏的使用方式如下：一是提前与涉案的外地公安机关进行联系，协调两地网络电信运营商协助取证工作，在确保取证合法性的前提下，及时保留涉案的相关复听和监听资料；二是省级公安机关协调跨省之间电子证据的移交，确保电子证据的完整性和真实性；三是对于两地之间因技术原因造成的证据遗失或删除，通过侦查人员在案发时的实地调查情况出具的书面说明作为辅助证据，并要求有见证人或公证员在场签名。

四、网络贩毒犯罪电子证据收集审查的难点

在2018年C直辖市公安机关办理的50起案件中，有12起案件的电子证据在发现、收集、提取、审查工作中存在瑕疵，4起案件因操作不当而严重影响了案件的侦办工作，对其进行分析可以发现公安机关对网络贩毒犯罪电子证据收集审查过程中存在的具体问题。

（一）线索隐蔽收集难

1. 交易时间短造成发现难

在调查中，通过即时通讯功能，犯罪嫌疑人能够及时有效地传递、推送毒品交易信息，方便犯罪嫌疑人与毒品需求者进行深度交流。同时，犯罪嫌疑人既可以采取"定点式"方式向特定的对象推送信息，又可以采取"撒网式"方式向不特定的群体发布信息，实现点对点和点对面两种模式的结合，从而使得毒品交易活动能够在较短时间内完成，且不受时间和空间的限制。这就使得网络贩毒活动难以被系统监测或他人目击，也就不容易被发现。

2. 证据易灭失造成收集难

随着犯罪嫌疑人反侦查能力日渐提高，犯罪后将计算机与移动电话等设备和犯罪有关的信息数据删除、隐藏或者加密成为网络贩毒犯罪的常态。而且电子证据本身十分脆弱，容易损毁、灭失，网络贩毒的隐蔽性决定了此类犯罪难以被及时发觉，相关的电子证据难以被及时提取。实践中有很多网络贩毒案件都因未及时发现犯罪活动，导致电子证据无法获取。

（二）证据提取固定难

1. 数量巨大造成难以全面提取

与传统的毒品犯罪相比，网络贩毒犯罪通常涉及面较广，犯罪事实笔数较多，加之电子证据形式多样化，物证、书证等传统证据类型也有可能以电子证据的形式体现出来，由此导致此类犯罪的电子证据数量巨大，侦查人员在提取、固定相关数据时难免有所遗漏。犯罪嫌疑人经常利用微信平台向数以百计的毒品需求者贩卖毒品并通过微信转账的方式支付毒资，数百份的微信聊天记录、微信转账记录都需要作为电子证据提取、固定下来。但面对如此庞大的工程，侦查人员中不乏有人因疏忽大意或者其他客观原因，不能全面提取到相关数据，从而导致部分犯罪事实无法认定。

2. 片段性分布造成信息获取不连贯

在侦办存在瑕疵的网络贩毒案件中，因为在即时通讯工具聊天记录、手机通话记录之类的电子数据中，与犯罪事实无直接关联的内容往往占据绝大部分，大多数证据都呈现片段性分布，有的侦查人员为图方便，只是提取电子证据中有价值的文件或内容，致使电子证据提取有失全面；有的侦查人员将与犯罪事实直接相关的证据内容从电子数据整体中剪拼起来，表面上强化了证据与案件的关联性，但也使得证据改变了其本来的面目，有损于证据的客观性，最终得不偿失。实际上，仅仅将其中直接涉及毒品交易商谈的聊天内容提取、固定下来，常常会面临证据逻辑不顺畅的问题，不利于庭审指控和法官内心确信的形成。

(三）网络安全监控难

网络安全监控与现实社会中的监控是不相同的。作为网络毒品贩卖行为的查处部门，公安机关除非新建与网络电信运营商等级和规模相同的部门，否则便无法完成对整个互联网安全的监控。目前看来，这一目标是不可能实现的。作为一个商业单位，网络电信运营商的首要目标和主要目标就是盈利，而互联网安全监控是一项高投入、基本无利润的工作，这种情况下，网络电信运营商们是没有义务做好、更不会主动去做好这项工作。目前，法律法规规定的运营商网络安全监控义务基本上是事中和事后监控。也就是说，在公安机关发现网络贩毒线索或调查网络贩毒案件后，网络电信运营商才会按要求配合监控，但这种监控对网络贩毒案件侦破是不够的。

（四）证据审查采信难

在以审判为中心的现今，司法裁判是司法实践的最重要阶段，侦查阶段的电子证据审查要以最终审判时的纳证作为效力采信判断标准。在调查中，截图打印件是当下公安机关最主要的证据审查运用形式，因截图的成本较低且易于操作，在50起样本案件中，公安机关无一例外地提交了截图打印件，主要包括犯罪嫌疑人的通信记录，犯罪账目的记录，犯罪活动的备忘录等，其中有34件案例中的电子证据被法院予以采信。

如下表所示，在这50件案件中，有32件案件侦查机关仅提交了截图打印件这一种电子证据，仅靠这一种证据形式来证明被告人的网络贩毒犯罪事实，被法院采纳的概率相对较低，只有五成左右，如若将案件样本数扩大，这个比率应该会更低。这种截图打印件证据收集提交模式因为没有其他证据作为佐证，除了一些被告人当庭认罪被予以采信外，其他的基本都被法院以没有其他证据印证且被告人当庭予以否认为由，依法判定不能单独作为案件事实认定的依据，这实际上反映的是刑事诉讼中"孤证不得定案"的证据规制。而产生问题的根源就在于侦查人员在收集证据时不注重收集提交证据的原始载体。

电子证据提交形式数据统计表

电子证据举证形式	数量	采纳数量	采纳率
截图打印件（所有）	50	34	66%
仅提交截图打印件	32	16	50%
手机设备等原始载体	11	11	100%
经过公证	3	3	100%
经过鉴定	4	4	100%

司法实践中对网络贩毒案件电子证据不予采信的主要存在以下三种问题：

1. 电子证据真实性存疑。在侦办存在瑕疵的网络贩毒案件中，公安机关常将电子证据转化为书证或者鉴定意见，希冀增强电子证据的证明力，但这种"二次转化"的模式无疑使得电子证据失去其本身的证据能力，而且因为转化的证据没有原件佐证，通常都会因为真实性问题而被法院不予认定。

2. 电子证据关联性判断难。在4起存在严重问题的案件中，电子证据的内容都是因人为破坏或者机器设备故障等原因发生变化，无法准确判定其与案件的关联性。而且侦办实践中电子证据是否与案件事实存在关联，常具有较强的迷惑性，如何在表象之下寻求内在的因果联系也是审查电子证据关联性的重点。

3. 证据来源合法性不足。其一，收集证据易侵犯公民隐私。因为网络贩毒案件属于特殊的网络犯罪，在侦查阶段不易确定调查对象，在缺乏网络电信运营商协助的情况下，技术侦查手段经常被用于毒品犯罪案件侦查的电子取证工作，侦查人员通常都会收集各类网络电子信息进行比对分析，但在操作中常常将网络毒贩的所有主要联系人都施以监听等技侦措施，这就容易对其他未涉案公民的隐私权造成侵犯，导致在证据合法性审查阶段，因为证据侵犯公民隐私而被检察机关予以排除。其二，收集程序不符合法定规范。因技术侦查的特殊性，刑事诉讼法对技术侦查措施规定有严格的审批、执行程序。但根据调查，在聘请专家参与网络贩毒案件电子取证工作时，相关专家没有侦查取证的主体资格，涉案人员没有依法回避经常成为证据来源程序合法性的问题。另外，提取电子证明时没有同步录像也是证据收集审查时容易被忽略的问题。

五、网络贩毒犯罪电子证据收集取证和审查运用的发展路径

笔者通过对成功侦办的案件进行综合分析后认为，当下对于网络贩毒犯罪电子证据的收集和审查工作，需要全面完善收集取证的工作方式，并在坚持"客观全面、迅速及时、深入细致、高效低耗"的基本取证原则下重点从电子证据合法性、客观性、关联性3个方面进行审查，以便在起诉审判环节能够得以切实运用。

（一）提升实践能力，规范取证方式

1. 提升电子证据取证的实践操作能力

侦查人员应当充分认识到电子证据的巨大作用，增强将技侦取证和规则意识相结合的思想理念，结合刑事诉讼法的规定，加强电子证据取证的试点推进工作，对各地侦破的典型案件进行分析汇总推广，增强侦查人员应用技术侦查措施收集电子证据的能力和意识。在地市级公安机关还可以建立电子证据取证

专家组，以便应对网络贩毒等复杂案件的取证工作。对于重大的网络贩毒等网络犯罪案件，技术侦查部门要建立电子证据提前介入机制，注重第一手电子证据的收集固定，重视收集程序的合法性、提取的全面性、操作的规范性，确保收集的电子证据的有效性、合法性。

2. 规范电子证据的取证方式

要全面、及时获取网络贩毒犯罪中的电子证据，就必须坚持技术性取证原则。一是要根据侦查取证的需要，及时更新、升级电子取证设备；二是要大力研发电子取证相关软件，推进电子取证的智能化；三是要在电子取证活动中树立电子证据易毁损的意识，尽量避免因人为过失造成的证据损坏与灭失。

而在无损取证方面，则不能对涉案电子设备作任何修改，最大限度地保持涉案设备中数据信息的完整，对于扣押的电子设备、提取的数据内容，要妥善保存，采取远离高磁场、静电、高温、机械挤压等措施，以保证证据的完整。在打击网络贩毒犯罪的司法实践中，只有保证电子证据的客观、全面，才能充分发挥其在庭审指控中的证明效力。

（二）运用技侦手段，重视涉案信息

网络贩毒案件在犯罪预备、犯罪实施、犯罪结果等各个环节所使用的网络电子设备并不相同，网络贩毒的数据既包括在犯罪嫌疑人被查获的计算机等电子设备中的静态数据，也包括在互联网中进行贩卖联系等活动的动态数据。所以，网络贩毒电子证据的特殊性要求电子取证活动尽量一次性完成，避免电子数据因时间的推移而发生篡改、灭失。如有的电子证据是在计算机操作系统运行过程中自动、实时生成的，在操作系统随后的运行过程中，原始数据可能会发生变化，不能真实地反映案件事实。因此，对其进行的电子取证工作应当及时进行，尽早将电子证据提取并且固定，以保证相关数据无损。这就要求电子取证人员直接参与侦查活动，一旦获取存储有电子证据的移动媒介或者获悉电子证据所在服务器，就应当及时收集并提取相关电子证据，并通过必要措施保护最原始的电子证据，以防止证据毁损灭失，确保证据真实可靠。

（三）推进辅助取证，拓展证据来源

1. 完善电子技术专家辅助侦查制度的配套机制

司法实践中，大多数侦查人员并非电子数据收集的专业人士，缺乏必要的电子信息技术专业知识，因而在电子数据收集过程中耗时耗力，难以保证电子证据收集的全面性和及时性，严重者甚至会破坏电子证据的完整性。为此，"两高一部"《关于办理刑事案件收集提取和审查判断电子证据若干问题的规定》（以下简称《规定》）引入了电子技术专家辅助侦查制度，通过发挥电子技术专家的专业优势，提高对网络犯罪的侦查效率和打击力度。然而，该项制度尚不成熟，如电子技术专家取证的技术性规范、电子技术专家出庭作证、电子技术专家取证的公正性等均未明确。因此，有必要进一步完善电子技术专家辅助侦查配套机制，建立电子技术专家人才库，规范电子技术专家委托程序，制定科学的电子数据提取、固定、储存的技术性规范，探索建立中立、保密承诺书制度和违法、违规黑名单制度，促使电子技术专家在取证过程中保持中立，并对所获取的证据内容保密。

2. 畅通网络电信运营商辅助电子取证的渠道

网络电信运营商作为网络空间的提供者、维系者、监督者和管理者，拥有大批电子技术专业人才和专业设备，且能够快速、便利地获取相关的电子数据材料。网络贩毒犯罪通过网络空间联系、交易，必然会在网络空间留下痕迹，能够第一时间被网络电信运营商捕获，相关的犯罪线索、证据也能够及时被网络电信运营商固定、收集。理论上讲，网络电信运营商能够为网络贩毒犯罪侦查提供强有力的帮助。但在司法实践中，网络电信运营商很少主动向司法机关提供犯罪证据或线索，而当司法机关向网络电信运营商调取犯罪证据时，网络电信运营商也很少全力配合，或拖延，或敷衍。易言之，网络电信运营商辅助电子取证的渠道尚未畅通。为充分发挥网络电信运营商在辅助刑事侦查方面的天然优势，有必要通过立法方式，明确规定网络电信运营商辅助电子取证的法律义务，严格拒不配合刑事侦查或者消极应负的法律责任，进一步完善公安机关与网络电信运营商衔接沟通机制，有条件的地区还可以探索建立信息联动平台，网络电信运营商发现可能涉嫌违法犯罪的线索或证据时，可以直接将相关电子数据报送至公安机关处理。

（四）探索前置保全，保障证据完整

所谓电子证据前置化保全模式，是指将证据保全的时间节点由刑事诉讼程序开启之后，提前至开启之前，甚至是提前至违法犯罪发生之前。探索网络贩毒等特殊案件电子证据前置化保全模式，有利于解决司法实践中电子证据取证难、举证难及取证不及时等现实性问题。

1. 由公安机关主导完成基础平台建设

电子证据的前置化保全对电子信息技术提出了较高要求，不仅要求提前捕捉到电子数据，还要求对大量的电子数据进行分类管理，确保随时可以提取、固定。公安机关可以发挥社会治安管控技术优势，建设电子证据前置化保全基础平台，通过视频、动态人像抓拍、热点感知、Wi-Fi围栏等技术手段获取大量的电子数据，获取的数据通过公安专用网络传输至公安数据大平台上进行统一保存，继而与存证系统进行对接，实现对所有电子数据进行实时存证。各省公安机关应当尽快参照公安部的做法，统一规划建设本省辖区内的电子证据云平台系统，并在有条件的地市级公安局建设分中心，利用存储虚拟化、分布式计算等计算方式，实现对网络贩毒等重大网络犯罪案件的硬件设备和取证分析软件的共同应用。为应对如网络贩毒等特殊案件的日益多样化的犯罪手段，有条件的地区，应考虑购置使用不同公司的产品用于分别取证，提高发现相关电子证据的概率。

2. 电子证据的前置收集和保全

通过对种类、来源以及获取时间不同的原始电子数据进行数字化签名和可信赖时间电子印章等技术，保证电子数据进入存证系统后的真实性、完整性。通过哈希校验技术①计算原始电子数据的哈希值，并设置相应标签，用于事后对该电子数据的完整性进行校验。最后，在核对无误的基础上，由公安机关内部专业人员按照刑事诉讼不同证据种类的相关要求将原始电子数据证据化，最终实现电子证据的前置化保全。

3. 电子证据的出证

进入到刑事诉讼程序中后，侦查人员可以通过存证系统，自主查询相关电子证据信息，并申请电子证据出证，存证系统就会自动获取目标数据，打上电子证据出证时间标签，生成证据包，供侦查人员下载使用。

（五）完善审查规制，提升证据效力

1. 完善合法性审查规制

合法性是电子数据能够成为刑事诉讼证据的根本性条件，审查网络贩毒电子证据最先是要审查取证主体、取证程序等是否合法。其一，取证主体方面。对于网络贩毒案件取证主体是否合法的衡量，主要是看审查取证主体资格是否属于侦查人员。其二，取证程序方面。笔者认为网络贩毒案件审查电子取证程序是否合法，应重点按照《规定》审查是否由2名以上侦查人员进行，取证方法是否符合技术标准，是否对提取过程进行拍照、录像等方面。其三，非法证据排除。在网络贩毒案件侦查取证工作中，取证主体不适格的，不能作为证据使用。取证程序有瑕疵的，应当予以补正或者作出合理解释，否则不能作为证据使用；取证程序严重违法、影响司法公正的，不能作为证据使用。

---

① 一般的线性表，树中，记录在结构中的相对位置是随机的，即和记录的关键字之间不存在确定的关系，因此，在结构中查找记录时需进行一系列和关键字的比较。对应到网络贩毒案件电子证据的收集，则是必须在记录的存储位置和它的关键字之间建立一个确定的对应关系，使每个关键字和结构中一个唯一的存储位置相对应，保证真实性。

2. 完善客观性审查规制

网络贩毒案件电子证据的客观性强调证据内容真实可靠，基于网络贩毒案件的特殊性质，对其进行的客观性审查规则也与其他证据类型不同，主要应审查电子证据来源是否真实、电子证据有无删改。一是要审查原始存储介质是否随案移送以证明证据来源真实。原始存储介质随案移送的，应审查提取、固定的数据内容是否与介质存储内容一致，证据提取、固定时相关设备是否正常运行，提取、固定的时间是否在原始数据生成之后。二是审查电子证据有无删改。为更好地审查电子证据的真实性，司法机关应当严格落实证人、鉴定人出庭和专家辅助人制度，加大控辩双方对电子证据的质证力度，尽最大可能确保对电子证据真实性作出正确判断。

3. 完善关联性审查规制

网络贩毒案件电子证据的关联性是指证据内容与案件事实有关联，能够直接或者间接证明案件事实。审查该类犯罪案件电子证据的关联主要是实体关联，即审查电子证据是否与犯罪构成相关，电子证据是否能够用以证实犯罪行为造成社会危害的严重程度，电子证据是否能够用以证实犯罪形态以及犯罪嫌疑人是否具有自首、立功、累犯、从犯等法定量刑情节这 3 个方面。

六、结语

网络贩毒犯罪案件的主要证据类型是电子证据。但是，涉案电子证据存储在虚拟网络空间中，其易灭失、难固定等特性给侦查机关收集、审查证据带来了很大的障碍，加之侦查取证人员自身工作的一些缺失，导致在网络贩毒犯罪电子证据的收集和审查工作上存在一定的问题。从司法实践来看，对内，需要从规范取证方式、运用技侦手段等方面来提升证据收集的全面性和准确性，推进案件侦办；对外，需要从推进辅助取证、完善审查规制等方面来提升证据的证明效力，便于庭审指控。因此，应将网络贩毒犯罪看作一项系统工程进行综合防控，汇聚法律、科技、意识等多方位的作用来开展电子取证工作，这样才能有效解决当前所遇到的问题并有效打击该类犯罪。

毒品案件电子数据的审查判断

侯向东[*]

在全面推进以审判为中心诉讼制度改革以及检察机关推进"四大检察"并行的工作新格局大背景下,张军检察长强调检察机关在刑事诉讼中要充分发挥主导责任,全方位提升指控、证明犯罪的能力。近年来,刑事案件中毒品犯罪案件所占的比例呈上升趋势,毒品犯罪具有高度隐蔽性的特征以及存在犯罪嫌疑人归案后拒不供述、言词证据难以采信等问题,在大数据和互联网高速发展的今天,刑事诉讼的指控、证明犯罪模式已从传统的"言词证据和物证"为主导向"电子数据"为主导转变,电子数据作为重要的客观性证据,在指控、证明毒品犯罪中极具证明力。因此,充分发挥检察官的主导作用,全面提升毒品案件电子数据的审查判断能力成为检察机关的当务之急。

一、电子数据的概念和功能作用

(一)电子数据的概念

2012年修改后的刑事诉讼法将电子数据确定为法定的八类证据类型之一,明确了电子数据经查证属实,可以作为定案的依据。2016年最高人民法院、最高人民检察院、公安部联合颁布的《关于办理刑事案件收集提取和审查判断电子数据若干问题的规定》(以下简称《电子数据规定》)第1条第1款规定"电子数据是案件发生过程中形成的,以数字化形式存储、处理、传输的,能够证明案件事实的数据",明确电子数据是基于一定载体而存在,是在"案件发生过程中形成"的"数字化形式"证据。

(二)毒品案件电子数据的功能作用

近年来,随着毒品犯罪案件数量的不断上升,电子数据在指控、证明犯罪所起的作用也日益凸显,可以说"虽然电子数据不是万能的,但指控犯罪没

---

[*] 侯向东,广东省广州市人民检察院第二检察部四级高级检察官。

有电子数据却是万万不能的"。电子数据作为客观性证据之一,在毒品案件中具有重要的功能作用。

1. 客观反映犯罪事实

在毒品犯罪案件中,为获取巨大利益,犯罪嫌疑人的作案范围已从本地区域内作案,逐步发展到跨省(市)、跨国(境)作案。而在互联网时代的今天,无论是本地作案还是跨区域作案,犯罪嫌疑人之间的犯意联络都离不开通讯工具。因此,与案件有关联的电子数据在案件审查中具有重要的作用,它能较为客观地反映毒品犯罪事实,如涉案毒品的种类、数量、价格和交易的时间、地点、方式等认定毒品犯罪事实的基本信息内容。

2. 准确认定案件性质

大部分毒品案件人赃并获,侦查机关往往以贩卖毒品罪移送审查起诉,而在部分案件中,由于取证受限的原因,侦查机关只能以非法持有毒品罪等较轻罪名移送审查起诉。犯罪嫌疑人基于趋利避害,一般拒不交代犯罪事实,即使供述犯罪事实,因与案件存在利害关系,其所提供的言词证据往往存在虚假成分,导致在审查犯罪嫌疑人、被告人的供述时真假难辨,难以采信。通过审查从犯罪嫌疑人的手机等通讯工具中提取的电子数据,能从中发现涉及贩卖毒品、运输毒品或制造毒品等犯罪的相关信息内容,结合在案的同案人供述、证人证言以及物证、书证、视听资料等其他证据进行分析判断,及时改变侦查机关定性,客观评价犯罪嫌疑人的行为性质,做到精准指控。

3. 间接呈现上下家信息

实践中,许多毒品案件得以侦破,往往是侦查机关掌握了毒品犯罪线索,经过侦查布控继而将犯罪嫌疑人人赃并获。毒品犯罪作案的高度隐蔽性特征,决定了侦查机关不易发现和掌握隐藏犯罪嫌疑人背后的毒品交易上家、下家的个人信息。而犯罪嫌疑人实施毒品交易行为时,通常会使用通讯工具与毒品上家、下家进行联系,包括商谈毒品交易的数量、价格、时间、地点和方式等事宜。审查电子数据不仅能呈现交易双方商谈的信息内容,还伴随数据的出现而呈现出毒品上家、下家的姓名、昵称、联系方式、账号等个人信息,可以此为线索进一步侦查,锁定毒品交易的上家、下家,最终将犯罪嫌疑人抓捕归案。此外,通过对庞杂的数据信息进行细致审查、抽丝剥茧,还有可能发现漏罪漏犯的相关线索,如证据确实充分,可追加认定遗漏的犯罪嫌疑人或者同案人的犯罪事实和罪行。

二、毒品案件电子数据的审查难点

实践中,由于毒品犯罪案件具有高度的隐蔽性,电子数据本身具有多样化、复杂化、专业化等特点以及侦查机关在收集、提取、固定电子数据的过程中存在不筛选、不全面、不规范等情形,给检察机关审查判断电子数据带来一定的难度。

(一)数据信息内容庞杂,发现证据难

毒品案件电子数据的来源较为固定,一般为犯罪嫌疑人使用的手机、手提电脑等通讯设备,其表现形式主要为文字、图片、视听资料等,具体有:通讯记录;微信、短信息、电子邮件、即时通讯软件等聊天记录;支付宝、微信转账、银行转账等资金收取记录;UC、Safari等浏览器上网搜索记录;图片和视频等媒体文件;日历、备忘录以及手机同步账号位置信息等。实践中,犯罪嫌疑人为了逃避法律追究,通常持有多部手机多张电话卡,或者持有一部手机,更换使用多张电话卡作案。这使得从犯罪嫌疑人手机等通讯设备中提取的数据信息量庞大且错综复杂。而侦查机关将犯罪嫌疑人的手机等原始介质作电子物证检查后,通常以刻录光盘的形式直接将全部电子数据备份移送审查,没有筛选比对、梳理提炼或者研判分析,如涉及跨地区的运输毒品犯罪,对案发时间段犯罪嫌疑人的手机通话记录归属地不作活动轨迹分析;涉及第三方支付的毒品犯罪,对案发前后财付通、支付宝等交易资金往来不作梳理提炼。导致检察机关在有限的审查起诉期限内要面对信息交叉庞杂,表现形式多种多样的电子数据,从中筛选出与案件事实有关的电子数据的工作量大且难度高,也容易出现遗漏审查,即发现关联性证据难。

(二)毒品交易方式隐蔽,采信证据难

毒品案件的犯罪嫌疑人,一方面因文化程度不高的原因,另一方面为了逃避侦查,通常会选择使用微信语音留言或者微信语音通话等隐蔽的联系方式,与对方联系毒品犯罪事宜,甚至在聊天中故意不使用通俗易懂的普通话,而选择家乡方言、土话、外语等不易被人发现的语言进行联系,在聊及毒品种类、交易数量、价格等涉案内容时,甚至用毒贩圈内隐晦的"行话"来代替,如毒品甲基苯丙胺(俗称"冰毒")用"猪肉"代替,交易数量"一公斤"用"一条"代替等。因此,有些微信语音数据的具体内容是无法直接审查判断,需要通过翻译并转化为文字后,才能审查判断其中的信息内容是否与毒品犯罪具有关联性。此外,犯罪嫌疑人被抓获后,侦查机关在其身上或者居住处、车辆等地往往会查获多部手机,经查询机主信息,通常不是其本人实名登记,犯罪嫌疑人归案后也会辩解不是其本人使用;同时,犯罪嫌疑人也会使用多个不同账号注册登录,仅凭手机是在其身上或居住处、车辆被查获,而不对数据信息进行比对、分析和判断,无法认定犯罪嫌疑人使用了多个电话号码或不同登录账号的事实，数据的网络身份也难以确定。

（三）取证效果受限，固定证据难

部分犯罪嫌疑人反侦查意识特别强，一是在收发短信息或者与对方通话联系后，会立即删除相关涉案信息和通话记录，有的则直接使用可自动加密、"一键销毁""阅后即焚"的即时通讯软件，以防被查获后难逃法网。案发后，这些自动加密、"一键销毁""阅后即焚"的即时通讯软件数据是无法提取或恢复其中的数据，其他被删除的涉案数据，如微信记录、短信息等，因存在技术人员业务水平参差不齐，侦查人员对数据恢复不重视等因素，也会导致数据恢复不全面。二是因犯罪嫌疑人拒不供述密码、口令等原因，无法正常打开通讯工具，无法破解网站登录密码、口令等，或者手机被人为格式化后，侦查机关为收集、提取电子数据，需要到即时通讯平台、快捷支付平台、移动通信、金融机构调取相关涉案数据，有些异地协助调取，当地侦查机关无法按要求提供，或者可能出于保护客户隐私的目的而拒绝提供，以致调取数据不到位。三是出现微信账号或者微信记录等被删除情形时，需要到腾讯计算机系统有限公司调取涉案的微信账号信息，如没有办理相关调取手续，第三方单位可能不予配合，导致数据无法调取。

（四）补正瑕疵不及时，审查证据证明力难

毒品案件电子数据常见的瑕疵主要是来源不清。主要有：没有附现场勘验检查工作记录、检查笔录、搜查笔录等相关数据提取的笔录，或者没有附扣押原物或者载体等物品清单，无法确定原始存储介质来源；没有附异地调取的协查函或者通过第三方机构调取的调取证据通知书；将以拍照或者截图等书证形式固定的电子数据提供给犯罪嫌疑人签认，没有制作截取数据图面的时间、地点、制作人、制作单位以及来源等说明，也无附侦查人员签名、盖章等。如不及时对来源不清的电子数据进行补正和作出解释，会影响数据证明力的审查判断。此外，实践中，通常是将手机等通讯工具作电子物证检查后，把已经进行完整性检验的电子数据备份刻录在光盘里，将光盘属性设置为只读，随案移送审查。而目前因具有电子物证检查资质的鉴定机构不足以及相关技术人员缺乏，电子物证送检耗时较长，导致数据备份光盘移送滞后，在审查起诉期限内甚至无法与案件的其他证据同步审查。

三、毒品犯罪案件电子数据的审查原则和方法

2010年出台的《关于办理死刑案件审查判断证据若干问题的规定》、2013年颁布的《关于适用中华人民共和国刑事诉讼法的解释》（以下简称《刑诉法

解释》)、2016年9月颁布的《电子数据规定》，上述三部规范性文件，构建了电子数据审查判断的基本原则。上述规定不仅明确了电子数据的取证和审查判断标准，为全面审查判断电子数据提供了重要依据，也明确了瑕疵补强、非法证据排除等也同样适用于电子数据。

对电子数据的审查判断不仅要严格围绕真实性、合法性、关联性，还要把握一定的审查判断方法，才能更好地运用电子数据指控、证明犯罪。在审查范围方面，以全面审查为基本原则，突出重点审查；在审查目的方面，电子数据与案件事实具有关联性的前提，是犯罪嫌疑人网络身份与现实身份具有同一性。[1]

（一）全面审查

全面审查电子数据，包括审查形式和内容。形式方面：根据电子数据形成的时间、地点、制作人、制作过程及设备情况严格审查来源、保全流程、环节、内容等方面，结合案件的具体情况、取证的具体环境，综合判断电子数据所反映的信息是否真实可靠，有无伪造和删改的可能；[2] 内容方面：既要审查文字类、数字类信息，也要审查图片类、视听类、浏览类信息。既要审查有利于认定犯罪嫌疑人犯罪的信息，也要审查不利于认定犯罪嫌疑人犯罪的信息，做到全面、客观审查。具体包括以下三方面内容：

1. 审查数据收集提取是否及时。一是审查通讯工具等原始存储介质是否被及时扣押；二是审查被查获的涉案通讯工具是否已被全部扣押；三是审查涉案通讯工具有无及时送电子物证检查或以打印、拍照或者录像等方式提取涉案电子数据。

2. 审查数据收集提取是否规范。一是审查收集、提取的主体、程序和过程是否遵循相关规定。二是审查有无由符合条件的人员担任见证人或对相关收集提取活动进行全程录音录像。三是审查通过第三方机构或者异地协助调取的数据有无附协查函、调取证据通知书等程序性文书。电子数据的收集、提取是否规范化，直接影响对数据完整性和客观性的审查判断，是电子数据审查的重要内容。

3. 审查数据收集提取是否全面。毒品案件电子数据形式虽然呈现多样化，但是相对固定。主要存储在"手机信息""即时通讯""浏览器""电子商务"

---

[1] 罗敏、席宛秋：《网络赌博案件电子数据的审查判断》，载《人民检察》2018年第12期。

[2] 邹国强：《公安机关案件收集和提取电子数据存在的问题及思考》，载《广东公安科技》2019年第1期。

"视听软件""备忘录""手机相册"等之中,一是审查电子数据的提取、恢复是否全面,如经犯罪嫌疑人删改后再恢复的文字类信息,是否全面,有无出现原有语义发生改变或者前后不连贯等情况。二是审查以打印、拍照等方式转化的电子数据是否完整,有无截取关联的微信账号、通讯录、银行卡信息等图面,让犯罪嫌疑人签名确认;微信语音聊天记录有无进行翻译并转换成文字并截取关联微信账号,让犯罪嫌疑人签名确认等。

(二)重点审查

重点审查要求在全面审查的基础上,审查与案件有关的电子数据,包括同一性审查和关联性审查。

1. 同一性审查

虽然犯罪嫌疑人作案用的手机通常都被当场查获,但犯罪嫌疑人会使用多部手机,即使只使用一部手机,也会更换多张不同的电话卡,或者同时一部手机同时使用两张电话卡实施犯罪,案发后难以确定查获的手机就是犯罪嫌疑人作案时所使用。因此,对电子数据关联性审查的前提,是要确认犯罪嫌疑人的网络身份与现实身份为同一人。

(1)调取手机完整信息确认。通过电子物证检查,检查报告中会显示包括手机持有人、本机号码或者该手机使用过的多个电话号码以及ICCID、最后更新时间、手机品牌、手机型号等完整信息,或者通过手机机主的实名认证信息,直接确认手机为犯罪嫌疑人所使用以及手机具体的电话号码。

(2)通过手机其他信息确认。出现手机电话卡缺失或者租用过期,同一部手机使用过多张电话卡等情形,电子物证检查无法直接获取本机的电话号码,或者无法确认该电话号码是犯罪嫌疑人使用时,需要运用经验法则通过手机其他信息确认。一是通过短信息确认,通过手机接收中国移动有限公司、中国电信集团有限公司等运营商短信息显示的电话号码来确认。二是结合手机通讯录,通过犯罪嫌疑人与同案人之间的通讯记录确认。三是通过即时通讯软件显示的个人信息确认。四是通过电子商务支付宝、淘宝等绑定的个人信息确认。五是通过同步账号等位置显示的手机登录IP地址信息确认。

(3)通过证人证言以及犯罪嫌疑人、被告人供述确认。在手机信息无法确认犯罪嫌疑人的网络身份时,可通过证人证言和犯罪嫌疑人、被告人的供述及其对手机等物证的签名进行确认。即使在手机信息可以确认犯罪嫌疑人的网络身份的情况下,有证人证言以及犯罪嫌疑人、被告人的供述,也可以起到补强证明力的作用。

2. 关联性审查

关联性审查,即审查电子数据与案件事实有无关联性,关键在于把握电子数据与事实是否具有"连接点"。电子数据本身不具有独立证明力，要结合案件其他证据或者其他电子数据之间进行综合审查，通过与不同种类的证据各自所证明的事实之间相互印证，形成完整的证据链，才能作为定案依据。

（1）与书证、物证之间是否相互印证。审查电子数据中的微信聊天、浏览器搜索记录；微信转账、支付宝记录；或者银行账户款项变动的短信息提示等内容，要结合通话清单、银行账户流水清单等书证以及被查获的毒品、毒资、银行卡等物证进行综合审查，如查获的毒品是否与微信聊天记录中提及的"猪肉"（即毒品甲基苯丙胺）为同一种类；毒品交易的时间、金额等是否与微信转账记录、银行账户流水清单的资金往来或者银行账户款项变动短信息等书证显示的时间、金额吻合或者具有关联性。

（2）与其他电子数据、视听资料、证人证言之间是否相互印证。如办理林某某案，案发后查获林某某三部手机、手提电脑以及出租屋内的毒品、制毒原料和工具等物证。林某某表示对男朋友苏某某制毒行为不知情也没参与。经审查发现在林某某的三部手机和手提电脑内提取的数据中均显示有多条上网搜索制毒配方、方法和工艺记录，以及发送制毒配方信息到苏某某的手机，手机的笔记本有记录制毒原料反应情况，还有林某某与他人微信互聊制毒过程的信息等，结合林某某手机接收过多条"尊敬的林某某"短信息和支付宝显示其个人信息，专卖化工原料的证人证实林某某曾到其店内购买过烧杯、反应釜等物品的证言，认定三部手机和手提电脑均为林某某使用，林某某的行为构成制造毒品罪共犯。办理的潘某某案中，潘某某在案发后3个月被抓，现场未查获有毒品，其归案后拒不承认贩卖毒品的事实。通过对调取的潘某某毒品上家租住处的监控视频进行对比，发现潘某某离开该处时手里是多了一个手提包，结合其与上家微信聊天时间和涉及毒品交易的信息内容，以及其与上家在案发时间段有多次通话记录和上家的供述及其对监控视频截图的签认，最终认定其行为构成贩卖毒品罪。

网络涉毒犯罪案件电子证据的取证和审查

佘斌娜　李欢欢[*]

一、网络涉毒犯罪案件中的电子证据

网络涉毒犯罪与传统的毒品犯罪方式不同，其手段、途径更加多样化和智能化，涉案的人数更多，跨区域性也更加明显，毒品犯罪活动从交易方法、支付手段、运输方式等方面发生着巨大的变化。比如通过网络采购和销售毒品、制毒原料、制毒工具，教授制毒方法、配方、工艺，组织、策划、指挥、实施毒品犯罪活动，聚众吸毒并通过网络进行直播，等等；然后使用手机电子银行、支付宝、微信等第三方平台进行款项的支付；最后再通过物流、寄递、送货上门、上门自取等方式运输毒品、制毒原料及制毒工具等[①]。实施上述这一系列违法犯罪活动的过程，离不开互联网，必定会直接或者间接的遗留一些与毒品犯罪行为相关的电子证据。

网络涉毒犯罪案件中常见的电子证据类型主要有：

（一）通话记录

通话记录记载了毒品犯罪分子与其上下家及其他与网络涉毒犯罪活动相关人员之间的通话时间、时长。绝大多数的毒品案件，在进行毒品交易的整个过程中，看货、验货、议价、交易、邮寄、取货等各个节点，毒品犯罪分子上下家和其他参与人员之间的通话会相对频繁。通话记录不能还原通话双方的交谈内容，只能证实持有人有过通话，其证明力不如微信、短信等直观。但是有一点会被司法机关所忽视，就是通话记录能够还原通话地点。

---

[*] 佘斌娜，广东省广州市人民检察院四级高级检察官；李欢欢，广东省广州市人民检察院检察官助理。

[①] 参见徐浩：《利用网络进行毒品犯罪案件中的电子证据研究》，载《犯罪研究》2012年第3期。

（二）聊天记录

聊天记录包括手机短信记录，微信、QQ等即时通讯工具聊天记录，电子邮件记录等，这一类型的电子证据是实践中毒品犯罪嫌疑人使用最为广泛，也是普通大众最为熟知的一种，聊天记录的具体内容在很大程度上能够证实毒品犯罪分子上下家和其他有关人员之间进行沟通、联络以及进行毒品犯罪活动的具体细节和详细内容，对于还原毒品犯罪基础事实提供了强有力的客观性、真实性的证据支撑。

（三）通讯录、照片、音视频、电子文档等客观信息

一方面通讯录的内容记载了犯罪分子和他人的关系，如通讯录里通常会将进行毒品犯罪活动的卖家、买家、同伙等命名为某某哥、某某姐、某某老板或者其他外号；另一方面，照片、音视频、电子文档（包括各种类型的电子文件，如word文档、excel表格等）等可能反映手机、计算机等的实际使用者，存储的与毒品犯罪活动相关的其他信息。如犯罪嫌疑人利用网络销售毒品，并将所有交易的详细情况采用拍照、编辑和保存电子文档的方式予以记录或者在计算机和手机上保存毒品的生产工艺、制毒配方及其他与毒品犯罪活动相关的照片、音视频、文档等。

（四）网络连接记录

包括有线和无线连接记录，目前绝大多数公共区域、办公室、家庭、商场等都设置有线和无线网络，就可移动性而言，应用最为广泛的是无线网络，而通过手机鉴定恢复和其他技术措施，能够准确地显示手机、电脑等曾连接过的无线网络名称、时间、路由器的MAC地址、网络IP地址等，这些信息在一定程度上能定位犯罪嫌疑人的地址，从而还原某些关键节点。

（五）网页浏览记录，地图、购票等信息

犯罪分子利用各种浏览器上网时，浏览器往往都会自动生成和保留历史浏览记录和检索记录，并保存在固定的路径之中。百度地图、手机轨迹等地理位置信息，购票APP购票记录，这些能够证实犯罪分子曾经浏览的信息和到过的地点，从而有可能发现一些与网络涉毒犯罪活动有关的重要信息。

（六）交易、转账、物流记录

包括手机银行、电子银行、微信、电子商务平台交易记录、支付宝等转账记录和物流信息等，毒品犯罪嫌疑人通过电子商务平台销售毒品、制毒原料、制毒工具等，而在平台的服务器上就会详细地记录下每一笔交易的信息，包含交易双方的信息、交易时间、收发货时间、转账记录、物流信息等。

(七) 其他信息

主要是指毒品犯罪分子通过朋友圈、抖音、网页、微博、博客、贴吧、网盘、网络聊天室等发布与毒品犯罪活动有关的信息、注册登录信息等，以上行为均会在网站服务器上留下相应的文字、图片、音视频、注册人身份、登录IP等信息。

二、网络涉毒犯罪案件侦查过程中电子证据取证存在的问题

(一) 侦查取证环节

1. 取证不规范、不全面

电子证据的提取和收集必须符合专门的技术要求和规范，然而在办案实践中，却存在电子证据提取不规范、不完整、不全面的现象。例如，现场勘查笔录中会遗漏对电子数据载体电脑、U盘等来源的记载和图片，或者忘记制造扣押笔录和清单。例如，办案人员对于毒品犯罪分子手机中的聊天记录、转账记录等电子证据，往往通过直接拍照并打印成图片，然后在给相关人员签字确认的方式提取固定证据。这样的做法存在严重的问题，不仅缺乏专业的数据截取技术，而且拍摄的记录页面极有可能是经过删减后的内容，部分内容可能产生歧义，无法真实的反映案件的基础事实，并且单纯截取图片，缺少语音记录中的内容，有可能导致关键证据的遗漏。

另外，2019年公安部颁布的《公安机关办理刑事案件电子数据取证规则》（以下简称《规则》）[①] 规定，现场提取电子数据的，应当制作《电子数据现场提取笔录》，但在实际办案中，部分侦查人员并未严格按照规定制作笔录，这也是侦查机关对电子证据取证不规范的表现，这为精准打击网络涉毒犯罪活动带来了很大的阻碍。

2. 侦查与取证脱节

从办案单位的实际情况来看，目前一些侦查经验相对丰富的侦查人员对于计算机、网络、金融、会计等方面的知识以及相关的电子取证技术并不是十分熟悉，甚至对部分知识完全不了解，所以大部分的电子取证工作都是由专门的

[①] 《公安机关办理刑事案件电子数据取证规则》第19条规定："现场提取电子数据，应当制作《电子数据现场提取笔录》，注明电子数据的来源、事由和目的、对象、提取电子数据的时间、地点、方法、过程、不能扣押原始存储介质的原因、原始存储介质的存放地点，并附《电子数据提取固定清单》，注明类别、文件格式、完整性校验值等，由侦查人员、电子数据持有人（提供人）签名或者盖章；电子数据持有人（提供人）无法签名或者拒绝签名的，应当在笔录中注明，由见证人签名或者盖章。"

技术鉴定部门完成,而取证技术人员又不熟悉缉毒侦查工作,缺少必要的侦查经验,对于毒品犯罪案件的侦查重点、难点并不清楚①。很多侦查人员依然以"破案抓人"为第一目标,还未转变为"证案定罪"的思维模式。因此,由于侦查与取证人员之间存在的知识结构、工作重点的差异,使相关的侦查策略和实际的取证工作之间变得不统一、不协调,出现侦查与取证严重脱节的现象,不仅导致有价值的电子证据没能被提取,或没有及时取证,还可能导致毒品犯罪分子破坏、销毁与犯罪相关的电子证据,增加证据灭失的风险。

3. 取证方式被动

与一般刑事案件如杀人、抢劫、诈骗等相比,毒品犯罪案件往往缺少特定的报案人和受害人,也没有明确的犯罪地点,网络涉毒犯罪案件更为隐秘,需要侦查机关主动发现犯罪线索②。故应该从犯罪预备阶段就开始收集和固定电子证据,更加强调电子证据收集、提取的事前性和主动性,但是在司法实践中,公安机关的取证主要还是侧重于事后取证,对于破案抓捕之前的证据研判、分析的侦查工作,缺少固定转化为定罪证据的意识。

4. 现有取证途径存在局限

实务中最为常见的电子证据取证方法有:(1)对手机、计算机、移动硬盘等电子设备进行恢复鉴定,即通过犯罪嫌疑人的上述电子设备直接恢复有关记录;(2)从第三方机构,如互联网、物流公司等调取相关证据;(3)扣押涉案人员手机、计算机、移动硬盘等电子设备,并进行鉴定,恢复犯罪分子与该手机之间存在的各种联络、交流及其他与网络涉毒犯罪案件相关的信息。然而这三种方法都存在着各种各样的问题,例如第一种方法,如果犯罪嫌疑人心思缜密、具有一定的反侦查技能,一般会及时删除一些涉及毒品犯罪活动的关键性信息,并且有可能同时使用多部手机、多张 SMI 卡,同样也会及时对相关手机和 SMI 卡进行销毁,最终导致此种方法名存实亡。针对第二种方法,由于从第三方机构调取的电子数据往往在时间上受到极大的限制,通常情况下,网络涉毒犯罪案件从实施到案发、从案发到移送审查起诉会存在一定的时间差,如果等到案发或审查起诉阶段再去调取相关短信记录和聊天记录,就有可能存在无法调取的情况,原因一方面在于第三方机构往往掌握着海量的电子数据,其储存器无法保存所有的信息,一般会删除比较久远的数据;另一方面

---

① 参见戴士剑、钟建平、鲁佑文:《检察机关侦查部门电子数据取证问题研究》,载《湖南大学学报(社会科学版)》2017 年第 2 期。

② 参见谢登科:《电子数据网络在线提取规则反思与重构》,载《东方法学》2020 年第 3 期。

第三方机构的配合积极性不高，导致数据灭失。而且还有很多第三方机构的注册地和服务器在境外，还存在境外证据提取、司法协助等障碍。

（二）审查判断环节

1. 审查人员缺乏电子证据相关专业知识

物证、书证类、试听资料等传统证据的审查相对清晰明了，办案人员通常只需常规动作就能审查和判断，然而电子证据则必须经过一定形式的转化才能够呈现在办案人员的面前，并且需要从多个方面进行调取、分析和审查才能完整、真实的重现。例如，在网络涉毒犯罪案件中，可以根据计算机、手机网络IP地址来确定是在哪台电脑、手机进行的操作，甚至可以知道具体的上网地址，综合分析得出手机的实际操控者是谁，从而锁定犯罪嫌疑人。但是由于绝大多数办案人员都是法律专业毕业，缺乏计算机等相关专业知识，这种知识结构的盲区，使他们基本上都不知道可以通过 IP 地址的方式来确定犯罪嫌疑人的身份，遇到比较复杂的网络涉毒犯罪案件，在电子证据的审查方面就显得十分被动，这在很大程度上导致办案人员对于电子证据的审查仅仅停留在表面上，甚至导致审查的形式化，而非真实、有效性的审查，最终导致电子证据审查的片面化。

2. 与侦查取证环节的侦查人员沟通不畅

司法实践中，大部分案件在侦查环节，侦查人员已经知道案件电子证据的关键信息所在，已经调取出能够反映案件事实的电子证据，甚至形成了专业的分析报告，但是因为公诉机关办案人员和侦查机关侦查人员没有进行及时、有效的沟通，使得侦查环节已经完成的工作，需要公诉机关办案人员在审查起诉环节再一次重复进行，在庞大的电子数据中重新寻找有用的信息，并制作报告，这不仅使得侦查人员前期所做的工作没有用武之地，侦查环节的研判成果没有得到传承，而且加大了检察机关办案人员的工作量，对于司法资源也形成了极大的浪费。

3. 对证据能力的审查存在遗漏

由于电子数据隐蔽性的特征，因此其不具有书证、笔录类证据的可接触性和直接的感观阅读性①。电子证据的取证程序与传统证据也存在一定的区别，然而在司法实践中，因为电子证据不可直接感观阅读，检察机关公诉人员在审查判断电子证据时主要还是审查电子证据的复印件、打印件和输出件等是否客观真实，审查电子证据的合法性主要是审查侦查机关对电子证据的存储介质的

---

① 参见李瑞登：《公诉环节电子数据的审查判断》，载《人民检察》2018 年第 1 期。

搜查、扣押等程序是否符合法律规定，但是对于电子证据取证过程中的程序问题，因其涉及较强的专业技术而被忽视，所以对于电子证据合法性的审查，亦即对于证据能力的审查没有将电子证据收集和提取的全过程完全囊括在内。

4. 对证据证明力的审查存在偏差

对于电子证据证明力的审查主要体现在审查电子证据的关联性与真实性等方面。首先，由于电子证据的易篡改性特征，办案人员在审查电子证据的证明力上往往持保守态度，对于电子证据的重要性认识不够。其次，不同种类的电子证据，其证明力的大小存在一定的差异，而实践中大部分办案人员对不同类型的电子证据证明力的大小没有进行区分。最后，有关电子证据证明力的审查主要集中在内容数据上，对于附属数据、系统环境数据等证明力的运用则相对较少。

三、完善电子证据取证和审查的对策

（一）取证须规范、全面

《规则》第3章详细规定了收集提取电子数据时侦查人员应该遵循的规则，为电子证据的取证工作提供了强有力的参考，因此，侦查人员应该严格按照该规定收集、提取电子证据，确保收集和提取的电子证据能够规范进行。

如对电子证据所在的载体：电脑、硬盘、手机、U盘等要在现场勘验检查笔录中通过图片、文字真实反映，同时制作扣押笔录和清单，以真实还原这些载体的合法来源。如前述提到的采取拍摄照片的方式进行电子数据的提取和固定，很显然是不符合网络涉毒犯罪案件侦查工作的实际需要的。因此，应该在扣押涉案手机进行恢复鉴定的基础之上，对文字、图片等静态信息采取打印、拍照的方式固定证据，保证信息的连贯性和完整性；对语音、视频等动态信息采取录像方式固定证据，保证每条信息按时间前后顺序完整播放；还需要将语音聊天内容转化为文字内容，采取打印、拍照方式固定证据。同时制作相关笔录或者照片、录像复制件制作说明，记录案由、对象、内容，收集、提取电子数据的时间、地点、方法、过程，并附电子数据清单，注明类别、文件格式、完整性校验值等[1]。而不是单纯地采用同一种方式，各种方式之间存在着补强关系，这样才可以确保收集和提取的电子证据能够全面、完整的反映毒品犯罪案件的相关信息。

---

[1] 参见王玉薇：《大数据背景下电子数据的审查认定》，载《中国司法鉴定)》2017年第6期。

（二）取证须及时、有效

从海量的网络数据信息中要迅速、准确地找出与毒品犯罪有关的信息，在犯罪的预备阶段就将有关毒品犯罪的电子证据予以收集和固定，侦查工作在电子证据取证方面要有主动性和事前性，提前对网络涉毒犯罪活动的有关电子证据予以固定，为后期的侦查、诉讼、审判工作打下良好的基础，减少毒品犯罪活动给社会带来的危害。

电子证据具有易篡改、易破坏的特征，其所依附的储存介质是具有一定特殊性的电子设备，如计算机、手机、移动硬盘等，里面的电子数据都是可以人为地进行反复读写、修改、删除和销毁的，因此，一旦网络涉毒犯罪案件案发后，侦查机关在关注毒品等关键物证之外，也应该在第一时间扣押涉案电子设备，进行电子证据的收集和提取。

（三）培养知识结构复合型人才

电子证据的高科技性、隐蔽性等特征，使其收集、提取过程中要求的专业知识和技能更加广泛。司法工作人员除了需要侦查、法律等专业知识之外，还需要网络、计算机、金融、会计等知识，同时还需要在一定程度上掌握电子取证技术及相关取证设备的使用方法。如果没有一定计算机、通讯技术等专业知识的储备，司法工作人员连发现问题、提出有效侦查方向的能力都没有。因此，侦查机关、技术机构、检察审判机关可以多开展一些电子证据的联合培训，让电子证据的审查机关，了解鉴定技术机构能做什么，让鉴定技术机构清楚审查机关需要什么，供求清楚对接，才能发挥出电子数据的最大效能。

（四）加强与第三方机构的合作

首先，侦查机关在提高自身网络监管能力的同时，还需要明确网络监管部门的监管职责，与网络监管部门建立合作机制，提早发现网络涉毒犯罪案件线索，从源头上遏制利用网络进行毒品犯罪活动的蔓延①。

其次，加强同互联网企业、物流公司的长期合作，做好与这些企业的沟通配合工作，要求相关企业增大对网络信息、快递包裹等内容的检查力度，使其充分发挥行业优势，及时将发现的可疑信息报告给公安机关，提高毒品犯罪活动的发现率，并为公安机关后期收集、调取相关电子证据提供技术与服务支持。

最后，加大与银行及其他第三方支付平台的协调，由于无现金支付方式的产生和发展，通过手机银行、电子银行、微信、支付宝、QQ及其他网络金融

---

① 参见胡青、刘杨：《网络涉毒犯罪的侦查难点及对策》，载《云南警官学院学报》2018年第6期。

支付工具完成款项的支付已经成为当下的流行趋势，网络涉毒犯罪案件中大多也是通过此种支付方式完成支付的。因此，对于该类电子证据，公安机关应该及时与银行及其他第三方支付平台进行协调，尽快调取相关证据①。

（五）综合审查电子证据

网络时代的毒品犯罪，往往通过形成网络虚拟联系或直接店铺交易、网上支付平台、物流寄递运输的三阶段模式，整个交易过程产生的电子证据也是种类繁多、数量庞大，而且在收集、计算机等电子设备中恢复数据也可能包含其他与毒品犯罪活动无关的信息。所以，侦查机关在收集和提取电子证据时应该重点突出，在审查电子证据时应该将其内容进行归纳和整理，如将涉及交易、资金往来、聊天记录、物流信息等有关证据可以按照信息流、物流、资金流等分类整理，综合以上多个方面进行初步审查分析，并在形成初步审查报告后随案移送检察机关。此外，要关注电子证据的生成、存储、传输等环节形成的附属信息和系统关联信息，因为这些附属信息、系统关联信息不仅能够对内容数据的证明力加以补强，而且对于案件中的部分关键事实还可能存在独立的证明力。例如，手机微信聊天记录，具体的文字聊天内容属于内容数据，处于主导地位；而聊天的时间、过程、储存位置、微信登录手机等属于附属信息，位于辅助地位。故办案人员在审查证据证明力时，除了要审查内容数据外，还要重视审查附属数据和系统环境数据，即需要综合、全面审查与分析与案件相关的所有电子证据。

四、结语

网络涉毒犯罪活动是在互联网及现代科技、支付手段等不断更新和发展的基础之上应运而生的，其犯罪手段的隐蔽化和智能化，为侦查工作、审查起诉工作带来了新的挑战。因此，侦查机关要顺应时代的变化，结合案件的实际情况，加强及时收集、提取电子证据的意识，积极学习、掌握计算机、金融、会计及其他专业知识和电子证据取证技术，在网络涉毒犯罪案件基本犯罪构成要件的基础之上，努力提取、固定与还原案件基础犯罪事实相关的电子证据；检察机关要加强对电子证据合法性、真实性、关联性的审查，及时与侦查机关取得联系和交流，积极学习和掌握计算机、信息技术、通讯技术等专业基础知识，提高有效打击通过网络进行毒品犯罪活动的强度和力度。

---

① 参见胡青：《第三方支付平台在涉毒案件中的问题探析》，载《广西民族师范学院学报》2020年第2期。

网络毒品案件电子数据的特征及审查要点

曹 莉*

一、问题的提出

互联网时代，以计算机和网络为依托的电子数据在证明案件事实的过程中发挥着举足轻重的作用。虽然毒品犯罪是一种传统的犯罪类型，但在实践中越来越多的犯罪嫌疑人依赖于网络来实施毒品犯罪。[①] 由于犯罪分子的吃穿住行、联络、商议等行为均无法离开网络，决定了几乎所有网络毒品犯罪案件的认定都离不开电子数据。[②] 与此同时，电子数据在网络毒品案件中也发挥着不可替代的作用。因为毒品案件犯罪嫌疑人反侦查意识极强，被抓之后很多是零口供，而利用网络实施毒品犯罪的双方可能互不认识，双方也可能不需要见面，毒品通过物流、快递运送，那么指控犯罪最有利的证据便是在网上"留痕"的电子数据。

鉴于电子数据在指控网络毒品犯罪案件中运用的比例极高，发挥的作用极大，而电子证据的外在载体在我们的生活中随处可见，检察机关应当结合外在载体重视审查电子数据。具体而言电子数据的外在载体主要是电脑、手机、移动存储介质（如U盘、移动硬盘等）。

笔者结合自身办案的实际情况，在实证的基础上分析网络毒品案件中电子数据证明不同的犯罪事实、情节，并结合电子数据在此类案件中的特点，为检察官提供切实可行的审查重点。

---

* 曹莉，江苏省泰州市人民检察院第二检察部副主任。
① 本文所称的网络毒品案件是指毒品犯罪的任何一个环节依靠网络实施的案件。
② 笔者认为监控录像等被纳入视听资料的情形亦属于电子数据。随着科学技术的发展，之前主要储存在磁带、录像带、VCD、DVD等实物中的监控录像等，由于容量空间等要求，几乎都是以数字化的形式存储，其本质上就是电子数据。

二、网络毒品案件中涉及电子数据的实践情形

犯罪嫌疑人在网络毒品犯罪预谋、沟通联络、转移毒品、毒资交付等整个过程中都有可能会使用手机、电脑网络等，或者行动轨迹被监控所记录，这就决定了侦查机关能够收集到大量的电子数据证明犯罪事实。具体而言，电子数据在网络毒品案件中证明的犯罪事实主要有以下几种情形：

（一）犯罪分子联络情况

网络毒品案件中犯罪嫌疑人与其他涉案人员之间就毒品交易要在互联网上进行沟通交流。具体联络的过程是要通过双方的手机通话、短信记录、QQ记录、微信记录、网站论坛、电子邮件等方式进行。如在黄某某等走私、运输毒品案中，2017年初，阿支某某（另案处理）开始陆续纠集崔某某（另案处理）等多名团伙成员在缅甸××等地，网络招聘中国境内各地闲散人员偷渡前往缅甸，吞服毒品海洛因后体内运输至四川省成都市等，排出毒品后按照阿支某某的指示批量出售，后通过转账形式异地收取毒资。被告人黄某某等人系崔某某等人网络招聘的体内运输毒品人员，以体内藏毒方式将毒品运输至成都、重庆交给当地排毒点管理人员张某某等人，通过微信转账获取报酬。①

（二）涉毒资金往来的情况

网络毒品案件中毒资支付方式由传统的现金交易转变为电子支付，具体包括网上银行转账、微信转账（红包）、支付宝转账等。如官某某、李某某贩卖、运输毒品案中，2019年2月，官某某为贩卖毒品牟利，通过电话、微信等方式向微信昵称"志在必得~"的毒品上家联系购买甲基苯丙胺片剂，双方约定通过邮寄方式交付。后该毒品上家通过微信等方式联系李某某，李某某受毒品上家雇佣，取得藏匿毒品的一个黑色旅行箱带至云南省耿马县孟定镇圆通快递收发点寄往重庆市永川区，并通过微信二维码的方式获取报酬5000余元。李某某将相关物流信息告知毒品上家，再由毒品上家通知官某某。2月25日，公安人员在云南省昆明市抓获李某某，后通过在控制下进行交付的方式抓获官某某。②

（三）毒品转移过程

网络毒品交易虽然联络在网上，但关键的毒品交易、运输需要回归到现实空间，由于监控摄像头的普及，很多在公共场所进行的毒品交易、运输有可能

---

① 详见（2019）川34刑初251号。
② 详见渝05刑初80号。

会被相应的监控录像所证实。如许某某、何某某运输毒品案中，2019年4月许某某在网上发现高薪招聘信息，后联系到微信名为"泽泽"的人。2019年5月5日许某某按照安排从云南省临沧市耿马自治县某镇将一个棕色旅行拉杆箱在邮局（被邮局监控拍摄）邮寄至陕西省汉中市。后2019年5月11日许某某乘坐飞机由昆明飞至汉中意欲领取该拉杆箱时被公安人员盘查后主动交代其来汉目的，并带领公安人员前往汉中市汉台区某街某某投寄点领取拉杆箱，经检查，拉杆箱中查获毒品。①

（四）犯罪嫌疑人行踪情况

网络毒品案件犯罪嫌疑人可能身处天南海北，但在具体走私、贩卖、运输毒品犯罪时乘坐公共交通工具、住宿等行为会留下飞机、火车等订票信息、出入境记录、酒店入住登记等电子数据。如张某某运输毒品案中，2018年8月，张某某加入一赌博微信群后，一微信名叫"狂风"的人单独微信与张某某联系让其运输毒品，并承诺每次可得报酬一万余元。张某某按此人的安排到昆明取到货（两个易拉罐），后与微信名为"天哥"的人联系，后"天哥"告知已为其网上订购了昆明至广元的火车票，让其取票乘车。2018年8月18日，张某某乘坐的列车停靠于元谋站时其被抓获，随身易拉罐内的毒品被查扣。②

由此可见，电子数据证明网络毒品犯罪的环节各不相同，但是可以分为两种情形，一种是犯罪嫌疑人自身借助了外在存储介质如手机等进行联络，从而产生了相应的电子数据。对于该类电子数据，由于犯罪嫌疑人主观上有认识，客观上也可能被其删除，在审查这种情形时应当注重电子数据的难破解性、完整性特征。另一种是犯罪嫌疑人的行为被相应的电子数据所记录，特别是监控录像对于记录犯罪嫌疑人行踪、交易等都可能起到非常直观、真实的证明作用。③ 由于犯罪嫌疑人主观上可能没有认识，故该部分电子数据既能客观真实地反映网络毒品犯罪的部分事实，又不会被犯罪嫌疑人所删除，针对这种情形应当注重审查的是电子数据取证的合法性、规范性。因此，检察官在办理网络毒品案件时要结合不同的电子数据特点，有针对性地进行审查。

三、网络毒品案件中电子数据呈现的特点

电子数据与传统证据有着较大的区别，我们需要通过梳理出电子数据在网络毒品案件中的特点，以此把握相关难点问题。

---

① 详见（2019）陕07刑初38号。
② 详见（2019）云初71刑初11号。
③ 参见张建伟：《证据法要义（第二版）》，北京大学出版社2016年版，第308页。

(一) 网络毒品案件中电子数据的难破解性

电子数据与物证、书证有着本质的区别,其不能直接感知,① 而是通过文字、声音、数字等多种形式呈现,从而让普通人理解其所代表的具体内容。② 网络毒品案件中的电子数据有着与其他案件不一样的特点,即此类案件需要建立相关人员、相关毒品犯罪的关联性。

网络毒品案件往往是互不相识的双方通过论坛、微信群、QQ群等取得联系,再通过微信好友、邮件等详细交流后再进行交易。虽然犯罪嫌疑人在联络、交易等各个环节中使用了手机、电脑等通讯工具,但是此类电子数据难以破解。一是网络毒品案件中很多犯罪嫌疑人互不相识,在交易过程中往往都不使用真名,而是用昵称、外号、假名等进行网络交流、达成毒品交易的"合意",也就是犯罪嫌疑人具有线上和线下有两个不同的身份,需要破解两者的同一性。二是网络毒品案件中双方联络所用的语言、文字交流往往并非直白说明毒品的种类,交易的方式等,而是通过一些"黑话""暗语"等隐秘代名词或者图片来进行交流,如用"白面"代替海洛因,用"洗发水"来代替冰毒等,且这种代名词更新速度极快,一般人即使听到或者看到都无法直接认识到此为毒品交易,这就需要将网上看似"正常"的交流与毒品犯罪建立关联性。

(二) 网络毒品案件中电子数据的易销毁性

由于电子数据是数据编码,易被篡改、增加、删除,只有专业技术才能感知它的变化。但同时电子数据借助专门的技术和设备,有可能发现其被篡改的痕迹,甚至恢复之前的数据。电子数据的易销毁性,在毒品案件,特别是网络毒品案件中体现得尤为明显。

由于毒品交易的暴利,越来越多的犯罪嫌疑人愿意利用网络实施毒品犯罪,让天南海北、素不相识的犯罪嫌疑人建立联系,但与此同时,他们也会意识到通过网络进行交易会留下痕迹——电子数据。他们往往会在第一时间将相关通话记录、聊天记录删除,故侦查人员即使在第一时间扣押电子数据的外在载体也可能无法直接获取相关电子数据。一是犯罪嫌疑人会采取加密技术来隐藏自己的真实位置,即使侦查机关在网络上发现他们的行踪,他们也可以在被追查时立即更换、转移、甚至销毁数据。二是犯罪嫌疑人往往会对于网络中联络、交流的电子数据即时删除。因为随着科技的发展,在通讯软件中出现"阅后即焚"功能,毒品犯罪嫌疑人只要使用该软件,就可以保证他们在交流

---

① 参见李瑞登:《公诉环节电子数据的审查判断》,载《人民检察》2018年第1期。
② 参见刘译矾:《论电子数据的双重鉴真》,载《当代法学》2018年第3期。

后的聊天内容等电子数据被彻底删除。三是犯罪嫌疑人选择境外设置服务器的网站注册会员，完成交易后注销账号或者故意被封号，即使侦查机关锁定了犯罪嫌疑人，也无法从该网站调取相关电子数据。

（三）网络毒品案件中电子数据内容的难以转化性

由于毒品案件隐蔽难以发现，刑事诉讼法明确规定了在重大毒品案件中可以使用技术侦查措施。为了应对毒品犯罪的严峻形势，技术侦查措施在毒品案件中运用得也较为广泛，获取相应电子数据。

虽然网络毒品案件中技术侦查措施获得的电子数据往往是犯罪嫌疑人不知情的，但是其转化难度比一般的电子数据要大。一是根据刑事诉讼法等相关法律规定，技术侦查获得的证据应当转化并予以提供，实践中侦查机关转化的"文字版"与真实的"录音版"易出现不一致的问题。究其原因，网络毒品案件的犯罪嫌疑人可能身处不同的地域，使用的方言较为难懂，侦查人员转化时易误会、遗漏重要内容；通话内容过多，容易没有将全部内容予以转化，等等。二是网络毒品案件的犯罪嫌疑人反侦查意识极强，通话时往往会使用呼叫转移功能，这样就无法确定手机号码实际使用人，使用的语言也夹带很多"黑话""行话"，需要侦查机关确定使用人的真实身份，交流的真实内容。三是采取技术侦查措施时侦查机关容易就个案进行"破解"，常常缺乏串并案意识，内容可能被误读。网络毒品案件中的毒品交易往往不是单纯的一对一，特别是涉及到了上家、下家、同案犯等，但由于侦查措施仅仅针对的是有重大嫌疑的人员，往往忽视了通过通话记录、社交软件账号关联手机号码、电子转账账号等进行串并，从而使得部分网络毒品案件中的电子数据不够全面、易懂。

（四）网络毒品案件中电子数据取证方式的特殊性

大量毒品案件由基层派出所侦查，而基层民警并不具备专门提起电子数据的设备和技术，对于电子数据取证存在诸多不规范之处。

一是网络毒品案件中的犯罪嫌疑人被抓获时经常扣押到其随身携带的手机。根据相关规定，原始存储介质的封存应当保证无法增加、修改或者删除电子数据。实践中常常就是采取跟传统物证一样的扣押方式，将手机装入密封袋封存即可，但由于手机等是具有无线通信功能的存储介质，还需要增加其他阻断信号的有效方式，如拔掉电池、装入屏蔽袋等。[①] 二是电子数据的提取应当符合法定程序，有相应的电子数据勘验、检查笔录，但是派出所所办的案件，缺少提取过程的规范笔录，这就使得电子数据有可能被质疑取证的合法性。三

---

① 参见喻海松：《网络犯罪二十讲》，法律出版社2018年版，第147页。

是电子数据的取证方式多样,但实践中比较单一。《电子数据规定》确定了以扣押原始存储介质为原则,以提取电子数据为例外,以打印、拍照、录像等方式固定电子数据为补充的取证方式。实践中,大多数网络毒品案件的电子数据取证方式会采取这种补充方式来固定,以 S 省 T 市为例,在所有网络毒品案件中,用拍照方式固定的电子数据占比高达 73.7%。主要是由于小宗毒品犯罪大部分是由派出所管辖,往往缺少专业的取证设备,无法通过勘验等方式提取电子数据。侦查机关习惯以涉案手机电子数据中的短信、社交软件聊天记录等文字内容为侦查重点,对涉案手机数据通过拍照等方式固定,容易导致提取不完整现象。

四、网络毒品案件中电子数据的审查要点

鉴于电子数据在网络毒品案件中发挥着举足轻重的作用,检察机关在办理此类案件以及引导侦查机关时,应当结合电子数据的上述特征及取证难点,全面审查电子数据。

(一) 应当重视侦查机关破解电子数据合理性的审查

由于网络毒品案件电子数据的难破解性,侦查机关对相关电子数据有一个破解的过程。这就要求在审查此类案件的电子数据时,要注重从以下两个方面进行审查。

一要重视侦查机关是如何将电子数据中虚拟的身份与犯罪嫌疑人的真实身份之间建立起的关联。由于网络并非都是实名制,在使用主体的身份认定上,就必须证明犯罪嫌疑人就是使用者本人,特别是使用他人身份证注册的时候,就更需要确定谁是真实使用者。对于手机提取的相关电子数据,由于手机本身就是无形电子数据的有形载体,如果是在犯罪嫌疑人身上或者所居住、工作的特定场所查获的手机,① 一般而言就可以直接证明犯罪嫌疑人与手机中电子数据的关联性。对于从网站论坛、邮箱提取的电子数据,由于行为人可以凭借账号和密码在任何连接网络的电脑上登录,这就使得论坛信息、邮件内容并不需要特别依赖于特定的存储介质,② 这就需要审查侦查机关有无通过技术手段,审查网络 IP 地址、网络终端归属等,结合犯罪嫌疑人供述、证人证言等综合判断电子数据与犯罪嫌疑人的关联性。

---

① 参见胡铭、王林:《刑事案件中的电子取证:规则、实践及其完善》,载《政法学刊》2017 年第 1 期,第 80 页。

② 参见周新:《刑事案件电子证据的审查采信》,载《广东社会科学》2019 年第 6 期,第 236 页。

二是要重视侦查机关是如何将网络毒品案件中涉及的"行话""暗语"进行转化的。由于毒品犯罪的高度隐蔽性，网络毒品案件的电子数据中经常包含大量的暗语、行话等，侦查机关查获此类案件的同时应对这些暗语、行话进行转化，如何转化，一方面需要侦查机关通过渠道了解这个"行业"的行话，才能对电子数据进行有效"解读"，另一方面侦查机关进行的暗语、行话转化能够得到犯罪嫌疑人或者相关涉案人员的认可，从而这种将网络中看似普通的对话与毒品犯罪建立起的关联才是经得起考验的。

（二）应重视侦查机关收集电子数据完整性的审查

由于网络毒品案件电子数据的易销毁性，侦查机关在收集电子数据时应当尽可能全面。由于毒品案件中的犯罪嫌疑人反侦查意识很强，及时清除相应的聊天记录等，即使侦查机关扣押到相应的手机、电脑等，并未发现与案件相关的电子数据。这就要求侦查机关通过数据恢复技术，来将被破坏的数据重新恢复，从而完整收集相关电子数据。①

审查侦查机关收集的电子数据是否完整，特别是被犯罪嫌疑人对相应数据进行一定程度的破坏，可以结合不同的载体的特点来进行审查。

其中，移动存储介质与未联网的电脑具有相似性，一旦扣押外在载体数据就不会被网络所篡改数据，可视为纯粹的储存设备。犯罪嫌疑人对此类数据的破坏，多是通过破坏介质本身来达到毁坏数据的，如将U盘摔坏、破坏电脑硬盘马达等，这就需要对被物理破坏的介质进行相应的修复，从而实现对电子数据的提取。对此，应当审查侦查机关在扣押电脑、U盘等，特别是被破坏的相应介质有无进行恢复、恢复的程度、内容是否完整。

而手机、互联网电脑的电子数据具有相似性，取证时有被网络所篡改数据的可能性，不能仅视之为储存设备，其还是一种通讯工具。犯罪嫌疑人对此类数据的破坏，除了通过破坏介质本身来毁坏电子数据，更多采取的是篡改、删除存储的内容、软件等。一方面此类数据虽然从表面上看被删除，但是通过相应的技术手段仍有可能恢复，而毒品案件中侦查机关可能因为成本等因素未将所扣押手机送相关机构进行手机数据还原，在审查时要特别注意有无扣押手机、电脑等，有无对其提取电子数据。侦查机关对手机内删除掉的电子数据进行还原的情形下，如果提取了相应的电子数据，是否全面提取，如不仅仅是对于手机、互联网电脑中的文字短信、聊天记录等内容进行收集，还有语音数据

---

① 参见朱明华、石峰：《刑事电子数据收集与固定研究》，载《检察研究与指导》2019年第6辑，第105页。

也应收集。另一方面即使从相应设备中提取到了数据,也要审查该电子数据是否完整。

(三) 应重视侦查机关采取技术侦查措施合法性的审查

刑事诉讼法明确规定了公安机关在办理重大毒品犯罪案件时可以采取技术侦查措施,实践中大量毒品案件确实运用了技术侦查措施获得了电话通话、QQ 聊天等电子数据。

对于技术侦查措施获得的电子数据,首先应当审查获取的时间节点是否在立案之后,对于初查中获取的电子数据原则上不应使用。根据相关规定,侦查机关在初查中不能限制他人人身、财产权利,也就是说只能使用任意性调查措施。技术侦查措施必须在立案之后,且经过严格的审批之后才能进行。表面上看侦查机关对相关人员的电话、网络通信进行监控,没有限制其人身、财产权利,但其实通过判断采取技术侦查措施有无保障公民基本权利来确定其是否具有合法性。初查时进行监听、监控获得的证据不仅违反了上述相关规定,更重要的是侵犯了宪法赋予公民的隐私权等宪法权利,此时取得的电子数据属于违法证据,必须排除。但需要注意的是,如果初查采取了技术侦查措施而获得的破案线索,立案之后按照法定程序收集的电子数据是否也应该一律排除。该问题类似于"毒树之果"争论,究竟是强制排除还是裁量排除,理论界和实务界争议颇大。笔者看来,由于刑事诉讼法规定的非法证据排除规则中并未涉及电子数据,[①] 电子数据与物证、书证同属于实物证据,所以在该问题上可以参照物证、书证的排除原则进行处理,关键在于将是否"可能严重影响司法公正"作为标准。倘若立案后按照法定程序收集的电子数据,可以作为定案证据使用,不需要排除。

此外,技术侦查措施获得的电子数据还应从内容上进行实质审查。技术侦查措施获取的往往是语音通话等,但技术监听是一个长时间的过程,监听的通话时间较长,内容较多,审查该类证据时应当注意侦查机关是否从海量的监听中进行筛查整理,转化的文字材料应当与录音进行比对,特别是对重点监听内容详细标记,防止有遗漏或者误解原意的情况发生。对于犯罪嫌疑人采用外地方言的情况,侦查机关应让通晓当地语言的侦查人员协助"翻译"成普通话,从而保证内容理解的准确性。

(四) 应重视侦查机关对电子数据取证规范性的审查

侦查机关对电子数据的取证应当遵循相关法律规定,在审查取证的规范性

---

① 详见《刑事诉讼法》第 56、57 条规定。

上,可以从取证过程、方式、主体等方面进行把握。

一是在具体取证的过程中,应当重点审查电子数据的提取过程是否损坏、改变,有无进行完整性校验;对收集、提取、检查电子数据的相关活动有无录像;进行电子数据检查时有无对存储介质进行保护、有无制作数据备份等。电子数据的结果应当重点审查电子数据提取笔录内容是否完整;有无侦查人员、电子数据持有人(提供人)的签名或者盖章;电子数据检查笔录有无注明检查方法、过程和结果,是否有相关人员的签名或者盖章等。特别需要注意的是审查侦查机关对于监控录像的提取等,侦查机关往往认为其是视听资料,而未按照电子数据的取证方式进行。对于此类证据应当特别注意其收集的方式、程序,如果取证不规范,应当要求侦查机关进行补充、完善。

二是在具体取证的方式上,应当审查电子数据的具体取证方式。一般而言,侦查机关应当采取直接扣押外在载体的方式,如果确实不具备扣押条件的应严格按照程序,对相应的电子数据进行提取。对于移动存储介质与未联网的电脑,直接扣押即可。应当特别重点审查对手机、联网电脑的电子数据的取证。因为能够联网,未抓获的犯罪嫌疑人有可能通过网络远程或者后门程序对电子数据进行篡改,所以当务之急就是切断网络。① 如果是关机状态,侦查机关有无保证现场不自行开机;如果是开机状态,有无根据《电子数据规定》应采取信号屏蔽、信号阻断或者切断电源等措施,防止手机、联网电脑收到信号的干扰,然后根据法定程序进行扣押。具体电子数据的提取是否交由专业的技术人员进行。

三是在取证主体上,应当审查是否有 2 名以上侦查人员进行取证。随着网络犯罪迅速蔓延且传统犯罪日益向互联网迁徙,收集、提取电子数据呈现出普及化的态势,成为侦查机关一项基础性、普遍性的侦查工作,② 所以《电子数据规定》规定 2 名以上侦查人员进行收集。侦办毒品案件的人员中除了禁毒警察外还有大量的派出所民警,办案民警基本都是法学、侦查学背景,并不具备专业的计算机相关知识,更谈不上具备提取电子数据这种"高精尖"技术工作的专业知识。对于移动存储介质与未联网的电脑,直接扣押即可。但是需要远程勘验、冻结电子数据等于技术性极强的侦查行为,当前派出所的警力不

---

① 参见赵菁:《类型化研究下的电子数据取证与认定规则》,载《山东警察学院学报》2019 年第 4 期,第 86 页。

② 参见喻海松:《网络犯罪二十讲》,法律出版社 2018 年版,第 145 页。

一定具备此种条件，那么侦查人员和专业技术人员相互配合进行电子数据取证，① 审查过程中应当特别注重此类电子数据的收集主体和过程的规范性。

五、结语

随着网络的普及，网络毒品案件日益高发，而此类案件中电子数据对证明犯罪嫌疑人有着极为重要的作用。检察官在办理网络毒品案件时，需要了解电子数据在此类案件中的特殊性，即难破解性、易销毁性、取证手段的法定性、取证方式的特殊性，与之相对应地应当注重审查电子数据的完整性、关联性、技术侦查措施合法性以及取证方式规范性，从而保证在案的电子数据具有客观性、合法性、关联性。

与此同时，检察官也不应单纯停留在对在案电子数据的审查，应当通过相关证据去挖掘线索，判断是否存在其他电子数据，从而有效地引导侦查、补充、完善电子数据。

---

① 参见龙宗智：《寻求有效取证与保障权利的平衡——评"两高一部"电子数据证据规定》，载《法学》2016年第11期。

网络犯罪中电子数据的
取证与审查运用研究

胡巧娜[*]

随着信息技术的不断发展,网络空间渐次成为犯罪行为发生的又一大重要场景。面对网络犯罪持续高发、犯罪形势复杂多变的态势,如何提升打击新型犯罪的能力便成了重中之重。由于网络犯罪的虚拟性,电子数据无疑是据以定罪量刑的主要武器,而如何合法、有效地运用好这一"武器",便是笔者在本文所要论述的重点,接下来笔者将以自身所在的安溪县人民检察院第六检察部的办案实践来详述网络犯罪中电子数据的取证和审查运用情况:

一、涉及电子数据的刑事案件办理情况

2018年4月至2019年12月31日间,笔者所在部门共受理涉及电子数据刑事案件562件,罪名类型集中为诈骗罪、开设赌场罪、妨害信用卡管理罪、侵犯公民个人信息罪。案件所涉电子数据类型集中为手机短信、即时通信、通讯群组等网络应用服务的通信信息及涉案相关内容文档、支付宝、微信等网络金融支付工具的电子数据;另外,开设赌场类案件所涉主要电子数据还包括涉案赌博网页及后台程序数据。

笔者所在部门办理的刑事案件中,对于电子数据的证据化,基本以电子证物检查工作记录及电子勘验数据光盘呈现,近年来未有以鉴定意见书形式移送的情况。但在实践中,目前由于专门的技术人才较为缺乏(且专门技术人才一般不负责一线侦查工作)和专业设备有限,电子证据收集的效率受到极大制约。在审查逮捕阶段,侦查机关一般无法提供电子证物检查工作笔录及电子勘验数据光盘;部分影响定罪的关键电子证据,侦查机关一般以网安部门出具的初步勘验报告作为佐证材料,用以加强承办人的自由心证,而正式的电子证

---

[*] 胡巧娜,福建省泉州市安溪县人民检察院第五检察部副主任。

物检查工作报告基本均在审查起诉阶段方能移送。故目前以第六检察部受理的审查起诉类案件中，提起公诉时侦查机关移送有电子证物检查报告统计如下：受理电信网络诈骗审查起诉案件 218 件，有电子证物检查报告的占比 76.97%；受理的开设赌场审查起诉案件 89 件，有电子证物检查报告的占比 95.59%；受理妨害信用卡管理审查起诉案件共 84 件，有电子证物检查报告的占比 76.56%；受理侵犯公民个人信息审查起诉案件共 17 件，有电子证物检查报告的占比 100%。

目前安溪县检察院受理的案件中，不同的电子数据因容量问题有所不同而移送形式有所区分，其中手机短信、即时通信、通讯群组等网络应用服务的通信信息、支付宝、微信等网络金融支付工具的电子数据由于容量较大，一般以原始数据存储介质及刻录勘验光盘的形式移送；部分关键证据则采取拍照打印后，交由犯罪嫌疑人签字确认再随案移送打印件；而涉案赌博网页及后台程序数据等相关网页、文档、图片等可以直接展示的电子数据一般以随案移送截图打印件的形式移送。

二、电子数据的侦查取证与合法性审查现状

根据我国现有的司法体制，取证工作主要还是由侦查机关承担，侦查机关收集、提取证据的质量直接影响了司法机关后期的审查、应用、判断，影响了对案件事实的认定。尽管 2016 年最高人民法院、最高人民检察院、公安部发布了《关于办理刑事案件收集提取和审查判断电子数据若干问题的规定》（以下简称《电子数据规定》），对网络犯罪证据的收集、提取、固定等流程进行了详细规定，但在网络犯罪案件调查取证实践中，因侦查人员普遍存在专业技术缺乏、取证流程不规范等情况，导致多数案件存在取证时效过长、来源合法性不能保障等问题；在审查判断上，也普遍存在非法电子证据的标准未明确、审查判断方式的局限性、电子证据举证、质证标准的不明确等问题。

（一）电子数据收集受到取证人员专业水平的制约

单纯具有法学理论知识、侦查学知识的侦查人员在面对较为专业的电子取证作业时，其知识水平并不能完全满足电子取证的各项合规性技术要求，必须是具有较高的计算机技术水平和具备相关电子设备操作技能的侦查人员，才能确保电子数据的取证质量足以满足庭审举、质证需要。但目前基层侦查人员的人员结构中身具法学、刑事侦查学和计算机科学知识的复合型司法人员数量极少。囿于专业性不强，所收集的证据难免出现不全面、不规范的情形，影响了后期的审查认定。例如《电子数据规定》，"封存手机等具有无线通信功能的

存储介质,应当采取信号屏蔽、信号阻断或者切断电源等措施",侦查人员在提取后继续使用作案电脑进行存储的操作容易让人产生电子数据在输出过程中是否被删减、篡改,输出文件是否与源文件一致、对输出过程有无监督的质疑,在一定程度上加大确定电子数据真实性的难度。①

（二）侦查人员电子取证技术和取证方法不规范

根据《电子数据规定》第14条的规定,"收集、提取电子数据应当制作笔录。"实践中电子数据收集、提取笔录的制作,因专业性要求较高,对主体有较多限制,通常仅限于侦查机关的网安部门或技术部门,但考虑到侦查效率及人员配置等问题,一般侦查人员往往以扣押笔录、书面证据取代提取笔录、电子数据,或将证据形式进行转化,尽管也有侦查人员、物品持有人、见证人的签名,但往往因无法展现提取过程,造成证据审查时无法直接判断证据来源或对其合法性作出评价,另外结合目前侦查机关移送的执法记录仪录像情况,重点在于记录现场人、物查获情况,但对于电子数据查获后的现场固定、提取情况未重点录像。此外,由于电子数据容量大,在查获现场一般无法全面提取电子数据,故侦查机关一般会采用物理扣押与电子提取相分离的方式,但对电子数据载体的物理扣押并不等同于对电子数据的封存、冻结,不在同一时间和空间下进行的扣押、提取也难以认定数据提取的同一性,往往因取证不当造成原始数据的损坏,或因提取数据的非即时性或非当场性,数据后台发生变化,导致证据能力受到削弱或破坏等。

（三）存在电子证物扣押后不当使用的情况

虽然《电子数据规定》已较为具体,可操作性较强,但对扣押后电子证据的存放程序、送检程序等事项均未涉及,缺乏具体操作就容易导致取证主体不合法,扣押的电子证据因存放、送检程序的不当导致数据变动,甚至被破坏的问题。如在网络犯罪办理过程当中,往往出现犯罪嫌疑人已被查获,但为进一步查清其犯罪数额,需要查找被害人、证人到案的情况,但实践当中,由于通过协查平台查找被害人、证人到案制作询问笔录耗时较长,且侦查人员直接电话联系对方往往被当成诈骗或骚扰电话予以拒接,在犯罪嫌疑人拒不认罪的情况下,案件处理相对棘手。此外,侦查人员与被害人的网络聊天记录能否替代询问笔录,被害人通过网络提供的物证、书证照片或邮寄的自书陈述能否作

---

① 参见郭金霞:《电子数据鉴真规则解构》,载《政法论坛》2019年第3期。

为证据使用，实践中也存在争议。①

（四）勘验、调取时限较长，部分电子数据送检不及时

以安溪县检察院目前受理的案件来看，从破获案件到侦查机关出具电子证物检查工作记录，一般需时较长，部分案件可能要经二次退回侦查机关补充侦查后，侦查机关才能勘验完毕并移送电子证物检查工作记录，部分案件电子证据勘验量庞杂且非案件定罪量刑关键证据的，由于电子证物检查耗时较长导致无法在办案期限届满前提供，只能结合犯罪嫌疑人可能判处刑期及认罪悔罪情况先行提起公诉，待勘验审查完毕后再行补充起诉。此外，由于相关规定并未对电子证物提取后的送检时间进行规范，实践当中存在侦查机关未在第一时间送检、部分侦查人员延误送检时间等情况，而由于送检量大，勘验本身耗时也较长，严重影响办案效率。

（五）审查判断方式及庭审举、质证方式存在局限

尽管《电子数据规定》为电子证据的合法性审查提供了适用依据，对电子证据的收集提取、审查判断要求作了明确规范。但是目前，我国的法律、司法解释仍未明确电子证据的举证原则、质证规则，未明确非法电子证据排除规则。实践中，司法人员在审查判断电子证据合法性的过程中，往往过分依赖于鉴定意见，且往往十分重视对瑕疵证据的补正，而忽视对非法证据的排除。不仅如此，由于司法人员电子技术水平有限，对部分电子证据没有足够的认识，为了提高司法效率，审查方式往往仅限于书面审查，如提取证据上是否有2名侦查人员的签字，电子证据检查笔录上是否记录检查过程、与案件有无关联等，难以对电子证物的真实性进行鉴定。在目前的庭审过程中，专家鉴定人出庭和电子证据展示规则仍未立法确立，审判人员中具备电子技术专业水平的人员有限，对于电子证据的合法性审查十分不利。庭审过程中，涉及到电子证据的展示时，囿于展示平台的限制，多数电子证据原件被书面形式材料予以替代，或部分虽然移送光盘，但在庭审过程中也主要依赖于公诉人对勘验光盘审查后的摘录宣读来替代电子证据本身对法庭和被告方进行展示，较少通过将电子证据的原件或完整的备份展示出来。

---

① 沈威、徐晋雄：《网络犯罪语境下的电子数据同一性问题研究》，载《南海法学》2018年第1期。

三、电子数据审查运用建议

(一) 规范电子数据取证方式

电子证据具有时效性、电子性、易破坏性等特性，但我国法律法规并未明确规定电子取证地点。考虑到证据的稳定性问题及目前侦查实践情况，对于单个电子产品的取证应在实验室进行，在搜查现场仅需对该设备进行扣押，并进行相关记录，不用马上开展取证工作。但在扣押过程中应明确电子证据类型，分清静态数据、动态数据，针对不同数据类型采取不同的扣押手段。对于静态数据，因数据已经固定，无须再进行证据固化，仅需进行扣押并记录即可。针对动态数据，一旦载体断电，其数据就无法再现，因此，应在扣押现场对取证过程进行录像、固化证据。实践当中，出于侦破案件的需要，侦查人员在扣押手机、电脑后需要对数据及时固定、打印，但应确保应当采取信号屏蔽、信号阻断或者切断电源等措施并进行录音录像，确保取证的合法性，过后应及时送检。同时，在运送和送检的过程中，应使用特制的防磁柜进行存放、封条，避免电子证据因磁性相互干扰、损坏，确保其未被篡改。

(二) 建立技术人员协助办案的机制

在审查的过程中，非计算机专业的检察官单纯依靠法学理论、侦查学知识和办案经验，仍无法应对高技术水平的电子证据审查。面对域名、IP 地址、虚拟主机、各类电子程序、设备，办案人员往往无从下手，遇到技术困惑，往往只能咨询公安网安部门的电子技术员。目前，由于基层检察院的技术员基数少，很难要求技术人员全程参与每个网络案件电子证据的审查。即便是技术人员参与审查的涉及电子证据的网络案件，该案的审查质量也会受技术员专业技能和法律素养高低的影响，审查结果往往偏差较大。针对目前办案人员的电子技术知识普遍不高的情况，建议加强对审查人员电子专业知识的培养，提升电子证据审查能力，以满足日益增多的电子证据审查需求。同时，考虑是否借鉴侦查机关的办案模式，建立技术人员协助办案的机制，通过具备法学知识的检察官和具备电子知识的技术人员共同办理案件，实现专业互补，提升对利用网络信息实施犯罪的案件的综合处理能力。

(三) 明确电子证据举证、质证原则

因电子证据具有电子性、海量性、易破坏性等显著特征，表现形式丰富。在庭审过程中，为充分展示证据，应当建立通过电子设备展示原始数据。传统的纸质形式已无法满足电子证据的展示需求，在运用高科技进行网络犯罪的今天，图片 PS 展示、邮件内容、电子聊天内容等电子证据对于定罪量刑起到举

足轻重的作用。对此，应建议审判机关尽快部署购置符合要求的电子展示设备，通过互联网构建电子证据共享平台，满足现代庭审需求。在展示过程中，应提前为不可识别或者不易识别的数据信息配备能够识别的衍生证据或其他可参考的证据辅助支持举证展示。由于设备条件，导致展示确实困难或者出于保密原因导致不适宜展示的，充分发挥庭前会议的作用或在庭审过程中说明原因，且经审判人员同意后，可以不再进行演示、展示，而是结合鉴定意见，对该证据复印件进行举证和质证。①

---

① 参见胡铭：《电子数据在刑事证据体系中的定位与审查判断规则》，载《法学研究》2019 年第 2 期。

浅析网络走私犯罪审查中的电子证据

王 露[*]

日益发展和普及的信息网络,在发挥诸多积极作用的同时,也为一些不法分子提供了更多的犯罪机会、工具和平台,[①] 给公民、社会乃至国家造成难以弥补的重大损失。受法律自身的规律性所限,传统刑法体系在规制网络空间犯罪时捉襟见肘,难以发挥刑法的行为规制、法益保护和权利保障的功能。在诸多经济犯罪类型中,走私不同于一般的经济犯罪,其犯罪模式日趋智能化、网络化。2009年沈阳爆出一网店老板利用网络经营进行走私象牙制品;2014年重庆缉私系统破获的利用自媒体等网络手段走私烟草,就是利用人们常用的微信等聊天软件;2015年深圳某犯罪团伙利用网络平台大肆走私、售卖冻肉;以及与公民生活越来越密切的"海外代购"类走私犯罪等[②]。一系列网络走私犯罪案件的频发,犯罪手段的"更新"使得办案人员不得不将对网络走私犯罪办理的重视程度提升到一个新的水平。不同于常见的普通刑事犯罪案件,甚至不同于一般的网络犯罪,网络走私案件中存在大量的电子证据,在侦查阶段和审查起诉阶段都给办案人员的带来了很大的困扰,其证据形式、证明能力、证据标准等方面的把控给实际办案带来了特殊的挑战。规范好对网络走私犯罪中电子证据的把关,能够更加专业的办理此类案件,有力打击网络犯罪,构建健康和谐、共聚合力的网络空间的综合治理体系。

一、网络走私犯罪的案件特点及模式

广义上的网络犯罪是指以计算机网络为犯罪工具或者犯罪对象,实施相关

---

[*] 王露,天津市人民检察院第三分院四级检察官助理。
[①] 参见最高人民法院刑事审判庭第三庭:《〈关于办理利用信息网络实施诽谤等刑事案件适用法律若干问题的解释〉的理解与适用》,载《人民司法》2013年第21期,第20页。
[②] 参见洪燕鹭:《浅议网络走私犯罪侦查中的电子证据》,载《上海海关学院学报》2013年第1期。

的犯罪行为，侵害被刑法保护的权益，破坏网络环境和网络秩序的犯罪[1]。我们这里提到的网络走私犯罪是指犯罪嫌疑人以互联网为工具，通过网络邮递，采取伪报品名、藏匿、夹带等手法逃避海关监管，进行走私贩私活动的犯罪。显然，和常见的走私犯罪作比较，网络走私是其"高端"产物，是走私犯罪分子在信息日益发展的时代背景下的"犯罪手段革新"。实务中，网络走私案件类型常见于：网络走私烟草、网络走私冻肉等食品、网络走私文物、海外代购类走私，网络走私武器、弹药等，要办理好此类案件，需追溯其本源了解其案件特点及犯案模式，才能更好地打击网络走私犯罪。

（一）网络走私案件的特点

一般网络犯罪具有包括犯罪现场的虚拟性；犯罪行为的隐蔽性；犯罪主体的智能性；犯罪成本低、危害大等共同特点，笔者从以下几个方面对网络走私犯罪的特点进行分析：

1. 手段行为更加隐蔽

传统概念中的走私犯罪一般以当面交易为依托，而网络走私不再进行当面交易，犯罪嫌疑人多数利用网络平台进行犯罪行为，例如，通过支付宝或网上银行等各种支付手段，利用专门的货代或物流快递公司进行运输传递（这里要指出的是仅仅通过线上支付，其他行为均与传统走私犯罪一致的不在本文网络走私犯罪范畴中）。网络走私的犯罪嫌疑人往往会提前进行周密的计划来逃避监管，一旦成功一两次就会频繁的实施犯罪行为，甚至其在交易前会使用约定的"术语"或者"黑话"进行沟通，以及利用信息网络编造虚假信息包括其身份信息、交易资金信息等。同时，在实务中有一大部分比例的嫌疑人会在注册平台上以合法形式掩盖走私实质，此过程中的聊天记录或转账截图等交易凭证定期销毁，此手段在案件侦破和审查过程中，目前只能依靠犯罪嫌疑人供述以及证人证言等言词证据予以证据的强化，如果出现反复或庭审时集体翻供，会使办案陷入被动。

2. 信息传送更快

互联网的快速发展有力地推动了公民更加便捷的生活，网络走私犯罪分子也是这项"福利"的受益者，信息、物流等媒介为其打破传统沟通的局限性，更加不受所谓"人脉"关系的小圈子的限制，虚拟的空间不容易暴露，"一个指令"或一个信号的发出都是在瞬间完成的，这就为犯罪分子在犯罪预备、

---

[1] 参见张茂玉：《关于我国网络犯罪及刑法规制的几点思考》，载《经济师》2019年第12期。

犯罪实施、犯罪终结之后逃避侦查提供了极大便利。

3. 社会危害性更大

犯罪的最本质特征就是社会危害性，根据罪刑法定原则，刑法规定的罪名都是具有一定社会危害性的，计算机网络的普及、自媒体行业的异军突起使得网络犯罪的成本降低，而低的犯罪成本有时就像上述重庆"2·16"案件一样，其犯罪方式等可以迅速为人所知，犯罪地域也可以被无限放大，加之走私犯罪本身对国家税收政策等社会正常经济秩序的危害性更大。

（二）网络走私犯罪的模式

1. 利用网络交易平台发布信息

近年来电商发展如雨后春笋，网络走私犯罪分子可以利用虚假身份注册各种网络交易平台，并以此为基础发布各种信息来吸引交易，形成规模的甚至可以引来一些商家进场。实践中最常见的就是在淘宝、闲鱼等交易平台发布信息的海外代购行为，也不乏在网上挂出销售拍卖文物的平台。在行业中"蚂蚁搬家""先化整为零然后在化零为整"等类似的话语都是网络走私犯罪分子惯用的方式与伎俩，促使有收藏爱好或者一些被眼前的"低价，难得"等字眼吸引的"被害者"，更有可能出现竞相模仿学习的情况出现，从而迅速传播开来。

2. 利用工具平台进行沟通达成交易

在日常生活中，越来越多的社交软件成为人们必不可少的沟通平台，例如微信、QQ等软件，其不但具有聊天属性同时又具备支付功能。网络走私犯罪的前期可能通过上述交易平台发布信息后，通过社交平台，两个"虚拟"的买卖双方就能展开交流，有经验的犯罪分子甚至会主动去使用一些"黑话"去掩饰敏感词汇来逃避网络监管和侦查。当双方达成一致后，也不会见面，而是通过支付宝等第三方支付平台进行资金往来最终实现交易达成的目的。这个过程可以很快完成，线上沟通付款，线下通过快递物流等方式完成交付。

3. 利用网络发展下线形成犯罪团伙

上文提到网络走私犯罪的社会危害性极大的其中一个原因是其犯罪成本较低，且无须见面通过线上交流就能吸引一批"志同道合"的人，开始是上线发展下线，让更多人去参与到网络走私犯罪中，让上线更加隐蔽，后期甚至会形成犯罪团伙，让辐射范围变大。

二、网络走私犯罪中电子证据的审查

信息技术飞速发展，必须认识到我们已经处在一个数据时代了，"大数据"和"云计算"这些词汇也越来越多地进入公众视野。2012年《刑事诉讼法》的修改，与时俱进的将证据类型增加为八大类，电子数据正式具有了"法律地位"成为第八种证据类型，即是指基于计算机应用、通信和现代管理技术等电子化技术手段形成包括文字、图形符号、数字、字母等的客观资料。与网络犯罪和传统犯罪的对比相同，电子数据与传统证据存在很大差异，实际办案中，电子数据的审查和其他证据的审查也有着很大的区分。基于上文分析网络走私犯罪的特点，其中存在的大量电子数据在办案中为侦查人员和检察官、法官都带来了不小的困扰。而检察官对电子证据的审查可以说是侦查人员对证据收集的继续，电子证据的审查从某种角度说是网络犯罪审查过程中的关键一环，下面笔者就网络走私犯罪的审查中电子证据的认定展开分析。

（一）电子证据的特点

如果将网络走私犯罪看作是走私犯罪和网络技术结合的产物，那么网络走私犯罪的电子证据就应该兼有走私犯罪和网络犯罪的证据特点。

第一，网络走私犯罪的电子证据数量庞杂，这是网络走私犯罪的范围广等多重因素所决定的，实务中接触的网络走私犯罪的电子证据存在于犯罪的整个过程和各个环节，甚至不乏涉及国外（境外）的某个单位或者某个自然人。第二，网络走私犯罪的电子证据的提取、收集到未来的审查中有一定的专业性。网络走私犯罪的形式常见于外贸行业，整个犯罪过程的环节很多，包括报关、换汇、物流（航运、水运等形式），也就是其要经历海关、出入境检验检疫、外汇管理、银行、货代公司等多个机关或渠道，而这个过程中存在的电子证据有其一定的专业性。第三，即隐蔽性，这是困扰侦查机关的首要难题，因为电子证据不是客观独立存在的，其一定是依附于某种介质之上的，只有经过专业人士或者专业设备才能发现或者分析出来，即便是普通的邮件等形式，也有其隐蔽性，只能通过运行某项程序才能使其显现。第四，脆弱性，本文提到的脆弱性有两个方面，首先电子证据既然依附于某种介质就会使其很容易被更改，这也呼应了上文提到的网络犯罪信息传送快的特点，信息传送快那么被破坏起来也会很快。另一个角度来讲，电子证据的证据标准很容易脆弱，这一点是办案中检察机关和侦查机关在沟通中常常遇到的问题，电子证据的隐蔽性和专业性等特点导致其无法像传统物证一样可以直接展现在人们面前，只能通过提取，提取固定的程序规范与否能够直接影响其能否作为电子证据存在，最经典的例子就是"快播案"，其庭审过程中控辩双方出现的争议，正是因为电子证据具有脆弱性。法律是严谨的，刑事立法精神也是要保护犯罪嫌疑人的合法权利的，因此办案人员要高度重视保护"脆弱"的电子证据，让其能够发挥自身的价值。

(二) 电子证据的收集提取

1. 电子证据收集提取的意义与面临的困难

在网络走私犯罪中,犯罪团伙成员之间或犯罪嫌疑人与被害人之间的钱款往来一般都通过支付平台或者网银进行交易,最常见的就是 QQ、微信等社交软件以及支付宝等支付平台,而只要有过记录势必就会留下痕迹,电子证据的地位毋庸置疑,但如上文提到的电子证据的"脆弱",如果在收集提取的过程中出现错误或者失误导致电子证据的缺失或者重大瑕疵可能会导致案件难以正常办理。因此电子证据的收集提取至关重要,是侦查机关侦破案件和检察机关审查认定案件事实的重要依据,更是审判机关进行打击犯罪、依法裁判的重要武器。

"两高一部"在 2014 年联合发布的《关于办理网络犯罪案件适用刑事诉讼程序若干问题的意见》(以下简称《意见》)中对电子数据收集等问题予以明确,但在实践中,公检法三家在电子证据的认定条件或标准上的认识仍然无法统一,绝大部分的电子证据要转化为视听资料、鉴定意见、书证等其他证据形式才能被检察机关与法院采纳。遵循坚持以审判为中心的原则,就要明确侦查部门工作人员及时、全面、客观、合法的收集提取电子证据,负责审查起诉的检察官就应当围绕合法性、真实性、关联性的证据标准去审视电子证据。

然而,在实际办案过程中,笔者通过与海关缉私办案人员的沟通了解到,电子证据从获取到收集和提取都有一定的难度。第一,最直观的是电子证据极易遭到破坏,电子数据很容易被有一定专业技术的人进行更改。同时,各单位部门之间资源不能共享,配合不够默契、专业化程度不强等各种因素都使得电子证据在收集和提取过程中被忽视、程序错、被污染等各种情况不断发生。第二,收集电子证据需要一定的专业知识,考虑到电子证据的保存有其时效性,受到其依托的介质的限制,很多记录信息有保存的难度,如遇到数据量极大的情况也做不到完全取证,这就需要侦查人员具备很好的专业知识。

2. 电子证据收集提取的原则和方式

在了解电子证据收集的意义和存在的困难之后,更要对其原则和方式进行宏观把握。由于网络走私犯罪具有网络犯罪共有的虚拟性,对办案有直接效能的证据往往也在虚拟的电子信息空间之中,侦查人员除了具备专业知识以外还应该遵循一定的原则和方式方法,借助一些专业设备和技术手段,才能实现保证调取的电子证据达到审查起诉和依法裁判的证据标准。

首先在收集提取电子证据的时候应该遵循合法性原则,刑事诉讼法的修改极大地提升了非法证据排除这一制度的地位,在庭审中辩护人也经常围绕着合法性这一原则对证据提出质疑。网络走私犯罪中的电子证据的收集和提取更应该遵循这一原则，无论多么专业的侦查人员在收集提取过程中没有按照法定方式和程序进行，那么这一份证据也只能被"一票否决"。另外，收集和提取也要遵循及时性原则，理由同上，电子证据极其"脆弱"，一旦不能进行及时地收集提取，那么后面的工作就没有意义了。电子证据的收集提取还要遵循全面性原则，网络走私犯罪一定是主观明知、是主观故意的，但是实践中，对犯罪嫌疑人高标准的要求其对主观故意进行全部供述很难达到，因此对电子证据的全面收集提取的意义可见一斑，不能仅凭样本去解释问题。

刑事诉讼法对收集电子证据的方式有了明确的规定：搜查与扣押、调取证据和技术侦查的方式。在这里，我们探讨的网络走私犯罪案件中几乎很少见到技术侦查的出现，因此仅对搜查与扣押、调取电子证据的方式予以展开论述。关于搜查中的程序性注意事项不做赘述，我们要认识到搜查在法律层面以外更是一个技术操作，尤其是网络走私犯罪案件侦破过程中的搜查主要是如何发现电子证据所依附的介质也就是我们常说的载体，只有将这个载体找到，才能谈对后面载体中所隐藏的电子证据的收集提取，在这里要特意说明的是如果遇到载体被损毁，通过计算机方面的专家对其进行恢复的载体不影响其合法性的认定。关于扣押，传统意义上的扣押更多的是物理扣押例如伤害类案件中对怀疑或者确认的作案工具进行的扣押，网络走私犯罪中的扣押可以理解为通过成功搜查对载体存储信息中的数据资料进行扣押，既可以是一种锁定，又可以是另一种形式的固定，例如对犯罪嫌疑人打印的交易流水的扣押，也可以理解为电子证据收集提取的范畴。《刑事诉讼法》第34条规定："人民检察院、人民法院和公安机关有权向有关单位和个人收集、调取证据。有关单位和个人应当如实提供证据"。网络走私犯罪的侦破，其中最重要的一环无疑是对犯罪嫌疑人身份和其通过哪种具体的网络环境或服务终端进行的，可见对此情况的调查可以极大提升办案效率，能够通过调查手段获取犯罪嫌疑人在何时何地通过何种服务器终端进行了何种操作、进行了何种沟通和资金流转，那么就避免了很多烦琐的专业性程序，直接获取想要的结果。

三、完善网络走私犯罪中的电子证据审查的建议

针对网络走私犯罪的特征，要想打击网络走私犯罪，实现准确发现线索、深挖源头、查处资金等打击对策，完善对其电子证据的审查工作尤为重要，这一环节既是对侦查部门工作人员辛苦工作的肯定与认可，更是对审判机关对犯罪作出依法判处的有力保障。鉴于此，笔者经总结办案审查中发现的电子证据收集提取等方面出现的问题和现状，提出一些完善的建议，以期共同学习，更有效率地打击网络走私犯罪。掌握更加完善的电子证据审查方法，能够更加彻

底打击网络走私犯罪。

（一）审查电子证据形式的完善

在审查中电子证据不仅要严格符合所有的证据形式（证据三性：合法性、客观性、关联性不做赘述），同时也要审查其可采纳性和完整性。在满足基本证据要求的前提下，对电子证据的可采纳性的审查亦显重要，包括传来证据的采纳以及境外电子证据的采纳，在符合三性的前提下，如有传来证据的存在，加强证人出庭作证工作的力度，可以节省司法资源，提高诉讼效率；同时，网络走私犯罪一般难以获得境外的电子证据，可一旦在审查中掌握了境外电子证据，在内心确信其能够客观反映案件真实情况，参照"该证据应当经过所在国公证机关予以证明，并经中华人民共和国驻该国使领馆予以认证"即通过国际司法协助等方式可以对获取的一些境外电子证据予以采纳，对案件审查会带来便捷。①

同时，要注意在审查证据形式的基础上还应该完善对电子证据保存制度，必要时可以引入第三方提供技术协助。由于网络走私犯罪中的电子证据的"脆弱"，审查中应注重对电子证据的保存，电子数据的庞杂导致很多机构或单位对数据保存的能力以及时间是有限的，笔者认为可以完善相关制度对网络走私犯罪相关机构的数据保存规则从出台相关规定甚至立法上予以明示，并制定惩罚措施，保障其对证据保存的重视。

（二）审查电子证据证明力的完善

网络走私犯罪中的电子证据在满足形式要求之后，对其证明力的审查是出庭支持公诉之前不可缺少的工作。证明力就是证据的效力，也是其所能达到的证据标准。对电子证据的证明力的审查，也就是结合具体案件对其证明范围和证明效力做进一步的把关，很多电子证据形式合法但其证明力需要加以辅助才能使其更具证明力，最简单的例子就是通过犯罪嫌疑人的供述来对收集提取的电子证据予以确认，从而加强了其证明力。再者，对电子证据收集提取的过程、方式方法等究竟是侦查人员依靠专业能力获取还是犯罪嫌疑人出于维护自身利益主动提供的，都需要在审查中对提取收集的过程进行完善论证，从而加强证明力。

---

① 参见喻宇、江鹏飞：《电子物证工作在智慧缉私中的应用——"电子证据溯源法"的研究与应用》，载《山西警察学院学报》2019年第4期。

必要的瑕疵证据的补正工作也是完善审查电子证据证明力的体现①。《规定》中明确了收集提取电子证据存在瑕疵的四种情形：一是未以封存状态移送的；二是笔录或者清单上没有侦查人员或见证人等签字的；三是对电子证据的名称、类别、格式等注明的不清楚的；四是其他瑕疵情况的。上述四种情形不等同于"不得作为定案根据"的相关规定，从某种角度，其已经基本完全具备了庭审质证认证的证据力，只是其具有极小的、不影响其合法性、客观性等证据形式的操作不规范，对于此种情况可以作出合理解释并予以补正，此时在审查中，应予以补正来增强其证明力。

四、结语

身处在大数据时代，虚拟的空间充斥着日新月异的信息技术，为公民生活带来方便的同时，也给了形形色色的网络犯罪以生长的土壤，网络走私犯罪中各式各样的电子证据也对传统证据论证和证据裁判主义带来越来越严峻的挑战。作为审查网络走私犯罪的主要力量，更应该与时俱进，不断地了解网络走私犯罪，完善电子证据的审查工作，才能在打击犯罪的同时，服务和保障营商环境和健康的网络环境，为社会主义市场经济长足稳定的发展和网络空间的综合治理贡献检察力量。

---

① 参见万春、王建平、吴孟栓、高翼飞：《〈关于办理刑事案件收集提取和审查判断电子数据若干问题的规定〉理解与适用》，载《人民检察》2017年第1期。

互联网金融领域犯罪中电子证据的采集和审查[*]

许 靖[**]

随着互联网的广泛应用以及科技金融领域的快速发展,互联网金融领域犯罪日渐增多,这种破坏运用计算机技术,以计算机为工具侵害有价值的程序、资料及数据形式存在的财产的犯罪活动,具有不同于传统犯罪的高技术性、手段多样性以及隐蔽性等特点。电子证据作为认定互联网金融犯罪中不可或缺的重要证据形式,是指以计算机存储的数据信息和网络传输中的网络信息等电子数据信息形成的证据。当前我国关于电子证据的立法规范并不全面,对电子证据的规制分散于规章制度和司法解释中。从世界范围看,各国针对电子证据开展的研究和立法活动方兴未艾,作为电子科技的起源地,以及最早遇到电子证据问题的国家,美国早在1965年就开始认可将计算机记录作为证据采用。美国没有独立的电子证据法,而是把电子证据作为"记录"的一种来处理,同时对"记录"制定相应的证据规则,美国最重要的成文证据法典《联邦证据规则》中关于电子证据的证据规则主要有鉴证规则、传闻规则以及非法证据排除规则。

电子证据的采集是取证主体为查明案件真实情况,依法通过侦查和调查工作来发现、收取和保全与案件有关的证据材料的过程。我国刑事诉讼法规定,侦查人员、检察人员和审判人员是收集案件证据包括电子证据的法定主体,同时规定可以由电子技术专家协助司法人员收集电子证据,以弥补司法人员技术能力的欠缺。电子技术专家不同于电子证据收集中涉及的相关网络服务公司的管理员、电子技术人员等专业技术辅助人员,其收集证据的活动是类似于鉴定活动的法律行为。同时电子证据的特点决定了其取证步骤的特殊性:(1)保存证据与现场勘查。互联网金融犯罪的调查过程中,侦查及技术人员应及时保护好计算机系统相关的硬件、数据形态及周围环境。(2)电子证据的采集。

---

[*] 本文系论坛联合征文期刊《中国检察官》拟录用稿件的精华版。
[**] 许靖,上海市人民检察院第二分院第一检察部副主任。

互联网金融电子证据通常由数据电文、附属信息和系统环境三个部分构成，在采集电子证据时应同时收集这三个部分的信息，以确保证据的完整性。3. 电子证据的分析。证据分析是电子证据采集的关键，包括分析在未分配的磁盘空间、文件中的碎片空间等特殊区域中发现的所有相关数据。

目前我国刑事诉讼法并未对证据的审查判断规则作出明确的规定，但我国刑事诉讼中的证据应具有客观性、关联性和合法性三个基本属性，证据的这三个基本特征实际上就是审查判断每一个证据的基本标准。① 因此，可以从关联性、合法性和真实性三个方面对电子证据的证据能力进行审查判断。

---

① 陈光中主编：《刑事诉讼法》，北京大学出版社2004年版，第132页。

五、侵犯公民个人信息与数据安全犯罪问题研究

危害公民个人信息犯罪问题研究

邓根保　杨雪松[*]

网络时代背景下,数据产业的发展对公民个人信息产生了巨大的影响,刑法作为公民个人信息权的最终保护屏障,在实现保护功能的同时,如何权衡好权益保护与促进数据产业健康发展的关系,就成为刑事司法工作所必需思考的问题。近年来,我国不断加大了对公民个人信息的保护力度,先后颁布了《刑法修正案(九)》《关于办理侵犯公民个人信息刑事案件适用法律若干问题的解释》,侵犯公民个人信息犯罪案件数量也随之不断增长。

一、2015—2019 年苏州地区侵犯公民个人信息案件办理情况

(一) 案件数量

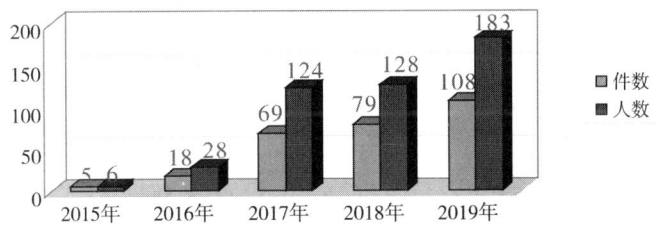

2015 - 2019 年苏州市检察系统办理的侵犯公民个人信息犯罪情况

上述数据反映:第一,侵犯公民个人信息犯罪的刑事立法经过 2015 年《刑法修正案(九)》、2017 年《关于办理侵犯公民个人信息刑事案件适用法律若干问题的解释》(以下简称《解释》)的调整,统一了罪名,扩大了犯罪主体范围,为刑事司法提供了明确的法律依据,案件量明显上升。第二,由于

---

[*] 邓根保,江苏省张家港市人民检察院党组书记、检察长;杨雪松,江苏省张家港市人民检察院第二检察部主任。

公民个人信息安全问题受到社会公众的广泛关注,司法机关加大了打击力度,有力惩处了一批犯罪分子。第三,随着大数据时代的到来,信息的价值日益凸显,相应的产业链条已经形成,一些违法犯罪问题也随之而来。

(二) 信息类型

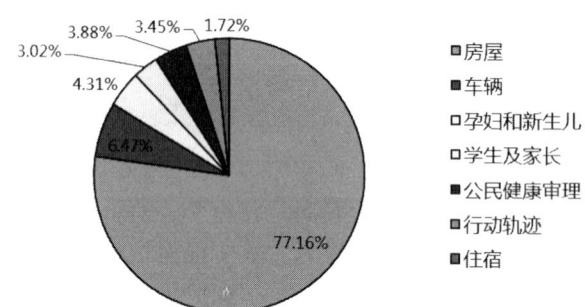

2015-2019年苏州市检察系统办理侵犯公民个人信息犯罪案件涉及的公民个人信息类型

上述数据反映:第一,侵犯的信息类型包含行踪轨迹信息、财产信息、征信信息、健康生理信息等,几乎涵盖《解释》所罗列的所有信息类型。第二,信息呈现精细化趋势,例如行为人根据不同行业领域的需要,针对性地获取或提供儿童、在校学生、房主、车主、孕妇个人信息用于广告推销等活动。

(三) 犯罪手段

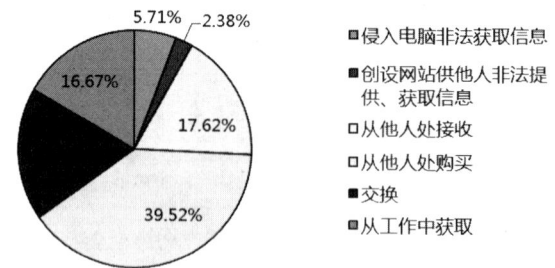

2015-2019年苏州市检察系统办理侵犯公民个人信息犯罪案件的犯罪手段

上述数据反映:第一,当前查处的侵犯公民个人信息犯罪的案件类型主要是行为人之间的互换、售卖,侵入他人电脑非法获取公民个人信息类和行为人非法创设网站侵犯公民个人信息类案件占比较少。第二,当前侵犯公民个人信息犯罪主要表现为行为人为拓展业务或者非法获利,从而将其经营活动中获取的公民个人信息非法提供给他人。

(四) 处理结果

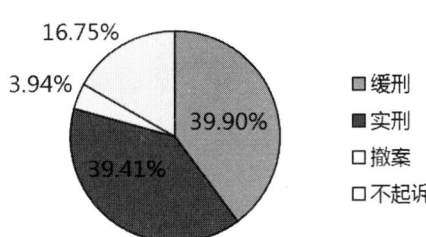

2015—2019 年苏州市检察系统办理侵犯公民个人信息犯罪案件的处理结果

上述数据反映出：虽然现有立法体系并不完善，刑事是调整公民个人信息权的主要法律手段，但司法机关在定罪量刑方面秉持了谦抑理念，不起诉、起诉后判处缓刑的案件占比较高，超过50%。

二、侵犯公民个人信息犯罪案件办理中存在的争议问题

上述对于侵犯公民个人信息犯罪案件的数据分析，从宏观层面展现了苏州地区侵犯公民个人信息案件的态势，而在具体办案这一微观层面，则存在着诸多争议。

(一) 特殊信息的界定

《解释》第 5 条针对不同类型的"公民个人信息"设置了不同的入罪标准，因此确认信息类型成为司法人员审查的重点工作之一。但在实践中，如何确定、归类信息类型存在着不同的观点。

(二) "违法所得"的认定

《解释》在把信息用途、信息数量作为追诉标准的同时，基于行为人出售或者非法提供公民个人信息往往是以牟利为目的，将"违法所得"达 5000 元以上的情形也规定为"情节严重"予以入罪。但"违法所得"数额的认定是否需要扣除行为人非法获取信息的成本？

(三) 对"为合法经营"而侵犯公民个人信息行为的入罪标准

《解释》第 6 条针对为"合法经营"非法购买、收受"特殊公民个人信息"① 以外的其他信息的行为如何入罪进行了特别规定。但对于"合法经营"

---

① 《解释》第 5 条第（三）项规定的信息类型：行踪轨迹信息、通信内容、征信信息、财产信息；第（四）项规定的信息类型：住宿信息、通信记录、健康生理信息、交易信息等其他可能影响人身、财产安全的公民个人信息。

型侵犯行为入罪时是否需要同时符合《解释》第 5 条的普通入罪标准没有规定。

（四）不起诉权的适用

根据《解释》第 10 条的规定，针对犯罪情节轻微的侵犯公民个人信息罪的行为可以作出相对不起诉处理。但在信息安全日益受到重视的背景之下，侵犯公民个人信息犯罪中不起诉权适用尺度应当如何把握？

上述问题或是概念解释层面的问题，或是法律适用层面的问题，在处置上也存在不一致。笔者认为这些争议主要缘于司法人员缺乏解释法律的思想指引，导致尺度不统一。"刑法的目的是保护法益，法益是刑法解释的重要理论工具。"[①] 由于当前理论界、实务界对侵犯公民个人信息罪的保护法益尚未形成统一认识，才导致司法实务人员在解释上述争议问题时存在不同认识。

三、侵犯公民个人信息犯罪的法益界定

当前学界对于侵犯公民个人信息罪的法益属性界定尚存在较大争议，主要表现为个人法益说与超个人法益说。个人法益说认为侵犯公民个人信息罪保护的法益是个人法益。因为个人信息是个人隐私，具有人格性。而超个人法益说认为侵犯公民个人信息罪保护的是包含个人法益的公共法益，因为公民个人信息不仅关系到个人的隐私，还关系到社会公共利益、国家安全乃至信息主权，具有公共性。

笔者认为侵犯公民个人信息罪保护的主要是个人属性的公民信息权利，该项权利既包含使用（包括允许他人使用）自身信息的权利，也包含防止他人侵害自身信息的权利，其核心内容在于公民个人信息的自决权。主要基于以下几方面考虑：（1）从域外立法来看。联合国 1948 年《世界人权宣言》第 12 条被各国视作保护个人信息的法律渊源，即个人信息保护源自对个人生活的尊重和个人事务自决（自由）原则。《欧盟基本人权宪章》将个人数据保护权视为一项独立的人权加以保护，其第 8 条明确规定："人人有权保护涉及自身的个人数据。"[②]（2）从国内立法脉络来看，"为保护公民的人身、财产安全、个人隐私以及正常的工作、生活不受侵害和干扰，保护公民个人信息不被泄露，根据实践中出现的新情况和新问题，《刑法修正案（七）》将这类严重侵

---

① 张明楷：《刑法分则解释原理》，中国人民大学出版社 2011 年版，第 347 页。
② 高富平：《法律应如何保护个人信息》，载《中国审判》2017 年第 3 期。

害公民权益的行为，增加规定为犯罪并予以打击"①。随着社会经济的进一步发展，公民个人信息安全的重要性日益凸显，立法机关为了切实加大对公民个人信息的刑法保护力度，在《刑法修正案（九）》中将本罪主体由特殊主体修改为一般主体，另增设了从重处罚的规定，将法定最高刑由3年有期徒刑提高到7年有期徒刑。从这两个修正案可以看出，侵犯公民个人信息犯罪的立法初衷及修正都是围绕着保护公民的个人权益来展开。（3）从刑法法条体系来看，侵犯公民个人信息犯罪的条款所处位置是在刑法分则第四章侵犯公民人身权利、民主权利罪这一章节中，这意味着该罪的保护法益为公民人身民主权利，而公民人身和民主权利，都是与公民个人相关的法益，也说明侵犯公民个人信息罪的初衷旨在保护公民个人法益。（4）从解释学来讲，从现有司法解释规定可以得出侵犯公民个人信息罪保护的系个人法益的结论。《刑法》第253条之一规定了侵犯公民个人信息的行为方式包括提供型与非法获取型。其中，对于提供型的行为方式，《解释》第3条第2款规定"未经被收集者同意，将合法收集的公民个人信息向他人提供的，属于刑法第二百五十三条之一规定的'提供公民个人信息'"。从文字表述上即可看出，"被收集者的意见"是提供型侵犯公民个人信息罪的重要构罪要素，在经过被收集者同意的情况下，"向他人提供"就不构成犯罪。这里涉及到了被害人承诺理论，被害人承诺成立的一项必要条件就是承诺人应对被侵害的事项具有处分权限，且承诺不能违背社会的公序良俗。如果侵犯公民个人信息罪保护的是包含了公共秩序价值的超个人法益，那么即使被收集者同意，将合法收集的公民个人信息向他人提供的，仍应构成侵犯公民个人信息罪，而《解释》的规定却恰恰相反，其第3条第2款正说明了此罪保护的系个人法益。

四、争议问题的解决思路

从司法实务层面看，本文以上述研究确定的侵犯公民个人信息犯罪的法益为指引，通过理解立法本意来解释实践中遇到的争议问题，具体分析如下：

（一）以"财产信息"为例，应对特殊"公民个人信息"进行限缩解释

关于"财产信息"范围如何界定，在司法实务中存在的观点有以下几种：第一种观点认为，从文义内涵来看，"财产信息"应当包括与公民个人财产有关的信息，汽车、房产当然属于公民的个人财产范围，也在一定程度上反映出

---

① 全国人大常委会法制工作委员会刑法室编：《中华人民共和国刑法条文说明、立法理由及相关规定》，北京大学出版社2009年版。

公民的经济情况，故上述信息均属于解释规定的"财产信息"。第二种观点认为，根据一般的理解，"财产信息"包括银行账户、第三方支付结算账户、证券期货等金融服务账户的身份认证信息，也包括存款、房产等财产状况信息。同时，根据《解释》规定，"财产信息"属于法律重点保护对象，故此处的"财产信息"应当仅指能够对公民个人人身、财产造成一定危险的信息，所以上述第二类的信息属于"财产信息"，而第一类信息因为仅涵盖汽车信息，并不能全面反映公民的财产状况，对于公民的人身、财产安全的威胁程度与一般普通公民个人信息并无区别，故不应当认定为"财产信息"。

笔者赞同第二种观点，认为应当对"财产信息"进行限缩解释，理由如下：第一，从法律相关规定的设置初衷来看，虽然根据《解释》规定的"财产信息"的文义内涵看，"财产信息"的涵盖范围明显过广，车辆、房产、存款、股票都可以成为该类信息，但从《解释》的设置体系来看，其基于不同的公民个人信息类别对公民人身、财产等权益产生的危害性不同而设置了有差别化的保护力度。因此，反映公民个人隐蔽且涉及人身、财产安全等重要利益安危的"财产信息"应当与普通的公民个人信息进行区分。据此，只有在以信息内容可以直接判断出公民的基本信息以及经济状况的前提下才能认定为"财产信息"，例如"房产地址+房产价值+贷款或全款"这种信息组合才属于财产信息。第二，基于刑法谦抑性原则，作为保障法的刑法过度扩张会限制社会活力。公民个人信息作为一种重要资源，可以激发经济活力，像"财产信息"这种特殊信息如果不加限制地理解，很难能实现保护公民个人信息权利与保障信息自由流通以发挥个人信息在经济、科技、文化等领域的促进作用之间的平衡，必然导致正常的市场经济活动受限。第三，从办理的侵犯公民个人信息犯罪案件情况来看，中、小企业为合法经营往往可能成为侵犯公民个人信息的高危群体，通过限缩解释把控个人信息的刑法保护边界，有利于保障这些企业健康发展。

（二）认定"收购后出售"型侵犯公民个人信息犯罪的"违法所得"，应当扣除行为人购买信息的成本

针对该问题，有观点认为，计算"违法所得"时不应扣除犯罪成本。该观点的依据主要有三：一是"违法所得"一般是指犯罪分子因实施违法犯罪活动而取得的全部财物；二是根据《检察机关办理侵犯公民个人信息案件指引》的规定，对于违法所得，可直接以犯罪嫌疑人出售公民个人信息的收入予以认定；三是往往非法经营犯罪中会区分"违法所得数额"与"非法经营数额"，且对"违法所得"数额扣除成本，而具有法益侵害性的侵犯公民个人信息犯罪与此不同，不应扣除成本。另有观点认为，"违法所得"应当扣除行

为人购买信息的成本。理由在于：侵犯公民个信息犯罪包括行为人非法购买公民个人信息后出售的行为，对于该类行为应当参照非法经营罪的处理规定，秉持刑法的谦抑性，在认定违法所得时扣除行为人购买信息的成本。

笔者倾向于认定"违法所得"不应当扣除犯罪成本，但认定"收购后出售"型侵犯公民个人信息犯罪行为的"违法所得"时，应当扣除行为人购买信息的成本。主要考虑如下：第一，从法益来看，刑法设置侵犯公民个人信息罪的目的在于保护公民个人信息权，打击的重点在于犯罪行为人对于公民信息权利的侵害，具体体现为被侵犯信息的类型、数量以及造成公民个人利益损害等方面。因此，在审查认定"收购后出售"型侵犯公民个人信息犯罪的"违法所得"时，采取扣除行为人购买信息成本的方法，并不影响刑法对于公民个人信息权的保护力度，也能体现出刑法的谦抑性理念，符合民众朴素的法感情。第二，从现有法律规定来看，最高人民法院《关于审理非法出版物刑事案件具体应用法律若干问题的解释》规定，"违法所得数额"是指获利数额；最高人民法院研究室《关于非法经营罪中"违法所得"认定问题的研究意见》认为，非法经营罪中的"违法所得"应是指获利数额，即以行为人违法生产、销售商品或者提供服务所获得的全部收入，扣除其直接用于经营活动的合理支出部分后剩余的数额。由此可见，"违法所得"数额指的是获利数额。认定"收购后出售"型侵犯公民个人信息犯罪的"违法所得"时扣除行为人购买信息的成本，与上述精神相符。

（三）对为合法经营而侵犯公民个人信息行为的入罪标准应当从严把握

有观点认为，《解释》第6条规定的入罪标准系特殊标准，故此类行为仅需根据该条规定即可。也有观点认为，从《解释》第6条的设置初衷来看，体现的是刑法的谦抑性，因此该类行为的入罪需要先以符合《解释》第5条规定的"情节严重"标准为前提，然后再因具备《解释》第6条规定入罪。笔者倾向于第二种观点。《解释》第6条关于对为合法经营而侵犯公民个人信息行为的入罪标准的设置初衷是为社会危害性较小的合法经营者寻求出罪路径，秉持了刑法的谦抑性，体现了宽严相济原则，追求的是公民个人信息权利保护与保障合法经济发展之间的平衡。因此，在审查认定为合法经营而侵犯公民个人信息的行为时，除符合《解释》第6条的特殊性标准以外，还应该依据《解释》第5条的规定，对公民个人信息的数量以及对公民人身、财产、隐私等方面有无造成严重后果等方面综合予以把握。

（四）积极、稳妥行使不起诉权，把控公民个人信息的刑法保护边界

不起诉权是法治能力、治理体系现代化的重要组成部分，在公民个人信息

法律保护体系尚不完善时，在保护边界问题上也能够起到很好的缓冲作用。司法实践中，我们应当重点打击用于违法犯罪活动或者倒卖牟利的情况，对用于合法经营的且未对公民信息权造成实质损害的，可以充分运用不起诉权，对该类行为人作出相对不起诉处理，并同时向公安机关制发检察意见书，建议对该类行为予以行政处罚，实现刑事处罚与行政处罚的有效衔接，这既能达到法律的惩罚、教育目的，也能有效区分此类行为与其他更为严重的侵害公民个人信息行为的处罚程度，实现法律效果、社会效果的有机统一。

五、立法展望

前文所述重在解决现有法律框架下的实践难题，这些问题的真正根源其实是公民个人信息权的立法体系不完善与社会发展到不得不对公民个人信息权予以重点保护之间的矛盾。目前现状是，《公民个人信息保护法》仍在审议之中，2020年颁布的《民法典》对公民个人信息权已经做出了相应的规定，但仍需进一步细化、深化。民事、行政立法仍未形成体系，而刑事却先行立法并出台解释，导致个人信息权法律保护体系中刑法一家独大的现状。所以，从解释法律的角度出发解决现行争议问题只是一个方面，我们还需用前瞻性思维探究立法完善问题，才能建立起一个完善的公民信息法律保护体系。笔者认为，需要从立法理念、立法关系、立法内容等方面做进一步的思考。

（一）立法理念：打击与保护并重，探寻最佳的平衡点

对于侵犯公民个人信息的行为，一方面要依法打击犯罪行为，同时也要保护合法运用行为，做到打击与保护协同并进，精准把握好法律边界问题，在打击和保护中寻找立法最佳的平衡点。首先，公民个人信息可以说是一把"双刃剑"，合理合法运用公民信息，正确发挥公民信息的价值和功能，可以积极有效促进经济社会特别是第三产业更好更快的发展。而非法买卖利用公民信息，则侵犯了公民个人身份信息安全和公民身份管理秩序，带来负面效应和影响。其次，我们也应在探寻个人信息保护、公司权益、产业发展的平衡点。具体来说，当前我国已全面进入互联网大数据时代，个人信息一定程度上处于"透明"状态，通过门户网站、网络邮箱、各类APP等交流日益增多，加之大数据比对日趋强化，对一些大数据管理公司关于公民个人信息的充分注意义务等也应综合评价，从推动大数据产业发展、提升第三产业水平、保护公民个人信息等方面全面综合平衡考量，客观、审慎地把握入罪标准，在法律法规尚未完备的情况下，尽量减少一些公司在经营管理个人信息上的顾虑。最后，我们在回应人民群众期待和遵循立法本意之间也要探寻最佳的平衡点。对一些危害性大、亟须入罪的行为应纳入相关法律规定，加大打击力度，而对于争议性较

大的问题，应稳妥审慎把握，在法律规定和适用上体现罪责刑相适应原则，最大限度地在法律层面体现对公民个人信息问题的张弛有度。

（二）立法体系：理顺层级，衔接有序

笔者认为，立法体系和结构就是上中下三个层级的关系，解决好基础立法、刑法、下转行政立法的关系，理顺三者的层级关系，确保有序衔接，才能有效破解法律边界问题。当前我国对于侵犯公民个人信息的行为打击往往直接由刑法切入，缺乏基础立法，唯一能与之相关的基础立法是《网络安全法》，但这并不能算是完整意义上的基础立法，因为《网络安全法》的涵盖面和适用范围毕竟有限，很多问题无法用《网络安全法》予以处罚，当前很多行政处罚也仅仅勉强适用《网络安全法》。例如通过纸质交易公民个人信息未达入罪标准时，就无法通过《网络安全法》来处罚，有些网络交易行为也谈不上对网络安全的侵犯，一味引用《网络安全法》有些牵强附会。所以亟须加快公民个人信息保护法的出台，筑牢处于上位层级的基础立法，加快相关草案的征求意见、修改完善等工作，建立起公民个人信息权的民、刑、行三个层面的保护体系，让权利保护不论在什么层面都有法可依、有据可查。而对于不予追究刑事责任或不起诉，下转行政处罚的，要尽快在相关行政立法中明确行政处罚的依据，不能机械生搬硬套《网络安全法》进行行政处罚，而应让行政处罚有法可依。

六、结语

大数据时代，公民个人信息的法律保护任重而道远，涉及的是整个法律体系的构架、完善，以及打击犯罪、保护权益与支持产业发展之间的平衡问题。刑法作为保障法既然已经先行，那么实践之中的思考就成为未来完善法律保护体系的宝贵经验，望本文研究能对此有所裨益。

侵犯公民个人信息刑事案件实证分析

胡 俊 黄 钰 李 炜*

随着中国社会经济的不断发展,互联网时代的信息量急剧增加,对公民个人信息的侵犯行为也日益增多,北大法宝案例库中的数据显示,2010年全国仅有6件侵犯公民个人信息的刑事案件,随后逐年上升,至2017年全年共1115件,同比增长197.33%,而2018年1-9月已判决786件,较2017年同期又高出21.8%,案件数增长态势可见一斑。与此同时,对侵犯公民个人信息行为的刑事立法也不断在完善,2009年出台的《刑法修正案(七)》确定了出售、非法提供公民个人信息罪和非法获取公民个人信息罪,2015年出台的《刑法修正案(九)》又确定了侵犯公民个人信息罪,2017年最高人民法院、最高人民检察院《关于办理侵犯公民个人信息刑事案件适用法律若干问题的解释》(以下简称《解释》)对"公民个人信息"的概念、"情节严重"的界定、如何进行数罪并罚等问题做了具体的规定。在案件逐年递增的形势下如何进一步准确适用法律依法办理侵犯公民个人信息刑事案件,并根据司法实践提出立法完善建议,具有重要的实践价值和研究意义。

一、侵犯公民个人信息刑事案件的现状和特征

笔者通过梳理所在基层检察院近两年来办理的15件侵犯公民个人信息案件,并参考北大法宝判例库中的数据和案例,发现侵犯公民个人信息的案件呈现如下特点:

(一)侵害方式隐蔽多样

1. 隐蔽性强。随着信息化的快速发展,我们在网络上的每一个动作上都会留下痕迹,例如每次搜索信息,每次使用导航服务时,每次完成在线支付

---

* 胡俊,湖北省武汉市汉阳区人民检察院党组书记、检察长;黄钰,湖北省武汉市汉阳区人民检察院第一检察部员额检察官;李炜,湖北省武汉市汉阳区人民检察院第六检察部员额检察官。

时，系统都会形成并自动记录某些数据。同时，作为网络本身，其编程技术、解密密钥及其他方法都具有典型的隐藏特征，并且电子数据信息容易被复制，导致被害人对自己信息被窃取的事情一无所知。

2. 侵害途径多样化。侵犯公民个人信息案件的犯罪途径主要是通过互联网。笔者所在单位办理的15起案件中，31名涉案人员均采取网络（QQ、微信、电子邮件等方式）出售或非法提供信息的方式实施犯罪，此种犯罪方式成本低、便捷，涉案人员在住所处即可轻易完成犯罪行为。

（二）涉案信息多为海量电子信息

1. 侵犯公民个人信息案件的证据主要是电子数据。犯罪嫌疑人在实施该类犯罪时，一般都会产生大量数据证据，主要包括：（1）公民在QQ、微博等网络社交平台发布的信息；（2）公民通过电话、短信、微信、电子邮件等在通信中产生的信息；（3）公民在网上注册并登录的用户注册信息、身份认证信息、通信信息、电子交易记录、登录日志等信息；（4）通过网络进行传输的文档、图片、音频、视频等。此外，因为电子数据信息具有远程传输、易破坏性等特点，从而导致涉案信息的源头难以被查证。

2. 批量数据大量存在。由于云存储等技术的发展，如今与传统的存储方式相比，电子数据信息在各种介质中的储存量不可同日而语，通过北大法宝进行检索，绝大多数案件的涉案信息数量数以万计，其中有不少案件甚至以千万计。

（三）侵害后果日益严重

1. 个人信息被侵犯后导致严重的后果。由于公民的当前个人信息与互联网密切相关，一旦个人电脑或手机被犯罪分子或使用计算机安全病毒攻击，公民的账户信息、社会关系信息和网络行为信息将被泄露，而一旦像支付宝、微信、网银转账、网络理财平台上的个人账户信息被泄露，将会引起公民的巨大财产损失。此外，买卖信息也是电信诈骗等下游犯罪的重要环节。

2. 次生侵害持续扩大。由于技术的局限及网站监管不严，网上存在的大量个人信息随时面临着被"黑客"攻击的风险，但是在很多情况下，网站管理方不会通知用户在网站上披露个人信息，导致用户不能及时采取措施防止侵害扩大，从而造成"二次伤害"。

（四）买卖信息形成产业链，趋利性强

1. 上下游犯罪密切关联，形成买卖个人信息的黑色产业链。大数据时代，掌握信息就是掌握财富，犯罪分子也敏锐地感受到这一点，逐渐形成了专门从事搜集、流通、买卖个人信息的黑色产业链。产业链顶端中有的是网络"黑客",他们主要通过侵入政府机关、企事业单位的内部系统,有的是行业"内鬼",将自己掌握的本行业搜集的个人信息非法窃取。

2. 犯罪分子有明显的趋利性。从实际处理的案件来看,除了买卖信息的"黄牛"外,还有两种主要类型的非法购买公民个人信息:一类是非法购买和收集公民的个人信息,用于合法的商业运营,如房地产、保险、投资和财富管理等行业,以满足自身的商业促销需求;另一类是用于下游犯罪,如盗窃、欺诈、敲诈勒索。通过北大法宝搜索发现,公民个人信息被用于出售牟利的案件约占全部案件数的50.2%;被用于业务推广的约占20.4%;被用于从事其他违法犯罪活动的案件约占29.5%。从上述数据也可以看出,该类犯罪行为人主要动机是牟利。

二、办理侵犯公民个人信息刑事案件面临的重点和难点

(一)公民个人信息的认定

1. 关于公民个人信息的范围存在争议。《解释》中采用了列举法,但社会生活纷繁复杂,列举法无法完全囊括所有公民个人信息的种类,比如手机定位信息、快递信息、车牌号等信息能否认定为公民个人信息认识不尽相同,公开的公民个人信息是否属于刑法规定的"公民个人信息",也存在争议。

2. 关于具体的信息类别也存在争议。《解释》中虽然规定了轨迹、征信、财产等信息属于"公民个人信息",但哪些信息属于财产等信息在司法认定上仍然存在困难,如车架号、车牌号、车辆信息是否属于财产信息,民航订票信息、铁路售票信息是否属于行踪轨迹信息亦有不同理解。

(二)违反国家有关规定的认定

本罪的前置性条件是"违反国家有关规定",这是因为公民个人信息不仅具有个人法益的属性,更具有超个人法益的属性。《刑法》第96条"违反国家规定"指的是违反全国人大及其常委会制定的法律和决定,国务院制定的行政法规、规定的行政措施、发布的决定和命令。而本罪根据《解释》规定的"违反国家有关规定"是指违反法律、行政法规、部门规章。目前,我国涉及个人信息保护的法律法规有几十部之多,但内容较为分散,而且刚性条款不足,没有涉及公民个人信息侵权责任的关键条款。我国对"个人信息"直接保护的法律在数量上十分有限,全国性法律中仅有《身份证法》《护照法》,部门规章仅有中国人民银行制定的《个人信用信息基础数据库管理暂行办法》,其余的均是通过系统的规定保护个人隐私、个人秘密、人格尊严等权益,间接保护公民个人信息的法律,比如:《未成年人保护法》《妇女权益保

护法》《传染病防治法》《职业医师法》《档案法》《邮政法》等,其中的内容涉及未成年人、妇女、医疗、档案、通讯等各方面的个人信息。因此,司法机关在办理案件过程中,通常会因为无法明确具体的法律条款而陷入"无法可依"的困境。

(三) 信息数量的认定

根据《解释》,批量公民个人信息的条数,根据查获的数量直接认定,但是有证据证明信息不真实或者重复的除外。有观点认为,办理此类案件完全不需要考虑重复性、真实性问题,只要查获批量数据就直接认定信息数量,除非被告提出有力的相反证据。但有人持不同意见,认为必须考虑重复性、真实性,因为本罪保护的法益是真实信息,真实信息的数量涉及定罪量刑,不进行查证就是卸除了公诉机关的举证责任,不符合刑事诉讼的基本原则。实际办案中,办案人员对于海量数据无法自己进行去伪和除重,鉴定机构对于海量信息也往往表示由于受到技术限制而无法作出鉴定结论,如果嫌疑人未提出反对意见,一般以公安机关查获的数量进行认定,但在犯罪嫌疑人明确提出部分信息系自己造假或者有重复的情况下,如何进行验证存在很大困难,而且,如果信息数量刚好处于罪与非罪、情节严重与情节特别严重之间,对承办人的考验更为巨大。

(四) 合法经营的认定

一是通过中介购买公民个人信息后进行推销的行为是否属于"合法经营",二是通过非法手段获取公民个人信息后促成房产交易,以此获得的"佣金"是否属于"合法经营"中的"获利"。《解释》中的"合法经营"与"违法经营"不同,"合法经营"应当针对的是公司整体开展的业务而言,具体还要看行为人及其所处的公司的经营范围以及经营业务是否具有资质、手续等。实践中,许多公司虽然经营合法业务,但在日常经营中也会或多或少地从事一些一般违法行为,比如一些从事销售类业务的公司,在销售商品或是提供服务过程中,存在夸大宣传、捆绑销售、使用格式条款等行为,还有的未经消费者同意而发送具有商业性的公民个人信息,根据《消费者权益保护法》的相关规定,这些行为都是违法的,但这只是经营中出现的一般违法行为,并未因此而从整体上否定公司经营业务的合法性。因此,对于"合法经营"的判断,应当以行为人所从事的经营活动本身是否符合法律的相关规定为落脚点。

(五) 证据收集的问题

本罪的认定多依赖电子证据,电子证据主要包括以下内容:(1) 基本电子证据及衍生证据,如远程勘验报告、勘验检查笔录。(2) 涉及公民个人信息的优势证据,如电子数据提取分析报告、鉴定意见。(3)其他证据,如买卖信息双方通过QQ、手机微信、短信、电子邮件等平台的相关记录;犯罪嫌疑人手机、电脑、U盘中提取的文档、表格、图片等;银行交易流水、支付宝交易等资金流动记录。但部分侦查人员对电子证据的取证意识不强,取证程序往往存在瑕疵,导致在有些案件中起诉和判决认定的事实与公安机关侦查的事实差距较大。

(六)犯罪情节轻微的认定问题

《解释》第10条的设立目的为贯彻落实"认罪认罚从宽制度",充分发挥刑法的教育和威慑功能[①]。但实践中对该条适用较少,笔者所在院办理的侵犯公民个人信息犯罪案件中,大部分犯罪嫌疑人均认罪认罚,部分嫌疑人进行了全部退赃,但仅在审查起诉的程序上实现了从快处理、量刑上作出了从轻的建议,并没有作出不起诉的决定,究其原因,系检察官对于"情节轻微"较难把握,对于该类新型犯罪,偏向从严打击。

三、侵犯公民个人信息刑事案件的办理机制完善及相关立法建议

(一)规范案件办理

1. 统一执法尺度,规范案件办理。通过发布指导性案例来增强《解释》中相关条款适用的可操作性。"两高"在《解释》出台后发布了一批案例,但案发时间多数在《解释》发布前,建议尽快发布近两年发案的经典案例,通过裁判要旨明确信息的认定、有关国家规定的认定、信息认定规则等,使司法解释的适用更具操作性。同时,地方可以结合工作实际,通过公检法司联合会商等方式对《解释》中的争议内容进行细化,比如针对《解释》中的兜底条款,将信息数量、经济损失作为考量依据。

2. 规范量刑标准,避免罪刑不相适应。通过量刑指导意见规范侵犯公民个人信息案件的刑事处罚标准、量刑标准、缓刑以及不起诉的适用等标准,解决实践中存在的罪刑不相适应的问题。量刑应当依照主客观相一致的原则,充分考虑犯罪的社会危害性、犯罪人的主观恶性以及案件的社会影响,具体情况具体分析,依法予以从宽或者从严处理,体现宽严相济的刑事政策,实现法律效果与社会效果的有机统一。

---

① 参见周加海、邹涛、喻海松:《〈关于办理侵犯公民个人信息刑事案件适用法律若干问题的解释〉的理解与适用》。

(二) 完善办案机制

1. 建立专业化办案机制。侵犯公民个人信息案件具有信息化、技术性、专门性强的特点，检察机关可结合司法体制改革和检察官办案责任制的深化，设立专业化的侵犯公民个人信息案件专门办案组。同时通过与高校协作、系统内交流等方式不断加强对办案人员的专业法律知识、信息科技知识、办案应诉技巧等方面的培训，使办案人员能够及时适应新时期办案的需要。

2. 积极引导侦查，发挥审前程序的主导作用。在当前捕诉一体的内设机构改革的背景下，建立健全办理侵犯公民个人信息犯罪检察机关提前介入、指导侦查机制更有助于此类案件的办理，即在查处该类犯罪过程中，加强对公安机关取证、固证的侦查指导，及时扣押信息载体，及时固定客观证据和言词证据，对于案件中证据收集和认定上的疑点和难点问题与侦查机关持续进行沟通交流，切实发挥审前程序的主导作用。

3. 完善多部门联动机制。工业信息部门、银监部门、公安部门、税务部门、工商部门、电子商务运营商等各种主体均与公民个人信息保护息息相关，检察机关应积极与其他部门进行联动协作，明确各主体责任分工、齐抓共管共建，健全工作衔接协作机制，通过建立行政执法与刑事司法信息共享平台、定期联席会议交流等多种途径，加强工作联动。

(三) 加强源头预防

1. 加强宣传教育，提高公民保护个人信息意识。实践中有些公民个人信息系被他人窃取，有些公民个人信息系本人无意识中泄露在网络上，司法机关与媒体行业需要加大协作力度，不断创新宣传途径、拓展宣传思路，将广播、电视、报纸等传统媒体与微博、微信等新媒体宣传相结合，通过典型案例警示、信息泄露途径科普等形式，向公众宣传保护个人信息的重要性。

2. 加大对合法掌握公民信息的机构的法制宣传。金融机构、医疗机构、教育机构、电子商务运营商、软件设备提供商等能够管理或获得大量公民信息的单位和企业，一旦数据被窃取或泄露，其造成的损害无法估量，司法机关应通过走进上述企业讲授法制课、送达检察建议等方式深入开展法制宣传，使企业及其员工增强保护公民个人信息的责任感和法律意识。

3. 强化行业内监管机制。一方面，各行业应当加强自律，制定本行业内有关公民个人信息的保护细则；另一方面，单位、企业内亦应当制定个人信息保护的内部管理制度，实现社会各界共同参与维护公民个人信息安全。

4. 加快区块链技术在公民个人信息安全领域的应用。区块链技术的出现给数据存储领域带来了革命性改变，其采的分布式存储方式，即将数据打散成无数小块、加密数据以防黑客获得真正信息并将数据文件分散存储,能够有效保障数据的安全,加快该技术在公民个人信息安全领域的运用,将有效减少侵犯公民个人信息犯罪的发生。

打击危害公民个人信息和数据安全
违法犯罪长效机制研究

邱 灵[*]

网络的飞速发展推进了社会的进步，虚拟的网络与现实相互融合，成为无法切割的整体，网络数据在这样的发展环境中，逐渐呈现出规模化、深度化、智能化和系统化的特点。随着社会信息化和网络化的不断推进，信息资源成为日益重要的商业财富，个人信息的价值也愈加凸显，由此滋生出多种网络犯罪及利用个人信息实施的犯罪行为，公众对于个人信息及网络数据的安全问题也日益关注。

一、危害公民个人信息和数据安全犯罪的现状

信息时代的信息资源已经成为经济社会的核心资源，个人信息资料、电子数据、技术手段等信息资源作为一种重要的无形资产，在财富创造中发挥的作用越来越大。也正因如此，针对信息资源和数据的犯罪层出不穷，并在犯罪领域形成一定规模，引起社会的广泛关注。因此，保障信息数据的安全也就是在保障个人、企业的竞争优势和发展潜力。为有效保护公民个人信息和数据安全，本部分以 G 市 Y 区人民检察院 2017 年 1 月至 2020 年 6 月办理的相关案件数据为基础，分析当前该地区危害公民个人信息和数据安全犯罪的现状，以期针对当前公民个人信息和数据安全问题提出有针对性和建设性的保护机制构想。

（一）犯罪类型以侵犯公民个人信息罪为主

2017 年以来，G 市 Y 区人民检察院受理危害公民个人信息、网络系统及数据安全的犯罪案件共计 72 件 166 人，犯罪类型包括侵犯公民个人信息罪，非法获取计算机信息系统数据、非法控制计算机信息系统罪，非法侵入计算机

---

[*] 邱灵，广东省广州市越秀区人民检察院党组书记、检察长。

信息系统罪，破坏计算机信息系统罪，提供侵入、非法控制计算机信息系统程序、工具罪等。其中侵犯公民个人信息罪所占比重最大，共受理 58 件 83 人，占此类案件总数的 50%；其次是非法获取计算机信息系统数据、非法控制计算机信息系统罪，占比 23.49%；最后是提供侵入、非法控制计算机信息系统程序、工具罪，占比 19.28%。

（二）犯罪主体以个人犯罪为主，单位犯罪认定难

根据相关法律规定，危害公民个人信息和数据安全的部分罪名犯罪主体包括个人及单位，但 2017 年以来，G 市 Y 区人民检察院办理的相关案件均为个人犯罪案件，尚未办理单位犯罪案件，但已出现单位犯罪的初始形态，如办理的一些个案中，有单位的主管人员授意其业务员进行收集、购买个人、单位的信息以开展工作。在房地产、贷款、保险等行业，员工通过买卖、交换等不当方式获取公民信息，并以电话或短信的方式进行营销已经成为行业的潜规则，持有一定数量的信息或拨打电话或发送短信的数量成为员工入职或考核的重要指标。但是，买卖或交换信息多在员工之间进行，很难认定为单位行为，司法实践中亦存在重个人打击、轻单位定罪的情形，不利于真正发挥刑罚的惩戒功能。在个人犯罪情形中，呈现出一定的犯罪体系现象，即从犯罪工具、数据流向、数据利用等方面形成了较为完整的犯罪链条。

（三）诉讼程序以适用认罪认罚制度为主

2017 年以来，G 市 Y 区人民检察院起诉的危害公民个人信息和数据安全的犯罪案件共计 54 件 64 人，其中适用认罪认罚从宽制度处理的共计 43 件 49 人，占比 76.56%；法院在对该类案件判处刑罚时，缓刑的适用率高达 76.56%。分析上述数据可以发现，该类犯罪目前在 G 市 Y 区的司法实践中呈现轻刑化的趋势。这种现象部分归因于近几年该区查处的大部分危害公民个人信息和数据安全的案件尚未造成特别严重的危害后果，大部分犯罪嫌疑人是利用非法获取的公民个人信息开展工作业务，有别于利用公民个人信息有针对性地进一步实施犯罪行为的行为人，在当前认罪认罚从宽制度的引导下，对于主观恶性较小、认罪悔罪的犯罪嫌疑人，司法机关往往本着挽救犯罪嫌疑人的态度对其从轻处罚。

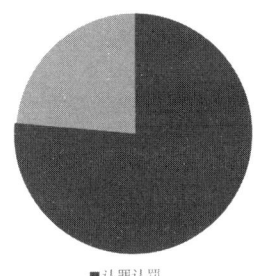

认罪认罚适用情况

(四) 成为多种下游犯罪的前置手段

在实践中,侵犯网络数据的犯罪分子通常并不以单纯的非法获取到网络信息为最终目的,在获得网络数据尤其是公民个人信息后,犯罪分子往往还会利用这些信息继续实施其他犯罪。伴随网络数据泄露而生的是新型盗窃、诈骗、抢劫等案件,侵犯公民个人信息及数据安全的案件成为催生这些衍生案件的温床,为犯罪分子实施精准的财产犯罪提供了便利条件。

二、危害公民个人信息和数据安全的困境及成因

社会公众时常被各式各样五花八门的推销短信、电话骚扰,私人生活安宁权得不到保障,甚至被不法之徒诈骗财产利益受损。侵犯公民个人信息和威胁数据安全的犯罪行为由来已久,其高发背后的成因值得深思。

(一) 巨大利益驱动:大数据时代个人信息和数据蕴含巨大的市场利益

当前,数据信息被认为是公民个人、企业极其重要的价值资产,随着大数据商业价值的日益显现和技术保护难度的加大,它已成为违法犯罪的重要逐利目标,不仅政府因决策或者研究需求有采集公民个人信息的必要,其他各行各业的工作中也无不涉及到个人信息的抓取与利用[①]。谁拥有客户,谁就拥有市场,"互联网+"下的大数据时代,公民个人信息已不再是单纯的电脑中的表格数据和文字材料,而是具有物质附加价值的真实的存在。一些企业和个人为了瓜分市场份额、瞄准客户群体实现精准营销,无需重金即可购买到大量潜在客户的个人资料,可见,个人信息的高价值、低成本是个人信息泄露事件频发、此类犯罪屡禁不止的根本动因。目前侵犯公民个人信息犯罪市场"初具

---

① 钟柯昱、王雨茜、侯雪:《大数据时代个人信息保护的刑法边界——以侵犯公民个人信息罪为视角》,载《法制博览》2018年第15期。

规模",主要分信息源头型、职业贩卖型、营销公司型三种模式,分别是利用资源优势和职务之便贩卖个人信息,渠道多、资源多的中间商在买卖双方之间牵线搭桥赚取差价,更有甚者披着经营企业的外衣专门行侵害公民个人信息之实。

(二)制度供给不足:保护公民个人信息法律体系尚未成熟,"法网"未有效扩张

目前,我国涉及公民个人信息保护条文的法律有近40部、法规30多部、规章近200部,相关条款散见于《网络安全法》《电子商务法》等[1],但未形成体系化的保障体系,可操作性差,加之高昂的诉讼成本、举证难等维权的现实问题,使得不少被侵权人在向侵权人追究民事责任时面临重重困难,公民个人信息领域的违法犯罪行为屡禁不止,甚至有愈演愈烈之势。我国至今尚无《公民个人信息保护法》专项立法,我国《刑法》虽规定了侵害公民个人信息罪,但其法网也不够严密,存在公民个人信息界定标准不明,个人法益与公共利益的界限模糊,采用列举方式不能涵盖侵犯公民个人信息所有行为等一系列问题,已不能适应司法实践发展的需要,刑法规定的侵害公民个人信息的法定刑较低,不足以对违法行为人产生强有力的威慑等现实问题都制约了刑事制裁功能的发挥。

(三)侦查存在短板:公安机关技术基础和侦破能力有待提升

如前所述,侵害公民个人信息犯罪可与其他犯罪相伴相生,具有上下游犯罪链条长、地域散布广、时间跨度大、证据易灭失、犯罪行为隐蔽性强等特点,侦查难度大。一方面,基层网警部门现有警力难以应对高发的网络犯罪案件,全面打击整条犯罪链压力较大;网络犯罪侦查信息设备落后,导致部分基层公安机关的网站日志分析、木马程序发现与分析、IP地址追踪与定位、海量数据深入分析研判等方面的能力相对较弱,数据恢复能力不足[2]。另一方面,侦查机制及策略需改进,部分侦查人员缺乏深挖扩线意识,满足于办理当前的案件;侦查内部协作不畅,如同一公安机关内部网警、刑侦、技侦、派出所等部门的同步协作配合困难,各地公安机关的信息交流存在障碍,当前,侵犯公民个人信息案件主要依靠公安部或各省公安厅组织专项行动进行集中打

---

[1] 甄贞、李大进、谭平川:《完善公民个人信息保护法律体系》,载微信公众号"最高人民检察院",2020年5月23日。
[2] 王彬:《侵犯公民个人信息案件侦查研究》,中国人民公安大学2019年硕士学位论文。

击，区域间尚未形成常态化的协作打击制度①。此外，还有个别基层侦查人员知识能力不足的问题。侵犯公民个人信息案件主要由基层派出所干警会同网警侦查取证，专业技术知识不精，取证能力不足，导致有的证据不能形成完整链条。

（四）治理模式单一：各相关部门未构建有力的协同作战模式，治理沉疴药劲不足

2019年，国家市场监管总局开展了打击侵害消费者个人信息违法行为专项执法行动，查办了上千件案件惩戒了违法者，与此同时，公安部"净网2019"行动也以累累硕果完满收官。但保护公民个人信息是一项旷日持久的系统工程，需要社会多方参与方能得到有效治理。首先，在客观上，实名制的施行要求个人在办理各项业务和使用App应用软件时详尽登记个人信息，使侵犯公民个人信息存在极大便利。其次，我国对保护公民个人信息的认识和重视不够，源头治理不足，制度建设缺失，尚未成立或明确公民个人信息保护的职能部门，多部门存在相互推诿责任的情况。再次，市场监管部门、消费者协会等有关治理部门未与掌握大量公民个人信息的单位及行业协会形成防治的长效机制，常态监管尤其是数据监管不够及时，监管力度不够。房产、医疗、金融等掌握大量公民个人信息的行业虽然有内部制定的信息安全管理制度、操作规程等，但由于部分从业人员法律意识不强，企业管理、执行不到位等情况，存在制度和防护漏洞，这些行业成为个人信息泄露的"重灾区"。最后，我国尚未构建统一完备的公民个人信息违法犯罪常态协作机制，警企协作不畅，证据调取程序繁琐，以QQ聊天记录为例，侦查人员需要经过层层审批，持法律文书至深圳腾讯公司总部调取。

（五）自防意识不足：公众对个人信息的自我保护意识淡漠

目前，公民个人信息泄露事件高发，与公民个人信息保护意识不强不无关系。如出于方便使用和记忆，设置简单的网络账户密码；随意点击伪基站发送短信的不明链接，误入钓鱼网站、中招木马病毒，使得不法分子可以轻易盗取；参加扫码注册信息获取赠品、误信中奖需登记个人信息等活动等，以至于个人信息泄露比比皆是。2018年8月，中消协组织开展"App个人信息泄露情况"问卷调查，共回收有效问卷5458份。结果显示，个人信息泄露总体情况比较严重，遇到过个人信息泄露情况的人数占比为85.2%。当消费者个人

---

① 王彬：《侵犯公民个人信息案件侦查研究》，中国人民公安大学2019年硕士学位论文。

信息泄露后，约86.5%曾收到推销电话或短信骚扰，约75%的受访者接到诈骗电话，约63.4%的受访者收到垃圾邮件，排名位居前3位①。但有从业多年的律师表示至今还未代理到过一起举报个人信息被泄露的案件，也较少被害人到公安机关报案，这在某种程度上说明公众的维权意识还不够。公民个人信息泄露防御技术较落后。

三、打击危害公民个人信息和数据安全的措施

当前，世界上不少国家都是综合利用公法和私法实现对公民个人信息的有效保护。我们应值《民法典》实施的契机，综合平衡运用打击与保护的措施，保护好公民个人信息和数据的安全。

（一）完善保护公民个人信息的专门立法

法律的权威性更高、适用范围更广，专门立法有利于解决个人信息保护法律层面积存的问题。

1. 平衡个人信息权财产属性与人格属性。既要注重发挥个人信息的经济效用，也要注重保护信息主体的个人信息权利，不能因为过度保护个人信息等权利而限制了数据产业发展，也不能为发展数据产业而不考虑个人信息等权利的保护，规定平衡人格权保护和数据流通之间关系的基础性规则，或者做原则性规定，为有关单行法细化规定个人信息的保护提供依据。

2. 明确个人信息基本法律范畴。大数据时代个人信息权的内容不仅包括直观上可看出的属于个人隐私的信息，如网站账户密码、银行卡密码、聊天记录、私人照片、个人日志等，还包括通过大数据分析可以产生商业价值，可能被不法分子收集、利用、买卖的个人信息，如浏览记录、购物记录、出行轨迹等，由于现阶段相关法律适用范围的局限性使得上述一部分公民的个人信息得不到充分的保护，专门立法必须对个人信息权的客体范围、责任形式、案件管辖、救济模式、赔偿方式等问题进行明确的规定。首先，法律应确立不得过度收集个人信息的原则，法律要明确收集个人信息的适格主体及收集个人信息的范围，从而保证收集主体能够明确自己的职责，依法行使。同时，收集主体对个人信息的收集也不是无限制的，对收集的具体范围、收集的手段方式、收集的具体时间都应该有明确的规定。其次，收集主体对于收集的个人信息必须用于特定的目的，政府收集的信息只能用于国家安全、社会秩序、公共治理、经

---

① 《中消协发布〈App个人信息泄露情况调查报告〉》，载中国质量新闻网，http://www.cqn.com.cn/pp/content/2018-08/29/content_6213791.htm，2020年8月11日访问。

济发展、集体利益等领域。收集主体对收集的个人信息承担绝对的保密责任。个人、企业、政府对收集的个人信息应当严加保管,未经隐私主体的允许或法律的授权不得将个人隐私用于传播、共享等用途。最后,法律应当规定个人信息收集主体在收集个人信息时的告知义务,使公民清楚个人信息被收集的情况,使信息采集制度化、规范化、透明化。

3. 加强与各部门法之间的衔接协调。专门立法制定过程中要充分结合《民法典》《刑法》等法律法规关于个人信息保护的规定,并协调其他相关法律法规的执行,统筹制定个人信息保护与利用的法律保障机制,具体包括个人信息保护法的执行与监管机制、个人信息权利救济机制、个人信息保护行业自律机制等。除专门个人信息保护法外,有必要在重要领域制定具体的个人信息保护与利用规则,如目前在网络个人信息保护领域制定的《电信和互联网用户个人信息保护规定》,在金融领域制定的《征信管理条例》等。尽快构建能为个人信息的保护和利用提供有效保障的专门立法、特殊规范及其他法律共同组成的个人信息保护法律体系。

(二) 完善保护个人信息的刑事和民事法律规定

1. 刑法对"非法利用"行为进行规制。刑法对于"公民个人信息"的保护可以概括为两类:一类是保护个人身份认证信息的典型侵犯公民个人信息罪;另一类是通过对可能涉及公民人身、财产的信息进行保护进而保护公民人身、财产的信息,这本质上是一种预备行为实行化。行为人通过出售、提供、窃取等方式非法获取信息时是一个侵犯公民个人信息的行为,属于上游犯罪行为,对于该信息加以利用则可能构成另一个犯罪行为,属于下游犯罪行为。行为人的前后两行为,不仅是一种手段与目的的关系,还是一种预备犯罪与后续犯罪的关系,前一非法获取信息的行为实质是后续利用获取的信息实施犯罪行为的预备行为,最终要处理的是作为手段的预备犯罪和作为目的的后续犯罪之间的法律竞合关系。同时,我国刑法对下游的利用行为规制不足,应在我国侵犯公民个人信息的客观行为方式中增加非法利用公民个人信息的下游行为,这样才能与出售、提供、窃取和非法获取等上游行为衔接,既堵又截,形成完整的保护屏障。具体判定上,如果非法利用的行为方式在我国刑法已有相关规定,例如诈骗、敲诈勒索,不再单独定罪,而是将非法利用行为作为一个情节考虑;如果利用行为是刑法规定的具体行为之外的其他行为,例如利用公民信息进行信用卡推销、群发垃圾短信、进行电话骚扰等,则需判定该信息是否与信息主体的人身、财产或其他重大法益相关,若结论是肯定的,则将此种非法利用公民个人信息的行为纳入本罪的规制范围①。

2. 引入集团诉讼和公益诉讼。大数据时代下海量数据的分析成为可能，个人信息侵权现象越来越普遍，此类案件往往涉及多数人、危害程度较大。对此，个人信息保护救济中应当引入集体诉讼和公益诉讼等救济模式。

（1）引进集团诉讼制度。一是平衡诉讼地位。在集团诉讼中，如果一个或若干个人为了自己或者其他受到相似侵害的人，作为被授权主体共同向法院提起诉讼或者到庭应诉，可以将处于弱势地位的受害人进行联合，共同对抗侵权人，平衡双方悬殊的诉讼地位。二是降低维权成本。集团诉讼对诉讼成本进行了分散，对受害人的力量进行了集中，降低了维权成本，受害人的维权积极性会得到有效提高，也可对侵权主体产生一定的警示作用。三是提升审判效果。法院受理后可以将这些类似的诉讼纳入同一诉讼，集中审理作出判决，既适用于直接参加诉讼的集团成员，也适用于所有未明确表示退出的成员，可以有效减少受害人基于同一个侵权行为而分别进行诉讼，集体诉讼的审判结果具有普适性，使得判决的稳定性得到保障，司法的稳定性得到保持，司法的权威性也得到维护，司法资源能够得到合理的分配，司法成本也受到控制②。

（2）发挥公益诉讼的制度优势。如前所述，趋于集群化、产业化、规模化、专业化的侵害公民信息安全行为已经不是一个仅靠公民个人的"小心谨慎"所能解决的问题，它需要制度和法律层面的双重规制。侵害个人信息安全案件中侵害范围辐射面广泛，涉及各个行业领域，且极易引发多种下游犯罪，众多不特定多数人合法权益受到巨大威胁，故保护公民个人信息安全具有公益属性。根据现行法律规定，公民个人信息保护虽然不属于检察机关和社会组织可以提起公益诉讼的案件范围，但是，公益诉讼在维护国家利益和社会公共利益、提高社会治理水平方面的制度优势不断凸显。十九届四中全会明确规定要拓展公益诉讼案件范围，最高人民检察院也明确将公民个人信息保护列为检察机关可以开展公益诉讼新领域探索的案件范围，因此，在现行法律和政策框架下，通过发挥公益诉讼制度优势，保护公民个人信息安全是可行的，也是检察机关和社会组织的履职担当，这也让个人信息权受到侵害却没有能力维护自己权利的弱势群体能够有机会维护自己的权利。当公民个人信息受到侵害时，可将线索移交检察机关或社会组织，由检察机关或社会组织提起个人信息保护领域的民事公益诉讼，通过惩罚性赔偿、赔礼道歉等诉讼请求加大对侵害公民个人信息违法行为的打击力度，构筑全方位的公民个人信息保护司法网

---

① 李玮：《侵犯公民个人信息罪研究》，武汉大学2017年硕士学位论文。
② 陈广云：《个人信息的民法保护研究》，安徽大学2017年硕士学位论文。

络，提高社会公众对于通过法律手段保护个人信息安全的信心，提高社会治理水平。同时，检察机关通过督促相关职能部门积极履职，加强公民个人信息保护监管，加强行业整顿。

3. **明确个人信息侵权归责原则。**个人信息违法行为日益泛滥，信息主体的个人举证能力不足，法律尚不完善，在将来立法时应当明确具体的归责原则，有必要按照公平的原则对诉讼中相应的举证责任在"谁主张，谁举证"的基础上进行重新分配，使被侵害的个人信息权利能得到有效的司法救济。笔者认为，作为信息主体的原告只需要承担证明其信息由侵权主体管理，且相应信息被滥用的责任。针对个人信息侵权的被告，不仅按照侵权主体是否具有主观过错进行区分，还要将侵权主体按照属性进行区分，确定不同的归责原则，可以考虑将侵权主体归责原则划分为以下两类：一是政府部门的个人信息侵权行为，实行无过错归责原则。二是商业机构或个人的个人信息侵权行为，实行过错推定原则。无论是采用无过错归责原则还是过错推定原则，均能很大程度上减轻信息主体的举证难度，又能警示信息处理者切实履行安全保障义务，小心谨慎地使用个人信息。

（三）完善使用个人信息的监督保护机制

1. **分类保护个人信息。**不同类型的个人信息，社会公开性程度不同，与信息权利人私人生活和人格尊严的关联程度也有所差异。要更好地实现个人信息保护和个人信息开发利用两者之间的平衡，有必要在法律上根据个人信息性质的不同对其进行相应的分类，设计相应的数据保护规则。具体而言：一是共享敏感个人信息应当征得信息主体的明示同意。敏感个人信息是指与个人私人生活安宁等密切相关的信息，如个人的家庭住址、身份证号码、银行账号、财产状况、基因信息、联系方式等。对于敏感信息，法律应当强化对其保护，除国家机构出于维护公共秩序和国家安全的目的对其进行有限利用之外，禁止任何经营性机构在未征得个人同意之前对其进行收集和利用。二是共享敏感个人信息之外的个人信息，应当相对弱化信息主体的同意要求。非敏感信息则指不涉及个人隐私的相应信息，如个人姓名、性别、年龄、受教育程度，对于这些信息，其数据共享使用的条件则应当相对宽松，法律不仅应当允许国家机构出于履行职能的目的进行利用，而且鼓励经营者采取各种合法合理的方式进行收集和利用，以充分发挥个人信息在大数据时代对经济发展的促进作用。三是严格限制共享未成年人个人信息的行为。由于未成年人对其个人信息收集、利用后果的判断能力较弱，需要强化对未成年人个人信息的保护，未成年人个人信息的共享应当取得其监护人的明示同意。

2. **明确个人信息保护的主管机构。**以法律的形式明确个人信息保护的主管机构，明确具体的执法范围和执法责任，负责组织、指导、推动、监督个人信息保护法的实施，负责个人信息保护的领导、规划、监管、审批以及协调其他相关执法部门的工作，并负责个人信息保护标准的制定和施行，针对不同领域、不同地区甚至不同国家间的个人信息保护问题进行协调，促进个人信息跨领域、跨地区及跨境的流通。同时，主管机构的执法也离不开其他执法机构的协助，主管机构还应积极与立法、司法机关相配合，使个人信息保护相关法律的施行有条不紊地推进，保障公民的个人隐私权得到全方位的保护。

依法精准打击侵犯公民个人信息罪的重点和难点

张　菁　薛阿敏[*]

近年来,随着社会经济的快速发展和信息网络的广泛普及,侵犯公民个人信息犯罪呈高发多发态势,并由此滋生大量的电信诈骗、网络诈骗、敲诈勒索、绑架等犯罪,社会危害性大,严重影响人民群众的安全感和社会的和谐稳定发展。2009年2月28日起施行的《刑法修正案(七)》增设了《刑法》第253条之一的出售、非法提供公民个人信息罪和非法获取公民个人信息罪,2015年11月1日起施行的《刑法修正案(九)》对该罪名进行修订,将出售、非法提供公民个人信息罪和非法获取公民个人信息罪整合为"侵犯公民个人信息罪",并对罪状进行了修改完善。2016年公安部开展了打击整治网络侵犯公民个人信息犯罪专项行动,取得了明显成效。但是,在查办案件过程中,由于刑法对此类犯罪的规定较为原则、模糊,导致入罪门槛不清晰、量刑标准不明确、信息数量认定难等问题,掣肘司法人员准确适用法律。为保障刑法的准确、统一适用,最高人民法院、最高人民检察院于2017年5月8日出台了《关于办理侵犯公民个人信息刑事案件适用法律若干问题的解释》(以下简称《解释》),全面、系统地规定了侵犯公民个人信息犯罪的定罪量刑和有关法律适用问题,对司法实践中的困惑和难题予以积极回应。由此,结合办案实践,对侵犯公民个人信息案件的法律适用要义作重点分析,公民个人信息分类制度、信息累计计算规则、直接认定规则、适用时效、合法经营的出入罪标准等,以期为准确适用本罪提供参考。

---

[*] 张菁,上海市人民检察院第一分院研究室副主任,上海检察业务专家;薛阿敏,上海市人民检察院第一分院研究室检察官助理。

一、"公民个人信息"的分类和定罪量刑标准

（一）"公民个人信息"的分类

为了全面保护公民个人信息，《解释》第 1 条明确了"公民个人信息"的范围包括身份识别信息和活动情况信息，是指以电子或者其他方式记录的能够单独或者与其他信息结合识别特定自然人身份或者特定自然人活动情况的各种信息，包括姓名、身份证号码、通信通讯联系方式、住址、账号密码、财产状况、行踪轨迹等。同时《解释》第 5 条根据信息的重要程度、敏感程度，即信息对公民人身、财产安全的影响程度，将"公民个人信息"分为三类：第一类是特别敏感信息，包括行踪轨迹信息、通信内容、征信信息、财产信息；第二类是相对敏感信息，包括住宿记录、通信记录、健康生理信息、交易信息；第三类是其他公民个人信息，即除了第一、二类信息以外的其他公民个人信息。

公民个人信息的类型繁多，做分类是为了准确适用定罪量刑标准，以更好地体现罪责刑相适应原则。但实践中有些信息可能存在类型竞合的情况，如股票交易信息，作为交易信息，一般归类为相对敏感信息，但也可能反映公民的个人财产状况，则符合特别敏感信息的特征。对于这类信息如何正确分类，笔者认为，应当结合信息用途、对信息主体人身及财产安全的影响程度等因素综合判断。

（二）侵犯公民个人信息罪的定罪量刑标准

刑法将"情节严重"规定为侵犯公民个人信息罪的入罪要件，将"情节特别严重"规定为法定加重情节。为更加精准打击侵犯公民个人信息犯罪，《解释》在细化标准方面做足了功夫，除了最为常见的"信息类型和数量"外，还将"违法所得数额""信息用途""主体身份""前科情况"列入"情节严重"的认定标准，每一类中又规定了具体的标准。[①] 对法定刑升格也规定了"数量数额"和"严重后果"两个具体标准。

1. "情节严重"的"信息类型和数量"标准。分类信息入罪所采用的数量标准，在司法实践中最为常用，需要我们予以重点关注。《解释》第 5 条第 1 款针对不同类型的信息分别设置了相应的入罪标准，即特别敏感信息 50 条以上，相对敏感信息 500 条以上，其他信息 5000 条以上。同时对未达到上述

---

① 张智全：《用精细标准精准打击信息犯罪》，载《法制日报》2017 年 5 月 17 日。

数量的情况规定了按相应比例合计认定。① 如某个案件涉及特别敏感信息 20 条，相对敏感信息 200 条，其他信息 1000 条。按照 1∶10∶100 的倍比关系进行折算后，1000 条其他信息相当于 10 条特别敏感信息，200 条相对敏感信息相当于 20 条特别敏感信息，累计相当于 50 条特别敏感信息，故可以追究刑事责任。

2. "情节严重"的其他认定标准。分别为：一是违法所得数额。侵犯公民个人信息的行为往往出于牟利的目的，故《解释》将违法所得 5000 元以上的认定为"情节严重"。二是信息用途。信息用途不同，对权利主体的利益侵害程度也会存在差异。基于此，《解释》将"出售或者提供行踪轨迹信息，被他人用于犯罪的"和"知道或者应当知道他人利用公民个人信息实施犯罪，向其出售或者提供的"规定为"情节严重"的两种情形。三是主体身份。实践中，多数信息泄露是内部人员作案，工作中不尽责、不作为、故意"装睡"甚至充当"内鬼"牟利，比如某公司员工泄露用户信息案、某招聘工作人员出卖简历案。对于"内鬼"必须用法治重拳将其"敲醒"，《解释》规定，将在履行职责或者提供服务过程中获得的公民个人信息出售或者提供给他人，认定"情节严重"的数量或者数额标准减半计算，降低了入罪门槛。四是前科情况。曾因侵犯公民个人信息受过刑事处罚或者二年内受过行政处罚，又非法获取、出售或者提供公民个人信息的，反映了行为人主观恶性大、不思悔改，故《解释》将其规定为"情节严重"。

3. "情节特别严重"的认定标准。《解释》在明确入罪条件的同时，亦进一步规定了法定刑升格的具体条件，体现了刑罚的阶梯性，为打击侵犯公民个人信息罪精准化奠定了法律基础。《解释》第 5 条第 2 款规定了"情节特别严重"的两类标准：一是数量数额标准。规定了 10 倍的倍比关系，即特别敏感信息 500 条以上，相对敏感信息 5000 条以上，其他信息 50000 条以上。比照"情节严重"，按照 10 倍的倍数关系认定。即根据信息类型不同，数量分别达到 500、5000、50000 条以上，或者违法所得 50000 元以上。二是严重后果标准。包括"造成被害人死亡、重伤、精神失常或者被绑架等严重不良后果"

---

① 《解释》第 5 条规定："非法获取、出售或者提供公民个人信息，具有下列情形之一的，应当认定为刑法第二百五十三条之一规定的'情节严重'：……（三）非法获取、出售或者提供行踪轨迹信息、通信内容、征信信息、财产信息五十条以上的；（四）非法获取、出售或者提供住宿信息、通信记录、健康生理信息、交易信息等其他可能影响人身、财产安全的公民个人信息五百条以上的；（五）非法获取、出售或者提供第三项、第四项规定以外的公民个人信息五千条以上的；（六）数量未达到第三项至第五项规定标准，但是按相应比例合计达到有关数量标准的……"

和"造成重大经济损失或者恶劣社会影响"。值得注意的是,现在侵犯公民个人信息数量十分惊人,动辄海量信息,公民人身财产安全风险性巨大,社会危害严重。在查办这类案件时,一定要重点关注查获的信息数量,特别是遇到海量信息案件、涉及"情节严重"或"情节特别严重"临界点的案件,应尽量查证信息数量,不能因怕查证麻烦而就低认定信息数量,轻纵犯罪,而应做到罪责刑相适应。

二、为合法经营而非法购买、收受公民个人信息须"获利 5 万元以上"的入罪标准

司法实践中,非法购买、收受公民个人信息从事保险、教育培训、房产销售、广告推销等活动的情形较为普遍。从信息用途上看,此类非法购买、收受的公民个人信息是用于合法经营活动,与其他将信息用于实施犯罪或者出售牟利相比,对权利人的侵害程度确实有所不同,不宜一概而论。《刑法修正案(七)》和《刑法修正案(九)》均没有对"为合法经营活动而非法购买、收受公民个人信息"(以下简称"合法经营型")的定罪量刑标准作出规定,为此,《解释》第 6 条专门对此情形设置了入罪标准,以更好地贯彻落实宽严相济刑事政策。

(一)"合法经营型"侵犯公民个人信息罪的适用条件

《解释》第 6 条规定,为合法经营活动而非法购买、收受敏感信息以外的公民个人信息,具有下列情形之一的,应当认定为"情节严重":(1)利用非法购买、收受的公民个人信息获利 5 万元以上的(即"获利型"标准);(2)曾因侵犯公民个人信息受过刑事处罚或者二年内受过行政处罚,又非法购买、收受公民个人信息的(即"处罚型"标准);(3)其他情节严重的情形。笔者认为,《解释》第 6 条在一定程度上抬高了"合法经营型"的入罪门槛,适用时宜从严掌握。

一是从严认定信息类型。根据《解释》第 6 条规定,为合法经营活动而非法购买、收受的公民个人信息,必须是《解释》第 5 条第 1 款第(三)项、第(四)项之外的信息。换言之,如果非法购买、收受的是行踪轨迹信息、征信信息、财产信息、住宿信息、交易信息等特别敏感信息或者相对敏感信息,则应排除适用《解释》第 6 条,这体现了《解释》在贯彻宽严相济刑事政策的同时,对涉及公民人身及财产安全等重要信息的特殊保护。笔者认为,正确认定信息类型是适用本条的重要前提,认定时应从严掌握。如某条信息既包含了姓名、住址等一般内容,又包含财产、健康生理等敏感内容,则该条信息就不能适用《解释》第 6 条,而应计入适用《解释》第 5 条的认定条数。

同样，对查获的批量信息，只要其中含有敏感信息，则对该批量信息不能适用《解释》第 6 条。

二是准确把握合法经营范畴。合法经营是指经营资质、经营范围等符合法律、行政法规规定。如专营、专卖物品或者其他限制买卖物品的，应当经许可；经营证券、期货、保险业务或者从事资金支付结算业务的，应当经国家有关主管部门批准等。实践中，对是否用于合法经营活动应从整体上把握认定，既要正确认识合法经营过程中如偷税、虚假广告等违法行为与合法经营活动的关系，也要注意不能以非法购买、收受公民个人信息这一行为本身的违法性来否定合法经营的性质。

三是从严限定客观行为。《解释》第 6 条第 2 款规定："实施前款规定的行为，将购买、收受的公民个人信息非法出售或者提供的，定罪量刑标准适用本解释第 5 条的规定。"据此，非法购买、收受的公民个人信息只能用于合法经营活动，如果还被非法出售、提供给他人的，则应排除适用本条。

（二）"获利型"标准的适用困惑及应对建议

《解释》第 6 条设置了"合法经营型"的三个入罪标准，其中最常用的是"获利型"标准，即"利用非法购买、收受的公民个人信息获利 5 万元以上"。笔者认为，在适用这一标准时，必须把握好"非法购买、收受的公民个人信息"与"合法经营并获利"的对应关系，即非法购买、收受的公民个人信息系被用于合法经营活动，且该合法经营活动的获利达到 5 万元。

坚持这一对应关系是适用"获利型"标准的应有之义，但在司法实践中却缺乏可操作性，由于司法机关无法收集到证明合法经营获利 5 万元系利用了非法购买、收受的公民个人信息的证据，致使"获利型"标准的适用陷入困境。通常情况下，非法购买、收受的信息数量是非常庞大的，而从海量的信息中甄别出哪些系被利用且已获利的信息几乎是不可能的，除非行为人自己制作信息来源、用途、获利清楚对应的账目再将之提供给司法机关以证明自己的犯罪事实。同时，对于那些非法购买、收受的公民个人信息，在尚未用于合法经营活动或者虽已用于合法经营活动但尚未获利的情形下，亦无法适用这一标准。司法机关更不可能等行为人利用信息获利 5 万元以后再追究其刑事责任。"获利型"标准的设置，可能促使更多合法经营的单位出于增加获利的目的，非法购买、收受公民个人信息，这既不利于从源头打击非法出售、提供公民个人信息的犯罪，也会因该标准难以适用而导致单位非法购买、收受公民个人信息的行为愈演愈烈。

有鉴于此，为了使《解释》第 6 条不被虚置，笔者拟提出以下建议：一是加大适用兜底条款的力度。以《解释》第 5 条设置的定罪量刑标准为参考，按照"情节严重"情形的同质性要求,明确其他情节严重的具体情形。如非法购买、收受的信息数量达到 5000 条以上的;造成重大经济损失或者恶劣社会影响的;造成被害人死亡、重伤等严重后果的;等等。二是探索尝试按比例认定原则。鉴于非法购买、收受的公民个人信息与合法经营获利之间的对应关系很难被逐一证明,故可尝试以比例方式予以整体认定,即以某一时期非法购买、收受的公民个人信息在所有信息中所占的比例,计算同一时期利用购买、收受的信息获利的数额。

三、公民个人信息累计计算规则和直接认定规则

实践中,公民个人信息数量"计算难"是困扰司法人员的一大难题。主要表现为两个方面:一是认识问题。如对于同一条公民个人信息,先有非法获取行为,后有出售、提供行为,如何计算;如分别出售、提供给不同单位或个人的,又如何计算,实践中认识不一。二是技术问题。非法获取、出售、提供的公民个人信息海量化已成为常态,对于容量较大的批量信息,目前为止从技术层面来看尚不具备相应的计算能力。而对于一些容量较小的批量信息,计算出较为精确的结果则需要耗费巨大的人力、物力、财力,且周期长、司法成本高。针对这些实际问题,《解释》第 11 条确立了公民个人信息的条数计算规则和批量信息的数量认定规则。

(一)公民个人信息的条数计算

《解释》第 11 条第 1 款规定,非法获取公民个人信息后又出售或者提供的,公民个人信息的条数不重复计算;第 2 款规定,向不同单位或者个人分别出售、提供同一公民个人信息的,公民个人信息的条数累计计算。这两款规定解决了公民个人信息条数的计算问题。对于非法获取公民个人信息后又出售或者提供的,非法获取行为与出售、提供行为具有前后发展关系,前行为是后行为的所经阶段,后行为是前行为发展的当然结果,前后行为侵害的法益具有同一性。因此,这种情况下对公民个人信息的条数不重复计算是合理的。而向不同单位或者个人分别出售、提供同一公民个人信息的,由于被害人的个人信息重复受到侵害,增加进一步受害的可能性,累计计算条数符合从严打击犯罪的需要。

(二)批量信息的数量认定

《解释》第 11 条第 3 款规定,对批量公民个人信息的条数,根据查获的数量直接认定,但是有证据证明信息不真实或者重复的除外。该条款有两层含义:对于批量信息,一是直接认定数量;二是推定信息是真实且不重复的。由

此引申出以下两个问题：

1. 关于直接认定数量的方法。如前所述，批量信息呈海量化特点，现有技术无法计算出数量，或在较合理的时间内得出计算结果。而在数量都无法确定的情况下，直接认定似乎缺乏基础。笔者认为，对批量信息数量的计算，在理念上应由传统的"精确计量"向"等约计量"转变，在方法上可采用抽样计算按比例认定的做法。即在批量信息中选取一定数量的信息为样本，实际分析样本信息的真实性和重复率，得出予以认定的信息比例，并按此比例评估其余未被抽样的信息，最终计算出批量信息的数量。

2. 关于信息真实性与重复性的举证责任。按照《解释》第11条第3款的文意理解，直接认定信息数量的内容应当包括两层含义，一是推定信息是真实的，二是推定信息是不重复的。对于"但是有证据证明信息不真实或者重复的除外"，有观点认为是举证责任倒置。笔者持不同意见，这并不涉及举证责任倒置问题，而是对批量信息真实性及重复性在刑事法律层面的一种客观推定。即对批量信息直接认定为真实且不重复，无需检察机关举证。但当辩护方提出信息不真实或者重复的意见并提供相应的证据或线索时，具体查证和证明责任仍应由检察机关承担。

需要指出的是，虽然批量信息的数量可以直接认定，并且推定为真实且不重复，但前提是必须构成侵犯公民个人信息罪。即根据《解释》第5条的规定，有符合入罪标准或法定刑升格条件的信息已被查证属实，而其他直接认定的信息数量则可作为量刑情节在量刑时予以考虑。

四、侵犯公民个人信息罪适用《解释》的时效问题

法律文本的时间效力，通常包括生效时间、失效时间和溯及力问题。《解释》第13条规定，本解释自2017年6月1日起施行。实践中，主要是《解释》溯及力的问题，最高人民法院、最高人民检察院《关于适用刑事司法解释时间效力问题的规定》（以下简称《规定》），对于司法解释实施前发生的行为，行为时没有相关司法解释，司法解释施行后尚未处理或者正在处理的案件，依照司法解释的规定办理。对于新的司法解释实施前发生的行为，行为时已有相关司法解释，依照行为时的司法解释办理，但适用新的司法解释对犯罪嫌疑人、被告人有利的，适用新的司法解释。可见，我国司法解释的溯及力采取"行为时有无司法解释和是否有利于被告人相结合"的标准，与刑法溯及力采取"从旧兼从轻，禁止不利于行为人的溯及既往"的原则相一致，同时还要遵循"上诉不加刑"等诉讼原则。

根据《规定》的精神，对于《解释》的适用可区分情况处理：

1. 已经生效案件。对于在司法解释施行前已办结的案件,按照当时的法律和规定,认定事实和适用法律没有错误的,不再变动。

2. 一审案件。一审案件属于正在处理的案件,由于之前没有侵犯公民个人信息罪的相关司法解释,按照《规定》,应适用《解释》。

3. 上诉案件。对于仅有被告人上诉的二审案件,亦属于正在处理的案件,按照《规定》,应适用《解释》办理案件。如果适用《解释》作出的刑罚比一审判决刑罚重,因受限于"上诉不加刑"原则,应按有利于被告人原则,维持原判。如果二审判决罪责刑严重不相适应,确需依法纠正的,那么鉴于原审判决适用法律确有错误,可以通过审判监督程序提出抗诉,启动刑事再审程序纠正原审判决。同时,鉴于司法解释的效力适用于法律的施行期间,故在刑事再审程序中应适用《解释》的相关规定。

4. 抗诉案件。对于刑事二审程序的抗诉案件,因一审判决尚未生效,也属正在处理的案件,因我国刑事诉讼法明确规定抗诉案件不受"上诉不加刑"原则限制,故应适用《解释》的规定。而审判监督程序的抗诉案件,亦应适用《解释》,理由同上。

5. 既有上诉又有抗诉的案件。对于既有被告人上诉又有检察机关抗诉的案件,属于正在处理的案件,因有检察机关提出抗诉而不受"上诉不加刑"原则的限制,故应适用《解释》规定。

大数据背景下公民个人信息保护机制的思考
——侵犯公民个人信息罪视角

张长忠　饶　猛*

一、公民个人信息的内涵

(一) 公民个人信息的内涵

关于公民个人信息，有不同学术观点。广义说认为，个人信息包含一切与人存在关联的信息。[①] 隐私说认为，个人信息包含个人不愿意向外界透漏的与个人有关的信息。[②] 识别说认为，个人信息包含可识别自然人的所以信息，识别包括直接识别和间接识别。[③] 有学者认为，公民个人信息不仅是个人法益，而且具有超个人法益的属性。[④] 主张"公民"一词当然包含了外国人和无国籍人在内；公民个人信息不仅会影响到该公民自身的信息安全，而且还会对公共利益，甚至对国家安全产生一定的影响。

我国目前没有单独的公民个人信息保护法律，关于公民个人信息的定义，主要见于2012年全国人大常委会《关于加强网络信息保护的决定》（以下简称《决定》）[⑤]、2013年"两高一部"《关于依法惩处侵害公民个人信息犯罪

---

* 张长忠，湖北省孝感市云梦县人民检察院党组副书记、副检察长，湖北省检察理论研究人才；饶猛，湖北省孝感市云梦县人民检察院检察官。

① 齐爱民：《论个人资料》，载《法学》2003年第8期。

② 陈起行：《资讯隐私权法理探讨——以美国法为中心》，载《政大法学评论》2000年第64期。

③ 商志明：《中国大陆法域个人信息保护的立法进路》，载《南通大学学报（社会科学版）》2013年第6期。

④ 曲新久：《论侵犯公民个人信息犯罪的超个人法益属性》，载《人民检察》2015年第11期。

⑤ 《关于加强网络信息保护的决定》第1条规定："国家保护能够识别公民个人身份和涉及公民个人隐私的电子信息。"

活动的通知》(以下简称《通知》)①、2016年《网络安全法》②、2017年"两高"《关于办理侵犯公民个人信息刑事案件适用法律若干问题的解释》(以下简称《解释》)③。《决定》将公民个人信息界定为能够识别公民个人身份的信息和公民个人隐私信息两类。《通知》沿用了这个分类,并对能够识别公民身份信息的类别进行了列举。《网络安全法》将个人信息限定于能够识别公民身份的信息。《解释》将个人信息界定为能够识别公民身份的信息和反映特定自然人活动情况的信息。有学者认为,从实质违法的角度,纳入刑法保护的应当只限于能够直接识别特定公民个人身份的个人信息,应将公民个人隐私信息排除在外。④ 从中可以看出,《网络安全法》和《解释》不再将公民个人隐私信息视为公民个人信息;同时,《网络安全法》和《解释》将能够识别公民身份的信息扩大为能直接识别公民身份的信息和与其他信息结合能识别公民身份的信息;《解释》将反映特定自然人活动情况的信息新增为个人信息,公民个人信息的范围再次扩大。侵犯公民个人信息罪位于我国《刑法》分则的"侵犯公民人身权利、民主权利罪"一章,反映出公民个人信息主要是公民的人身权利。《解释》将"账号秘密"列为"公民个人信息"的内容,但实践中并不是所有的"账号密码"都能够定位识别到相应公民主体的身份信息。因此有学者认为,《解释》这种做法实际上是为保护"账号密码"等信息背后的财产性权利。⑤ 笔者认为,这正反映出公民个人信息具有一定的财产权属性。

---

① 《关于依法惩处侵害公民个人信息犯罪活动的通知》中规定:"公民个人信息包括公民的姓名、年龄、有效证件号码、婚姻状况、工作单位、学历、履历、家庭住址、电话号码等能够识别公民个人身份或者涉及公民个人隐私的信息、数据资料。"

② 《网络安全法》第76条规定:"个人信息,是指以电子或者其他方式记录的能够单独或者与其他信息结合识别自然人个人身份的各种信息,包括但不限于自然人的姓名、出生日期、身份证件号码、个人生物识别信息、住址、电话号码等。"

③ 《关于办理侵犯公民个人信息刑事案件适用法律若干问题的解释》第1条规定"刑法第二百五十三条之一规定的'公民个人信息',是指以电子或者其他方式记录的能够单独或者与其他信息结合识别特定自然人身份或者反映特定自然人活动情况的各种信息,包括姓名、身份证件号码、通信通讯联系方式、住址、账号密码、财产状况、行踪轨迹等"。

④ 高富平:《出售或提供公民个人信息入罪的边界》,载《政治与法律》2017年第2期。

⑤ 于志刚:《公民个人信息的权利属性与刑法保护思路》,载《浙江社会科学》2017年第10期。

(二) 大数据背景下公民个人信息的传播特点

大数据背景下，公民个人信息主要通过网络传播，其信息主要分为两类：一是传统个人信息的电子化，将传统个人信息输入网络中；二是因网络行为而新产生的个人信息。

大数据背景下，公民个人信息的传播主要有以下特点：一是无形性。大数据互联网情形下，公民个人信息通过网络传播，通过电子数据的形式传播和存储，并没有传统的纸张、文字等载体。二是便捷性。传统个人信息传播需要通过纸张、文字传递交换，或通过人与人之间的口头传播。在网络普及的时代背景下，电子数据传输较为便捷。传统信息传播方式下，大量的信息传播工作量大，较为困难。而电子数据传输速度快、容量大，能短时间大量传输信息。三是易采集性。互联网环境下，网站、APP经本人同意即可自动收集、抓取个人信息。病毒、恶意软件也可不经本人同意而肆意收集个人信息。四是覆盖面的广泛性。网络时代下，公民个人信息涵盖了每个人的各方面，例如出生、死亡、生活、学习、购物、出行、住宿、爱好、财产等。

二、大数据背景下侵犯公民个人信息犯罪特点和成因

(一) 犯罪特点

1. 涉案公民个人信息种类多、数量大、范围广

从已公布的办理案件看，被非法侵害的个人信息包括社保、银行、通信、房产、医疗等涉及公民生活的几十个方面；被非法买卖的个人信息动辄几万条、几十万条、甚至上亿条。被侵害的同一公民个人信息通常不止被买卖一次，常被多次非法买卖和使用，导致公民权利被重复侵犯。

2. 侵犯公民个人信息的犯罪已形成产业链

在侵犯公民个人信息犯罪的逐步发展过程中，上下游已形成链条，呈现出分工协作、组织体系严密的状态。① 有专门从事个人信息收集的信息源人员，他们有在电信、银行、快递、教育、电商、证券等行业的工作人员，也有通过病毒、木马等非法手段盗取公民个人信息的人员；有专门从事信息倒卖赚取差价的中间商人员；有专门购买、使用公民个人信息的人员，他们有将信息用于正常商业活动的人员，也有将信息用于违法犯罪活动的人员。特别是侵犯公民

---

① 有报道统计，目前中国网络黑产从业者已经超过40万人，依托其进行网络诈骗产业的从业人数至少有160万人，"年产值"在1000亿元以上。参见何玲：《个人信息保卫战——数字经济时代个人信息泄露与安全保护扫描》，载《中国信用》2020年7月。

个人信息的犯罪成为诈骗、敲诈勒索甚至绑架等诸多下游犯罪的诱因和源头。①

3. 犯罪方式隐蔽性强、科技含量高、手法多样

侵害公民个人信息违法犯罪主要通过网络进行，在通过病毒、木马、恶意攻击存储公民信息的服务器，进行秘密窃取公民个人信息时，其犯罪手段具有极强的隐蔽性和技术性。网络进行公民信息买卖交易时，因交易的秘密性，甚至利用暗网进行交易，犯罪分子身份虚拟，侦查难度较大。同时，犯罪分子的作案手法随着公安机关打击工作的开展而不断翻新，并采用包括窃听、跟踪、窃照器材使用、手机定位、短信群发等先进、多样的作案手段和高科技作案工具。②

（二）犯罪原因

1. 公民个人信息具有重大的经济价值

在大数据互联网飞速发展的时代，个人信息被加工、整合、分析、利用，从中迸发出从未有过的巨大价值。它不但可以成为公共部门做出一系列决策的基础根据，提高决策的科学性，还可以为公司决策、开展具体业务提供数据支持，实现精准经营，带来巨大的利润空间。由于公民个人信息成为重要资源，可能产生恶意竞争和不法获取公民个人信息的动机。

2. 行业监管不够

电信、银行、快递、教育、电商、证券、房产、工商等行业从业者因工作性质，掌握大量公民个人信息，成为不法分子觊觎的对象，而相关行业、单位的监管并不完善或严格，导致这些特殊行业工作人员倒卖公民个人信息案件时有发生。从另外一个角度，也反映出这些工作人员法律意识不强。

3. 公民个人信息保护意识不强

在互联网时代，公民经常无意识把个人信息泄露出去，个人信息保护意识弱，也对互联网犯罪缺乏足够的警惕。例如在微博、朋友圈等社交、晒图不谨慎，未妥善处理车票、快递单等。

4. 对犯罪打击力度不够

网络犯罪案件由于其犯罪手段特殊性，侦查和法律适用的复杂性，办案主体能力不够，相关法律规定缺失等原因，侵犯公民个人信息犯罪往往难以发

---

① 申云凤：《大数据背景下侵犯公民个人信息犯罪及预防研究》，载严励、岳平主编：《犯罪学论坛》（第五卷），中国法制出版社2019年版。

② 马忠泉：《侵犯公民个人信息犯罪的实证分析》，载《中国刑警学院学报》2018年第6期。

现，并存在发现后难以侦查等情况。

三、侵犯公民个人信息罪的若干问题

（一）立法有待细化

1. 统一的前置法律缺失

侵犯公民个人信息罪是法定犯，法定犯的刑事违法性以行政违法性为前提，成立该罪的前提是违反国家有关规定的行政性规定。①

《刑法修正案（九）》将"违反国家规定"修改为"违反国家有关规定"，本罪成为我国《刑法》中唯一采用"违反国家有关规定"的条文。我国《刑法》第96条②对"违反国家规定"的"国家"限定为全国人大及其常委会、国务院，而不包括国务院组成部门，因此国务院组成部门发布的部门规章不属于《刑法》第96条的"国家规定"。《解释》进一步将国务院部门规章解释为《刑法修正案（九）》规定的"国家有关规定"，将部门规章纳入了行政前置法的范围。

出现这一现象的原因在于，侵犯公民个人信息犯罪频发，而对于前置行政违法性的规定散见于各法律、法规、部门规章，且部门规章中部分关于公民个人信息保护的规定，法律、法规并未规定，即法律、法规存在一定的立法空白，需要部门规章来进行填补。因此，在前置法缺失的情况下，刑法修正案和司法解释不得已采取此变通方法。

目前我国并没有统一的公民个人信息保护法律，《公民个人信息保护法》一直未出台。有学者统计，我国有 24 个法律或者规范性文件各自从某方面涉及对公民个人信息的保护，且均具有行政法律法规的性质。③ 因此，系统性前置法律有待出台。

2. 个人信息权的内容未明确

目前没有法律对公民个人信息权进行界定，《解释》是结合目前的国情和社会发展状况，对急需保护的个人信息进行了界定，主要保护的是能识别公民

---

① 刘军：《刑法与行政法的一体化建构——兼论行政刑法理论的解释功能》，载《当代法学》2008 年第 4 期。

② 《刑法》第 96 条规定："本法所称违反国家规定，是指违反全国人民代表大会及其常务委员会制定的法律和决定，国务院制定的行政法规、规定的行政措施、发布的决定和命令。"

③ 赵秉志：《公民个人信息刑法保护问题研究》，载《华东政法大学学报》2014 年第 1 期。

个人身份的信息。因此，《解释》并未全面保护公民个人信息，特别是数据爆发的大数据时代，并未对大数据进行有效保护。同时，没有对个人信息财产权属性的内容进行明确，容易造成财产性权利保护的困难。因此，应明确个人信息权的内容，明确个人信息的刑法保护边界。

（二）公民信息数量的认定问题

1. 是否重复评价的问题

实践中，存在犯罪嫌疑人先买后卖、非法获取后转卖的问题，刑法对买和卖，非法获取和转卖都单独进行了规范入罪，其作一行为评价还是二行为评价？《解释》进行了明确的规定，按罪重的行为处罚。

实践中，存在嫌疑人将同一公民信息出卖给多人的情形，其犯罪数量只作一次计算还是累计计算？由于多次出卖个人信息多次侵犯了公民的信息权利，且因下游的违法犯罪问题，给公民的个人生活和财产安全带来了更大的危险，因此具有更大的社会危害性。因此，《解释》规定累计计算犯罪数量。

2. 公民个人信息的真伪问题

《解释》针对不同信息对公民的重要性和与公民身份识别性的不同，对不同信息的定罪量刑标准不同。[①] 而实践中，存在信息真实性为假或部分为假的情况，那么，如何认定数据的数量和真实性问题。《解释》规定"对批量公民个人信息的条数，根据查获的数量直接认定，但是有证据证明信息不真实或者重复的除外。"根据《解释》，对于查获的非批量公民个人信息，应查明信息的真实性。对于查获的批量公民个人信息，原则上应以查获的条数直接计算，有证据证明信息不真实或者重复则不能直接认定。

那么当嫌疑人提出信息不真实或重复时，如何处理？信息的重复性通过技术手段容易识别，但信息的真实性通过现有科学技术难以判断识别。当批量公民个人信息涉案时，信息数量庞大，对信息的真实性逐一核实是司法实践难以做到和难以承受的，会造成巨大司法资源浪费。因此，笔者认为司法机关合理推定是合理的，即没有现有证据发现为虚假信息，嫌疑人恶意声称信息虚假的情况下，应允许司法机关按查获的条数直接推定犯罪数量。

实践中，也确实存在查获的公民个人信息部分为假的情形。基于合理保护犯罪嫌疑人权利，应将虚假的信息剔除出犯罪数量。但批量巨大的信息难以一一查证，因此，笔者认为应抽样取证识别真伪，并按抽样信息为真的比例确定

---

① 《解释》对信息的划分由重要到次要的划分依次为行踪轨迹信息、通信内容、征信信息、财产信息，住宿信息、通信记录、健康生理信息、交易信息等其他可能影响人身、财产安全的公民个人信息，其他公民个人信息。入罪标准分别为50条、500条、5000条。

批量信息为真的数量。

同时，在大数据时代，公民的个人信息也在不断变动，例如电话号码、微信号等等。刑事办案存在时间上的滞后性，从公民个人信息被侵害到检验核实公民个人信息真伪时，检验核实的公民个人信息可能存在变动，这导致识别公民个人信息真伪的失效，难以有效展开。因此验证公民信息的真伪存在一定障碍。实践中，可以结合嫌疑人对信息真伪的举证情况来判断嫌疑人是恶意声称信息虚假来抵抗办案还是合法的保护自己权利，来有针对性地开展工作。笔者认为，对恶意抵抗办案的，原则上应直接推定信息为真实的。

四、大数据背景下完善公民个人信息保护机制的建议

（一）完善立法

应进行统一公民个人信息权利立法，明确公民个人信息权利边界。

一是应明确公民个人信息保护范围。由于数据的合理流动会产生巨大的经济效应和社会进步效应，有利于科技创新，过度强调权利保护不利于数据的正常流动，影响大数据背景下的经济发展和社会进步。因此，应合理平衡个人权利保护和数据自由流动。

二是应设立个人信息管理机构。[①] 目前，我国没有个人信息保护的管理机构，而大数据背景下，公民个人信息越来越多，也越来越重要，其合理利用对经济社会的发展具有重大意义。互联网经济下，对公民个人信息的侵害也越来越容易、越频发，有必要设置专门的机构对公民个人信息进行管理和保护。

三是应明确公民个人信息的保护规则和侵害公民个人信息的法律责任，形成行政法和刑法的良好互动衔接。

（二）加快推进社会治理体系和治理能力现代化

党的十九大提出推进社会治理体系和治理能力现代化，构建全民共建共治共享的社会治理格局。因此，也应加快推进公民个人信息保护机制方面的社会治理体系和治理能力现代化。

一是建立各相关部门间的联动机制，提高决策统筹能力，促进各方面资源力量的整合贯通、各项政策制度的系统优化集成。例如，党中央决策建立公安部、中央网信办牵头的打击危害公民个人信息和数据安全违法犯罪长效机制，形成打击整治侵犯公民个人信息违法犯罪活动的合力。

[①] 例如，加拿大通过专门立法授权，设置了个人信息保护的专门机构，即加拿大隐私专员办公室；我国香港特区也设置了香港隐私专员公署。

二是转变思想观念和方式方法,注重大数据、云计算、人工智能等先进科技的运用,充分发挥社会组织、社会力量的作用。

三是强化公司、执法机关等信息源头的主体责任,监督部门强化监督力度。公司应依法收集、使用、保护公民个人信息,按要求协助、配合有关主管部门执法。

四是公民应提高个人信息保护意识。一方面提高自我信息保护意识,防止个人信息随意泄露;加强信息安全只是学习,养成信息安全的习惯,例如防止木马病毒、网络社交圈套,不随意扔车票、快递单等。另一方面提高自身维权意识。当个人信息受到不法侵害时,应及时采取措施维护自身合法权益。

(三) 检察机关提起公民个人信息保护公益诉讼的思考

检察机关提起公民个人信息保护公益诉讼是打击危害公民个人信息行为的一种有效机制,也是检察机关积极维护公共利益、履行自身职责的表现。

一是检察机关提起公民个人信息保护公益诉讼的法律依据。民事诉讼法和行政诉讼法关于提起公益诉讼的领域范围,使用的是列举+"等"的方式,"等"具有一定的兜底性。实践中,检察机关在不断探索扩大提起公益诉讼的范围,已突破列举的范围。并且,检察机关探索提起公益诉讼取得较好的效果后,得到了法律的追认。2019年,湖北省人大常委会、南京市人大常委会通过《关于加强检察公益诉讼工作的决定》,扩大了检察机关提起公益诉讼的范围,正式授权检察机关在公民个人信息保护领域开展公益诉讼工作。

二是检察机关提起公民个人信息保护公益诉讼的实践情况。实践中,检察机关对公民个人信息保护公益诉讼进行了一定探索。经查询相关案件,发现在民事公益诉讼、行政公益诉讼中均有案件,[①] 且相关检察建议得到行政机关认可或诉讼得到法院支持。可以说,检察机关提起公民个人信息保护公益诉讼具有可行性,并取得较好效果。

另外,此类民事公益诉讼提起的方式基本上都是刑事附带民事公益诉讼,且取得较好效果,具有经验总结和推广意义。

---

① 例如上海市虹口区人民检察院诉刘某、周某、李某案,上海市宝山区人民检察院诉韩某某案、南京市溧水区人民检察院诉胡某案等。

互联网背景下侵犯公民个人信息的惩治困境及解决路径探析
——以基层检察机关办案分析为视角

褚 韵*

大数据技术的发展,使个人信息不再是一个个"孤岛",而成为了融合商业价值和公共价值的特殊资源。无论是一般商业活动还是政府行政管理,都越来越依赖于综合利用采集和存储的大量个人信息来进行动态监测及风险评估,丰富其运作手段进而实现既定目标。正如托尔斯泰所言,"财产是一切罪恶的根源,财产的分配与保卫占据了整个世界。"互联网时代,个人信息已成为了一种兼具人身性和财产性的复合型资源。以侵犯个人信息为代表的信息犯罪,对传统犯罪模式产生了巨大的冲击。2019年3月21日,最高检召开电视电话会议强调,要以专项斗争为牵引,有针对性地加大对侵害个人信息等犯罪打击力度。基层检察机关与百姓联系最为密切频繁,办理案件与人民群众的切身利益息息相关,审视当前互联网个人信息犯罪的办理特点和难点,探讨应当如何积极参与到犯罪预防与打击中,具有重要的现实意义。

一、侵犯公民个人信息犯罪现状

(一)犯罪总量增长快

2019年的国家网络安全宣传周公布的相关报告显示,相较于上升明显的整体网络安全感满意度,过半网民认为,个人信息被侵犯是他们最常遇到的网络安全问题,对个人信息泄露的担忧更是几乎覆盖了所有互联网应用,包括个人信息采集不规范、过度采集、个人信息泄露、注销规则不完善等①。

---

* 褚韵,广东省广州市越秀区人民检察院综合业务部检察官助理。
① 《多数网民最担忧网络购物欲社交场景的个人信息泄露》,载腾讯网,http://new.qq.com/omn/20190918/20190918A05A1S00.html。

人们的担忧并不是无理由的，生活体验是与犯罪实际相呼应的。从罪名上看，侵犯公民个人信息的犯罪案件涉及多种类型。2015年《刑法修正案（九）》确定的侵犯公民个人信息罪，即"违反国家有关规定，非法获取公民个人信息出售谋利，情节严重的情形"，是侵犯公民个人信息犯罪最典型的罪名。笔者在中国裁判文书网和法信网以"刑事案件""判决书""一审""侵犯公民个人信息罪""基层法院""时间：2015年1月1日至2019年11月30日"为条件进行综合检索，共检索出已判决案件文书4334件①。其中各年份判决案件文书数量如下图所示：

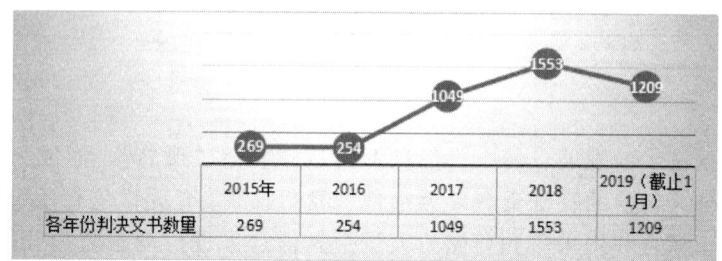

从犯罪总量分析，在基层刑事司法层面，我国侵犯公民个人犯罪的发案情况在2017—2018年呈现了一次爆发性增长，而后持续呈现高发态势（考虑到刑事诉讼从侦查立案到判决生效整个环节的流转耗时）。

再以笔者所在广州某基层院的情况为例，2016年全年审查逮捕涉侵犯公民个人信息罪4件8人（其中2件3人以非法获取公民个人信息罪移送），而2017年审查逮捕数大幅提升至13件25人，审查起诉案件10件29人，同比案件增幅均超过200%以上。在其他犯罪中同时涉及利用互联网技术侵犯公民个人信息（牵连关系）的案件数量增长也十分迅猛，典型罪名包括诈骗罪、妨害信用卡管理罪、伪造变造买卖身份信息罪等。

（二）信息类型范围广

2017年6月1日，最高人民法院、最高人民检察院联合发布的《关于办理侵犯公民个人信息刑事案件适用法律若干问题的解释》（以下简称《解释》），是首次针对打击侵犯公民个人信息犯罪出台的司法解释。该司法解释第1条对"公民个人信息"采取了"识别说"，即可以直接或与其他信息结合识别主体的信息都可纳入个人信息，也因此学界有人称之为"列举范围最宽

---

① 参见中国裁判文书网，http://wenshu.court.gov.cn；法信网，http://www.faxin.cn，2019年12月18日访问。

泛"的我国法律规范定义①。

从办案实务而言，这个解释是相对具体且准确的。继续结合笔者所在基层院办案情况来看，与当前个人信息的内容多元和用途广泛相对应，犯罪分子多会针对一些特定类型的信息进行收集，如金融客户信息（银行账户持有者、贷款申领人）、购物信息（网购消费者、品牌手机消费者）、特定职业信息（医生、特定行业人员）等。由于不同的个人信息对不同种类的犯罪均有利用价值，其采集的信息内容包括个人姓名、电信号码、电子邮箱、即时通讯工具ID（QQ、微信）、打车记录、旅馆登记、快递往来、户籍社保等众多种类，可谓无所不包。同时，犯罪嫌疑人还会针对从不同渠道收集到的不同类型的信息进行叠加式筛选，最终形成完整的个人信息链，对个人实现"精准画像"，以提升转手贩卖的"价值"或便于开展后续活动。

（三）信息泄露渠道多

侵犯公民个人信息安全的犯罪作案手段呈隐蔽化、高科技化趋势。典型方式如借助远程植入、系统破解等由外部实现技术突破，通过"拖库"等方式入侵数据库，再通过洗库分析信息情况，并二次"撞库"获得更大、更全面的信息量。为了降低技术成本，由内部人员利用自身既有权限和违规取得超越权限的工作便利，截取大量数据的犯罪日趋增长。

从案件情况来看，大批量式的个人信息泄露的源头，往往涉及存有大量特定偏好信息的机构和平台，如金融、电信、医疗、商业服务等。而进入到下游犯罪时，绝大多数是通过互联网进行搜索、交换及买卖等方式获取，这与目前个人信息存储集中且海量、使用方式以线上为主相一致。2018年以来，以用户"主动授权"为"挡箭牌"，一些手机软件APP开发运营企业违法收集、适用、处置用户信息的问题逐渐暴露。这种非法信息采集方式更具有迷惑性，通常借助广告、优惠、游戏等方式为诱饵，以无需用户授权、默认授权等方式收集用户个人大量信息，还可能基于收集基础进行强制推送、二度引介等，危害性强，且查处难度更大。

（四）逐利链条渐成型

从犯罪嫌疑人的特征来看，一是牟利目的突出。绝大多数侵犯公民个人信息行为的动机，都是利用公民个人信息的不法使用，来谋取经济利益。在当前，包括犯罪嫌疑人所在的各类信息收集方，往往并非为了识别个人身份来攫

---

① 林鸿潮：《个人信息在社会风险治理中的利用及其限制》，载《政治与法律》2018年第4期。

取信息，甚至也并不关注信息主体是谁，因为这些信息即便进行了匿名化处理，或是碎片式的，只要仍可以反映出个人在何时何地以何种方式从事了某些行为，就能够通过大数据分析整合，来满足接下来实施相关谋取利益行为的"个性化需求"。二是呈现组织化趋势。正是因为相对于传统与人格利益密切绑定的个人信息（如姓名、职务等）相比，个人信息的财产利益和公共价值在互联网信息时代更加彰显，才使得需求方试图从更加多元的渠道去获取信息，再进行系统化整合识别。在此过程中，针对个人信息犯罪的产业链从源头（黑客、内鬼获取信息）——倒卖（中间商、代理商进行采购交换）——非法使用（网络诈骗、敲诈勒索等各类下游犯罪）逐步形成。三是线下发案集中。有别于涉案信息涵盖全国各地的公民个人情况，发案区域的集中性相当突出。例如，在2018年全国1553件判决中，排名第一的省份江苏省判决件数达到了457件，占比接近3成，排名前五的五省（含直辖市）（江苏、浙江、上海、重庆、广东）案件总数（884件）占全国总数的56.92%。这5个区域中，有4个位列中国各省市2018年互联网发展指数前十，3个位列GDP总量前十。不难判断，这些地区普遍经济较为发达，拥有大量电商、金融、通信等企业，是个人信息存储的"富矿"。同时，包括广东、江浙、上海等地也是金融犯罪、电信诈骗等侵犯公民个人信息下游犯罪的高发地，犯罪对个人信息的巨大需求，客观上进一步刺激了频繁公民个人信息犯罪规模的扩大。不仅仅是发案地具有集中性，犯罪嫌疑人的职业或区域关联性也相当突出。

二、互联网社会背景下侵犯个人信息犯罪案件办理难点

2017年"两高"颁布的《解释》，系统规定了涉及侵犯个人信息犯罪的定罪量刑标准和有关法律适用问题。但由于我国整体信息安全保护法律体系尚未建立，犯罪手段不断翻新变化，随着互联网技术的迅猛发展，在基层检察机关刑事司法实践中，对于相关案件在具体的法律适用中依仍存在较多难点。

（一）行为本身的界定困难

利用互联网技术手段针对个人信息的犯罪行为中，不少缺乏传统刑法理论承认的意识联络等基础要件，由此延伸出诸如片面共犯问题在司法实践中的摇摆、共犯的正犯化（多见于"提供侵入、非法控制计算机信息系统程序、工具罪"和"帮助信息网络犯罪活动罪"）的认定困难、"技术中立原则"对网

络犯罪定罪的潜在影响等行为界定困难①。

在基层检察机关办案过程中,最突出的问题是如何认定一些特定的非法获取并使用公民信息的行为。由于侵犯公民个人信息犯罪的信息流往往已经经过多次分包、转手,犯罪嫌疑人获取到的信息有可能仅包含片段内容。但实际上,这并不影响犯罪分子结合"话术"等手段进行诈骗,更有甚者,犯罪分子还会通过特定人群识别、获取信息叠加等方式能够很快地确立更为丰富的公民个人信息,并进一步利用其进行犯罪。

对于这部分的非法获取并使用公民信息的行为,从目前实务中看,本地的判例实际上较多地回避了这一问题,而是直接以犯罪分子实施的具体犯罪行为(如诈骗)来定罪量刑,即采取按照牵连犯从一重处罚的而非数罪并罚的方式。这种带有"回避"性质的问题处理方式,固然对于提高起诉效率、确保案件裁判有所帮助,但一方面是在案件办理过程中,仍然会出现矛盾和冲突。另一方面,这种"回避"在一定程度上使得对于通过侵犯公民个人信息来实施的牵连犯罪,在司法裁判中未能凸显对侵犯信息安全行为本身的打击。这既可能造成并未充分挖掘案件中涉及公民个人信息被侵害的具体情节,且对侵犯个人信息的后续影响缺乏关注,造成的不良影响仍在扩大。甚至导致该类犯罪的犯罪嫌疑人本人及部分社会民众的直观感受,是侵犯公民个人信息的行为本身并没有被作为一种"错误"受到法律的制裁。如果过多地采取这种"回避"的办案方式,实际未能突出当前治理侵犯公民个人信息安全问题的作用,甚至会产生罚不当其罪、罪未当其行的效果。

(二)入罪标准的认定困难

侵犯公民个人信息的源头犯罪常因缺乏直观具体的损害影响而难以定罪量刑,这主要是与侵犯公民个人信息罪认定相对困难密切相关。除了前文已经提到的证据收集问题,"情节严重"的认定也是一大难题。《解释》第10条明确,实施侵犯公民个人信息犯罪,"不属于情节特别严重,行为人系初犯,全部退赃,并确有悔罪表现的,可以认定为情节轻微,不起诉或者免予刑事处罚;确有必要判处刑罚的,应当从宽处罚"。而达到"情节严重",则需要符合《解释》第5条、第6条的有关标准,包括类型和数量都要符合规定方可入罪。

司法解释对信息数据的规定要求,"对批量公民个人信息的条数,根据查

---

① 张婷:《犯罪产业链背景下"技术中立原则"对犯罪定性的干扰和反思——以"侵犯公民个人信息犯罪"为视角》,载《青海社会科学》2018年第2期。

获的数量直接认定,但是有证据证明信息不真实或重复的除外"。在实践中,以查获数量直接认定固然是最理想的状态,但由于公民个人信息的种类极其丰富,要准确分析信息的类别,从而认定涉案信息究竟属于第 5 条中"财产""征信"类信息(以 50 条为"情节严重"),还是"住宿""通信"等可能影响人身财产安全信息(以 500 条为"情节严重"),还是其他公民个人信息(以 5000 条为"情节严重"),绝非易事。近年来查处的案件中,涉及的多是特定类别信息(例如只有人名和邮箱),因此常以"其他公民个人信息"认定,达到的数量要求较高,增加了证据采集的完整性难度。

另外,由于信息的传播极为迅速,实施侵犯公民个人信息犯罪的源头者,往往自己都无法控制信息扩散的走向。而最终造成真正的"情节严重"结果,往往是出现在其他具体犯罪案件之中。在侦查过程中又很难将案件之间直接锁定,或存在延迟,也是入罪认定困难的情形之一。

(三)举证责任的负担困难

司法解释明确规定,对批量公民个人信息的条数,根据查获的数量直接认定,但有证据证明信息不真实或重复的除外。根据基本证据规则,疑点利益归于被告,信息真实的举证责任目前主要由司法机关承担,实务中案件涉及的公民个人信息多以电子数据方式储存,量大复杂,既存在信息去重、真实性认定等技术困难,却又极易被删除清空而无证可留。另一方面,信息泄露源机构出于种种原因,常常不愿配合调查取证,导致证据的确认相当困难。

事实上,上述种种难题,客观上反映出现行刑事司法对侵犯公民个人信息犯罪所编织的"法网"不够细密,未对非法利用个人信息这一在互联网时代最为突出的问题如何处理进行有效规制。① 现行刑法对侵犯公民个人信息行为的量刑幅度虽颇为严厉,但在实际适用中,要么受限于"信息数量"的硬性标准无法适用,要么在具体判罚中的区分度不高。

以笔者所在院为例,在全年受理侵犯公民个人信息犯罪数量最高的 2017 年,批捕率仅为 44.00%(当年度本院全部案件批捕率为 80.02%),起诉率(24.14%)更是远低于平均(当年度本院全部案件起诉率为 82.28%)。2018 年至今判决生效的 9 件 10 人侵犯公民个人信息犯罪中,全部为 3 年以下有期徒刑缓刑。被告人的行为一旦被认定构成犯罪,其侵犯个人信息数量的多少、信息的可识别度、延伸危害的风险轻重等似乎并不必然与最后被判处的刑罚产

---

① 王肃之:《信息社会犯罪治理的刑事政策反思——以侵犯个人信息犯罪为视角》,载《刑法论丛》2017 年 04 期。

生关联,很可能引发相关案件受害人及公众的不解和困惑。

三、防控与惩治侵犯公民个人信息犯罪路径探析

(一) 以精准办案,织好刑事司法"保护网"

个别观点认为,侵犯公民个人信息犯罪只会"愈演愈烈",甚至未来可能呈现"信息爆炸失控"的局面。但数据告诉我们,同其他犯罪一样,在互联网社会中的侵犯公民个人信息犯罪仍处于可控范围。2017年4月至12月,公安部开展了打击整治网络侵犯公民个人信息犯罪专项行动,广东省在专项活动的指挥下,依托以波次打击、集群战役打击、跨国跨境跨区域打击为主要特征打击网络犯罪"广东模式",重拳打击侵犯公民个人信息犯罪等新型网络犯罪,起到了极大的威慑作用。笔者所在院继2017年受理侵犯公民个人信息罪案件数量激增后,2018年该类案件受理审查逮捕回落为2件4人,其中1件3人最终以盗窃罪批捕,1件1人不批准逮捕。数据的下降表明通过严格防控,加大打击力度,侵犯个人信息的源头犯罪(信息获取、盗用等)是能够在一定程度上得到有效控制的。基层检察机关要在刑事司法层面对个人信息的保护产生更大的作用,首先必然要以精准办案,织好刑事司法对个人信息的"保护网"。

一是要规范入罪界定标准。一方面,考虑到当前许多实际非法使用公民个人信息的行为,并不能直接依据现行《刑法》第253条之一的规定单独入罪,在案件审查过程中,应当引导侦查机关加强对非法使用公民个人信息的关联行为的调查研究。例如,行为人所掌握的公民个人信息系窃取或者以其他方式非法获取的,可以适用侵犯公民个人信息罪;如果非法掌握所使用的公民个人信息,实施诈骗等其他犯罪行为的,也可以以其他犯罪论处。这也是现行较为常见的做法。另一方面,针对犯罪竞合情况高发的情况,法律做出明确规定(如《解释》第8条等)的,依照规定处理,对没有明确规定的情况,应当结合"以审判为中心"的刑事诉讼改革要求,推动公检法三家构建会商机制,重点参照情节要素的性质加以判断。在危害行为上,可将获取信息的手段是否恶劣作为情节要素;在危害后果上,可将一定数量的信息流向趋势作为要素;在主体身份上,可将具有特殊身份的人在履职过程中侵犯公民个人信息作为要素;在主观不法上,可以将"为进行违法犯罪活动获取公民个人信息"等列为要素,综合犯罪构成及行为所侵犯的法益进行研判。

二是精准研判信息证据。由于数量对案件的能否入罪(特别是"侵犯公民个人信息罪")有重要影响,结合捕诉一体的改革背景,基层检察机关证据审查的工作应当尽量前移,在审查逮捕阶段,就应对涉案信息进行大致清点,

确定信息条数在立案标准以上,才予以认定,否则应当引导公安机关继续深挖证据材料,或改变侦查思路。检察人员也应当通过与专业机构合作等方式,学习具备较好的信息甄别能力,对于鉴定意见,应当重点对鉴定过程予以严格审查,例如去重是否有效到位,采用的检索方式是否符合本案的信息类型特征等,进一步提升案件起诉质量。

三是有效引导侦查活动。在办理案件过程中,如果发现犯罪嫌疑人存在非法使用公民个人信息的行为,但信息的来源、去向等情况均未查明,检察机关应当及时引导侦查机关对犯罪嫌疑人获得及使用公民个人信息的行为加以研判,从中分析涉及侵犯公民个人信息的上游犯罪线索,并及时设法控制案件涉及信息的再流转。

(二) 由案例分析,打出社会治理"组合拳"

运用刑法手段保护公民个人信息具有刑事政策的合理性,但是刑法手段不应成为唯一[①]。美国耶鲁大学的政治学与经济学名誉教授林德布洛姆认为,在进行公共政策制定时,有命令、经济手段、共识、沟通和代码等五种各有千秋的"规制工具",从对受规制对象的不合作惩罚,到受规制者主动配合规制者,这是最有助于社会持续发展的模式。

刑法对侵犯公民个人信息的行为所做的否定的价值判断,是针对行为方式本身,而不是针对结果。在预防目的的支配之下,更需要重视行为当罚性,而不仅仅是法益遭受的直接侵害[②]。刑法及刑罚,可以说是法律体系最严厉的规制手段。在其他手段不足以对某类危害社会的行为予以充分的惩罚时,确有必要通过刑事手段予以制裁,但刑法对社会关系的调整具有综合性、被动性、有限性的特点,如果仅仅依靠刑事手段打击个人信息犯罪,成本极高,既缺乏与其他法律手段的衔接协调,也缺乏与社会其他更丰富、多元、主动性的防控措施产生协同效果。犯罪必然基于社会发展变化而更加复杂多元。"预防胜于惩罚,防范优于打击",对抗互联网时代背景下的侵犯公民个人信息犯罪,需要运用更多元的规制手段。

因此,建议将散落于刑法、网络安全法、民法典等法律中有关公民信息保护的规定进行集中,建立个人信息保护法,实现一种法律体系的整体保护。例如,在民法典已经确立"公民个人信息权"的基础上,借助民事性激励法的设计完善,适度调整举证责任分配情况,基于原告理性自利的原则,促进民众

---

① 王肃之:《信息社会犯罪治理的刑事政策反思——以侵犯个人信息犯罪为视角》,载《刑法论丛》2017年第4期。

② 劳东燕:《风险社会与变动中的刑法理论》,载《中外法学》2014年第1期。

参与到积极保护自身信息权利中来。同时，既然刑事司法已经走在了实际参与公民个人信息保护的前线，可以通过总结办案的经验和特点，对典型案例进行梳理分析。"唯有把握住信息时代定罪量刑的要求和方向，方可在立法和司法中对于网络犯罪确立适合网络特性的定量因素。"① 借助办案，对个人信息被收集和利用的种类特点、需求涉及的行业类型、风险关口等进行分析明确，进而助推有关立法的个人信息保护规定，构建刑法与其他法律之间的协同治理机制。

（三）借检察建议，共建全民控防"同心圆"

侵犯公民个人信息的行为，应当早预防、早控制、早发现，把公民个人信息的保护控制在信息源头，提高全民参与保护个人信息安全的意识。结合办案中发现的具有普遍性、代表性的公民个人信息安全问题，基层检察机关可与地区工信管理部门合作，加强技术监管和数据分析，并积极发挥自身贴近民众的特性，借助案例做好法律宣传并积极引导，是应有之意。对于存在信息滥用、非法采集的企业和犯罪行为，应当联合有关部门进行情况公示，准确分析民众对个人信息安全的焦虑来源，督促企业提高信息安全能力。

考虑对个人信息安全进行行业管理，实施具体行政行为时对内容和程序都有较高的要求，且带有强制性，容易触发是否需要处以明确处罚、监管应如何运作等问题，基层检察机关恰好可以充分利用检察建议这一有效手段，在协助完善制度设计、监督工作落实、提高公众认知等方面提升社会综合治理效能。

1. 对信息存储源头机构，强化系统安全管理。对于公民个人信息存储源头机构，如电信、医疗、物流、商贸服务等单位，应当通过检察建议，针对不同机构的性质及可能涉及的信息安全风险进行提示，强化信息系统安全管理，防范外部破解。对涉及公民个人信息安全重点岗位人员实施从业培训和岗位轮换，提高从业人员的安全防范意识和能力。严格使用者权限管理，实时监控信息使用者的各项操作并留痕，对非正常查看和修改行为设置系统自动报警，并配合好司法机关的调查取证，最大限度保护信息源头安全。

2. 对信息流转关键中介，强化系统漏洞预防。对于公民个人信息流转的关键中介，如网络开发商、运营商等单位，考虑到公民个人信息的不法使用和交易以网络传播为主，应当通过检察建议，针对已经掌握的不法传播个人信息进行清理封闭，引导信息安全管理系统进行完善升级，预防系统漏洞。积极进

---

① 于志刚、郭旨龙：《信息时代犯罪定量标准的体系化构建》，载《法律科学》2014年第3期。

行合作对接,结合可疑资金流动趋势,有效定位监控,邀请这些单位对日常监控中发现的危险源和薄弱环节信息进行反馈提示,进一步提升信息综合管理和即时防范水平。

3. 对社会各个参与环节,强化信息安全教育普及。信息安全涉及全社会各个环节,应以检察建议的公开及宣传为契机,协调沟通各级政府部门,从提高认识、建章立制、加强警示等多个角度共同合作,力争办理一案,警示一片、教育一面,进一步提示侵犯个人信息安全的常见形式及危害,提醒群众做好个人信息的保护,人人都是信息的持有者,也是信息的使用和保存者,都应当有维护全社会个人信息安全的意识。

侵犯公民个人信息罪疑难问题研究

陈莹璐*

一、引言

随着经济的快速发展和信息网络的广泛普及，公民个人信息的经济价值日益凸显，导致侵犯公民个人信息的犯罪屡打不绝，且成了滋生电信网络诈骗、绑架、敲诈勒索等下游犯罪的源头，社会危害日益突出，已经史无前例地成为影响个人甚至国家安全的重要问题，谋求个人信息安全成为当今"互联网＋"时代人权保障的重头戏。我国于 2009 年《刑法修正案（七）》增设了出售、非法提供公民个人信息罪和非法获取公民个人信息罪，将侵犯公民个人信息行为纳入刑法保护。2015 年《刑法修正案（九）》扩大犯罪主体的范围，明确了"内鬼"从重处罚的条款，并提升法定刑配置水平。修改后，出售、非法提供公民个人信息罪和非法获取公民个人信息罪被整合为侵犯公民个人信息罪。为确保法律准确、统一适用，于 2017 年出台了《关于办理侵犯公民个人信息刑事案件适用法律若干问题的解释》（以下简称《解释》）。自 2017 年 6 月 1 日该《解释》正式实施以来，北京市朝阳区人民检察院共受理此类案件 36 件 84 人，且呈现出逐年上升趋势，2017 年 6 月至 2020 年 5 月，朝阳区院分别受理侵犯公民个人信息案件 7 件 31 人、11 件 21 人和 17 件 31 人。侵犯公民个人信息案件已严重影响着个人甚至国家安全，亟须引起高度重视。

二、侵犯公民个人信息罪之法益廓清

（一）本罪的法益争论

就刑法学界而言，目前对公民个人信息的概念界定主要存在三种观点。第一种观点主张借鉴美国隐私法，将个人信息与个人隐私的概念等同，将

---

* 陈莹璐，北京市朝阳区人民检察院检察官助理。

隐私权的保障作为公民个人信息保护的主要目的和逻辑前提。美国在1965年通过的"格里斯沃尔德诉康涅狄格州案"建立了宪法上的隐私权后，通过一系列案例不断发展隐私权的内涵，将隐私权由私生活秘密权发展为对自己所有的信息、身体、财产等方面的控制权，进而将个人信息权益纳入隐私权的内涵之中，并通过刑法打击侵犯隐私权犯罪的方式打击侵犯个人信息犯罪和为侵犯个人信息犯罪提供便利、创造条件的上下游犯罪。根据隐私权说的观点，只要是公民不愿意公开、与公共利益无关、与个人相关的都属于公民个人信息，①或将隐私性作为公民个人信息的核心，认为只要在一定程度上体现公民身份、隐私、财产情况的信息，都是公民个人信息，相反，那些无法体现公民隐私性的信息，就不应列入犯罪对象。②

第二种观点主张借鉴欧盟的身份识别模式，其保护的法益为公民的个人信息权或信息安全权。在欧陆国家将个人信息权予以单独保护，2000年《欧洲基本权利宪章》赋予个人信息权以宪法地位。作为欧陆代表国家的德国就通过《联邦数据保护法》中的刑事违法条款和在刑法典中规定个人信息犯罪的方式，打击个人信息的非法获取、不当保管和非法利用等犯罪行为。根据欧陆国家的法律规定，公民个人信息的本质属性就在于可识别性，并进一步提出与自然人相关，单独或与其他信息组合可以识别特定个人身份的信息都是公民个人信息。③

第三种观点是次要法益说，即将国家或社会对个人信息的管理秩序作为次要法益看待，认为侵犯公民个人信息的行为，不仅侵犯了公民的隐私权或者个人信息权，还侵害了国家机关或有关单位对公民个人信息的管理活动或正常工作秩序，将该法益作为依附于国家法益、社会法益以及公司商业秘密的"附属性信息"加以保护。伴随着信息时代、大数据时代的逐步发展，"公民个人信息"在我国的刑法保护从无到有，同时，对其刑法保护从特殊保护走到了一般保护，并且"公民个人信息"的概念不断被立法、司法赋予更丰富的内涵和更大的外延。但我国前期对于公民信息的保护多采取附属于相关法益进行

---

① 周汉华：《中华人民共和国个人信息保护法（专家建议稿）及立法研究报告》，法律出版社2006年版，第48页。

② 付强：《非法获取公民个人信息罪的认定》，载《国家检察官学院学报》2014年第2期。

③ 方玉、张燕龙：《非法获取公民个人信息罪的犯罪对象研究——兼论〈刑法修正案（七）〉第七条之法律适用》，载万鄂湘主编：《建设公平正义社会与刑事法律适用问题研究——全国法院第24届学术讨论会获奖论文集》，人民法院出版社2012年版，第1345页。

"连带"保护的形式。如通过窃取、收买、非法提供信用卡信息罪对公民个人信用卡信息资料进行保护，将公民信息保护附属于金融管理秩序；2009年《刑法修正案（七）》增设的出售、非法提供公民个人信息罪和非法获取公民个人信息罪，将犯罪的主体限制于"国家机关或者金融、电信、交通、教育、医疗等单位工作人员"，即将公民个人信息的保护附属于公务、公共职能的合规性。2011年"两高"联合发布的《关于办理危害计算机信息系统安全刑事案件应用法律若干问题的解释》立足于非法获取计算机信息系统数据罪、非法控制计算机信息系统罪，将公民个人身份认证信息纳入刑法的保护半径，将公民个人信息的保护附属于社会管理秩序。直到2015年《刑法修正案（九）》的颁布，我国刑法才赋予"公民个人信息"独立的法益属性和刑法地位。

（二）本罪的法益评析

就隐私权说而言，该说大大缩小了本罪的打击范围。隐私权的法益说起源于英美，但随着时间的推移，英美法系的隐私权概念已经发展成了"人格自由发展权利"的新概念，其内涵已被大大扩张[①]。然而，我国对隐私权概念尚缺乏扩大解释的基础，如果仅仅将隐私权作为本罪的保护法益，就无法对非法利用公民已公开的个人信息从事危害社会的行为进行有效的惩治，难以实现本次修法的目的。

就个人信息权说而言，该说存在着抽象化和精神化的问题。法益是刑法所要保护的生活利益，法益的确定既是刑法立法的起点，也是刑法立法的目标，必须坚持具体化、明确化的原则，排斥抽象法益已经成为理论界的共识。个人信息权包括个人信息决定权、保密权、查询权、更正权、封锁权、删除权、报酬请求权等多项权能。而根据刑法的谦抑性，无法将所有的具体权利都纳入刑法保护，该说无法确定权益保护的范围。

就次要法益说而言，此种说法已经不符合刑事立法的初衷以及法益理论的发展。刑法修正之所以严惩侵犯公民个人信息的行为，原因就在于这种行为在实践中往往极易引发其他犯罪或者本身就是其他犯罪的一部分，而且随着信息技术的发展，这种侵犯公民个人信息的行为已经具有了严重的社会危害性。同时国家法益和社会法益本身也可以还原为个人法益，在我国现行法律已经明确保护个人法益的情况下，再过分强调国家和社会法益，既无必要，还可能冲淡对个人法益的保护重要性的认识。

---

① 马改然：《个人信息犯罪研究》，法律出版社2015年版，第66页。

(三) 本罪法益的确定

就我国现行法律规定来看，本罪所保护的法益即公民个人的信息自由、安全和隐私权的双重法益，其中，主要法益为公民个人的信息自由和安全。理由如下：

首先，符合立法原意。根据立法者的解释，刑法保护公民个人信息，"不仅是保护公民的隐私权，更是保护公民身份信息的安全和公民身份管理秩序"。刑法修正案增设本罪的初衷就在于"保护公民个人信息不被泄露，保护公民人身、财产安全和个人隐私以及正常的工作、生活不受非法侵害和干扰"[①]。可见，立法者在增设该罪时就考虑到了保护公民隐私权和保护信息自由和安全的法益，而且一个"更"字，恰恰体现了立法所追求的保护重点就在于信息的自由与安全。

其次，符合行为变化了的社会危害性。在互联网迅猛发展的当代，相比于过去泄露公民个人信息仅侵犯个人的隐私，其信息泄露的范围、进一步侵害其他法益的可能性已不可同日而语。也正是因为社会环境的改变，我国才增设了侵犯公民个人信息罪，而其保护的重点自然不是过去就存在的隐私权法益，而更多的是防止他人利用不法所知的公民个人信息危害公民的生活安宁。由于信息社会公民个人信息被泄露的数量和范围都明显上升，本文也不否认本罪对于公民隐私权的保护，只是强调公民个人信息的自由与安全为保护的重点。

再次，符合国际立法趋势。面对网络信息社会的冲击，侵犯公民个人信息行为的泛滥，世界各国相继补充立法，如法国刑法典就新增了"侵害因数据集获信息处理产生的人之权利犯罪"[②]。可见，法国最新的刑事立法一方面坚持了公民个人信息认定的广泛性，另一方面也强调行为对当事人私生活的侵害，后者就是私生活的安宁秩序，在法益上就体现为公民个人信息的自由与安全。而"损害名誉或敬意"，在法益上就体现为隐私权。

最后，符合罪刑相一致的原则。根据刑法的规定，侵犯公民个人信息罪，情节严重的，处3年以下有期徒刑或者拘役，并处或单处罚金，情节特别严重的，处3年以上7年以下有期徒刑，并处罚金。可见，其最高刑为7年有期徒刑并处罚金。然而，刑法涉及隐私权、安宁权的其他犯罪，如侮辱罪、诽谤罪、侵犯通信自由罪等，其最高刑为3年有期徒刑。如果将侵犯公民个人信息罪所保护的法益仅认定为系隐私权，就难以说明本罪刑罚重于上述犯罪的合理

[①] 黄太云：《刑法修正案解读全编——根据〈刑法修正案（九）〉全新阐释》，人民法院出版社2015年版，第219页。

[②] 朱琳译：《最新法国刑法典》，法律出版社2016年版，第135页、第140页。

性，而将本罪认定为双重法益，则符合罪刑一致的原则。

三、侵犯公民个人信息罪之入罪边界厘定

《刑法修正案（九）》和《解释》在廓清"公民个人信息"权利属性和概念外延的同时，对于"公民个人信息"的权利外延，以及"侵犯行为"均进行了积极的扩张。然而，在积极保护"公民个人信息"、严厉打击侵犯公民个人信息行为的同时，明确罪名适用的边界仍不容忽视。

（一）定性门槛："公民个人信息"的范围

1. 司法界定

根据司法解释的规定，"公民个人信息"是指：以电子或其他形式记录、能单独或结合其他信息、识别特定自然人身份或反映特定自然人活动的各种信息。虽然其关于个人信息的概念基本沿用了我国《网络安全法》的规定，但其在概括列举时增加了财产状况、行踪轨迹等内容。而这一列举的增加就极大地扩大了刑法所保护的公民个人信息的范围，存在着从"公民个人信息"向"公民的个人信息"保护转化的情形，① 已经明显突破了我国《网络安全法》关于个人信息"可识别性"特征的范围，重新解释了"与其他信息结合识别"的含义。例如，账号密码信息、财产状况信息、行踪轨迹信息等本身并不具有身份的可识别性，而且真实的犯罪人获取前述信息也并非为了去识别个人身份，而是针对其背后的财产利益或者人身权益。因此，从这个层面上看，《解释》在坚持"公民个人信息"之"可识别性"标准的同时，最大限度地对"公民个人信息"进行了保护，将"公民个人信息"外延扩大到具有身份可识别性的个人信息、可能影响人身和财产安全的"公民个人信息"以及其他个人信息。

2. 个人信息、个人隐私与个人数据的界分

由于本罪的保护对象为公民个人信息，故正确的界分个人信息、个人隐私和个人数据，对于公民个人信息的保护具有重要意义。个人隐私信息属于个人信息的一部分，而个人空间隐私、个人活动隐私超出个人信息范围之外，除非可能影响到他人人身、财产安全。因此，不少国家在立法上将二者分别予以不同的保护，如加拿大分别制定了《隐私权法》和《个人信息保护与电子文件法》。对于个人信息和个人数据的关系，目前很多国家已经在法律中对二者的

---

① 参见于志刚：《"公民个人信息"的权利属性与刑法保护思路》，载《浙江社会科学》2017年第10期。

概念进行了划分，例如，《日本个人情报保护法》明确个人信息是指自然人姓名、出生年月等可以识别其特定个人身份的内容，包括可以借助其他信息比照简单识别出特定个人的信息；而个人数据是指将个人信息进行数据库化之后，可以通过计算机检索等方式获取的构成个人数据库的个人信息。此外，个人信息可以被定义为对受众而言具有一定含义的消息，相比个人数据具有更多的可控制性。三者共同重合于个人信息的部分均可以纳入侵犯公民个人信息罪的保护范围。尤其在大数据时代背景下，数据的大交易、大流通、大共享将越来越具有普遍性，明确数据的可交易边界，才能将属于个人隐私、个人信息的数据部分剥离于数据范畴之外，确保公民的信息安全与隐私保护。因此，大数据交易的前提在于数据的脱敏化和碎片化，大数据交易过程中，如果将碎片化的信息转化、拼凑为具有身份"可识别性"的公民个人信息，则可能涉嫌侵犯公民个人信息罪。

3. 已公开的个人信息是否应纳入刑法所保护的范围

在司法实践中，已公开的个人信息是否应纳入刑法所保护的范围是本罪处理的一大难点。在办案过程中，辩护律师常会提出，针对已经公开的公民个人信息不应纳入本罪的保护范围。其理由是：由于该信息已经公开，信息主体就不再享有针对该信息再次发布或转让的同意权，嫌疑人通过合法手段收集并发布或转让的行为并无社会危害性，因此不应认定为犯罪。需要注意的是，市场上大量现存的以提供信息查询为服务内容的公司，是法律打击的灰色地带，但若对其信息的收集方式、提供方式以及下游信息流转不加以严格规制，极易引发侵犯公民个人信息的犯罪。

笔者认为"信息的公开性"并不妨碍该信息成为侵犯公民个人信息罪的客体。经前文论述，侵犯公民个人信息罪保护的法益主要是公民对个人信息的控制权，而公民的隐私权仅为连带次要保护。两者虽有交叉，但侧重点不同。隐私权旨在保护个人从公共生活和公众视线中退出的自由，其所涉及的是与社会公共利益和群体利益无关的私人生活，侧重保护个人的人格利益，是对抗私生活遭受公开的权利诉求。同时隐私权特别强调"隐"，一旦被披露就不再是隐私，其私密性将无法恢复，隐私权也不复存在。而个人信息权旨在保护个人信息的控制权，内容包括个人对信息被收集、利用等的知情权，以及自己利用或者授权他人利用的决定权。出于公共管理需要，个人信息例如个人姓名、身份证信息、电话号码等必须在一定范围内为社会特定人或者不特定人所周知，但并不意味着权利人同意该信息被全世界所了解、利用，权利人有权知晓在多大程度上公开、向谁公开该信息以及他人会基于何种目的利用该信息等等，因此对于公开的个人信息，个人仍具有一定的控制权。由此可见，公开的信息仍然可以成为本罪的犯罪主体。

（二）定量性门槛："情节严重"的界定

对于"情节严重"的界定，应从信息的敏感程度和数量两个方面入手。

1. 敏感程度的判断

仿照欧美等西方发达国家，我国在《解释》中也根据信息的敏感程度不同，对于不同的信息给予了不同程度的保护。《解释》分别设置了 50 条以上、500 条以上、5000 条以上三档入罪标准。由于人们对个人信息重要性认识不断变化，且个人信息重要程度充斥着大量主观、时空因素，因此如何判断入罪标准的"等外情况"，也成为一个难题。司法实践中，准确的区分交易信息与财产信息也并非易事。同时对于某些轻度敏感信息，例如 cookies 信息，是否是刑法所打击的对象存在不同观点。

笔者认为界定刑事领域的"公民个人信息"是一种价值判断，而非单纯的技术判断，经过前期调研总结，建议司法实践中从以下三方面入手：一是该信息与其他数据关联后重新标识信息主体的复杂程度，复杂程度很高，被用于精准诈骗等"下游网络犯罪活动"的可能性就越低，对应的信息敏感性就越低。二是利用相关信息后对个人信息主体可能造成的损害程度，这需要结合具体的场景进行判断，例如当这些信息被利用时，使信息主体遭受的侵害是"信息骚扰""歧视性对待"，还是遭受网络盗窃、诈骗或者其他更严重的不法侵害，伤害程度越高，敏感性越强。三是获取与利用个人信息的目的。由于信息处理目的也决定了信息在使用环节是否被滥用的风险，因此在刑事领域对"公民个人信息"客体属性判断过程中融入主观要素是比较恰当的，例如：如果仅用于精准营销，因其不必识别具体的个人，对信息主体影响相对较小，但是如果是基于非法目的，则信息主体被标识的风险就会极高。

由于公民个人信息的重要程度与特定自然人紧密相关，很难说"行踪轨迹信息、通信内容、征信信息、财产信息"的重要性就高于"住宿信息、通信记录、健康生理信息、交易信息"。即使从社会整体认识而言，也很难说，健康生理信息，尤其是基因信息，就一定比财产信息或通信内容的重要程度更弱。针对此类情况，可以探索借鉴美国模式，将个人信息分级但不具化，且同意当事人自行约定敏感信息的范围，赋予敏感信息以弹性空间，以适应大数据发展的变化，避免法律的滞后性和僵化性。

2. 不同信息数量的比例评价

根据《解释》第 5 条第 1 款第 6 项规定，数量未达到第 3 项至第 5 项规定标准，但是按照相应比例合计达到有关数量标准的，亦属于构成侵犯公民个人信息罪"情节严重"的情形。这意味着，高度敏感信息、一般敏感信息、普通信息这三类信息,分别达不到各自的 50 条、500 条、5000 条数量标准,但按照"50-500-5000"的 10 倍梯度比例关系,合计达到任意项数量标准即可。比如,一人非法获取他人高度敏感信息 30 条、一般敏感信息 100 条、普通信息 1000 条,三者按比例合计可达到高度敏感信息 50 条,即属于侵犯公民个人信息犯罪"情节严重"的情形。同时在司法实践中,针对一个人的数条信息,如家庭住址、银行卡信息、电话号码,实践中往往认定为一条公民信息,故对于行为人将跟踪器装到被害人车上收集该人的轨迹信息,无论是一次行驶,还是一天甚至几天,均认定为一条公民信息,由于《解释》已经根据信息的重要程度对于够罪的信息条数作了不同的规定,因此根据不同信息种类就高不就低的方式认定为一条信息,并不会造成量刑的不均衡。

根据《解释》第 11 条第 3 款规定,对批量公民个人信息的条数,根据查获的数量直接认定,但是有证据证明信息不真实或者重复的除外。该规定是最高司法机关在大数据时代,针对侵犯公民个人信息犯罪的特殊性,兼顾司法机关证明难问题,务实地以推定的证明方式缓解控方证明压力,顺应大数据司法环境所做出的证明规则调整。但司法实践中需要注意的是,以推定的证明方式对批量信息数量进行认定和司法评价,固然在一定程度上显示出了批量信息数量评价的灵活性,但这里的灵活性不等于随意性,不等于证明标准的降低或是证明责任的倒置。而是对被告人设置了一定的举证负担,这意味着被告人如果要推翻公诉方的批量信息认定主张,就必须承担一定的举证负担使法院支持自己的主张,以排除其中的不真实或重复部分信息。但这样的规定也使得检察机关在数量无法细致认定时承担了一定的诉讼风险。故在司法实践中,当明显存在大量重复、不真实的信息时,检察官常会采取根据经营获利综合认定的方式进行认定。

3. 合法经营要素单独评价

根据《解释》第 6 条规定,为合法经营活动而非法购买、收受公民个人普通信息,具有下列三种情形之一的,应当认定为"情节严重":(1)利用非法购买、收受的公民个人信息获利 5 万元以上的。但如果不是为合法经营活动而非法购买、收受公民个人普通信息,或者非法购买、收受的不是公民个人普通信息而是敏感信息,则适用《解释》第 5 条第 1 款第 7 项规定的"违法所得 5000 元以上的"认定标准。(2)曾因侵犯公民个人信息受过刑事处罚或者 2 年内受过行政处罚,又非法购买、收受公民个人信息的。(3)其他情节严重的情形。这使得单纯根据数量难以认定的案件有了定罪量刑的基础。

(三)行为方式:"向他人提供"中"他人"的界定

侵犯公民信息罪的行为方式有出售、非法获取、向他人提供三种,在司法实践中，出售和非法获取行为并无太大争议，而针对雇主向起雇佣人员提供公民个人信息，要求雇佣人员打电话推销产品的行为是否构成侵犯公民个人信息罪，目前存在两种不同的观点。

认为够罪的一方提出，首先，雇主无处分公民个人信息的法定权利和合法依据，在未经信息被收集人同意的情况下，将大量公民个人信息提供给其雇佣人员以进行电话推销行为，确属"违反国家法律规定"。其次，不能对《刑法》第253条之一的规定作限缩解释，无论从法律面前人人平等及罪责刑相适应的角度考量，还是从侵犯公民个人信息之社会危害及有效追诉犯罪的价值功能出发，此处刑法的"他人"应该指行为人之外的所有人，而不应当区分提供者和受众者的特殊关系，否定嫌疑人"向他人提供公民个人信息"的基本事实。同时，《解释》第3条明确指出："向特定人提供公民个人信息，应当认定为刑法第二百五十三条之一规定的'提供公民个人信息'"，嫌疑人所雇用的特定员工，属于特定人的范畴。因此，其行为符合法律及司法解释所规定的"向他人提供公民个人信息"。

而认为不够罪的一方提出，向其员工提供公民个人信息的行为，究其本质，并非我国《刑法》第253条之一所规定的"向他人提供公民个人信息"之性质。首先，嫌疑人与信息受用主体确系雇佣关系，嫌疑人将公民个人信息"提供"给其员工的目的是要求员工按照其指示来"使用"信息进行电话推销。因此，究其本质而言，此处嫌疑人的"提供"行为仅是一种表象，其背后实质是一种建立在雇佣关系基础之上的"使用"公民个人信息的行为。而对于我国《刑法》第253条之一所规定的"向他人提供公民个人信息"的理解，应当遵循目的解释论，此处所规定的"他人"应当是指能够完全脱离于行为人实际控制或指挥且具有独立意志的个体。只有以符合上述特征的"他人"为对象，行为人的"提供"行为才能实际造成公民个人信息被侵犯的范围及其危害性的扩大，而这才是"提供"行为具有刑罚当罚性的正当性基础。其次，我国《刑法》第253条之一所规定的侵犯公民个人信息罪的客观行为并不包含"使用"行为在内，因此，嫌疑人的行为不应被认定为侵犯公民个人信息。

针对此问题，笔者持上述第二种意见，并认为应对本罪"他人"和"提供"进行更深一步的探讨，例如本质属于同一自然人一直管理下的两家业务关联公司之间公民个人信息的流转，是否超出法律允许的范围？受委托公司"代理收集"客户信息后，将信息提供给委托公司，是否具有违法性？针对此问题，应当看其实质，如果用途一致、目的单一，未违反客户最初的授权范围，就不应认定为侵犯公民个人信息罪，而超出客户授权范围或超出客户授权时的一般认知，或改变用途、目的变相"提供"公民个人信息的行为，则应予以严厉打击。

同时需要提醒的是，由于公民具有个人信息自觉权，因此对于经授权使用或向他人提供的行为可以免责。为了规避制裁，互联网数据公司强制授权、默认授权、多项业务捆绑授权、过度索权现象大量存在，个人信息一次授权反复使用、超范围使用问题突出。既侵犯了公民的知情权，又违反了《网络安全法》规定的必要原则，未达到公开收集、使用规则，明示收集、使用信息的目的、方式和范围的要求。

四、结语

通过刑法手段有效地规制愈演愈烈的侵犯公民个人信息犯罪势在必行，所以现行刑法在修正时不断加大对其惩治的力度。但刑法手段并不是保护公民个人信息的唯一手段，也不是首选手段，刑法需要与相关法律共同配合、相互补充，才能有效地保护公民个人信息，进而保护公共信息安全。打击个人信息犯罪行为不应止于刑罚手段，还应加强行业监管，将行政责任、刑事责任、民事责任相互衔接，共同构成完善的保护公民个人信息的法律体系。

侵犯公民个人信息犯罪应罚性基础及其行为类型化研究[*]

——以抽象危险犯理论为视角

天津市人民检察院课题组[**]

当前我国刑法立法和司法解释对公民个人信息的保护虽已及时跟上,但仍处于满足初步需求和"修补式供应"上,个人信息的内涵外延、刑法保护的法益属性均未明确,行为体系也较为笼统模糊,使公民个人信息的保护难以在司法实践中实施。学界存在的隐私权说、人格权说和财产权说都从不同层面和角度对个人信息的内涵进行了界定,但其中任何单纯的一种理论都很难全面解释大数据视野下个人信息的权利属性,且通过扩张其中任何一种权利属性的范围来对其进行涵盖,都会带来对其他属性保护的削弱。笔者认为,将个人信息权视为一种独立的、全新的权利,分别涵盖人身属性(隐私权部分)、财产属性和其他相关法益属性更为适宜。

随着现代科技的发展,以德国社会学家贝克为代表的学者们提出风险社会理论,他们认为,随着"工业社会"向"风险社会"转变,风险是由现代科技不可控制的发展带来的,在此基础上产生的风险刑法理论认为,面对现代科技,相关法益面临的抽象的、一般的危险,其行为只要符合构成要件所描述之事实,即可认定具有此等抽象危险犯,在司法认定过程中不必再对其危险性进行证明。网络及信息技术的发展使基于大量信息的违法犯罪行为概率大大提高,个人信息遭泄露的人们时时处于被骚扰、被诈骗的风险状态,当因泄露的个人信息产生的对主体人身、财产实质损害实现时,或者其生活安宁被打破时才予以刑法惩罚,显然无法适应大数据时代对此种危险控制的社会需求,抽象

---

[*] 本文系论坛联合征文期刊《人民检察》拟录用稿件的精华版。
[**] 课题组成员:史宝龙,天津市人民检察院副检察长;黄祖帅,天津市人民检察院法律政策研究室主任;白春安,天津市人民检察院第一检察部副主任;常俊朋,天津市人民检察院法律政策研究室检察官助理。

危险犯的主张恰为对此种风险控制提供了理论契合。

"抽象危险"具体到侵犯公民个人信息罪里，是指因特定的行为给公民个人信息所带来的危险，是侵犯公民个人信息犯罪行为应罚性的核心，因此以行为为"危险"的产生及扩大所起的作用为衡量标准，对侵犯个人信息犯罪行为进行类型化、规范化构造。在侵犯公民个人信息的行为中，除了使"危险"实现的后续其他行为外，作用最大的就是使其从无到有的"危险"产生行为，即导致公民个人信息从受保护状态到不受保护状态的行为，属于第一梯队，具有较强的"危险性"和"应罚性"。通过各种形式使其进行流通或便于流通的行为，如买卖、交换、处理、传输等行为，对"危险"的扩大或便于扩大具有重要作用，处于第二梯队的行为，量刑幅度也应较前者行为相应降低。危险的实现行为（对个人信息的利用行为）也应纳入刑法制裁范围。随着侵犯公民个人信息行为的产业链化和信息技术的发展，非法利用行为越来越成为侵犯个人信息行为体系的核心，实现了危险转化的最后一步，未达到下游犯罪罪名评价标准的行为种类也越来越多，随之对公民权益的侵害也日益严重，因此，有必要将对个人信息的非法利用行为纳入刑法制裁体系。

大数据开发利用中
个人信息刑法保护的边界

李 刚[*]

一、大数据的定义、特征、价值、发展

大数据（Big Data）这一概念由奥地利数据科学家维克托·迈尔·舍恩伯格和英国《经济学人》数据编辑肯尼斯·尼尔·库克耶在2008年8月提出，在两人合著的2010年出版的《大数据时代》一书中，提出了大数据的五个特征即5V：Volume（大量）、Velocity（高速）、Variety（多样）、Value（低价值密度）、Veracity（真实性）。但研究者很快就发现，数据具有真实性这一特征是存疑的，事实并非完全如此，互联网中有大量的虚假、错误数据。因此，数据的真实性特征（Veracity）逐渐不被承认，现在通说认为大数据的特征是4V，即Volume（大量）、Velocity（高速）、Variety（多样）、Value（低价值密度）。

随着互联网应用的飞速发展，各行各业积累了海量的业务应用和服务数据，并且还在不断地快速增长。大数据技术和应用正成为全球新一轮技术和产业竞争的竞技场，世界各国纷纷推出大数据产业有关的发展战略。

我国同样高度重视大数据产业的发展。2015年9月，国务院印发了《促进大数据发展行动纲要》，系统部署大数据发展工作。《纲要》部署三方面主要任务：一要加快政府数据开放共享，稳步推动公共数据资源开放，统筹规划大数据基础设施建设。二要推动产业创新发展，发展大数据在工业、新兴产业、农业农村等行业领域应用，推动大数据发展与科研创新有机结合，推进基础研究和核心技术攻关，形成大数据产品体系，完善大数据产业链。三要强化安全保障，提高管理水平，促进健康发展。健全大数据安全保障体系，强化安

---

[*] 李刚，湖北省黄石市人民检察院案件管理办公室主任，四级高级检察官。

全支撑。2015年9月18日，贵州省启动我国首个大数据综合试验区的建设工作。2016年3月17日颁布的我国"十三五年规划纲要"为大数据工作专门列了一个章节——第二十七章"实施国家大数据战略"，提出把大数据作为基础性战略资源，全面实施促进大数据发展行动，加快推动数据资源共享开放和开发应用，助力产业转型升级和社会治理创新，具体包括加快政府数据开放共享、促进大数据产业健康发展等措施。

二、大数据利用中个人信息保护的刑事规制演变

随着大数据时代的来临，个人信息所具有的社会价值、商业价值越发凸显，"拥有信息就拥有财富"已成共识，从而进一步促进了个人信息权能的丰富化和独立化，逐渐形成了个人信息权在个人权利体系中的独立地位。个人信息权逐渐发展成为以对自我可识别信息自主控制为内核的独立权益，不再从属于隐私权、通信自由或数据权，而是具有了独立进行法律规制保护的必要，这一点先后得到行政法、民法、刑法的确认。

在行政法方面，由第十二届全国人民代表大会常务委员会第二十四次会议于2016年11月7日通过、2017年6月1日起施行的《网络安全法》第41条规定：网络运营者收集、使用个人信息，应当遵循合法、正当、必要的原则，公开收集、使用规则，明示收集、使用信息的目的、方式和范围，并经被收集者同意。网络运营者不得收集与其提供的服务无关的个人信息，不得违反法律、行政法规的规定和双方的约定收集、使用个人信息，并应当依照法律、行政法规的规定和与用户的约定，处理其保存的个人信息。此外，2017年3月，第十二届全国人民代表大会第五次会议将《个人信息保护法（草案）》提交讨论；个人信息保护法已列入第十三届全国人大常委会立法规划，目前正在推进之中。

在民法方面，2017年10月1日起施行的《民法总则》第111条规定：自然人的个人信息受法律保护。任何组织和个人需要获取他人个人信息的，应当依法取得并确保信息安全，不得非法收集、使用、加工、传输他人个人信息，不得非法买卖、提供或者公开他人个人信息。于2021年1月1日起施行的《民法典》在第四编"人格权"中专列第六章"隐私权和个人信息保护"，从第1032条到第1039条共8个条文，对自然人的个人信息保护作了详尽的规定。

而就刑事规制而言，《刑法修正案（七）》第一次规定了侵犯个人信息的专属犯罪，体现了刑法对个人信息保护需求的积极应对，正式承认了个人信息自主作为刑法独立保护法益的地位。这次修正对个人信息犯罪的具体规定体现

出对个人信息自主的优先保护,意味着将个人信息自主作为个人信息权的核心权能,认可个人信息自主是受到刑法保护的公民个人独立权利。《刑法修正案(九)》根据个人信息保护的进一步需求,又对个人信息专属犯罪做了主体扩大化和行为多元化的修改,对非法提供(包括出售)、非法获取(包括盗取)个人信息的行为进行全面规制防范,形成侵犯公民个人信息罪这一专属犯罪。此外,《刑法修正案(九)》还新设了拒不履行信息网络安全管理义务罪,其中一种情形专门针对控制大量个人信息的网络服务提供者,规定其不履行法律、行政法规规定的信息网络安全管理义务,导致用户信息泄露,造成严重后果,主要强调信息控制主体的个人信息保护义务履行,防范的是信息控制主体对违反保护信息义务的间接故意式放任。

然而,对大数据进行充分开发和利用是"互联网+"时代不可避免的趋势,也是社会进步的重要推动力。与此同时对大数据中涉及到的个人信息采取必要的保护也是推动大数据开发利用的重要保障。大数据的开发利用和个人信息保护本质上应该是一个相辅相成的过程,二者应该达到某种程度的平衡。如果对大数据中的个人信息过度保护,或者保护范围过大,可能会限制对这些数据的有效开发和利用,但是如果不加任何保护的开发,那就容易陷入个人信息被滥用的境地,反过来也会使数据的开发利用陷入窘境。个人信息的保护和利用永远是一对矛盾命题,追求两者之间的平衡只能是理想状态。对于个人信息的法律(包括刑法)立场,在大数据时代到来之前,一直呈现出的是严格保护的态势。

2009年出台的《刑法修正案(七)》首次将出售、非法提供、非法获取公民个人信息的行为认定为犯罪,为保护公民个人信息奠定了刑法基础。2015年出台的《刑法修正案(九)》对本罪条文进行了修改,正式设立了"侵犯公民个人信息罪",并扩大了犯罪主体和侵犯个人信息行为的范围,这些法律规定为公民个人信息的安全使用撑起了一把保护伞。

然而,在大数据时代个人信息利用的巨大价值的背景下,个人信息早已经超越了"个人隐私"的范围,从而决定了个人信息自主权的权能也随之同隐私权产生了很大差异。网络时代信息传播的即时性和便利性使得信息的公开性和共享性大增,一方面,个人信息归属主体和信息控制主体者的分离已经成为常态,个人信息具有了区别于"个人隐私"的非独占排他、可公开分享的独立特性,特定范围内公开化了的个人信息不具有私密属性但也应加以保护;另一方面,"大数据+"时代大大加强了信息应用的可行性和效益性,个人信息具有越来越强烈的应用价值和商业价值,因此并非如隐私那样仅具有精神性的人格属性,而是具备了相当的使用利益。由此,个人信息已经超越隐私性特征,而成为具有特定公开性、多方共享性、交换使用性的个人自控的可识别信息。

根本改变法律(包括刑法)立场,从严格保护个人信息安全到极力为个人信息利用保驾护航,可能并不现实。而在保障个人信息安全的基础上,为个人信息的利用设置一些能够为国民所接受的条件,为大数据技术的发展、应用、进步、创新留出一定的空间,体现出法律(刑法)对技术发展的关切,或许能够为大数据时代各个领域的发展服下一颗定心丸。大数据时代个人信息的兴盛增扩了信息体量,但这并不意味着法律(刑法)应继续甚至强化传统的个人信息保护。法律在强调个人信息保护的同时,也要注重保护限度,警惕保护过度膨胀,应以风险和功利视角的个人信息观取代传统的保护视角的信息观。在大数据强大的社会效应的冲击下,基于刑法功利主义的思考和对美好生活目标的追求,对作为大数据构成要素的个人信息的利用,理应成为法律界所关注的重点。在大数据时代背景下,如何在合理的限度内弱化个人信息保护的力度,从而在一定程度上促进个人信息的利用,保障大数据技术的快速发展?在刑法语境下,又该如何兼顾侵犯公民个人信息罪的适用实现上述目标?刑法仅通过入罪施加刑事责任的方式规制最为严重的法益侵害行为。作为刑法规制的关键步骤,将个人信息作为刑法保护法益并对相应的对个人信息的侵害行为入罪规制,还必须进一步遵循谦抑性原则,防止不当扩张犯罪圈,损害刑法作为最后手段性的定位。

三、大数据开发利用中个人信息刑法保护规则设想

当前各国刑事立法趋势是,"各国基本上都在实行犯罪化,不断增设新的犯罪",为了使新增的保护范围合理化,"只有借助法益保护说,通过证明某种行为严重侵害了国民的生活利益,才能使其犯罪化具有合理根据"[①]。因此,纳入刑法惩治的侵害个人信息的刑事可罚性行为必须符合几个要求:

第一,应具备法定犯属性,必须符合违反国家有关规定的前提。现有侵犯公民个人信息罪已明确规定了违反国家有关规定作为客观方面要素之一。比如《网络安全法》第42条规定了经过处理无法识别特定个人且不能复原的信息可以视为非个人信息进行未经个人许可的流转提供,这就意味着,去"识别性"的个人信息就不再纳入个人信息范畴,即便未经信息归属人同意,也可以被合法转移使用,此时的未经许可使用行为就不能再作为侵害个人信息的行为受到刑法规制。因此"违反国家有关规定"是作为界定侵害个人信息的前

---

① 张明楷:《刑法理论与刑事立法》,载《法学论坛》2017年第6期。

提要素之一。至于何为识别性？笔者认为，识别性是通过特定信息能够追踪到特定的自然人的特性。很多情况下确定特定自然人的过程，是已知信息和事后信息的共同协力，如果已知信息只是提供了模糊线索就不应轻易认定识别性。如果根据已有信息大体上确定了特定的自然人后，再根据该自然人的各种情况反向印证能够形成确定的认识，才可以肯定识别性信息。界定识别性时，要考虑识别性的可操作性，即要兼顾识别的成本和识别结论的可接受性，即识别性要兼顾成本与时间投入，要考虑当前社会的技术支持。当前大数据开发利用中普遍进行了个人信息去识别化，即数据保有者采用技术手段，对其所保有的数据信息进行集中的筛查，将其中能够识别特定个人身份的数据信息予以删改的过程。通过对具有可识别性的个人数据信息进行删改，在保留信息特定用途价值内容的同时，也降低了可能对信息主体的隐私造成威胁或损害的风险。我国最高法、最高检发布的《关于办理侵犯公民个人信息刑事案件适用法律若干问题的解释》（以下简称《解释》）第 3 条的但书条款，直接将"经过处理无法识别特定个人且不能复原的"信息排除出侵犯个人信息罪的构成要件。

但是，需要特别指出的是，对个人信息的特定可能性加工到完全排除的程度的话，一方面是否有可能，另一方面是否会使得信息的利用价值丧失或者大幅度减损。因此大数据背景下个人信息匿名化处理面临着一个难题，即在大数据时代下，绝对的匿名化实际上是难以做到的。大数据运用的显著特征和方式就是对海量的数据进行深度挖掘。在大数据技术下，即使是表面上已经排除了可识别性和关联性的数据，在与其他大量数据结合比对分析的基础上，往往也总能识别出特定的个人，即"再识别化"。如美国在线（AOL）曾经将用户搜索信息删除用户名称和用户地址后附加上唯一数字编码发布，记者通过这些数据却识别出了部分用户[1]。另据哈佛大学研究显示，只要知道一个人的年龄、性别和邮编，就可以在公开的数据库中识别出此人 87% 的身份[2]。因此在深度数据挖掘的大数据技术下，通过与大量的其他个人信息结合，即使是经过现有匿名化技术处理过的数据，也能识别出特定的个人成为个人信息，重新该当于《解释》第 1 条中规定的"与其他信息结合识别特定自然人身份或者反映特定自然人活动情况的各种信息"，无法脱出个人信息的范围，进而导致合法化的基础被推翻。对此，我们应当认识到，在再识别化技术高度发展的大数据时

---

[1] 参见韩旭至：《大数据时代下匿名信息的法律规制》，载《大连理工大学学报（社会科学版）》2018 年第 4 期。

[2] 参见吴世忠：《大数据时代的安全风险及政策选择》，载《中国信息安全》2013 年第 9 期。

代下，绝对的匿名化是不存在的。匿名化技术实际上是尽可能地降低个人信息利用过程中被再识别乃至泄露的风险，而非达到实际上无法实现的百分之百安全。因此，应当降低匿名化处理的标准。例如欧盟《数据保护指令》规定控制者和任何人采取所有合理的可能措施，也无法识别特定个人的信息即为匿名信息。其确定了所有合理可能性的标准而不要求完全的再识别化的排除，有效地减轻了信息处理产业经营者的负担。这对于我国《解释》第3条的但书规定的理解有着重要的借鉴意义。同时，对于个人信息的概念范围，也应当修正或作限缩解释，以将该种匿名信息排除出个人信息的范畴，其关键点在于对"识别"的理解。日本《个人信息保护法》第2条中"包含可以较容易地与其他信息相比照并可以借此识别出特定个人的信息"的规定[1]，认为所谓"识别"应当是在合理限度内的识别，将匿名化后的、需要耗费极大地努力和运用不合理的手段，才能识别出特定个人的信息排除出"个人信息"的范畴，进而使得匿名化处理得以作为个人信息处理利用的合法事由，这对于我国《解释》第1条的正确理解有着重大的参考意义。

第二，对个人信息主体"同意"的理解。《网络安全法》中有针对个人信息使用自主进行保护的规定：网络运营者收集、使用个人信息需要公开收集、使用规则，明示收集、使用信息的目的、方式和范围，并经被收集者同意；个人发现网络运营者违反法律、行政法规的规定或者双方的约定收集、使用其个人信息的，有权要求网络运营者删除其个人信息。这一规定对个人信息使用自主的保护集中在两个方面：一是规定了收集、使用个人信息的前提条件，即收集者需对收集、使用个人信息公开规则和明确目的、方式和范围；二是规定了个人对违法收集、使用方的救济措施，即可以对未按约定收集、使用个人信息的主张删除其个人信息。反过来，这也表明，个人信息主体"同意"能够成为阻却个人信息收集、利用、提供甚至出售的违法性的依据。

当前在科学技术领域中，多个研究机构共享和传输大数据为前提的开放型科学研究越来越受关注。但是，被共享、传输的数据中包含了个人信息的场合，信息获取方在将个人信息转交第三方时，必须要提前征得信息主体的明示同意。另外，在个人信息的取得中，利用目的必须向个人本人进行提示，对于利用目的的转变，也必须再次取得信息主体本人的明示同意。然而，在当前人们对个人信息被泄露不安感的背景下，即使是传统的非敏感类的个人信息向第

---

[1] 《日本个人信息保护法》第2条：本法所称的"个人信息"系指，与生存着的个人有关的信息中因包含有姓名、出生年月以及其他内容而可以识别出特定个人的部分（包含可以较容易地与其他信息相比照并可以借此识别出特定个人的信息）。

三者提供的情形，能够确认或者征得信息主体明示同意的也非常有限。在大数据时代下，海量的数据收集、多元化的数据利用和复杂的流转，为大数据开发利用机构在隐私声明中清晰阐述带来严峻挑战，并导致合法成本飙升。因此，在大数据背景下，由于大数据所需公民个人信息的海量性和明示同意的局限，基于效率、经济和社会利益的考量，适用"推定同意"的范围应当不局限于几种特定的场合而应当得到扩张。

之所以"推定同意"可以作为公民个人信息大数据化利用的正当化事由之一，其理论依据在于，推定同意实际上是在根据当时情况，现实中无法得到有效的明示同意或无法在适当的时机征得信息主体的同意时，如果事先客观地评价所有情形，在基于客观的判断，能够确实地期待信息主体同意的情况下，即使没有为明示的同意，也可以推定信息主体同意对其个人信息的提供或者利用。

当然，由于推定同意不能直接明确地反映信息主体的意思，所以这种同意的范围和效力并不是无限的，可适用推定同意的个人信息的范围和其利用方式是有限度的。在范围上，其只能适用于公民个人信息的低风险利用。在效力上，得到推定同意的个人信息的利用也不是无限制的。由于该个人信息的合理期待性，是建立于科学领域所需要的数据提供责任和社会利益的考量上，基于情境脉络完整性理论，个人信息原始收集时的具体语境应得到尊重，其后续传播及利用不得超出原初的情境脉络。

第三，对优越利益原则的理解。在某些情况下，存在两个相互冲突矛盾的利益而只能选择保护其中之一，通过与对立利益进行比较衡量，为了保护价值较大的利益而牺牲价值较小的利益的行为一般被认为具有正当性而不构成犯罪。在公民个人信息的利用过程中，往往会发生个人信息保护与其他利益相冲突的情形，优越利益原则是化解冲突的主要理论工具。

在大数据时代下，对个人信息进行大数据利用，着眼于庞大的群体信息，其目的和用途往往体现在技术革新或者紧急状态等公共领域。因此，大数据时代个人信息保护与其他利益的冲突点存在于与公共利益的冲突。公共利益指社会整体生存和发展的各种需要，如社会进行生产和再生产的条件，人们公共生活的福利事业，发展精神文明的条件等。具体而言在大数据利用过程中，所涉及的公共利益往往是国家安全、科学技术研究发展等利益。在大数据视野下，为了维护国家利益，往往需要相关机构提供某些大数据，以保证行政和司法程序的有效运行。如在大数据时代，在某些案件的侦查过程中，侦查机关掌握了犯罪嫌疑人的个人信息，但无法具体识别出特定的个人，为使案件顺利侦破，需要相关机构提供犯罪嫌疑人的信息大数据，以确认核实乃至再识别化到特定个人以侦破案件。在这种利益冲突的情况下，考虑到我国的社会共同意识和价值观，国家利益具有优越性。

在公共利益场合，例如在突发性传染疾病或者疫情防治过程中，也存在公共利益与患者信息保护的利益冲突。在传染病的防治过程中，对大量的患者数据进行研究、分析以及跟踪调查对于疫情防治和药物开发有着重大的作用。一般认为，在某些严重传染病大规模暴发的时候，不特定多数的社会成员面临着紧迫的和现实的生命健康的危险，影响到社会的安全，必须要求快速有效地利用患者大数据进行疫情防治工作。在这种情况下，将公共利益置于患者医疗信息保护的利益之上，不经过患者同意而进行医疗信息的大数据利用的行为，可以被认为是妥当的。我国《职业医师法》第29条、《传染病防治法》第30条的规定也为该情况下的患者信息大数据利用提供了法律注脚。

总而言之，由于大数据的利用尚且属于新兴技术领域，在其利用过程中进行利益衡量确定优越利益的衡量标准，即社会价值和国民合意尚未能形成一致，将优越利益原则进行类型化的工作是十分困难的，具体还应当在个案中结合利益冲突的具体情形来适用。在优越利益原则难以适用的场合下，还是应当借助其他正当化事由来平衡大数据的利用和个人信息保护的冲突。

拒不履行信息网络安全管理义务罪：
实践困境、法律内涵和应对思路

马朝阳　任澎彬[*]

刑法是社会经济的折射镜，可以在一定程度上反映出同期的社会经济活跃程度和发展水平，如历史上著名的"约法三章"典故：杀人者死，伤人及盗抵罪。在小农经济为主的时代简单的刑事立法技术足以满足管理和控制社会各个阶层的需要。但在科学技术发达的现代，尤其是网络信息时代，人与人之间互相交流频繁，打破以往面对面的交往方式，人们往往借助各种网络服务平台或网络通讯工具进行交流或者交易，但是犯罪分子也将目光盯上了网络空间，近年来各种网络安全事件频发，给人民群众的财产安全和社会秩序造成了巨大安全隐患，更对我国的国家安全带来重大挑战和风险。在全面依法治国的战略背景下，网络也不是法外之地，加强网络空间刑事立法来防范和应对网络安全风险是必要的，而网络服务提供商（英文为 Internet Service Provider，简称"ISP"）因其在网络空间的独特地位和技术优势，在保障网络安全方面的作用及其重要，必须保障其合法合规经营，但是以往规定 ISP 的信息网络安全管理义务的规定主要见于行政法规、部门规章当中，多承担的是民事责任和行政责任，缺乏必要的威慑力。因而《刑法修正案（九）》增设了拒不履行信息网络安全管理义务罪，彰显了刑法作为保障法的特征，为督促 ISP 更好地履行信息网络安全管理义务提供了刑法制度支撑。

一、拒不履行信息网络安全管理义务罪的实践困境

法律制度的生命在于实施，拒不履行信息网络安全管理义务罪已入刑五年，一方面是各类网络安全事件频发，另一方面生效刑事判例却极少，这种实

---

[*] 马朝阳，陕西省榆林市人民检察院副检察长，三级高级检察官；任澎彬，陕西省榆林市人民检察院第二检察部检察官助理。

践困境值得深思，导致这种现象的出现可能有以下几个原因：

1. 立法技术使然。本罪立法过程中立法者通过行政监管前置程序，在很大程度上避免了将更多的行为人划入犯罪圈，起到了一种过滤作用，通常情况下在行政监管部门作出责令改正行为后，相关 ISP 一般能够及时改正，避免行政处理上升到追究刑事责任。

2. 执法机关部门对本罪的学习理解不到位。《刑法修正案（九）》增设的拒不履行信息网络安全管理义务罪，对于行政执法部门来说是一个新罪，如何把握该罪的犯罪构成，相关工作人员并不熟悉，而且负有监管职责的行政部门众多，但该类案件的移送主体、程序未有明确的法律规定。

3. 互联网企业合规经营水平提升。互联网企业从野蛮生长到刑事合规治理，例如通过快播案的公开庭审，越来越多的互联网企业更加注重企业合规经营。再者，政府对互联网治理加强并提升到国家安全的层面，使得互联网企业自身也更加慎重对待其所承担的网络安全管理义务。

4. 网络犯罪自身侦查难度较大。众所周知，网络犯罪具有特殊性，尤其是源头性、技术性的网络犯罪，其专业化高、隐蔽性强、具有跨国性、跨地域性，给侦查取证工作带来了一系列困难。另外，当前侦查队伍中缺乏专业化人才，网络犯罪发案率高，侦查力量的不足直接制约了网络犯罪破案率。

二、拒不履行信息网络安全管理义务罪的法律内涵

在司法实践中，准确理解拒不履行信息网络安全管理义务罪的法律内涵是办理案件的前提，下面笔者结合刑法条文、司法解释和法理对本罪的法律内涵进行简单阐释。

（一）本罪的主体

根据最高人民法院、最高人民检察院《关于办理非法利用信息网络、帮助信息网络犯罪活动等刑事案件适用法律若干问题的解释》（以下简称《解释》）第 1 条的规定：《刑法》第 286 条之一第 1 款规定的"网络服务提供者"，包括：（1）网络接入、域名注册解析等信息网络接入、计算、存储、传输服务，如迅雷；（2）信息发布、搜索引擎、即时通讯、网络支付、网络预约、网络购物、网络游戏、网络直播、网站建设、安全防护、广告推广、应用商店等信息网络应用服务，如淘宝网、微信、支付宝等；（3）利用信息网络提供的电子政务、通信、能源、交通、水利、金融、教育、医疗等公共服务，如 12306 平台。上述主体包括了我们衣食住行的方方面面，可以说与每个公民的生活息息相关，所以刑法增设拒不履行信息网络安全管理义务罪是很有必要的。

(二) 本罪信息网络安全管理义务的内涵

本罪责难的是行为人违反法律、行政法规所规定的信息网络安全管理义务的行为,在刑法理论上被称为义务犯。"义务犯的实质根据在于对行为人所承担的社会角色和规范义务的违反,其不法内涵是通过特定的不履行积极行为义务表现出来的,因此,违反特定义务的人成为整个犯罪的核心角色和关键人物,其对特定义务的有意识违反奠定了正犯性。按照这一逻辑,对违反个人的社会角色及其背后的义务而言,行为人是否物理性地以身体动静支配了结果并不重要。"① 所以该罪的实质是行为人对法律和行政法规规定的特定义务的违反,根据《刑法》第 286 条之一规定成立本罪的前提条件之一,即网络服务提供者不履行法律、行政法规规定的信息网络安全管理义务。对于如何认定行为人是否有不履行安全管理义务行为,司法实践中要结合法律和行政法规对于安全管理义务的具体规定来判定,而行为人所承担的信息网络安全管理义务主要来源于《网络安全法》、全国人大常委会《关于加强网络信息保护的决定》《互联网信息服务管理办法》《电信条例》等。如根据《网络安全法》的相关规定,网络运营者应当按照网络安全等级保护制度的要求,履行制定内部安全管理制度和操作规程,采取防范计算机病毒和网络攻击等危害网络安全行为和监测、记录网络运行状态、网络安全事件的技术措施,并按照规定留存相关的网络日志不少于 6 个月。

(三) 本罪主观构成要素

学界多数观点认为该罪中行为人的主观心态系故意,如"张明楷教授认为,本罪的责任形式是故意,行为人误以为信息不违法而没有采取改正措施时,属于事实认识错误,阻却故意的成立。李源粒博士也认为,平台服务商的刑事责任不应是结果责任,需以其不及时履行控制、处理网络信息安全的管理职责为前提。言外之意,该罪是故意犯罪。从两高最终对该罪名确立的名称来看,'拒不履行'表达的是对于法规范的直接对抗;况且,从法定刑设置看,与《刑法》第 287 条之二故意型的犯罪'帮助网络犯罪活动罪'基本一致。从这两点判断,立法者意在将其定位为故意型犯罪。"② 另有学者认为,"该罪的主观罪过形式是过失,'如果网络服务提供者在对危害结果具有预见可能性

---

① 周光权:《拒不履行信息网络安全管理义务罪的司法适用》,载《人民检察》2018 年第 9 期。
② 转引自李本灿:《拒不履行信息网络安全管理义务罪的两面性解读》,载《法学论坛》2017 年第 3 期。

和回避可能性的情况下,实施了不作为的监督过失行为,该行为与危害结果间具有因果关系,那么网络服务提供者就应当承担刑事责任。''主观过失论'的提出,不仅可以划清本罪与帮助网络犯罪活动罪的界限,亦可以使得网络服务商的刑事责任体系趋于协调、完备。"① 笔者赞同行为人主观心态是故意的观点,原因是不管行为人之前是否意识到自己不履行信息网络安全义务,但经有关监管部门责令改正,其已经认识应当履行有关义务而不履行会造成某种危害后果,但如果采取某种技术措施,往往导致合法用户和非法用户都无法正常利用该平台,为了其正常经营活动,主观上只能放任这种危害结果的发生,这种主观心态系间接故意。

(四)对"经监管部门责令采取改正措施而拒不改正"的理解

"责令"是常用的表示命令的用语,责令行为规范普遍存在于现行法律中,根据作出责令行为的主体分类可分为司法责令规范和行政责令规范。而本罪中的"责令"是指负有信息网络安全监管义务的行政部门作出的责令行为,当然指行政责令,而行政责令规范可进一步分为内部行政责令规范和外部行政责令规范。条文中的责令是政府监管部门对应承担信息网络安全义务的相对人所作,属于外部行政责令。对于外部责令行为的性质,理论界素有争议。有观点认为,责令改正与行政处罚是两种行政执法行为,在行政执法领域中,满足恢复需求的执法行为主要是责令改正,满足威慑需求的执法行为主要是行政处罚。② 另外一种观点认为,外部责令行为主要包括两种类型:一种是行政处罚性责令行为,另一种是行政命令性责令行为③。行政命令与行政处罚有不同的功能,行政命令以补救性为特征,行政处罚以惩罚性为特征④。但具体到本罪当中,应作何种理解?本罪是典型的行政犯,是国家为了加强对网络空间的治理,将违反信息网络安全义务的行政违法行为上升为刑事犯罪进行处罚。故本罪中的"责令"应当具有行政处罚性质,责令的前提是义务人违背了法律和行政法规规定的义务,需要责令其改正。笔者认为,基于法秩序统一原理,应

---

① 李本灿:《拒不履行信息网络安全管理义务罪的两面性解读》,载《法学论坛》2017年第3期。

② 黄锫:《行政执法中责令改正的法理特质与行为结构研究》,载《浙江学刊》2019年第2期。

③ 胡建淼、胡晓军:《行政责令行为法律规范分析及立法规范》,载《浙江大学学报(人文社会科学版)》2013年第1期。

④ 胡建淼、胡晓军:《行政责令行为法律规范分析及立法规范》,载《浙江大学学报(人文社会科学版)》2013年第1期。

将该罪中的责令解释为拥有行政处罚性质的具体行政行为较为适宜,如果把责令改正区别于行政处罚,也与行政犯的基本原理不相符,行为人的拒不履行信息网络安全义务的行为入罪应当首先具有行政违法性。另外需注意的是,认定"经监管部门责令采取改正措施而拒不改正",应当对监管部门责令改正行为进行必要的司法审查,对该责令行为的合法性和合理性进行实质审查,另外还要考虑现行技术层面是否有能力来改正等因素来判定,对行为人是否定罪处罚。

(五)危害结果的认定

刑法文本规定了网络服务提供者拒不履行信息网络安全义务造成的违法信息大量传播、用户信息泄露后果严重、刑事案件证据灭失等几种结果,但规定过于抽象不利于司法实践操作,故《解释》第3条至第6条进行了细化规定。

总体上讲,《解释》对于本罪的各种危害后果规定较为细致,避免了执法的模糊性,有利于司法实践对该罪的把握。

(六)免责事由

1. 义务冲突

义务冲突可以阻却犯罪的成立,本罪中行为人义务冲突主要出现在下列情形中:"利用网络传播上述内容违反相关法律法规规定的信息的,就是致使违法信息大量传播。而违法信息和犯罪信息(刑事案件证据)经常有交叉,其界限很难厘清,因此,网络服务提供者可能面临同时需要履行相互冲突的监管义务的情形。在这种义务冲突的情况下,应当认为,只要网络服务提供者履行其中一个义务,且确实难以同时履行相互冲突的其他义务的,就应该阻却违法性,其行为难以成立本罪。"①

2. 行为人已尽合理义务

对于 ISP 应尽的合理义务如何判定,现行法律未有明确规定,但司法实践中确立的一些原则对我们理解 ISP 如何履行合理义务有一定的帮助。例如通过知识产权领域中"避风港原则"的发展历程审视,可以看出国际上有一种加重 ISP 义务的趋势,对于我国的网络立法有一定的借鉴意义。

三、在检察工作中具体推进的工作思路

面对拒不履行信息网络安全义务罪的实践困境,检察机关作为法律监督机

---

① 周光权:《拒不履行信息网络安全管理义务罪的司法适用》,载《人民检察》2018年第9期。

关和犯罪控诉机关必须有所作为。习近平总书记指出：没有网络安全就没有国家安全，没有信息化就没有现代化。中国的现在代化过程中必须要依赖于网络信息技术，但网络信息技术的发展和使用必须在法律的范畴内，对于危害国家安全、人民群众财产安全和破坏社会秩序的网络犯罪活动必须进行有力的打击。在新时期检察机关如何参与网络空间治理，保障互联网企业合法经营和健康发展，笔者建议可从以下几个方面入手：

（一）发挥检察机关自身优势，加大法律宣传力度，确保刑法的准确适用

检察机关作为宪法定位的国家法律监督机关和刑事追诉机关，在促进刑法的准确适用上有着天然优势。而确保法律的统一正确实施，首先要加强对相关法律制度的理解，检察机关可以与有关行政监管部门采取联合培训的方式，积极组织业务精通的检察人员对该罪的相关规定进行法律宣传，促进行政执法人员对本罪的准确理解、把握。

（二）利用检察一体化优势，实行跨区域办案机制，培养专业办案人才

网络犯罪打破了地域空间的限制，犯罪行为往往跨省甚至跨国，这需要高层在办理案件时统一协调，实行跨区域办案机制，整合办案力量，形成打击合力。另外，网络犯罪往往涉及网络信息技术的运用，因此作为办案人员自身应当清楚网络信息技术运行的基本原理。网络犯罪的高度专业性和技术性，使得涉及网络犯罪的很多法律问题与其技术问题交织在一起，迫切需要培养跨学科复合型专业人才来应对，需要建立专门人才库。

（三）发挥检察建议职能，参与社会综合治理，促进企业合规治理

在办案过程中，检察机关发现互联网企业存在的管理漏洞和违法问题应及时发检察建议，帮助互联网企业提升刑事合规治理水平。所谓刑事合规，是指为避免因企业或企业员工相关行为给企业带来的刑事责任，国家通过刑事政策上的正向激励和责任归咎，推动企业以刑事法律的标准来识别、评估和预防公司的刑事风险，制定并实施遵守刑事法律的计划和措施[①]。在我国网络安全管理方面实施的是企业代理监管模式，促进互联网企业自身治理是网络空间治理的重要环节。

---

① 孙国祥：《刑事合规的理念、机能和中国的构建》，载《中国刑事法杂志》2019年第2期。

(四)发挥"捕诉一体"办案优势,做好引导侦查工作,提高办案质效

根据"捕诉一体"的办案要求,网络犯罪的侦查监督、审查起诉及侦查指导均由同一办案机构进行处理,所以办理该类案件要更加重视提前介入,积极引导侦查机关调查取证,保障此类案件审查处理的优质高效,进而提高对网络犯罪的打击力度。

(五)深入推进"两法衔接"工作,建立联席会议制度,形成打击合力

检察机关应积极推进"两法衔接"工作,通过建立联席会议制度,方便行政监管部门与公安、检察机关在办理网络犯罪案件当中互通有无,加强联系,达成共识。加入联席会议的各个机关应定期通报各自工作基本情况,行政监管部门可向司法机关通报有关网络违法案件的处理情况,并应主动接受检察机关的法律监督,对符合刑事立案条件的案件应及时移送公安机关,从现有的制度入手整合打击网络违法犯罪活动的力量。

"政治安全"视域下网络危安信息的刑法规制[*]

虞文梁　万方鹏[**]

习近平总书记指出,政法工作要把维护国家政治安全特别是政权安全、制度安全放在第一位,提高对各种矛盾问题预测、预警、预防能力。2019年2月,中共中央政治局委员、中央政法委书记郭声琨在全国政法机关工作会议上强调,各级政法机关要始终将维护国家政治安全作为首要政治任务。2020年5月,最高人民检察院党组书记、检察长张军在第十三届全国人大三次会议上做工作报告时表示,检察机关坚决维护国家政治安全和社会稳定。各种网络危安信息威胁着"总体国家安全观"中的安全法益,其中政治安全是国家安全的根本,在所有安全中是最重要、最核心的内容。同时,由于网络危安信息对政治安全法益的侵害首当其冲,所造成的社会危害性远超其他安全法益,为此,本文研究将维护政治安全视为刑法规制网络危安信息的出发点和落脚点,即重点从政治安全的视域来考察网络危安信息的刑法规制问题。

一、网络危安信息的概念

(一) 危安的概念

危安,简而言之就是危害国家安全。国家安全因为概念具有争议、问题复杂且层次多、实质不一、内涵模糊等特征难以被定义。[①] 巴里·布赞(Barry Buzan)、罗伯特·杰维斯(Robert Jervis)等专家认为,国家安全的定义会因为不同国家、不同场合、不同时代以及不同问题的差异而差异。[②] 为此,本文

---

[*] 本文系科技部国家重点研发计划重点专项(2016YFB0801100)、国家社科基金重大专项(18VJH012)的部分研究成果。

[**] 虞文梁,中国人民公安大学博士后,法学博士;万方鹏,江苏省苏州市高新区人民检察院检察官。

[①] See Terry Terriff. *Security Studies Today*, Cambridge: Polity Press, 1999, pp.1-3.

[②] 傅勇:《非传统安全与中国》,上海人民出版社2007年版,第2页。

将从广义、中义和狭义三个安全法益维度探讨当前网络空间语境下危安的时代概念。

广义上的安全法益泛指跨越时代、地域和国别等局限的"类安全",即危害整个人类生存与发展的安全①内容。还有观点认为国家安全是"国家受保护而免于危险"②"具有整体、交织、复合和时变等综合特征的'场域'"③。简而言之,广义上的危安在认知上具有较大的不确定性和模糊性,呈现出过于泛化的发展特征,容易陷入不可知论的困境中,对我国刑法规制网络危安信息难以具有良好的指导性和操作性。

中义上的安全法益是指"总体国家安全观"中的"11种安全"以及"8个方面16个具体风险"④等内容,覆盖了国家安全、人民安全和国际安全等传统和非传统安全内容,不仅包括刑法分则中由政治安全延伸出来的网络安全、经济安全等安全内容,也包括"新型冠状病毒"等"像非典那样的重大传染性疾病"的生物安全内容⑤。2015年《国家安全法》将国家安全定义为:国家政权、主权、统一和领土完整、人民福祉、经济社会可持续发展和国家其他重大利益相对处于没有危险和不受内外威胁的状态,以及保障持续安全状态的能力。随着对国家安全的认识不断加深,"总体国家安全观"的内涵与外延得以不断丰富,表现出较好的灵活性、外延性和适应性。

狭义上的安全法益指的是刑法传统意义上国家安全内容,主要指的是刑法分则中的第一章规定的危害国家安全犯罪。在这一类观点中,国家安全被定义为"中华人民共和国的主权、领土完整和安全"⑥"国家主权、领土完整、国家政权和社会主义制度的安全"⑦"一国法律确认和保护的国家权益有机统一性、整体性免受任何势力侵害的一种状况"⑧等。在"总体国家安全观"的时代背景下,如果仍然将危安局限于刑法分则第一章中的危害国家安全犯罪,势必不利于有效维护各种安全法益,也不利于相关理论研究、立法和司法实践等的发展。因此,狭义上的危安无法满足当前刑法规制网络危安信息的实际需求。

---

① 余潇枫:《非传统安全概论》,北京大学出版社2015年版,第5页。
② 周雅荣:《美国法律词典》,文汇出版社2014年版,第462页。
③ 余潇枫:《非传统安全概论》,北京大学出版社2015年版,第72页。
④ 《增强谨慎之心 防范重大风险》,载《人民日报》2020年3月6日,第1版。
⑤ 颜晓峰:《在抗疫中增强民族忧患意识》,载《光明日报》2020年3月17日,第6版。
⑥ 于志刚:《危害国家安全罪》,中国人民公安大学出版社2003年版,第63页。
⑦ 王作福:《刑法分则实务研究》,中国方正出版社2010年版,第1页。
⑧ 吴庆荣:《法律上国家安全概念探析》,载《中国法学》2006年第4期。

笔者认为，网络危安信息所侵害的是中义上的安全法益，即"总体国家安全观"中的安全内容，在构建网络危安信息刑事规制的框架、逻辑和路径等方面具有明显的优势。需要特别说明的是，虽然狭义上涉及主权、领土、政权和制度的危安内容都属于政治安全的范畴，但网络危安信息涉及的政治安全不局限于上述内容，还包括政治文化安全、民族团结、意识形态独立、政治秩序良好和国家认同等方面的内容。因此刑法在规制网络危安信息、保障政治安全和社会稳定时，绝对不应局限于刑法分则第一章规定的内容。据此，我们认为危安指的是在行为主体意志或意识支配下实施的危害或威胁一国国家安全、人民安全和国际安全等法益的安全状态和持续能力，特别是行为主体出于特定政治意图和政治利益等考虑，有预谋地针对一国实施的体系性危害行为或威胁政治安全和社会稳定的状态和能力。

（二）网络危安信息的概念

笔者认为，网络危安信息简而言之是网络空间中客观存在的危害国家安全的交互性信号内容，包括网络空间领域的所有危害国家安全的信息形式，具体是指国家行为主体和非国家行为主体间借助网络空间生产和传播具有危害或威胁国家安全、人民安全和国际安全等法益安全，特别是危害和威胁到政治安全和社会稳定的状态和持续能力的客观内容。

二、网络危安信息的边界

（一）思想犯与行为犯的边界

孟德斯鸠认为，"言语并不构成罪体，言语要和行为结合起来才有行为的性质"。[①] 根据行为主义理论，没有表现于外部的思想、内心意思、心情等不能成为刑罚处罚的对象；即使形式上以某种行为作为处罚对象，但真正的处罚根据在于行为背后的思想或信仰，也违背了行为主义原则。[②] 行为主义主张刑事法律处罚的主要对象是行为，不能对人的行为以外的因素进行处罚。[③]《刑法》第13条关于"一切……的行为，依照法律应当受刑罚处罚的，都是犯罪"的规定明确了"无行为无犯罪、无刑罚"的行为主义立场。

于此同时，并不代表公民所有意思流露或犯意表示都不违法并被追求相关责任，而应结合行为人的主观意图、行为方式、行为场合等主客观情况，将思

[①] 转引自于志刚：《危害国家安全罪》，中国人民公安大学出版社2003年版，第43页。
[②] 陈家林：《外国刑法通论》，中国人民公安大学出版社2009年版，第69页。
[③] ［日］井田良：《讲义刑法学·总论》，有斐阁2008年版，第28页。

想犯与煽动性、教唆性等实行行为相区别。行为人一旦违反了法律规定并将思想外化为行为，就会构成违法的结果。随着现代科技的快速发展，各种社交媒体等都已经成为生活的一部分。如果行为人利用网络平台、社交媒体等公开发布危安言论，甚至针对特定的受众发表煽动性和教唆性的危安信息内容，行为人的行为就超出了思想犯的范畴。这种借助网络发布并将主观上的故意内容外化为煽动性和教唆性言论的行为是行为人的意志或意识支配下实施的危害或威胁国家安全法益的安全状态和持续能力的违法行为。以颠覆国家政权行为为例，行为人主观上有颠覆国家政权、推翻社会主义制度的目的，客观上具有利用网络危安信息实施组织、策划、实施颠覆国家政权、推翻社会主义制度等行为，即可构成本罪。

(二) 网络危安信息与网络舆情信息的边界

在网络空间领域的信息传播中，人们习惯使用网络舆情来指代网络社会事件及其发展情况。舆情是社会组织、群体或个体基于自身立场、价值取向和事件判断等对相关社会现象做出的公开言行回应。网络舆情信息包括网络危安信息，后者属于前者的一部分。出于维护国家安全法益和管控社会风险的需要，笔者主张使用网络危安信息来代替网络舆情信息中的危安内容。其理由如下：

一是实现从"维稳"到"维安"的目标转变。随着"总体国家安全观"的提出，网络危安信息治理成为一种功能治理，是以安全为目的的治理活动，维护安全成为国家治理的主要职能。① 与危安相对应的维安，既不是以一般社会群体为防御对象，也不是一味任由国家公权力强力运行，是对网络危安信息行为的柔性预防和综合应对，体现了国家主动性应对与动态性治理的立场。维安通过"专群结合"原则来确保国家公权力的正确运行，既可以全面实现国家法治化的软性目的，也契合总体国家安全观中的"以人民安全为宗旨"的要求，有效地维护了国家安全和人民安全。

二是实现"社会治理"到"国家治理"的层级转变。社会治理是国家治理体系的重要组成部分。但针对不同对象、不同类型和不同层次的治理形式，需要有不同的治理模式和治理方法。舆情信息属于社会治理的层面，立足维护社会稳定的立场，有着自身的治理模式和治理方法体系。但网络危安信息既要立足于社会治理层次，同时也要上升到国家安全治理立场，将舆情信息中的危安信息单独分离出来，不仅区别于非危安类刑事案件，还将危安案件与民事案

---

① 颜晓峰：《总体国家安全观引领国家安全治理价值》，载《决策与信息》2014年第6期。

件、行政案件和一般危害社会的行为相区分。

三是实现"事后法"向"事前法"的转变。对网络舆情信息的治理主要强调监测、溯源和处置等内容，而运用刑法对网络危安信息进行规制不仅需要掌握其产生的根源和传播机制，还从治理目标、威胁预测、事态评估、介入条件、适用范围和应对措施等方面形成国家安全法治的体系化和精准化能力，逐步纳入法治化的轨道，全面实现维安的价值目标体系。① 由于与网络危安信息相关的危害行为具有强烈的社会危害性和刑罚当罚性，所以刑法规制时应更多强调"行为无价值"而不是"结果无价值"，强调"事前法"预防而不是"事后法"惩治。

三、网络危安信息刑法应对的新思维

（一）对预备行为的前置化规制

与普通刑事犯罪不同，与网络危安信息相关的生产、传播和影响等行为属于最严重的危害国家安全犯罪，属于刑事犯罪中人身危险性、社会危害性最高的一类犯罪，一经着手就足以造成严重威胁国家安全法益并发生严重的危害结果，甚至可以在不诉诸公开战争的情况下颠覆和摧毁一个国家②，体现了维护国家安全、特别是国家政治安全与社会稳定具有相当的紧迫性与必要性。

因此，刑法应当强化对网络危安信息相关预备行为的前置性规制，最大程度地威慑和吓阻危安行为的发生。在满足国家安全法益、特别是政治安全法益保护的需求上，前置化的事先预防性刑事立法比事后干预性刑事立法更加有效，事后干预性刑事立法的少数例外规则受到了严重挑战，事先预防性立法的情形正在逐渐成为一种常态。由于网络危安信息带来的潜在社会危害性，行为人围绕危安主观意图而实施的预备行为也应当刑法前置地列为危害政治安全的行为，一旦实施即构成既遂，并列为刑法重点预防和打击的范畴。

（二）注重刑事一体化的综合运用

网络危安信息治理是一个系统工程。因为网络危安信息生产、传播和影响等犯罪行为有很深的社会根源，背后涉及到政治、经济、文化、社会、技术和国际等诸多方面的复杂因素，仅仅依靠单个部门法的单独应对显得尤为吃力且

---

① 虞文梁：《坚持"总体国家安全观"推动网络危安信息治理》，载《人民法院报》2019年9月19日，第5版。

② 《网络安全专家：混合战改变了安全格局》，https://www.easyaq.com/news/565547373.shtml，2020年1月1日访问。

不现实。在这种背景下,刑事一体化成为预防和打击网络危安信息生产、传播和影响等行为的必然选择,即运用刑法的刑事政策化来调动国家资源与力量规制网络危安信息生产、传播和影响等相关行为。刑事政策在规制网络危安信息相关行为中,主要发挥引领立法和推动司法两方面的作用。

在引领立法方面,刑事政策为刑事立法提供指导性保障。国家安全事务的政治性质也很强,尤其需要刑事政策在其中发挥作用。作为社会防卫重中之重,刑事政策往往都有国家安全战略的影子,两者是同向而行的。刑事政策是国家刑事立法的指导思想与指导原则,刑事一体化可以在规制网络危安信息方面发挥着不可替代的重要作用。在推动司法方面,刑事政策为刑事司法提供机制性保障。刑事政策不仅仅扮演着指导者的幕后角色,刑事政策是惩罚体系的有机组成,目的是使刑罚产生更稳定、更有效、更持久的效果。① 由于网络危安信息治理的复杂性,仅仅依靠刑法难以发挥有效作用。因此,必须将规制网络危安信息相关的实体、程序及其他相关内容均纳入其中,诸如国际政治学、犯罪学、网络安全学、国家安全学、传播学、心理学、情报学等,跳出就刑事政策领域谈刑事政策的范围,结合网络时代发展的特征,推动网络危安信息刑事一体化规制的发展。

(三)探索建立"特殊累犯+行政累犯"混合累犯制度

累犯是犯罪增长的主要推动源。② 根据我国刑法对特殊累犯的规定③,要求前后两罪都是故意的危安性犯罪并受到相应的刑罚处罚,不论刑种和刑罚轻重,都可以构成累犯。但这是刑法意义上危安犯罪的特殊累犯,能否成立危安违法的行政累犯,抑或可以将行政处罚列为轻微性违法累犯的评价措施?与传统特殊累犯不同,与网络危安信息相关的预备、帮助、实施等行为呈现高发、高频、高危等特征。在一些案件中,行为人可能因单次行为的犯罪情节轻微、不需要判处刑罚并免予刑事处罚,定罪量刑也难以实现,后续类似行为也因此无法构成刑法中"特殊累犯"。但如果每次此类违法行为都免予刑事处罚或给予行政处罚、行政处分,则无法实现国家治理、社会防卫、维护国家政治安全等法律效果。

笔者认为,"特殊累犯+行政累犯"混合累犯制度不失为一种新的探索方

---

① 劳东燕:《刑事政策与刑法体系关系之考察》,载《比较法研究》2012年第2期。
② 朱琳:《法国刑事政策研究》,中国政法大学2008年硕士学位论文。
③ 我国《刑法》第66条规定了特殊累犯,即"危害国家安全犯罪、恐怖活动犯罪、黑社会性质的组织犯罪的犯罪分子,在刑罚执行完毕或者赦免以后,在任何时候再犯上述任一类罪的,都以累犯论处"。

向。理由主要如下：

一是从法律理论来看，存在相应的法理基础。龙布罗梭提出："国家把罪犯关起来，加以惩罚，然后再把他释放，让社会不断地重新陷入危险，更糟糕的是，这是一种越来越严重的威胁。"① 因此，从对危安行为社会防卫的角度来看，违法制裁不仅仅在于对已经实施的前行为，更是为了预防行为人再犯的可能性。危安行为是所有违法行为中性质最严重的行为，无论是刑事处罚还是行政处罚，都说明行为人具有强烈的反社会性，不仅当前行为会严重危害国家安全，而且行为人本身的政治"确信"、价值取向、宗教信仰等因素影响，未来再犯的可能性要远高于一般的违法类型。所以从这个角度来看，应考虑设立行政累犯，或在设置一定条件的前提下，将行政处罚列入特殊累犯的考据。

二是从法律规定来看，存在相应的法律依据。根据 2018 年 5 月出台的"两高两部"《关于办理恐怖活动和极端主义犯罪案件适用法律若干问题的意见》，"积极参加"包括"曾因参加恐怖活动组织、实施恐怖活动被追究刑事责任或者两年内受过行政处罚，又参加恐怖活动组织的"，而"明知"包括"曾因实施恐怖活动、极端主义违法犯罪被追究刑事责任，或者两年内受过行政处罚，或者被责令改正后又实施的"。据此，该《意见》实际上已将行政制裁的情形纳入特殊累犯的考察范围。

三是从法律效果来看，存在相应的现实需求。鉴于危安行为人的主观特性，极易出现反复性违法，且存在刑事违法和行政违法相互转化的可能性。但实践中，行政处罚的比重远远高于刑事处罚，倘若因为行为人屡屡触法，却因不够刑事处罚而无法纳入特殊累犯范畴予以重罚，显然不符合实际法治理念，也不利于有效地预防和惩治危安性违法行为。

四、结语

网络危安信息是当前数字化时代中能够严重危害到国家安全法益、特别是国家政治安全法益的重大社会风险。网络危安信息治理是一项系统工程，我们应当注重运用刑法来强化对网络危安信息相关行为的规制，同时注重刑事一体化的运用，运用刑事政策的赋能，打通刑法与其他学科领域的隔阂与边界，综合调动多维度、多学科、多领域的资源与力量，与刑法协同强化对网络危安信息的综合治理，推动国家安全法治体系化和法治能力现代化发展，履行好国家赋予司法机关维护国家安全、特别是政治安全和社会稳定的政治任务。

---

① 马克昌、莫洪宪：《近代西方刑法学说史》，中国人民公安大学出版社 2008 年版，第 175 页。

基于区块链的网络金融犯罪惩治与个人信息保护研究

胡 勇[*]

一、引言

2019年以来，我国持续遭受来自"方程式组织""海莲花""白金"等30余个APT组织的网络窃密攻击，针对数据库的密码暴力破解攻击次数日均超过百亿次，数据泄露、非法售卖等事件层出不穷，国家网络数据安全与个人隐私面临严重威胁。境外APT组织不仅攻击我国党政机关、国防军工和科研院所，还进一步向互联网金融、个人信息数据库等领域扩展延伸，部分不法分子甚至将数据非法交易转移至暗网，暗网已成为非法数据交易的重要渠道，涉及银行、证券、网贷等互联网金融的非法数据买卖案件占比达34.3%，我国数据安全保护水平亟须加强。

2019年5月28日，依照《网络安全法》等法律规范，国家互联网信息办公室研究起草了《数据安全管理办法（征求意见稿）》[①]，旨在维护国家安全、社会公共利益，保护公民、法人和其他组织在网络空间的合法权益，保障个人信息和网络金融等重要数据安全。2020年2月9日，中央网络安全和信息化委员会办公室发布了《关于做好个人信息保护利用大数据支撑联防联控工作的通知》，要求相关单位做好新冠疫情期间涉及个人信息的保护工作，为加强个人信息保护提供了法律依据。

2018年9月，中国信息通信研究院联合中国通信标准化协会推出了《区块链安全白皮书》，大力提倡"区块链 + 网络安全"的应用探索，为区块链

---

[*] 胡勇，重庆市南岸区人民检察院主任科员。
[①] 胡欣：《〈网络安全审查办法（征求意见稿）〉、〈数据安全管理办法（征求意见稿）〉意见征求会在京召开》，载《信息技术与标准化》2019年第9期。

技术与网络数据安全的深度融合提供了借鉴。

二、区块链在网络金融犯罪和个人信息数据安全面临的问题

区块链技术在设计之初就考虑到从不同维度解决安全问题，例如通过非对称加密保障金融支付的可靠性和安全性，使用哈希算法保障数据的唯一性防止数据被篡改，通过去中心化的分布式存储防止数据丢失，但是区块链系统的隐名性和节点全球分布的特征也突显出不利于打击金融犯罪和保护个人隐私的问题。

（一）区块链系统的隐名性问题

从2011年至今，公开数据显示已有11.27亿个人隐私信息被泄露，这个数据意味着我们每个上网的人都可能在不知不觉中信息被窃取利用。区块链网络能够极大提高网络的安全性，但是由于对每一笔交易数据都是公开透明的，其他节点无法知道某一笔交易是谁在执行、谁上传到主链，导致对金融交易无法实现显名化管理，这在一定程度上保护了个人隐私但是不利于惩治网络犯罪。2019年，国外发生多起区块链智能电力系统被加密勒索攻击的恶性事件，引发城市大范围停电，严重影响到当地经济社会正常运行，但是在追溯犯罪人员身份时由于区块链系统的隐名性问题，使用区块链数字资产做资金转移隐蔽性高，难以追溯和识别身份，为犯罪分子利用勒索病毒收取勒索资金的犯罪行为提供了便利。

（二）区块链分布式存储问题

区块链具有分布式存储特征，即通过网络把分散的存储资源虚拟为一个存储设备，把数据分散地存储在网络的各个角落。对于网络金融数据而言，它的交易必须有地方存储，按照区块链去中心化思想，只有一些设备节点会存放全球所有人的记录，这些设备节点往往互不认识，不用担心存储的记录会被同时修改。这样做的好处是将单个有限的设备容量虚拟为几乎无限的存储容量，就算有人修改了交易记录但也无法同时修改全球的交易记录，没人能承受这么大的代价。从表面上来看，这种去中心化的分布式存储提高了系统的可靠性和存取效率，但也为侦破区块链网络的金融犯罪问题制造了障碍，例如会出现存储犯罪资料的设备节点在国外和分散的存储方式不利于集中取证等问题。

三、区块链技术在网络金融惩治中的应用研究

近年来，相继出台了《中华人民共和国网络安全法》《数据安全管理办法（征求意见稿）》等互联网安全和个人信息保护的相关法律，加大了对网络金

融犯罪、个人信息保护的安全管理力度,但网络金融安全和个人信息安全犯罪仍未得到解决,多重数字签名的区块链技术为解决网络金融惩治和个人信息保护提供了解决思路。

(一) 区块链技术在网络金融犯罪中的应用有效解决追溯难的问题

仿冒金融机构 app 具有容易复制、版本更新频繁、蹭热点传播速率较快等特点,在仿冒方式上以仿冒金融机构名称、页面、图标、支付界面为主具有极强的欺骗性。具有钓鱼目的、欺诈行为的仿冒金融机构 app 日渐成为网络黑产从业者的首选,对互联网金融安全稳定造成较大威胁。国家加大了对 app 的安全监测和内容审核力度,使得恶意金融 app 的制作难度明显增加,但是逃避监管意图实现不法目的的"灰色"app 有所增长,如何预防和惩治仿冒金融机构 app 犯罪成为当务之急。2019 年,国家网络安全中心捕获勒索病毒 73.1 万余个,较 2018 年增长 4 倍,从安全人员捕获到 Sodinokibi 勒索病毒的样本分析显示,勒索病毒仅对一台主机的勒索金额就高达 4 万美元,其中大部分涉及互联网金融领域。针对银行等金融机构犯罪现象[①],应要求提交软件著作权等证明文件防止形式冒名,通过把好第一道关预防犯罪,但还不能防治网络金融案件的发生。

将网络金融机构主要业务上链,通过区块链可信存储的特点实现对链上金融服务的监管,帮助金融机构优化基础结构降低信息不对称程度、提高效率。区块链是按照时间先后排列的块链,通过将前一个金融交易信息的块数据哈希添加到当前块头中以此类推来实现链式存储功能。因此,如果不更改网络金融数据的当前块和后续块,就不能回溯更改金融交易数据,除非不法分子控制整个区块链网络的 51% 以上才能篡改交易数据,这样就保证了网络金融安全。与此同时,如果有不法分子违法交易,其违法交易数据就会通过嵌套方式进入区块链中,这将有利于犯罪惩治的追查。网络金融犯罪惩治往往不易固定证据、犯罪时间、犯罪方式等过程信息,区块链技术在网络金融犯罪中的应用有效解决追溯难的问题。

(二) 多重数字签名可以实现区块链参与方的身份认证有利于打击网络金融犯罪

区块链技术虽然可以追溯网络金融犯罪信息,但是其特有的隐名性和跨国存储特点不利于对犯罪分子真实身份信息的锁定和监控,通过引入多重数字签

---

① 傅跃建、傅俊梅:《互联网金融犯罪及刑事救济路径》,载《法治研究》2014 年第 11 期。

名等身份认证技术标识身份信息，编制有效智能合约代码约束上链记录存储和实名，对涉及大额交易的记录要求境内存储，可以有效应对网络金融犯罪的身份侦查问题，以达到惩治网络金融犯罪的目的。多重数字签名身份认证，允许已签名金融交易与其他人通信以验证是否为本人，拥有其身份令牌。

多重数字签名在保证区块链金融数据安全性的同时，确保了参与者身份的安全性和可追溯性，通过授权加解密机制可实现参与者对链上自身数据的完全掌控。链上存储的数据都是由相关参与者使用自身密钥进行加密后达成的链上共识，减少了金融数据泄露的风险。链上数据如果没有获得对应的授权，参与者就无法解密或者访问链上的密文数据，这就赋予了数据的拥有者如金融机构真正的数据掌控权。基于区块链的数字签名授权还可以支持更精细的字段级别，通过对细分业务的授权，实现对金融业务的掌控，防止网络金融犯罪的发生，同时对非法访问者及时区分惩治。

（三）区块链技术有利于网络金融的事后监督惩治

网络金融能否真正繁荣，很大程度上取决于数据资产能否有效流通，除了数据参与方身份认证以外还需健全可追责的事后机制，充分给予参与方对本人金融数据的控制权和财产性利益分配权①。利用区块链不可篡改、共识机制、智能合约技术对数据的采集、传输、运行等全过程数据记录和监控，为网络金融犯罪事后追查、事后惩治提供了坚实的技术基础。利用区块链智能合约对金融数据资产相关参与方身份及其操作日志进行全节点共识见证，可以防止参与方互相抵赖，有利于交易秩序的维护，但散列的存储方式也不利于事后追溯监督，因此对特殊金融数据的特殊存储和见证将有利于建立可靠的事后监督体系。

（四）区块链技术有利于网络金融生态圈互信机制建立和犯罪

随着国内网络金融的快速发展，其周边生态圈正在建立，如何建立信任机制将是亟须解决的问题。利用区块链独特的优势和特性，可有效解决共享数据过程中的难点，逐步联通各个数据网络建立可信的高效安全价值网络。

网络金融参与方之间对自己的客户和数据保护意识很强，共享数据的意愿不强，这与互联网经济的开发理念并不相容。区块链技术作为网络金融的桥梁，可以搭建网络金融联盟链，将金融机构、企业、个人纳入其中组成可信的价值网络，在保持自身数据可控的前提下，打破数据孤岛，实现数据授权共享

---

① 陈涛：《基于区块链的供应链金融系统设计与实现》，广东工业大学2019年硕士学位论文。

开放，为金融业务协同创新搭建数据平台。区块链独特的去中心化特征可以让各个参与方在网络中享有平等地位，共识机制可以保障参与方有平等的决策权，能够很好地保护自身利益。区块链独特的追溯机制和数字签名技术可以及时锁定异常交易信息，阻止潜在的金融犯罪风险发生，对已发生的网络金融诈骗、盗取、仿冒等犯罪能够提供可信的证据支持，保障了整个价值网络高效安全。

（五）区块链技术构建可信任网络金融，有利于降低金融犯罪风险

区块链技术不可篡改性极大提高了数据作假的成本，结合多重数字签名技术授权加密解密机制，网络金融共享的业务数据真实性极大提高，有效解决了金融业务信息不对称问题。区块链技术保证了网络金融数据的一致性和准确性，利用数字签名技术对相关数据的加密，消除了虚假交易的发生，让网络金融犯罪罪行一览无余。例如，海关跨境贸易网络服务，将交易订单、运单、报关单等数据加密上传到区块链上，这些数据对参与各方是密文的方式进行数据比对真实性和交叉验证的，非参与方难以获取链上数据，极大地保障了交易安全，降低了金融风险。

（六）区块链技术构建价值网络，有利于网络金融资产确权，打击金融资产犯罪

构建在区块链技术上的网络金融是有价值的网络，链上金融资产在上链时即被确权，按照配置的数据权重进行授权流转，这样不仅盘活了金融资产，最大限度地挖掘资产价值，而且对金融资产流转全生命周期可监控，资产收益可追溯，参与人可识别，有利于金融资产纠纷案件的解决，有利于打击第三人非法套取金融资产的违法行为。

四、区块链技术在个人信息保护中的应用研究

（一）区块链技术有利于保护个人信息防止恶意程序窃取

2019年在国家网络安全中心公布的数据中，网络安全事件中恶意程序类发生27585起较2018年的22645起增长21.8%，网页仿冒事件共处置23224起较2018年上升21.6%，其中仿冒金融机构和电子商务网站，套取用户个人身份、地址、电话等信息导致个人信息泄露。

新冠疫情期间个人信息的收集很容易涉及非常隐私的问题，包括身份证号码、电话号码、家庭详细居住地、家庭成员详细名单等个人信息。这些信息一旦被不法分子利用极易造成恶劣的社会影响。2020年2月，国家网信办发布了《关于做好个人信息保护利用大数据支撑联防联控工作的通知》。该通知主

要是为了做好新冠疫情期间个人信息保护工作，对企图泄露个人信息的犯罪分子起到了一定的威慑作用，但很难杜绝个人信息的泄露①。保护个人信息最有效的方式就是把数据交到个人手里，让个人拥有对数据的所有权、控制权和收益权。运用区块链技术独特的链式存储结构和安全机制，通过智能合约保证信息以及数据全过程都在"自己"掌握中，引入多重数字签名身份认证技术标识用户身份信息，实现个人信息可控可追溯，达到对个人隐私的有效保护。

（二）多重数字签名能有效解决链上数据隐私保护和信息追溯难

区块链技术因其独特的数据安全技术，已经被广泛用于个人隐私保护中。例如，宇链科技针对新冠疫情开发的"出入通"就是部署在采用区块链技术的宇链云上，对收集的个人信息进行加密保护，但还存在实名追溯难的问题。多重数字签名区块链技术可以解决链上数据隐私保护和信息追溯难以两全的痛点。通过多重数字签名、区块链智能合约编码等加密算法可以对个人信息进行加密保护的同时认证用户身份和访问者身份，通过密码学技术满足有信息管控权限的组织或机构的需求，从而在保护个人信息的同时为追溯犯罪行为提供了便利，最大限度地减少风险，也有利于当前疫情个人信息的保护。例如，医疗机构可以通过多重数字签名区块链技术，将疫情数据加密上传到链上，保护上传到链上的个人隐私不会被泄露。拥有数据查阅权限的医疗机构或者政府机构可以通过数字身份认证和密钥查看链上的个人信息，在保证个人隐私的同时实现安全可控。

（三）区块链技术能够实现身份信息与用户数据分离，有利于保护个人隐私

区块链上的数据包括交易信息、个人信息、地址信息等各类信息，借助区块链加密技术，可以通过加密算法实现个人身份信息和用户数据分离，以便个人隐私不会被随意使用。例如，在使用电商平台购物时，可以将用户的个人身份信息进行哈希计算，把得到的哈希值作为该用户的唯一身份认证代码标识，用户在以后的所有交易行为中只需要出示该标识就能实现正常的交易行为。因为不能通过哈希值还原相对应的个人信息，这样就能避免电商平台在做用户个性化的时候滥用用户个人信息，造成个人信息泄露的风险。

五、结语

随着5G时代的到来，新技术在助力网络金融发展的同时也对网络金融犯

---

① 周伟萌、林润芝：《大数据时代信息利用与个人信息保护的冲突与平衡》，载《法制与经济》2019年第12期。

罪的惩治与个人信息保护提出了新的要求。面对人工智能、大数据等新技术、新业态的不断涌现，如何解决网络金融安全的新问题，如何保护个人信息，采用怎样的防御对策惩治网络犯罪已经成为了亟须研究的问题。

运用区块链技术分布式链式存储、不可篡改、去中心化等特征可以有效解决网络数据安全问题，达到保护个人信息、惩治金融犯罪的目的。针对区块链技术的匿名性和节点全球分布的特征易造成网络金融数字资产隐蔽转移、难以追溯识别犯罪分子身份等问题，采用多重数字签名技术和智能合约技术可以为区块链网络中的信息提供身份认证和存储地约束，为打击网络金融犯罪和保护个人信息提供了安全保障，为解决网络金融犯罪侦查和惩治问题提供了有效路径。

六、网络空间未成年人权益保护

论网络空间未成年人权益的法律保护

胡 厂 李林阳[*]

现代社会互联网技术的发展日新月异,人们生活的各个层面都离不开互联网的运用,网络已经成为人们获取信息的便捷途径,互联网技术的全面渗透使其成为不可或缺的一部分。正是因为互联网的发展和传播信息迅速,未成年人群体的思维模式、成长环境、价值观念也被潜移默化地影响着。2020年3月发布的《第45次中国互联网络发展状况统计报告》显示:"截止2020年3月15日,在9.04亿这一庞大的网民规模中,年龄在19岁以下的人群比例占到了总数的23.2%。"[①] 可见,互联网在未成年人中的普及率较高,未成年人已成为使用互联网的常客。

一、未成年人网络安全存在的主要问题

未成年人正处于容易接受新事物、创造力丰富的年龄阶段,也处于价值观念逐渐形成的重要时期,由于自身控制力与甄别能力较弱,未成年人对于网络中的不良信息无法进行有效屏蔽,因此,作为信息载体的互联网也成为一把"双刃剑"。网络对于未成年人的不良影响不仅体现在其传播的各类信息中,更衍生出一系列虚拟的网络产品,不断冲击着未成年人的是非观与价值观,这些由网络带来的负面影响对未成年人的成长发展带来很大危害。

(一)色情有害信息使未成年人遭受精神与物质的双重伤害

随着互联网数字化发展的不断提升,点击量、关注率等"流量"都可以实时转化为现实利润,许多内容低俗的网站也在高额利润的刺激下应运而生。随之而来就是网站投放的各类弹窗、广告中夹带着大量内容不健康的图片、视频、文字信息。低俗色情信息的大量涌现频繁骚扰着未成年人的身心,给涉世

---

[*] 胡厂,安徽省淮南市大通区人民检察院党组书记、检察长,四级高级检察官;李林阳,安徽省淮南市大通区人民检察院检察官助理。
[①] 参见《第45次中国互联网络发展状况统计报告》。

未深的未成年人带来精神性和物质性的双重损害。社会经验匮乏的未成年人群体容易被虚幻和表象的东西所蒙蔽,有些不良网站通过传播具有虚假性、欺诈性的有害信息,使未成年人上当受骗人财两空,甚至酿成悲剧。此外,网络中传播的色情信息不仅败坏了社会风气,还使身心未发育成熟的未成年人产生过早了解性行为、追求性刺激的心理,更成为诱发未成年人犯罪的因素。

(二) 网络游戏文化影响未成年人人格与心理的健康发展

优秀的网络游戏在一定程度上可以帮助未成年人开发智力、促进思维,但某些依附于网络产生的劣质游戏则会影响未成年人对社会的认知,干扰未成年人价值观的形成。美国 Toledo 大学心理系的 Funk 教授从 1990 年研究电子游戏对儿童和少年心理影响的结果表明:"暴力在暴力型电子游戏中得到的示范、实行和强化,对儿童和少年的心理会产生重要影响,可以发展他们的攻击性思维,在一定的环境中,孩子们会选择暴力行为来解决问题。"① 由此可见,具有暴力、消极元素的网络游戏会对未成年人的人格和心理素养产生不良影响,而此时未成年人正处于心理和人格形成的关键期,不良的游戏文化会给未成年人带来错误的思维导向,使未成年人容易沉溺于虚拟的网络游戏中,导致人格和心理上的畸形,逐渐脱离校园与社会。

(三) 网络成瘾引发未成年人多种潜在威胁

"根据中国青少年网络协会最新统计的《2019 年中国青少年网瘾数据报告》显示,2019 年我国网瘾青少年约占青少年网民总数的 9.72%。"② 这项数据充分表明我国未成年人上网成瘾依然是社会的焦点问题。网络成瘾会让未成年人因上网过度而导致睡眠不足、精神不振,使其注意力和视力大幅下降,严重影响未成年人的身体机能。此外,有网瘾的未成年人会流连于网吧、网咖等场所,该类场所人员、环境复杂。某些网吧为了谋取更高的利益,会让未成年人畅通无阻来网吧上网,且网吧为了让上网过程更具有吸引力,通常不会自觉安装或更新网络过滤软件,如此一来网络上的不良信息就会更加直白地出现在未成年人面前。鱼龙混杂的网络环境与形形色色的网络世界诱使未成年人更加沉迷于网络,浪费大量宝贵时光在网络中,阻碍未成年人有效实现自我的社会化,干预未成年人的优质发展。这些不稳定因素又间接影响到原有社会、家庭的稳定有序,打破了未成年人的理想成长状态。

---

① 王军:《网络传播法律问题研究》,群众出版社 2006 年版,第 167 页。
② 参见《2019 年中国青少年网瘾数据报告》。

二、未成年人犯罪与网络安全的关联

网络的普及已经成为现代社会诱发未成年人犯罪的主要因素之一，互联网中所传播的色情、虚假、暴力信息都有可能成为点燃未成年人犯罪的"导火索"。这些不良信息为未成年人实施犯罪行为提供了模仿和参照的对象，进而导致了未成年人跌入犯罪的深渊。纵观各类未成年人犯罪刑事案件，过早地接触到网络是未成年人走上犯罪道路的主要诱因。实践中，与未成年人网络安全挂钩的常见刑法罪名主要有强奸罪、强制猥亵儿童罪及诈骗罪等。互联网这种传播媒介加快了未成年人接触外界、学习新事物的速度，冲淡了未成年人内心的善恶观念。有别于广播、电视此类媒介的被动接受性，网络对于未成年人的吸引，使其更主动地去获取互联网中的各类信息。据统计，"在所调查的未成年犯中，41.1%的未成年犯认为自己是受网络不良信息的影响。其中，受网络暴力恐怖信息影响的占65.5%，受网络色情影响的占56.4%，受网络虚假信息影响的占24.9%，受价值观扭曲影响的占20%。"[1] 网络不良信息所传达的扭曲的价值观念与偏差的行为模式，给互联网安全蒙上一层阴霾。如何进一步预防未成年人犯罪，加强对网络安全的监管将成为重中之重。

三、完善未成年人网络安全保护机制

现如今，我国在针对保护未成年人网络安全上还存在着监管不力、操作不易、机制不完善等问题，如何护航未成年人健康成长，仅靠完善相关立法是远远不够的，保护未成年人网络安全需要社会多方面的综合治理，家庭、学校、政府、企业都应当参与其中，同时运用法律、教育、技术等手段加以辅助，才能还未成年人一个绿色的网络环境。

（一）构建未成年人网络安全立法体系

互联网在日常生活中的广泛运用，构造出一种独立于传统社会关系之外的虚拟社会关系，而未成年人作为虚拟社会关系中的弱势群体，更应当受到法律法规的专门保护。目前我国现行保护未成年人网络安全的法律法规尚不够专门化、具体化、明细化，同时还存在着未成年人网络安全保护立法零散的问题。为此，应当加快对网络安全问题进行单独立法的进程，设立法律专章详尽囊括未成年人网络安全的保护内容，构建完善的网络安全立法体系。首先，应对网

---

[1] 郭开元主编：《网络不良信息与未成年人权益保护的研究报告》，中国人民公安大学出版社、群众出版社2017年版，第10页。

络中的有害、不良信息加以明确规定,并对责任主体的违法行为确定相应的处罚措施。将互联网中显著含有暴力、残忍内容的信息、刺激性欲的信息以及诱使未成年人犯罪或自杀倾向的信息纳入有害信息的范围之内。对于网站、广告投放商等信息传播者在互联网中肆意传播有害信息的违法行为进行处罚,同时要求互联网服务商或通信部门对未成年人浏览有害信息进行限制,若在源头发现互联网服务商等未限制未成年人浏览不良信息,则应当追究互联网接入商、服务商的主体责任。其次,整合散落在各法律法规中涉及保护未成年人网络安全的条款,对网络录音录像制品、网络游戏等进行分级管理,依据该类网络文化产品的健康性、适龄性进行严格界定,确保未成年人在接触网络文化产品时不会受到不良信息的荼毒。目前,对网络游戏和视听节目的相关规定主要集中在《未成年人保护法》《网络游戏管理暂行办法》《互联网视听节目服务管理规定》,应加快形成网络文化产品的分级管理制度,并在相关法条中划分可供未成年人使用的网络文化产品范围。此外,加强对网络安全监管的立法也是势在必行。网络安全的监管不仅包括对互联网服务商、接入商、通信部门的监管,还包括对网吧、网咖等网络经营场所的监管,对于网络服务商、接入商等是否主动为未成年人提供健康的网络环境进行监管,其提供的各类网络服务项目中应当不掺杂任何危害未成年人身心安全的有害信息,对未按照法律法规管理网络平台的服务商采取限制进入、列入黑名单、断开链接、约谈等措施。

(二) 加强未成年人网络素质教育

大数据时代下高速发展的互联网带来的新问题可谓是层出不穷,在未成年人开始接触互联网时,对于未成年人的网络素质教育就显得尤为重要。在现行的《未成年人保护法》中我们不难发现,其中有关网络素质教育的重要性与保护未成年人网络安全的条款不够详细具体。法律法规中家庭和学校对于未成年人网络监管义务的履行没有太多的强制性要求,这就导致《未成年人保护法》中的监护条款无法真正落到实处。在现实生活中,一些未成年人因网络素质教育的缺失及家庭、校园监护的缺位,导致其游离在法律保护的范围之外。因此,进一步加强未成年人的网络素质教育,需要家庭、校园、政府等多方面的参与,保证未成年人网络素质教育的重要地位能对保护未成年人网络安全发挥积极且直接的作用。为了正确引导未成年人在网络空间中健康成长,家长、学校应当及时与未成年人进行沟通,时刻关注了解未成年人的心理状态及使用网络的现状。第一,应当给未成年人树立良好的上网理念,给未成年人详细解释互联网中存在不良有害信息,要引导未成年人健康使用互联网,在其中取其精华、弃其糟粕,使家长和学校担任好未成年人的互联网启蒙师。第二,学校应将未成年人的网络素质教育纳入正式课程范围中,端正对网络素质教育课程的教学态度，不要使设立的网络素质教育课程流于形式，导致资源的浪费。同时学校还应做好预防未成年人养成上网成瘾的坏习惯，按时在校园中开展"健康用网"的主题活动，在活动中从思想上对未成年人灌输正面、积极的网络使用观，提高未成年人对网络内容的分析判断和辨别能力，使未成年人能够自觉抵制网络上的有毒有害信息。① 第三，检察机关也应当承担起护航未成年人成长的重任，着重关注互联网背景下未成年人网络安全的法治宣传。根据最高人民检察院一号检察建议的要求，检察院应当联合教育、公安、民政、司法等部门共同保护未成年人的合法权益。淮南市大通区检察院也多次开展"法治进校园"系列活动，以互联网下的未成年人权益保护为重点，在各中小学进行法治宣讲，帮助未成年人正确认识互联网的双面性。

（三）加大对未成年人网络安全的监管力度

确保法律法规的有效实施离不开政府的关键参与，政府在社会治理体系中起的是监督、管理的作用。要使未成年人的网络安全得到全面保护，自然离不开政府的参与。"政府应当担负起社会职务、事务管理的重要职责，加强国家公权力干预和监督，确认国家对未成年人网络安全保护的监护责任。"② 在设立专门的未成年人网络安全监管机构时，国家公权力的介入显得举足轻重，未成年人网络安全监管机构主要对学校和家庭的互联网使用情况进行监督，以及对互联网技术快速发展的管控。作为未成年人在成长过程中不可缺少的两大主要场所就是家庭和学校，对家庭和学校设立相应的网络安全监管机构，对其义务落实情况予以监督。首先，对于家庭监护责任的监督，网络安全监管机构的监管措施主要体现在派员定期对家庭进行实际走访调查，切实走入未成年人的家庭中了解父母在保护未成年人网络安全方面遇到的难题，听取家庭成员的建议并记录在册。同时与未成年人进行深入交流，询问未成年人对互联网络的看法，从而更好地为未成年人家庭提供解决难题的办法，督促其履行对未成年人的网络监护义务。其次，网络安全监管机构对于学校的监督管理，主要体现在定期对学校的网络安全课堂完成情况、计算机安全使用情况进行检查，不仅要主动向学校提供最新网络过滤不良信息的软件，还应监督学校进行安装和更新。因学校计算机系统软件的缺漏导致不良信息的渗透危害未成年人网络安全的，网络安全监管机构应当对学校进行严肃处理，对学校的主要负责人进行约谈。此外，网络安全监管机构还应延伸触角至互联网信息传播的源头，应当从

---

① 王泽红：《论网络空间的未成年人的监护》，载《扬州职业大学学报》2008年第3期。

② 曹诗权：《未成年人监护制度研究》，中国政法大学出版社2004年版，第137页。

以下几个方面着手进行监管：（1）设立奖励机制来推动互联网从业人员开发供未成年人使用的绿色上网软件，并向用户推出可以便捷安装、实用有效的网络监控工具，以便屏蔽、拦截互联网中的有害信息。（2）对互联网中的各类网站进行实时监测，将监测到的不良网站列入黑名单，并加强对网络游戏等级准入的审核，将不适宜未成年人使用的网络游戏产品添加显著的标识。（3）在互联网技术的支撑下，"设立专门的监督网站，规定该监督网站的地位和职责，让广大网络用户参与监督，更大范围地实现对未成年人网络安全的监管，以便做到不留漏网之鱼。"①

未成年人的健康成长是亿万家庭的最大关切，也是我国社会主义现代化建设事业兴旺发达、后继有人的根本保障。保护未成年人的网络安全是一种强化网络管理的重要推力，我们应当贯彻"未成年人最大利益原则"，"为了孩子"永远都应是目的而非手段。在科技不断进步的互联网时代，保护未成年人的网络安全应融入到构建未成年人法律体系中去，在战略性规划的角度上，准确把握技术与法律之间的平衡，全面提高立法层次，使相关法律法规在未成年人网络安全中更具有操作性。总之，未成年人网络安全保护是一项系统工程，需要通过法律监督、技术监管、教育引导、行业自律等立体化、多维度的途径多管齐下。站在新的起点之上，一起打造绿色网络空间命运共同体，是我们始终不忘保护未成年人权益的初心。

---

① 徐继强：《关于尽快制定我国互联网未成年人保护法的建议》，载《天津市政法管理干部学院学报》2001年第4期。

未成年人网络犯罪的治理困境及实践应对

门植渊[*]

我国对于未成年人犯罪案件的办理一直以来秉承保护性司法理念，旨在通过思想教育和引导感化使涉罪未成年人回归社会。但是，"我国经济社会正处于迅速发展转型时期，受各种社会矛盾和问题的影响，未成年人违法犯罪和侵害未成年人权益的问题突出"，[①] 其中，网络犯罪成为未成年人犯罪新的增长点。未成年人网络犯罪既包括未成年人以网络系统自身为侵害对象的犯罪，也包括利用网络作为技术手段实施的犯罪。目前，网络空间的新型犯罪和传统犯罪相互融合交织，呈现出新特点，带来了新问题，对于未成年人检察工作而言，机遇与挑战并存，则如何在控制犯罪和保障人权、社会治理和保护未成年人利益之间实现平衡仍需在司法实践中不断探索。

一、问题的提出

近些年，"我国未成年罪犯人数呈下降趋势"，[②] 成效显著。然而，未成年人利用或者针对网络实施犯罪的现象频繁发生，网络犯罪已成为未成年人犯罪新的增长点，形势严峻，亟待解决。

（一）网络已成为未成年人违法犯罪的重要诱因

"未成年人成长过程中出现问题的原因不仅在未成年人，更主要的是各种不良因素、社会管理机制缺陷和恶劣环境交互作用的结果。"[③] 网络的快速发展已成为大众生活所必须，网络监管滞后使得网络信息呈现出开放性、多元

---

[*] 门植渊，北京市东城区人民检察院检察官助理，全国检察机关调研骨干人才。
[①] 孙谦：《关于建立中国少年司法制度的思考》，载《国家检察官学院学报》2017年第4期。
[②] 陈国猛：《未成年人网络犯罪的结构分析与预防策略》，载《中国刑事法杂志》2017年第2期。
[③] 孙谦：《切实加强未成年人检察工作》，载《检察日报》2016年1月18日，第3版。

化、复杂性、无筛选等特点,而未成年人正处于身心未成熟的状态,没有完全的是非观念,其"行为具有模仿性、易受暗示性、戏谑性、情绪性、暴力性等特点",① 则易受外界环境的影响作出某些不良行为,甚至是违法犯罪行为。中国预防青少年犯罪研究会在 2010 年和 2013 年对未成年犯犯罪前的上网时间和上网目的进行统计调查,结果发现"未成年犯犯罪前的业余生活与网络密切相关,不仅上网时间远超于普通学生,而且上网目的主要集中在玩网络游戏、网络聊天、浏览色情网页与网上邀约犯罪等",② 甚至为获取上网费用或购买上网工具、游戏道具等而实施盗窃、抢劫、抢夺等财产型犯罪,因受网络暴力、色情等信息影响而实施故意杀人、故意伤害、寻衅滋事、强奸、猥亵等犯罪行为。

(二) 网络犯罪成为未成年人犯罪新的增长点

信息网络的广泛普及为生活带来便利的同时,也给犯罪的惩治和预防工作带来了新的挑战。网络本身具有的隐蔽性、虚拟性等特征,加之实施犯罪成本低,使得网络犯罪正在向未成年人中蔓延,全国多省市向社会发布的未成年人检察工作白皮书中多有提及。③ 此外,未成年人利用或者针对网络实施犯罪的类型也呈现扩张的趋势,究其原因:一方面,青少年易于接受新生事物,随着互联网应用广度与深度的逐步拓宽,在未成年人明知是违法犯罪行为却故意为之的基础上,作案手法由传统方式向新型作案工具扩张的现象也正是网络发展"双刃剑"的表现。另一方面,未成年人的认知水平有限,法律意识淡薄。

(三) 未成年人网络犯罪形势预测

网络犯罪日趋突出,引起社会高度重视。随着微博、微信、QQ 等网络社交平台的迅速发展,利用网络实施诈骗、赌博、传播淫秽色情信息、贩卖毒品、买卖制毒物品、传播制毒技术、组织他人吸毒、传销等违法犯罪活动逐年增多。有学者预测,"互联网空间的新型犯罪及变异的传统犯罪等对群众日常生活的影响仍会比较大。且在当前社会形势的影响下,新一代犯罪人年龄年轻

---

① 徐伟:《网络诱发未成年人犯罪的类型分析与治理策略——基于三十个典型案例统计》,载《预防青少年犯罪研究》2016 年第 4 期。
② 徐伟:《网络诱发未成年人犯罪的类型分析与治理策略——基于三十个典型案例统计》,载《预防青少年犯罪研究》2016 年第 4 期。
③ 如四川省检察机关发布《四川省人民检察院未成年人检察工作白皮书(2015—2017)》中指出涉网犯罪约占未成年人犯罪总量六成。

化、方式网络化、动机简单化的趋势明显。"① 在网络犯罪数量呈持续增长而网民年龄低龄化的趋势下,未成年人网络犯罪所占比重下降的可能性较小,且犯罪手段、造成的社会危害后果也逐渐失去了与成年人犯罪的本质区别。

未成年罪犯人数逐年降低的原因有多项,其中之一是检察机关对于未成年犯罪嫌疑人的不捕不诉率提高。因而单凭数据难以反映出全部问题,综合分析发现,对于未成年人犯罪的治理还有很多工作亟待加强和完善。面对未成年人网络犯罪现象日益严重、重新犯罪率增高等情况,检察机关应充分认识其在未成年人犯罪治理中的责任与定位,履行好司法职能,切实承担起帮扶教育、预防犯罪等社会职能,在平衡社会治理和保护未成年人利益之间发挥积极作用。

二、未成年人网络犯罪治理的实践困境

经过多年努力,我国已初步形成了符合司法规律和未成年人特点的特殊的司法理念、工作机制和工作规范,然而信息网络的发展、移动互联网的兴起又给未成年人检察工作带来新挑战、提出新要求,增加了控制和预防未成年人犯罪的难度。

(一)涉罪未成年人轻缓处理与网络犯罪严厉惩治的刑事政策取向之间存在矛盾

"近年来,研究证明惩罚性的法律并不能有效降低犯罪率,反而提高了未成年人再犯的可能性,也给社会带来巨大的成本。"② 我国采取的是未成年人比成年人轻缓处理的刑事政策取向,强调保护优于惩罚,针对未成年人生理、心理的特点,不仅在实体法规定中对涉罪未成年人予以特殊保护,减轻其刑事责任,而且在程序法中也进行了"对犯罪的未成年人实行教育、感化、挽救的方针,坚持教育为主、惩罚为辅的原则"等规定。

然而当前,考虑到危害后果、刑罚的一般威慑效果等因素的影响,对于网络犯罪的惩治,学界和实务界均出现了"予以严惩""需调整应对网络犯罪的政策和策略"等观点。

当今社会下的未成年人是伴随着网络的发展成长起来的,对网络的接触程度、掌握能力是过去青少年所无法比拟的,加之共同犯罪、团伙犯罪数量相应增多的现状,使得我们开始思考,基于未成年人传统刑事犯罪制定的法律法

---

① 靳高风、王玥、李易尚:《2016年中国犯罪形势分析及2017年预测》,载《中国人民公安大学学报(社会科学版)》2017年第2期。

② 孙谦:《关于建立中国少年司法制度的思考》,载《国家检察官学院学报》2017年第4期。

规、刑事政策是否完全适用于未成年人网络犯罪，是否需要进行改革及改革的程度又如何。

（二）用成人法律处理未成年人案件导致监管存在空档

"相对于成年人司法强调的中立、保守、被动，少年司法有更多的主动、扩张、干预色彩。"① 从 2012 年《刑事诉讼法》增设未成年人刑事诉讼特别程序，至 2013 年施行的《人民检察院刑事诉讼规则（试行）》，再至 2017 年 3 月最高检下发的《未成年人刑事检察工作指引（试行）》，逐步细化了未成年人检察工作的具体标准和操作程序。尽管现已规定了法律援助、社会调查、法定代理人及合适成年人到场等一系列特殊检察制度，但对于未成年人是否构罪的判断和处理仍是依据《刑法》《刑事诉讼法》及相关司法解释、政策文件等，不仅条文缺乏系统性，而且会陷入行为危害社会后却难以得到有效处置的困境。加之，学校、家庭、社区等社会力量及行政机关的干预缺乏刚性、作用有限，为涉网犯罪未成年人下一阶段的行为走向埋下隐患。此外，实践中尚未形成公、检、法、司在办理未成年人案件中相互配套衔接的工作机制，在司法理念、体制机制、考核评价、法律适用等方面存在差异，也会带来监督管理难以落实、教育挽救效果不彰等问题。

（三）原有的监管方式无法完全实现防控网络犯罪的目的

随着社会的变化发展，未成年人犯罪"突发性、偶然性，犯罪手法简单"的标签已逐渐淡化，网络犯罪打破了时间、地点等因素的限制，对基于传统刑事犯罪制定的特殊检察制度和特殊程序又提出了新的更高要求。

有学者对未成年人的上网地点和方式进行调查，结果发现"在所调查的未成年人中，78.5%的是在家中上网，61%的是通过手机上网，在网吧上网的仅有 6.8%"②。可以看出，移动互联网的发展使得犯罪目的的实现无需再到网吧实施，在家中、甚至在任意地点滑动几下智能手机即可完成。对于网吧的监管，尚有"未成年人禁止进入网吧"的规定、相关政府职能部门定期检查等措施，而在家长对未成年人上网进行监管、引导方面，效果并不理想。主要表现为：一是不监管。调查显示，"有 27%的父母对未成年人上网没有任何限

---

① 孙谦：《关于建立中国少年司法制度的思考》，载《国家检察官学院学报》2017 年第 4 期。
② 郭开元：《网络不良信息与未成年人权益保护的研究报告》，载《预防青少年犯罪研究》2017 年第 4 期。

制",① 而在专门针对未成年犯的调查中,"42.7%的未成年犯在犯罪前父母对其上网没有任何限制。"② 二是监管方式仍停留于应对传统的刑事犯罪上。对于涉嫌抢劫、盗窃等传统刑事犯罪的未成年人,在采取非羁押性强制措施期间或作出附条件不起诉、相对条件不起诉决定后的考验期内,司法机关、家庭和学校关注的是涉罪未成年人是否正常上学、是否进入禁止出入的区域、类似的犯罪行为是否再次发生等,而这些情况的了解过程相对简单,且"电子手铐"的应用使得情况的掌握更加准确、及时。

然而对于涉网犯罪未成年人而言,对网络的正确认知、健康使用是监管教育的重要内容。司法机关可以根据涉网犯罪未成年人的行动轨迹确定其所处的位置,即使显示是在家的状态,但是在家中的具体生活学习内容、对网络的使用情况都不得而知,只能通过其监护人的监管及定期的情况反馈予以了解,而监护人义务的履行又呈现出参差不齐的问题。因而,过去对于监护人监管内容的规定已无法完全实现防控网络犯罪的目的,应结合未成年人网络犯罪的司法实践,进行更为明确具体的规定。

三、检察机关加强未成年人网络犯罪治理的建议措施

社会治理和未成年人保护是处于转型时期的我国较为关注的问题,检察机关作为推进法治中国、平安中国建设的重要力量,对于新出现的未成年人网络犯罪问题,要不断革新未成年人犯罪治理机制、方式和方法,"从源头上预防和减少犯罪的发生,进而解决未成年人问题背后的深层次社会问题,化解社会矛盾,消除不安定因素",③ 推进社会有效治理。

(一) 未成年人网络犯罪案件办理的基本思路

"公安机关、检察院、法院、司法行政机关,分别主要负责未成年人刑事案件的侦查、起诉、审判、执行(矫正)与法律援助工作",④ 显然,被赋予司法职能的检察机关在对未成年犯罪嫌疑人强制措施的选择适用、案件是否进入审判环节等方面发挥着决定性作用。针对未成年人网络犯罪蔓延的势头,尽

---

① 郭开元:《网络不良信息与未成年人权益保护的研究报告》,载《预防青少年犯罪研究》2017年第4期。
② 郭开元:《网络不良信息与未成年人权益保护的研究报告》,载《预防青少年犯罪研究》2017年第4期。
③ 孙谦:《关于建立中国少年司法制度的思考》,载《国家检察官学院学报》2017年第4期。
④ 姚建龙:《中国少年司法的历史、现状与未来》,载《法律适用》2017年第9期。

管检察机关坚持国家亲权理念、儿童利益最大化原则，将帮教、挽救涉罪未成年人作为办案的主要任务，但是并不意味着对涉罪未成年人的教育可以排除法律的约束，要综合各种利益考虑，做到司法干预和综合治理相结合。检察机关在关注证据和已经发生的、与定罪量刑有关的案件事实的同时，要将"教育、感化、挽救"的方针，"教育为主、惩罚为辅"的原则贯穿于未成年人网络案件办理全过程。坚持教育和保护优先，落实好刑事诉讼法规定的特殊制度、程序和要求，为涉罪未成年人重返社会创造机会。"准确把握宽严相济的刑事政策，对不同年龄、不同情况的未成年人，实行区别对待，注重宽与严的有机统一，做到该宽则宽、当严则严、宽严相济、罚当其罪。"①

因而，坚持对未成年人网络犯罪从宽处罚，对组织、教唆、帮助未成年人实施网络犯罪的行为从重处罚。对司法办案中未成年人网络犯罪的实际情况进行归纳总结、分析论证，通过司法解释、会议纪要等形式对未成年人网络犯罪案件办理可能出现的问题予以明确，为全国办理此类案件提供统一的标准。

（二）建立涉网犯罪未成年人动态管理系统

"上网成瘾和不健康的上网目的均与未成年人走上违法犯罪道路有着高度的相关性"，② 检察机关应尝试运用大数据等现代科技手段来完善涉网犯罪未成年人的监管方式，尤其要加强对智能手机上网的监管问题。可建立涉网犯罪未成年人动态管理系统，主要包括智能监管系统、监护人 app 系统和涉网犯罪未成年人 App 系统三部分。

具体而言，智能监管系统是对涉网犯罪未成年人进行建档，依据手机中的定位系统可以实时将监管对象的位置、行动轨迹等信息传输到服务器和手机上。案件承办人可根据涉网犯罪未成年人的个案情况，在电子地图中设置电子围栏，当未成年人进入围栏内的网吧等特殊场所时，系统会自动报警。监护人 app 系统可实现监护人对涉网犯罪未成年人的实时管理，及时掌握定位信息、行动轨迹、异常举动等。在涉网犯罪未成年人的手机等移动设备上安装并运行涉网犯罪未成年人 app 系统，不仅可以对未成年人的上网时间进行设置，而且上网时系统会自动过滤不健康网页，保护未成年人免受网上不良信息的影响。并可逐步增设人脸识别、声纹在线识别功能，防止脱管、漏管、虚管现象的发生。该系统也可作为对严重不良行为未成年人、不满刑事责任年龄的涉罪未成

---

① 门植渊：《未成年人刑事案件如何准确适用强制措施》，载《检察日报》2017 年 7 月 30 日，第 3 版。

② 徐伟：《网络诱发未成年人犯罪的类型分析与治理策略——基于三十个典型案例统计》，载《预防青少年犯罪研究》2016 年第 4 期。

年人的干预措施，应用于实践中，填补判处刑罚和释放不处理之间的空白。

(三) 构建强制亲职教育制度

家庭监管教育方式不当很有可能会促使涉网犯罪未成年人再次犯罪，部分监护人因在互联网应用方面能力不足而无法实施有效监管。建议通过建立强制亲职教育制度，"提升父母教养子女的技巧与能力，督促监护人切实履行监护教育职责。"① 检察机关将对本案未成年人涉嫌网络犯罪行为与监护人教育不当等家庭因素的关联度进行评估，根据评估结果决定是否需要对其进行强制亲职教育，以及强制亲职教育的具体内容和时长。检察机关"可委托专门的家庭教育辅导机构或者邀请教育学、心理学等相关领域的专业人员具体开设强制亲职教育的课程和活动，"② 向其传授互联网相关知识，以及如何引导未成年人安全上网、健康上网等正确履行监护职责的方法；也可以通过微信课堂和网络教育平台，提升异地监护人履行监护职责的能力。对于拒绝参加强制亲职教育或者未达到预期效果的，检察机关可以要求其再次接受强制亲职教育，或依照有关法律进行进一步的处罚。

基于犯罪预防的目的，可逐步对有严重不良行为但尚未达到违法犯罪程度的未成年人的监护人进行强制亲职教育。甚至将亲职教育拓展到一般预防的范围，对普通未成年人家长，采取以案说法的形式，为家长提供家庭教育的理念、方法和教育技巧等。互联网上充斥着大量不良信息，甚至通过网络即可获取如何实施网络犯罪的方法和手段，因而，对处于不良环境或危险状态下的未成年人开展有效的早期干预，能够对未成年人进行及早和全程的保护、帮教，切断其犯罪人格发展进程。

(四) 构建和完善社会观护基地

审查逮捕、审查起诉、出庭公诉等是检察机关的基本职责，未成年人检察工作在遵循法律法规，履行好司法职能的同时还要切实承担起帮扶教育、预防犯罪等社会职能。社会观护基地的建立是借助社会力量对处于非羁押状态下的涉网犯罪未成年人进行监管，实现心理疏导、行为矫正。"在符合条件的社区、企业、社会福利机构等单位中择优选择成立基地"，并为涉网犯罪未成年人安排如何应对网络不良信息等方面的学习，提高未成年人甄别网络不良信息

---

① 刘传稿：《构建未成年人检察社会支持体系》，载《检察日报》2017年11月21日第3版。

② 王贞会、范琳：《涉罪未成年人强制亲职教育制度构建》，载《青少年犯罪问题》2017年第3期。

的知识和能力，定期进行心理辅导，教育引导其理性文明上网。社会观护基地的构建不仅有助于办案人员高质量处理案件，同时将涉网犯罪未成年人的教育监管工作落到实处，而且进一步"推动实现未成年人家庭保护、学校保护、社会保护和司法保护的有序衔接，建立完善未成年人保护工作机制和服务体系。"①

（五）健全完善司法衔接机制，搭建信息共享平台

未成年人网络犯罪的治理是涉及多个部门的综合性工作，检察机关应"积极与公安、法院、司法行政等部门沟通配合，在评价标准、社会调查、逮捕必要性证据收集与移送、法律援助、分案起诉等制度上达成共识，形成未成年人司法保护工作合力"。可实现公检法三机关之间部分法律文书、文件资料的网上传输、信息共享，有效推进公检法三家的执法透明化、规范化，实现与案件同步实施监督职能，公检法联网实现协同办案"零距离"，有效提高办案效率，进一步提升检察办案的能力和水平。②此外，要加强与综治、共青团、学校、社区、企业等方面的联系配合，"积极促进党委领导、政府支持、社会协同、公众参与的未成年人犯罪帮教社会化体系建设"，③并"逐步建立未成年人刑事司法服务供求信息共享平台，跨机构、跨区域协作及资源链接机制"，④共同做好涉网犯罪未成年人帮教考察和犯罪预防工作。

（六）加强分析研判，形成治理合力和长效机制

一方面，检察机关要以未成年人网络犯罪案件事实为切入点，构建大数据未成年人网络犯罪分析研判系统。该系统以全国检察机关统一业务应用系统数据为核心，并导入公安、法院、司法、教育、网信办、网络运营商等部门相关数据，以大数据挖掘和云计算为技术支撑，利用机器学习和神经网络技术，对未成年人网络犯罪进行分析与研判，为网络犯罪预测预警提供强有力的支持。主要包括以下模块：一是未成年人数据分析模块。通过对未成年人网络犯罪的相关数据进行数据挖掘，并建立数据模型，重点数据包括年龄、家庭情况、教育程度、住所、行为轨迹等，再将未成年人违法虞犯的数据与数据模型进行数据碰撞，根据碰撞的相似程度得出可能有犯罪倾向的未成年人。依据相似程度

---

① 门植渊：《未成年人刑事案件如何准确适用强制措施》，载《检察日报》2017年7月30日，第3版。
② 孙谦：《切实加强未成年人检察工作》，载《检察日报》2016年1月18日，第3版。
③ 孙谦：《切实加强未成年人检察工作》，载《检察日报》2016年1月18日，第3版。
④ 门植渊：《未成年人刑事案件如何准确适用强制措施》，载《检察日报》2017年7月30日，第3版。

进行红、橙、黄三色预警,检察官可根据预警级别选择不同的方式对未成年人进行预防和监控。如达到红色预警,就需要联合公安、学校等部门对该未成年人上网记录、活动轨迹等进行重点排查,防止网络犯罪行为的发生。二是"热点"分析模块。内容具体包括:其一,高时间段案件分析,即按照时间段进行案件的分析研判。检察官对犯罪信息点按照一定的时间段内进行关联分析,确定哪些犯罪信息点要重点关注,并对这些易发生案件点进行预防监控。其二,高区域场所案件分析,即按照区域和场所进行案件的分析研判。根据一定的区域场所的犯罪信息点进行关联分析,并针对该高案发区域找出信息点之间的关系,计算出高案发区域。发现"热点"分布密集,该区域场所就作为重点目标。

另一方面,对各类具有较高案发率的未成年人网络犯罪进行专门的法制教育和宣传,使未成年人认识到网络并非法外之地,以提升未成年人的法律认知,防控相关网络犯罪。在办案中发现的未成年人罪错背后存在的社会治理问题,及时向相关政府职能部门提出完善社会治理的建议,形成治理合力和长效机制。目前情况下,要加强对上网场所的整治,切实做到禁止未成年人进入网吧,对容留未成年人上网的网吧予以严格查处;要加强互联网监管,"开展网上公开巡查执法,设立社会举报机制,指导督促网络服务提供者落实法律规定的安全管理责任和技术防范措施,净化网络环境"。①

"未成年人检察工作不以简单惩罚犯罪为首要目的,不以定罪量刑和定分止争为最终目标,而是以保护未成年人权益、预防再犯、帮教未成年人为出发点、着力点和落脚点。"② 检察机关在办理未成年人网络犯罪案件过程中,应秉承宽严相济的刑事政策,加强对未成年人网络犯罪的预防和控制,坚持检察工作与现代科技应用深度融合,建立涉网犯罪未成年人动态管理系统,通过强制亲职教育制度和社会观护基地,使其内心想法和认知发生转变,促进未成年人的健康成长,辅之以健全完善司法衔接机制,"推动公、检、法、司机关统一认识、协调一致、有效衔接",③ 加强案件分析研判,逐步推进未成年人事务治理能力和治理体系现代化建设,为加快形成共建共治共享的社会治理格局,不断提高社会治理社会化、法治化、智能化、专业化水平奠定基础。

---

① 代秋影、苑宁宁:《"未成年人网络保护与犯罪预防研讨会"综述》,载《预防青少年犯罪研究》2017 年第 1 期。
② 孙谦:《切实加强未成年人检察工作》,载《检察日报》2016 年 1 月 18 日,第 3 版。
③ 孙谦:《切实加强未成年人检察工作》,载《检察日报》2016 年 1 月 18 日,第 3 版。

从网络隔空猥亵儿童犯罪谈检察权的应对

雷向敏 李 磊*

一、网络"隔空猥亵"未成年人犯罪的新特点

隔空猥亵儿童行为是网络时代的产物,其产生、发展、实施都受制于网络技术的实际运行状况。因此,在互联网还未普及、网络社交活动还未成型的时期,"隔空猥亵儿童"的案件相对较少,行为手段也相对简单,一般不会引起社会广泛关注。然而,随着网络技术的跨越式发展,隔空猥亵儿童行为实施的客观技术条件不断升级,隔空猥亵儿童案件大量发生的现实条件已经具备,多发趋势明显且形势十分严峻。据统计,2017—2019年猥亵儿童案例合计1268件,其中涉及通过网络实施的83件,占比6.5%,其中41例为网友通过网络社交平台作案。① 可见,利用网络社交媒体传播儿童色情和实施"隔空猥亵"等犯罪成为侵害未成年人犯罪的新趋势。主要呈现以下几个特点:

(一)线上犯罪与线下犯罪相结合

前文提到2017—2019年通过网络猥亵儿童的案件共83件,其中79%是在网络聊天平台、社交视频平台实施的线上猥亵行为,21%是线上与线下相结合实施的猥亵行为。网络儿童色情常常是线下犯罪的预备行为,但其侵犯的法益具有独立性,具有匿名化、危害性大、危害持续时间长、传播快、涉及面广等特点。网络猥亵儿童犯罪与传统猥亵儿童犯罪往往呈现出复合发展的态势。有的犯罪人在取得被害儿童的裸体照片、视频等后以此要挟被害儿童及其家长给予财物,由网络猥亵儿童犯罪向敲诈勒索罪发展。

---

* 雷向敏,新疆生产建设兵团第十二师检察分院党组成员、副检察长;李磊,新疆生产建设兵团第十二师检察分院政治部正科级干部。

① 邵守刚:《猥亵儿童犯罪的网络化演变与刑法应对——以2017-2019年间的网络猥亵儿童案例为分析样本》,载《预防青少年犯罪研究》2020年第3期。

（二）隐秘性与公开性并存

通过对上述 83 件案例分析发现，一方面网络隔空猥亵儿童犯罪表现出更加隐秘的特点。网络平台社交软件账号注册几乎都不需要实名验证，犯罪分子用虚假个人信息注册，作完案后即注销账户、删除犯罪记录，没有留下任何犯罪痕迹，这给司法机关调查取证带来了一定的困难。再加之，犯罪分子通过网络隔空猥亵儿童，没有身体接触，不会留有伤痕；受害儿童不敢或者羞于告诉老师和家长，更有少数受害儿童不知道这种行为是"性侵"，因而很难被发现。另一方面，网络猥亵儿童犯罪也可能带有一定的公开性。有的行为人取得被害儿童的裸露照片、视频后留存于电子设备中用于日后观看，或者向朋友炫耀；更有甚者将照片、视频用于上传、制造、贩卖牟利；还有的犯罪分子在通过网络对未成年人进行猥亵时，邀请他人一起观看。这就造成了危害结果的持续放大。

（三）软化性与暴力性相结合

从前文 83 件案例看，犯罪分子开始都是采用软化性欺骗手段，一般都打着交男女朋友、招募童星，或者冒充生理教师上生理课的旗号，通过长时间的交流取得被害未成年人的信任，最后达到自己的犯罪目的。第一次目的达到后，犯罪分子逐步采用威胁、恐吓等暴力性手段，一般都是以把被害人的照片和视频上传网上、发给未成年人的同学、父母等，逼迫未成年人就范，以达到长期控制的目的。

（四）被害未成年人大都选择集体沉默

大部分未成年人及其监护人在受到网络性侵后都选择沉默，而不是报警维护自己的权益。父母不知道孩子受到了网络隔空性侵，即使知道了，觉得孩子没受到实质性的侵害，再加之说出去丢人，不如选择沉默；大部分孩子上网是受到父母限制的，即使意识到对方对自己做了不好的事情，由于害怕父母责备等原因也选择了沉默；有的孩子则根本没有意识到自己被性侵了。

从以上网络隔空猥亵未成年人犯罪呈现出的新特点来看，犯罪难度越来越小，危害程度越来越大，犯罪成本越来越低，司法机关查处和取证越来越难。由此可见，此类犯罪如不能及时打击，犯罪分子将会越来越猖獗。

二、当前打击网络隔空猥亵儿童犯罪存在的难题

（一）打击难

发现难、取证难、侦破难、执法难，是网络犯罪的共性，也是打击线上性侵儿童的难题。

1. 司法机关适用法律有争议。隔空猥亵儿童行为与传统猥亵儿童行为在行为方式上存在一定差异，因而关于此类行为是否构成猥亵儿童罪在司法实践中存在争议，此类案件的被告人、辩护律师也往往辩称，由于行为人与被害人之间没有直接的身体接触，因此该类隔空猥亵行为不属于猥亵犯罪的行为范畴，行为人当然不成立犯罪；个别法官也存在这种认识。

2. 取证难。这个问题的出现首先是由未成年人本身的特点所导致的。未成年人因其年龄、受教育程度的原因，社会阅历不足，当自己的权利遭受侵害或者出现违法犯罪情况时，不知道该如何保存证据，网络引发的现实犯罪往往是单线联系，未成年人社会经验不足，案发时无固定证据的意识，这样就给侦查部门在调查取证带来极大的困难。此外，网络环境下的虚拟犯罪，最大的特点就是隐秘性，可以说，除了犯罪分子与未成年人之外，是没有"第三人"在场的，这也就导致了证据的取得，除通过网络技术从网络层次获取外，仅能从未成年人处来获得，但是未成年人又属于无刑事责任能力或者限制刑事责任年龄人，也就意味着其陈述的客观性与准确性是难以把握的。大部分犯罪嫌疑人都会主动规避法律，随时删除与被害人的聊天记录。即使侦查机关可以通过技术手段进行数据的恢复，也只能恢复其中的一部分，并非全部。①

3. 管辖权问题也给打击隔空猥亵儿童犯罪形成了障碍。网络上隔空猥亵女童的人数可能不少，每个地方都可能追查一两个犯罪嫌疑人，再从这一两个追查的人发现其他的更多人。但可能被害人或者嫌疑人并不在其管辖的区域，需要上级进行指定管辖，这样就很难形成打击合力。目前公安部门是以督办的方式，由各个地方将线索汇集到上级部门，转交给有管辖权的地方去办理，集中处理一批这样的案件。②

4. 无精神损害赔偿。未成年被害人在遭受性侵后，精神和身体会受到双重伤害，需要长时间进行"疗伤"，其间需要投入大量的金钱、时间和精力，甚至精神上的伤害会伴随一生。但是我国目前刑法、刑事诉讼法均没有关于未成年人在遭受性侵后有要求精神损害赔偿的规定。从长远来看，不利于对未成年人的保护。

(二) 管控难

数据显示，2019年我国未成年网民规模为1.75亿，未成年人互联网普及

---

① 张凯：《电子证据研究》，中国政法大学2016年硕士学位论文。
② 《"N号房"中国坚决不容你》，载《检察日报》2020年4月8日。

率达到93.1%。① 南都大数据研究院于2019年4月至7月期间在全国范围内发起问卷调查，组织记者与研究员赴河南、山东、福建、广东、北京五省进行田野调查与个案收集，并在此基础上撰写形成报告。调查共回收4059份有效问卷，其中包括1034份学生问卷、1682份家长问卷、345份老师问卷和998份社会人士问卷。调查显示，有21.25%的受访学生表示曾在使用手机上网时遇到过色情或暴力信息。② 未成年人网民数量巨大，他们分别来自不同的家庭，所处成长环境和所受教育也千差万别，素质良莠不齐。再加之网络信息鱼龙混杂、色情暴力充斥其间，而未成年网民对网络信息又缺乏判断力和甄别力，极易受网络不良信息影响。庞大的未成年人网民群体、繁杂的网络不良信息、现有监管力量短缺和监管技术滞后等，给网络管控和监管带来了一定难度。

（三）网络企业自律性差

据前文所述，2017—2019年，83起网络隔空猥亵儿童犯罪中有41起是通过网络社交软件完成的，占比49%。可以说，网络社交软件的使用已经成为诱发隔空猥亵儿童犯罪的主要原因。目前，qq、微信、抖音是未成年人网络社交的主要媒介。但是微信、qq等社交软件并未开发使用青少年模式，诸如视频聊天、网络游戏、陌生交友、实时定位、资讯看点、直播打赏等成年人常用社交功能同样对未成年人不加限制地开放，存在很大风险隐患。③

（四）监管机制不健全

一是监管主体不明确。据不完全统计，地方政府序列部门具有互联网监管职能的有公安局、网信办、文化执法等近10个部门，但是没有一个部门是专门负责青少年网络保护的。这就导致职责不清、责任不明，致使网络侵害未成年人权益的行为得不到及时有效处置。二是行业执行标准滞后。由政府主导出台的行业标准、行业数据更新速度较慢，对技术的理解应用也存在偏差。对社交平台而言，防范未成年人被性侵是一个"陌生"的领域，未成年人在注册时没有年龄限制，更没有保护机制。④ 这样就使许多未成年人成为了网络性侵

---

① 参见共青团中央维护青少年权益部、中国互联网络信息中心（CNNIC）联合发布的《2019年全国未成年人互联网使用情况研究报告》。

② 南都大数据研究院、南都未成年人网络保护研究中心主办发布了《2019年未成年人移动互联网使用现状调研报告》。

③ 钟芬、金昀：《猥亵儿童案件中"公共场所当众"的认定及适用》，载《青少年犯罪问题》2020年第1期。

④ 储槐植：《美国刑法》，北京大学出版社2016年版。

的待宰"羔羊"。三是平台缺乏准入机制。由于没有平台准入审核机制,这就为一些不良商家提供了便利条件。他们为追逐经济利益、赚取流量,置职业道德于不顾,采取各种低俗的方式吸引未成年人。

(五)责任落实不到位

一是家庭监护责任落实不到位。上海市未成年人(平均年龄为13.74岁)数字化生存状况的调查结果显示,作为青少年上网的主要场所,家庭环境以绝对优势(94.5%)毫无争议地成为青少年上网最为主要的环境。此外,未成年人在遭遇网络沉迷、隐私泄露、网络欺凌等风险时,通常半数以上的中学生都会首选向家长求助。因此,处理青少年网络侵害时,家庭监护应摆在突出位置,监护人应承担一定的责任。二是学校责任落实不到位。未成年人在遭遇各种网络风险或性侵时,很少有人向学校或老师求助,这与教育体系中对于网络素养和数字素养的重视不足、学生在学校环境中网络使用极为有限有关。所以,学校网络素养教育仍有待深化,学校和老师应主动采取措施应对青少年遇到的网络风险。三是网络服务提供者主体责任未落实。2018年,国家广电局对一些直播平台存在的问题,作出警告和罚款的行政处罚。① 2019年7月16日,全国"扫黄打非"办公室官方微信公号通报对三家运营企业传播网络淫秽色情出版物等问题,要求立刻停更整改。② 网络监管部门发现网络服务提供者有违规的情况后,大多数都是处罚企业,很少有处罚企业负责人和管理人员的。这种单罚制的处理模式,很难对网络社交平台负责人形成实质性的威慑,变相造成网络侵害未成年人行为的屡禁不止。

三、检察机关构建防范网络隔空猥亵未成年人犯罪新体系

针对当前隔空猥亵儿童犯罪多发趋势、新特征和当前在打击网络隔空猥亵儿童犯罪存在的难题,检察机关应从政治、法律、社会三个维度,通过制发检察建议、开展行政监督等方式行使检察权,努力构建一套事前预防、事中控制、事后惩戒的闭合式防范网络隔空猥亵未成年人犯罪的新体系。

(一)从政治维度构建事前预防体系

净化网络空间、保护未成年人网络权益是时代需要。党和国家领导人对此

---

① 禹玉琳:《浅析我国网络直播平台监管主体的问题及对策》,载《法制与社会》2017年第26期。

② 《涉及淫秽色情必被处罚,网站不要心存侥幸》,载人民网2019年7月30日。

高度重视，习近平总书记指出，网络空间是亿万民众共同的精神家园。"网络空间天朗气清、生态良好，符合人民利益。网络空间乌烟瘴气、生态恶化，不符合人民利益。"党的十九届四中全会《中共中央关于坚持和完善中国特色社会主义制度，推进国家治理体系和治理能力现代化若干重大问题的决定》中明确提出，建立健全网络综合治理体系，加强和创新互联网内容建设，落实互联网企业信息管理主体责任，全面提高网络治理能力，营造清朗的网络空间。习总书记的指示要求和十九届四中全会精神为检察机关行使检察权预防未成年人隔空网络猥亵提供了政策依据。

1. 构建政府统筹隔空猥亵未成年犯罪综合预防体系。近年来，食品安全、环境保护等老大难工作在中央对地方政府硬性考核、一票否决制度的推动下，取得了积极成效。难度系数大的工作单靠几个行政部门是解决不了的，需要政府统筹推动。为此，最高检可以就"隔空猥亵未成年人犯罪预防问题"向中央有关部门提出检察建议，将其纳入中央对地方各级政府的综合考核。只有这样才能促使各级政府用足行政权力、穷尽行政手段，建立健全隔空猥亵未成年人犯罪综合预防体系。

2. 创新互联网管理体制。针对目前网络社交平台存在的问题，向政府有关部门制发检察建议，建议增设"准入门槛"，实行"许可证"制度。比如，直播平台准入制度可规定要求直播必须符合以下要求：在进行网络直播活动前要获得许可证；网络主播要实名制。又如，在网络社交领域，社交媒体有必要针对青少年设置必要的安全和防沉迷机制。[1] 同时，监管部门要加强对内容的监管，发挥"把关人"的作用，净化低俗、劣质的不良信息，注重搭建优质的内容生态，营造清朗的网络空间，为培育未成年人主流价值观和网络交友观念发挥正向作用。探索建立信用登记体系对网络平台提供者违规行为进行规制，对于多次出现违法行为且不进行改正者，实行"黑名单"制度，禁止其进入和从事互联网行业。[2]

3. 落实互联网企业信息管理主体责任。笔者通过对某省某地级市政府网站公布的部门权力清单进行梳理发现，有网络监管职能的部门有11个，但没有1个部门专门负责未成年人网络权益的保护。随即笔者又对另两个省政府网站公布的省级部门权力清单进行了梳理分析，发现情况基本一致。为此，建议可以从中央政府到地方明确由一个部门专责负责未成年人网络权益保护，可以

---

[1] 李彦均：《抖音APP使用与满足研究》，湘潭大学2019年硕士学位论文。
[2] 史洪举：《构建"一键查询"式儿童保护网络及时、必要》，载《民主与法制报》2019年4月2日，第2版。

考虑由网信办承担此项工作，同时明确公安、教育、文化市场管理等部门未成年人网络权益保护职责边界，真正做到各部门之间信息共享、协同执法。

4. 加强未成年人网络素养培育。首先建议教育部将预防网络性侵教育纳入九年义务教育的必修课。同时利用家长学校对学生家长进行互联网综合素养培训，提高家长正确对待和使用互联网的能力。其次在未成年上网过程中，家长要注重对青少年的保护和引导，不断培养孩子健康的生活情趣。

（二）从社会维度构建事中控制机制

检察机关可以在落实"一号检察建议"方面进行大胆探索和尝试，不断拓展外延、深化外延，按照十九届四中全会提出的"发挥群团组织、社会组织作用，发挥行业协会商会自律功能，实现政府治理和社会调节、居民自治良性互动"要求，联合有关部门，积极培育互联网行业组织、动员有关社会力量，构建网络隔空猥亵儿童事中控制机制，开辟一条减少隔空猥亵儿童案发的新路径。

1. 建立行业组织，加强行业自律。与网信、民政等部门联合建立民间组织——互联网安全理事会，成员包括政府有关部门、互联网企业、法律、教育、学术界和公益组织等团体。引导互联网安全理事会制定《儿童网络安全：社交媒体和互动服务提供商的实用指南》等行业规范，以开列清单和举例的方式对社交媒体服务商如何更加有效地保护儿童网络安全进行指导，为网络社交平台提供具体的行业标准和指引，而后再逐渐立法并最终实现立法的体系化。①

2. 运用技术力量保障未成年人上网安全。向网信、市场监控等部门发出检察建议，建议把设置未成年人上网安全技术保障部作为企业成立的前置条件，并规定应该采用的技术标准，用技术手段净化未成年人上网空间。例如，网络社交平台应对色情信息进行过滤和管理，探索尝试采用 AI 识别、链接抓取等技术手段来加快发现和永久删除儿童性侵制品的速度。② 此外，为了有效地配合司法机关对网上儿童性侵害案件进行调查，建立网络平台服务商的强制报告、配合警方取证和提供技术支持制度，③ 平台通过技术等手段发现或应当发现未成年人在网络上受到骚扰、猥亵或者可能的线下侵害时，必须及时采取

---

① 付新华：《大数据时代未成年人数据权的法律保护困境及其破解》，吉林大学 2020 年硕士学位论文。

② 赵玉林：《互联网领域中人权的协调保障》，南开大学 2014 年硕士学位论文。

③ 陆雪：《我国性侵犯罪中未成年被害人保护研究》，华东政法大学 2019 年硕士学位论文。

措施或者向公安机关报告;平台提供者对使用平台服务生成的个人信息数据的收集和留存,及时发现犯罪线索和保存有关电子证据。

3. 建立监督、投诉举报平台。当前,我国大部分网民在发现不良信息后不知道该向哪个部门投诉,或者能找到相关部门投诉了,处置也需要一段时间。因此,检察机关应建议网络平台设立 24 小时投诉举报电话,随时接受社会各界的投诉建议,保证及时高效处置。团委、妇联、关工委等群团组织要培养一批有公益精神的热心网民,每天在网络"巡察巡视",发现不良信息及时向平台举报,并监督处理结果。

(三) 从法律维度构建事后惩戒体系

1. 严厉打击网络隔空猥亵儿童犯罪行为。坚持在网络隔空猥亵儿童与在现实环境猥亵儿童同罪追诉。① 通过前文对网络隔空猥亵未成年人犯罪的特点分析发现,利用 QQ、微信等网络社交软件,以诱骗、强迫或者其他方法隔空猥亵儿童行为,造成的社会危害比实际接触儿童身体的猥亵行为还要大,所以检察机关应统一办案思想,对网络隔空猥亵儿童犯罪与现实猥亵儿童犯罪同罪追诉。完善探索建立网络性侵未成年人被告人信息公开制度。2019 年 6 月,广东省广州市人民检察院上线运行了"侵害未成年人违法犯罪信息库",有性侵前科的人员均被系统列入"黑名单"。② 但目前,该系统仅供有关部门内部使用,尚未对社会公众公开。最高检可以把广东检察机关的经验在全国检察机关推广,同时对多次性侵未成年人或者犯罪后再次性侵未成年人的罪犯,向社会公开其信息。以此增加性侵儿童的犯罪成本,提高威慑力。

2. 立足法律监督职责。监督法院、公安机关落实《未成年人保护法》关于司法机关要设立办理未成年人案件的专门机构规定的执行情况。目前,检察院和法院已经设立了专门的未成年人办案机构,公安机关至今还未设立。检察机关应当督促公安机关设立未成年人办案队(所)。对属于年幼"被害人没有能力告诉"的,应及时建议公安机关立案侦查,并提起公诉,在提出量刑建议时,可视情一并提出适用禁止令;③ 对于不适宜继续担任抚养人的,检察机关还可建议、支持相关单位和个人提起变更抚养权诉讼,综合运用刑事、民事、行政检察等手段,最大限度实现对未成年人的全面司法保护。对性侵儿童

---

① 徐世亮:《定罪的基本立场与方法导论》,华东政法大学 2019 年硕士学位论文。
② 王进鑫、陈敏燕:《未成年人性侵害防范体系的问题与构建》,载《少年儿童研究》2020 年第 4 期。
③ 肖姗姗:《中国特色未成年人司法体系的构建》,中南财经政法大学 2018 年硕士学位论文。

服刑人员开展心理矫正。检察机关刑执检察部门可以向监狱、司法行政部门发出检察建议，要求他们分别对猥亵儿童的服刑人员和社区矫正人员开展有针对性的心理诊治，帮助服刑人员革除心理怪癖，重新回归社会。

3. 探索开展网络隔空猥亵儿童公益诉讼。以法治思维和法治方式解决现实存在的网络隔空猥亵儿童行为，是体现依法治国方略和实现法治中国建设目标的重要体现。特别是《未成年人保护法（修订草案）》明确了人民检察院可以提起公益诉讼的立法要求，最高人民法院、最高人民检察院《关于检察公益诉讼案件适用法律若干问题的解释》则为未成年人保护公益诉讼案件的办理提供了法律程序、路径的基本遵循。① 这就为网络隔空猥亵儿童行为提起公益诉讼奠定了坚实的基础。网络隔空猥亵儿童公益诉讼，对于检察机关应从认识层面和实践层面进行双重解读。在认识层面，网络隔空猥亵儿童公益诉讼属于未成年人检察公益诉讼，维护的是众多未成年人合法权益，不完全等同于一般公益诉讼所维护的公共利益，不应受到领域的限制；在实践层面，对众多未成年人合法权益的维护应遵循检察机关公益诉讼的一般规律，不能脱离检察机关依法提起公益诉讼的职权界限。② 网络隔空猥亵儿童公益诉讼涉及社会的方方面面，检察机关要与相关的审判机关、行政机关及政府部门、社会各界，就未成年人公益诉讼案件管辖、起诉、审判、法律适用、证据标准、执行等问题广泛沟通协调，建立健全信息共享、案情通报、案件移送和办案协作等制度。在此基础上，及时制定完善相关的司法解释及配套文件。同时，还要加强网络隔空猥亵儿童公益诉讼的专业化队伍建设，加强对网络隔空猥亵儿童的宣传普及，切实为工作开展营造良好的社会舆论氛围。

4. 建议完善相关法律法规。加快未成年人网络立法工作，明确家长、学校、企业等责任，可以更好地满足未成年人使用互联网，在网络环境下全面发展的需要。部分网络平台经营者对网上未成年人毒害信息传播起着推波助澜的作用，追究网络公司责任是减少未成年人网络性侵案件发生的必要条件。可以借鉴英国做法，对违法公司开具罚单、关闭网页，甚至追究公司高管的个人刑事责任。③ 从曝光的儿童色情网站中，有大量的会员付费观看，想要彻底解决隔空猥亵儿童犯罪的发生，也需要对持有、浏览、查阅淫秽色情信息的网络注

---

① 姚建龙：《〈未成年人保护法（修订草案）〉述评与完善》，载《预防青少年犯罪研究》2020年第2期。

② 张宁宇、田东平：《未成年人检察公益诉讼的特点及案件范围》，载《中国检察官》2020年第12期。

③ 杨志超：《儿童保护强制报告制度研究》，山东大学2017年硕士学位论文。

册用户进行法律追责。在我国现行法律框架内，没有关于未成年人遭受性侵后可要求精神损害赔偿的规定，实际上未成年人在遭受性侵后的伤害比普通侵害明显要严重很多。建议在《未成年人保护法》《未成年人网络保护条例》等法律法规中对上述问题进一步明确。

四、结语

检察机关将在党的领导下，积极践行检察新理念，与有关部门密切配合、通力合作，多措并举、综合施策，严厉打击隔空猥亵儿童等网络侵害未成年人合法权益的行为，还未成年人一个晴朗的网络天空。

网络性侵害未成年人法律保护研究

叶慧娟　淦茂杰[*]

随着移动智能终端的普及，触网途径不断扩展，上网变得十分便捷，我国未成年网民规模也不断扩大，根据共青团中央维护青少年权益部、中国互联网络信息中心联合发布的《2019年全国未成年人互联网使用情况研究报告》，2019年我国未成年网民规模为1.75亿，未成年人互联网普及率达到93.1%。但由于未成年人处于心智尚未健全的阶段，不能正确辨识事物属性，未成年人在上网过程中接触到不良信息的概率也增大。46%的未成年网民在上网时遇到各类不良信息，其中淫秽色情内容占比超过14%。据中国女童基金会发布的《女童保护2019年性侵儿童案例统计及儿童防性侵教育调查报告》，利用网络性侵害未成年人的案例呈现高发趋势，通过网络传播以儿童为对象的色情淫秽制品犯罪也不断增长。

面对网络性侵害未成年人犯罪日益严重的情况，各国普遍完善相关法律法规以立法的形式对未成年人进行法律保护。我国自党的十九大以来，将"全面依法治国"作为我国在新时代发展中国特色社会主义的基本方略，实现全面依法治国首先就要具备全面的法律体系，为治理网络空间犯罪问题，保护未成年人健康成长，我国先后颁布了《网络安全法》《未成年人保护法》等，都对网络性侵害未成年人做出相应的规定但都较为分散，并且针对网络性侵害未成年人犯罪仍缺乏专门的法律治理。但是由于网络性侵害未成年人犯罪问题涉及主体多、隐蔽性强、隐案率高、治理难度大，同时被害未成年人呈现网络分布的随机性，受害目标群体广泛；加之互联网信息传递的便捷性造成二次伤害，使其社会恶劣影响远远超过了传统的性侵害未成年人犯罪。综上，我国未成年人网络性侵害保护工作任务艰巨，网络性侵害未成年人犯罪亟须更加系统完善的法律进行相关治理，从而对未成年人免遭网络性侵害进行更为全面的保护。

---

[*] 叶慧娟，华东政法大学马克思主义学院副教授，法学博士；淦茂杰，华东政法大学硕士研究生。

一、网络性侵害未成年人现状

(一) 网络性侵害未成年人释义

互联网的发展使得人类沟通交流变得简便,但也带来了许多新型网络犯罪问题,网络性侵害未成年人便是借助网络的新型犯罪形式,网络性侵害成年人犯罪是指犯罪行为人以网络为工具或以网络空间为场所对未成年人实施的性侵害犯罪。网络性侵害未成年人的犯罪本质与传统的性侵害未成年人犯罪一致,只是以互联网为工具开展犯罪活动,有学者将网络性侵害未成年人犯罪总结为线上引诱型、线上威胁型、线上交友线下性侵型。① 犯罪行为人通过网络哄骗、诱导、胁迫等手段,利用聊天工具发送色情信息,进行"文爱"等形式网络隔空猥亵行为,并利用网络社交积累的关系诱导未成年人见面进行线下性侵。

(二) 网络性侵害未成年人犯罪形式

1. 通过网络向未成年人传播或传播包含未成年人色情信息的内容

首先,网络色情信息无孔不入,充斥未成年人聚集软件,防不胜防。由于网络上广告内容投放内容监管缺位,一些小型互联网公司愿意违规投放不良信息内容的广告,或者夹杂在小说、漫画里的软色情内容,造成监管困难,导致网络色情信息遍布未成年人聚集的网络社区平台。

其次,以未成年人为主体的色情内容泛滥,危害严重。不法分子以招募童星、生理检查、伪装同龄人恋爱哄骗、胁迫等手段使未成年人拍摄淫秽色情内容,以牟利等多种目的造成多次传播。据女童保护机构调查结果显示,网络儿童色情图片、视频泛滥问题也越来越严重,通过网络传播以儿童为主体的淫秽制品的,也越来越多②。

2. 网络隔空猥亵未成年人

网络隔空猥亵是指通过即时通信、自媒体、网络直播平台等网络社交工具,针对未成年人进行的远距离、非接触性的猥亵行为。③ 犯罪分子通过社交平台,以谈恋爱、游戏充值送礼物等多种理由结识未成年人,以胁迫、利诱、

---

① 吴鹏飞、刘白明:《我国儿童网络性侵的立法应对》,载《中国德育》2019年第8期。
② 中国少年儿童文化艺术基金会女童保护基金会、北京众一公益基金会:《"女童保护" 2019年性侵儿童案例统计及儿童防性侵教育调查报告》,2019年发布。
③ 袁野:《网络隔空猥亵儿童行为的刑法定性》,载《青少年犯罪问题》2019年第4期。

哄骗等形式使未成年人被迫或自愿与其进行"文爱""磕炮"并进一步进行视频聊天甚至裸聊等，保存相关图片、视频，进一步掌握未成年的真实信息，从而实现控制未成年人达到长期猥亵的目的。

3. 网络性侵未成年

网络性侵未成年人通常是指犯罪分子通过网络与未成年人建立关系，博取未成年人的信任以后，以线下约见的形式，诱导未成年人自愿或强迫未成年人与其发生性关系。此种作案手法依然是利用网络作为犯罪工具，没有完全跳出网络性侵害未成年人犯罪的界定。

二、网络性侵害未成年人法律保护存在的问题

以目前网络性侵害未成年人犯罪的现状来看，网络性侵害未成年人犯罪形式严峻，但我国现有的相关法律内容分散、层级较低，可操作性不强；性侵害未成年人惩治较松，法律威慑力不足；对于内容供应商的法律规定不够完善，这都是解决网络性侵害未成年人，进行法律保护存在的问题。

（一）网络性侵害未成年人相关立法分散，且可操作性不强

目前我国针对网络性侵害未成年人的立法主要规定在《未成年人保护法》《预防未成年人犯罪法》《网络安全法》《儿童个人信息网络保护规定》等法律或部门规章当中，相关的规定较为分散，并且倡议性条款较多，可操作性差。例如《网络安全法》第13条规定依法惩治利用网络从事危害未成年人身心健康的活动；《未成年人保护法》第34条规定禁止制作或者向未成年人传播淫秽信息，第41条规定禁止对未成年人实施性侵害等等，都较为分散。专门针对儿童个人信息网络保护问题出台的《儿童个人信息网络保护规定》、即将出台的《未成年人网络保护条例》中虽然也有专门针对未成年人网络性侵害问题的内容，但是法律层级较低，停留在部门规章、条例层面。在法律实践中，涉及到网络性侵害未成年人犯罪，如利用网络猥亵、性侵、传播包含未成年人或向未成年人淫秽信息等犯罪，均需要从刑法等高位阶法律当中寻找依据，并按照最高人民法院和最高人民检察院发布的司法解释、指导案例办理，涉及网络性侵害未成年人的犯罪仍缺乏专门的法律规定。

（二）网络性侵害未成年人犯罪成本较低

与国外相比，我国网络性侵害未成年人的犯罪成本是较低的。例如在我国传播淫秽物品罪一般判处2年以下有期徒刑，向未成年人传播或传播包含未成年人淫秽内容信息的从重处罚。而在美国，性侵犯未成年人犯罪的惩罚要严重得多。2017年美国一个前特勤局官员向14岁的未成年少女发送自己的裸照，

诱导该未成年人进行性活动,最终被判处 20 年有期徒刑,并且在其刑满之后实行监外看管。2018 年,最高人民检察院发布了一个作为网络猥亵儿童犯罪的指导案例,被告人骆某在网络交往中强迫儿童拍摄裸照并观看的行为,经检察院抗诉后,法院以猥亵儿童罪判处骆某有期徒刑 2 年。犯罪危害程度如果与所受的惩罚不成正比的话,那么法律的威慑作用将大打折扣。

(三) 预防网络性侵害未成年人犯罪的相关法律保护缺乏

1. 针对企业的立法不完善

目前我国关于网络性侵害未成年人犯罪的立法主要聚焦事后惩治方面,针对内容平台的供应商企业的立法尚不完善。由于网络的海量性、匿名性、平等性的特点使得网络性侵犯未成年人犯罪隐匿性强、监控难度大、隐案率高,互联网企业作为平台是内容的直接供应商,企业利用自身的技术监控平台内信息,是预防网络性侵害未成年人犯罪的重要途径。但关于互联网企业平台管理的法律规定大多是倡议指导的方向性条款,规定企业要做什么以及不能做什么,但对实施和效果没有清晰的规范。据笔者观察,法律规定了互联网企业实行网络实名制,但实践中平台不深究是否为使用者本人实名,因此未成年人借助监护人实名信息使用相关软件的情况十分常见,实名制的具体执行以及完成效果主要依靠企业的行业自律。从行业自治的伦理逻辑上看,没有人会心安理得地从事制造邪恶的事情,可当期望的目标是追逐巨大的经济利益时,特别是整个行业都在淡化道德约束、强化逐利正当性时,企业和个人便很难抵挡得住利益的诱惑。① 对于当今的互联网企业而言,将大量人力资金投入到商业板块追逐利润,还是投入到技术监管平台加强监管,答案是不言而喻的。平台是内容监管最重要的防线,也是保护未成年人免遭网络性侵害的重要屏障,因此要完善互联网企业相关立法,出台可操作、可量化的行业管理规章制度,将法律规定的实施落到实处。

2. 未成年人性教育缺乏法律规范

教育是立国之本,青年是国家未来,教育事关个体发展和社会发展,教育出现问题势必影响社会稳定,因此教育活动是需要法律来进行规范的。对未成年人进行性教育不仅是提升未成年人认知、预防未成年人遭受性侵害犯罪的重要途径,也是避免处于懵懂时期的未成年人触犯相关法律的重要保障。学校在未成年人性教育过程中充当着主要角色,但在未成年人性教育方面,我国仍缺

---

① 王玉薇:《智能互联网时代网络犯罪治理的伦理构造研究》,载《人大法律评论》2018 年第 1 辑。

乏统一的法律规范标准。我国是一个谈性色变的国家,对未成年人的两性知识教育普遍保守,如某市教育局曾出台了《中小学安全行为"十不准"》,其中第 6 条提出"不准别人触摸自己私密部位"引起了强烈的质疑,有的公众认为太过露骨,这种对两性知识教育的隐晦态度也导致了未成年人对两性概念模糊的情况。同时,当前我国对未成年人的素质教育中,网络素质教育尚不完善。网络素养是指对网络上的信息、事件等的认知以及行为能力,如果未成年人不具备一定的网络素养,当遭遇网络性侵害、接触到淫秽色情信息等,不能够准确判断是否违背道德标准。《2019 年全国未成年人互联网使用情况研究报告》显示,65.6%的未成年网民主要通过个人摸索学习上网技能,[1] 学校、家庭、社会层面对于未成年人网络素养教育的重视程度仍显不足,现有的未成年人网络素养研究和教育也处于较为初级的阶段。

三、网络性侵害未成年人犯罪的立法保护

(一)完善网络性侵害未成年人的相关立法

出台网络性侵害未成年人专项法律,完善网络性侵害未成年人的相关法律。目前,我国已经初步建立了基本的未成年人法律保护体系,《未成年人保护法》《预防未成年人犯罪法》等未成年人专门法律都在修改审定当中,《未成年人网络保护条例》也即将落地,但是对于网络性侵害未成年人方面都缺乏详细规定,应进一步完善关于网络性侵害内涵、界定标准等具体问题。《未成年人保护法(修订案)》中新增了未成年人网络保护专项内容,但基本是倡议性条款,建议细分具体保护内容,如网络暴力、网络性侵害等,进一步推动《未成年人保护法》配套的相应管理条例出台,使法律平稳落地。

同时,立法也可吸取国外优秀经验,美国在未成年人网络保护立法方面较为领先,早在 20 世纪 90 年代美国就有相关的立法尝试,并先后出台了《儿童互联网保护法》和《儿童在线隐私保护法》等,通过强制安装过滤软件、限制对未成年人进行信息收集等方式降低未成年人遭受网络性侵害的可能性。欧盟的《通用数据保护条例》提出向儿童提供信息社会服务即儿童使用互联网时应当适用特殊的同意规则,低于 16 岁时必须取得监护人的授权或同意等。[2] 因此我们在出台具体的管理条例时,也可借鉴他国实践经验,增强法律的可操

---

[1] 共青团中央维护青少年权益部、中国互联网络信息中心:《2019 年全国未成年人互联网使用情况研究报告》,2019 年发布。

[2] 汪家旭:《未成年人网络安全保护的国际经验及借鉴》,载《中国电信业》2018 年第 2 期。

作性。

(二) 建立网络性侵害未成年人犯罪配套惩罚制度

网络性侵害未成年人案件中,施害人与受害人没有同处一个现实的物理环境,但网络空间作案也符合犯罪分子的主观动机,客观上犯罪的部分行为与传统犯罪行为方式一致,犯罪结果导致的伤害与传统形式的性侵犯一致,甚至高于传统的性侵犯未成年人犯罪,犯罪行为一旦实施,对未成年人的伤害巨大。鉴于此类犯罪在我国量刑标准与犯罪影响相比较为宽松,但刑罚标准的变更过程十分复杂且周期长,因此可考虑出台配套惩罚措施。结合国外经验,首先积极探索网络性侵害未成年犯罪分子的信息公开制度,利用线上线下多途径通报犯罪分子个人信息。其次研究出台监外电子监控制度,监外电子监控最常见的手段即利用电子镣铐来进行监督,目前美国、韩国都利用电子镣铐对有性犯罪前科的人进行行踪监测,当有性侵害未成年人前科的人靠近未成年人聚集场所时会自动触发报警机制,我国也可参考出台相应措施。最后建立企业强化网络监管制度,互联网企业根据实名制信息,对有网络性侵害未成年犯罪前科的人的网络活动加强监管等。通过各项措施,加大网络性侵害未成年人犯罪成本,增加法律的威慑力,优化未成年人网络保护路径。

(三) 推进网络性侵害未成年人犯罪预防性立法

1. 完善互联网行业管理法律规范

互联网企业是未成年人接触网络信息的内容供应商,也是保护未成年人免遭网络性侵害的第一道防线。目前关于预防网络性侵害犯罪的立法内容,针对企业的基本上是一些禁止性条令,即内容供应商不得提供什么内容等或配合建立相应制度,进一步的落实主要依靠行业自律。行业自律作为一种制度弹性更好、实施成本更低的内部治理手段,在约束、控制市场主体侵犯儿童个人信息行为、维护儿童个人信息安全方面具有独特的作用。① 让企业承担起未成年人网络保护的社会责任,织牢信息安全网对未成年人网络性侵害保护极其重要,但考虑到资本的逐利性,我们必须完善互联网行业管理条例,细化互联网监管细则。

第一,严控实名制注册,优化算法加强技术监管。目前各大社交网络软件、娱乐软件都实行了实名制注册,以监护人与未成年人共同实名登记、监护人资料审核等各种方式落实未成年人实名认证监护人同意制度。对于借助成年

---

① 《让未成年人网络保护早日有法可依》,载光明网,http://guancha.gmw.cn/201911/03/content_ 33288561.htm, 2019 年 11 月。

人账号上网情况的,以站内信、登录提示等方式告知监护人启用青少年模式的重要性。在加强内容过滤的同时,也要注重未成年人网络权益的保障,优化算法,推送利于未成年人健康成长的内容,以期给未成年人带来良好的网络体验,加强对未成年人推送的内容管理,以此减少未成年人遭受网络性侵害的风险。

第二,建立企业与执法部门联合预警机制。健全完善司法衔接机制,搭建信息共享平台。① 对于私密性较高的社交软件,为保障未成年人网络安全可尝试探索适度的让渡隐私权,建立风险预警机制,当系统监测到未成年人遭受网络性侵害可能性时,即时预警,将内容提交人工审核,发现问题进一步上传至执法部门进一步跟进,做到早发现、早预防。对于公共的自媒体社交平台,鼓励企业建立完善的监督、发现、举报、处理、预后机制,不论是系统还是用户发现网络性侵害未成年人的信息都能便捷地进行举报,同时举报不能只停留在企业内部惩罚处理阶段,而要借助企业与执法部门的联合预警机制将系统搜集的证据移交执法部门,此项工作初始可能会加大执法部门工作量,但经过初期的震慑,相信定会达到降低网络性侵害未成年人犯罪的数量的效果。

2. 完善未成年人性教育、网络素质教育法律规范

学校是未成年人成长的重要场所,学校应注重加强未成年人性教育、网络素质教育,提升学生辨识能力,掌握避免网络风险的方法,使自身免受互联网中的暴力伤害。② 《未成年人保护法(修订草案)》提到了要加强未成年人性教育和网络素质教育的条例,同时也要研究将未成年人性教育和网络素质教育融入《义务教育法》中,教育部也应加快推动关于未成年人性教育、网络素质教育的部门规章出台。充分发挥学校的教育主体作用,开展连贯的网络素质教育,分年级、分阶段融入课程当中,逐步提升未成年人网络信息鉴别能力。

文化对人的影响是潜移默化的,守护未成年人健康成长,构筑清朗的网络文化环境,健全未成年人网络安全保护体系需要全社会的共同努力,在网络性侵害未成年人保护方面,也要充分发挥社会各界的力量。弘扬社会主义核心价值观,在全社会形成良好的社会文化氛围。因此要积极推进未成年人网络保护组织的设立,发挥组织对未成年人网络安全教育和网络素质培养的作用,以及建立完备的网络性侵害未成年人犯罪的援助体系,为受害未成年人提供法律帮

---

① 门植渊、王加军:《大数据应用于未成年人网络犯罪治理研究》,载《北京青年研究》2019年第2期。

② 张旭、朱笑延:《"全民触网"时代儿童个人信息安全的保护路径》,载《青少年犯罪问题》2019年第1期。

助以及帮助他们克服心理障碍等。

四、结语

作为互联网原住民的未成年人，是国家的未来和民族的希望，保护未成年人健康成长涉及未成年人网络保护、未成年人性侵害、企业技术与道德、学校教育、社会公德等多方面问题，立法保护只是强制的外力保护，从根源上解决网络性侵犯未成年人犯罪需要全社会鼎力相助，共同维护未成年人健康成长。

我国未成年人互联网合法权益保护机制研究

常 杰 孟 睿[*]

随着科技发展速度的飙升，互联网普及率也随之升高，其对社会进程的影响持续加强，但我国关于互联网权益保护制度体系的不健全，严重影响了互联网产业的发展。特别是新型互联网犯罪形式层出不穷，让未成年人网络权益保护成为全社会普遍关注的问题。未成年人互联网合法权益保护机制，要在保障未成年人享有充分平等的网络使用权和确保未成年人免受互联网违法信息的侵害之间找到平衡点，同时兼顾未成年人网上个人信息保护及防范网络沉迷功能，这些都对我国未成年人的互联网运用提出了重大挑战。2019年2月5日，联合国儿童基金会报告称，全球70.6%的15—24岁年轻网民正面临着网络暴力、欺凌和骚扰的威胁，并呼吁采取行动，解决和预防网络上针对儿童与青年的暴力行为[①]。可见，不完善的互联网权益保护机制对未成年人的生命健康及身心发展权益带来诸多风险，检察机关是全过程参与未成年人司法保护的政法机关，是我们国家未成年人司法的重要组成部分，对未成年人网络合法权益保护也承担着特殊重要的职责。本文将从我国未成年人网络运用中面临的权益侵害现状入手，结合检察机关开展未成年人检察的工作规律，提出适合我国国情的未成年人互联网权益保护机制建议。

一、我国未成年人在互联网运用中面临的权益侵害现状分析

本文参考了"欧盟孩子上网"（the EU kids Online）研究报告对于未成年人用网风险的分类，其指出"未成年人的用网风险可以分为三个维度——内容、接触和行为，这种风险源头取向可以归为暴力、性、价值观和商业等四个

---

[*] 常杰，天津市人民检察院驻高新技术产业开发区检察室主任；孟睿，天津市检察官学院教研部教师。

[①] 《全球七成年轻网民面临网络暴力联合国儿基会呼吁采取行动》，载人民网，2019年2月12日，http://world.people.com.cn/nl/2019/0212/c1002-30637566.html。

维度,通过两类维度的交叉,可以得到 12 种类型的网络风险。"① 基于这一框架,笔者归纳了我国未成年人面临的网络合法权益侵害现状,结合《民法典》对于人格权的保护,从生命健康权、身心成长权、个人隐私权保护三个方面进行论述。

(一) 生命、健康权益的侵害

我国针对未成年人的生命、健康权益侵害主要集中在以下几个方面:一是以"暗网"为依托的儿童买卖行为;二是网络性剥削行为;三是网络违法信息侵害行为。其中第三种行为又可细化为恶意攻击和校园暴力行为。值得一提的是,我国未成年人网络权益保护制度体系的缺失,致使大量的校园欺凌行为充斥于网络,未成年人对其他未成年人恶意攻击、嘲笑讥讽、侮辱谩骂、暴力殴打的视频并不鲜见。据统计,我国未成年人遭遇暴力辱骂信息的主要场景是社交软件、网络社区、微博和直播平台。②

(二) 身心发展权益的侵害

结合我国实际情况,因网络违法信息而受到侵害的未成年人身心发展权益主要包括以下三方面:一是对健康成长的侵害。网络上随处充斥的非适龄图文影像,严重侵害了未成年人的精神环境,对其身心的健康成长造成侵害。二是对正确价值观形成的侵害。对非主流思想或危险行为的大量宣传,对尚未明辨是非曲直的未成年人形成长期思想侵害。三是对塑造正确世界观的侵害。由于互联网的跨国性质,使得国外大量含有种族歧视或仇恨言论的内容涌入,对未成年人尚未形成的世界观造成严重侵害。在我国,网络违法信息对未成年人的身心成长和三观的形成均造成了不良影响,加强针对未成年人的网络信息保护迫在眉睫。

(三) 个人隐私权益的侵害

根据我国互联网发展现状分析,网络空间针对未成年人的隐私权侵犯主要集中在以下两个方面:一是未成年人主动或被诱导而将个人私密信息上传到网络中被大量下载和转发。其中,特别值得一提的是对网络直播中未成年人隐私权的保护已经受到全社会的关注。二是网络公司或有关部门由于利益的角逐,故意上传未成年人个人信息数据或对此类违法行为视而不见,也对未成年人的

---

① 季为民:《建立中国特色未成年人互联网运用保护规制体系》,载《青年探索》2019 年第 4 期。

② 朱迪、郭冉:《中国青少年网络使用与网络安全调查》,载《中国社会形势分析与预测》2019 年第 4 期。

网络隐私权造成严重侵害。目前，世界各国都倾向于运用最高级别的网络管控来保护未成年人的隐私数据，并在管控措施上形成了一定的国际标准。我国也应顺应趋势，对我国未成年人网络隐私权保护采取多种保障措施。

二、世界各国关于未成年人互联网合法权益保护规制研究

目前，世界各国都积极运用《联合国儿童权利公约》中有关保护儿童合法权益的规范，结合本国实际，建立相应的未成年人互联网合法权益保护机制，主要有三种流派：一是政府主导派。顾名思义，以公权力为代表的政府机关在未成年人互联网合法权益保护机制中占主导地位，通过制定法规、监督执行，力求自上及下施加压力，从而保护本国未成年人的合法权益。二是自我约束派。这一派提倡积极的行业自律，政府充分尊重企业及公民的自由权力，秉承市场制度原则，督促互联网企业或有关部门自发形成共识，对本国未成年人网络合法权益进行保护。三是通力合作派。代表公权力的政府机关将部分权力分散于相关互联网企业，并鼓励、调动有关部门，以期形成合力，共同对未成年人互联网合法权益进行保护。三种保护机制各有利弊，下面仅就各国实践中的典型做法进行简要概述。

（一）以政府主导派为代表的国家：韩国、新加坡

详尽的法律规定和监督执行机制支撑起新加坡政府对未成年人互联网权益保护规制体系，但其在保护未成年人网络权利和侵害成年人网络利益这两方面未能达到平衡，出现顾此失彼的现象；韩国也一直致力于用细密的法规和严格的措施对未成年人网络防沉迷方面进行规制，但收效甚微、屡屡受挫，这些也都是我们应该吸取的经验教训。

（二）以自我约束派为代表的国家：美国

美国互联网行业自律的手段主要包括两个方面：网络不良信息过滤技术和严格的网络信息内容分级制度。美国政府除了出台大量的针对未成年人网络权利保护的政策法规，还利用宣传、经济政策鼓励等手段，提倡全社会形成自觉保护未成年人网络权益的共识，并推广网络保护技术在全国应用。

值得一提的是，美国学术界及司法实践中针对未成年人网络欺凌行为的规制。首先，立法对网络欺凌进行了明确的界定，并从三个方面——网络欺凌施害者、学校和网络服务提供商，分别进行规制。其次，在司法实践层面，网络欺凌受害者可以通过侵权诉讼和反骚扰诉讼等方式对遭受侵害的合法权益进行保护。最后，在社会层面，学校在网络欺凌中承担安全教育、管理和防范的责任，网络服务提供商承担"通知—移除"责任。

(三) 以通力合作派为代表的国家：英国、日本

在这两个国家中，政府即尊重市场竞争，也负有相应的监督职责。政府对于本国未成年人网络权益保护的责任有限，仅具有监督督促的权力，管制门槛及手段也受到限制，更多的精力集中在如何在全国范围内进行引导，形成行业自律、政企合作多种机制并存的未成年人网络安全管理体系。

英国政府与英国互联网守望基金会通力合作，在"儿童受性虐待"网络不良信息治理方面共同发挥作用。"依照英国《1978年儿童保护法案》《1988年刑事司法法案》，制作、传播和持有涉儿童的色情图像构成犯罪。2015年《严重犯罪法》第69条将持有任何涉及儿童性虐待的信息的物品规定为犯罪，该罪名适用于包括ISP在内的信息社会服务提供者，主要涉及服务提供者的三类行为。其不仅包括儿童受性虐待的照片和视频，还包括由计算机合成的以儿童受性虐待为主题的虚假的或者虚拟的照片或图片"。[1]

我国未成年人权益保护法律制度体系虽然已经基本形成，但是未成年人网络权益保护制度派别尚未厘清，相关法律法规现状也不容乐观。从2004年至今，我国涉及未成年人网络权益保护领域专门的规范性文件共15个，但均不具有法律强制力，难以得到有效执行。在这方面，我国可以吸收各国的经验，建立"三种规制"并行互补的中国特色未成年人互联网合法权益保护制度体系。

三、我国建立未成年人互联网合法权益保护规制体系的政策建议

目前，世界各国都已经建立了相对完善的专项法律制度保护未成年人网络合法权益，我国也在加快健全相关法律措施的保护进程。目前，未成年人涉网案件的高发率和我国未成年人网络制度体系的滞后性，给我国的司法特别是未成年人检察工作带来了新的挑战。"未成年人检察工作不以简单的惩罚犯罪为目的，不以定罪量刑和定分止争为最终目标，而是以保护未成年人权益、预防再犯、帮教未成年人为出发点、着力点和落脚点。"[2] 对于新出现的未成年人网络犯罪问题，要不断完善未成年人网络权益制度体系，要"用信息技术破解依托传统方式无法解决或解决不好的问题"[3]，从源头上预防和减少犯罪的

---

[1] 周学峰：《未成年人网络保护制度的域外经验与启示》，载《北京航空航天大学学报》2018年第4期。

[2] 孙谦：《切实加强未成年人检察工作》，载《检察日报》2016年1月18日。

[3] 赵志刚、金鸿浩：《智慧检务的深化与变迁：顶层设计与实践探索》，载《中国应用法学》2017年第2期。

发生。根据初步研究结果，提出些许建议。

（一）健全未成年人网络权益保护制度体系

我国未成年人网络权益保护制度体系存在三方面问题：一是相关法律位阶偏低，且法律术语不清晰。我国涉及未成年人网络权益保护领域的专门规范性文件达15个，但是专门性的法律规定却没有，大多数散见于其他法律之中，且法律条文较为笼统和零散，针对性不强。在不同的法律法规中运用"未成年人""儿童""青少年"等词语，这在一定程度上表明使用的法言法语不够精准，这对立法的统一非常不利。二是相关法律针对性不强，实操性较差。如《网络安全法》仅仅是针对网络安全的一般性法律规制，没有突出对未成年人网络安全的保护。《未成年人保护法》《预防未成年人犯罪法》尽管都有加强针对未成年人网络安全方面的规定，但是比较笼统和零散，针对性不强，显性效果不够。《儿童个人信息网络保护规定》是专门针对未成年人个人信息保护的立法，但多为原则性规定，在具体的落实过程中存在不少漏洞。关于多年来备受关注的网络游戏沉迷问题，至今没有制定相关的法律，《网络游戏管理暂行办法》也欠缺实操性，对违法网络经营者处罚力度不够。三是对未成年人的保护不全面。比如，《儿童个人信息网络保护规定》注重对不满14周岁的未成年人个人信息的保护，而对如何保护14至18周岁的未成年人个人信息、如何避免未成年人滥用监护人的同意权等问题并未做出具体规定。

鉴于存在的上述问题，我国应建立有针对性的立法及司法措施，具体包括以下几个方面：

1. 加速制定权威性法律法规，统一立法用语。建议在《未成年人保护法》中专门增设"网络保护"一章，对网络环境管理、网络企业责任、个人网络信息保护、网络沉迷防治、网络欺凌的预防和应对做出全面规范，力图实现对未成年人的线上线下全方位保护；建议在《未成年人网络保护条例（草案征求意见稿）》中细化网络欺凌的有关规定，采用适度降低精神损害赔偿门槛、建立禁令保护等制度，对网络欺凌行为进行规制；建议在《儿童个人信息网络保护规定》《关于防止未成年人沉迷网络游戏的通知》等部门规章、文件中考虑统一使用"未成年人"这一术语，精准用语对立法的统一也会起到至关重要的作用。

2. 提高针对性和实效性。制定相关法律，确保网络游戏账号实名注册、严格控制未成年人使用网络游戏时段时长、规范向未成年人提供付费服务等制度依法实施；以《网络信息内容生态治理规定》为依据，进一步细化相关法规条文，尤其是对涉及儿童色情的行为应予以严厉禁止和从严量刑。在相关法律法规中应突出对未成年人网络权益的保护，尤其作为未成年人保护领域的两部专门性法律——《未成年人保护法》和《预防未成年人犯罪法》，更要突出加强未成年人网络权益保护的规定。

3. 运用分析研判，完善未成年人网络权益保护制度体系。健全未成年人网络权益保护制度体系，也给我国未检工作提出了更高要求。检察机关在保护未成年人网络合法权益方面应体现检察担当，要综合运用大数据等手段，为规制体系的完善保驾护航。具体包括以下两个方面：一是检察机关应积极收集近年来未成年人网络犯罪重点案件，归纳总结、分析研判，利用现代科技手段建立未成年人网络犯罪预警系统，为未成年人网络权益保护立法提供依据。二是依托检察机关统一业务应用系统，以检察机关收录数据为主，结合公安、司法、教育等相关部门数据，归纳出未成年人网络犯罪比较集中的形式，形成打击未成年人网络犯罪的长效机制。

（二）从政府监管和行业自律两方面建立未成年人网络权益监督长效机制

近年来，为加强对未成年人网络保护，我国从政府监管和督促行业自律两方面下功夫，先后颁布了多部法律文件，对与未成年人有关的个人信息保护、网络表演经营活动管理、节目制作传播、网络游戏沉迷预防等进行明确。但仍存在三方面问题：一是在未成年人互联网合法权益保护方面，尚未建立统筹协作的整体机制，未明确牵头部门和协作部门的基本职责，尚未出台权责明确、相互协作的政策和规定，针对未成年人互联网合法权益保护没有形成机制与合力。二是责任主体、执法部门不明确。未成年人网络监管机构既包括国家互联网信息部门和公安机关，也包括各级人民政府及相关主管部门，但是这些监管机构的执法地位各不相同，缺少专门的未成年人网络监管主体。三是缺少对未成年人网络素养的培养。在推动未成年人正确、有效运用互联网的工作中，没有积极倡导新型互联网学习和应用方式，没有使之成为互联网运用的新潮流和新趋势。

随着网络环境的复杂化，未成年人网络犯罪数量在不断飙升，对于未成年人互联网合法权益保护的呼声愈来愈高，我国应借鉴其他国家合理的规制体系，在强化政府监督职能的同时，进一步提高行业自律准则，进一步完善包括立法、司法、执法、社会服务等方面的线下儿童保护体系。同时，在网络色情、性引诱和性剥削等儿童保护议题上，继续关注儿童获取信息权、发展权和参与权。具体包括以下几个方面：

1. 国家层面应搭建信息共享平台，进一步健全完善司法衔接机制。未成年人网络权益保护制度体系的构建是涉及多个部门的综合性工作，其中检察机关的责任不可小觑，一方面检察机关要"积极与公安、法院、司法行政等部门沟通配合,在评价标准、逮捕必要性证据收集与移送、法律援助、分案起诉等制度上达成共识,形成未成年人网络司法保护合力。"① 另一方面要加强与学校、社区、企业等方面的联系配合,"积极促进党委领导、政府支持、社会协同、公众参与的未成年人刑事司法服务信息共享平台"。

2. 调动全员力量,鼓励全社会的关注和参与。我国应秉承政府与互联网企业、相关部门通力合作的原则,在明确监管职责与细化法律法规的大环境下,督促网络平台承担相应的社会责任,保护用户尤其未成年人的个人信息和隐私,落实好"青少年模式"和网络实名制相关要求,对用户做出成年人和未成年人之分,从而对使用时间和内容做出区分。同时,应不断倾听未成年人的心声和意见,更好地将未成年人网络保护落到实处。

3. 引导未成年人科学使用网络。网络时代,《联合国儿童权利公约》有两大任务,一个是防控互联网发展对儿童权利保护产生的负面影响。治理与网络有关的违法犯罪行为时,应同时提高广大儿童的新媒体素养,以及识别、防范风险的能力,保障儿童在使用互联网科技时免受伤害。另一个是充分发挥互联网对于儿童成长的积极影响和作用,借助互联网及相关科技的发展,促进儿童获取信息权、受教育权的保护。②

互联网的高速发展及运用是一把"双刃剑",一方面促进了全球范围内的信息共享交流,拓展了网络用户的视野及知识面,另一方面也存在一些负面影响,特别是相当数量的"暗网"存在,使得网络犯罪数量不断飙升、网络犯罪形式日益多样。随着互联网在未成年人中的普及,互联网空间的各种问题对未成年人影响日益突出,针对未成年人的网络犯罪手段不断更新,这些都将未成年人互联网合法权益保护机制体系研究和建设工作提上日程,这对广大从事未成年人检察工作的相关人员,提出了新的、更高的要求。我国预防未成年人网络犯罪的立法措施必须符合未成年人的身心发展规律和网络空间信息传播的特点,③ 立足于保障未成年人身心健康、培养未成年人良好用网习惯、有效预防未成年人网络犯罪的目的,遵循政府监管、企业主责、学校教育、社会参与的原则,整合全社会各方面力量,实行综合治理,构建我国未成年人互联网合法权益保护体系长效预防机制。

---

① 孙谦:《切实加强未成年人检察工作》,载《检察日报》2016年1月18日。
② 刘传稿:《保护未成年人网络权益预防未成年人网络犯罪——未成年人网络保护与犯罪预防研讨会综述》,载《人民检察》2017年第4期。
③ 胡炜瑛、刘双阳:《构建体系化预防未成年人网络犯罪长效机制》,载《检察日报》2019年6月2日,第3版。

张军检察长指出,"要把司法改革和现代科技应用结合起来,推动新时代检察工作质量效率有新的提高""要不断壮大网络信息化建设基础,努力为人民群众提供更丰富、更亲和的法制产品、检察产品"。[①] 未成年人的健康成长关系到国家和民族的未来,检察机关要体现检察担当,强化监督实效,努力从检察环节创建源头预防、及时发现、高效应急、依法惩处的未成年人互联网合法权益保护体系。为广大未成年人提供更加全面的司法保护,用心守护每一个孩子的健康成长。

---

① 姜洪:《坚持共享发展提供更高端检察信息化产品》,载《检察日报》2018年5月26日。

网络空间未成年人权益的司法保护机制

——以广东省 M 市 D 区检察院的履职为视角

杨文春[*]

未成年人保护，功在当代、利在千秋。十九届四中全会提出推进国家治理体系与治理能力现代化这一重大命题。网络空间的治理，刻不容缓。尤其是如何构建网络空间未成年人权益保护机制，是一个亟待破解的难题。

笔者所在的广东省 M 市 D 区检察院，地处广东省粤西地区、北部湾区城市群，经济总量处全省经济发展的中等水平，涉网络犯罪却呈逐年上升趋势。近年来，M 市 D 区检察院在网络空间未成年人权益保护领域进行了一系列卓有成效的探索，也取得一定成绩，先后荣获"广东省青少年维权岗""广东省三八红旗集体""全国维护妇女儿童权益先进个人"等多项荣誉。本文以笔者所在的检察院履职实践为切入点，探索网络空间未成年人司法保护的机制构建和实现路径。

一、机制之构建

网络空间的虚拟性、开放性等特点，决定了未成年人权益司法保护机制的特殊性。就检察职能而言，需要构建四方面的机制。

（一）体系化办案机制

网络空间的治理，是一个系统的社会工程。系统意味着体系化。在笔者看来，未成年人权益司法保护的体系化办案机制，主要体现在内部的体系化及外部的体系化两个维度，包含三方面的内容。

一是双向保护原则。检察机关在办理网络空间未成年人涉罪案件中，一方面，加大打击犯罪，另一方面，坚持教育与惩治相结合的政策，通过强制措施

---

[*] 杨文春，广东省茂名市电白区人民检察院检察委员会委员、第一检察部主任，一级检察官。

的合理适用、附条件不起诉制度等举措，体现对未成年人的教育、挽救与帮教。另一方面，对网络空间中如因人身权利、民主权利受到侵害的未成年被害人，也予以足够的重视，通过开展司法救助、法律援助、心理疏导等措施，体现对未成年被害人的司法保护。

二是全面保护原则。反贪污贿赂、反渎职侵权两大职能部门从检察机关整体转隶后，检察机关经过内设机构重组，形成刑事、民事、行政、公益诉讼四大检察格局。长期以来，检察机关内部重刑轻民的现象突出，刑事检察一家独大，不利于检察机关法律监督职能的发挥。四大检察，不可厚此薄彼，它是一个有机整体，构成法律监督的完整体系，必须均衡发展。网络空间的治理，绝非靠刑事打击就能一劳永逸，必须充分发挥四大检察职能，促进各领域未成年人权益的保护。

三是多重保护原则。网络空间未成年人权益保护，仅凭司法保护，还远远不够，需要整合其他资源，形成保护合力。外部的体系化办案，除了法律明文规定公检法三机关分工负责、互相配合、互相制约外，检察机关还应加强与行政执法、纪检监察等部门的沟通配合，建立线索共享、案件移送、责任追究等常态化工作机制，厘清行政执法与刑事司法、党纪政务处分与刑事处罚之间的界限，搭建两法衔接、执纪执法平台，为网络空间未成年人权益保护提供制度保障。

（二）全流程参与机制

社会治理，重在如何防治；在工作中发现了问题，需要及时补救，堵塞漏洞，这是社会治理的常态化工作；更为重要的，是要治"未病"，即在问题出现之前，或者在问题初显端倪时，及时作出反馈，进行系统性的防治或者根治，将问题解决在萌芽状态，遏制其进一步发展，杜绝不良后果、严重损失的发生，这是社会治理的最高境界。因此，对社会治理的每一个关键环节、节点的防控，需要全流程参与防治。对网络空间的治理，同样如此。

网络空间具有开放性特点。未成年人社会阅历浅、自我防护能力差，其权益受到侵害的概率加大，被侵害的手段往往具有隐秘性。因此，对未成年人权益保护，需要检察机关建立线索发现、提前介入、及时调查与打击、事后评估治理等全流程参与机制。检察机关的法律监督主要体现为事后的监督，这种监督模式具有滞后性，一般是出现或业已造成了严重后果，有启动监督必要的事项，检察机关才启动监督程序，采取事后的问责、惩戒等程序。这种事后监督模式，因达不到事前预防的功能，适应不了社会治理的新要求，尤其在网络空间的治理中，这种治理模式显得捉襟见肘、弊端明显。

办理网络犯罪涉未成年人案件，检察机关应主动转变监督模式，将事前、事中与事后监督有机结合起来,全流程参与社会治理。在刑事检察领域,涉及立案、逮捕、起诉、审判、执行等各个环节,检察机关全程参与其中;尤其在侦查阶段,通过提前介入机制、引导侦查取证等监督方式,精准打击犯罪,该做法充分体现了全链条、全流程参与监督的治理理念。此外,在民事、行政以及公益诉讼检察领域,也应秉持全流程参与治理的理念。此外,建立与网络监管部门紧密的沟通协调工作机制。通过两法衔接平台,发现线索,及时予以处置;加大与行政执法部门的沟通,发现存在公益诉讼受损,或者不立案,或者存在行政执法不作为的情况,及时予以处置。

(三)信息化引领机制

当今社会,信息化程度越来越高,随着互联网+、大数据、人工智能、物联网、云计算等信息化技术迅猛发展,科技与法治的关系变得越来越紧密,给网络空间的社会治理提出全新的课题。

近年来,M 市 D 区检察院的信息化程度有了长足发展,在信息化方面的投入也在逐年加大,但信息化与网络空间的治理却未能找到契合点,导致在网络空间未成年人权益保护工作处于被动局面。从外部协作机制看,检察系统信息与外部单位的互联互通严重受限,给开展网络空间的社会治理带来诸多不便;从检察系统内部看,对如何整合司法资源,利用现代大数据等技术手段服务于检察机关参与网络空间的治理方面,尚未进行顶层设计。

随着信息技术的迅猛发展,伴随而来的网络犯罪日益猖獗,特别是网络空间侵害未成年人权益恶性案件时有发生,与信息不公开、信息不对称、信息管理不规范等存在较大关联;代表未来发展的各类公共网络信息平台和个体网络平台的融合不够,互联互通、数据共享不够。① 打破信息壁垒,改变信息不公开、不对称、不规范的现状,成了网络空间社会治理的当务之急。在确保数据安全的前提下,检察机关作为法律监督机关,建议致力于推动建立党委领导、政府负责、社会协同、公众参与、法治保障的网络空间治理体系,通过打通政法、网监、银行征信、工商、税务、质检等相关部门、行业之间信息壁垒,建立统一的、互联互通的大数据信息网络共享平台,真正实现资源共享,以有效参与网络空间的社会治理,以为未成年人权益保护提供路径。

通过该平台,政法部门之间、行政执法和刑事司法之间,得以充分衔接,政府对网络部门的监管执法、监管部门与司法机关建立相互支持配合、相互监

---

① 张新兵等:《新时代提高社会治理"四化"水平研究》,载《社会治理法治前沿年刊》2018 年第 00 期。

督制约的良性关系;网格化信息采集渠道得以畅通;检察机关可以会同相关执法、司法部门对各网络参与的市场主体、民事主体等开展常态化的动态监控,对异常信息进行分析研判,发现问题线索、建立网络空间社会治理关键要素的预警机制。通过该平台,完善预警机制和处置机制,推动社会治理从矛盾应对、问题解决到风险预防和控制,以前瞻性治理回应社会系统性风险,[①] 实现及时发现违法犯罪线索、及时预警的目标,减少违法犯罪的发生,为社会治理提供信息决策,以达到提早预防、防范社会突发事件之功能,实现社会治理的"治未病"目标,从而减少甚至避免网络空间侵害未成年人权益案件的发生。

(四)跨区域合作机制

网络犯罪无国界。近年来,通过对 M 市 D 区检察院办理网络犯罪案件的梳理发现,跨地域作案的犯罪特征突出。检察机关职能的法定性、同一性,决定了检察机关对未成年人权益保护领域开展跨区域合作的可能性。

M 市 D 区曾被公安部列为电信诈骗重点整治地区。近年来,该院在办案中发现,犯罪分子通过非法手段获取公民信息后实施精准诈骗,尤其针对未成年人实施诈骗的案件时有发生。未成年人社会阅历浅、缺少辨别是非的能力,容易成为被骗对象。对此,M 市 D 区检察院在打击此类网络诈骗犯罪中做了很多探索。例如,加大与案件关联地检察机关的联动,在该地检察机关的配合支持下,可向当地侦查机关查询到反电信诈骗网络平台、侦查警综平台、电信话单查询、金融交易信息等涉案信息,大大提升了办案效率;同时,在证据调查、案源共享、案件管辖、线索移送、证据标准、法律适用等领域,开展全方位的合作,加强对该类犯罪的全链条、精准打击,做到信息共享,形成打击合力。

网络空间未成年人权益保护,不仅仅体现在刑事打击单一维度,上述范例只是跨区域办案机制的一个缩影。各地检察机关有必要建立跨区域合作机制,建立顺畅的刑事、民事、行政及公益诉讼方面办案协调机制,取长补短,进行资源共享。通过加强优势互补、信息共享,及时发现、纠正和打击网络空间侵害未成年人权益的违法犯罪行为。此外,各地检察机关可根据各自的资源优势及特点,找准合作点,加大区域合作范畴,如加强人才队伍培养,通过人才交流、挂职、跟班学习等方式,激发人力资源要素的潜能,充分发挥其主观能动性,为未成年人权益保护工作提供人才保障;通过举办城际间关于网络空间未

---

① 江必新、王红霞:《论现代社会治理格局——共建共治共享的意蕴、基础与关键》,载《法学杂志》2019 年第 2 期。

成年人权益保护领域的理论研讨会、论坛，以研讨、研判等方式提升办案水平。

二、路径之设计

通过上述机制的构建，检察机关对网络空间未成年人权益司法保护的路径实现，需要处理好以下四方面的关系。

（一）权益保护与儿童利益最大化

进入新时代，我国社会的主要矛盾已经转化为人民日益增长的美好生活需要和不平衡不充分的发展之间的矛盾。如何提供高质量的检察产品，满足人民群众对美好生活的向往，是检察机关不懈奋斗的目标。把人民群众对民主、法治、公平、正义、安全、环境的新要求新期待作为推进社会治理创新的最高价值选择。①

联合国《儿童权利公约》确立了儿童利益最大化原则。所谓儿童利益最大化原则，是指涉及儿童的一切行为，必须首先考虑儿童的最大利益，尊重儿童的基本权利，并应最大限度地确保儿童的生存和发展。② 该原则同样适用于网络空间未成年人权益保护。儿童利益最大化原则体现了新时期人民群众对检察工作的新期待。检察机关在履职的过程中，也应当遵照该原则，对不正确执行法律、违背儿童利益最大化原则的行为，应予以监督纠正，具体应做到以下三个方面：

第一，坚持教育为主、惩罚为辅原则。对网络空间涉罪未成年人，坚持执行适合未成年人身心特点的特殊程序和特殊制度，遵循未成年人权益的特殊、有限保护原则，对犯罪的未成年人实行"教育、感化、挽救"的方针，坚持"教育为主、惩罚为辅"的原则，在强调宽缓化处理的同时，还要做到精准帮教、依法惩治、有效管束、促进保护并重，提升教育挽救效果。

第二，贯彻好"保护、教育、管束"的理念。近年来，M市D区检察院在办案中发现，随着互联网尤其是手机移动网络的普及，网络犯罪作案低龄化的现象已经凸显，一些未满14周岁的未成年人，受不良信息影响，或者他人唆使，在网络空间实施违法犯罪行为。对未达刑事责任年龄未成年人不能一放

---

① 徐汉明：《"习近平社会治理法治思想"的核心要义及其时代价值》，载《政策》2018年第7期。
② 闫秋芹：《儿童最大利益原则的本土化》，载《新西部》2008年第10期。转引自吴允锋、刘环宇：《监护侵害行为的刑事法规制研究——以〈关于依法处理监护人侵害未成年人权益行为若干问题的意见〉为视角》，载《青少年犯罪问题》2015年第2期。

了之,避免陷入"养猪困局",要本着分类处置、司法训诫、责令管教、专门教育等途径,以体现对该特殊群体的特殊保护。

第三,注重对被害、被侵害未成年人权益的保护。通过行使指控犯罪职能,加大对网络空间侵害未成年人权益的违法犯罪打击的同时,维护未成年被害人的合法权益。

(二) 权益保护与法律监督

我国《宪法》第134条规定,中华人民共和国人民检察院是国家的法律监督机关。习近平总书记向第二十二届国际检察官联合年会的贺电中指出,检察官作为公共利益的代表,肩负着重要责任。检察机关作为国家的法律监督机关,在网络空间中,如何维护未成年人权益,必须担任好检察官既是国家公诉人,也是国家监护人,更是儿童权利监督人的三重角色。具体应坚持两个原则:

一是国家亲权原则。M市D区检察院在办理涉未成年人网络犯罪案件时,发现之所以一些未成年人走上犯罪道路,或者一些被害人沦为被害者,与监护人的监护缺失存在较大关联。未成年人的监护人应当对未成年人履行监护职责。根据国家亲权原则,当未成年人的监护人无法胜任这种监护权的时候,国家就要强制介入,剥夺他们的监护权。当监护人不能很好地履职时,或者丧失这种履职可能时,检察机关应当发挥法律监督职责,代表国家及时介入,并敦促有关部门严格按照《关于依法处理监护人侵害未成年人权益行为若干问题的意见》执行。例如,监护人因监护侵害行为被提起公诉的案件,检察机关应当书面告知未成年人及其临时照料人有权依法申请撤销监护人资格;对于相关单位和人员没有提起撤销监护人资格的,检察机关应当书面建议当地民政部门或者未成年人救助保护机构向人民法院申请撤销监护人资格;责令对未成年人违法犯罪负有监督失职责任的父母或其他监护人加强家庭教育指导。

二是督促履职原则。在网络空间,相关监管部门是否依法履行监管职责,如对平台发布的内容是否尽到审查、过滤职责,检察机关需要启动监督程序。一个案件的发生,背后必然有复杂的社会因素,或者与政府相关职能部门监管缺失、管理制度存在漏洞有较大关系,或者是因为立法的漏洞,或者与民众的法律素养、守法意识息息相关。检察官不能就办案而办案,要坚持标本兼治,善于从社会、伦理、经济等维度,探究案件折射出的社会管理、政府监管等层面存在的问题,在对存在的问题进行充分梳理、调研、研判的基础上,分析问题产生的根源,并有针对性地提出完善、解决问题的对策,通过提出检察建议等方式启动监督程序,堵塞制度漏洞,帮助相关职能部门落实监督管理机制、提高监管能力;甚至提出立法建言,严密法网,促进立法完善。如M市D区检察院在办理未成年人参与电信网络诈骗案件中,发现相关部门存在公民信息泄露、手机卡泛滥、银行转账漏洞等环节的监管漏洞,分别向电信、网监、银行等部门发出检察建议,要求堵塞漏洞,取得较好的社会效果与法律效果。

(三)权益保护与社会化支持体系

未成年人权益保护是一项系统性、社会化的工程,需要党委、政府、司法部门以及社会各界、学校、家庭、社工组织共同发力,是一个社会化支持体系。

网络空间未成年人权益保护不能仅靠检察一家。在社会化支持体系中,检察机关不能单打独斗,要善于联合相关部门,推动形成未成年人保护大格局。社会化支持体系建设主要包含以下三方面内容:

第一,落实强制报告制度。2020年5月7日,最高人民检察院联合九部委,制定《关于建立侵害未成年人案件强制报告制度的意见(试行)》,正式从国家层面,建立强制报告制度。该制度对于网络空间未成年人权益保护,也同样可以适用。互联网行业监管部门、互联网相关平台或者相关从业人员,在行使职权或者工作中,发现未成年人遭受或者疑似遭受不法侵害以及面临不法侵害危险的,应当立即向公安机关报案或者举报。检察机关作为国家法律监督机关,应依法履行对强制报告制度的监督落实情况,对强制报告制度的执行情况进行法律监督,对于工作中发现相关网监部门或相关主体执行、监管不力的,可以通过发出检察建议等方式进行监督纠正。通过严密举报网络,可以减少网络空间针对未成年人权益的案件发生。

第二,近距离责任原则。离未成年人最近的群体应当知晓未成年人保护的相关讯息,并且应当负有保护未成年人的核心职责。既然这些群体知晓未成年人保护的相关资讯,而且他们确有能力可以做到,就负有保护未成年人权益的神圣责任。在网络空间中,离未成年人最近的群体,莫过于网络监管平台、网吧、网络社区、微信平台、微博平台、抖音、快手应用软件等。这些部门或者个人,都有责任发现未成年人是否参与犯罪,其合法权益是否受到侵害。他们都有责任、有能力去维护未成年人权益,应当承担相应的保护责任。

作为检察机关,通过具体的个案办理,了解网络空间未成年人的合法权益是否受到侵害,相比较而言,这些信息的掌握程度往往没有相关网络平台、网络监管部门掌握的全面。一方面,检察机关应结合履职情况,根据就近保护原则,对网络空间的涉未成年人犯罪以及被害人,肩负起全面保护、系统保护责任。此外,作为检察机关,其法律监督职责本身就决定了其所要承担的监督职责,可以通过上述信息化引领机制,借助大数据、信息网络共享平台,加大与相关部门的联动,掌握第一手资讯,从而为更好地履职奠定基础。

第三，督导而不替代。检察机关法律监督的属性决定了其权力的边界是有限的。因此，检察机关不能以法律监督为名行全程包揽包办、越俎代庖之实。要做到依法监督而不替代，依法履职而不越权。检察机关在履职过程中发现未成年人保护法律法规落实中的突出、系统、普遍性问题，可以通过检察建议、工作协调机制促进职能部门履职，但不是更不能代替政府等有关部门做具体工作。此外，积极发动社工组织、民间团体等全社会力量参与未成年人权益保护工作。如一些公益协会组织、负有正义感的网民等参与网络空间的未成年人权益保护工作。

（四）权益保护与法治思维

网络空间未成年人权益保护要以法治思维为引领。然而，法治思维的养成需要在法治认知、法治信仰、法治素养等层面形成法治自觉，绝非一日之功。实现路径有三：

第一，秉持公正司法。张军检察长指出，检察官既是犯罪的追诉者，也是无辜的保护者，更要努力成为中国特色社会主义法律意识和法治进步的引领者。检察机关在办理网络空间涉未成年人权益案件时，必须严格依照法定程序，秉持客观公正立场，尊重和保障人权，实现实体公正与程序正义，维护公平正义。这是对所有不法分子的警示，也体现了对合法权益的尊重及体现了法治精神。同时，检察机关要负起监督其他机关依法履职的责任。

第二，推动法治政府建设。在网络空间，未成年人保护有法不依、执法不严的问题不容忽视，如何让政府监管部门及人员自觉接受监督，形成保护合力，考验着检察官智慧与责任担当。对政府部门而言，法无授权不可为，法定职责必须为。依法设定、规范、制约和监督权力，让权力在制度轨道上运行。①

法治政府的建成，需要包括检察机关在内的各种力量的共同参与。检察机关通过履行行政公益诉讼职能，督促政府部门依法履职，把未成年人保护的有关法律规定不折不扣地落到实处，推动各职能部门依法履职。在履职过程中，检察机关要找准履职定位，要注重与网络监管部门的沟通配合，凝聚各方共识，树立双赢、多赢、共赢的监督理念，促进法治政府的建成。

第三，提高未成年人防范意识。M 市 D 区检察院在办案中发现，一些未成年人受到网上不法分子的引诱而从事违法犯罪活动，自己却没有意识到是一

---

① 黄春英：《新时代推进基层社会治理法治化研究——以江苏省江阴市为视角》，载《中共合肥市委党校学报》2019 年第 1 期。

种犯罪行为。可见未成年人法律意识淡薄，导致其在网络空间中权益受损。

近年来，各级司法机关打击了不少涉网络犯罪，但依然有未成年人铤而走险从事犯罪活动，也依然有很多未成年人沦为犯罪的被害者。网络空间的未成年人权益保护任重而道远。一方面，落实"谁执法，谁普法"的普法责任制，加强以案释法工作，加强对所办理典型案例的分析研判，适时向社会公众、尤其是未成年人群体发布涉网络违法犯罪案件白皮书，深度剖析案例，让未成年人充分知晓网络空间违法犯罪的成因、现象特征、危害后果，从而约束他们的行为规范，引导未成年人正确使用网络资源，增强识别和判断能力，避免落入罪犯的圈套；通过惩戒犯罪，树立敬畏，警示社会，达到对犯罪分子的威慑作用。同时，需要反思我们的普法方式、内容、理念，是否真正契合法治精神，是否真正让未成年人入心入脑，是否真正将法言法语与未成年人可接受的语言习惯、思维模式高度契合。在进行以案释法时，同时要避免走向另一个极端，避免将故事讲成事故，如暴露未成年人隐私，引起没必要的舆论，造成更加恶性的网络事件，从而造成权益的次生侵害。

无论是网络空间的社会治理，还是未成年人权益保护，均属于庞大的社会系统工程。检察机关的法律监督属性决定了其参与网络空间治理、维护未成年人权益的工作机制、实现路径及理念的独特价值。一个共建共治共享的网络空间社会治理的证成，离不开体系化办案、全流程参与、信息化引领、跨区域合作等机制的支撑，更离不开检察机关依法履职、社会化支持体系、以法治思维推动法治政府建设的路径探索。

探析网络空间
未成年人权益保护的治理路径

才 宇[*]

法国思想家保尔·科利曾说:"在技术时代,责任延伸到我们的能力在空间与时间,在生命深处所能及的远处。"信息时代下,网络与人们的生活高度融合,是未成年人生活、学习、交友、休闲的重要媒介和资源载体。社会的各种思想与新兴事物通过网络折射并迅速传播,使网络成为一种包罗万象的多元化共享平台。网络如同琳琅满目的商品市场,时刻以不同的面目出现在社会经验欠缺的未成年人面前,其中不乏暴力、色情、恐怖、分裂、炫富等鼓动性很强的负面信息图文,严重影响着尚未成熟的未成年人。如何在网络空间有效保护未成年人的合法权益,成为社会关注的迫切问题,本文试从五个方面浅析未成年人权益保护的可行性路径。

一、网络空间中未成年人权益保护现状

(一) 网络所致的未成年人犯罪风险

中国互联网络信息中心(CNNIC)发布的第 39 次《中国互联网络发展状况统计报告》显示,七成以上的未成年人犯罪是因网络而起。网络在丰富未成年人生活的同时,也产生了很多问题,易使未成年人把自己封闭在虚拟的网络世界中,以自我为中心,性格孤僻冷漠,甚至价值观扭曲。网络的瞬间性、无边界性、交互性导致真实与虚假信息交织,健康与淫秽信息并存。诽谤漫骂、邪教迷信、恶意滋事等不良有害信息随时可能出现在网络任何一个角落,影响着青少年网民的身心健康。

1. 以网络为媒介实施犯罪。生活中部分未成年人受不良环境影响,自控力较弱,对物质有着强烈的虚荣心,渴求获得成功,而网络上各类修图软件、

---

[*] 才宇,黑龙江省七台河市人民检察院第七检察部主任。

短视频制作软件花样繁多，操作方便，为未成年人利用网络实施诈骗等侵财类犯罪提供了便利。

2. 通过网络形成共同犯罪团伙。由于未成年人活动与交友空间有限，情感尚未成熟，具有好奇心强、渴望获得他人认同等特点，通过网络社交APP搜索附近的人以及查看周围人的视频可以快速结识陌生人，因此容易被不法分子煽动、召集和组织实施犯罪。

3. 上网服务营业场所的负面问题滋生。社会上随处运营的网吧，提供各种资费优惠、餐饮、包夜等服务，成为吸引社会闲散人员的"伊甸园"，多数网吧不禁烟，网吧里烟雾缭绕，空气污浊，人员复杂，人身安全无法保障。

4. 基于网瘾实施侵犯财产及人身类犯罪。由于多数未成年人没有资金来源，一旦对游戏痴迷，便面临着花销越来越多的困境。不少未成年人基于网瘾诱使实施抢劫、盗窃、拐骗等犯罪，来获取上网开销。

5. 模拟游戏角色实施侵害人身权利犯罪。网络的虚拟奇幻给未成年人带来了全新的感受和体验，很多未成年人生活受挫时不再通过磨砺意志、改变思维、充实阅读等正常方法来抗压和疏解，而是模拟网络游戏中的行为与手段，在现实生活中如法炮制，崇尚暴力，购买刀具，寻找对象，实施杀人、伤害、非法拘禁等侵害人身权利犯罪，且作案时往往表现得残忍和麻木，对他人生命极端漠视。

6. 受网络色情影响实施性侵。网络让未成年人过早地浏览到了不堪入目的色情画面及诱惑性的语言。挑逗性很强的弹窗、广告、视频，对青少年充满了刺激和诱惑，让正在发育的未成年人难以抑制躁动、亢奋的情绪，极易对青少年的三观产生冲击，迷失自我，催化性冲动，充当性犯罪的罪恶推手。

（二）网络所致的未成年人被害风险

由于未成年人心智不成熟，面对互联网的海量信息，无法准确甄别和判断，自身合法权益极易受到损害，在遭受侵害后又基于羞耻、害怕、焦虑、恐惧等心理，往往无法及时言说或进行有效的自我疏导，从而对以后的人生产生不良影响。

1. 未成年人个人信息泄露严重。目前隐私泄露已经成为我国未成年人网络权益受损害的紧迫问题。各种网络APP通过发布好评刷单、招工兼职、学习辅导、出国报考、游戏竞技等途径，源源不断地收集未成年人的姓名、年龄、喜好、需求、账户等个人信息。未成年人由于心理不成熟，辨别能力较弱，被侵害风险远高于成年人。很多未成年人轻信网络结识的陌生人，实施了暴露隐私信息、发送个人照片等不安全的网络行为，导致对方轻易掌握自己的心理进而步步诱导，最终落入陷阱遭受侵害。

2. 未成年人身权利遭受侵害。受到类似"暗网"或加密的数字货币的动机刺激,犯罪分子通过网络招聘、网友见面、出国旅游等手段,开展周密的团伙组织行为,对涉世未深的未成年人实施拐卖、强奸、伤害、强迫、组织卖淫等违法犯罪。

3. 成为网络欺凌的受害者。虚拟世界里的网络欺凌相对于现实世界里的校园欺凌有过之而无不及,网络欺凌通过微信、QQ、微博、贴吧、论坛、短视频 App 实施恶意嘲笑、言语侮辱、拉帮结派、孤立排挤等行为,甚至通过上传裸体、下跪、暴力等视频,给受欺凌未成年被害人心理、情绪、名誉、生活造成更深的伤害。受到网络欺凌的未成年人,往往会产生情感和行为过激、无助、焦虑、自卑、压抑、睡眠障碍等问题,严重影响日后的成长和发展。

4. 成为财产诈骗的被害人。未成年人缺乏足够的社会经验和甄别能力,无法识破不断翻新的网络诈骗手段,容易遭受财产损失。在未成年人受骗的同时,往往也会给父母亲朋的人身、安全、隐私、名誉、财产等权益带来连锁损害。近年来,购买游戏装备、看短视频赚钱、明星后援会集资、中奖诈骗推送、商场红包返利、招聘抵押金诈骗等成为青少年常常遭遇到的网络骗局。

5. 超出民事行为能力的处置行为导致纠纷。近年来,随着直播平台的风生水起,手机前的每一个人都可以做网络直播。主播既没有经过培训,也无须经过资质考试,不必顾及受众对象。在基本的道德素养没有保证的前提下,主播可以直播带货,也可以收下网友礼物,而礼物的价格和刷礼物的次数主要由各类 App 自行决定设计,没有过多审查和限制。未成年人在学习或生活中解脱,很容易在直播间被点燃冲动与兴奋的情绪,擅自用家人、朋友的资金充值,购买琳琅满目的炫酷礼物,高额打赏主播。这样的事件层出不穷。

6. 无形中的精神损害。未成年人涉世未深,无法识破花样百出的骗局,情感上容易依赖未曾谋面的陌生人,在虚拟世界寻找归宿感。

二、净化未成年人网络空间的治理路径

互联网飞速普及是人类文明车轮不断向前的必然历程,也是人类社会走向高级文明的标尺,虽然互联网存在很多弊端,但也具有极大的优势,不应予以完全排斥,而是需要不断完善互联网的治理规则。未成年人作为可塑性极强的学龄段群体,在享用互联网便捷的同时,理应受到社会最大程度的尊重与保护。

(一)开放引导与堵塞漏洞并存的意识

1. 以开放包容的眼光引导。当前,互联网高度普及,未成年人的思想趋向于多元化,国家立法制定和政策引导上,不宜严苛限制和禁止,而需要主动

接纳新鲜思想,以开放、共享、包容、互惠的方式,积极对待未成年人用网的现实问题,开展符合信息时代特点的网络安全建设。由官方媒体采用网络人才战略,创作丰富多样的文化产品,如运用直播、VR、AR、短视频、动漫、H5、表情包等网络载体,占领互联网的主流阵地,用健康时尚的用网方式带动未成年人的价值观,顺应信息时代的新潮流和新趋势,营造丰富健康的网络环境。推进服务者与使用者的共享共治,逐渐完善未成年人权益保护安全机制。

2. 以信息技术堵塞网络"黑洞"。鉴于网络环境的复杂性与资源数据的庞杂性,对未成年人实施网络验证和上网限制是必要的。政府应当为公众提供安全可信的信息来源,利用技术手段及法律对网络内容"把关",将不良内容阻截到未成年人群体的视线之外,屏蔽色情、赌博、暴力、邪教、血腥等不健康网站,建立网络不良信息的识别、鉴定、过滤机制,开发未成年人网络专用技术设施,比如年龄证明、面部识别、强制休息等手段,使未成年人不得不"真身"登记,且上网时无法上传隐私信息,无法连接色情、淫秽内容。比如法国,在政府的干预下,各大网络服务商在为新用户安装上网设施时,必须确认是否安装免费儿童上网保护软件及其理由,否则不得上网①。另外,对涉及发布未成年人招聘、交友、娱乐网络消息的公司或者个人应从技术上强化审查,实行实名验证,分级分层评估,让未成年人远离思想侵蚀和被诈骗风险,促使利益相关方积极履行社会义务。

3. 监管与保护的比例性原则。网络安全监管与个人隐私保护必然存在一定的矛盾。此时,需要平衡给未成年人提供的保护和未成年人享有信息获取、隐私权、参与权等权利之间的关系。比如在电脑上设置拦截信息的软件可能对未成年人通过网络获取信息造成一定限制。国家在采取技术保护未成年人权益的同时,应注意遵循比例原则,在未成年人享受网络带来的快捷便利的同时,保护未成年人免受网络不良内容影响的风险,掌握二者应用时的最佳比例。

(二) 在经济利润与主流价值中寻求最佳平衡

企业是市场经济的主体,是网络产品的提供者、运行者、服务者。目前,在未成年人网络权益保护中,企业因追求利润最大化所提供的网络产品良莠不齐,各种平台、APP 的服务内容及质量无法保证。因此在未成年人网络保护方面,需要平衡好政府引导、企业经营与行业自律之间的关系,形成三者协同进

---

① 中国驻法国使馆教育处:《法国对未成年人上互联网的保护与管理》,载《世界教育信息》2007 年第 1 期。

步的有效机制。

1. 政府对主流文化价值的引导。政府应通过招投标依法购买网络公益服务设施等重要的网络资源,掌握网络主动权;同时将未成年人权益保护纳入微信微博、视频网站、搜索引擎、直播平台、网络论坛等网络产品的专项许可范围,从内容供给上倡导主流文化教育,发挥好官方媒体的主流宣传矩阵作用,打造适宜未成年人成长的清朗网络空间;同时注重根据不同年龄段未成年人的心理和行为特点,有针对性地开展全社会的网络素养教育,官方设计内容鲜活、形式新颖、能够受未成年人欢迎的网络产品,引导和鼓励网络开发商开发适合未成年人的网络应用产品;带动未成年人主动成为文明的网络使用者,抵制负面不良信息散播,推动网络空间的健康发展。

2. 企业对经济利润的追求应与文化建设并进。未成年人的网络保护离不开网络企业。2014 年联合国人权理事会通过的《工商业与人权:实施联合国"保护、尊重和补救"框架指导原则》确认了工商企业对尊重和保障人权负有责任①。企业不能以牺牲未成年人的利益为代价,获取巨额利润与发展速度,这有悖于现代法治国家的应有之义,而是应该努力实现未成年人权益保护与网络行业的"双赢"。在信息时代,互联网企业更应当具备长远发展的眼光,配合政府引导、建设健康的企业文化,培育法治人才,秉持未成年人利益至上的经营底线,提高道德伦理观念,加强对内容审查过滤力度,开发各项防沉迷措施。各类社交平台和网络 App 应当以未成年人能够理解的语言突出提示自我保护及防范隐私泄露的条款,使未成年人能够迅速警惕并了解投诉举报方式,积极履行互联网企业的应尽义务。

3. 互联网行业开展监督自律。在政府引导下,互联网行业建立的行业自治组织,可就分类分级信息服务、身份认证服务内容、推广不良信息过滤技术及违反自律者的业内处分等做出行业规范,杜绝有害信息的制作、发布与传播,逐步健全行业内部的监督制约机制,提高网络服务提供者的自治水平,也可以通过召开未成年人网络权益保护大会,开展产品研发和竞赛交流等项目,不断推动未成年人权益保护的新型产品升级,发挥行业自律的积极作用。

(三) 内外治理的治理路径

1. 互联网信息的内在治理。近年来,就互联网的治理与安全问题,国家出台了一系列的法律、法规,以国家强制力作为保证实施,为公众的行为划定

---

① The Ten Principles of the UN Global Compact [EB/OL]. https://www.unglobalcompact.org/what-is-gc/mission/principles.

边界，但法律始终无法根治文化、道德、伦理、家庭教育等社会深层次问题，比如网瘾对于青少年身心健康很容易造成较大损害，这是潜在的社会问题，并非法律所能解决的。因此，打造清朗的网络空间并不能一蹴而就，政府、学校、家长、未成年人自身、网络服务商、网络行业应形成"六位一体"的治理体系，各方均应践行健康的网络安全观，社会各界需要共筑精神防线，推动网络净化进程。国家应通过多种渠道、媒介大力宣传关于网络安全的法律、法规、政策及违反规定的后果，提高全民安全用网意识，使符合社会主义核心价值观的学网、用网成为一种人人遵守的生活习惯和基本素养，潜移默化地影响未成年人在网络中自觉遵守社会公序良俗，抵制不良信息，远离被违法犯罪侵害的危险，使"内在治理"成为未成年人网络保护的制胜之棋。

2. 外在监管的必要性。2020 年 3 月 1 日，《网络信息内容生态治理规定》正式实施，该《规定》以网络信息内容为主要治理对象，从整体网络环境着眼，开展网络生态治理。新法实施后，网信部门作为专门监督管理机构，负责所管辖行政区域内网络信息内容的生态治理，对网络信息内容服务平台履行信息内容管理主体责任情况开展监督检查，并可以会同相关单位，建立健全信息共享、联合执法等工作机制。其第 7 条第 8 款规定网络信息内容生产者应当采取措施，防范和抵制制作、复制、发布可能引发未成年人模仿不安全行为和违反社会公德行为、诱导未成年人不良嗜好等不良信息。第 13 条明确规定"鼓励网络信息内容服务平台开发适合未成年人使用的模式，提供适合未成年人使用的网络产品和服务，便利未成年人获取有益身心健康的信息"。新法的出台明确了网络治理的专门机构，有利于现实执法中各单位厘清职权与职责，加大监管力度，及时采取处置措施，切实履行行政监管责任。

3. 行政机关加大执法力度。《互联网上网服务营业场所管理条例》规定了"互联网上网服务营业场所经营单位不得接纳未成年人进入营业场所"以及"互联网上网服务营业场所每日营业时间限于 8 时至 24 时"，但现实生活中，网吧 24 小时营业，未成年人违规进入网吧包夜玩游戏的情形普遍存在。2017 年，我国颁布了《网络安全法》，2018 年《关于严格规范网络游戏市场管理的意见》施行，2019 年 10 月《未成年人保护法（修订草案）》提请审议，草案新增"网络保护"专章，有望通过实施；2019 年 11 月国家新闻出版署发布《关于防止未成年人沉迷网络游戏的通知》。在日渐严密的法律法规编织网下，网信、公安、文化、工商等执法部门应当抓紧充实网络安全人才队伍，一方面加强线上的日常巡查，联合技术专家，构建数据共享平台，开发升级大数据测评筛查软件，对可疑视频及信息进行预警堵截，加强深挖排查力度；另一方面应当加强线下的实地检查，严格执法，并完善投诉举报规则，举办听证，持续打击网络诈骗、网络谣言、网络赌博、有害信息发布、隐私信息盗取等违法犯罪活动，确保各项规定落到实处，切断网络违法犯罪的利益链条，使广大未成年人免受侵害，满足人民群众的新期待和新需求。

三、检察视野下的未成年人网络权益保护

网络犯罪是信息社会滋生的毒瘤，是现实社会的阴影在网络社会的投射，检察机关作为国家法律监督机关，从四大检察的角度，办理好侵犯未成年人权益的网络犯罪案件，使检察能力升级迭代，能够有效行使法律监督权，健全少年司法体系，有利于全方位保护未成年人合法权益，更好地适应信息时代下网络犯罪频发的严峻形势。

1. 刑事监督。2018年11月，最高人民检察院发布的骆某猥亵儿童案（检例第43号）进一步明确了网络环境下，以满足性刺激为目的，虽未直接与被害儿童进行身体接触，但是通过网络软件，以诱骗、强迫或者其他方法要求儿童拍摄、传送暴露身体的不雅照片、视频，是对儿童人格尊严和心理健康的严重侵害，与实际接触儿童身体的猥亵行为具有相同的社会危害性，应当认定构成猥亵儿童罪。此案认定超出了传统的猥亵儿童犯罪需要直接身体接触与侵犯的固有认知，扩大了对未成年人的保护范围，是打击侵害未成年人权益网络犯罪的指导性案例，为如何认定网络犯罪的构成要件提供了办案样本，体现了检察机关保护未成年人权益的决心与实际行动。实践中，网络新类型、新案件、新手段层出不穷，办案人员应当及时更新办案理念，加强网络犯罪的证据收集能力，提高指控犯罪水平，充分发挥检察机关能动性，深化打击网络犯罪，维护网络空间的纯净。

2. 民事监督。网络支付、网络信息服务、言论发表已经成为网络空间的常见行为，民事权益与每一名未成年人密切相关。在缺少有效监管的背景下，如未成年人遭遇网络欺凌、网络诈骗、身份冒用等侵权犯罪，但存在监护人不懂维权、无力维权、年龄较大或者监护人缺失等诉讼能力欠缺的情形，检察机关应当在充分讲解并尊重未成年被害人及监护人的基础上，提供法律咨询、调查取证、支持起诉等帮助，最大限度协助、支持未成年被害人，使未成年人这一特殊的弱势个体诉权得以加强，维护网络空间的公平正义，弘扬良好的道德风俗，大力开展未成年人民事司法救济工作。

3. 行政监督。行政机关对于网络空间的引导和监管十分重要。在国内系列的法律、法规明文规定下，如果涉及网络运营中不特定未成年人的公共利益发生重大损害，行政机关具有相应职权，但监管仍然缺位或者违法作为时，检察机关对于行政机关是否依据各自职责开展网络生态监管行使法律监督权，对

于行政机关的违法行为和违法不作为，依法提出检察建议，督促行政机关正确履职。如果行政机关仍不采取措施依法履职，检察机关应向法院提起行政诉讼，加强监督制约，堵塞网络监管漏洞，确保网络空间的健康运行。

4. 公益诉讼监督。未成年人事关每个家庭的核心利益，是最重要的社会公共利益。在网络所特有的隐蔽性、无边界性、高度传播性的特点下，犯罪一旦经过网络实施，便会呈现几何式的增长，迅速污染网络环境，损害公共利益。如部分网络运营商提供非法服务侵犯未成年人隐私安全导致未成年人自杀，网站监管缺失发布内容致不特定未成年人遭受诈骗损害，或者网站平台以教育培训为名推送低俗、色情、邪教等内容毒害未成年人身心健康等，这些网络乱象扰乱了网络空间秩序，传播有害内容，造成了恶劣的社会影响。检察机关作为公共利益的代表，应当将此类案件纳入检察职权的视线范围，积极探索未成年人公益诉讼"等"外案件，推动损害未成年人身心健康的公益诉讼，回应人民群众关切，实现"办理一案，治理一片"的社会效果，全面强化对未成年人合法权益的综合司法保护，为未成年人的健康成长营造更清朗的网络空间。

综上，未成年人权益的网络空间治理是一项系统工程，需要各方携手合作，通过法律规制、技术筛查、教育引导、行业自律、法律监督等方式形成社会合力，打造命运共同体，达到净化治理的目的。如何向青少年传递优质的网络资源和正确的价值观，关乎国家未来和家庭发展，任重而道远，社会各界都负有不可推卸的责任与义务。

未成年人保护语境下的社交 App 法律责任重构

洪 娇[*]

互联网技术的高速发展，大规模扩充了人类的社会生活领域，社会交往活动从现实空间向虚拟空间无限延伸。社交 App 是伴随着信息化大潮席卷和人们社会生活模式的变更，在全球范围蓬勃发展的社会交往工具。社交 App 在拓宽人类活动空间、丰富生活内容、促进积极发展的同时，也显现出一些不足和缺陷，由于网络空间的隐蔽性、法律法规的滞后性、行政监管的缺位、平台经济的趋利性等因素引发社会治理的难题，特别是引发了对未成年人的大规模成长侵害，如网络成瘾、亚文化侵害、信息泄露等，其伤害之大不可谓不深。本文将从未成年人保护视角，探析社交 App 的管理现状和法律责任承担，有效规范平台经济在未成年人保护领域的良好秩序。

一、痛定思痛：社交网络对未成年人的不良影响

社交网络通过互联网这一新兴技术手段，将人与人以用户的形式连接起来，实现观点、情绪、见解、知识以及经验等方方面面的交流互通，实现了将人们的社交生活由线下到线上的转移。近年来，社交 App 在人们生活中扮演着越来越重要的角色，俨然成为展现自我、共享信息、交友沟通、营销推广的重要窗口。基于社交网络的开放、自由、共享等特性，人人都是信息的接受者、创造者和传播者，[①] 对未成年人的正面影响很多，比如获取方便学习、自我认同、满足情感需求、扩大社交面等，但同时社交网络活动对未成年人造成的不良影响也是全社会极度关注和担忧的问题。

---

[*] 洪娇，四川省成都市郫都区人民检察院研究室副主任、员额检察官。
[①] 吕经纬、李轩昂：《社交网络对大学生成长影响及其对策》，载《科技信息》2013年第5期。

(一) 网络成瘾造成社交障碍甚至引发自杀

截至2020年3月,我国网民已经达到9.04亿,其中手机网民规模为8.97亿,占比为99.3%①,2019年我国未成年人1.75亿,未成年人互联网普及率达93.1%,其中不同学历段未成年人互联网普及率详见图一。②

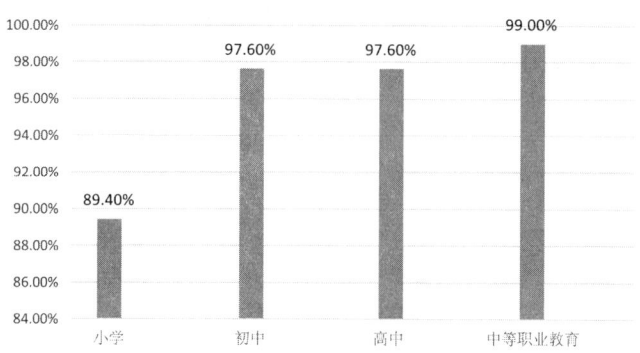

图一:中等职业教育高中初中小学

未成年人自辨别能力、自控能力弱,容易对有趣刺激的网络游戏、轻松自在的网络交友、色情暴力等不良信息产生兴趣甚至依赖,进而沉溺网络世界不能自拔——网络成瘾。轻则对学习生活失去兴趣,不愿与人交往,导致社交障碍,重则受网络不法分子的蛊惑,失去生存的勇气,导致自残、自杀。趋利性使然,一些平台专门针对未成年人开发互动性强、奖励诱惑多、甚至含有色情赌博信息的网络游戏,引诱其沉溺其中。

(二) 未成年人面临大规模网络违法侵害

一是网络欺凌。随着未成年人互联网社交参与度的提升,其受到违法信息侵害的风险也随之加大,网络欺凌正在逐步演变为社会性的问题。中国预防青少年犯罪研究会有关调查显示,有50%的中学生在网上聊天、游戏中不同程度地受到过网络欺凌。网络欺凌给未成年人的心理造成巨大压力,严重影响心理健康。二是网络性侵。据联合国儿童基金会估计,全球涉嫌传播儿童色情图

---

① 《中国网络超9亿,网购用户超7亿》,载中国新闻网,https://mp.weixin.qq.com/s/BwmkuZGJUPhJ1mgXBgW9tg。

② 《CNNIC:2019年全国未成年人互联网使用情况研究报告》,http://www.199it.com/archives/1048155.html?from=singlemessage&isappinstalled=0。

片、视频的网站多达 1.67 万个,这些图片中儿童年龄低于 10 周岁的占 73%。① 大量隐藏在平台背后的黑手利用未成年人的心理弱点对其实施各种形式的网络性侵,或通过约见未成年网友实施性侵。三是网络诈骗。网络诈骗形式多样,最常见的是利用 QQ、微信、邮箱等渠道进行虚假兼职、虚假购物、退款欺诈、虚假中奖等 20 余种诈骗,未成年人识别能力弱,很难抵挡花式多样的诈骗行为的狂轰滥炸。四是网络侵权。近年来,随着社交网络的发展,手游、直播平台等虚拟产品大肆泛滥,未成年人大肆消费、打赏的报道不绝于耳。

(三) 网络不良信息影响未成年人价值观的形成

据调查显示,我国七成的未成年网民曾在上网过程中遭遇过违法不良信息。② 何为不良信息,具体分为三类:一是违反法律法规禁止传播而传播的各类信息;二是违反社会道德、违背社会主义核心价值观要求和社会公序良俗的各类信息;三是破坏信息安全的,如含有病毒、木马等高风险的信息。未成年人在社交网络活动中,由于网络的隐蔽性、区域性、快速传播性等特征,往往容易受到色情、毒品、暴力、赌博、诈骗等不良信息的影响。

不良信息中包含的色情、毒品、赌博等内容会激发未成年人强烈的好奇心和尝试模仿欲望,不仅耗费其时间精力,对正常的生活学习也会造成不良影响,更严重的是其中包含的扭曲价值观、亚文化内容会影响其道德品质的形成,甚至导致人格异化、社会责任感缺失。如 14 岁少年在好奇心的唆使下,下载使用 BLUED(男同性恋交友软件),通过软件认识其他成年同性恋者,并长期保持同性恋伴侣的身份,长此以往必将对其学习生活以及今后的恋爱、婚姻等造成重大不良影响。网络不良信息还易诱发未成年人实施暴力、毒品等犯罪。

(四) 未成年人个人信息泄露隐患大

信息化时代、自媒体时代每个人都是网络信息的生产者、传输者、发布者,社交 App 由于信息的隐私性、网络传播的广泛性、用户的不特定性以及缺乏法律规制,在隐私保护方面存在很大隐患。未成年人由于风险防范意识不足、辨别能力较弱,容易毫无保留地在社交网络上发布十分隐私的照片、视频、身份信息等个人信息,个人信息泄露风险大。社交网络信息泄露包括两个方面:一是合法收集。如微博、抖音、美拍等开放式社交 App,个人信息极易

---

① 田婉晴、常红:《中国未成年人面临四大重要网络风险》,载《人民网》2019 年 6 月 3 日。

② 《七成未成年人遭遇网络不良信息》,载《财新网》2018 年 9 月 11 日。

被收集，大量信息的背后可能存在大量黑灰产业链。二是非法侵入泄露。社交App基于技术成熟存在差异，平台开发过程中存在BUG，这些BUG一旦受到蠕虫及黑客攻击，大量的个人信息会被窃取。个人信息泄露或者被窃取后，不仅可能损害个人声誉、侵犯隐私，甚至可能被不法分子用于违法犯罪，对未成年人的身心健康、人身财产安全带来重大隐患。

二、追根溯源：社交App法律责任体系存在的问题

（一）未成年人网络安全法律法规滞后

法律的滞后性源于法律的先天不足，尤其对于爆发式发展的互联网行业而言，法律的滞后性更加明显。一直以来，我国针对未成年人的网络安全立法不成体系，相关规定散见于《刑法》《侵权责任法》《网络安全法》《未成年人保护法》《互联网信息管理办法》等法律法规中。但规定比较宏观和抽象，缺乏现实可操作性，由此导致社交App无法可依，对其监管难度较大。比较普遍的监管方式是在平台方发生违法违规行为甚至犯罪行为后，政府相关部门在追究责任的同时采取约谈等形式进行监管，由此助长了未成年人网络侵害事件的持续发生。

（二）市场准入门槛低致社交App良莠不齐

目前我国社交App的市场准入规制采取的是备案制，而非许可制，其依据是国家网信办《移动互联网应用程序信息服务管理规定》。该《规定》第5条规定：从事互联网应用商店，应当在业务上线运营30日内向所在地的省、自治区、直辖市网信办备案。换言之，国家互联网监管执法部门不直接对社交App进行管理，而是通过对社交App的上级运营商——应用商店的备案管理来间接管理社交App。可以说社交App的准入门槛就是"零门槛"，只要开发者能够开发一款具有技术支撑的软件，就可以无条件上线运营。

社交App缺乏上线限制、入市门槛，平台方不会主动完善未成年人保护规则，包括身份识别认证、游戏内容审查、信息内容过滤、上网时间限制、消费限制等内容。没有责任压力，在未成年人网络安全方面没有具体举措，很多社交App不具有未成年人识别要求和功能，有的成人社交软件无年龄要求，系统对注册用户年龄统一默认设置为已满18周岁，没有实名认证，注册认证过程只需填写手机号码即可，所谓认证程序形同虚设。据调查，我国目前的以百万计的网络平台中，只有微信、支付宝实现了实名制。

（三）"重用户，轻平台"立法思想致平台违法成本低

我国互联网领域法律责任立法"重用户，轻平台"思想严重，社交App

平台方的法律责任包括民事责任、行政责任、刑事责任,在较大程度上居于网络用户的从属地位,导致在用户法律责任不存在或者无法确定时,平台的责任承担无法实现。①

第一,在民事责任层面,连带责任设置导致民事违法成本低。按照我国《侵权责任法》②之规定,社交 App 平台方在两种情形下应当承担民事责任:一是网络用户实施侵权行为,被侵权人通知平台方但未制止的,平台方承担损害扩大部分的连带责任;二是平台方主动获知网络用户侵权而未制止的,平台方承担连带责任。从责任承担而言,上述两种情形下平台方均承担连带责任,而非独立责任,不利于规范平台行为。从操作层面而言,实践操作中取证十分困难,导致平台应当承担的责任形同虚设,直接后果就是平台方违法成本低。

第二,在行政责任层面,事前限制义务缺失导致平台消极履职。我国对社交 App 平台方的行政责任体现在《互联网信息服务管理办法》和《关于加强网络信息保护的决定》中,主要体现在三个方面:一是根据《互联网信息服务管理办法》第 15 条之规定不得制作、复制、发布、传播各类不良信息,包括反对宪法基本原则、破坏国家统一、损害国家荣誉和利益、破坏民族团结、宣扬邪教和封建迷信、破坏社会稳定、色情赌博暴力恐怖或教唆犯罪等法律法规禁止的不良信息。二是依据《互联网信息服务管理办法》第 16 条和《关于加强网络信息保护的决定》第 5 条之规定履行保存记录并报告义务,即发现法律法规禁止的不良信息的应当停止传输,保存记录并向国家主管部门报告。三是关于违反规定的处罚措施。依据《互联网信息服务管理办法》第 32 条之规定,视情节轻重,承担责令改正、吊销经营许可证和由备案机关责令关闭网站的责任。由此可见,我国法律法规对社交 App 的行政责任主要强调事后审查责任,缺乏事前限制义务。事前限制义务缺失的重要弊端就是平台消极履职,对用户发布的信息不主动承担责任,只是在接到举报或事后审查后被动进行删除、限制发言、删除账号等处理措施,但往往网络不良信息对未成年人的损害已经造成,不可逆转。

第三,在刑事责任层面,帮助行为正犯化引发处罚尴尬。《刑法修正案(九)》增加了网络平台方刑事责任承担的两种情形:一是对提供网络技术支持的帮助行为正犯化责任。根据我国《刑法》第 287 条之一的规定:设立实施诈骗等违法犯罪行为的网站、通讯组群;发布有关违禁管制物品或其他违

---

① 田刚:《信息时代社交网络服务商法律责任体系的反思与重构——以微博平台谣言的预防和制裁为视角》,载《北京警察学院学报》2015 年第 1 期。
② 已因《民法典》的颁布而废止。——编者注

犯罪信息的；为实施诈骗等违法犯罪发布信息等，情节严重的，处3年以下有期徒刑或者拘役，并处或者单处罚金。二是拒不履行网络安全运营管理义务的责任。按照《刑法》第286条之一规定：网络服务提供者（App平台方）不履行法律法规规定的信息网络安全管理义务，经责令改正而不改正，造成违法信息大量传播、用户信息泄露造成严重后果、刑事案件证据灭失情节严重或有其他严重情节的，处3年以下有期徒刑、拘役或者管制，并处或者单处罚金。上述两个罪名的确定逐步将网络平台的刑事责任推向独立。但是根据《刑法》第287条之一规定帮助行为正犯化，网络服务提供者不论对何种犯罪行为提供帮助，不论其在犯罪中起到多大的作用都只能处3年以下有期徒刑或者拘役，并处或者单处罚金，可能导致原本需要受到严重处罚的情形被从轻发落，放纵了犯罪。① 危害国家安全、公共安全或者侵害人身权利的犯罪，比如蓝鲸游戏中游戏操控者涉嫌故意杀人间接正犯等，是十分严重的犯罪行为，刑罚最高可判处死刑，如果平台方存在帮助行为的，则适用该规定可能导致刑罚失衡的尴尬局面。

三、责任重构：社交App的法律责任应然状态

（一）明确平台角色定位：守门人②

社交网络服务是信息时代的重要网络服务模式，欧盟将信息社会服务提供者分为六类，分别是电子商务平台、社交网络、网络支付门户、云计算服务、搜索引擎、应用商店。③ 近几年，我国社交网络经济在自媒体时代呈现爆发式增长，App平台方通过为用户提供平台空间和技术支持、运营和管理从而获取利益，其对网络空间中的信息制造和传输具有最强的认识和最有效的管控，因此根据权利义务相统一原则，平台方应当对在平台中进行的社交行为进行管理、监督和指导，尽可能消除负面影响，起到关键的监管作用——"守门人"作用。社交App的监管仅仅依靠政府是远远不够的，平台应当发挥其掌握信息的优势，最大限度地发挥其在未成年人网络安全中的重要作用，整个管控过程中，监护人、学校等的责任不可或缺，充分发挥好平台法律责任的规范作用，各类管控力量才会得到有效整合。因此笔者认为，应当将社交App平台

---

① 陈兴良：《网络服务商的刑事责任范围》，载《中国法律评论》2015年第2期。
② "守门人"理论起源于心理学家库尔特·卢因（Kurt Lewin）的名词"守门人"，是传播学的理论，即新闻媒体在从消息来源获得大量资讯后经编辑筛选、删减的过程。
③ 参见欧盟指令Article 3 (8), ANNEX Ⅱ, COM (2013) 48 final, http://eur-lex.europa.eu/legal-content/EN/TXT/PDF/? uri=CELEX：52013PC0048&rid=1。

方的法律角色定位为社交网络活动的监管者,赋予其更多的社会责任。

(二)提高准入门槛规范平台行业生态

有专家认为互联网行业作为新兴行业应当给予更多的包容和鼓励,若将过于严格的责任赋予企业,可能扼杀创新的热情,影响互联网行业的快速发展。科技的进步、经济的发展固然值得鼓励,但青少年是国家的未来、民族的未来,任何发展都不能以牺牲未成年人合法权益为代价,因此鉴于未成年人网络安全的紧迫性和必要性,通过法律法规进一步细化和规范社交App的准入门槛十分必要。笔者认为平台的上线运营仍宜采取备案制度,在此基础上,应将社交App的设立标准和条件予以明确,由一个官方的、权威的机构对上市或者说上线的平台进行审查。比如App的设计是否安全,是否存在安全漏洞、索取权限是否合理、隐私保护能力如何,资金上应当达到相应的资本,交友类App是否具备实名认证系统和不良信息过滤软降,游戏类App是否完善防沉溺规则程序等等对于不符合条件的应当限期予以整改或者暂停运营。

(三)明确平台的未成年人网络管控责任

目前我国一些社交App基于未成年人保护的压力对App的使用设置"青少年模式",该模式下用户无法进行充值、打赏等操作,且对内容进行了优化,浏览超过40分钟自动锁定。但其前提是用户在使用软件时点击"青少年模式"。实际上这个点击行为,对青少年起不到任何管控作用,如果他们有足够的自控力自主选择该模式,就不存在现在所担忧的问题了。

从时间上来看,欧美国家在保障未成年人互联网安全方面有较为丰富和成熟的经验,欧美国家的互联网平台不仅仅在时间、消费等领域有所限制,在社交层面和内容分层上也主张因"龄"置宜,给未成年人提供持续性强、健康度高并且利于成长的网络内容。在未成年人网络管控方面,有必要借鉴其经验做法。具体而言,在基本法律规范基础上再单独制定《未成年人网络安全保护法》,更加详尽、全面地对社交App应当承担的未成年人网络管控义务,以及违反这些义务应当承担的责任作出规定,为保护未成年人的合法权益提供更具有操作性的法律依据。

(四)建立"平台"中心独立责任评价体系

目前,在"重用户,轻平台"的法律责任语境下,社交App平台方的法律责任从属于用户的法律责任,不利于社交网络环境的净化和未成年人的权益保护。从法律角色定位而言,应建立以社交App平台方为中心的法律责任评价体系。

一是民事责任,由连带责任转向独立责任。平台承担的连带责任是以追究用户责任为前提的，由于我国网络监管的不规范性以及社交网络行为的私密性，很多情况下无法追究用户的责任，此时应当完善互联网"常住户口"——社交App平台方的独立责任追究。基于技术安全保障、信息管理等特定义务，在不存在用户侵权行为或者侵权用户无法确定的，平台存在过错或者怠于履职的，应独立承担民事责任。

二是行政责任，事前限制义务与事后审查并存。目前的事后审查义务模式约束力不理想，容易引发平台方以未发现违规信息为由规避责任。行政责任设置应当穷尽列举社交App平台方负有的事前限制义务和事后审查义务。通过对用户发布的信息以"关键词"过滤等形式予以禁止，防止事后侵权；对用户进行年龄、实名认证等基础上进行禁止或者限制发言；对用户的社交网络行为轨迹进行记录和分析，方便事后审查。

三是刑事责任，创新网络犯罪惩治体系。信息化时代，互联网技术被应用到犯罪领域催生出大量新型犯罪，导致传统犯罪异化，其速度之快是刑事立法更迭无法企及的，同时我国禁止类推适用，导致大规模的网络犯罪无法受到处罚。近几年，虽然刑法修正案以及相关司法解释关于网络犯罪的规定频繁出台，但仍然无法满足纷繁复杂的网络犯罪形态。因此，在贯彻刑法谦抑性原则的同时，刑事立法应与时俱进，适当采取制定单行刑事法律、增设网络罪名等形式，增强司法适用的针对性和有效性，强化惩治互联网平台侵犯未成年人合法权益的犯罪，提高平台违法犯罪的成本，为未成年人的网络社交、学习等提供良好的环境。

四、结语

大数据、人工智能等信息技术飞速发展的当下，社交App将在人们社会生活中扮演着愈来愈重要的角色，网络安全问题将长期存在并朝着复杂多样演变。未成年人保护是全社会共同面临的重大课题，未成年人网络安全规制，需要从立法完善、技术创新和协同治理等方面入手，在此过程中，应牵住平台责任这个"牛鼻子"，合理运用法律责任的规范评价作用，为维护社交网络的健康秩序、护航青少年成长提供重要支撑。